《领导力的本质》推荐语

本书由两位当代杰出的领导力研究专家策划完成。John Antonakis 在领导者魅力方面独树一帜，而 David V. Day 是领导力发展方面的专家。对于领导力研究领域的读者来说，本书可谓是一个金矿。

无论是首次接触这一领域，还是希望深入探索其中的某一部分，阅读本书都能有所收获。书中各章均由本领域最优秀的学者撰写，他们将研究发现与实践案例相结合，深入浅出地解读各自的研究领域，帮助读者轻松地了解这个领域的最新研究发现及实践成果。

——Susan Ashford，密歇根大学

两位全球最杰出的领导力研究专家将一批优秀学者的智见汇集于本书，以广阔的视角为读者展现了当代对这一重要话题的解读。本书以无与伦比的广度与深度呈现出丰富的领导力研究成果。无论从事哪一学科或专业的读者，若想深入、全面地了解这一领域的引人入胜之处，本书都是不可多得的资源。

——S. Alexander Haslam，昆士兰大学

许多领导力研究著作都是以相当学术化的方式撰写的，大量文献的大段引用读来味同嚼蜡。《领导力的本质》（第3版）则独树一帜，由业内顶尖学者将概念与实证研究成果融为一体，通过短小精练的案例、实践范例和 TED 式的语言，为学生展示有价值且与时俱进的学术知识和个人见解，帮助他们发现领导力研究的魅力。

——Ronit Kark，巴伊兰大学

在 Antonakis 和 Day 的共同努力下，一批杰出学者以翔实、精练的笔触为学生打造了一部领导力研究的百科全书。《领导力的本质》（第3版）首先为读者展示了领导力的主要范式与基本原理，随后又深入阐述了本领域最新的研究议题。全书内容丰富，富有权威性，揭示了何谓领导力，领导力如何形成，为何重要。

——Cindy McCauley，创造力领导中心

《领导力的本质》（第3版）是 Antonakis 与 Day 共同策划完成的又一部综合性领导力研究专著。书中关于领导力研究的最新经典内容是当前领导力理论与实践形成的基础。同时，本书也可为现在和未来各机构的领袖们提供重要参考，帮助他们追求创新，完成使命。书中还探讨了共享型领导力、企业社会责任、各种关系型领导力等重要问题。本书以翔实的科学证据和实践范例帮助读者理解领导者需要做什么，如何培

养"做必须做的事"的技巧和能力,以及如何评估"做"得是否有效。总之,《领导力的本质》(第3版)涵盖了所有你需要掌握的基础内容!

——Susan E. Murphy,爱丁堡大学

Antonakis 和 Day 的《领导力的本质》(第3版)全面回顾了领导力研究领域所有重要的实质性、哲学性和方法论问题。这本书是每个领导力研究领域学生必备的一本手册。

——Philip Podsakoff,佛罗里达大学

《领导力的本质》(第3版)在前2版的基础上做了大量的完善。除更新了书中探讨的主要领域外,编者和作者还别出心裁地加入了更多的特色内容,使它更适合作为一部教科书和参考书使用。我认为这本书完美匹配了其目标读者群的期待,以通俗易懂的方式为想要了解领导力领域的读者提供了丰富、全面的信息。

——Dean K. Simonton,加利福尼亚大学

对于每位想要了解领导力本质的读者,这本书都是绝佳选择!书中以精练的语言概述了领导力领域的主要理论和研究主题,并向读者展示了领域内的最新研究方向。翔实具体的研究素材(案例、扩展阅读、讨论题、推荐视频链接等)也使这本书成为学生的理想教材。

——Barbara Wisse,格罗宁根大学

《领导力的本质》(第3版)是一部独一无二的精彩作品!谓其独一无二,是因为没有任何其他同类图书能够同时满足三种读者的需求,既可作为本科生和研究生的教材,也可作为博士生了解领导力研究概论的参考书,同时它还为该领域的研究者提供了最新的研究综述。谓其精彩,是因为在本书中,一批资深和新锐学者对领域内所有重要的主题进行了探讨。你一定要读这本书!

——Francis J. Yammarino,宾汉姆顿大学

献给我们最初的领导者、我们的父母：

Irene Bardi-Antonaki 和 Paul Antonakis
Evelyn Day 和 Donald Day

教育部人文社会科学研究规划基金一般项目（19YJA630104）研究成果

领导力的本质

第3版

[美] **约翰·安东纳基斯**　　**大卫·V.戴**　编
（John Antonakis）　　（David V.Day）

尹　俊（北京大学）　**朱桂兰**（清华大学）编译

清華大学出版社

北 京

北京市版权局著作权合同登记号　图字：01-2020-4703

First published in English under the title The Nature of Leadership
by SAGE, edition: 3，ISBN：9781483359274
Copyright © 2018 by SAGE Publications, Inc.
This edition has been translated and published under licence from SAGE.
此版本仅限在中华人民共和国境内（不包括中国香港、澳门特别行政区和台湾地区）
销售。未经出版者预先书面许可，不得以任何方式复制或抄袭本书的任何部分。

图书在版编目（CIP）数据

　领导力的本质：第 3 版 /（美）约翰·安东纳基斯（John Antonakis），（美）大卫·V. 戴
（David V. Day）编；尹俊，朱桂兰编译 . —北京：清华大学出版社，2021.3（2024.10重印）
　　书名原文：the nature of leadership
　　ISBN 978-7-302-57215-2

　Ⅰ.①领…　Ⅱ.①约…②大…③尹…④朱…　Ⅲ.①领导学—研究　Ⅳ.① C933

中国版本图书馆 CIP 数据核字 (2021) 第 034910 号

责任编辑：徐永杰
封面设计：李君霞
责任校对：王荣静
责任印制：杨　艳

出版发行：清华大学出版社
　　　　网　　　址：https://www.tup.com.cn，https://www.wqxuetang.com
　　　　地　　　址：北京清华大学学研大厦 A 座　　邮　编：100084
　　　　社 总 机：010-83470000　　　　　邮　购：010-62786544
　　　　投稿与读者服务：010-62776969，c-service@tup.tsinghua.edu.cn
　　　　质量反馈：010-62772015，zhiliang@tup.tsinghua.edu.cn
印 装 者：大厂回族自治县彩虹印刷有限公司
经　　销：全国新华书店
开　　本：185mm×260mm　印　张：28.25　　字　数：583 千字
版　　次：2021 年 4 月第 1 版　　　　　印　次：2024 年 10 月第 2 次印刷
定　　价：98.00 元

产品编号：087949-01

中文版序
2020 年后的世界：新领导力

John Antonakis、David V. Day、尹俊、朱桂兰

一、缘起

2019 年年初，两位编译者第一次接触到了《领导力的本质（第 3 版）》英文版，便有一种如获珍宝、爱不释手的感觉。毫不夸张地说，理论研究者涉及的绝大部分领导力话题，实践探索者面临的绝大部分领导力难题，或多或少都可以在这本书中找到科学的答案。

领导力普遍存在于人类社会之中，它是一种基础的社会关系。对于任何一个国家或任何一个组织而言，领导力都具有无可比拟的重要性。在人类发展史上，对领导力的实践探索远早于知识探索。近年来，一些人类学家对传统部落的领导力研究为我们展示了一幅幅生动有趣的人类早期领导力图景。19 世纪八九十年代，领导力作为一门专业知识，正式进入研究者的视野，百余年来这一领域结出了丰硕的果实。本书是领导力领域的顶级学者们为读者献上的一份珍贵礼物，将百余年的学术研究成果一一呈现在读者面前。正因如此，我们萌生了翻译本书的念头，希望能帮助更多的中国读者走进领导力的缤纷世界。

我们的翻译工作得到了 John Antonakis 教授和 David V. Day 教授的大力支持。两位教授是领导力领域的顶级专家，John Antonakis 是领导力旗舰期刊 *The Leadership Quarterly* 的现任主编。他们在繁忙的工作之余与我们多次讨论书中的内容。尽管有着十几个小时的时差，但是充满知识张力的邮件往来让我们既兴奋又感动。当我们夜以继日地完成翻译之后，世界发生了翻天覆地的变化，突如其来的新冠肺炎疫情给每个国家、每个组织、每个个体都带来了一次前所未有的挑战。领导力再次成为化解并克服挑战的重要且关键的力量，无论是在学术界，还是在实践界，责任型领导力（Responsible Leadership）、数字时代虚拟领导力（Virtual Leadership）、共享型领导力（Shared Leadership）等新兴话题引起了广泛的讨论。因此，我们与两位教授进行了反复沟通，并邀请他们对领导力研究正在发生的变化提供新的建言。

二、流变

随着 2021 年的到来，非常明显，领导力愈发重要了。整个世界都在焦急地等待即将发生的一切。在全球化时代，新冠肺炎疫情的肆虐让所有的国家或组织都无法独

善其身。无论在健康层面、经济层面，抑或是整个社会层面，新冠肺炎疫情造成的破坏都是巨大的（Bonardi 等人，2020；Kniffin 等人，2020）。大量的脆弱人群付出的代价正在逼近最糟糕的境地。各国政府正在仓促地通过各种政策措施减少死亡人数（Brauner 等人，2020）；但是有些国家的努力却成为了笨拙的闹剧、错误的政策干预试验，或者干脆简单地采用了一种自由放任的态度。

虽然目前全球已经推出一些疫苗，但是为民众接种疫苗涉及的后勤保障任务无比巨大。无论我们做什么，无论我们想什么，无论发生了什么，以下这一切都是众所周知的事实（Antonakis，2021）：哪些人可以进入一个国家最高权力梯队很重要（Jensen 等人，2021）；哪些人掌舵一个国家各式各样的组织（商业组织、军事组织和教育组织）很重要。正如我们看到的，中国的成功抗疫得到了广泛赞誉。实践证明，重大历史关头、重大考验面前，领导力是最关键的因素。

事实上，所有层级制度中的领导者都至关重要。他们规划远景、确定短期和长期目标、提供激励和保障、树立榜样、承担协调和开发各类资源等各项职能。所有这些职能都不是轻而易举就能完成的，是"人"（而不是抽象的"组织"）直接或间接地，通过系统、过程和技术承担着的。

有时，我们可能忘记了 Douglas McGregor（1960）所说的"企业中'人'"。我们是这个星球上最具社会性的生物。无论发明了多少新技术，又或者领导力经常非正式地通过社交媒体来呈现（Tur、Harstad 和 Antonakis，2021），无论组织中有多少任务已由机器人或计算机来承担（LeCun、Bengio 和 Hinton，2015），本质上皆是"人"在设计和维护这些技术。更重要的是，其他一些人对企业必须保持着直升机式的俯瞰视野，弥补企业设计的缺陷，管理各类古怪之人。人性多元，我们仍然不能完全解释大部分的行为差异。招聘和领导一个人并不像购买一台机器那样简单：人有情感，会分心，会沮丧，会有各种偏见和成见。最重要的是，人拥有自由意志。自由意志，激发了"人"的领导力潜能。

三、运用

秉持着上述共识，我们希望读者们能够喜欢第 3 版的《领导力的本质》。这本书邀请了一个独一无二的学者团队，从微观和宏观的角度共同探讨领导力领域中最重要的核心主题与新兴话题。能够让世界上人口最多的国家中的读者阅读到这本书的中译本，对作者和译者来说，都是一份独有的荣幸。

更重要的是，这本书有助于促进不同文化的交流，已有的许多领导力理论都是基于西方情境而产生（Henrich、Heine 和 Norenzayan，2010）。中国文化源远流长，中国领导力的实践历史悠久、发展迅速，我们欣喜地看到来自中国的研究正在不断增加，这些研究正在纳入西方的教科书中，也包含在本书中。随着时间的流逝，东西方文化融合将为真正普遍的领导力模式奠定基础。知识的创造范式和应用范式可能会发生变化，但是有些事情将永远不变，无论对于研究者还是实践者而言，最关键的是真正理解领导力的本质，这正是本书的初心。

当然，不同的读者阅读本书或许感受不同。如果您是一名学生，这本书可以作为探索领导力世界的导航图；如果您是一名教师，这本书可以作为引导学生对领导力产生兴趣的百科全书；如果您是一名研究者，这本书可以成为您专研领导力的红宝书。

领导力领域的研究文献汗牛充栋，但是没有一本著作像本书这样系统、全面地运用多元学科视野（哲学、心理学、社会学、人类学、生物学和神经科学等）综述领导力研究的最新学术成果。建议大家在阅读中探索、在阅读中思考、在阅读中讨论，还可以同时找出英文原文参照阅读，更可以在参考文献中按图索骥地找出更多的领导力文献进一步专研。如此一来，关于领导力研究的真知灼见就如拼图一般逐步清晰完整，每一位阅读者都可以更舒适地徜徉在领导力的知识世界中。

当然，中译本的初衷也是希望领导力研究的学者同仁们能将更多的论文写在中华大地上，借鉴一切优秀的研究成果，发展中国特色的领导力科学理论。正如本书第 13 章中提到的，领导力研究也面临着"翻译"问题。语言和词汇的准确性，对于我们更好地理解和研究领导力尤其重要。记得在一些国内学术报告中，有一些学者在提到一个英文概念时会说，这个词不知道怎么用中文来表达，这确实令人感到遗憾，理论的发展需要建立国内和国际通畅对话的话语体系。

如果您是一名管理实践者或者对领导力感兴趣的读者，可以先阅读每一章的开篇案例，身临其境地设想如何应对案例中的管理场景，然后再从每一章的具体内容中寻求答案。相比本书的第 2 版，第 3 版的每一章均有开篇案例，这是两位主编在思考如何将理论与实践统一起来后新增的内容，相信这些案例可以给您带来不一样的思考乐趣。在人类发展史上，对知识的总结和归纳相对落后于现实中的实践和探索，这本书对于实践者的意义就是检验知识的真伪。本书是一本重要的学术著作，书中的每一个词汇、每一个句子、每一个观察都是从大量的实践中总结而来的。

书中的专业词汇很多，读起来或许略感艰深。为便于读者使用本书，我们特别梳理和翻译了书中部分重点专业词汇，有需要的读者可以扫描右侧的二维码获取 word 版。两位编译者与清华大学出版社徐永杰编辑均希望用更符合中文习惯的语言表述方式，通俗易懂地阐述领导力知识，为此我们做了大量的努力，反复阅读、审稿和校对。

本书的翻译分工如下：北京大学的尹俊老师翻译了前言、第 1~6、9、11、15、16、18 章，清华大学的朱桂兰老师翻译了第 7、8、10、12~14、17、19 章、后记以及作者简介。两位编译者对全书进行了校对。由于水平和精力有限，书中难免会有不足之处，烦请读者予以指正。如果您能将建议通过电子邮箱发送给我们 jyin@nsd.pku.edu.cn（尹俊）、guilan1010@mail.tsinghua.edu.cn（朱桂兰），我们将不胜感激，对于每一位提出建议的读者，我们将适时赠予本书相关的学习资料。

最后，感谢 30 多位世界顶级领导力学者的智慧和奉献，感谢清华大学杨斌教授、北京大学陈春花教授和诸多学者的联袂推荐，感谢清华大学出版社徐永杰编辑的精心编辑和杰出工作。本书出版获得了教育部人文社会科学研究规划基金项目（编号：19YJA630104）的资助，在此一并表示衷心感谢。

编者和译者不避王婆卖瓜之嫌，聊陈一孔之见，是为中文序！

编者、译者

于瑞士洛桑、美国加州和中国北京

2021 年 2 月

🔍 参考文献

Antonakis, J. (2021). Leadership to defeat COVID-19. *Group Processes and Intergroup Relations*, https://dx.doi.org/10.1177/1368430220981418.

Bonardi, J.-P., Bris, A., Brülhart, M., Danthine, J., Jondeau, E., Rohner, D., et al. (2020). The case for reopening economies by sectors. *Harvard Business Review*.

Brauner, J. M., Mindermann, S., Sharma, M., Johnston, D., Salvatier, J., Gavenčiak, T., et al. (2020). Inferring the effectiveness of government interventions against COVID-19. *Science*, eabd9338.

Henrich, J., Heine, S. J., & Norenzayan, A. (2010). The weirdest people in the world? *Behavioral and Brain Sciences, 33*(2-3), 61-83.

Jensen, U., Rohner, D., Loupi, D., Garner, P. N., Carron, D., Bornet, O., et al. (2021). Combatting Covid with Charisma: Evidence on Governor Speeches and Physical Distancing in the United States. *Manuscript in preparation*.

Kniffin, K. M., Narayanan, J., Anseel, F., Antonakis, J., Ashford, S. P., Bakker, A. B., et al. (2020). COVID-19 and the workplace: Implications, issues, and insights for future research and action. *American Psychologist, https://doi.org/10.1037/amp0000716*, No Pagination Specified-No Pagination Specified.

LeCun, Y., Bengio, Y., & Hinton, G. (2015). Deep learning. *Nature, 521*, 436-444.

McGregor, D. (1960). *The human side of enterprise.* New York: McGraw-Hill.

Tur, B., Harstad, J., & Antonakis, J. (2021). Effect of Charismatic Signaling in Social Media Settings: Evidence from TED and Twitter. *The Leadership Quarterly*, https://doi.org/10.1016/j.leaqua.2020.101476.

前　言

为什么要推出《领导力的本质》的第 3 版？

"如果认为有什么事情比学生更重要，那么你需要再想一想！"

这就是我们编写《领导力的本质》（第 3 版）的主导思想。在领导力研究著作层出不穷的今天，相关学科的学生如何才能领悟领导力的要义？科研成果五花八门、良莠不齐，学生又该如何去芜存精呢？领导力研究已发展到了哪个阶段，又会去向何方？

这一领域内容繁杂、论题多样，学生要想弄清领导力的本质绝非易事。本书独具匠心，与以下三类图书截然不同：

（1）百科全书式的领导力研究巨著，篇幅冗长、学术性强。
（2）个人编写的教材，研究视角和知识面均有限。
（3）编写的著作，通常只是对相关论著的简单结集。

面对鸿篇巨制，大多数学生根本没有时间来吸收所有的知识，初学者也很难抽丝剥茧，充分把握领导力研究的核心；个人编写的教材跟不上新知识涌现的节奏，既无法把握文献中体现的思潮，也难以涵盖所有重要的论题；编写的著作往往流于堆砌，缺乏连贯性。

鉴于此，我们与领导力关键领域的专家紧密合作，按照本书的编写宗旨向他们约稿，同时确保论题之间相辅相成。我们认真审读了各个章节，确保素材无缝衔接。这本书凝聚了 30 多位优秀作者的心血，有学术名家也有后起之秀，但内容却是环环相扣，如同出自一人之手。

我们探讨的话题从书名便可看得一清二楚——"领导力的本质"。"本质"是指领导力的精髓或关键点；不过，我们还会从这个术语的字面意思出发，探究领导力的进化论和生物学基础。本书将全面介绍领导力研究的发展史与背景知识、多年来形成的各种理论流派、正在推动这一理论向前发展的最新话题，以及遇到的哲学问题和方法论问题，从而帮助读者充分了解和探究领导力的本质。

第 3 版与第 2 版相比发生了极大的变化。我们听取了审稿人员、采编人员以及 SAGE 出版社对前一版提出的大量的意见和建议。鉴于本书的定位是教材，以领导力相关专业的本科生和硕士生为目标读者，我们根据学生的接受水平对内容进行了调整。我们删除了一些过于复杂或深奥的章节，增添了新的章节来阐释快速发展的领导力知识，最重要的是，还引入了更多的教学材料使本书更加浅显易懂。希望领导力研究领域的学生们能喜欢这本书！

书中，各章均以微型案例"领导者的日常"开篇，揭示将要讨论的核心话题，并提出一些问题供课堂讨论。每章至少有一张图表，归纳所讨论的关键概念；老师们可从 SAGE 出版社网站下载这些资料，然后融入自己的教学演示文稿，让课堂变得更加生动、易懂。各章还提供了一般性的讨论题、补充阅读材料、案例研究，以及与该章内容相关的 TED 和 TEDx 演讲（或类似内容）链接。

领导力可以说是最重要的一种社会职能，我们相信本书将能进一步激发读者对这一领域的兴趣。John Gardner（1965）既是一位杰出的领导力研究者，也是一位政治家，他对美国医疗保险制度的推出起到了巨大的作用，后因不愿支持越南战争和 Lyndon Johnson 总统连任而辞职。关于领导力的重要性，他说：

> 领导者在塑造社会思想方面起着举足轻重的作用。他们可以成为社会道德统一体的象征，可以表现出维系社会整体性的价值观，更重要的是他们可以设想和倡导一些目标，帮助人们挣脱那些微不足道的琐事，摆脱导致社会分裂的冲突，继而团结起来去追求那些值得为之付出一切的目标。（第 12 页）

时至今日，Gardner 的观点仍然站得住脚。正如 Warren Bennis 在本书结束语中所说，当今，我们仍目睹着各种丑闻、破产、战争、痛苦和磨难，而领导者的贪污腐败和道德沦丧仍是这一切的主要原因。但另一方面，是谁推动人类成功登上了月球？南非何以和平地摆脱了种族隔离？商业、政治以及其他领域那些超乎想象的目标又是如何变成现实的？领导者的行为，无论是善行还是恶行，都起着十分重要的作用。通过本书，读者将能抽丝剥茧，层层深入，掌握"领导力的本质"。

John Antonakis 和 David Day

🔍 **参考文献**

Gardner，J.（1965）. The antileadership vaccine. In *1965 Annual Report*，*Carnegie Corporation of New York*（pp. 3–12）. New York，NY：Carnegie Corporation of New York. VW.

致 谢

感谢各个章节的作者，他们都是世界顶尖的人才，为本书的出版立下了汗马功劳。感谢他们彼此的真诚合作，感谢他们提炼出了领导力理论的精髓，编写成一本浅显易懂、实操性强的教材和研究手册。

我们非常感谢 SAGE 出版社的工作人员，有了他们的付出，本书才得以问世。我们还要特别感谢策划编辑 Maggie Stanley，是他鼓励我们推出《领导力的本质》（第 3 版），帮助我们重新梳理了本书的整体架构和目标市场。我们还要感谢 Ashley Mixson、Alissa Nance 和 Neda Dallal 等诸位编辑，以及制作编辑 Bennie Clark Allen，他们的大力推动，是使本项目成功实施的重要力量。我们也要感谢文字编辑 Talia Greenberg 让本书内容变得完美无瑕。我们还要感谢上一版的审稿人员和采编人员，他们提供的宝贵意见让此次推出的新版本更加繁简有度，更好地满足了教育教学的需求。最后，我们还要感谢数十年来与领导力学者们慷慨分享经验的各位领导者。没有他们，就没有领导力这门科学，他们的世界就是我们的实验室。

John Antonakis 非常感激妻子 Saskia 一直以来给予他的帮助和陪伴，Athena 和 Artemis 无疑是他们人生历程的两大亮点，他们让生活变得充实、有趣。你们教会了我很多的东西，我也因为你们而变得更加完美。值得一提的还有挚友 Baerli 和 Muscat，以及我们都十分想念的 Roesti。

David Day 非常感激 Bob Lord 30 多年来对自己的教诲和关怀。Meghan 和 Emerson 的爱与支持让他的生活变得更有意义。

以下审稿人员为我们提供了宝贵的意见，在此一并致谢：Ahmed Al-Asfour 博士（奥格拉拉科塔学院）、Theodore Brown Sr.（奥克伍德大学）、Charles B. Daniels（奥多明尼昂大学）、Osarumwense Iguisi（贝宁大学）、Dave Lees（德比大学）、Jeanette Lemmergaard（南丹麦大学）、Oliver Mallett（杜伦大学商学院）、Veronica Manlow（布鲁克林学院）和 Margaret F. Sloan（詹姆斯·麦迪逊大学）。

John Antonakis 和 David Day

简要目录

详细目录

第 17 章　伦理和有效性：优秀领导力的本质 ·············· 364

第1部分

引　言

第1章

领导力：过去、现在与未来

John Antonakis、David V. Day

> 行为科学家所关注的问题当中，没有哪个能像领导力研究一样与社会问题密切相关。一般认为，社会制度的有效运行取决于"国家"领导人的素质，这一观点通常为我们的行为倾向所证实，如赛季成绩不佳的教练会遭受指责、军队获胜的将军会获得称赞……领导职能及实施者对组织的生存与发展至关重要，这一点无可辩驳。
>
> ——Vroom（1976，第 1527 页）

Vroom 的观点点明了领导力研究的三个关键主题：①领导力在客观上非常重要，掌舵者在很大程度上决定着团队、机构和国家的前进方向。②领导力在民众看来非常重要，他们认为"责任止于领导者"。换句话说，领导者是对最终结果负责的人——享受鲜花和掌声的是他们、遭受冷落和嘲讽的也是他们。③观察一种现实中存在的、有趣的认知现象：无论领导者如何行事，他们总喜欢"脑补"。如果诸事顺利，他们就会对其行为或举动给予积极评价；如果事与愿违，他们就会给出消极评价，全然无视领导者实际上做了什么（Lord、Binning、Rush 和 Thomas，1978；Rush、Thomas 和 Lord，1977）。换言之，事情的结果"造就"了领导者，至于这一结果是否应归功或归咎于领导者，或是否在其控制的范围之内，其实无人理会（Weber、Camerer、Rottenstreich 和 Knez，2001）。

以上三个主题似乎暗藏矛盾：前两个主题指出领导力非常关键，第三个主题却话锋一转，称领导力或许并不重要，只是一种被社会建构出来的概念（Gemmill 和 Oakley，1992；Meindl，1995）。作为领导力的研究者，我们显然认为领导力很重要，但现实主义和社会建构主义都在试图阐释领导力的奥秘何在。那么，领导力到底是什么？这个问题并不容易回答，这也是本书试图回答的核心问题。

在 100 多年的发展历程中，领导力研究经历了多次研究范式的变迁，百家争鸣、莫衷一是。很多的时候，领导力研究者会深感沮丧，因为研究方向可能从一开始就是错的，理论进展亦步亦趋、缺乏突破，研究结果也常常相互矛盾。正如 Warren Bennis（1959，第 259~260 页）在大约 60 年前所说："领导力理论无疑是社会心理学中最含糊不清、混沌不明的研究领域……行为科学中恐怕没有任何领域比领导力领域更加'论著多而成果少'了。"Richard Hackman 和 Ruth Wageman（2007）也同样指出，领导力研究领域"仍充斥着奇谈怪论，杂乱无章"（第 43 页）。这些大名鼎鼎的学者怎么能如此贬低领导力研究呢？

读者如果还不了解领导力研究所面临的种种困境，可以想象这样一种场景：几幅不同的拼图散片放在一起，让你拼出一幅完整的图案。与此类似，领导力研究在 20 世纪的大部分时间内都在竭力拼凑各种理论观点，以期构建有关领导力本质的完整框架，但却总是徒劳无功。不仅如此，这幅拼图自身也在不断地变化——领导力是一个不断演化的概念（Day，2012）。基于这些原因，领导力研究领域到处弥漫着不满与悲观情绪（Greens，1977；Schriesheim 和 Kerr，1977），甚至还有人呼吁停止领导力研究（Miner，1975）。

幸运的是，一幅更清晰的画面已开始呈现。新出现的研究方向让领导力研究者们重燃斗志，对先前因研究结论明显相悖而放弃的研究领域（如领导力特质理论）重新展开探索。凭借目前积累的知识，我们已能更加自信地从前因、情境条件和结果等方面解释领导力的本质。本书将归纳这些领导力的知识，为读者提供一种全面的解读，它足够广泛，涵盖了各大论题；同时又足够简洁，不会让读者摸不着头脑。

本书共分四大部分：

第 1 部分从本章开始，提出领导力的定义，简要介绍领导力研究的历史及发展方向，然后对本书的内容进行概述。

第 2 部分将阐述领导力研究的几大学派：个体差异学派、魅力型领导力与新领导力学派、认知学派、关系型领导力学派、共享型领导力学派以及从进化、生物学和神经科学的视角来研究领导力的学派。

第 3 部分将探讨领导力研究的新话题：社会认知、性别、权力、身份认同、文化、领导力发展和创业型领导力等。

第 4 部分探讨哲学问题和方法论问题：如何研究领导力、道德与有效性、企业社会责任等。本书最后还将提供 Warren Bennis 的一些见解以及我们的观点。

📖 领导力是什么

领导力是社会科学探讨最多的现象之一。鉴于领导行为是普遍存在于人类社会和动物群体中的一种活动，人们会详细地探讨领导力，这一点并不令人感到意外（Bass 和 Bass，2008）。东方著述（Rindova 和 Starbuck，1997）和西方文献（如 Aristotle、Plato）中都经常提及领导力，人们普遍认为领导力对组织与社会功能的有效发挥具有重要作用。

实践中，我们很容易看到领导力的表现，但却很难给它一个确切的定义。领导力的本质很复杂，目前还未形成一种被广为接受的定义。此外，我们积累的社会科学知识尚未协调一致，领导力研究者所遵循的研究范式也很薄弱（Antonakis，2017；Pfeffer，1993），因此很难就某一定义达成一致意见。例如，Fred Fiedler（1971）曾指

出："有多少种领导力理论，大概就有多少种领导力的定义，而且研究领导力的学者也相当多。"（第 1 页）

尽管缺乏统一的意见，但在把领导力这一概念引入学术研究领域之前，仍有必要对领导力和领导力科学进行大致的界定。就本书而言，我们提出了以下的定义：

领导力是一个根植于特定情境，并会对目标产生影响的、正式或非正式的过程，通常存在于领导者与追随者、追随者群体或机构之间。领导力科学是对这一过程及其结果的系统性研究，而且还会探索这一过程对领导者特质及行为的依赖程度，以及观察者对领导者特点的推断和对实体所获结果的归因。

我们承认，我们所采取的是"领导者中心"的方法，主要描述与领导者个人特点相关的单向效应。但与此同时，我们认为，追随者的"感知"和"归因"也对领导力研究起着重要作用。领导者能否合理、合法地享有领导地位，很大程度上取决于其追随者。[①] 我们也指出，归根结底，领导力的核心是如何实现特定的目标，也就是说，领导力的关键是整合人力和组织资源，统筹协调，以达成特定结果、解决复杂问题。我们认为领导力根植于特定情境，情境会影响我们表现出哪种类型的影响力，以及它是否有效（Liden 和 Antonakis，2009）。鉴于此，我们纳入了一些决定性的维度，包括正式和非正式领导力、领导者其人、领导者的行为、领导者的作用、领导者与追随者的互动过程，以及社会认知与情境的重要性（Bass 和 Bass，2008；Day，2012；Lord 和 Maher，1991）。

领导力不是什么

不论怎样定义领导力，一定要从概念上将其与权力和管理区分开来。然而在现实中，这三个概念常会混为一谈。权力是指领导者可用来影响他人的手段，可定义为"可将个人意志不对等地强加于实体的自由裁量权和手段"（Sturm 和 Antonakis，2015，第139 页）。权力包括威望权力（追随者对领导者的认同）、专家权力、奖惩权力，以及根据职位合法赋予的正式权力等（Etzioni，1964；French 和 Raven，1968）。要领导他人朝着某个目标迈进，敦促他们为实现目标付出巨大的努力，领导者必须拥有权力。虽然一个人的职位赋予的权力具有正式权威，但拥有正式权威并不是领导力的必要条件。

至于领导力与管理的区别，尤其是从"新"的视角来看的话（Bryman，1992），领导力以价值观、理想、愿景、象征和情感交流为基础，并以目的为导向，而管理是以任务为导向，通过理性、行政的手段和履行合同（也就是交易）等方式来确保最终的稳定性。有人认为领导者和管理者完全是不同类型的人（Zaleznik，1977），也有人认为成功的领导者离不开有效的管理。领导力虽与管理相辅相成，但它能

---

① Derek Sivers 的 TED 演讲"如何发起一场运动"讨论了追随者的重要性。https://www.ted.com/talks/derek_sivers_how_to_start_a_movement。

超越管理，是获得超出预期的良好结果的必要条件（Bass，1985、1998；Bass 和 Riggio，2006）。

领导力的必要性

出于种种原因，领导力在本质上具有功能性和必要性（Lord，1977）。从管理层面来看，领导力是对组织制度的一种补充（Katz 和 Kahn，1978），有助于完成复杂任务和解决社会问题（Fleishman 等人，1991；Morgeson，2005；Morgeson、DeRue 和 Karam，2010）。从战略层面看，领导力有助于利用组织资源和人力资源来实现组织的战略目标，确保组织的功能符合外部环境的需要（Zaccaro，2001）；在组织与外部动态环境的相互作用中，一定要确保组织能够协调运作（Katz 和 Kahn，1978）。因此，从功能的角度来看，领导者就像"终结者"，能够完成团队无法完成的任务（McGrath，1962）。

为使组织适应环境，领导者必须密切关注内外部环境，根据本组织的优势和劣势，以及所面临的机遇制定战略，展示充满希望的愿景，提供社会情感支持，推出奖惩措施，加强结果监控，直至组织的战略目标得以实现（Antonakis 和 House，2014）。领导力的一些要素常常被认为与管理相同，有些人因此认为二者之间界限模糊。但领导者毕竟不只是在一个部门内部发挥领导作用，还要担任整个组织的引领者（带领组织前进）（Hooijberg、Hunt、Antonakis、Boal 和 Lane，2007；Hunt，1991）。当然，任务导向型影响力的某些方面包含激励性要素，可被视为领导力；同样，在传达一种愿景之前，领导者必须具备任务导向型的专业知识，以确保所选的愿景是正确的。因此，领导力和管理其实是一枚硬币的两面，而领导者必须手握权力，这枚硬币才具备价值。

📖 领导力研究

这一部分将讨论领导力研究的演变过程。我们会在随后的章节对各种领导力理论展开详细的讨论。在这里我们仅进行简单介绍，以便读者大致了解领导力理论如何发展出为本书所收录的各主要学派及其最新的研究课题。随后，我们将探讨新近出现的两个重要问题：如何更好地让可靠的研究成为制定政策的依据，如何将各种领导力模型整合起来形成一个综合性的框架。

📖 领导力研究简史

我们把领导力研究划分为 9 个主要学派（见图 1-1），按时间和产出对这些学派进行分类。时间是指各学派出现的时间，产出是指其在特定时间吸引了多少研究者的关注。这种划分是基于我们的专业知识和判断，但也参考了《领导力季刊》（*The Leadership Quarterly*）近期发表的文献综述（Antonakis、Bastardoz、Liu 和 Schriesheim，2014；Dinh 等人，2014；Gardner、Lowe、Moss、Mahoney 和 Cogliser，

2010）。我们还查阅了一些历史文献（Bass 和 Bass，2008；Day，2012；House 和 Aditya，1997；Lowe 和 Gardner，2000；Van Seters 和 Field，1990），读者也可查阅这些文献，更完整地了解领导力研究的历史和演进过程。我们还预测了 21 世纪 20 年代领导力研究可能出现的趋势。

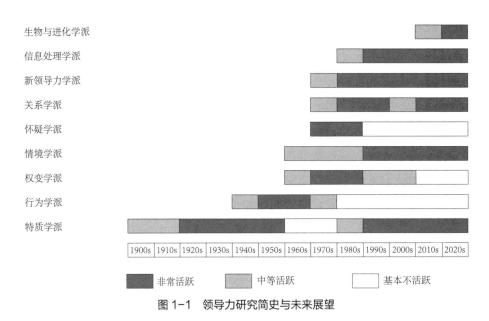

图 1-1 领导力研究简史与未来展望

特质学派

对领导力的科学研究始于 20 世纪初，当时，基于"伟人"或特质研究视角，认为杰出人物改变了历史进程。这一思想流派指出，领导者与非领导者的区别在于某些秉性特点（稳定的人格特征或特质）。因此，领导力研究非常注重识别人格特质中与有效领导密切相关的主要个体差异。两份颇具影响力的文献综述（Mann，1959；Stogdill，1948）指出，智力和支配力等特质可以预测某人的领导力。然而，在许多领导力研究者对相关研究结论作出悲观的解读后，出于大部分意图和目的进行的特质研究都终止了（Day 和 Zaccaro，2007；Zaccaro，2012）。这是领导力研究遭遇的第一次重大危机，特质学派直到 30 年后才重出江湖。

领导力特质学派的复苏得益于人们对 Mann（1959）的数据资料的重新分析。人们采用当时比较新颖、颇具创新意义的元分析方法（Lord、De Vader 和 Alliger，1986）对特质和领导力之间的关系重新进行了分析。Lord 等人（1986）的元分析结果显示，智力特质与人们感知到的领导力之间存在很强的相关性，而且 Mann 的研究数据以及后续的其他研究结论都明确印证了这种关系。近期已有更多元的分析证实，客观测量出来的智力水平与有效的领导之间存在显著的相关关系（Judge、Colbert 和 Ilies，2004）。Kenny 和 Zaccaro（1983）以及 Zaccaro、Foti 和 Kenny（1991）的研究均证明，稳定的领导者特点（如特质）与领导力的显现有关。有些人对从特质出发的领导力研究给予了很高的评价，尤其受到好评的是"大五人格要素"与领导力的显现及领导力有效性之间存在较强的相关关系（Judge、Bono、Ilies 和 Gerhardt，2002；Zaccaro，2007）。

从发表论文的数量来看，领导者特质研究日渐流行（Antonakis 和 Bastardoz 等人，2014；Dinh 等人，2014），目前人们认为其正处于又一次高峰（Antonakis、Day 和 Schyns，2012；Zaccaro，2012）。此外，特质学派已经开始从过犹不及的视角展开研究（Judge、Piccolo 和 Kosalka，2009；Pierce 和 Aguinis，2013），认为领导力与人格（Ames 和 Flynn，2007）或智力（Antonakis、House 和 Simonton，2017）之间更有可能是非线性的关系（即领导力与"好"特质之间的关系呈现倒 U 形曲线），这就意味着以前诸多特质研究所建立的关系模型都不准确，无法真正揭示特质与领导力之间的关系。

行为学派

20 世纪 50 年代，鉴于早期对领导力特质理论的悲观论调，研究者开始将目光投向领导者的行为风格。正如 Lewin 和 Lippitt（1938）对民主型与专制型领导者的阐释一样，行为学派主要关注领导者的行为及其对待追随者的方式。俄亥俄州立大学（Stogdill 和 Coons，1957）和密歇根大学（Katz、Maccoby、Gurin 和 Floor，1951）的著名研究确定了领导力的两个关键因素，即通常所说的"关怀"（即支持性的、以人为本的领导力）与"主动"结构（即指导性的、任务导向的领导力）。还有学者将这一研究扩展到了组织层面（如 Blake 和 Mouton，1964）。然而，由于有关领导行为"风格"的研究结论与其他相关结果互相矛盾，领导力研究再次陷入困境。没有充分证据表明存在着一种不同的任务或环境都能够接受的领导风格。基于这些互相矛盾的研究结论，研究者指出，何为成功的领导者行为风格必须视环境而定。于是，到了 20 世纪 60 年代，领导力理论研究开始转为领导力权变的方向。

领导力行为理论的研究虽然逐渐退潮（Antonakis 和 Bastardoz 等人，2014；Dinh 等人，2014；Gardner 等人，2010），但许多观点被其他理论（如权变理论和变革型领导力理论）所吸收和借鉴。此外，最近的元分析结果表明，在预测领导成效方面，支持关怀—主动结构能够有效地预测领导成效的一致性证据，可能比我们通常所知的要多（Judge、Piccolo 和 Ilies，2004）。因此，主动结构（也称为"工具型领导力"）重新受到了更多的关注（Antonakis 和 House，2014；Rowold，2014）。

权变学派

领导力权变理论运动的兴起很大程度上要归功于 Fiedler（1967、1971）。他提出，"领导者—成员关系"、任务结构和领导者的职权都决定着领导的有效性。另一个著名的权变研究视角由 House（1971）提出，他强调领导者在帮助追随者确定目标实现路径方面的作用。Kerr 和 Jermier（1978）进一步将这一研究方法拓展为领导力替代理论，着重探讨了追随者足智多谋、组织结构清晰明了、业务流程整齐划一等因素所导致的领导力失能的情形。其他的研究方向还包括 Vroom 及其同事提出的领导决策风格及各种权变理论（Vroom，1976；Vroom 和 Jago，1988；Vroom 和 Yetton，1973）。尽管学者们仍热衷于提出各种权变理论（Fiedler，1993、1995），但这一研究体系的总体影响似乎已显著减弱（Antonakis 和 Bastardoz 等人，2014；Dinh 等人，2014；Gardner 等人，2010）。权变学派的很多思想现已融入领导力情境学派，具体讨论如下。

情境学派

情境学派与权变运动不无关系，目前受到的关注也越来越多（Antonakis 和 Bastardoz 等人，2014；Dinh 等人，2014）。这一学派最初起源于跨文化心理学（Hall，1976；Hofstede，1980、1983、1993、1997；Kluckhohn 和 Strodtbeck，1961；Meade，1967；Triandis，1995），如今已涵盖更加广泛的议题，包括领导者的层级、国家文化、领导者与追随者的性别、组织机构特点等情境性因素，以及危机等其他因素对领导行为或其前因的促进或抑制作用，或者对领导力有效性的调节作用（Antonakis、Avolio 和 Sivasubramaniam，2003；Bligh、Kohles 和 Meindl，2004；Liden 和 Antonakis，2009；Lord、Brown、Harvey 和 Hall，2001；Osborn、Hunt 和 Jauch，2002；Porter 和 McLaughlin，2006；Shami 和 Howell，1999）。要更全面地理解领导力，就必须深挖其中的情境因素。简单地说，领导力并不会凭空产生（House 和 Aditya，1997），它总是根植于情境之中，必须明确其边界才能更好地了解其本质，让理论变得更强大、更有用（Bacharach，1989）。

关系学派

权变运动盛行后不久，另一个致力于研究领导者—追随者关系的学派开始获得大量的关注。这一学派的基础最初被称为垂直二元联结理论（Dansereau、Graen 和 Haga，1975），后来演变为领导者—成员交换理论（Graen 和 Uhl-bien，1995）。领导者—成员交换理论阐释了领导者与追随者关系的本质。高质量的领导者—追随者关系（即圈内人）以相互信任和相互尊重为基础，而低质量的领导者—追随者关系（即圈外人）以履行合同义务为基础。

需要注意的是，领导者—追随者的关系质量是指情感与态度层面的结果。因此，领导者—成员交换并不是一种领导风格，而是被多重（领导者、追随者、组织层次或情境等）互动过程驱动的一个因变量（Antonakis、Bendahan、Jacquart 和 Lalive，2014；House 和 Aditya，1997）。领导力的这些方面本身就值得研究。领导者—成员交换理论表明，与低质量的领导者—追随者关系相比，高质量的领导者—追随者关系会产生更积极的领导结果，这一理论也得到了实践的验证（Gerstner 和 Day，1997；

Ilies、Nahrgang 和 Morgeson，2007）。这一研究体系仍在探索新的方向，学者们对关系学派总体而言似乎比较感兴趣（Antonakis 和 Bastardoz 等人，2014；Dinh 等人，2014；Gardner 等人，2010）。

怀疑学派

20 世纪七八十年代，领导力研究还遇到了其他一系列的挑战。调查问卷评分的有效性遭到了质疑，原因是评分者在回答问卷时会因受到内隐领导力理论的影响而出现偏差（Eden 和 Leviathan，1975；Rush 等人，1977）。这一观点认为，领导者的所作所为（即领导力）在很大程度上被归因于他的绩效结果，这可能也反映着人们脑海中的内隐领导力理论（Eden 和 Leviathan，1975，第 740 页）。某种程度上，领导力是观察者解释其观察到的结果的一种方法，即使这些结果可能是由领导者无法控制的因素导致的（Weber 等人，2001）。有学者认为，这些评价是观察者在理解和确定某一组织为何取得了其绩效结果的过程中作出的（Calder，1977；Meindl 和 Ehrlich，1987；Meindl、Ehrlich 和 Dukerich，1985）。因此，领导者做了什么可能在很大程度上是无关紧要的，因为对领导者的评价主要源自其所在团队或组织的绩效结果（Lord 等人，1978）。简而言之，领导力是根据领导者取得的成就（即领导者所在团队的成就）而做出的一种归因。还有一些研究对领导力是否真的存在或是否必需表示怀疑，甚至质疑领导力是否真的会对组织绩效产生影响（Gemmill 和 Oakley，1992；Meindl 和 Ehrlich，1987；Pfeffer，1977）。

提出上述观点的领导力研究者大多是现实主义者而非怀疑论者（Barrick、Day、Lord 和 Alexander，1991；Day 和 Lord，1988；Smith、Carson 和 Alexander，1984）。也有一些人试图调和这两类观点，形成一种单一的理论（Jacquart 和 Antonakis，2015）。尽管越来越多的研究开始关注追随者在领导过程中的作用，但人们对怀疑主义的观点已经逐渐失去了兴趣（Gardner 等人，2010）。面对怀疑学派提出的许多问题，领导力研究主要在以下方面展现了优势：①采用的方法更加严谨。②区分高层领导力和监督领导力。③重点研究追随者及其对现实的感知。此外，对追随者的研究和由此产生的信息处理学派推动领导力研究取得了不少理论进展，极大地稳固了领导力研究的地位。

信息处理学派

信息处理学派的形成主要得益于 Lord 及其同事的研究（Lord、Foti 和 De Vader，1984）。他们主要探讨领导者如何通过使他们的个人特点（即人格特质）更符合追随者对领导者原型的预期，来实现其领导者身份的合法化（即获得影响力），以及他们为何可以如此。此外，经过对这一研究视角的拓展，我们能更好地理解认知与各种行为之间的关系（如 Balkundi 和 Kilduff，2006；Wofford、Goodwin 和 Whittington，1998）。同样值得注意的是，这一学派与领导力的其他研究领域有很多关联，如原型及其与不同情境因素之间的关系等（Epitropaki 和 Martin，2004；Lord 等人，2001；Lord 和 Emrich，2001；Lord 和 Maher，1991）。

领导力的信息处理理论备受关注，从《领导力季刊》收到的投稿来看，研究者们对领导者、追随者认知的兴趣正不断高涨（Antonakis 和 Bastardoz 等人，2014；Dinh 等人，2014；Gardner 等人，2010）。因此，随着认知、信息处理和情感等领域的学术研究不断深入，我们对领导力的了解将会更全面。

新领导力学派（魅力型、愿景型、变革型领导力）

正当领导力研究开始变得枯燥，理论成果或见解乏善可陈时，Bass 及其同事（Bass，1985a、1985b、1990；Bass 和 Avolio，1994；Bass、Waldman、Avolio 和 Bebb，1987；Hater 和 Bass，1988；Seltzer 和 Bass，1990）以及愿景型和魅力型领导力理论的倡导者们（Bennis 和 Nanus，1985；Conger 和 Kanungo，1998、1988）重新激发了人们对一般领导力研究（Bryman，1992；Hunt，1999）及相关学派（如特质学派）的兴趣。这一运动脱胎于 House（1977），他所提出的魅力型领导力理论对 Bass（1985a）产生了重要的影响。Burns（1978）、Downton（1973）和 House 先后指出，当时的领导力范式主要为交易型，换言之，他们关注的是双方对交易（即社会交换）义务履行的满意程度。Bass 认为，追随者会在目标感和理想化使命的感召下取得成功，而这需要用另外的领导力范式来加以解释。他把这种领导力类型称为变革型领导力，在该范式下，理想化和激励型的领导行为能够促使追随者舍小家为大家。变革型、魅力型以及其他可归入新魅力型的领导力构成了当前领导力研究的一种主流范式，各顶级期刊发表的文章数量以这一学派的研究最多（Antonakis 和 Bastardoz 等人，2014；Dinh 等人，2014）。

生物与进化学派

颇具讽刺意味的是，生物学与进化论虽然是历史最悠久的科学分支之一，但在领导力研究领域却是新成员。与本书的第 2 版一样，我们认为，这一研究思潮目前已经成熟，而且在衡量个体差异方面与领导力特质学派颇为相似。这一学派倾向于直接衡量可观察的个体差异（如生物参数或过程），因此，它以自然科学为基础，从进化过程的角度探究适应性行为出现的根本原因，而不是表层原因。

这是一种很新的研究潮流，得出了一些有趣的研究发现，如领导力形成的可遗传性（Ilies、Gerhardt 和 Le，2004）、领导角色占有率（Arvey、Rotundo、Johnson、Zhang 和 McGue，2006；Ilies 等人，2004）等。这一学派还分析了与领导力形成有关的特定基因（De Neve、Mikhaylov、Dawes、Christakis 和 Fowler，2013）。其他有趣的研究方向，包括激素水平对领导力与领导结果关系的影响（Bendahan、Zehnder、Pralong 和 Antonakis，2015；Diebig、Bormann 和 Rowold，2016；Grant 和 France，2001；Gray 和 Campbell，2009；Sellers、Mehl 和 Josephs，2007），从神经科学的视

角研究领导力（Balthazard、Waldman、Thatcher 和 Hannah，2012；Lee、Senior 和 Butler，2012；Waldman、Balthazard 和 Peterson，2011a、2011b），以及从广义进化论的视角研究领导力（Van Vugt 和 Grabo，2015；Van Vugt、Hogan 和 Kaiser，2008；Van Vugt 和 Schaller，2008；Von Rueden 和 Van Vugt，2015）。另一个热门话题是外貌对领导结果的影响（Antonakis 和 Dalgas，2009；Antonakis 和 Eubanks，2017；Bøggild 和 Laustsen，2016；Olivola、Eubanks 和 Lovelace，2014；Spisak、Dekker、Kruger 和 Van Vugt，2012；Spisak、Grabo、Arvey 和 Van Vugt，2014；Spisak、Homan、Grabo 和 Van Vugt，2011；Trichas 和 Schyns，2012）。

我们确信，这一学派将会对理解与领导力有关的社会生物学因素做出重大贡献。这一领域越来越受关注，《领导力季刊》还曾就这一主题推出了特刊（Lee 等人，2012），并举办了“领导力的生物与进化研究”主题征文活动。

📖 新出现的问题

领导力研究目前已完成领导力拼图的一大部分，但还存在许多不足。我们认为，领导力研究需要重点关注两个研究领域，以便更好地指导实践：①开展更多具有实际指导性的研究，关注对已识别的因果模型进行正确评估，这是为政策制定和领导实践提供指导的先决条件。②思考如何统一和整合未来的领导力研究。

正确识别因果模型，为政策制定提供指导

无论在哪个学科领域，学术研究的终极目标都应是创建理论（Kerlinger，1986），理论能够通过识别变量在某些情境条件下的因果关系，对一种自然发生的现象作出解释（Bacharach，1989；Dubin，1976）。在这个方面，领导力研究目前面临着巨大挑战，我们仍未找到有适当定义具有已验证的因果关系的变量来建立清晰的理论（Day 和 Antonakis，2013）。

一种理论如果足够明确和具体，就能够支持和指导实践。即使无法给出合理的理论解释，只要能准确判定 x 和 y 之间的因果关系，科学研究仍能为实践提供指导（Antonakis，2017）。为此，我们必须确保研究的严谨性（Vermeulen，2005）。作为研究人员，我们的最终目的是判定因果关系，从而指导政策制定，而能否提供理论解释已变得不太重要。当然，从长远来看若能提供理论解释则更加完美。例如，麻醉剂可以说是现代医学最伟大的发现之一。我们知道，施以正确剂量（x）的麻醉剂（如异丙酚），患者在手术期间就不会苏醒（y）。但目前尚无法完美解释麻醉剂的作用原理。不过，就麻醉剂的效果而言，这并不妨碍根据证据和因果关系来指导政策制定（Antonakis，2017）。

包括组织科学在内，社会科学的所有分支直到最近才接受这样一个事实：以前所做的许多研究都未明确其中的因果关系（Angrist 和 Krueger，2001；Bascle，2008；Bollen，2012；Duncan、Magnusson 和 Ludwig，2004；Foster 和 McLanahan，1996；

Gennetian、Magnuson 和 Morris，2008；Halaby，2004；Hamilton 和 Nickerson，2003；Larcker 和 Rusticus，2010；Semadeni、Withers 和 Certo，2014；Shaver，1998）。也就是说，这些研究只探讨了相关性。x 和 y 两个变量之间存在相关关系，并不一定意味着 x 会导致 y。只有当科学家有合理的理由相信这种相关性不是未纳入模型的另外一个或多个变量（我们姑且称之为 z）造成的，科学才能向前发展，实践才能随之进步。如果一个模型无法对其未包含的某些原因给出解释，我们就说这个模型存在内生性问题（Antonakis、Bendahan、Jacquart 和 Lalive，2010）。

有关领导力研究现状的最新评估表明，由于存在内生性问题，许多领导力方面的研究都未能揭示因果关系，因此无法为政策制定提供指导（Antonakis 和 Bastardoz 等人，2014；Antonakis 等人，2010；Fischer、Dietz 和 Antonakis，2016）。领导力研究会面临这种挑战是极具讽刺意味的，因为领导力的基础学科之一是心理学，而心理学是在社会科学领域使用随机对照实验这一黄金标准来设计因果关系的开路先锋。尽管我们一般无法随机分配研究对象（无论是领导者个体，还是团队或组织）去进行某些处理，但仍有许多方法无须诉诸随机实验就可以建立因果关系（Cook、Shadish 和 Wong，2008；Shadish、Cook 和 Campbell，2002）。因此，重要的是，研究者在进行研究或评估研究结果时要考虑这方面的问题。至于如何使用准实验研究等方法，一些领导力研究文献已有明确讨论（Adams，2016；Antonakis 等人，2010；Antonakis 和 Bendahan 等人，2014；Li，2013），本书（主要是第 16 章）也会对此展开充分的讨论。

整合和统一

与社会科学领域的其他研究一样，领导力研究缺少一种强大的范式作为指引。因此，研究散乱无序，成果芜杂、烦冗、零散，互不连贯，难以形成合力（Antonakis，2017）。现在，我们应该做的是，将零散的研究串联起来，并与其他学科贯通。

根据目前对领导力本质的了解，研究者必须开始将重叠和互补的领导力概念整合在一起。Van Seters 和 Field（1990）认为，领导力研究的新时代将以证据的聚集与整合为核心。近 20 年后，Avolio（2007）同样呼吁在创建领导力理论时更多地采用整合策略。构建混合型，甚至混合—整合型的领导力理论（即将心理变量、情境变量、生物学变量等全部综合起来）是有可能的，建立过程类模型是更有可能的实现途径（Antonakis，2011；Antonakis 等人，2012）。例如，House 和 Shamir（1993）在研究中采取的就是综合性视角，他们整合了各种"新"领导力理论。Zaccaro（2001）的高管领导力混合框架吸收了认知、行为、战略和愿景型领导力等多种理论。这种整合也吸纳了相关理论相互重叠的部分，因此，Zaccaro 的研究也属于一种混合—整合型理论。这种研究框架的另一个范例是 Day、Harrison 和 Halpin（2009、2012）提出的领导力发展整合理论。这一理论旨在将多个与领导力不太相关的领域融合进来开展研究，如专业知识与专家绩效、身份与自我约束、成年人发展等。

发展混合理论还存在许多其他途径。例如，领导力关系学派中的领导者—成员交换理论曾因未指明高质量、低质量关系的行为前因而受到批评（House 和 Aditya，1997）。只要模型中的变量是外生的（如领导者的智力或其他特质，不随模型中其他变量的变化而改变），就可以将行为或特质理论（作为前因）整合到领导者—成员交换理论中。或者，还可以使用工具变量法，这对于确立因果关系也有好处：它能控制内生性的领导力构念对结果的影响，从而消除让大多数领导力模型备受困扰的内生性问题（Antonakis，2017；Antonakis 和 Bendahan 等人，2014）。

只有不断整合目前得到的研究结果，领导力研究才能迈上新的台阶。这样，我们便会最终具备创建和检验更多一般性理论的能力。之前的研究已为这些理论的出现奠定了基础。现在，领导力研究需要开始将研究方法概念化，把数量众多的、不同的研究结论统一起来，对理论展开梳理，然后在学科内部及不同学科之间进行综合和整合（Antonakis，2017）。事实上，混合型的领导力理论目前正逐渐得到认可（Antonakis 和 Bastardoz 等人，2014），我们希望几年后本书再版时，能够看到更多的证据。

📖 本书的结构及概要

我们已向读者介绍了领导力研究领域的主要范式和当前面临的问题。本章的后续部分将简述《领导力的本质》（第 3 版）各章的内容。

第 2 部分：领导力的主要学派

第 2 章：Zaccaro、Dubrow 和 Kolze（领导者的特质和特征）将探讨有助于预测领导力显现及其有效性的特质。除了分析预测模型中各种特质的有效性外，他们还主张在过程模型中采用更复杂的方法来为特质群建模，同时还要考虑情境条件。

第 3 章：Antonakis（魅力和"新领导力"）将回顾领导力研究如何从任务或关系导向的模型转变为以象征、价值观和情感为基础的领导力。这些模型大都是魅力型领导力的衍生品。本章对这些文献进行了批判性评价，强调了解这些领导力类型对实践的重要性。

第 4 章：Brown（关注追随者：以追随者为中心的领导力）将讨论追随者和追随者认知方面的基础内容。要想了解追随者为何会赋予领导者的合法地位，就必须首先弄清推理和归因过程如何影响他们看待领导者的方式，以及情境触发的原型如何驱动这些认知过程。

第 5 章：Epitropaki、Martin 和 Thomas（关系型领导力）将从二元关系和集体的角度来探讨关系型领导力的本质。这一章的重点是讨论领导者和追随者之间的交互过程，其中包括"领导者—成员交换"理论的相关因素、如何维持关系、社会建构主义者的观点等。此外，他们还会就这些研究潮流的未来方向给出判断。

第 6 章：Ayman 和 Lauritsen（权变、情境、环境和领导力）将专门探讨情境（广义而言）为何与领导力密不可分。他们将比较和对照与这一领导力研究潮流相关的主要理论，观察与领导结果相关的情境变量，从而最终解释领导者与环境的最佳契合关系。

第 7 章：Wassenaar 和 Pearce（共享型领导力）将探讨共享型领导力，关注的重点不是领导者，而是个人如何利用整个团队的经验和才能来实现既定目标。这一观点是对领导者中心论的一种补充，本章旨在探讨它的前因、后果及实践意义。

第 8 章：Van Vugt（进化、生物学与神经科学视角）将采用进化理论对行为作出最终阐释。他将引用各种证据来揭示压力如何影响领导者和追随者的心理状态，以及为什么我们的一些进化行为会与今天的技术和文化环境格格不入。

第 3 部分：领导力研究方面的最新话题

第 9 章：Tskhay 和 Rule（社会认知、社会感知和领导力）将从领导力的社会心理学视角出发，利用碎片化信息展开大量的推论，探讨个人对领导者的直觉判断和快速判断。他们将这方面的文献与原型及内隐领导力理论的文献结合在一起来解释领导力显现及其有效性。

第 10 章：Carli 和 Eagly（领导力与性别）认为，尽管男性和女性在领导潜能方面几乎没有差异，但领导岗位上的女性比例偏低。根据已提出的各种理论解释，他们发现阻碍女性获得相应权力的因素包括偏见、歧视、企业文化和男性主导的社会网络。

第 11 章：Sturm 和 Monzani（权力与领导力）将对领导力的关键杠杆——权力展开研究。他们回顾了从哲学到心理学的各方面文献，以揭示权力意味着什么，它是如何获得的，以及它对领导者认知、情感和行为的影响。他们还会就领导者权力对结果的影响（无论是亲社会还是反社会的）展开讨论。

第 12 章：Van Knippenberg（领导力与身份认同）指出，明确领导力发生在怎样的群体共享情境中，对于理解领导力至关重要。他尝试着从身份认同的视角来解读领导力，认为身份认同会对自己及他人的认知、态度和行为产生影响，也会随着时间的推移而变化。因此，身份认同视角是更好地了解领导力的关键。

第 13 章：Den Hartog 和 Dickson（领导力、文化和全球化）从情境的角度说明，面对全球化我们一定不能忘记领导力根植于文化。在一种文化中有效的领导风格，到了另一种文化中可能变得无效。他们将讨论用于描述文化的各种框架，以及这些框架如何预测哪些可以被视作典型的领导力。

第 14 章：Day 和 Thornton（领导力发展）指出，领导者个体的发展和领导力的发展是不同的，后者是一种更广泛、更完整的视角，领导者个体、团队和组织都包括在其中。他们广泛查阅了领导力发展方面的现有文献，讨论了关键的方法论问题，从而确保领导力干预措施有充分的证据基础。

第 15 章：Renko（创业型领导力）将专门剖析领导力在识别和利用创业机会方面的作用；这些机会对经济增长至关重要——尤其是在发展中国家。他将提出创业型领导力的测量方法，并阐明其前因和后果。

第 4 部分：领导力中的哲学和方法论问题

第 16 章：Jacquart、Cole、Gabriel、Koopman 和 Rosen（了解领导力：研究设计和方法）将介绍以科学的方式研究领导力需要哪些研究设计条件。他们指出，研究有效性方面存在一个被忽视的威胁——内生性及其形成条件，并阐述了如何使用实验方法和准实验方法来应对此类问题。

第 17 章：Ciulla（道德与有效性：优秀领导力的本质）将从哲学的角度来讨论什么是领导力，以及技术上和道德上的优秀领导力是怎样的。他强调了领导者面临的道德困境，从短期和长期判断领导道德水平的重要性，以及对领导者—追随者关系的影响。

第 18 章：Palazzo（企业社会责任与领导力）认为，企业合法性的一个关键支柱是企业社会责任。他指明了领导力对于组织所处社会和环境的重要性，尤其是在当前这个时代，组织不是在真空中运行，企业会受到各利益相关方的密切关注。

第 19 章：Bennis（领导力纪事）将带领读者开启一段领导力之旅。他引人入胜的写作风格让读者着迷，充分阐明了领导力对于组织运作的重要性，并提出了政治和经济环境下的关键领导力问题。他的语言充满智慧，他的忠告可以跨越时间，他所写的内容对未来的领导者也是无价之宝。

📖 祝你开卷有益！

20 世纪，社会科学研究者们非常卖力地试图揭示领导力的真相，他们知道领导力遭到误解的现象其实非常严重，但科学研究似乎总是捉摸不透它。在谈到领导力研究所面临的困难时，Bennis（1959，第 260 页）指出："领导力这一概念似乎总在躲避我们，有时还会改头换面，以其圆滑和复杂继续奚落我们。"不过，现在情况已经大大不同了。

本书将为你呈现有关领导力这一重要话题的各种有趣的学术研究。如果在阅读本书之前，领导力这一概念让你感到复杂和神秘，那么随着阅读的深入，你对它的了解将逐步清晰。当认识到有效的领导力对自己的一生是多么重要时，我们或许会生发出一种热情，继续深入研究这一领域。

科学证实了人类由来已久的一种直觉——领导力至关重要。不过，我们知道的远不止这些，我们还懂得了如何更好地选择领导者，如何培训他们，以及书中讨论的其他重要话题。对于领导力我们还有很多东西要学，这一研究领域的开拓者在探索和尝试过程中养成的乐观精神无时无刻不鼓舞着我们。他们百折不挠，仍在继续探索领导力的本质，同时激励未来的科学家们不断前进。

无论领导力研究者过去如何引领潮流、遭受挫折或受到嘲弄，领导者仍会一如既往地对追随者产生影响。

参考文献

扫一扫，下载
本章参考文献

Adams, R. B. (2016). Women on boards: The superheroes of tomorrow? *The Leadership Quarterly*, *27* (3), 371–386. Ames, D. R., & Flynn, F. J. (2007). What breaks a leader: The curvilinear relation between assertive. ness and leadership. *Journal of Personality and Social Psychology*, *92* (2), 307–324.

Angrist, J. D., & Krueger, A. B. (2001). Instrumental variables and the search for identification: From supply and demand to natural experiments. *Journal of Economic Perspectives*, *15* (4), 69–85.

Antonakis, J. (2011). Predictors of leadership: The usual suspects and the suspect traits. In A. Bryman, D. Collinson, K. Grint, B. Jackson, & M. Uhl-Bien (Eds.), *Sage handbook of leadership* (pp. 269–285). Thousand Oaks, CA: Sage.

Antonakis, J. (2017). On doing better science: From thrill of discovery to policy implications. *The Leadership Quarterly*, *28* (1), 5–21.

Antonakis, J., Avolio, B. J., & Sivasubramaniam, N. (2003). Context and leadership: An examination of the nine-factor full-range leadership theory using the Multifactor Leadership Questionnaire. *The Leadership Quarterly*, *14*, 261–295.

Antonakis, J., Bastardoz, N., Liu, Y., & Schriesheim, C. A. (2014). What makes articles highly cited? *The Leadership Quarterly*, *25* (1), 152–179.

Antonakis, J., Bendahan, S., Jacquart, P., & Lalive, R. (2010). On making causal claims: A review and recommendations. *The Leadership Quarterly*, *21*, 1086–1120.

Antonakis, J., Bendahan, S., Jacquart, P., & Lalive, R. (2014). Causality and endogeneity: Problems and solutions. In D. V. Day (Ed.), *The Oxford handbook of leadership and organizations* (pp. 93–117). New York, NY: Oxford University Press.

Antonakis, J., & Dalgas, O. (2009). Predicting elections: Child's play! *Science*, *323* (5918), 1183.

Antonakis, J., Day, D. V., & Schyns, B. (2012). Leadership and individual differences: At the cusp of a renaissance. *The Leadership Quarterly*, *23* (4), 643–650.

Antonakis, J., & Eubanks, D. L. (2017). Looking leadership in the face. *Current Directions in Psychological Science*, *26* (3), 270–275.

Antonakis, J., & House, R. J. (2014). Instrumental leadership: Measurement and extension of transformational-transactional leadership theory. *The Leadership Quarterly*, *25*, 746–771.

Antonakis, J., House, R. J., & Simonton, D. K. (2017). Can super smart leaders suffer from too much of a good thing? The curvilinear effect of intelligence on perceived leadership behavior. *Journal of Applied Psychology*. Advance online publication. doi: 10.1037/apl0000221

Aristotle. (1954). *Rhetoric* (1st Modern Library ed.). (W. Rhys Roberts, Trans.). New York, NY: Modern Library.

Arvey, R. D., Rotundo, M., Johnson, W., Zhang, Z., & McGue, M. (2006). The determinants of leadership role occupancy: Genetic and personality factors. *The Leadership Quarterly*, *17* (1), 1–20.

Avolio, B. J. (2007). Promoting more integrative strategies for leadership theory-building. *American Psychologist*, *62* (1), 25.

Bacharach, S. B. (1989). Organizational theories: Some criteria for evaluation. *Academy of Management Review*, *14* (4), 496–515.

Balkundi, P., & Kilduff, M. (2006). The ties that lead: A social network approach to leadership. *The Leadership Quarterly*, *17* (4), 419–439.

Balthazard, P. A., Waldman, D. A., Thatcher, R. W., & Hannah, S. T. (2012). Differentiating transformational and non-transformational leaders on the basis of neurological imaging. *Leadership Quarterly*, *23* (2), 244–258.

Barrick, M. R., Day, D. V., Lord, R. G., & Alexander, R. A. (1991). Assessing the utility of executive leadership. *The Leadership Quarterly*, *2* (1), 9–22.

Bascle, G. (2008). Controlling for endogeneity with instrumental variables in strategic management research. *Strategic Organization*, *6* (3), 285–327.

Bass, B. M. (1985a). *Leadership and performance beyond expectations*. New York, NY: Free Press. Bass, B. M. (1985b). Leadership: Good, better, best. *Organizational Dynamics*, *13* (3), 26–40.

Bass, B. M. (1990). From transactional to transformational leadership: Learning to share the vision. *Organizational Dynamics*, *19* (3), 19–31.

Bass, B. M., & Avolio, B. J. (Eds.). (1994). *Improving organizational effectiveness through transformational leader-ship*. Thousand Oaks, CA: Sage.

Bass, B. M., & Bass, R. (2008). *The Bass handbook of leadership: Theory, research, and managerial applications* (4th ed.). New York, NY: Free Press.

Bass, B. M., Waldman, D. A., Avolio, B. J., & Bebb, M. (1987). Transformational leadership and the falling dominoes effect. *Group and Organization Studies*, *12* (1), 73–87.

Bendahan, S., Zehnder, C., Pralong, F. P., & Antonakis, J. (2015). Leader corruption depends on power and tes-tosterone. *The Leadership Quarterly*, *26*, 101–122.

Bennis, W. G. (1959). Leadership theory and administrative beahvior: The problem of authority. *Administrative Science Quarterly*, *4* (3), 259–301.

Bennis, W. G., & Nanus, B. (1985). *Leaders: The strategies for taking charge*. New York, NY: Harper & Row. Blake, R. R., & Mouton, J. S. (1964). *The managerial grid*. Houston, TX: Gulf.

Bligh, M. C., Kohles, J. C., & Meindl, J. R. (2004). Charisma under crisis: Presidential leadership, rhetoric, and media responses before and after the September 11th terrorist attacks. *The Leadership Quarterly*, *2*（15）, 211–239.

Bøggild, T., & Laustsen, L. (2016). An intra-group perspective on leader preferences: Different risks of exploitation shape preferences for leader facial dominance. *The Leadership Quarterly*, *27*（6）, 820–837.

Bollen, K. A. (2012). Instrumental variables in sociology and the social sciences. *Annual Review of Sociology*, *38*（1）, 37–72.

Bryman, A. (1992). *Charisma and leadership in organizations*. London, UK: Sage.Burns, J. M. (1978). *Leadership*. New York, NY: Harper & Row.

Calder, B. J. (1977). An attribution theory of leadership. In B. M. Straw & G. R. Salancik (Eds.), *New directions in organizational behavior*（pp. 179–204）. Chicago, IL: St Clair.

Conger, J. A., & Kanungo, R. N. (Eds.). (1988). *Charismatic leadership: The elusive factor in organizational effectiveness*. San Francisco, CA: Jossey-Bass.

Conger, J. A., & Kanungo, R. N. (1998). *Charismatic leadership in organizations*. Thousand Oaks, CA: Sage.

Cook, T. D., Shadish, W. R., & Wong, V. C. (2008). Three conditions under which experiments and observational studies produce comparable causal estimates: New findings from within-study comparisons. *Journal of Policy Analysis and Management*, *27*（4）, 724–750.

Dansereau, F., Graen, G. B., & Haga, W. J. (1975). A vertical dyad linkage approach to leadership within formal organizations: A longitudinal investigation of the role making process. *Organizational Behavior and Human Performance*, *13*, 46–78.

Day, D. V. (2012). Leadership. In S. W. J. Kozlowski (Ed.), *The Oxford handbook of organizational psychology*（pp. 696–729）. New York, NY: Oxford University Press.

Day, D. V., & Antonakis, J. (2013). The future of leadership. In H. S. Leonard, R. Lewis, A. M. Freedman, & J. Passmore (Eds.), *The Wiley-Blackwell handbook of the psychology of leadership, change and organizational development*（pp. 221–235）. Oxford, UK: John Wiley & Sons.

Day, D. V., Harrison, M. M., & Halpin, S. M. (2012). *An integrative approach to leader development: Connecting adult development, identity, and expertise*: New York, NY: Psychology Press.

Day, D. V., & Lord, R. G. (1988). Executive leadership and organizational performance: Suggestions for a new theory and methodology. *Journal of Management*, *14*（3）, 453–464.

Day, D. V., & Zaccaro, S. J. (2007). Leadership: A critical historical analysis of the influence of leader traits. In L. L. Koppes (Ed.), *Historical perspectives in industrial and organizational psychology*（pp. 383–405）. Mahwah, NJ: Lawrence Erlbaum.

De Neve, J.-E., Mikhaylov, S., Dawes, C. T., Christakis, N. A., & Fowler, J. H. (2013). Born to lead? A twin design and genetic association study of leadership role occupancy. *The Leadership Quarterly*, *24*（1）, 45–60.

Diebig, M., Bormann, K. C., & Rowold, J. (2016). A double-edged sword: Relationship between full-range leadership behaviors and followers' hair cortisol level. *The Leadership Quarterly*, *27*（6）, 684–696.

Dinh, J. E., Lord, R. G., Gardner, W. L., Meuser, J. D., Liden, R. C., & Hu, J. (2014). Leadership theory and research in the new millennium: Current theoretical trends and changing perspectives. *The Leadership Quarterly*, *25*（1）, 36–62.

Downton, J. V. (1973). *Rebel leadership: Commitment and charisma in the revolutionary process*. New York, NY: Free Press.

Dubin, R. (1976). Theory building in applied areas. In M. D. Dunnette (Ed.), *Handbook of industrial and organizational psychology*（pp. 17–40）. Chicago, IL: Rand McNally.

Duncan, G. J., Magnusson, K. A., & Ludwig, J. (2004). The endogeneity problem in developmental studies. *Research in Human Development*, *1*, 59–80.

Eden, D., & Leviathan, U. (1975). Implicit leadership theory as a determinant of the factor structure underlying supervisory behavior scales. *Journal of Applied Psychology*, *60*（6）, 736–741.

Epitropaki, O., & Martin, R. (2004). Implicit leadership theories in applied settings: Factor structure, generaliz- ability, and stability over time. *Journal of Applied Psychology*, *89*（2）, 293–310.

Etzioni, A. (1964). *Modern organizations*. Englewood Cliffs, NJ: Prentice-Hall.

Fiedler, F. E. (1967). *A theory of leadership effectiveness*. New York, NY: McGraw-Hill.

Fiedler, F. E. (1971). *Leadership*. New York, NY: General Learning Press.

Fiedler, F. E. (1993). The leadership situation and the black box in contingency theories. In M. M. Chemers & R. Ayman (Eds.), *Leadership theory and research: Perspectives and directions*（pp. 1–28）. San Diego, CA: Academic Press.

Fiedler, F. E. (1995). Cognitive resources and leadership performance. *Applied Psychology*, *44*（1）, 5–28.

Fischer, T., Dietz, J., & Antonakis, J. (2016). Leadership process model: A review and synthesis. *Journal of Management*. Advance online publication. doi: 10.1177/0149206316682830

Fleishman, E. A., Mumford, M. D., Zaccaro, S. J., Levin, K. Y., Korotkin, A. L., & Hein, M. B. (1991). Taxonomic efforts in the description of leader behavior: A synthesis and functional interpretation. *The Leadership Quarterly*, *2*（4）, 245–287.

Foster, E. M., & McLanahan, S. (1996). An illustration of the use of instrumental variables: Do neighborhood conditions affect a young person's change of finishing high school? *Psychological Methods*, *1* (3), 249–260.

French, J. R. P., & Raven, B. H. (1968). The bases of social power. In D. Cartwright & A. F. Zander (Eds.), *Group dynamics: Research and theory* (3rd ed., pp. 259–269). New York, NY: Harper & Row.

Gardner, W. L., Lowe, K. B., Moss, T. W., Mahoney, K. T., & Cogliser, C. C. (2010). Scholarly leadership of the study of leadership: A review of *The Leadership Quarterly*'s second decade, 2000–2009. *The Leadership Quarterly*, *12* (6), 922–958.

Gemmill, G., & Oakley, J. (1992). Leadership: An alienating social myth? *Human Relations*, *45* (2), 113–129.

Gennetian, L. A., Magnuson, K., & Morris, P. A. (2008). From statistical associations to causation: What developmentalists can learn from instrumental variables techniques coupled with experimental data. *Developmental Psychology*, *44* (2), 381–394.

Gerstner, C. R., & Day, D. V. (1997). Meta-analytic review of leader–member exchange theory: Correlates and construct issues. *Journal of Applied Psychology*, *82* (6), 827–844.

Graen, G. B., & Uhl-bien, M. (1995). Relationship-based approach to leadership: Development of leader–member exchange (LMX) theory of leadership over 25 years: Applying a multi-level multi-domain perspective. *Leadership Quarterly*, *6* (2), 219–247.

Grant, V. J., & France, J. T. (2001). Dominance and testosterone in women. *Biological Psychology*, *58* (1), 41–47.

Gray, P. B., & Campbell, B., C. (2009). Human male testosterone, pair-bonding, and fatherhood. In P. T. Ellison & P. B. Gray (Eds.), *Endocrinology of social relationships* (pp. 270–293). Cambridge, MA: Harvard University Press.

Greene, C. N. (1977). Disenchantment with leadership research: Some causes, recommendations, and alternative directions. In J. G. Hunt & L. L. Larson (Eds.), *Leadership: The cutting edge* (pp. 57–67). Carbondale: Southern Illinois University Press.

Hackman, J. R., & Wageman, R. (2007). Asking the right questions about leadership. *American Psychologist*, *62*, 43–47.

Halaby, C. N. (2004). Panel models in sociological research: Theory into practice. *Annual Review of Sociology*, *30*, 507–544.

Hall, E. T. (1976). *Beyond culture*. Garden City, NY: Anchor Press/Doubleday.

Hamilton, B. H., & Nickerson, J. A. (2003). Correcting for endogeneity in strategic management research. *Strategic Organization*, *1* (1), 51–78.

Hater, J. J., & Bass, B. M. (1988). Superiors' evaluations and subordinates' perceptions of transformational and transactional leadership. *Journal of Applied Psychology*, *73* (4), 695–702.

Hofstede, G. H. (1980). Motivation, leadership, and organization: Do American theories apply abroad? *Organizational Dynamics*, 42–63.

Hofstede, G. H. (1983). The cultural relativity of organizational practices and theories. *Journal of International Business Studies*, 75–89.

Hofstede, G. H. (1993). Cultural constraints in management theories. *Academy of Management Executive*, *7* (1), 81–94.

Hofstede, G. H. (1997). *Cultures and organizations: Software of the mind* (Rev. ed.). New York, NY: McGraw-Hill.

Hooijberg, R., Hunt, J. G., Antonakis, J., Boal, K. B., & Lane, N. (Eds.). (2007). *Being there even when you are not: Leading through strategy, structures, and systems*. Amsterdam, Netherlands: Elsevier Science.

House, R. J. (1971). Path-goal theory of leadership effectiveness. *Administrative Science Quarterly*, *16* (3), 321–339.

House, R. J. (1977). A 1976 theory of charismatic leadership. In J. G. Hunt & L. L. Larson (Eds.), *The cutting edge* (pp. 189–207). Carbondale: Southern Illinois University Press.

House, R. J., & Aditya, R. N. (1997). The social scientific study of leadership: Quo vadis? *Journal of Management*, *23* (3), 409–473.

House, R. J., & Shamir, B. (1993). Toward the integration of transformational, charismatic, and visionary theories. In M. M. Chemers & R. Ayman (Eds.), *Leadership theory and research: Perspectives and directions* (pp. 167–188).

San Diego, CA: Academic Press.

Hunt, J. G. (1991). *Leadership: A new synthesis*. Newbury Park, CA: Sage.

Hunt, J. G. (1999). Tranformational/charismatic leadership's transformation of the field: An historical essay. *The Leadership Quarterly*, *10* (2), 129–144.

Ilies, R., Gerhardt, M. W., & Le, H. (2004). Individual differences in leadership emergence: Integrating meta-analytic findings and behavioral genetics estimates. *International Journal of Selection and Assessment*, *12* (3), 207–219.

Ilies, R., Nahrgang, J. D., & Morgeson, F. P. (2007). Leader–member exchange and citizenship behaviors: A meta-analysis. *Journal of Applied Psychology*, *92* (1), 269–277.

Jacquart, P., & Antonakis, J. (2015). When does charisma matter for top-level leaders? Effect of attributional ambiguity. *Academy of Management Journal*, *58*, 1051–1074.

Judge, T. A., Bono, J. E., Ilies, R., & Gerhardt, M. W. (2002). Personality and leadership: A qualitative and quantitative review. *Journal of Applied Psychology*, *87*, 765–780.

Judge, T. A., Colbert, A. E., & Ilies, R. (2004). Intelligence and leadership: A quantitative review and test of theoretical propositions. *Journal of Applied Psychology*, *89*, 542–552.

Judge, T. A., Piccolo, R. F., & Ilies, R. (2004). The forgotten ones? The validity of consideration and initiating structure in leadership research. *Journal of Applied Psychology*, *89* (1), 36–51.

Judge, T. A., Piccolo, R. F., & Kosalka, T. (2009). The bright and dark sides of leader traits: A review and theoretical extension of the leader trait paradigm. *The Leadership Quarterly*, *20*, 855–875.

Katz, D., & Kahn, R. L. (1978). *The social psychology of organizations*. New York, NY: John Wiley & Sons.

Katz, D., Maccoby, N., Gurin, G., & Floor, L. G. (1951). *Productivity, supervision and morale among railroad workers*. Ann Arbor: Survey Research Center, Institute for Social Research, University of Michigan.

Kenny, D. A., & Zaccaro, S. J. (1983). An estimate of variance due to traits in leadership. *Journal of Applied Psychology*, *68* (4), 678–685.

Kerlinger, F. N. (1986). *Foundations of behavioral research* (3rd ed.). New York, NY: Holt, Rinehart and Winston.

Kerr, S., & Jermier, J. M. (1978). Substitutes for leadership: Their meaning and measurement. *Organizational Behavior and Human Performance*, *22*, 375–403.

Kluckhohn, F. R., & Strodtbeck, F. L. (1961). *Variations in value orientations*. Evanston, IL: Row, Peterson, and Company.

Larcker, D. F., & Rusticus, T. O. (2010). On the use of instrumental variables in accounting research. *Journal of Accounting and Economics*, *49* (3), 186–205.

Lee, N., Senior, C., & Butler, M. (2012). Leadership research and cognitive neuroscience: The state of this union. *The Leadership Quarterly*, *23* (2), 213–218.

Lewin, K., & Lippitt, R. (1938). An experimental approach to the study of autocracy and democracy: A preliminary note. *Sociometry*, *1* (3/4), 292–300.

Li, M. (2013). Social network and social capital in leadership and management research: A review of causal methods. *The Leadership Quarterly*, *24* (5), 638–665.

Liden, R. C., & Antonakis, J. (2009). Considering context in psychological leadership research. *Human Relations*, *62* (11), 1587–1605.

Lord, R. G. (1977). Functional leadership behavior: Measurement and relation to social power and leadership perceptions. *Administrative Science Quarterly*, *22*, 114–133.

Lord, R. G., Binning, J. F., Rush, M. C., & Thomas, J. C. (1978). The effect of performance cues and leader behavior on questionnaire ratings of leadership behavior. *Organizational Behavior and Human Performance*, *21* (1), 27–39.

Lord, R. G., Brown, D. J., Harvey, J. L., & Hall, R. J. (2001). Contextual constraints on prototype generation and their multilevel consequences for leadership perceptions. *The Leadership Quarterly*, *12*, 311–338.

Lord, R. G., De Vader, C. L., & Alliger, G. M. (1986). A meta-analysis of the relation between personality traits and leadership perceptions: An application of validity generalization procedures. *Journal of Applied Psychology*, *71*, 402–410.

Lord, R. G., & Emrich, C. G. (2001). Thinking outside the box by looking inside the box: Extending the cognitive revolution in leadership research. *The Leadership Quarterly*, *11* (4), 551–579.

Lord, R. G., Foti, R. J., & De Vader, C. L. (1984). A test of leadership categorization theory: Internal structure, information processing, and leadership perceptions. *Organizational Behavior and Human Performance*, *34*, 343–378.

Lord, R. G., & Maher, K. J. (1991). *Leadership and information processing: Linking perceptions and performance*. Boston, MA: Unwin Hyman.

Lowe, K. B., & Gardner, W. L. (2000). Ten years of the *Leadership Quarterly*: Contributions and challenges for the future. *The Leadership Quarterly*, *11* (4), 459–514.

Mann, R. D. (1959). A review of the relationship between personality and performance in small groups. *Psychological Bulletin*, *56* (4), 241–270.

McGrath, J. E. (1962). *Leadership behavior: Some requirements for leadership training*. Washington, DC: U.S. Civil Service Commission, Office of Career Development.

Meade, R. D. (1967). An experimental study of leadership in India. *The Journal of Social Psychology*, *72*, 35–43.

Meindl, J. R. (1995). The romance of leadership as a follower-centric theory: A social constructionist approach. *The Leadership Quarterly*, *6* (3), 329–341.

Meindl, J. R., & Ehrlich, S. B. (1987). The romance of leadership and the evaluation of organizational performance. *Academy of Management Journal*, *30* (1), 91–109.

Meindl, J. R., Ehrlich, S. B., & Dukerich, J. M. (1985). The romance of leadership. *Administrative Science Quarterly*, *30* (1), 78–102.

Miner, J. B. (1975). The uncertain future of the leadership concept. An overview. In J. G. Hunt & L. L. Larson (Eds.), *Leadership frontiers* (pp. 197–208).

Kent, OH: Kent State University.

Morgeson, F. P. (2005). The external leadership of self-managing teams: Intervening in the context of novel and disruptive events. *Journal of Applied Psychology*, *90* (3), 497–508.

Morgeson, F. P., DeRue, D. S., & Karam, E. P. (2010). Leadership in teams: A functional approach to understanding leadership structures and processes. *Journal of Management*, *36* (1), 5–39.

Olivola, C. Y., Eubanks, D. L., & Lovelace, J. B. (2014). The many (distinctive) faces of leadership: Inferring leadership domain from facial appearance. *The Leadership Quarterly*, *25*（5）, 817–834.

Osborn, R. N., Hunt, J. G., & Jauch, L. R.（2002）. Toward a contextual theory of leadership. *The Leadership Quarterly*, *13*（6）, 797–837.

Pfeffer, J.（1977）. The ambiguity of leadership. *Academy of Management Review*, *1*, 104–112.

Pfeffer, J.（1993）. Barriers to the advance of organizational science: Paradigm development as a dependent variable. *The Academy of Management Review*, *18*（4）, 599–620.

Pierce, J. R., & Aguinis, H.（2013）. The too-much-of-a-good-thing effect in management. *Journal of Management*, *39*, 313–338.

Plato.（1901）. *The republic of Plato*; *an ideal commonwealth*（Rev. ed.）.（B. Jowett, Trans.）. New York, NY: Colonial Press.

Porter, L. W., & McLaughlin, G. B.（2006）. Leadership and the organizational context: Like the weather? *The Leadership Quarterly*, *17*（6）, 559–576.

Rindova, V. P., & Starbuck, W. H.（1997）. Ancient Chinese theories of control. *Journal of Management Inquiry*, *6*（2）, 144–159.

Rowold, J.（2014）. Instrumental leadership: Extending the transformational-transactional leadership paradigm. *German Journal of Human Resource Management*, *28*（3）, 367–390.

Rush, M. C., Thomas, J. C., & Lord, R. G.（1977）. Implicit leadership theory: A potential threat to the internal validity of leader behavior questionnaires. *Organizational Behavior and Human Performance*, *20*, 93–110.

Schriesheim, C. A., & Kerr, S.（1977）. Theories and measures of leadership: A critical appraisal of current and future directions. In J. G. Hunt & L. L. Larson（Eds.）, *Leadership: The cutting edge*（pp. 9–45）. Carbondale: Southern Illinois University Press.

Sellers, J. G., Mehl, M. R., & Josephs, R. A.（2007）. Hormones and personality: Testosterone as a marker of individual differences. *Journal of Research in Personality*, *41*（1）, 126–138.

Seltzer, J., & Bass, B. M.（1990）. Transformational leadership: Beyond initiation and consideration. *Journal of Management*, *16*（4）, 693–703.

Semadeni, M., Withers, M. C., & Certo, S. T.（2014）. The perils of endogeneity and instrumental variables in strategy research: Understanding through simulations. *Strategic Management Journal*, *35*（7）, 1070–1079.

Shadish, W. R., Cook, T. D., & Campbell, D. T.（2002）. *Experimental and quasi-experimental designs for generalized causal inference*. Boston, MA: Houghton Mifflin.

Shamir, B., & Howell, J. M.（1999）. Organizational and contextual influences on the emergence and effectiveness of charismatic leadership. *The Leadership Quarterly*, *10*（2）, 257–283.

Shaver, J. M.（1998）. Accounting for endogeneity when assessing strategy performance: Does entry mode choice affect FDI survival? *Management Science*, *44*（4）, 571–585.

Smith, J. E., Carson, K. P., & Alexander, R. A.（1984）. Leadership: It can make a difference. *Academy of Management Journal*, *27*（4）, 765–776.

Spisak, B. R., Dekker, P. H., Kruger, M., & Van Vugt, M.（2012）. Warriors and peacekeepers: Testing a biosocial implicit leadership hypothesis of intergroup relations using masculine and feminine faces. *PLoS ONE*, *7*（1）.

Spisak, B. R., Grabo, A. E., Arvey, R. D., & Van Vugt, M.（2014）. The age of exploration and exploitation: Younger-looking leaders endorsed for change and older-looking leaders endorsed for stability. *The Leadership Quarterly*, *25*（5）, 805–816.

Spisak, B. R., Homan, A. C., Grabo, A., & Van Vugt, M.（2011）. Facing the situation: Testing a biosocial contingency model of leadership in intergroup relations using masculine and feminine faces. *The Leadership Quarterly*, *23*（2）, 273–280.

Stogdill, R. M.（1948）. Personal factors associated with leadership: A survey of the literature. *Journal of Psychology*, *25*（1）, 35–71.

Stogdill, R. M., & Coons, A. E.（1957）. *Leader behavior: Its description and measurement*（Research Monograph Number 88）. Columbus: Ohio State University Bureau of Business Research.

Sturm, R. E., & Antonakis, J.（2015）. Interpersonal power: A review, critique, and research agenda. *Journal of Management*, *41*（1）, 136–163.

Triandis, H. C.（1995）. *Individualism and collectivism*. Boulder, CO: Westview Press.

Trichas, S., & Schyns, B.（2012）. The face of leadership: Perceiving leaders from facial expression. *The Leadership Quarterly*, *23*（3）, 545–566.

Van Seters, D. A., & Field, R. H. G.（1990）. The evolution of leadership theory. *Journal of Organizational Change Management*, *3*（3）, 29–45.

Van Vugt, M., & Grabo, A. E.（2015）. The many faces of leadership: An evolutionary-psychology approach. *Current Directions in Psychological Science*, *24*（6）, 484–489.

Van Vugt, M., Hogan, R., & Kaiser, R. B.（2008）. Leadership, followership, and evolution—Some lessons from the past. *American Psychologist*, *63*（3）, 182–196.

Van Vugt, M., & Schaller, M.（2008）. Evolutionary approaches to group dynamics: An introduction. *Group Dynamics-Theory Research and Practice*, *12*（1）, 1–6.

Vermeulen, F.（2005）. On rigor and relevance: Fostering dialectic progress in management research. *Academy of Management Journal*, *48*（6）, 978–982.

Von Rueden, C., & Van Vugt, M.（2015）. Leadership in small-scale societies: Some implications for theory, research, and practice. *The Leadership Quarterly*, *26*（6）, 978–990.

Vroom, V. H. (1976). Leadership. In M. D. Dunnette (Ed.), *Handbook of industrial and organizational psychology* (pp. 1527–1551). Chicago, IL: Rand McNally.

Vroom, V. H., & Jago, A. G. (1988). *The new leadership: Managing participation in organizations.* Englewood Cliffs, NJ: Prentice Hall.

Vroom, V. H., & Yetton, P. W. (1973). *Leadership and decision making.* Pittsburgh, PA: University of Pittsburgh Press.

Waldman, D. A., Balthazard, P. A., & Peterson, S. J. (2011a). Leadership and neuroscience: Can we revolutionize the way that inspirational leaders are identified and developed? *Academy of Management Perspectives*, 25 (1), 60–74.

Waldman, D. A., Balthazard, P. A., & Peterson, S. J. (2011b). Social cognitive neuroscience and leadership. *Leadership Quarterly*, 22 (6), 1092–1106.

Weber, R., Camerer, C., Rottenstreich, Y., & Knez, M. (2001). The illusion of leadership: Misattribution of cause in coordination games. *Organization Science*, 12 (5), 582–598.

Wofford, J., Goodwin, V. L., & Whittington, J. L. (1998). A field study of a cognitive approach to understanding transformational and transactional leadership. *The Leadership Quarterly*, 9 (1), 55–84.

Zaccaro, S. J. (2001). *The nature of executive leadership: A conceptual and empirical analysis of success.* Washington, DC: American Psychological Association.

Zaccaro, S. J. (2007). Trait-based perspectives of leadership. *American Psychologist*, 62 (1), 6.

Zaccaro, S. J. (2012). Individual differences and leadership: Contributions to a third tipping point. *The Leadership Quarterly*, 23, 718–728.

Zaccaro, S. J., Foti, R. J., & Kenny, D. A. (1991). Self-monitoring and trait-based variance in leadership: An investigation of leader flexibility across multiple group situations. *Journal of Applied Psychology*, 76 (2), 308–315.

Zaleznik, A. (1977). Managers and leaders: Are they different? *Harvard Business Review*, 55 (3), 67–78.

第 2 部分
领导力的主要学派

第 2 章
领导者的特质和特征

Stephen J. Zaccaro、Samantha Dubrow 和 MaryJo Kolze

📖 开篇案例：领导者的日常

Tom 未来的一周将会异常忙碌。他就职于美国十大社区银行之一，任首席执行官兼总裁，一些重要决策正在等待他拍板。他所任职的银行有意收购另一家银行，一旦收购成功便会成为该地区最大的银行。但是，他需要斟酌收购这家银行会对自身品牌产生多大的影响。要知道，这个品牌是他精心培育的，而且银行在近 5 年发展迅猛，他功不可没。此外，他还担心收购使银行规模扩大近一倍后，现有的管理结构及员工队伍将面临巨大的压力。他仔细地思考了此次收购对他为银行制定的十年发展规划能产生多大的推动作用。

此次收购还意味着要雇用更多的高管，高层管理团队会重新调整。他期望这些新的高管具备哪些关键特质呢？他明白，这些人必须值得信赖、足智多谋，不仅要学识渊博，还要了解社会。此外，鉴于今后（尤其是收购之后）的工作要求，高管必须十分勤奋，愿意加班。最后，新高管代表着银行的公众形象，因此必须具有出色的沟通和交际能力，能与客户建立良好的关系。理想的高管人选还应具备"领导者气质"。他如何才能把这些新高管融入自己的团队，继续发扬共同领导的风格，保持对银行的忠诚度呢？

Tom 暂时不去想这次收购了。他还需要参加一系列会议：他先要与一些银行职员开会讨论几份大额贷款申请，然后参加另一个会议审查不良贷款情况。接着，他需要与一些高级官员商议营销策略与市场机会，然后与人力资源部讨论一些人事问题和可能的机会。他谋划已久的高管更迭计划即将启动，相关人员希望再最后了解一些情况。下午晚些时候，他还要出席一场大型的银行大客户聚会，在会上发表讲话，讨论可能要进行的收购，他知道与会人员对此有一些忧虑。

Tom 还担任着其他领导职务，需要在当天晚上及周末花时间处理相关事务。他担任自己所在州基础设施发展委员会的主席，需要考虑一些社区项目问题。他坚定地支持这些项目，但深知要说服其他委员并不容易，他面临着极大的挑战。

他还是自己所在地区的共和党委员会领导人，而今年又是选举之年。这个周末，他需要召开候选人筹款会议。有一些出资人非常较真，但无论争论多么激烈，他也必须从容应对。他知道人们会对竞选策略提出一些疑问，他需要和候选人确定一些潜在的政治雷区并通过谈判赢得支持。

周日，还有其他事情在等待着他。他还是一名童子军团长，那个周末他需要会见一些新兵，向他们传授有关领导力、生存技能和做负责任公民的知识。为此，他在准备一次令人鼓舞的演讲，要考虑该如何调整话题，多谈我们这个星球所面临的环境挑战。尽管不同的领导职务让他体会了不同的快乐，每天都活力四射，但担任童子军团长最让他舒心。

讨论题

Tom 担任的这些领导角色各有哪些绩效要求？

Tom 要想取得成功，每个岗位各需要哪些关键特征？这些角色所需的特征有哪些共同点？每个角色又要求哪些独特的特征？

Tom 的哪些个人素质有助于他在不同的岗位展现不同的行为方式，最终获得成功？

📖 本章概述

长期以来，领导力科学家们一直努力探索个体差异和个人特征对于担任领导角色和领导力有效性的作用，这方面的科学探索最早可追溯到 19 世纪的"伟人"研究。这类研究试图发现英雄（Carlyle，1841、1907）或天才（Galton，1869）具备哪些独特的特质，认为这些特质代表着领导力，是与生俱来的特性。Terman（1904）对领导者与非领导者之间的个体差异进行了更有针对性的科学研究。此类研究在 20 世纪上半叶蓬勃发展，截至 20 世纪中叶，大量的文献已总结出至少 75 种可将领导者与追随者、成功的领导者与失败的领导者区分开来的特征（Bird，1940；Stogdill，1948）。但是，也有一些重要文献指出，根据观察，这些特征与领导力的相关性通常很弱，而且重要程度不一（Mann，1959；Stogdill，1948）。他们认为，对领导者关键特质的研究不太可能取得丰硕的成果，应转向其他途径来解释哪些人会担任领导者，以及领导力的有效性如何。

这次"转向"持续了近 40 年，之后才有一些研究者使用更复杂的统计学方法证明了领导者的个体差异与领导力结果之间确实存在显著且一致的相关性（Kenny 和 Zaccaro，1983；Lord、De Vader 和 Alliger，1986）。随后，其他一些元分析也佐证了他们的主要结论（如 Judge、Bono、Ilies 和 Gerhart，2002；Judge、Colbert 和 Ilies，2004）。其他研究者重新提出，激励型领导者所具有的独特特征有助于激励和授权追随者（House 和 Howell，1992）。这些研究成果使运用领导者特质解释领导力有效性的潮流复兴起来。但是，要对领导者特质和特征的作用有更加深入的了解，就不应沿用先前的简单方法，而应采用更复杂的特质组合、环境参数和特质—行为过程模型（Zaccaro、Kemp 和 Bader，2004；Zaccaro、LaPort 和 Jose，2013）。据此，研究者们提出了更复杂的模型来描述领导者特征的影响。这催生了 Antonakis、Day 和 Schyns（2012）所说的领导者特质研究的复兴，并为 Zaccaro（2012）所说的这一研究领域的

"第三次爆发"奠定了基础。

本章主要依据的是本次复兴以来的几篇文献综述（如 Chen 和 Zaccaro，2013；Judge 和 Long，2012；Zaccaro 等人，2004；Zaccaro 等人，2013）。我们特别关注的是 Zaccaro 等人（2013）对截至 2011 年发表的文献所做的综述，其重点是关于领导者特征的多变量、多模式、多阶段模型。近期，有关领导者个体差异的研究呈指数级增长。例如，Xu 等人（2014）统计得出，1991—2010 年的 20 年间，《领导力季刊》共刊登了 44 篇有关领导者特质的论文，随后的 2011—2014 年，仅 4 年就发表了约 45 篇。本章将回顾近几年发表的这些文献，探讨各种领导者特征模型的支持证据，包括多变量、多模式、非线性和集体领导力模型。我们的目的是进一步推动 Antonakis 等人（2012）所提出的这一研究领域的复兴。

本章将重点讨论心理特质和特征，包括领导者的认知能力、社交能力、个性、动机及其他心理特点。我们注意到，已有很多学者将身体上的特征与领导力结果联系在一起，如 Stogdill（1948）总结了将领导力与身高、年龄、体重、体质和外貌差异相联系的研究。近期也有一些研究为这种相关性提供了更多的支持（如 Elgar，2016；Little，2014）。此外，许多研究还将性别与领导力结果关联起来（如 Eagly、Karau 和 Makhijani 的元分析，1995；Eagly、Makhijani 和 Klonsky，1992）。已有研究证明领导者身体上的特点是领导力的重要相关因素，不过由于篇幅所限，本章仅讨论心理特点。有关领导力与生物 / 身体特点的讨论，建议参阅本书第 8~10 章的相关内容。

📖 领导者特征研究方面的最新实证总结

过去的 25 年，已有不少学者就领导力特质和特征发表了重要综述，其中包括 Bass（1990、1998），Kirkpatrick 和 Locke（1991），Hogan、Curphy 和 Hogan（1994），Zaccaro 等人（2004），Day 和 Zaccaro（2007），Judge 和 Long（2012）以及 Zaccaro 等人（2013）。本综述主要涵盖过去 5 年发表的研究成果。我们将首先确定已发现的与担任领导者角色和领导力有效性存在一致相关关系的个人特质。

📖 领导者特征的类别

多年来，许多个人特征都已与不同的领导力结果联系在一起。Zaccaro 等人（2013）发现，1924—2011 年间的 25 篇关于领导力的概念性和实证性研究综述共提到了 49 种领导者特征，可分为认知、社交、个性、动机、自我信念、知识和技能 7 类。接着，他们把这些特征类别与对大多数甚至所有领导职位都需要达到的一些要求联系在一起，证明了这种分类的合理性。例如，为追随者和所领导的集体设定方向是一项基本的领导者绩效要求（Morgeson、DeRue 和 Karam，2010；Zaccaro，2001）。为此，领导者需要审视运营环境，发现亟须解决的问题，了解其来龙去脉，提出并评估可能的解决方案，并制订计划来实施解决方案（Mumford 等人，2000）。从更广泛的角度来看，领导者需要制定更长远的愿景和战略，从而为确定任务和设定运营方向提供依据

（Zaccaro，2001）。要履行这些领导职能需要具备一系列的认知能力，包括推理能力、问题解决能力、发散思维能力、元认知思维能力、认知复杂性和认知灵活性等（Zaccaro 等人，2013）。Zaccaro 等人还指出，对模糊性的容忍度、开放性、情绪稳定性和尽责性等人格特质有助于在复杂、严苛的运营环境中完成主要依赖认知能力的领导职能。这些特质为领导者在复杂而严苛的运营环境中运用其认知能力和技能，坚持不懈地为定义不清的问题制定解决方案提供了基础（Mumford 等人，2000）。

按照既定方向来管理追随者和团队是另一个关键的领导者绩效要求（Zaccaro，2001）。这包括雇用和培训下属，配置团队人员，把下属技能与工作要求相互匹配，激励他人，解决冲突，谈判和说服他人，代表团队和组织与外部利益相关者打交道等（Zaccaro 等人，2013）。社交智力和自我监控等社交能力，以及换位思考、沟通、说服、谈判和冲突管理等技能有助于更好地履行这些职能（Zaccaro 等人，2004；Zaccaro 等人，2013）。外向、好交际和亲和力强等人格特质能够帮助领导者参与社交，在与人互动的过程中取得良好的效果（Judge 等人，2002）。

领导工作通常困难重重，要求很高，这对组织的高层领导者更为明显（Hambrick、Finkelstein 和 Mooney，2005）。要完成领导工作通常需要照顾到各个方面的需求，适应紧张的工作节奏，并善用权力。因此，Zaccaro 等人（2013）认为，要达到领导者的绩效要求，就必须具备许多自我激励或自我管理方面的特征，如领导动机、支配力、对权力的渴望、成就动机和充沛的精力等。Judge、Locke 和 Durham（1997）的“核心自我评价”特质模式也有助于提高领导参与度（Zaccaro 等人，2013），这个模式包括自尊、控制点、一般自我效能感和情绪稳定性。这些核心自我信念反映了高度的个人自信，能够帮助一个人以高度的韧性和复原力战胜自己所面临的挑战。

然后，以领导者绩效要求为基础，可以明确认知能力、个性取向、动机和价值观、社交能力和核心自我信念中都包括哪些具体的领导者特征。此外，我们还将加入知识和专业技能这一类别，尤其是隐性知识和敏锐的商业头脑（Zaccaro 等人，2013）。表 2-1 按这种分类方式列出了元分析中提及的各项与领导力显现和领导力有效性相关的领导者特征。

元分析所支持的认知类领导者特征包括智力、发散思维或创造性思维能力、问题解决能力、判断和决策能力。例如，智力和领导力显现之间的校正相关系数为 0.25~0.52，和领导力有效性之间的校正相关系数为 0.15~0.17（如 Judge、Colbert 和 Ilies，2004 年；Lord 等人，1986）。另外，Ensari 等人（2011）的报告称，发散思维能力和领导力显现之间的校正相关系数为 0.35；而 Hoffman 等人（2011）发现发散思维能力与领导力有效性之间的校正相关系数为 0.31。

有多篇文献综述集中关注人格（如 Hoffman 等人，2011；Judge 等人，2002）。“大五人格特质”模型中的 5 个方面（McCrae 和 Costa，1987）——外向性、尽责性、开放性、亲和性和情绪稳定性——都至少在一项关于领导力显现或领导力有效性的元分析中表现出 0.20 以上的校正相关系数（相关的各项元分析请参阅表 2-1 注）。外向性

表 2-1　各项元分析指出的领导者关键特征

特征	元分析中指出的相关系数范围	
	领导力显现	领导力有效性
认知能力和认知技能		
• 一般智力	• 0.25~0.52	• 0.15~0.17
• 创造性 / 发散性思维能力	• 0.35	• 0.31
• 问题解决能力		• 0.39
• 决策能力		• 0.52
人格		
• 外向性	• 0.15~0.32	• 0.12~0.31
• 尽责性	• 0.19~0.33	• 0.16~0.28
• 开放性	• 0.17~0.24	• 0.09~0.24
• 亲和性	• 0.01~0.05	• 0.03~0.21
• 情绪稳定性	• −0.08~0.24	• −0.22~0.24
• 正向情感	• 0.28	• 0.33
• 自恋	• 0.16	• 0.03
• 正直		• 0.29
动机		
• 支配力	• 0.17~0.37	• 0.35
• 成就动机		• 0.28
• 精力		• 0.29
• 权力需求		• 0.16
• 积极主动性		• 0.19
• 雄心		• 0.05
社交技能		
• 自我监控	• 0.14	• 0.19~0.21
• 社会敏锐性		• 0.30
• 沟通		• 0.24~0.25
• 情绪调节		• 0.14~0.37
任务技能		
• 行政管理技能		• 0.17
自我信念		
• 自我效能感 / 自尊	• 0.17	• 0.24
知识		
• 技术知识		• 0.19

注：表中列出的校正相关系数出自以下元分析：Day 等人（2002）；Deinert 等人（2015）；DeRue 等人（2011）；Ensari 等人（2011）；Gaddi 和 Foster（2013）；Grijalva（2013）；Harms 和 Crede（2010）；Hoffman 等人（2011）；Joseph 等人（2015）；Judge 等人（2002）；Judge、Colbert 和 Ilies（2004）；Lord、DeVader 和 Alliger（1986）；Woo 等人（2014）。

和尽责性与领导力结果之间的校正相关系数通常最高，亲和性与领导力显现和领导力有效性之间的校正相关系数通常较低。

领导者的主要动机包括支配力、成就动机、权力需求，以及积极主动性或能动性。其中，支配力所表现出的校正相关系数最高。Ensari 等人（2011）指出，这一特征与领导力显现之间的校正相关系数为 0.37。就领导力有效性而言，Hoffman 等人（2011）的报告称支配力的校正相关系数为 0.35。

元分析所支持的社交能力和技能包括自我监控、社交敏锐性、沟通技能、情绪智力或情绪调节技能。例如，Day 等人（2002）指出，自我监控和领导力有效性之间的校正相关系数为 0.21。Hoffman 等人（2011）的元分析包含了一种被称为"人际交往能力"的特征。他们将其定义为"与理解人类行为和群体动态相关的一系列技能"（第 352 页），这反映了社交敏锐性这种特征。他们发现这一特征的校正相关系数为 0.30。

Harms 和 Crede（2010）完成了对情绪智力和领导力有效性的元分析，将同一来源的评分与不同来源的评分分离开来。他们的研究结果表明，存在同一来源偏差：同一来源评分的校正相关系数为 0.37；不同来源评分的校正相关系数为 0.14。他们指出，情绪智力与变革型领导力和交易型领导力评分之间的校正相关系数也存在类似差异：同一来源评分的校正相关系数介于 0.35~0.45，不同来源评分的校正相关系数介于 0.10~0.14。

总结

元分析为各种领导者特征与领导力结果之间的相关性提供了大量的证据。表 2–1 列出了 4 类主要特征及其他一些特征。

第一个要注意的地方：这一列表并未穷尽与领导力相关的所有领导者特征，只包含了元分析所支持的部分类别。例如，先前的概念和定性综述指出，认知灵活性、元认知技能、学习敏捷性、行为灵活性、谈判和说服技能、冲突管理技能等特征都与领导力结果存在相关性（Zaccaro 等人，2013），但还没有人就这些主题进行元分析。因此，表 2–1 中列出的应该说是在实证文献中获得研究支持最多的一些特征。

第二个要注意的地方：先前元分析所指出的各特征校正相关系数大多提示低相关或中相关。这样的观察结果说明了 Zaccaro 等人（2004）的观点：只用一个或几个领导者特质和特征来解释领导力的显著差异是无效的。由此可见，我们需要更复杂的模型才能了解领导者特征对领导力结果有何作用。现在我们就来讨论和回顾一下这些模型。

📖 更复杂的领导者特征与领导力结果关系模型

由于单个领导者特征与领导力结果之间的关系不太明晰，研究者指出，有必要创建更多元、更复杂的领导者特质、特征和领导力结果关系模型（Lord 和 Hall，1992；

Zaccaro，2007）。因此，最近的几项研究采用了更为复杂的方法来探讨表 2-1 所示的个体差异如何相互交织，影响领导过程、领导者绩效和领导者作用。表 2-2 对这些方法进行了说明。在这一部分，我们将回顾这些研究中用于支持各种领导者特征—结果框架的证据，包括变量、模式、多阶段、共享领导力和曲线模型等。

表 2-2　领导者特征的多变量和非线性模型

序号	模型	说　　明
1.	变量	多个变量的单一或线性组合对领导行为和领导力结果的影响
2.	多阶段	远端特征集作为近端特征集的预测因子，近端特征集在远端特征集对领导者和追随者的行为及领导力结果的影响中起中介作用
3.	模式	最简单的模式模型：两个及以上领导者特征相互作用，预测领导行为和领导力结果 更复杂的模式模型：当三个或更多特征集于某位领导者一身时，预测其领导行为和领导力的有效性
4.	集体领导力	将多位领导者的特征结合起来，预测共享领导的过程和结果
5.	非线性	领导者特征与领导力之间的关系是非线性的，因此，某一特征水平过高或过低都不利于产生良好的领导行为和结果

多特征模型

Foti 和 Hauenstein（2007）认为，领导者特征的变量模型是指通过多个变量来解释领导力显现和领导力有效性差异的模型。他们指出，这种方法是"将人看作变量的总和"（第 347 页）。Zaccaro 等人（2013）认为，多变量或多特征模型的具体设定应以领导者绩效要求为基础，模型中的领导力结果是认知、人格、动机、技能和知识等类别的特征共同决定的。

近年来的一些研究为这一观点提供了支持。例如，Bakker-Piper 和 de Vries（2013）发现，领导者的社交特征和人格特征与领导者绩效之间的多重相关系数为 0.77。Serban 等人（2015）用认知能力、人格特征和自我效能感解释了领导力显现方面的大部分差异。Troth 和 Gyetvey（2014）发现，社交、动机、认知能力与领导潜能评分之间的多重相关系数为 0.74。最后，Zaccaro 等人（2015）报告称，社交、动机、认知和人格特征与某一组织的领导延续性密切相关。综上所述，这些研究表明各组领导者特征与各种领导力结果之间存在中度到高度的多重相关性。他们指出，采用多特征方法可以建立有效的领导者特征与领导力结果的关系模型。

多阶段模型

Zaccaro 等人（2013）定义了领导者特征、中介变量和结果的多过程模型，又称多阶段模型（Chen 和 Zaccaro，2013；Zaccaro，2012）。第一组是最简单的模型，研究追随者行为作为中介变量,对领导者特征与领导力结果之间的关系有何影响。例如,Nadkarni 和 Hermann（2010）发现,一个团队的战略灵活性在首席执行官人格对组织绩效的影响中起中介作用。近期,Luria 和 Berson（2013）的研究提供了支持性的证据,证明在领导者的认知能力和领导动机对领导力显现得分的共同影响中,团队合作行为起中介作用。Zaccaro 等人（2013）提出的另一个多阶段模型表明,领导行为对于领导者特征对领导力结果的影响起中介作用。例如,DeRue 等人（2011）的元分析研究了各种领导行为如何对一系列人际关系类和任务类特质的影响发挥中介作用。他们发现,主动结构、变革型领导力和权变奖励行为对于智力对领导力有效性的影响起中介作用。同样,主动结构和变革型领导力这两种领导行为对于尽责性对领导力有效性的影响也起中介作用。他们还报告了其他几种领导者特征和行为中存在类似的中介关系。

Hur、Van Den Berg 和 Wilderom（2011）研究了变革型领导力作为中介,对情绪智力与领导力有效性、团队有效性和服务氛围这三种领导力结果之间关系的影响。服务氛围是指"就客户服务和客户服务质量而言,员工认为哪些做法、程序和行为是领导者所期望、支持、会给予奖励的"（Schneider、White 和 Paul,1998,第 151 页）。结果发现,变革型领导力对于情绪智力对领导力有效性和服务氛围的影响起中介作用。

Cavazotte、Moreno 和 Hickman（2012）评估了变革型领导力对情绪智力与管理绩效之间关系的中介作用。这项研究还有一点特别值得注意:它将智力和人格作为预测性的领导者特征进行了剖析。因此,在前文所述的领导者特征分类中,有三个类别都在这份文献中有所涉及。研究结论指出,变革型领导力对于尽责性和智力对管理绩效的影响起中介作用,但对情绪智力不存在这种作用。Walter 等人（2012）对情绪智力的一个方面——情绪识别——进行了研究,测试了任务协调行为（即主动结构）对于情绪识别与其他因素对领导力显现得分的共同影响是否具有中介作用。这项研究值得注意的另外一个原因是,它将特征间的相互作用假定为多阶段特征模型中的一个预测因子（参见下面的特征模式模型）。该研究发现,有两个样本支持他们提出的中介作用,一个样本是来自荷兰的学生项目组;另一个样本是一个学生评估中心。Blickle 等人（2013）研究了领导者的主动结构和关怀对于政治技能和职位权力对追随者工作满意度的共同影响具有怎样的中介作用。他们发现,这种中介作用只在职位权力较大时存在,而职位权力较小时,只有政治技能可以起到中介作用。这些研究综合在一起,有力地支持了领导行为是领导者特征与领导力结果之间的中介变量这一观点。

第三组多阶段模型将领导者特征区分为远端特征和近端特征（Zaccaro 等人,2004）。远端特征是指相对稳定并可抵抗短期发展变化的特征;近端特征则不那么稳定,会随着训练和经验的变化而变化。远端特征被认为是近端特征的预测指标,领导者所获得的发展经验的质量对这种预测关系有中介作用。近端预测因子对领导力结果的预测能力应该更强。这类模型中比较简单的版本仅有两个阶段,能够直接预测领导力结果。例如,Hong、Catano 和 Liao（2011）研究了领导动机作为中介变量对情绪智力与领导者显现之间关系的影响。他们发现,领导动机的不同组成部分会导致不同的显现结果：情感认同动机与无领导小组讨论中的领导力显现有关，而社会规范动机与长期项目领导力有关。情感认同的领导动机在情绪智力的情绪运用方面对领导力显现的影响起中介作用。

Guerin 等人（2011）将社交技能作为中介变量，研究外向性和智力对领导潜能的影响有何作用，衡量指标是报告的领导工作职责和变革型领导力。值得注意的是，在这项研究中，研究者先对 17 岁青少年的远端特征进行了评估，然后又在 12 年后测评了他们成年后的社交技能和领导潜能。研究结果表明，社交技能会对外向性的影响起到中介作用，但智力对工作职责和变革型领导力没有这种影响。作为对远端特质稳定性的佐证，Guerin 等人还发现，一个人的性情中，对新奇刺激是选择靠近还是回避这种特征（这被定义为外向性的一种主要前兆）在 14 年（2~16 岁）的评估中一直表现出高相关性，又与 17 岁时的外向性得分具有显著的校正相关关系。

近年还有另外两项研究也检验了多阶段特征—结果模型。Gentry 等人（2013）将人格作为远端预测因子、政治技能作为近端预测因子，研究它们对领导者果断性评分的影响。研究中包含的人格特征倾向于：①给人留下好印象。②表现出高宽容度和高接受性。他们还研究了政治技能的社交敏锐性维度（Ferris 等人，2007），即准确感知社会环境技能作为中介变量的情况。结果发现，政治技能的许多方面对于人格对领导者果断性的影响都有很强的中介作用。Allen 等人（2014）将领导动机和领导者自我效能感作为中介变量，研究了人格和认知能力对领导潜能和领导者绩效的影响。他们发现，对担任领导职务的兴趣（类似于领导动机中的情感认同动机）和领导者自我效能感对于敌视权威这两种领导力结果的影响都有充分的中介作用；而且，这两个中介变量对于公平敏感性对两种结果的影响也有一定的中介作用。

Van Iddekinge、Ferris 和 Heffner（2009）研究了一种更周密的多阶段特征—结果模型。在这个模型中，领导者特征被分为三组：第一组包括认知能力、人格和动机；第二组为领导经验和领导动机；第三组是领导者的知识和技能。结果变量为领导者绩效。研究结果显示：第三组变量对于前两组特征对领导者绩效的影响有一定的中介作用。

到目前为止，多阶段特征模型方面的研究只以领导力结果为标准。但是，更周密的多阶段模型会将领导者行为和 / 或追随者行为作为中介，研究两个或多个有序特征集对领导力结果的影响。Hinrichs（2011）的一项研究衡量了领导者的人格动机、领导行为、团队互动过程、两个领导力结果——领导潜能和对领导者的满意度。尽管没有测试完整的多阶段中介模型，但他的一些调查结果很具启发性。他发现，人格与领导动机、领导行为和团队互动过程存在相关性；领导行为对团队的互动过程和结果都具有预测性；一些团队互动过程可预测领导力结果。但是，领导动机仅与团队互动过程一项存在相关性：根据 Hinrichs 的研究结果，仅有领导动机而未考虑所需成本，会对某些团队互动过程产生轻微的负面影响。这项研究很好地说明了领导者特征、领导过程和领导力结果之间的复杂关系。

LaPort（2012）也测试了一个复杂的多阶段模型，其中涉及远端和近端领导者特征、中介过程和领导力结果。她测量了认知能力、人格（情绪稳定性、外向性）和成就动机等远端特质，领导动机和社交智力等近端特征，军队领导行为，以及下属对领导力有效性的评分。这项研究的独特之处在于：①包含了三类特征中的稳定特质。②包含了易变的近端特征。③检验了多阶段中介模型的拟合度。LaPort 发现，各远端特质与社交智力和领导动机都有相关性。社交智力可以用认知能力、情绪稳定性和外向性来预测，而领导动机的预测因子是外向性和成就动机。领导动机也可以预测社交智力。领导动机对于各远端特质对领导行为的影响有中介作用，但社交智力没有这种作用。领导行为对于领导动机对领导力有效性评分的影响有中介作用。

特征模式模型

领导者特征模式模型认为，与单个特征或多个特征的加法组合相比，特征的乘法组合能更好地解释领导力结果的独特差异（Foti 和 Hauenstein，2007；Zaccaro 等人，2004）。这类模型检验的是两种领导者特征对领导行为和领导力结果的共同作用或交互作用。复杂一些的模型可以呈现三个或更多特征的情况。正如 Foti 和 Hauenstein（2007）所述，在复杂模型中，"人被视为不可分割的整体，而不是变量之和"（第 347 页）。这类研究方法有一个特定的前提：一个特征或同一特征集内的多个特征是解释领导行为和领导力结果的必要条件，但不是充分条件。举例来说，一个人可能有意担任领导职务，但缺乏必要的社交或认知技能，无法有效地参与担任领导者需要参加的活动。而另一个人可能具有所需的认知和社交技能，但缺乏争当领导者的动机。因此，领导力结果是认知、人格、动机、社交、技能 / 知识等多个特征集构成的一个综合函数。

近期的两项研究分析了简单的特征模型，说明两个领导者特征的共同或交互作用。Mencl、Wefald 和 Van Ittersum（2016）发现，政治技能与情绪调节技能的各个维度相互作用，可以预测变革型领导力。他们发现，政治技能水平较高时，情绪控制技能与领导力的相关性更强。Owens、Wallace 和 Waldman（2015）研究了领导者自恋和谦卑这两个特征对领导力结果的交互影响。这项研究把看似矛盾的人格特质放在一起进行分析，非常有趣。自恋是指"过分自我中心的视角、专注自我、极端的自信或优越感、利用感 / 特权感，以及强烈的领导欲望"（Owens 等人，2015，第 1203 页）。谦卑是指"勇于承认错误和不足，重视他人的长处和贡献，具有可教性"（Owens 等人，第 1204 页）。研究者通过几种模型展示了领导者何以既具有以自我为中心的自恋特征，又拥有以他人为中心的谦卑特征。通过这些模型，他们发现在领导者极其谦卑的情况下，自恋与感知到的领导力有效性以及追随者的工作投入度密切相关。

这两项研究都证实了同一特征集内的两个变量对领导力结果的影响，从而为特征模式模型提供了支持。但是，它们并未解决的问题是，由来自人格、认知能力和技能、社交能力和动机等不同特征集的特征组成的模式会是怎样的情况。Bickle 等人（2014）的一项研究分析了这种跨特征集模式。该研究检验了领导的求知欲这种人格特质（经验开放性的一个方面）和政治技能中的社交能力对魅力和领导力有效性的共同作用。正如所料，领导者的政治技能对于领导求知欲对个人魅力的影响起中介作用，政治技能水平越高，这种关系就越显著。领导者魅力又与领导力有效性存在相关性。Walter等人（2012）研究了人格特征、外向性、社交能力、情绪识别技能对领导力任务协调行为的影响。他们发现，不出所料，在高外向性的条件下，情绪识别技能与任务协调呈现正相关；而在低外向性条件下则为负相关。任务协调继而与领导力显现相关。最后，Luria 和 Berson（2013）研究了一个认知类特征（认知能力）和一个动机变量（领导动机）对团队行为和领导力显现的共同作用。与前两项研究一样，这两种特征对团队合作行为具有正向的交互作用，继而与领导力显现相关。

这些研究具有一个共同特征：它们检验并发现了一些支持证据，表明应研究更复杂的领导者特征、领导者或追随者/团队行为，以及领导力结果模型。这在一定程度上支持了 Zaccaro 等人（2004）提出的观点，即由远端特征构成的模式对领导者、追随者过程和结果的影响有近端特征中介。不过，每篇论文实际上都研究了远端特质和近端特质交互作用后对可能的中介变量的影响。因此，尽管他们赞同特质交互模式会通过影响领导行为和追随者过程对领导力结果产生影响，但这些模式的构成与Zaccaro 等人在原始框架中提出的并不相同。如前所述，许多研究也支持领导力结果模型中远端特质是近端特征外生变量的观点。因此，我们认为未来还需发现一些机制，将这些研究方向整合起来。尽管如此，所有这些研究都表明，近年来对领导者特质和特征的研究已更加复杂和深入。

上述研究分析的都是两种领导者特征对领导力结果的共同影响。还有一些研究探讨了三个或更多领导者特征组合的情况。例如，Foti 和 Hauenstein（2007）发现，智力、支配力、一般自我效能感和自我监控水平都较高的领导者在领导力显现、领导者晋升和领导力有效性评分上的表现好于在这 4 个特征上水平有高有低，或 4 项都较低的人。他们的这个模式中包括了认知能力、动机和社交能力等特征集内的变量。Lisak和 Erez（2015）研究了一种包含文化智力、全球身份认同和对文化多样性的开放态度在内的模式，涵盖范围较窄。其中的前两个特征反映的是社交能力，而后一个可更概括地理解为开放性这一人格特征。与 Foti 和 Hauenstein 的研究一样，Lisak 和 Erez 也发现，与得分有高有低或三项全部为低分的模式相比，三个特征上均为高分的模式同领导力显现的相关度更高。

LaPort（2012）对 Zaccaro 等人（2004）提出的两阶段模式模型进行了检验。她利用认知能力、外向性和成就动机创建了一个由远端特征组成的模式，并用领导动机和社交智力创建了一个近端模式（各特征均高分、有高有低、各特征均低分）。远端模式与近端模式和领导力显著相关；近端模式与领导行为和领导力有效性显著相关。该研究还显示，各特征均高分组与其他组差异显著，其他组之间差异不显著。不过，LaPort 并没有为远端特征的这种具体的均值差异找到支持证据。

LaPort（2012）还使用聚类分析剖析了三种领导者。第一种在各个特征上均为高分，称为"智力外向型"；第二种在大多数特征上得分中等，但成就动机分值较高、智力分值较低，称为"动机低智力型"；最后一种在大多数特征上得分都较低，但成就动机分值更低，而智力分值较高，称为"闲散内向型"。LaPort 的分析表明，就表现出的领导行为和领导力有效性而言，"智力外向者"和"闲散内向者"之间差异显著。但是，这些聚类并没有使所有特征累加组合后的总体差异明显加大。

　　总体而言，LaPort（2012）的研究为领导者特征模式模型提供了一些支持，同时还表明，当一种模式涵盖两个、三个或更多特征时，研究会变得非常复杂。先验的远端特征模式与先验的近端模式有关，但只有近端模式与领导力结果存在相关性。从实证中得出的模式显得更有希望，但并没有显现出比线性特征组合更高的有效性。LaPort 的确提出了样本方面的一些问题，称其限制了自己的模式构建。领导者特征模式研究需要先找到强有力的理由，才能判定需要将哪些特质结合起来研究，以及预计这种模式与不同的领导力结果有何相关。

　　根据领导者分类理论（如 Lord、Foti 和 De Vader，1984），领导者在认知自身领导力时，可能会使用不同的特质组合。Foti 及其同事研究了领导者对自身领导者特征的认识与理想领导者特征之间的对应关系。在有些方面，他们对自身和理想领导者的感知非常一致，而在另一些方面，两者则存在分歧（Foti、Bray、Thompson 和 Allgood，2012）。Bray、Foti、Thompson 和 Wills（2015）发现，领导者们会将哪些特征组合为对自身领导形象的认知与他们会将哪些特征组合为理想领导者的形象是有关系的，而他们认为理想领导者应具备的特征又与被判定为有效领导者的那些人的特征有关。领导者和追随者对领导者特征的感知在预测领导行为和领导力有效性方面起着重要作用（Lord 和 Maher，1991；Shondrick、Dinh 和 Lord，2010）。根据 Dinh 和 Lord（2012）提出的概念框架，Foti 及其同事提供了一些证据，证明这些感知对自身领导者形象和理想领导者形象的整体形成有何影响，这些整体形象又会对关键领导力结果产生怎样的影响。

集体领导力和领导者特征

　　过去 10 年间，领导力研究对集体或共享领导力的剖析有所深化（Contractor 等人，2012；Day、Gronn 和 Salas，2004；Pearce 和 Conger，2003）。共享领导力是指"群体之中、个体之间一种动态的和相互影响的过程，其目的在于互相领导，最终实现群体和 / 或组织的目标。……[在这些群体中]，领导力广泛分布在一群人当中，而不是集中在担任上级的个人手中"（Pearce 和 Conger，2003，第 1 页）。共享领导力源自团队成员间的互动，是团队的一种突现特性（Carson、Tesluk 和 Marrone，2007；Day 等人，2004）。此类领导力所涉及的团队环境包括：①所有领导职能由团队的各个成员共同承担。②不同成员承担不同的领导职能。③成员轮流担任领导职务，并在任职期间承担主要责任（Contractor 等人，2012）。

　　集体领导力为领导者特征研究提供了另一种视角。这种领导力应由参与领导职能的所有人的特征组合产生，不同人身上的特征可以是相似的，也可以是互补的。第一种情况是，领导工作的参与者们拥有一些相似的领导者特征，在这些特征上水平较高。例如，Friedrich 等人（2009）认为，有效的集体领导力来自团队成员都拥有一系列共同的领导技能。特征互补是指领导团队的每个成员拥有的技能各不相同，与其他成员的领导技能形成互补。例如，有些成员可能擅长为团队制定战略，而另外一些成员可能更善于执行战略。

尽管人们对共享领导力的兴趣日渐浓厚，但关于团队特征组合和共享领导力指数的研究却很少。Colbert、Barrick 和 Bradley（2013）的研究分析了高层管理团队人格结构对组织绩效和集体的组织承诺的影响。他们还剖析了首席执行官的人格特点，从而确定高层管理团队对领导力结果的独特贡献。最后，他们还将团队的变革型领导力平均值作为一个中介变量，研究了团队人格对组织有效性的影响。他们的模型属于一种多阶段模型。结果表明，高层管理团队外向性均值与更高的集体组织承诺有关，而高层管理团队尽责性均值与组织绩效正相关。这些影响与首席执行官的人格特征无关，但变革型领导力对其也没有中介作用。尽管这并不是对共享领导力的直接研究，但高层管理团队确实是作为一个整体为组织设定方向和制定政策的（Hambrick 和 Mason，1984），并且至少在某些时候参与了集体互动来履行这些职能（Hambrick，1994）。

Chen（2014）研究了特定的团队特征模式，以及团队中共享领导力的显现。她认为，共享领导力首先需要团队成员都忠于团队，包括愿意代表团队工作，愿意与其他成员相处。因此她提出，团队的心理集体性和亲和性均值都会影响共享领导力的显现。她还指出，团队成员必须愿意担任领导角色。据此，外向性或领导动机会与心理集体性或亲和性相互作用，对共享领导力产生影响。这里将领导动机包括在内，是为了将外向性中的雄心或奋斗要素分离出去。她的研究结果为以下观点提供了支持：外向性和领导动机均值的确会对心理集体性对共享领导力显现的影响起中介作用，因此当团队成员同时拥有担任领导角色的欲望和代表团队工作的意愿时，共享领导力就会显现。这项研究之所以值得关注，不仅因为它研究了团队特征组合与共享领导力，还因为它探索了一个简单的模式模型作为共享领导力的前因。

Colbert 等人（2013）和 Chen（2014）的研究就共享领导者特征和集体领导力提出了一些有用的见解，是领导者个体差异研究领域的一次重要拓展。但他们的研究也表明需要展开进一步的研究。一个关键的问题是，不同类型的共享领导力是否需要由不同的特征组合来实现。例如，互补的团队结构可能更适合分布式和集约型的共享领导力，但不适合轮换担任领导者的情况。同样，共享领导力可能需要领导团队在某些特征上表现出较高的平均水平，而对于其他一些特征，它要求的可能就是互补性和成员特征水平的高低错落。因此，某些人格变量上的高水平加特定领导技能上的多样性组合，可能比其他组合更能准确预测共享领导力。我们希望学者们能对这些问题展开深入研究。

领导者特征的曲线模型

本章已讨论的各种模型都有一个共同前提，即单个或多个特征与领导力结果之间的关系是线性的，也就是说，某些特质和特征水平的提高或者降低，会导致领导力结果变好或者变坏。但是，还有一些研究剖析了领导力中"过犹不及"的现象（Pierce 和 Aguinis，2013），他们指出与中等特征水平相比，不仅低特征水平会损害领导力，而且某些高特征水平也对领导力不利。也就是说，他们认为领导者特征与领导力结果之间的关系是非线性的。

有关"明暗"特质的研究就是这种关系的一个例证。Judge 和 Long（2012）分析了"大五人格特质"等明特质对领导力的益处和害处。例如，一些元分析表明，经验开放性与领导力结果的校正相关系数较高（见表 2-1），它能带来更多的创新和更好的适应性，但也可能使人不善于接受组织内高级领导者的指导。他们还指出，外向性会让一个人更具魅力，但也容易显得冲动，韧性不足。

Judge 和 Long（2012）还指出，自恋和功利主义等暗特质也会给领导力带来正反两方面的影响。自恋会让你更愿意出任领导者，让其他人觉得你更有魅力，但也会造成剥削性的领导力。功利主义有助于增加领导者的政治智慧，但也会使他们对他人缺乏关怀。因此，领导者特征的明 / 暗框架认为，个人特征与领导力结果之间存在一种曲线关系，在某种特质上具有中等水平，比水平过高或过低都好。

Kaiser 及其同事为领导者人格中的这种"过犹不及"的现象提供了实证支持。例如，Kaiser 和 Hogan（2011）对"Hogan 人格量表"中可归入"大五因素"模型的 7 个人格特征进行了研究（Hogan 和 Hogan，2007）。他们分析了这些特征对强制性、授权性、战略性和操作性 4 种领导行为的影响。结果显示，有些行为，特别是强制性行为，与领导力的有效性呈曲线关系（Hereford，2011）。他们还发现了这样一种模式：高于或低于均值一个标准差的人格得分与某些领导行为过多有关。

Kaiser、LeBreton 和 Hogan（2015）进一步扩展了这项研究，探讨了暗特质与上述 4 种领导行为过多或过少的相关性。他们分析了"Hogan 发展量表"所测量的 12 个暗特质（Hogan 和 Hogan，2009），发现其中 4 个与一种或多种领导行为过多有关，另外 4 个与一种或多种领导行为过少有关。此外，他们还发现，较高的情绪稳定性评分对其中一些影响起中介作用，如情绪稳定性较强的领导者更有能力控制或管理自身暗特质所产生的倾向。

这些研究为明暗特质与领导力结果之间的曲线关系提供了支持。然而，特别值得注意的是，Kaiser 等人（2015）提出了这样一个观点：其他特征可能会削弱这种曲线效应，这反映了针对这一研究课题的一种模式导向的思维方式。这些研究工作既展示了领导者特质对领导力的重要性，也说明了这种关系的复杂性。

📖 总结及结论

研究者指出，要推动关于特质或个人特征及其对领导力影响的研究，就必须建立更为复杂的模型和方法（Bass，1990；Lord 和 Hall，1992；Zaccaro 等人，2013）。本综述表明这一论点成立。过去的 10 年间，尤其是过去的 5 年中，提出和验证有关领导者特征的多特征模型、多阶段模型和模式模型的研究呈指数增长。此外，我们也看到有关团队领导力和共享领导力中领导者特征组合的研究已开始兴起，对领导者特质和领导力结果之间曲线关系的研究也取得了进展。这些研究都支持了 Antonakis 等人（2012）的观点：我们正在迈入一个领导者特质及特征研究复兴的时期。

在本书第 1 版中，Zaccaro 等人（2004）提出了一个领导者特质与绩效模型，阐述了有关领导者特征的作用的几个观点。图 2-1 根据后续的研究对这一模型进行了修正，本章中的研究综述也涵盖了其中一部分研究。与之前的模型一样，我们定义了一个多阶段框架，用一些远端特点或者说是可变性较低的特点，来预测随后出现的状态性（或者说可塑性）的技能、能力和知识。不过我们认为，这些技能、能力和知识取决于（或者说，其调节因素是）让初出茅庐的领导者参与重要的发展活动并积累经验（Mumford 等人，2000）。

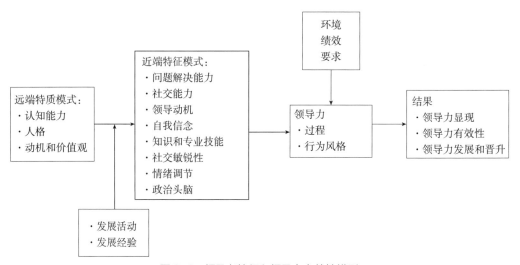

图 2-1　领导者特征和领导力有效性模型

与 Zaccaro 等人（2004）早先提供的模型一样，我们认为近端特征对领导力结果的影响是通过它们对领导过程和行为的影响来作为中介的。领导行为也会受到基于环境的绩效要求的影响，因为有效领导的前提是下属的期望与领导者的行为相一致（Zaccaro、Gilbert、Thor 和 Mumford，1991）。但是，这种一致并不会因稳定的远端特质和领导者所具备的各种能力而自然发生。研究认为，领导者需要表现出相当大的环境权变能力，才能更好地根据特定环境事件调整自己的行为倾向（Dinh 和 Lord，

2012；Zaccaro，2007；Zaccaro 等人，1991）。鉴于此，我们将社交敏锐性、政治头脑和情绪调节技能列入了近端特征集。最近的一些研究（Blickle 等人，2014；Lisek 和 Erez，2015；Walter 等人，2012）已提供了一些证据，证明这样的调整是合适的。

未来的研究

本综述着重介绍了领导者特征和个体差异研究方面取得的一些进步。不过图 2-1 中的模型也指出了一些未来的研究方向。首先，这个模型是多阶段的，表明我们还需要开展纵向的研究，来追踪调查远端特质对近端技能和能力的影响。已有的针对这种影响的研究收集的是两类特征的静态或横断面评估结果（如 Allen 等人，2014；LaPort，2012；Van Iddekinge 等人，2009）。但是，我们的模型指向的是一个发展过程，在这个过程中，远端特质对近端特征的显现产生影响（Mumford 等人，2000）。因此，研究者应开展更多的纵向研究，从稳定特质出发来探索近端能力的形成模型。近年来开展此类研究的学者包括 Daly、Egan 和 O'Reilly（2015），Reichard 等人（2011），以及 Guerin 等人（2011）。未来沿着这一方向开展研究时，应从纵向的角度把变量方法和模式方法整合在一起（如 Guerin 等人，2011）。

图 2-1 的模型表明，发展经验会对远端特质对近端特征显现的影响起到调节作用。因此，我们希望研究者能进一步探讨最有可能促进远端特质转化为近端能力的具体发展经验。近年有一些研究从寿命的角度推测年龄变化对领导者特征的影响（Zacher、Clark、Anderson 和 Ayoko，2015）。Olivares（2011）研究了重大事件对领导力发展的作用。然而，我们仍需通过系统的研究来识别有助于推动近端特征发展（更具体地说就是有助于解释远端特质促进这些特征显现的条件）的关键经验。此外，这类研究还应考虑哪些领导者特征能够帮助领导者从此类经验中获益（Avolio 和 Hannah，2008；Day 和 Sin，2011；Hannah 和 Avolio，2010）。

最后，未来的研究还需更全面地考虑环境对领导者特征的行为表现有何影响。研究证明，特质虽然会保持相对稳定，但领导行为却因环境而异（Dinh 和 Lord，2012；Zaccaro 等人，1991）。Xu 等人（2014）还指出了领导者特质随着时间变化的演变方式，并根据特质在不同环境下的不同表现方式对它们进行了分类。但是，到底有哪些环境参数以及它们以何种方式决定和塑造着领导行为表现，我们仍缺乏了解。因此，Zaccaro（2012）呼吁对环境—领导力的有效性展开分类研究，以进一步推动这一研究领域的发展，对此我们表示支持。

模型中，我们提出某些可提高行为灵活性的特征能够提高领导者根据情境突发事件采取适当行动的能力。不过，也有一些研究者主张人格力量的构念，也就是说，有些人倾向于在不同的环境中保持相同的行为方式，较少发生变化（Dalal 等人，2015）。我们已注意到，有必要展开研究来验证我们提出的灵活性特质对于领导者的某些近端和远端特征对领导行为的影响具有怎样的调节作用。但是，Dalal 等人（2015）提出了另一种特征模式，能够减缓领导者面对情境变化时行为表现的功能性变化。据此，未来领导力和个体差异研究的一个重要方向是，将有关环境变与不变的主题与能够促进领导者在不同环境中表现出灵活的领导行为、保持稳定的领导力有效性的那些领导者特征整合在一起。这种整合将有助于解决过去 70 年来一直困扰领导力研究的一些争议和疑虑。

讨论题

1. 对于一个组织的基层、中层和高层，分别有哪种特质组合或模式最能预测领导力结果？

2. 哪些发展经验会对近端领导技能和能力的显现产生重大影响？

3. 就图 2-1 中的模型而言，如何定义环境的作用？哪些环境参数导致的领导行为变化最大？

4. 我们提出了一系列社交能力来促进领导行为中的环境灵活性，你认为还有哪些其他非社交特征（即认知、人格、动机）具有这种作用？

5. 本章介绍了有关人格特征对领导力结果产生曲线影响的研究。请提出一种会对领导力结果产生曲线影响的认知、社会、人格或动机类特征，并根据现有的理论、模型和研究证明你的观点。

推荐阅读

DeRue, D. S., Nahrgang, J. D., Wellman, N., & Humphrey, S. E.（2011）. Trait and behavioral theories of leadership: An integration and meta-analytic test of their relative validity. *Personnel Psychology*, *64*, 7–52.

Judge, T. A., Bono, J. E., Ilies, R., & Gerhardt, M. W.（2002）. Personality and leadership: A qualitative and quantitative review. *Journal of Applied Psychology*, *87*, 765–780.

Judge, T. A., Piccolo, R. F., & Kosalka, T.（2009）. The bright and dark sides of leader traits: A review and theoretical extension of the leader trait paradigm. *The Leadership Quarterly*, *20*, 855–875.

Kirkpatrick, S. A., & Locke, E. A.（1991, May）. Leadership: Do traits matter? *Academy of Management Executive*, *5*, 48–60.

案例研究

电影案例:《成事在人》（*Invictus*）

配合阅读:

Seijts, G., Gandz, J., & Crossan, M.（2014）. *Invictus*: Introducing leadership competencies, character, and commitment. Ivy Publishing, Case W14042.

Wraith, D.（2014）. Three leadership characteristics that made Mandela a legend. http://www.movieleadership.com/2014/01/27/three-leadership-characteristics-that-made-mandela-a-legend/

案例：Isaacson, W.（2012）. The real leadership lessons of Steve Jobs. *Harvard Business Review*, *90*（4）, 92–102.

案例：Tim Cook's leadership and management style: Building his own legacy at Apple. ICMR: IBS Center for Management Research, Case LDEN101.

🔍 推荐视频

McChrystal, S.（2011）. Stanley McChrystal: Listen, learn … then lead. https://www.ted.com/talks/stanley_mcchrystal

🔍 参考文献

扫一扫，下载
本章参考文献

Allen, M. T., Bynum, B. H., Oliver, J. T., Russell, T. L., Young, M. C., & Babin, N. E.（2014）. Predicting leadership performance and potential in the U.S. Army Officer Candidate School（OCS）. *Military Psychology*, *26*（4）, 310–326.

Antonakis, J., Day, D. V., & Schyns, B.（2012）. Leadership and individual differences: At the cusp of a renaissance. *The Leadership Quarterly*, *23*, 643–650.

Avolio, B. J., & Hannah, S. T.（2008）. Developmental readiness: Accelerating leader development. *Consulting Psychology Journal: Practice and Research*, *60*, 331–347.

Bakker-Pieper, A., & de Vries, R. E.（2013）. The incremental validity of communication styles over personality traits for leader outcomes. *Human Performance*, *26*, 1–19.

Bass, B. M.（1990）. Bass & Stogdill's handbook of leadership: Theory, research and managerial applications（3rd ed.）. New York, NY: Free Press.

Bass, B. M.（2008）. The Bass handbook of leadership: Theory, research, and managerial applications（4th ed.）. New York, NY: Free Press.

Bird, C.（1940）. *Social psychology.* New York, NY: Appleton-Century.

Blickle, G., Kane-Frieder, R. E., Oerder, K., Wihler, A., von Below, A., Schutte, N., … Ferris, G. R.（2013）. Leader behaviors as mediators of the leader characteristics—Follower satisfaction relationship. *Group and Organization Management*, *38*, 601–629.

Blickle, G., Meurs, J. A., Wihler, A., Ewen, C., & Peiseler, A. K.（2014）. Leader inquisitiveness, political skills, and follower attributions of leader charisma and effectiveness: Test of a moderated mediation model. *International Journal of Selection and Assessment*, *22*, 272–285.

Boyatzis, R. E., Good, D., & Massa, R.（2012）. Emotional, social, and cognitive intelligence and personality as predictors of sales leadership performance. *Journal of Leadership and Organizational Studies*, *19*, 191–201.

Bray, B. C., Foti, R. J., Thompson, N. J., & Wills, S. F.（2014）. Disentangling the effects of self leader perceptions and ideal leader prototypes in leader judgments using loglinear modeling with latent variables. *Human Performance*, *27*, 393–415.

Butler, A. M., Kwantes, C. T., & Boglarsky, C. A.（2014）. The effects of self-awareness on perceptions of leadership effectiveness in the hospitality industry: A cross-cultural investigation. *International Journal of Intercultural Relations*, *40*, 87–98.

Carlyle, T.（1841/1907）. *Heroes and hero worship.* Boston, MA: Adams.

Carson, J. B., Tesluk, P. E., & Marrone, J. A.（2007）. Shared leadership in teams: An investigation of antecedent conditions and performance. *Academy of Management Journal*, *50*, 1217–1234.

Caruso, D. R., Mayer, J. D., & Salovey, P.（2002）. Emotional intelligence and emotional leadership. In R. Riggio（Ed.）, *Multiple intelligences and leadership*（pp. 55–73）. Mahwah, NJ: Lawrence Erlbaum.

Cattell, R. B.（1965）. *The scientific analysis of personality.* Baltimore, MD: Penguin.

Cavazotte, F., Moreno, V., & Hickmann, M.（2012）. Effects of leader intelligence, personality and emotional intelligence on transformational leadership and managerial performance. *The Leadership Quarterly*, *23*, 443–455.

Chen, T. (2014). *Team composition, emergent states and shared leadership emergence on project teams*. (Unpublished doctoral dissertation). George Mason University, Fairfax, VA.

Chen, T. R., & Zaccaro, S. J. (2013). The personality of leaders: From vertical to shared leadership. In R. Tett & N. Christiansen (Eds.), *Handbook of personality at work* (pp. 772–795). New York, NY: Routledge.

Church, A. T., Katigbak, M. S., Ching, C. M., Zhang, H., Shen, J., Arias, R. M., ... Alvarez, J. M. (2013). Within-individual variability in self–concepts and personality states: Applying density distribution and situation- behavior approaches across cultures. *Journal of Research in Personality*, *47*, 922–935.

Colbert, A. E., Barrick, M. R., & Bradley, B. H. (2013). Personality and leadership composition in top management teams: Implications for organizational effectiveness. *Personnel Psychology*, *67*, 351–387.

Contractor, N. S., DeChurch, L. A., Carson, J., Carter, D. R., & Keegan, B. (2012). The topology of collective leadership. *The Leadership Quarterly*, *23*, 994–1011.

Dalal, R. S., Meter, R. D., Bradshaw, R. P., Green, J. P., Kelly, E. D., & Zhu, M. (2015). Personality strength and situational influences on behavior: A conceptual review and research agenda. *Journal of Management*, *41*, 561–587.

Daly, M., Egan, M., & O'Reilly, F. (2015). Childhood general cognitive ability predicts leadership role occupancy across life: Evidence from 17, 000 cohort study participants. *The Leadership Quarterly*, *26*, 323–341.

Day, D. V., Gronn, P, & Salas, E. (2004). Leadership capacity in teams. *The Leadership Quarterly*, *15*, 857–880.

Day, D. V., Schleicher, D. J., Unckless, A. L., & Hiller, N. J. (2002). Self monitoring personality at work: A metaanalytic investigation of construct validity. *Journal of Applied Psychology*, *87*, 390–401.

Day, D. V., & Sin, H. P (2011). Longitudinal tests of an integrative model of leader development: Charting and understanding developmental trajectories. *The Leadership Quarterly*, *22*, 545–560.

Day, D. V., & Zaccaro, S. J. (2007). Leadership: A critical historical analysis of the influence of leader traits. In L. L. Koppes (Ed.), *Historical perspectives in industrial and organizational psychology* (pp. 383–405). Mahwah, NJ: Lawrence Erlbaum.

Deinert, A., Homan, A. C., Boer, D., Voelpel, S. C., & Gutermann, D. (2015). Transformational leadership sub-dimensions and their link to leaders' personality and performance. *The Leadership Quarterly*, *26*, 1095–1120.

DeRue, D. S., & Ashford, S. J. (2010). Who will lead and who will follow? A social process of leadership identity construction in organizations. *The Academy of Management Review*, *35*, 627–647.

DeRue, D. S., Nahrgang, J. D., Wellman, N., & Humphrey, S. E. (2011). Trait and behavioral theories of leadership: An integration and meta-analytic test of their relative validity. *Personnel Psychology*, *64*, 7–52.

Dinh, J. E., & Lord, R. G. (2012). Implications of dispositional and process views of traits for individual difference research in leadership. *The Leadership Quarterly*, *23*, 651–669.

Dragoni, L., Oh, I., Vankatwyk, P, & Tesluk, P (2011). Developing executive leaders: The relative contribution of cognitive ability, personality, and the accumulations of work experience in predicting strategic competency. *Personnel Psychology*, *64*, 829–864.

Eagly, A. H., Karau, S. J., & Makhijani, M. G. (1995). Gender and the effectiveness of leaders: A meta-analysis. *Psychological Bulletin*, *117*, 125–145.

Eagly, A. H., Makhijani, M. G., & Klonsky, B. G. (1992). Gender and the evaluation of leaders: A meta-analysis. *Psychological Bulletin*, *111*, 3–22.

Ensari, N., Riggio, R. E., Christian, J., Carslaw, G. (2011). Who emerges as a leader? Meta-analyses of individual differences as predictors of leadership emergence. *Personality and Individual Differences*, *51*, 532–536.

Ferris, G. R., Treadway, D. C., Kolodinsky, R. W., Hochwarter, W. A., Kacmar, C. J., Douglas, C., & Frink, D. D. (2005). Development and validation of the Political Skill Inventory. *Journal of Management*, *31*, 126–152.

Fleishman, E. A., Mumford, M. D., Zaccaro, S. J., Levin, K. Y., Korotkin, A. L., & Hein, M. B. (1991). Taxonomic efforts in the description of leader behavior: A synthesis and functional interpretation. *The Leadership Quarterly*, *2*, 245–287.

Foster, C., & Roche, F. (2014). Integrating trait and ability EI in predicting transformational leadership. *Leadership & Organization Development Journal*, *35*, 316–334.

Foti, R. J., Bray, B. C., Thompson, N. J., & Allgood, S. F. 2012. Know thy self, know thy leader: Contributions of a pattern-oriented approach to examining leader perceptions. *The Leadership Quarterly*, *23* (4): 702–717.

Foti, R. J., & Hauenstein, N. M. A. (2007). Pattern and variable approaches in leadership emergence and effectiveness. *Journal of Applied Psychology*, *92*, 347–355.

Friedrich, T. L., Vessey, W. B., Schuelke, M. J., Ruark, G. A., & Mumford, M. D. (2009). A framework for understanding collective leadership: The selective utilization of leader and team expertise within networks. *The Leadership Quarterly*, *20*, 933–958.

Gaddis, B. H., & Foster, J. L. (2015). Meta-analysis of dark side personality characteristics and critical work behaviors among leaders across the globe: Findings and implications for leadership development and executive coaching. *Applied Psychology: An International Review*, *64*, 25–54.

Galton, F. (1869). *Hereditary genius*. New York, NY: Appleton.

Gentry, W. A., Leslie, J. B., Gilmore, D. C., Ellen, B. P., III, Ferris, G. R., & Treadway, D. C. (2013). Personality and political skill as distal and proximal predictors of leadership evaluations. *Career Development International*, *18*, 569–588.

Grijalva, E. J. (2013). Narcissism and leadership: A meta-analysis of linear and nonlinear relationships (Unpublished doctoral dissertation). University of Illinois at Urbana-Champaign, Urbana, IL.

Groves, K. S., & Feyerherm, A. E. (2011). Leader cultural intelligence in context: Testing the moderating effects of team cultural diversity on leader and team performance. *Group & Organization Management*, *36*, 535–566.

Guerin, D. W., Oliver, P. H., Gottfried, A. W., Gottfried, A. E., Reichard, R. J., & Riggio, R. E. (2011). Childhood adolescent antecedents of social skills and leadership potential in adulthood: Temperamental approach/ withdrawal and extraversion. *The Leadership Quarterly*, *22*, 482–494.

Guilford, J. P (1975). Factors and factors of personality. *Psychological Bulletin*, *82*, 802–814.

Hambrick, D. C. (1994). Top management groups: A conceptual integration and reconsideration of the "team" label. *Research in Organizational Behavior*, *16*, 171–213.

Hambrick, D. C., Finkelstein, S., & Mooney, A. C. (2005). Executive job demands: New insights for explaining strategic decisions and leader behaviors. *Academy of Management Review*, *30*, 472–491.

Hambrick, D. C., & Mason, P A. (1984). Upper echelons: The organization as a reflection of its top managers. *Academy of Management Review*, *9*, 195–206.

Hannah, S. T., & Avolio, B. J. (2010). Ready or not: How do we accelerate the developmental readiness of leaders? *Journal of Organizational Behavior*, *31*, 1181–1187.

Harms, P D., & Crede, M. (2010). Emotional intelligence and transformational and transactional leadership: A meta-analysis. *Journal of Leadership and Organizational Studies*, *17*, 5–17.

Hereford, J. M. (2012). *Enough is enough: The curvilinear relationship between personality and leadership* (Unpublished doctoral dissertation). Seattle Pacific University, Seattle, WA.

Hinrichs, A. W. T. (2011). *Motivation to lead: Examining its antecedents and consequences in a team context* (Unpublished doctoral dissertation). Texas A&M University, College Station, TX.

Hoffmann, B. J., Woehr, D. J., Maldagen-Youngjohn, R., & Lyons, B. D. (2011). Great man or great myth? A quantitative review of the relationship between individual differences and leader effectiveness. *Journal of Occupational and Organizational Psychology*, *84*, 347–381.

Hogan, R., Curphy, G. J., & Hogan, J. (1994). What we know about leadership: Effectiveness and personality. *American Psychologist*, *49*, 493–504.

Hogan, R., & Hogan, J. (2007). *Hogan Personality Inventory manual*. Tulsa, OK: Hogan Press.

Hogan, R., & Hogan, J. (2009). *Hogan Development Survey manual*. Tulsa, OK: Hogan Press.

Holland, S. J. (2015). Perceptual disconnects in leadership emergence: An integrated examination of the role of trait configurations, dyadic relationships, and social influence (Unpublished doctoral dissertation). George Mason University, Fairfax, VA.

Hong, Y., Catano, V. M., & Liao, H. (2011). Leader emergence: The role of emotional intelligence and motivation to lead. *Leadership & Organization Development Journal*, *32*, 320–343.

House, R. J., & Howell, J. M. (1992). Personality and charismatic leadership. *The Leadership Quarterly*, *3*, 81–108.

Hur, Y., van der Berg, P T., & Wilderman, C. P M. (2011). Transformational leadership as a mediator between emotional intelligence and team outcomes. *The Leadership Quarterly*, *22*, 591–603.

Joseph, D. L., Dhanani, L. Y., Shen, W., McHugh, B. C., & McCord, M. A. (2015). Is a happy leader a good leader? A meta-analytic investigation of leader trait affect and leadership. *The Leadership Quarterly*, *26*, 558–577.

Judge, T. A., Bono, J. E., Ilies, R., & Gerhardt, M. W. (2002). Personality and leadership: A qualitative and quantitative review. *Journal of Applied Psychology*, *87*, 765–780.

Judge, T., Colbert, A., & Ilies, R. (2004). Intelligence and leadership: A quantitative review and test of theoretical propositions. *Journal of Applied Psychology*, *89*, 542–552.

Judge, T. A., Locke, E. A., & Durham, C. C. (1997). The dispositional causes of job satisfaction: The role of core evaluations. *Journal of Applied Psychology*, *83*, 17–34.

Judge, T. A., & Long, D. M. (2012). Individual differences in leadership. In D. V. Day & J. Antonakis (Eds.), *The nature of leadership* (2nd ed., pp. 179–217). Thousand Oaks, CA: Sage.

Judge, T. A., Piccolo, R. F., & Kosalka, T. (2009). The bright and dark sides of leader traits: A review and theoretical extension of the leader trait paradigm. *The Leadership Quarterly*, *20*, 855–875.

Kaiser, R. B., & Hogan, J. (2011). Personality, leader behavior, and overdoing it. *Consulting Psychology Journal: Practice and Research*, *63*, 219–242.

Kaiser, R. B., LeBreton, J. M., & Hogan, J. (2015). The dark side of personality and extreme leader behavior. *Applied Psychology: An International Review*, *64*, 55–92.

Kant, L., Skogstad, A., Torsheim, T., & Einarsen, S. (2013). Beware the angry leader: Trait anger and trait anxiety of predictors of petty tyranny. *The Leadership Quarterly*, *24*, 106–124.

Kenny, D. A., & Zaccaro, S. J. (1983). An estimate

of variance due to traits in leadership. *Journal of Applied Psychology*, *68*, 678–685.

Kim, Y. J., & Van Dyne, L. (2012) . Cultural intelligence and international leadership potential: The importance of contact for members of the majority. *Applied Psychology: An International Review*, *61*, 272–294.

Kirkpatrick, S. A., & Locke, E. A. (1991, May) . Leadership: Do traits matter? *Academy of Management Executive*, *5*, 48–60.

Kristoff-Brown, A. L., Zimmerman, R. D., & Johnson, E. C. (2005) . Consequences of individuals' fit at work: A meta-analysis of person-job, person-organization, person-group, and person-supervisor fit. *Personnel Psychology*, *58*, 281–342.

LaPort, K. A. (2012) . A multistage model of leader effectiveness: Uncovering the relationships between leader traits and leader behaviors (Unpublished doctoral dissertation) . George Mason University, Fairfax, VA.

Livi, S., Kenny, D. A., Albright, L., & Pierro, A. (2008) . A social relations analysis of leadership. *The Leadership Quarterly*, *19*, 235–248.

Lisak, A., & Erez, M. (2015) . Leadership emergence in multicultural teams: The power of global characteristics. *Journal of World Business*, *50*, 3–14.

Lord, R. G., De Vader, C. L., & Alliger, G. M. (1986) . A meta-analysis of the relation between personality traits and leadership perceptions: An application of validity generalization procedures. *Journal of Applied Psychology*, *71*, 402–410.

Lord, R. G., Foti, R. J., & De Vader, C. L. (1984) . A test of leadership categorization theory: Internal structure, information processing, and leadership perceptions. *Organizational Behavior and Human Performance*, *34*, 343–378.

Lord, R. G., & Hall, R. (1992) . Contemporary views of leadership and individual differences. *The Leadership Quarterly*, *3*, 137–157.

Lord, R. G., & Maher, K. J. (1991) . Leadership and information processing: Linking perceptions and performance. London, UK: Routledge.

Luria, G., & Berson, Y. (2012) . How do leadership motives affect informal and formal leadership emergence? *Journal of Organizational Behavior*, *34*, 995–1015.

Mann, R. D. (1959) . A review of the relationship between personality and performance in small groups. *Psychological Bulletin*, *56*, 241–270.

McCrae, R. R., & Costa, P. T. (1987) . Validation of the five-factor model of personality across instruments and observers. *Journal of Personality and Social Psychology*, *52*, 81–90.

Melwani, S., Mueller, J. S., & Overbeck, J. R. (2012) . Looking down: The influence of contempt and compassion on emergent leadership categorizations. *Journal of Applied Psychology*, *97*, 1171–1185.

Mencl, J., Wefald, A. J., & van Ittersum, K. W. (2016) .

Transformational leader attributes: Interpersonal skills, engagement, and well-being. *Leadership and Organization Development Journal*, *37*, 635–657.

Morgeson, F. P., DeRue, D. S., & Karam, E. P. (2009) . Leadership in teams: A functional approach to understanding leadership structures and processes. *Journal of Management*, *36*, 5–39.

Mumford, M. D., Zaccaro, S. J., Harding, F. D., Jacobs, T. O., & Fleishman, E. A. (2000) . Leadership skills for a changing world: Solving complex social problems. *The Leadership Quarterly*, *11*, 11–35.

Nadkarni, S., & Hermann, P. (2010) . CEO personality, strategic flexibility, and firm performance: The case of the Indian business process outsourcing industry. *Academy of Management Journal*, *53*, 1050–1073.

Olivares, O. J. (2011) . The formative capacity of momentous events and leadership development. *Leadership and Organizational Development Journal*, *32*, 837–853.

Owens, B. P., Wallace, A. S., & Waldman, D. A. (2015) . Leader narcissism and follower outcomes: The counterbalancing effect of leader humility. *Journal of Applied Psychology*, *100*, 1203–1213.

Pearce, C. L., & Conger, J. A. (2003) . All those years ago: The historical underpinnings of shared leadership. In C. L. Pearce & J. A. Conger (Eds.), *Shared leadership: Reframing the hows and whys of leadership* (pp. 1–18) . Thousand Oaks, CA: Sage.

Pervin, L. A. (1994) . A critical analysis of current trait theory. *Psychological Inquiry*, *5*, 103–113.

Pierce, J. R., & Aguinis, H. (2013) . The too-much-of-a-good-thing effect in management. *Journal of Management*, *39*, 313–338.

Reichard, R. J., Riggio, R. E., Guerin, D. W., Oliver, P. H., Gottfried, A. W., & Gottfried, A. E. (2011) . A longitudinal analysis of relationships between adolescent personality and intelligence with adult leader emergence and transformational leadership. *The Leadership Quarterly*, *22*, 471–481.

Richards, D. A., & Hackett, R. D. (2012) . Attachment and emotion regulation: Compensatory interactions and leader-member exchange. *The Leadership Quarterly*, *23*, 686–701.

Rus, D., van Knippenberg, D., & Wisse, B. (2012) . Leader power and self-serving behavior: The moderating role of accountability. *The Leadership Quarterly*, *23*, 13–26.

Schaumberg, R. L., & Flynn, F. J. (2012) . Uneasy lies the head that wears the crown: The link between guilt proneness and leadership. *Journal of Personality and Social Psychology*, *103*, 327–342.

Schneider, B., Ehrhart, M. G., Mayer, D. M., Saltz, J. L., & Niles-Jolly, K. (2005) . Understanding organization-customer links in service settings. *Academy of Management Journal*, *48*, 1017–1032.

Schneider, B., White, S. S., & Paul, M. C. 1998. Linking service climate and customer perceptions of service quality：Tests of a causal model. *Journal of Applied Psychology*, *83* (2)：150–163.

Serban, A., Yammarino, F. J., Dionne, S. D., Kahai, S. S., Hao, C., McHugh, K. A., … Peterson, D. R. (2015). Leadership emergence in face-to-face and virtual teams：A multi-level model with agent-based simulations, quasi-experimental and experimental tests. *The Leadership Quarterly*, *26*, 402–418.

Shondrick, S. J., Dinh, J. E., & Lord, R. G. (2010). Developments in implicit leadership theory and cognitive science：Applications to improving measurement and understanding alternatives to hierarchical leadership. *The Leadership Quarterly*, *21*, 959–978.

Smith, J. A., & Foti, R. J. (1998). A pattern approach to the study of leader emergence. *The Leadership Quarterly*, *9*, 147–160.

Sosik, J. J., Gentry, W. A., & Chon, J. (2012). The value of virtue in the upper echelons：A multisource examination of executive character strengths and performance. *The Leadership Quarterly*, *23*, 367–382.

Stogdill, R. M. (1948). Personal factors associated with leadership：A survey of the literature. *Journal of Psychology*, *25*, 35–71.

Stogdill, R. M. (1974). Handbook of leadership：A survey of the literature. New York, NY：Free Press.

Terman, L. M. (1904). A preliminary study of the psychology and pedagogy of leadership. *Pedagogical Seminary*, *11*, 413–451.

Troth, A. C., & Gyetvey, C. (2014). Identifying leadership potential in an Australian context：Identifying leadership potential in an Australian context. *Asia Pacific Journal of Human Resources*, *52*, 333–350.

Van Iddekinge, C. H., Ferris, G. R., & Heffner, T. S. (2009). Test of a multistage model of distal and proximal antecedents of leader performance. *Personnel Psychology*, *62*, 463–495.

Waasdorp, T. E., Baker, C. N., Paskewich, B. S., & Leff, S. S. (2013). The association between forms of aggression, leadership, and social status among urban youth. *Journal of Youth and Adolescence*, *42*, 263–274.

Walter, F., Humphrey, R. H., & Cole, M. S. (2012). Unleashing leadership potential. *Organizational Dynamics*, *41* (3), 212–219.

Woo, S. E., Chernyshenko, O. S., Stark, S. E., & Conz, G. (2014). Validity of six openness facets in predicting work behaviors：A meta-analysis. *Journal of Personality Assessment*, *96*, 76–86.

Xu, L., Fu, P., Xi, Y., Zhang, L., Zhao, X., Liao, Y., … Ge, J. (2014). Adding dynamics to a static

theory：How traits evolve and how they are expressed. *The Leadership Quarterly*, *25*, 1095–1119.

Zaccaro, S. J. (2001). The nature of executive leadership：A conceptual and empirical analysis of success. Washington, DC：American Psychological Association.

Zaccaro, S. J. (2007). Trait-based perspectives in leadership. *American Psychologist*, *62*, 6–16.

Zaccaro, S. J. (2012). Individual differences and leadership：Contributions to a third tipping point. *The Leadership Quarterly*, *23*, 718–728.

Zaccaro, S. J., Connelly, S., Repchick, K. M., Daza, A. I., Young, M. C., Kilcullen, R. N., … Bartholomew, L. N. (2015). The influence of higher order cognitive capacities on leader organizational continuance and retention：The mediating role of developmental experiences. *The Leadership Quarterly*, *26*, 342–358.

Zaccaro, S. J., Foti, R. J., & Kenny, D. A. (1991). Self-monitoring and trait-based variance in leadership：An investigation of leader flexibility across multiple group situations. *Journal of Applied Psychology*, *76*, 308–315.

Zaccaro, S. J., Gilbert, J. A., Thor, K. K., & Mumford, M. (1991). Leadership and social intelligence：Linking social perspectives and behavioral flexibility to leader effectiveness. *The Leadership Quarterly*, *2*, 317–342.

Zaccaro, S. J., Gilrane, V. L., Robbins, J. M., Bartholomew, L. N., Young, M. C., Kilcullen, R. N., … Young, W. (2015). *Officer individual differences：Predicting long-term continuance and performance in the U.S. Army* (Technical Report 1324). Ft. Belvoir, VA：U.S. Army Research Institute for the Behavioral and Social Sciences.

Zaccaro, S. J., Kemp, C., & Bader, P. (2004). Leader traits and attributes. In J. Antonakis, A. Ciancola, & R. Sternberg (Eds.), *The nature of leadership* (pp. 101–124). Thousand Oaks, CA：Sage.

Zaccaro, S. J., LaPort, K., & Jose, I. (2013). Attributes of successful leaders：A performance requirements approach. In M. Rumsey (Ed.), *The Oxford handbook of leadership* (pp. 11–36). New York, NY：Oxford University Press.

Zacher, H., Clark, M., Anderson, E. C., & Ayoko, O. B. (2015). A lifespan perspective on leadership. In P. M. Bal, D. T. A. M. Kooij, & D. M. Rousseau (Eds.), *Aging workers and the employee-employer relationship* (pp. 87–104). New York, NY：Springer International.

Zacher, H., Pearce, L. K., Rooney, D., & McKenna, B. (2014). Leaders' personal wisdom and leader-member exchange quality：The role of individualized consideration. *Journal of Business Ethics*, *121*, 171–187.

第3章
魅力和"新领导力"

John Antonakis

📖 开篇案例：领导者的日常

Timo 所在的公司新开设了一家五星级度假酒店，是公司的旗舰酒店。他刚得知自己已升任这家酒店的总经理，还要承担一些公司层面的管理工作。作为目前所在部门的总经理，他有几项迫在眉睫的任务需要完成：向部门员工宣布调任的消息，向董事会陈述新酒店的发展愿景，制订新员工招聘计划。此外，还有一些电子邮件要发。

尽管这一工作调动让他兴奋不已，但向手下宣布这个消息却不容易。他们已经知道可能会发生重大变动，而且早有传言说 Timo 会被调走。这些员工不愿失去"他们的经理"。无论是客房、餐厅和前台的直属员工，还是园丁、保安和健康水疗中心的职员和他们的主管，大家都认同一点：Timo 是他们遇到过的最优秀的经理，他们舍不得他走。大家就是喜欢 Timo。

Timo 很小就懂得劳动的价值。他帮助父母管理过商店。母亲总能驾轻就熟地运用个人魅力管理员工和客户，而父亲是一位天才的演说家和社区领导，懂得如何激发他人的热情。Timo 将这一切看在眼里，从父母身上学到了很多。完成酒店管理和商务专业的学业后，他进入酒店行业，开启了自己的职业生涯，一路从餐饮部助理升到总经理，36 岁就实现了许多人无法企及的目标。作为一名经理，他给同事留下了深刻的印象。他经常到各处查看情况，认识每一位员工。他会明确说出对他们的期望，也会及时提供反馈和指导。同时，他意志坚定，必要的时候一定会立下规矩。他手下的员工，尤其是年轻员工，都将 Timo 当作"明星经理"来崇拜。他身上有一种独特的东西、一种神秘的特质，让他既讨人喜欢又很有威望，不管走到哪里总能引人注目。

他坐到办公桌前，开始思考自己该如何宣布调任的消息。他可能会以一个故事（他自己的故事）开场，谈谈自己在公司起步和成长的过程。他讲的话既要鼓舞人心，又要让员工们确信换了新的经理不会有任何问题。罗列演讲要点时，他瞥了一眼桌上的《经济学人》杂志，希腊再次登上封面。"债务危机造成的不确定性真是该死"，他寻思道，"而且即将到来的选举也于事无补"。他必须将这些不确定因素纳入自己的战略计划，并确保为市场和销售团队制定的目标是合适的。

讨论题

1. Timo 为什么能让员工对他如此忠诚?
2. Timo 为什么能如此成功?
3. Timo 的技能和行为是可以学习的吗?

📖 本章概述

> 但是,除非我们能实现首要的经济目标——战胜通货膨胀,否则这一切都是徒劳的。通货膨胀就像敌军入侵,肯定会摧毁这个国家和社会。通货膨胀是失业之母,对保住了工作的幸存者来说也是隐形的强盗。
>
> 如果我们能够认识到自己是这个伟大国家的一分子,并时刻准备采取行动,维护这种伟大,那么我们的国家将继续伟大,一直伟大。有什么能阻止我们实现这一目标?是什么在阻碍我们前进的步伐?是又一个寒冬将至的预期吗?我想有可能。但是,我更愿意相信我们已经吸取了一些教训,我们正在经历一个缓慢、痛苦的旅程,走向收获的秋天,达成谅解。我希望在这之后我们能迎来达成共识的冬天。如果未能如愿,我们也不能偏离自己的路线。
>
> 对于那些屏息等待大反转的人,我只想说一句话:"阁下若想回头请自便,本夫人绝不回头。"这句话不只是说给你们听的,也是说给我们在海外的朋友以及称不上朋友的其他人听的。
>
> 英国首相 Margaret Thatcher 在保守党大会上的演讲
1980 年 10 月 10 日

大多数人都听说过英国政坛的传奇人物 Margret Thatcher。她的影响力为什么如此之大?很多人都认为她身上具有"某种特质"。她的言语生动传神,能让人们振奋,并沿着她制定的行动方针努力奋进,这是她的特殊天赋。她有一种"魅力",支持者对她崇拜有加,反对者对她厌恶无比。

研究者对魅力及其派生理论(我将其简称为"新魅力"理论)的研究著述颇丰,但这方面的构念很难定义和操作化。撇开理论研究不谈,我们通过实践便已知道,许多历史人物都拥有一种力挽狂澜的强大力量,能够成就大业,但这种力量也极具破坏性。这便是魅力型领导者会对个人、组织和社会产生的影响——这种影响在我看来可能是领导力研究领域最有趣的一个未解之谜,哲学家、历史学家、心理学家和其他社会科学家都在对此展开不懈的探索。

魅力型领导力理论对于领导力研究这一学科领域有着巨大的影响。Bryman(1992)将这种领导力称为"新领导力",这表明它与已有的领导力模式截然不同。颇为讽刺的是,从某种意义上来说,魅力型领导力理论的出现拯救了领导力研究,就像魅力型领导者拯救了他们所在的集体一样（Hunt，1999）。换句话说，对魅力的研究将领导力研究者们从四面楚歌的绝境中解救了出来——当时人们对领导力研究的态度悲观，找不到方向，甚至有人呼吁放弃领导力这一研究课题（Greene，1977；Miner，1975）。很难想象，就在几十年前，人们曾经根本不把领导力这门学科当回事，所以当 House（1977）首次提出魅力型领导力这种心理学理论时，组织研究学者们便欣然接受了它。

魅力型领导力及与之关系密切的变革型领导力，已成为许多研究的关注重点（Yukl，1999），正是借助这方面的研究，领导力的研究范式逐渐演变成了今天的形态（Antonakis、Cianciolo 和 Sternberg，2004；Day 和 Antonakis，2012；Hunt，1999；Lowe 和 Gardner，2000）。至少从世界知名的领导力学术期刊《领导力季刊》所发表的论文来看，这一流派已在领导力研究领域占据了主导地位（Antonakis、Bastardoz、Liu 和 Schriesheim，2014；Gardner、Lowe、Moss、Mahoney 和 Cogliser，2010；Lowe 和 Gardner，2000）。

魅力型领导力及相关理论（如变革型、愿景型领导力）是如何发展的？魅力型领导者为什么能具有强大的感召力？魅力型领导力理论将会何去何从？这些，以及其他一些问题是本章试图回答的。为此，我将回顾重点历史文献，它们是当前魅力型领导力理论及相关模式形成的基础。当代理论方面，我将着重讨论最主要的领导力模式——魅力型领导力和变革型领导力。尽管我早年曾重点关注过变革型领导力（Antonakis，2001；Antonakis、Avolio 和 Sivasubramaniam，2003），但在此，我将依据自己近期的一些研究成果，批判性地回顾相关的理论流派，解释我为何将关注点转回了魅力领域（Antonakis、Bastardoz、Jacquart 和 Shamir，2016；Antonakis、Fenley 和 Liechti，2011；Jacquart 和 Antonakis，2015）。我知道，有人认为我是 Gemmill 和 Oakley（1992）所称的魅力型理论流派中的"黑手党"。不过，能够加入这个理论家族，说明我的观点具有一定的可信度，而我对自己的观点也很有信心。我还将简要讨论与魅力型领导力理论构成竞争关系的"新领导力"理论，并在本章的最后指出这一领域研究的发展方向以及有待探索的地方。

📖 魅力型领导力：发展简史

大多数学者认为，"魅力"一词是 Weber（1947）首先提出的，他还率先用现代理论解释了魅力型领导力为何对追随者颇具影响力。然而实际上，"魅力"（charisma）这个词早在 Weber 之前就有，其根源可追溯至希腊神话中的"美惠三女神"卡里忒斯（Charites），又称卡里斯女神（Charis）（Antonakis 等人，2016）。此外，早在公元前 4 世纪，Aristotle 就在其著作（译本，1954）中解释了与魅力型领导力近似的一种现象，还解释了领导者应如何运用强大的说服手段来影响追随者。Aristotle 是修辞学的奠基人，而修辞学正是魅力效应诞生的关键（Antonakis 等人，2011；Antonakis 等人，2016；Jacquart 和 Antonakis，2015）。

在《修辞学》中，Aristotle 提出，领导者必须通过创造性的修辞手段来赢得追随者的信任，这包括通过自己的个人品性提供一种道德视角（"人品诉求"），唤起追随者的情感认同（"情感诉求"）以及运用理性辩论（"理性诉求"）（参见图 3-1）。很明显，上述三个维度（即 Aristotle 所称的艺术方法）以及合同、法律、酷刑、作证和宣誓等其他方法，可视为简化版的领导力研究理论。这些理论通常会把魅力型领导力和相关理论（如变革型领导力）与交易型领导力放在一起比照（Bass，1985；Burns，1978；Downton，1973）。为更好地理解 Aristotle 在魅力型领导力、情感与认知心理学，以及其他学科领域的深刻见解，我在此引用《修辞学》第 1 卷第 2 章对三种修辞影响的阐述：

当演说者的话令人信任的时候，他是凭他的性格来说服人，因为我们在任何事情上一般都更信任好人，由于这个缘故，我们对于那些不精确的、可疑的演说，也完全信任。但是这种信任应当由演说本身引起，而不应当来源于听者对演说者的性格预先有的认识。有些作者在书中认为演说者的善良品质无补于他的说服力，这个说法不合乎事实；其实演说者的性格可以说是最有效的说服手段。当听众的情感被演说打动的时候，演说者可以利用听众的心理来产生说服的效力，因为我们在忧愁或愉快、友爱或憎恨的时候所下的判断是不相同的，正如我们所说的，唯有这种事情是今日的修辞学作者所注意的。最后，当我们采用适合于某一问题的说服方式来证明事情是真的或似乎是真的的时候，说服力是从演说本身产生的。（第 7 页）

图 3-1 Aristotle 的领导说服力三角

注：Aristotle 指出（译本，1954，第 7 页）："第一种说服力，即人品诉求是由演说者的性格造成的；第二种情感诉求是由使听者处于某种心情而造成的；第三种理性诉求是由演说本身有所证明或似乎有所证明而造成的。"

阅读 Aristotle 的《修辞学》和 Plato 的《理想国》（译本，1901）等经典著作会让人大开眼界，它们为西方的领导力、伦理道德和善政等重要思想提供了理论基础。然而，读这些著作也让我产生了一种困惑：既然我们那么早就已有了如此深入的了解，人类为什么没有变得比现在更精明、更负责任呢？各个机构为什么仍然很难选出最佳领导者？领导者的腐败现象为什么仍然这么多？人们为什么如此容易被领导者的花言巧语所欺骗？

从本质上看，这些问题在很大程度上是领导力的问题，它们宏大而且让我感到着迷。因此，我一直在探究哪些特质能够预测领导力的有效性（Antonakis、House 和 Simonton，2017），权力如何导致腐败（Bendahan、Zehnder、Pralong 和 Antonakis，2015），如何选择领导者（Antonakis 和 Dalgas，2009；Antonakis 和 Eubanks，2017；Jacquart 和 Antonakis，2015），以及其他有趣的问题。然而，直到最近，人类的这些问题才开始得到科学的探讨，领导力的重要性才得到凸显，开始在因果关系的意义上展开研究（Bertrand 和 Schoar，2003；Jones 和 Olken，2005）。数十年来，Warren Bennis（本书第 19 章）对领导力问题发表了许多充满智慧的见解，他提醒我们，领导者手中掌握的是权力，深入研究如何更好地管理领导力的生产过程非常重要。

事实上，作为最卓有成效的领导者，魅力型领导者能够带来必要的社会变革。但他们也能够做出可怕的事情，这也是 Bennis 的顾虑所在。当然，本章不会重点讨论领导者的选择、领导力发展和领导力结果等问题，这是整本书要探讨的。我将重点分析魅力型和新魅力型领导力理论，必要时也会涉及这一领域之外的一些重要内容。接下来，我将从 Weber 开始，按照时间顺序阐述这一研究流派最重要的文献。若要详细了解本流派的发展历程，请参阅我与同事新近完成的一份综述（Antonakis 等人，2016）。

Weber 的基本观点

Weber（1947）将能够带来社会变革的领导者称作"魅力型"领导者，他们会在"心理、身体、经济、道德、信仰（或）政治危机时"挺身而出（Weber，1968）。Weber（1968）认为，领导者的魅力是指"一种特殊的身体及心理天赋，并非人人都能具备"（第 19 页）。这类领导者拥有"超自然所赐，超凡的力量，或者至少是一种与众不同的力量与品质"（Weber，1947，第 358 页），能够成就一番伟大的事业。显然，如此似是而非和神乎其神的描述无助于从科学层面对魅力展开研究（Antonakis 等人，2016）；不过 Weber 的观点仍为其他研究者更好地了解魅力型领导力带来的结果铺平了道路。

Weber（1968）认为，追随者愿意将命运托付给魅力型领导者，支持他出于"热情，抑或绝望和希望"而去追求的使命（第 49 页）。Weber 认为，魅力型权威不同于官僚型权威，魅力型领导力的核心是一种情感上的吸引力，"其态度是革命性的，超越一切价值，打破所有的传统或理性规范"（第 24 页）。Weber 最后还指出，领导者的魅力效应及其遗留的影响，可能作为组织或社会的一种"文物"继续存在，然后，随着组织或社会陷入官僚机构的理性和有序程序而逐渐消退。

Weber 关于魅力型领导力的观点，其有趣之处在于强调环境的重要性，认为魅力型领导者会带来明显的拯救效应。同样重要的是，它将魅力型权威与其他类型的权威区分开来。Weber 并未说清魅力型领导者会做些什么，他更关心的是结果而不是手段。其他一些社会学家也持这种观点（如 Shils，1965）。例如，Etzioni（1964）的结构主义观点关注正式领导力对个人有什么样的影响，以及其用来对追随者施加影响的权力源自哪里。Etzioni（1961）将"魅力"称为"象征力量"（第 203 页）。Etzioni（1964）指出，当领导者优先运用象征力量，其次运用物质力量，最后才是身体力量时，追随者会更加忠诚、更加团结。其他一些社会学家拓展了 Weber 的观点，试图把魅力这个神秘的概念具体化（Friedland，1964）。一些政治学家也对魅力表现出兴趣，试图深入了解它（Davies，1954；Friedrich，1961；Tucker，1968）。接下来我将谈谈 Downton 的理论。这种理论非常抢眼，甚至胜过了当代一些主流的领导力模型，尤其是变革型—交易型领导力模型。

Downton 的魅力型理论

按照 Weber 的魅力概念，Downton（1973）以反叛型政治领导者为背景提出了自己的领导力理论。他的理论由魅力型领导力、激励型领导力和交易型领导力三个要素组成。这是继 Aristotle 之后，第二个将契约型（交易型）委托—代理影响过程与魅力型权威展开比较的理论。这一理论比 Bass（1985）提出的理论早十多年，但 Bass 在其著名的文献中并未提到过它，后来才有所谈及（Hater 和 Bass，1988）。历史学家和政治学家 Burns（1978）在讨论变革型领导力和交易型领导力的时候间接提到了 Downton 的研究成果，但很大程度上也只是在讨论革命型领导力时一笔带过。

Downton（1973）认为，交易型领导力是"一种类似于经济生活中的契约关系的交换过程，（而且）以诚信为基础"（第 75 页）。他相信，履行交易承诺构成了领导者与追随者相互信任的基础，加深了相互之间的关系，同时为未来交易奠定了互惠互利的基调。Downton 还区分了正面交易和负面交易。正面交易是指追随者因达成了预期目标而获得奖励，而负面交易是指追随者因不守规矩而受到惩罚（正如下文所述，这种对正面和负面交易型领导力的准确解释是 Bass（1985）创建权变奖励与例外管理领导者行为理论的基础）。

Downton 认为，魅力型领导者会对追随者产生重大影响，因为他们拥有崇高的理想和高度的权威，容易获得追随者的认同。在这种情况下，心理上的交流会巩固信任。鼓舞型领导力能够进一步增强这种忠诚与信任。鼓舞型领导者通常很有说服力，他们鼓励追随者付出努力，做出牺牲，追求他们所认同的理想。他们赋予追随者一种使命感，让所做之事在魅力的感召之外，增添新的意义。追随者会与鼓舞型的领导者建立深厚的联结，但不一定会对他们表示崇敬。因此，鼓舞型领导力显然与魅力型领导力不同。Downton（1973）指出，鼓舞型领导力培养不出追随者对领导者的依赖感，而且"对鼓舞型领导者的忠诚总是依赖领导者对追随者世界观不断作出象征性的表述"（第 80 页）。Downton 还进一步指出，虽然领导者与追随者之间的魅力型关系最终会转化为鼓舞型关系，但并不是所有鼓舞型关系都会转化为魅力型关系。最后，Downton 提出，各类领导力——无论是交易型、鼓舞型还是魅力型——都应不同程度地得到运用，这与 Bass（1985）的观点一致。虽然 Downton 为变革型和魅力型领导力理论奠定了基础，但他在这一领域的影响十分有限，这可能是因为他的研究在 20 世纪 80 年代并没有得到研究领导力的心理学家们的重视，而 Bass 的理论当时已深入人心。

House 在心理学上的魅力型理论

House（1977）率先提出了综合性的理论框架和可检验的命题，来解释魅力型领导者的行为，他还重点分析了魅力型领导者对追随者的心理影响。House 为魅力型领导者影响追随者（从而管理追随者对事物的感知）的手段提供了理论解释，其中的要点是，他指出魅力型领导者拥有要影响他人所必需的说服技能。此外，House 还描述了魅力型领导者的个人特点，提出可用于预测魅力型领导者的个体差异或许是可以测量的。这一理论可能构成了当今魅力研究最重要的基础——尽管这个理论发表时只是一本书中的一章，而没有单独构成一篇学术论文（不利于增进其影响力），但其影响力仍然非常可观，引用量很大。

House（1977）认为，产生魅力的基础是追随者与领导者之间发生情感互动。根据任务要求，魅力型领导者会激发追随者的动机，让他们为了实现领导者的理想和价值追求而努力；而追随者会对领导者表现出好感和钦佩，内化对领导者的认同感。House 认为，魅力型领导者是"能够凭借个人能力对追随者产生非同一般的深远影响的人"（第 189 页）。House 指出，魅力型领导者对自身能力和追随者都很有信心，对自己和追随者的期望都很高，同时相信这些期望一定能实现。就这些行为产生的结果而言，House 认为，这类领导者会成为追随者的榜样和认同对象，追随者会效仿领导者的理想和价值观，并且会在领导者的激励和鼓舞下，以巨大的热情实现高目标。这类领导者富有胆识，敢于挑战不尽人意的现状。此外，"由于这类领导者还被赋予了其他一些'天赋'——如非凡的能力——追随者相信他们能引发社会变革，带领他们脱离困境"（第 204 页）。

House（1977）指出，"实际上，这种'天赋'很可能是多方面因素相互作用的结果，其中包括个人特点、领导者所采用的行为、追随者的特点，以及人们对领导者的领导风格形成某种假定的时间点所特有的一些环境因素"（第 193 页）。至于魅力型领导者的个人特点，House 最后指出，他们表现出高度的自信，拥有亲社会的果敢意志（支配力）和坚定的道德信念。他们希望追随者怎样行事，自己就会以身作则地先这样做起来，通过自我牺牲展现奋斗，通过形象塑造与自我宣传给人一种精明强干的印象。

House（1977）的观点很超前。他将自己的理论阐述得简洁明晰，在一个领导力研究遭受漠视的时代为困顿中的研究者们指明了新的方向（Antonakis 等人，2004；Day 和 Antonakis，2012）。尽管 House 的理论忽略了一些细节，如他并未对魅力给出一个恰当的定义，关于如何建模也没有给出具体的指引，但他的观点催生了新领导力运动（Antonakis 等人，2016）。

Conger 和 Kanungo 的魅力归因（推理）理论

Conger 和 Kanungo（1998、1988）提出了一种魅力型领导力理论，认为领导者是通过一个归因过程完成其地位合法化的，而这一过程建立在追随者对领导者行为感知的基础上。尽管这个理论使用了"归因"这一术语来描述追随者有关领导者的各种感知和解释，但更准确地说，实际发生的心理过程是推理（Jacquart 和 Antonakis，2015）——归因是对因果关系的理解（Calder，1977），而推理是个人感知（Erickson 和 Krull，1999）。

Conger 和 Kanungo（1998）提出，追随者对领导者的认可需经过一个行为过程。这个过程分为三个阶段，但不一定是线性的；各个阶段既可以任意调换顺序，也可以同时发生。第一阶段，卓越的魅力型领导者通过评判当前局势来确定追随者的需求，评估其领导范围内可用的资源，然后提出具有吸引力的观点，引起追随者的兴趣。第二阶段，领导者制定未来愿景，激励追随者采取行动，迈向有助于实现这一愿景的各个目标。理想的愿景是追随者所期盼的未来图景，因此它可以使追随者对领导者产生好感和认同感。第三阶段，领导者通过向追随者灌输任务一定能完成的思想来彰显过人的自信和能力。领导者使用非常规手段和专门技能来展示如何实现目标，激励追随者采取行动。这样，他们就成为了强大的榜样，推动着追随者们努力向前。由此，研究者提出了一个假设：这个三阶段的过程能够引发对领导者的高度信任，让追随者有出色的工作业绩，从而帮助组织实现目标。这一理论已通过"Conger-Kanungo 量表"（Conger 和 Kanungo，1998）完成了概念操作化，实证研究成果丰硕。然而，Conger-Kanungo 量表的全球因素与变革型领导力的相关度很高（$r=0.88$，未校正测量误差）（Rowold 和 Heinitz，2007）。

Shamir 及其同事的魅力型理论

House 和 Shamir（1993）以创新的方式将魅力与身份认同理论整合，提出了一个综合性的框架来解释领导者如何利用追随者的自我概念（另见 Shamir、House 和 Arthur，1993）。这种关系使领导者能够对追随者产生非同一般的影响，使他们的自尊、自我价值感、自我效能感、集体效能感、对领导者的认同感、社会认同感，以及价值内化的水平均得到提升，从而获得强大的动力。Shamir 等人（1993）指出，魅力型领导者是通过其行为激发一种动机机制，从而影响追随者的，这些行为包括：为行动提供理念上的解释，强调集体的共同使命，讲述与理想有关的历史事件，唤起追随者的自我价值感和效能感，表达对追随者的信心，相信他们有能力完成使命等（另见 Shamir、Arthur 和 House，1994）。领导者的这些行为使动机机制触发一种自我概念效应，从而让追随者在个人层面上忠于领导者的使命，愿意做出自我牺牲的行为，认可自己的组织公民身份，相信所做之事具有重要意义。这些效应通过引发追随者的自我表达和始终如一，得到了进一步的加强。Shamir 等人（1993）为说明这种效应的复杂性举了一个例子，他们说，"魅力型领导者……通过强调努力和重要价值观之间的关系来提升追随者的自我价值感。一般自我价值感会增强自我效能感，道德正确感是力量和信心的源泉。完全相信自己的信念合乎道德标准，有助于增强以适当方式行事的信心和力量"（第 582 页）。

📖 变革型领导力

这部分，我将列出一些颇具影响力的模型，它们都明确地将新魅力型领导力和变革型领导力同交易型领导力进行了对比。这些理论都有相应的问卷对其进行操作，而且这些问卷很有影响力，引发了许多实证研究。

Burns 的转换型—交易型领导力

普利策奖得主 Burns（1978）出版过一部关于政治领域领导力的鸿篇巨著。他的研究成果为 Bass（1985）的研究奠定了基础，尤其是在领导者对追随者的变革性影响方面。Burns 将领导力定义为"引导追随者采取行动，努力实现按照自己和领导者的价值观及动机（欲望和需要，抱负和期望）设立的特定目标"（第 19 页）。虽然领导者和追随者在所追求的目标上联系紧密，但在引导追随者朝着共同目标迈进方面，领导者却是独立发挥作用的。领导者与追随者之间的相互作用分为两种：①交易型领导力：基于有价物品交换的政治、经济、情感关系。②转换型领导力：能够提升领导者和追随者的动机、道德和伦理追求。

Burns（1978）认为，交易型领导力注重增进自己的利益，因此其范围和影响力有限；相比之下，转换型领导力专注于追求卓越，实现远大的目标与理想，它对追随者和集体的影响力更大。转换型领导者能够帮助追随者提升对重要事项的认识——尤其是在道德伦理方面，促使他们为了更广泛的利益而放弃一己私利。虽然交易型和转换型领导力都有助于实现人类的宏伟目标，但 Burns 认为它们是相互对立的两面。他说，"交易型领导力主要体现的是模式价值，也就是手段的价值……而变革型领导力则更关心目的的价值"（第 426 页）。Burns 认为这两种领导力风格互相抵消，构成一种零和博弈。

Bass（1985）直接对 Burns（1978）的理论进行了拓展，为原有的模型增加了他称为"变革型领导力"（取代了转换型领导力）的子维度。此外，尽管 Bass 最初对变革型领导力概念的定义并没有关注道德和伦理方面，但他最终还是赞同了 Burns 的观点——希特勒之类的领导者属于伪变革型领导者，真正的变革型领导力是以"正确的"价值观为核心的（参见 Bass 和 Steidlmeier，1999）。

Bass 的变革型—交易型领导力模型

Bass（1985）的变革型—交易型领导力理论也称为"全谱"领导力理论，它既包含了魅力、愿景等"新领导力"的要素，也包括了"旧领导力"的要素（即以角色和任务要求为中心的交易型领导行为）。在此，我提及部分要素是因为这一理论的要义在于超越各种二因素的领导力行为理论（见 Seltzer 和 Bass，1990）。这些理论（见 Fleishman，1953、1957；Halpin，1954；Stogdill 和 Coons，1957）对领导力的概念采用了以任务（主动结构）为中心和以人（关怀）为中心的两种定义方式，在 20 世纪五六十年代曾是占主导地位的领导力模型。不过，Bass 的模型实际上忽略了任务主导的领导者行为，尽管他所提出的主张并不是这样说的。这一结论是 Antonakis 和 House（2002）通过将 Bass 的理论与其他"新"理论进行比较而得出的。近期有学者尝试验证这一结论，结果发现大量的证据表明，所谓的"全谱"领导力理论并不像最初所主张的那样无所不及（Antonakis 和 House，2014；Rowold，2014），尤其是在战略以及工作促进方面（Hunt，2004；Yukl，1999），也就是所谓的"工具型领导力"方面（Antonakis 和 House，2014）。

　　Bass 的理论可能是当代最著名也是最具影响力的理论，它诞生于 Bass、Avolio 及同事的研究（Avolio 和 Bass，1995；Avolio、Bass 和 Jung，1999；Bass 和 Avolio，1993、1994；Bass、Avolio 和 Atwater，1996；Bass、Waldman、Avolio 和 Bebb，1987；Hater 和 Bass，1988；Waldman、Bass 和 Yammarino，1990；Yammarino 和 Bass，1990），历时已久。这个理论已通过"多因素领导力问卷"实现了操作化和可测量（Antonakis 等人，2003；Antonakis 和 House，2014）。尽管学者对这一模型的因素结构争论不少，但对于其预测（共时）效度却是一致认可的——众多元分析都已证明了它的效度（Banks、Engemann、Williams 和 Gooty，2016；DeGroot、Kiker 和 Cross，2000；Dumdum、Lowe 和 Avolio，2002；Fuller、Patterson、Hester 和 Stringer，1996；Gasper，1992；Judge 和 Piccolo，2004；Lowe、Kroeck 和 Sivasubramaniam，1996；Wang、Oh、Courtright 和 Colbert，2011）。"多因素领导力问卷"目前测量 9 个领导力因素，其中 5 个用于衡量变革型领导力（理想化的影响力特征、理想化的影响力行为、鼓舞性激励、智力刺激和个性化关怀），三个用于衡量交易型领导力（权变奖励、主动例外管理、被动例外管理），最后一个针对的是无领导力（即自由放任型领导力）。这份问卷是应用最广的变革型领导力和魅力型领导力测量工具（Antonakis 等人，2016）。Bass 认为，魅力型领导力是变革型领导力的一部分，但这一观点受到了极大的挑战（Yukl，1999）。我与同事也同意 Yukl 的观点，认为魅力型领导力和变革型领导力是两个截然不同的构念，应该分开来研究（Antonakis 等人，2016）。

Podsakoff 的变革型—交易型领导力模型

　　这个模型在概念上类似于 Bass（1985）的原始模型，是继 Bass 的模型之后，应用最广的变革型—交易型领导力模型（Bass 和 Riggio，2006）。Podsakoff 及其同事（Podsakoff、MacKenzie 和 Bommer，1996；Podsakoff、MacKenzie、Moorman 和 Fetter，1990）提出的模型涵盖了变革型领导力和交易型领导力的各个因素。变革型领导力的因素包括确定和阐明愿景、提供适当的模范、明确群体的共同目标、传达较高的绩效预期、提供个性化支持、启发思考。Podsakoff 的模型还包含一个交易型领导力因素——权变奖励领导力。这些因素基本上是 Bass 变革型—交易型领导力模型的翻版，区别在于 Podsakoff 的模型没有包括主动和被动例外管理，也没有包括自由放任型领导力。如果希望把这里未涵盖的领导力风格的要素也纳入进来，Podsakoff 及其同事开发的权变惩罚量表和非权变惩罚量表可能会有所帮助（见 Podsakoff、Todor、Grover 和 Huber，1984；Podsakoff、Todor 和 Skov，1982）。这些构念已显示出较好的效度（Podsakoff、Bommer、Podsakoff 和 MacKenzie，2006）。尽管 Podsakoff 的"变革型领导力量表"没有像"多因素领导力问卷"那样被广泛地研究和检验，但它的使用不受专有权限制（而"多因素领导力问卷"是受此限制的），因此在学术界很受欢迎。

其他变革型领导力模型

除了已讨论的这些模型之外，学术界还有其他一些不太知名的模型。Rafferty 和 Griffin（2004）提出过一个五因素的变革型领导力模型，可能是比较有潜力的。不过，这个工具尚未经过独立研究团队的广泛分析，而且它忽视了与领导力结果相关的一些重要因素。另一个测量工具"变革型领导力问卷"是美国主导的"多因素领导力问卷"模型的一个替代方案（Alimo-Metcalfe 和 Alban-Metcalfe，2001），但没有太多证据验证其效度，目前使用这种方法的研究也不多。还有学者提出了其他测量方法（如 DeHoogh、DenHartog 和 Koopman，2004），但在应用研究中并未获得太多的支持。其中对领导力实践颇具影响力的是 Kouzes 和 Posner（1987）提出的"领导力实践量表"。这种测量工具很有吸引力，而且在两人所写的《领导力的挑战》一书的助推下变得非常流行。但是，针对这一模型的验证结果并不理想，对其心理测量方面特性的研究也很少。

📖 新领导力的衍生理论：新瓶装旧酒？

近年来，领导力研究领域涌现出了一批衍生理论，从诞生时起就自称与变革型领导力理论和新魅力理论差异巨大。其中最知名的是真诚型领导力、道德型领导力和服务型领导力理论（Hoch、Bommer、Dulebohn 和 Wu，2016）。这些理论存在一些共通之处：它们的定义都具有诱导性——定义中就包含了结果，理论名称本身就带有积极的、合乎道德的价值。变革型领导力这个名称也面临着同样的问题。诸如变革、真诚、道德这样的术语暗示着一种结果，即这些类型的领导者能够带来变革，或者道德上是优秀的。从科学的角度来说，这样命名是有问题的（Van Knippenberg 和 Sitkin，2013），原因有三：①构念不应根据其结果来定义，否则只会导致重言式和循环论证（MacKenzie，2003）。②相对于其应当导致的结果，所衡量的对象应是一种外生因素（Antonakis 等人，2016）。③科学家在试图准确地描述世界如何运转时，不应掺杂意识形态方面的意图（Antonakis，2017；Eagly，2016）。

对于最后一点，我需要澄清一下。当然，绝大多数科学家都希望领导者能够利用自己的权力去做善事，而这一点能否实现取决于制度约束和领导者的道德素养。当然，实证研究应在领导结果之外对这些因素也进行检验，这很重要（Bendahan 等人，2015）。但是，领导力的定义应脱离情境约束和道德取向，以便指出领导力纯粹的、基本的概念。领导者用于激励他人行善的那些机制也同样可以用来使人作恶（Antonakis 等人，2016）。因此，我们不应提出一种理论命题（好的领导讲究真诚）来重复描述一个特定结果（真诚的才是好领导），从而具体化一种特定的道德议程。此外，作为科学家，十分重要的一点是，要把我们的期望（我们希望得到的结果）与报告实际发生的情况区分开来。这种区分之所以重要，是因为如果任由意识形态来指导我们的研究，那么我们构建出来的理论就无法接受反事实推理的挑战（Durand 和 Vaara，2009；Gerring 和 McDermott，2007）。而且，我们还会通过设计问卷来寻求我们期望的结果，因为领导力评分容易出现很多偏差，包括以直观的、认知上一致的方式，根据领导力结果来填空（Lord、Binning、Rush 和 Thomas，1978；Rush、Thomas 和 Lord，1977）。这样，领导力评分成为一种结果，而这种结果又被用来预测其他结果，导致循环论证（Antonakis，2017；Antonakis 等人，2016；Van Knippenberg 和 Sitkin，2013）。

在上述三种衍生理论中，Avolio 和 Gardner 及同事（Avolio 和 Gardner，2005；Avolio、Gardner、Walumbwa、Luthans 和 May，2004）提出的真诚型领导力引起了很多关注。截至目前，学者们已开展大量的研究来检验它是否有别于其他已确立的领导力理论。最近的元分析表明，变革型领导力与真诚型领导力的相关性非常高（r=0.74~0.75），而且二者的结果差异不大（Banks、McCauley、Gardner 和 Guler，2016）。特别是，检验表明真诚型领导力在变革型领导力基础上的增值效度不理想（Hoch 等人，2016）。"真诚型领导力问卷"测量了一个高阶因子这种观点也面临严峻挑战（Crede 和 Harms，2015）。

道德型领导力是引人关注的另一种衍生理论（Brown 和 Trevino，2006；Brown、Trevino 和 Harrison，2005）。与上述结果类似，道德型领导力并没有提高多少增值效度，而且与变革型领导力高度相关（r=0.70）（Hoch 等人，2016）。服务型领导力与变革型领导力的相关性要低得多（Hoch 等人，2016），但鉴于上文提到的原因，它仍然存在问题。成为服务型领导者是某些过程的结果，建立的模型应如实反映这种情况。

📖 未来的研究

近 20 年前，就有学者认为新领导力研究已经趋于成熟（参见 Hunt，1999）。我们找到了更多的中介变量和调节变量，但在重新思考和调整模型方面做得还不够（Antonakis，2017）。不过，至少这一领域的研究正在迅速开展，不但在传统的管理学、应用心理学、商务、普通心理学和社会心理学等领域如此，而且在护理、教育、政治学、公共卫生、公共管理、社会学、伦理学、运筹学、计算机科学、工业工程学等其他领域也是如此。我们仍有许多工作要做，如确定各理论的概念核心、对理论进行完善、对构念进行正确的测量和建模、开发领导力的过程理论等（Antonakis，2017；Fischer、Dietz 和 Antonakis，2016）。此外，我们还需要更多地了解如何培养魅力型领导力，以及它与领导力结果间的因果关系是怎样的。除了知道人格和智力（一般由遗传决定，具有稳定性和外生性）对于魅力具有重要意义（Antonakis 和 House 等人，2017；Banks 和 Engemann 等人，2016）之外，实验室研究还揭示，无论对于演员还是普通民众，魅力均具有可操控性（Frese、Beimel 和 Schoenborn，2003；Howell 和 Frost，1989；Towler，2003），这一点也已有实地实验证明（Antonakis、d′Adda、Weber 和 Zehnder，2015；Antonakis 等人，2011）。

正确的领导力风格建模

领导力问卷测量的值在建模时作为内生变量（即因变量）是安全的。但是，如果将它们用作预测变量，则必须注意确保建模正确或进行干预，否则就难以正确估计这一变量与其他变量间的因果关系。但很遗憾，我们对这个领域的了解仍然有限。综述表明，目前已发表的研究成果无法指导政策制定（Antonakis 和 Bastardoz 等人，2014；Antonakis、Bendahan、Jacquart 和 Lalive，2010；Fischer 等人，2016）。

这里的讨论不只是针对变革型和魅力型领导力的各个模型，还包括所有其他的领导力模型，尤其是"领导者—成员交换"构念——与其说它是一种领导力风格，不如将它看作领导力的一种结果（House 和 Aditya，1997）。简而言之，研究者在进行观察研究时（无论是横向研究还是纵向研究）遇到的问题是，模型中的自变量，如变革型领导力（x），没有受到干预。也就是说，对于模型希望预测的对象来说，这个自变量不是外生的。在实验研究中，实验人员确信 x 对 y 的影响是由实验中的干预造成的，没有其他原因。由于研究会随机分配一部分被试者接受干预，回归模型中的误差项不会捕捉到与实验干预具有相关性的系统变异——有关这个问题的基本介绍请参阅本书第16章（更详细的介绍参见 Antonakis 等人，2010；Antonakis、Bendahan、Jacquart 和 Lalive，2014）。但是，在非实验性研究中，建模人员会遇到这样一个问题：可能存在与 x 相关但未观察到的变量，其变化也会对 y 产生影响，或者 y 可能同时会引起 x（这被称为内生性问题）。这样，当实际具有内生性的 x 被当作模型中的自变量时，x 对 y 的影响便会出现估计偏差，让人难以理解。

举例来说，如果对领导风格进行评分的人知道评分对象的领导力结果是怎样的（如此人所领导的团队工作绩效如何），那么他们对领导者的评价便会因为归因过程而出现偏差（Lord 等人，1978；Rush 等人，1977）。也就是说，人们通常会将业绩良好归因于符合出色领导力原型的种种因素，这样评分者会"预见"到某位领导者是在使领导力更佳的那些方面表现优异，还是在会导致领导力不良的那些方面得分较高。因此，领导力实际上是通过追随者的认知和归因实现概念操作化的。这样一来，领导力的高低不仅与领导者的实际行为关系不大，而且与领导者是否是造成某一结果的原因也毫无关系。这就意味着，我们实际上根本不了解领导力对领导结果究竟有何影响，也无法提供任何政策建议。这样的发现让领导力研究陷入了一种尴尬的境地。

当然，领导者本身也会影响领导力结果。但如果我们无法像大部分应用研究一样准确地"锁定"二者谁是因谁是果，给出的估计就不可信。了解领导力问卷方法（如"多因素领导力问卷"等）的局限性非常重要，这一点无论怎样强调都不为过。研究者必须使用正确的设计条件和统计方法来克服这些局限。如果方法正确，我们就会发现问题。例如，检验所揭示的变革型领导力对结果的影响往往是夸大的（Antonakis 和 House，2014）。在下面的模型 $x \rightarrow y$ 中，预期回归量 x 可能是内生的（任何一种领导力问卷方法都可能面临这个问题），要想利用这样一个模型作出正确的估计，就必须使用一个外生方差源来"清除" x 的内生性偏差。因此，这种情况下实际上用于估计的模型是 $z \rightarrow x \rightarrow y$（此处 z 是一个工具变量）。这一工具变量必须是外生的，其变化不得受到 y 的影响。工具变量可以是能够客观测量且结果可靠的个体差异（如智商和人格）、稳定的领导者影响力（即一段时间内反复测量或众多评分者的评分结果都相同）、情境因素（国家、行业和公司）或外来冲击（更多内容见 Antonakis 等人，2010）。虽然个体差异领域已有一些研究（Bono 和 Judge，2004；Judge 和 Bono，2000），但还不足以预测出全谱模型的所有因素，因为个体差异预测因子多种多样，包括一般智力等（Antonakis 和 House 等人，2017）。

接下来，我经常看到的另一个问题是，模型的估计只针对个别因素，明显遗漏了一些变量。例如，有些研究仅使用魅力型领导力对 y 进行回归（参见 Keller，1992；Koene、Vogelaar 和 Soeters，2002），而没有控制其他的领导力风格。如果回归方程中忽略了一些与 y 以及回归方程中的其他预测变量相关的变量，估计就会发生偏差（Antonakis 等人，2010；Cameron 和 Trivedi，2005）。因此，要控制所有理论上会引起 y 且可能与模型中的自变量相关的变量（如工具型领导力、交易型领导力），这一点非常重要（Antonakis 和 House，2014）。要对全谱领导力理论进行估计，就必须做到真正全面，又不能引入冗余因素。

因此，为全面了解领导力现象，关键的一点是，要为可促成领导力结果的整个领导力过程建立模型（Fischer 等人，2016；Lim 和 Ployhart，2004；Zaccaro、Kemp 和 Bader，2004）。也就是说，我们必须将领导者的个体差异、领导者风格和领导力结果联系起来，同时还要考虑分析层次和情境问题作为调节变量和预测变量（Liden 和 Antonakis，2009）的情况（Antonakis 和 Atwater，2002；Antonakis 和 House，2014；Waldman 和 Yammarino，1999）。这样做不仅有助于正确评估内生变量，而且也能帮助我们更好地了解领导力的重要性。我们应沿着这一方向展开更多的研究，探索真正重要的新发现。如果对整个过程建模难度太大，则需要进一步干预自变量。正如 Kurt Lewin 所言："要了解一件事物，最好的办法就是改变它。"尽管已有一些实验证明魅力可以操控，但很少有研究表明变革型领导力可培养出来（例外情况见 Barling、Weber 和 Kelloway，1996；Dvir、Eden、Avolio 和 Shamir，2002），而且据我了解，没有研究表明真诚型、道德型或服务型领导力可以在现实和间接环境（即不是"纸上谈兵"或假想的环境）中直接干预。我们还需要开展很多的研究，尤其是实地实验研究（Eden，2017），这对于确定因果关系和为政策提供可靠的指导非常有帮助。

领导者魅力的来源

如前所述，"多因素领导力问卷"类的工具无法揭示领导者为何具有魅力。这就是说，问卷所测量的变量只能作为结果（如果用作预测因子，则应校正其内生性偏差）。不过，人们已做了大量的工作来了解为何有些领导者能够产生魅力效应，而将魅力效应产生的原因分离出来，将有助于潜移默化地研究或操控魅力。

魅力型领导者善于使用特定的沟通及形象塑造策略来传递力量和信心（House，1977）。研究者已从演讲的内容、结构设计和表述方式等方面指出了其中的一些策略（Den Hartog 和 Verburg，1997；Shamir 等人，1993）。从本质上讲，魅力型领导者会使用若干种策略，学者已对此进行了实验研究和实地研究，结果显示它们能很好地预测领导力结果（Antonakis 等人，2011；Awamleh 和 Gardner，1999；Frese 等人，2003；Howell 和 Frost，1989；Jacquart 和 Antonakis，2015；Towler，2003）。这些魅力型领导策略或信息传达方式让魅力这个难以捉摸的概念变得具体了一些，学者可以以此为基础，根据演讲内容更纯粹、更客观地来衡量领导者魅力（Antonakis、Tur 和 Jacquart，2017），无须依靠评分者的归因和推论。因此，我与同事将魅力定义为"一种基于价值观的、象征性的、充满情感的领导者信息传达方式"（Antonakis 等人，2016，第 304 页）；这么做既可避免重言式，也有助于确定魅力效应的前因。

关于如何使用富有魅力的信息传达方式，我与同事构建了一个体系，将这方面的各种策略分为三大类，并提供了一个可靠的编码体系（更多信息和理论解释参见 Antonakis 等人，2011；Antonakis、Fenley 和 Liechti，2012；Antonakis 和 Tur 等人，2017；Jacquart 和 Antonakis，2015）。简而言之，魅力型领导者会采用一些特别的结构设计来吸引注意力和抓住关键问题，用"实质性内容"为既定愿景与战略目标提供支持，然后以生动的方式传递信息。这种结构设计包括：①故事：生动形象地表述信息，凸显道德意义。②隐喻：打造画面感，简化信息，使其易于记忆。③设问：巧妙地提出问题，使答案显而易见，或在后文揭晓。④对比：通过与不理想的状况进行对比，凸显领导者所处的位置。⑤三段论：显示论证的完整性，将复杂事务简化为三个关键点，帮助记忆。"实质性内容"的核心是证明任务合理、正当，证明的方式有：①运用道德信念，传达重要的价值观和是非观。②表达集体情感，弥合领导者和追随者之间的心理鸿沟，用语言表达出追随者的想法和感受。③制定宏伟目标，让人们集中精力，共同努力实现目标。④表达目标能够实现的信心，这能够提高人们的自我效能感。最后，演讲还需准确地传递情绪状态，从而展示激情和信念，以声音、面部表情和身体姿势展现信心。请注意，言语信号（包括结构设计和实质性内容）与非言语的信息传递方式有着很高的相关度（Antonakis 等人，2011），这可能是因为要创造出更生动的画面感的需要，而且更适合使用非言语的信息传递方式（Jacquart 和 Antonakis，2015；Towler，2003）。

领导者只要能以正确的方式传达信息，就能让持相同价值观的追随者感受到他 /

她的魅力。因此，有魅力的信息传递方式对于魅力效应（即情感联结）来说只是必要条件，而非充分条件（Antonakis 等人，2016）。当然，从任何意义上来说，这种有魅力的信息传递都不意味着领导者是有效的或好的。因此，用这种方式完成魅力这个概念的操作化，避免了我先前提出的有关使用诱导性用语和通过结果来定义构念的问题。为进一步了解如何从领导者的演讲中提炼这些策略，我们可以从开篇引用的 Margret Thatcher 的演讲来了解她的人格魅力所在（见表 3-1）。

表 3-1　Margret Thatcher 对魅力型领导力策略的运用情况分析

序号	语　　句	CLT1	CLT2	CLT3	CLT4	CLT5	CLT6	CLT7	CLT8	CLT9
1.	但是，除非我们能实现首要的经济目标——战胜通货膨胀，否则这一切都是徒劳的	1							1	
2.	通货膨胀就像敌军入侵，肯定会摧毁这个国家和社会	1								
3.	通货膨胀是失业之母	1								
4.	对保住了工作的幸存者来说也是隐形的强盗	1								
5.	如果我们能够认识到自己是这个伟大国家的一分子，并时刻准备采取行动，维护这种伟大，那么我们的国家将继续伟大，一直伟大								1	1
6.	有什么能阻止我们实现这一目标？		1			1^1				
7.	是什么在阻碍我们前进的步伐？		1							
8.	是又一个寒冬将至的预期吗？		1							
9.	我想有可能				1^2					
10.	但是，我更愿意相信我们已吸取了一些教训，我们正在经历一个缓慢、痛苦的旅程，走向收获的秋天，达成谅解	1								
11.	我希望在这之后我们将迎来达成共识的冬天	1								
12.	如果未能如愿，我们也不能偏离自己的路线									1
13.	对于那些屏息等待大反转的人，我只想说一句话							1		
14.	阁下若想回头请自便				1^2					
15.	本夫人绝不回头									
16.	这句话不只是说给你们听的，也是说给我们在海外的朋友以及称不上朋友的其他人听的				1^3	1^4				
	合计	6	3	0	3	2	0	1	2	2

注：CLT1= 隐喻；CLT2= 设问；CLT3= 故事；CLT4= 对比；CLT5= 排比；CLT6= 道德信念；CLT7= 集体情感；CLT8= 宏伟目标；CLT9= 目标可以实现。

1. 第 6~8 句为排比。

2. 此句与下一句为对比。

3. "你们""海外的朋友""称不上朋友的其他人"为排比。

4. "你们"与后两句形成了对比。

各项策略总共使用了 19 次，平均每句 1.19 次（已经是非常高的频率了）；当然，我选择这段演讲正是因为它使用了很多策略（可与美国总统的竞选演说作比较见 Jacquart 和 Antonakis，2015）。

📖 总结

从本章的综述中可以看出，魅力型领导力和其他新魅力型领导力已成为领导力理论不可或缺的组成部分，将长期存在。但是，我必须承认，这一领域已被这些研究方法稍微带偏了方向，尤其是它们为领导者赋予了英雄主义的内涵，在实践中对他们抱以不切实际的期望，而且许多人认为这类领导者的确能够带来必要的变革。近年来，有学者就这些问题发表了发人深省的评论（Antonakis 等人，2016；Antonakis 和 House，2014；Hunt，2004；Judge、Piccolo 和 Ilies，2004；Van Knippenberg 和 Sitkin，2013；Yukl，1999）。例如，大约 10 年前，我和 House 就向"新"领导力学者发起过一次挑战，至今仍没有人回应。在向 Bernard Bass 在这一领域所做的贡献表示了敬意之后（详见我们基于其纪念文集推出的一本著作），我们在结论部分写下了这样一段话（Antonakis 和 House，2002）：

我们希望看到"从因果关系角度进行的"研究，判定变革型领导者有能力让个人和组织发生切实的改变。这一概念隐含在新范式领导力学者的各种理论与假设中（Beyer，1999；House，1999）。我们有证据表明，变革型领导者的行为与提高组织效率、追随者满意度，激发追随者动机存在相关性，但这些证据并不意味着变革型领导者会导致组织和追随者发生变化。虽然因果关系可形成理论，但到目前为止我们还没有任何实证证据支持这样的推论。（第 27 页）

我们已等待了许久（Antonakis 和 House，2013），现在我也仍在等待。总而言之，我相信我写在最后的这些想法不会让读者误认为我对领导力研究领域的现状感到失望。我没有感到失望。事实上正相反，在数百名研究者的不懈努力之下，领导力领域的研究数量之多以及我们对领导力现象的了解之深都令我印象深刻。我非常乐观，我相信未来我们将在这一研究领域获得更多的成果。我的综述清晰地表明，尽管魅力型领导力及相关流派的研究正在走向成熟，但仍有许多工作要做。就像医学研究人员不断完善疾病的治疗方法一样，我们必须找到更合适的研究方法和干预手段。

领导力，特别是魅力型领导力，太重要了，我们不能把事情交给随机过程或薄弱的机构。社会、企业或团队一旦任命了一个魅力型的领导者，他们就要在一段时间内接受他／她的领导，因此最好是从一开始就找对人选。我们必须更好地了解这类领导者的产生过程，因为从历史的角度看，凭借魅力获取权力的领导者必将不断涌现。

🔍 讨论题

1. 讨论 Barack Obama 与 Donald Trump 两位总统谁更具魅力？谁更倾向于交易型？

2. 讨论人们支持魅力型领导者在道德上是善吗？

3. 你认为领导者应具备哪些能力和人格特质，才能以言语和非言语的方式释放出魅力型领导力信号？为什么？

🔍 推荐阅读

Antonakis, J., Fenley, M., & Liechti, S.（2012, June）. Learning charisma：Transform yourself into someone people want to follow. *Harvard Business Review*, 127-130.

Antonakis, J., & Hooijberg, R.（2008）. Cascading a new vision：Three steps for real commitment. *Perspectives for Managers*, *157*, 1-4.

Bass, B. M.（1990）. From transactional to transformational leadership：Learning to share the vision. *Organizational Dynamics*, *18*（3）, 19-31.

Berlew, D. E.（1974）. Leadership and organizational excitement. *California Management Review*, *17*（2）, 21-30.

🔍 案例研究

电影案例：《十二怒汉》（1957）, Henry Fonda 主演

案例：Gavetti, G., & Canato, A.（2008）. Universita' Bocconi：Transformation in the New Millennium. Harvard Business School Case 709406-PDF-ENG.

案例：Podsakoff, N. P., Podsakoff, P. M., & Valentina Kuskova.（2010）. Dispelling misconceptions and providing guidelines for leader reward and punishment behavior. Harvard Business School Case BH388-PDF-ENG.

🔍 推荐视频

Antonakis, J.（2015）. Let's face it：Charisma matters. https：//youtu.be/SEDvD1IICfE

🔍 参考文献

扫一扫，下载
本章参考文献

Alimo-Metcalfe, B., & Alban-Metcalfe, R. J.（2001）. The development of a new transformational leadership questionnaire. *Journal of Occupational & Organizational Psychology*, *79*, 1-27.

Antonakis, J.（2001）. The validity of the transformational, transactional, and laissez-faire leadership model as measured by the Multifactor Leadership Questionnaire（MLQ5X）. *Dissertation Abstracts International*, *62*（1）, 233（UMI No. 3000380）.

Antonakis, J.（2017）. On doing better science：From thrill of discovery to policy implications. *The Leadership Quarterly*, *28*（1）, 5-21.

Antonakis, J., & Atwater, L. E.（2002）. Leader distance：A review and a proposed theory. *The Leadership Quarterly*, *13*, 673-704.

Antonakis, J., Avolio, B. J., & Sivasubramaniam, N.（2003）. Context and leadership：An examination of the nine-factor full-range leadership theory using the Multifactor Leadership Questionnaire. *The Leadership Quarterly*, *14*, 261-295.

Antonakis, J., Bastardoz, N., Jacquart, P., & Shamir, B.（2016）. Charisma：An ill-defined and ill-measured gift. *Annual Review of Organizational Psychology and Organiza-*

tional Behavior, *3*（1）, 293–319.

Antonakis, J., Bastardoz, N., Liu, Y., & Schriesheim, C. A.（2014）. What makes articles highly cited? *The Leadership Quarterly*, *25*（1）, 152–179.

Antonakis, J., Bendahan, S., Jacquart, P., & Lalive, R.（2010）. On making causal claims: A review and recommendations. *The Leadership Quarterly*, *21*, 1086–1120.

Antonakis, J., Bendahan, S., Jacquart, P., & Lalive, R.（2014）. Causality and endogeneity: Problems and solutions. In D. V. Day（Ed.）, *The Oxford handbook of leadership and organizations*（pp. 93–117）. New York, NY: Oxford University Press.

Antonakis, J., Cianciolo, A. T., & Sternberg, R. J.（2004）. Leadership: Past, present, future. In J. Antonakis, A. T. Cianciolo, & R. J. Sternberg（Eds.）, *The nature of leadership*（pp. 3–15）. Thousand Oaks, CA: Sage.

Antonakis, J., d'Adda, G., Weber, R. A., & Zehnder, C.（2015）. Just words? Just speeches? On the economic value of charismatic leadership. *NBER Reporter*, *4*.

Antonakis, J., & Dalgas, O.（2009）. Predicting elections: Child's play! *Science*, *323*（5918）, 1183.

Antonakis, J., Eubanks, D. L.（2017）. Looking leadership in the face. *Current Directions in Psychological Science*, *26*（3）, 270–275.

Antonakis, J., Fenley, M., & Liechti, S.（2011）. Can charisma be taught? Tests of two interventions. *The Academy of Management Learning and Education*, *10*（3）, 374–396.

Antonakis, J., Fenley, M., & Liechti, S.（2012, June）. Learning charisma: Transform yourself into someone people want to follow. *Harvard Business Review*, 127–130.

Antonakis, J., & House, R. J.（2002）. An analysis of the full-range leadership theory: The way forward. In B. J. Avolio & F. J. Yammarino（Eds.）, *Transformational and charismatic leadership: The road ahead*（pp. 3–34）. Amsterdam, Netherlands: JAI Press.

Antonakis, J., & House, R. J.（2013）. A re-analysis of the full-range leadership theory: The way forward. In B. J. Avolio & F. J. Yammarino（Eds.）, *Transformational and charismatic leadership: The road ahead*（pp. 35–37）. Amsterdam, Netherlands: JAI Press.

Antonakis, J., & House, R. J.（2014）. Instrumental leadership: Measurement and extension of transformational-transactional leadership theory. *The Leadership Quarterly*, *25*, 746–771.

Antonakis, J., House, R. J., & Simonton, D. K.（2017）. Can super smart leaders suffer from too much of a good thing? The curvilinear effect of intelligence on perceived leadership behavior. *Journal of Applied Psychology*. Advance online publication. doi: 10.1037/apl0000221

Antonakis, J., Tur, B., & Jacquart, P.（2017）. *Scoring charismatic signaling for research and training*（Working paper）. Department of Organizational Behavior, University of Lausanne.

Aristotle.（1954）. *Rhetoric*（1st Modern Library ed.）.（W. Rhys Roberts, Trans.）. New York, NY: Modern Library.

Avolio, B. J., & Bass, B. M.（1995）. Individual consideration viewed at multiple levels of analysis: A multi-level framework for examining the diffusion of transformational leadership. *The Leadership Quarterly*, *6*（2）, 199–218.

Avolio, B. J., Bass, B. M., & Jung, D. I.（1999）. Re-examining the components of transformational and transactional leadership using the MLQ. *Journal of Occupational and Organizational Psychology*, *72*, 441–462.

Avolio, B. J., & Gardner, W. L.（2005）. Authentic leadership development: Getting to the root of positive forms of leadership. *The Leadership Quarterly*, *16*（3）, 315–338.

Avolio, B. J., Gardner, W. L., Walumbwa, F. O., Luthans, F., & May, D. R.（2004）. Unlocking the mask: A look at the process by which authentic leaders impact follower attitudes and behaviors. *The Leadership Quarterly*, *15*（6）, 801–823.

Awamleh, R., & Gardner, W. L.（1999）. Perceptions of leader charisma and effectiveness: The effects of vision content, delivery, and organizational performance. *The Leadership Quarterly*, *10*（3）, 345–373.

Banks, G. C., Engemann, K. N., Williams, C. E., & Gooty, J.（2016）. A meta-analytic review and future research agenda of charismatic leadership. *The Leadership Quarterly*. Advance online publication. doi: 10.1016/j.leaqua.2016.12.003

Banks, G. C., McCauley, K. D., Gardner, W. L., & Guler, C. E.（2016）. A meta-analytic review of authentic and transformational leadership: A test for redundancy. *The Leadership Quarterly*, *27*（4）, 634–652.

Barling, J., Weber, T., & Kelloway, E. K.（1996）. Effects of transformational leadership training on attitudinal and financial outcomes: A field experiment. *Journal of Applied Psychology*, *81*（6）, 827–832.

Bass, B. M.（1985）. *Leadership and performance beyond expectations.* New York, NY: Free Press.

Bass, B. M., & Avolio, B. J.（1993）. Transformational leadership: A response to critiques. In M. M. Chemers & R. Ayman（Eds.）, *Leadership theory and research: Perspectives and directions*（pp. 49–80）. San Diego, CA: Academic Press.

Bass, B. M., & Avolio, B. J.（1994）. Transformational leadership and organizational culture. *International Journal of Public Administration*, *17*（3&4）, 541–554.

Bass, B. M., Avolio, B. J., & Atwater, L.（1996）. The transformational and transactional leadership of men and women. *Applied Psychology: An International Review*, *45*（1）, 5–34.

Bass, B. M., & Riggio, R. E.（2006）. *Transformational leadership*（2nd ed.）. Mahwah, NJ: Lawrence Erlbaum.

Bass, B. M., & Steidlmeier, P.（1999）. Ethics, character, and authentic transformational leadership behavior.

The Leadership Quarterly, *10*（2）, 181–217.

Bass, B. M., Waldman, D. A., Avolio, B. J., & Bebb, M.（1987）. Transformational leadership and the falling dominoes effect. *Group and Organization Studies*, *12*（1）, 73–87.

Bendahan, S., Zehnder, C., Pralong, F. P., & Antonakis, J.（2015）. Leader corruption depends on power and testosterone. *The Leadership Quarterly*, *26*, 101–122.

Bertrand, M., & Schoar, A.（2003）. Managing with style: The effect of managers on firm policies. *Quarterly Journal of Economics*, *118*（4）, 1169–1208.

Beyer, J. M.（1999）. Taming and promoting charisma to change organziations. *The Leadership Quarterly*, 10（2）, 307–330.

Bono, J. E., & Judge, T. A.（2004）. Personality and transformational and transactional leadership: A meta-analysis. *Journal of Applied Psychology*, *89*, 901–910.

Brown, M. E., & Trevino, L. K.（2006）. Ethical leadership: A review and future directions. *The Leadership Quarterly*, *17*（6）, 595–616.

Brown, M. E., Trevino, L. K., & Harrison, D. A.（2005）. Ethical leadership: A social learning perspective for construct development and testing. *Organizational Behavior and Human Decision Processes*, *97*（2）, 117–134.

Bryman, A.（1992）. *Charisma and leadership in organizations.* London, UK: Sage.

Burns, J. M.（1978）. *Leadership.* New York, NY: Harper & Row.

Calder, B. J.（1977）. An attribution theory of leadership. In B. M. Straw & G. R. Salancik（Eds.）, *New directions in organizational behavior*（pp. 179–204）. Chicago, IL: St Clair.

Cameron, A. C., & Trivedi, P. K.（2005）. *Microeconometrics: Methods and applications.* New York, NY: Cambridge University Press.

Conger, J. A., & Kanungo, R. N.（Eds.）.（1988）. *Charismatic leadership: The elusive factor in organizational effectiveness.* San Francisco, CA: Jossey-Bass.

Conger, J. A., & Kanungo, R. N.（1998）. *Charismatic leadership in organizations.* Thousand Oaks, CA: Sage.

Crede, M., & Harms, P. D.（2015）. 25 years of higher-order confirmatory factor analysis in the organizational sciences: A critical review and development of reporting recommendations. *Journal of Organizational Behavior*, *36*（6）, 845–872.

Davies, J. C.（1954）. Charisma in the 1952 campaign. *American Political Science Review*, *48*（4）, 1083–1102.

Day, D. V., & Antonakis, J.（2012）. Leadership: Past, present, and future. In D. V. Day & J. Antonakis（Eds.）, *The nature of leadership*（2nd ed., pp. 3–25）. Thousand Oaks, CA: Sage.

De Hoogh, A., Den Hartog, D., & Koopman, P.（2004）. De ontwikkeling van de CLIO: Een vragenlijst voor char- ismatisch leiderschap in organisaties. *Gedrag en Organisatie*, *17*（5）, 354–381.

DeGroot, T., Kiker, D. S., & Cross, T. C.（2000）. A meta-analysis to review organizational outcomes related to charismatic leadership. *Canadian Journal of Administrative Sciences*, *17*（4）, 356–372.

Den Hartog, D. N., & Verburg, R. M.（1997）. Charisma and rhetoric: Communicative techniques of international business leaders. *The Leadership Quarterly*, *8*（4）, 355–391.

Downton, J. V.（1973）. *Rebel leadership: Commitment and charisma in the revolutionary process.* New York, NY: Free Press.

Dumdum, U. R., Lowe, K. B., & Avolio, B. J.（2002）. A meta-analysis of transformational and transactional leadership correlates of effectiveness and satisfaction: An update and extension. In B. J. Avolio & F. J. Yammarino（Eds.）, *Transformational and charismatic leadership: The road ahead*（pp. 35–66）. Amsterdam, Netherlands: JAI.

Durand, R., & Vaara, E.（2009）. Causation, counterfactuals, and competitive advantage. *Strategic Management Journal*, *30*（12）, 1245–1264.

Dvir, T., Eden, D., Avolio, B. J., & Shamir, B.（2002）. Impact of transformational leadership on follower development and performance: A field experiment. *Academy of Management Journal*, *45*（4）, 735–744.

Eagly, A. H.（2016）. When passionate advocates meet research on diversity: Does the honest broker stand a chance? *Journal of Social Issues*, *72*（1）, 199–222.

Eden, D.（2017）. Field experiments in organizations. *Annual Review of Organizational Psychology and Organizational Behavior.* Advance online publication. doi: 10.1146/annurev-orgpsych-041015-062400

Erickson, D. J., & Krull, D. S.（1999）. Distinguishing judgments about what from judgments about why: Effects of behavior extremity on correspondent inferences and causal attributions. *Basic and Applied Social Psychology*, *21*（1）, 1–11.

Etzioni, A.（1961）. *A comparative analysis of complex organizations.* New York, NY: Free Press.

Etzioni, A.（1964）. *Modern organizations.* Englewood Cliffs, NJ: Prentice-Hall.

Fischer, T., Dietz, J., & Antonakis, J.（2016）. Leadership process model: A review and synthesis. *Journal of Management.* Advance online publication. doi: 10.1177/0149206316682830

Fleishman, E. A.（1953）. The description of supervisory behavior. *Journal of Applied Psychology*, *37*（1）, 1–6.

Fleishman, E. A.（1957）. A leader behavior description for industry. In R. M. Stogdill & A. E. Coons（Eds.）, *Leader behavior: Its description and measurement*（Research Monograph Number 88, pp. 103–119）. Columbus: Ohio State University, Bureau of Business Research.

Frese, M., Beimel, S., & Schoenborn, S.（2003）. Action training for charismatic leadership: Two evaluations of studies of a commercial training module on inspirational communication of a vision. *Personnel Psychology*, *56*, 671–697.

Friedland, W. H. (1964) . For a sociological concept of charisma. *Social Forces*, *43* (1), 18–26.

Friedrich, C. J. (1961) . Political leadership and the problem of the charismatic power. *Journal of Politics*, *23* (1), 3–24.

Fuller, J. B., Patterson, C. E. P., Hester, K., & Stringer, D. Y. (1996) . A quantitative review of research on charismatic leadership. *Psychological Reports*, *78*, 271–287.

Gardner, W. L., Lowe, K. B., Moss, T. W., Mahoney, K. T., & Cogliser, C. C. (2010) . Scholarly leadership of the study of leadership: A review of *The Leadership Quarterly's* second decade, 2000–2009. *The Leadership Quarterly*, *12* (6), 922–958.

Gasper, J. M. (1992) . *Transformational leadership: An integrative review of the literature*. Kalamazoo: Western Michigan University.

Gemmill, G., & Oakley, J. (1992) . Leadership: An alienating social myth? *Human Relations*, *45* (2), 113–129.

Gerring, J., & McDermott, R. (2007) . An experimental template for case study research. *American Journal of Political Science*, *51* (3), 688–701.

Greene, C. N. (1977) . Disenchantment with leadership research: Some causes, recommendations, and alternative directions. In J. G. Hunt & L. L. Larson (Eds.), *Leadership: The cutting edge* (pp. 57–67) . Carbondale: Southern Illinois University Press.

Halpin, A. W. (1954) . The leadership behavior and combat performance of airplane commanders. *Journal of Abnormal and Social Psychology*, *49* (1), 19–22.

Hater, J. J., & Bass, B. M. (1988) . Superiors' evaluations and subordinate's perceptions of transformational and transactional leadership. *Journal of Applied Psychology*, *73* (4), 695–702.

Hoch, J. E., Bommer, W. H., Dulebohn, J. H., & Wu, D. (2016) . Do ethical, authentic, and servant leadership explain variance above and beyond transformational leadership? A meta-analysis. *Journal of Management*. Advance online publication. doi: 10.1177/0149206316665461

House, R. J. (1977) . A 1976 theory of charismatic leadership. In J. G. Hunt & L. L. Larson (Eds.), *The cutting edge* (pp. 189–207) . Carbondale: Southern Illinois University Press.

House, R. J. (1999) . Weber and the neo-charismatic leadership paradigm: A response to Beyer. *The Leadership Quarterly*, *10* (4), 563–574.

House, R. J., & Aditya, R. N. (1997) . The social scientific study of leadership: Quo vadis? *Journal of Management*, *23* (3), 409–473.

House, R. J., & Shamir, B. (1993) . Toward the integration of transformational, charismatic, and visionary theories. In M. M. Chemers & R. Ayman (Eds.), *Leadership theory and research: Perspectives and directions* (pp. 167–188) . San Diego, CA: Academic Press.

Howell, J. M., & Frost, P. J. (1989) . A laboratory study of charismatic leadership. *Organizational Behavior and Human Decision Processes*, *43* (2), 243–269.

Hunt, J. G. (1999) . Transformational/charismatic leadership's transformation of the field: An historical essay. *The Leadership Quarterly*, *10* (2), 129–144.

Hunt, J. G. (2004) . Task leadership. In G. R. Goethels, G. J. Sorensen, & J. M. Burns (Eds.), *Encyclopedia of leadership* (Vol. IV, pp. 1524–1529) . Thousand Oaks, CA: Sage.

Jacquart, P., & Antonakis, J. (2015) . When does charisma matter for top-level leaders? Effect of attributional ambiguity. *Academy of Management Journal*, *58*, 1051–1074.

Jones, B. F., & Olken, B. A. (2005) . Do leaders matter? National leadership and growth since World War II. *Quarterly Journal of Economics*, *120* (3), 835–864.

Judge, T. A., & Bono, J. E. (2000) . Five-factor model of personality and transformational leadership. *Journal of Applied Psychology*, *5* (85), 751–765.

Judge, T. A., & Piccolo, R. F. (2004) . Transformational and transactional leadership: A meta-analytic test of their relative validity. *Journal of Applied Psychology*, *89* (5), 755–768.

Judge, T. A., Piccolo, R. F., & Ilies, R. (2004) . The forgotten ones? The validity of consideration and initiating structure in leadership research. *Journal of Applied Psychology*, *89* (1), 36–51.

Keller, R. T. (1992) . Transformational leadership and the performance of research-and-development project groups. *Journal of Management*, *18* (3), 489–501.

Koene, B. A. S., Vogelaar, A. L. W., & Soeters, J. L. (2002) . Leadership effects on organizational climate and financial performance: Local leadership effect in chain organizations. *The Leadership Quarterly*, *13* (3), 193–215.

Kouzes, J. M., & Posner, B. Z. (1987) . *The leadership challenge: How to get extraordinary things done in organizations*. San Francisco, CA: Jossey-Bass.

Liden, R. C., & Antonakis, J. (2009) . Considering context in psychological leadership research. *Human Relations*, *62* (11), 1587–1605.

Lim, B. C., & Ployhart, R. E. (2004) . Transformational leadership: Relations to the five-factor model and team performance in typical and maximum contexts. *Journal of Applied Psychology*, *89* (4), 610–621.

Lord, R. G., Binning, J. F., Rush, M. C., & Thomas, J. C. (1978) . The effect of performance cues and leader behavior on questionnaire ratings of leadership behavior. *Organizational Behavior and Human Performance*, *21* (1), 27–39.

Lowe, K. B., & Gardner, W. L. (2000) . Ten years of *The Leadership Quarterly*: Contributions and challenges for the future. *The Leadership Quarterly*, *11* (4), 459–514.

Lowe, K. B., Kroeck, K. G., & Sivasubramaniam,

N. (1996). Effectiveness correlates of transformational and transactional leadership: A meta-analytic review of the MLQ literature. *The Leadership Quarterly*, *7* (3), 385–425.

MacKenzie, S. B. (2003). The dangers of poor construct conceptualization. *Journal of the Academy of Marketing Science*, *31*, 323–326.

Miner, J. B. (1975). The uncertain future of the leadership concept. An overview. In J. G. Hunt & L. L. Larson (Eds.), *Leadership frontiers* (pp. 197–208). Kent, OH: Kent State University.

Plato. (1901). *The republic of Plato: an ideal commonwealth* (Rev. ed.). (B. Jowett, Trans.). New York, NY: Colonial Press.

Podsakoff, P. M., Bommer, W. H., Podsakoff, N. P., & MacKenzie, S. B. (2006). Relationships between leader reward and punishment behavior and subordinate attitudes, perceptions, and behaviors: A meta-analytic review of existing and new research. *Organizational Behavior and Human Decision Processes*, *99* (2), 113–142.

Podsakoff, P. M., MacKenzie, S. B., & Bommer, W. H. (1996). Transformational leader behaviors and substitutes for leadership as determinants of employee satisfaction, commitment, trust, and organizational citizenship behaviors. *Journal of Management*, *22* (2), 259–298.

Podsakoff, P. M., MacKenzie, S. B., Moorman, R. H., & Fetter, R. (1990). Transformational leader behaviors and their effects on follower's trust in leader, satisfaction, and organizational citizenship behaviors. *The Leadership Quarterly*, *1* (2), 107–142.

Podsakoff, P. M., Todor, W. D., Grover, R. A., & Huber, V. L. (1984). Situational moderators of leader reward and punishment behaviors: Fact or fiction? *Organizational Behavior and Human Performance*, *34* (1), 21–63.

Podsakoff, P. M., Todor, W. D., & Skov, R. (1982). Effects of leader contingent and noncontingent reward and punishment behaviors on subordinate performance and satisfaction. *Academy of Management Journal*, *25* (4), 810–821.

Rafferty, A. E., & Griffin, M. A. (2004). Dimensions of transformational leadership: Conceptual and empirical extensions. *The Leadership Quarterly*, *15* (3), 329–354.

Rowold, J. (2014). Instrumental leadership: Extending the transformational-transactional leadership paradigm. *German Journal of Human Resource Management*, *28* (3), 367–390.

Rowold, J., & Heinitz, K. (2007). Transformational and charismatic leadership: Assessing the convergent, divergent and criterion validity of the MLQ and the CKS. *The Leadership Quarterly*, *18* (2), 121–133.

Rush, M. C., Thomas, J. C., & Lord, R. G. (1977). Implicit leadership theory: A potential threat to the internal validity of leader behavior questionnaires. *Organizational Behavior and Human Performance*, *20*, 93–110.

Seltzer, J., & Bass, B. M. (1990). Transformational leadership: Beyond initiation and consideration. *Journal of Management*, *16* (4), 693–703.

Shamir, B., Arthur, M. B., & House, R. J. (1994). The rhetoric of charismatic leadership: A theoretical extension, a case study, and implications for research. *The Leadership Quarterly*, *5* (1), 25–42.

Shamir, B., House, R. J., & Arthur, M. B. (1993). The motivational effects of charismatic leadership: A selfconcept based theory. *Organization Science*, *4* (4), 577–594.

Shils, E. (1965). Charisma, order, and status. *American Sociological Review*, *30* (2), 199–213.

Stogdill, R. M., & Coons, A. E. (1957). *Leader behavior: Its description and measurement* (Research Monograph Number 88). Columbus: Ohio State University, Bureau of Business Research.

Towler, A. J. (2003). Effects of charismatic influence training on attitudes, behavior, and performance. *Personnel Psychology*, *56* (2), 363–381.

Tucker, R. C. (1968). The theory of charismatic leadership. *Daedalus*, *97* (3), 731–756.

van Knippenberg, D., & Sitkin, S. B. (2013). A critical assessment of charismatic-transformational leadership research: Back to the drawing board? *The Academy of Management Annals*, *7* (1), 1–60.

Waldman, D. A., Bass, B. M., & Yammarino, F. J. (1990). Adding to contingent-reward behavior—The augmenting effect of charismatic leadership. *Group & Organization Studies*, *15* (4), 381–394.

Waldman, D. A., & Yammarino, F. J. (1999). CEO charismatic leadership: Levels-of-management and levels-of- analysis effects. *Academy of Management Review*, *24* (2), 266–285.

Wang, G., Oh, I.-S., Courtright, S. H., & Colbert, A. E. (2011). Transformational leadership and performance across criteria and levels: A meta-analytic review of 25 years of research. *Group & Organization Management*, *36* (2), 223–270.

Weber, M. (1947). *The theory of social and economic organization* (T. Parsons, Trans.). New York, NY: Free Press.

Weber, M. (1968). *On charisma and institutional building*. Chicago, IL: University of Chicago Press.

Yammarino, F. J., & Bass, B. M. (1990). Transformational leadership and multiple levels of analysis. *Human Relations*, *43* (10), 975–995.

Yukl, G. A. (1999). An evaluation of conceptual weaknesses in transformational and charismatic leadership theories. *The Leadership Quarterly*, *10* (2), 285–305.

Zaccaro, S. J., Kemp, C., & Bader, P (2004). Leader traits and attributes. In J. Antonakis, A. T. Cianciolo, & R. J. Sternberg (Eds.), *The nature of leadership* (pp. 101–124). Thousand Oaks, CA: Sage.

第 4 章

关注追随者： 以追随者为中心的领导力

Douglas J. Brown

📖 开篇案例：领导者的日常

Constantine 百无聊赖地坐在购物中心的美食广场，一边心不在焉地吃着午餐，一边听旁边的几位同事谈论刚才的会议。他们都在当地最大的一家科技公司工作，刚刚聆听了新任 CEO 的演讲。这位领导者临危受命，肩负的使命是让这家公司起死回生。Constantine 不禁感叹世事无常，公司竟已沦落到如此地步。他刚来时，公司的产品很受欢迎，几位创始人在全球商界叱咤风云，公司扩张的速度惊人，员工联欢活动上屡屡有知名音乐剧上演。但后来公司开始不断遭受挫败，仅仅三年就被主要竞争对手挑落马下，市场份额节节败退，估值直线下降。更糟糕的是，就连新推出的产品也饱受诟病。Constantine 越想越难受。

Constantine 把思绪拉了回来，认真地听同事们热烈地讨论着新领导。"你看见了吗？"Peter 用手指点了点 Mark，很认真地说，"他演讲的样子让人觉得值得信任。他的声音非常坚定，充满自信和激情。""不仅如此，"Susan 附和说，"他还很睿智，读过全球最负盛名的 MBA 课程。"Peter 说："我看，他是块当领导的料，看来公司再展英姿指日可待了。"午餐的大部分时间，Peter 和 Susan 一直在 Mark 面前滔滔不绝，但 Mark 却无动于衷。直觉告诉他，在其他公司一事无成的人不可能是一个能力挽狂澜的领导者。

Constantine 向停车场走去，路上不由地回想起同事们关于新领导的讨论，不理解他们为什么那么坚定地认为这个新来的人能挽救公司。毕竟，他们对这位新领导知之甚少，仅凭只言片语和短暂的见面就作出判断恐怕有失偏颇。的确，他们在想什么呢？ CEO 既不会亲自设计产品，也无法控制竞争对手的行为或消费者的需求，Peter 和 Susan 怎么就认定他能创造奇迹呢？也许是过去几年的不确定性让他们过于乐观了。不过，尽管 Mark 没有感到安慰，但他这几位同事看来确实觉得很受用，准备撸起袖子为新老板卖命了。这种不同寻常的状况触动了 Mark，同事们获得的信息是相同的，但想法却截然不同。他回忆起自己在学校学到的领导力方面的知识，想起自己曾在课上练习过使用魅力语言，那堂课让他记忆犹新。他还知道，伟人会做出伟大的事情。但他学到的知识似乎都无法解释这些同事为何存在意见分歧。

讨论题

1. Peter、Susan 和 Mark 等感知者在领导力创建中起什么作用？
2. 领导者的概念对 Peter、Susan 和 Mark 来说有多重要？
3. 人们用来将某人（如这位新任 CEO）标记为领导者的信息具有怎样的性质？

📖 本章概述

以领导者为中心的领导力研究重点探讨的是在领导者发挥影响的过程中，领导者自身的特点所导致的系统性差异，这种思路在领导力研究中占绝对优势。相比之下，学者对追随者的关注很有限。当分析重大事件的原因时，这方面的空白会变得极其显眼。例如，人们普遍认为希特勒对二战期间 600 万犹太人的种族灭绝负有不可推卸的责任，但事实上没有一个犹太人是希特勒亲手所杀（Goldhagen，2009）。同样，尽管没有证据证明 Pol Pot 直接参与了红色高棉的屠杀，但人们普遍认为是他结束了 170 万柬埔寨人的生命。与此相似，人们认为 Jean Kambanda 在卢旺达屠杀了 80 万图西族人，Saddam Hussein 葬送了 60 万库尔德人的性命，Slobodan Milošević 对数万波斯尼亚人实施了种族清洗（Goldhagen，2009）。这些事例都是个别领导人的恶劣行径，但同时也突出了以领导者为中心的研究视角的局限性，凸显了追随者的重要作用。没有追随者的顺从、盲信、狂热，或者说支持，那些最终导致种族灭绝的军令就不会被执行。说到底，让领导者合法化，授权给他们，为他们提供工具和手段来实现理想和目标的，正是追随者们。另外，出色的领导力依靠的是优秀的追随者，他们的态度积极，能力强，能够自我管理，为人正直，并愿为所在团体和组织的成功贡献力量（Bass，2008）。优秀的追随者能促使领导者变得更出色，从而得到杰出的成果，而差的追随者则正好相反。总之，领导力无法独立于追随者和追随力而存在（Hollander，1993）。

追随者对于了解领导力意义重大，但过去学者们却一直对这一主题漠不关心，这很令人不解（Bernik，2008）。不过，近几年人们的思维方式似乎已发生变化，开始关注追随者和追随力，已有不少这方面的研究著作面世（如 Kellerman，2008；Riggio、Chaleff 和 Lipman-Blumen，2008）。虽然这些著作都强调了追随者的重要性，并指出大多数研究者都忽视了这一研究主题，但事实上，以追随者为中心的研究由来已久，只是许多评论人士没有注意到，或者忽略了、遗忘了（Lord，2008）。当然，这并不是说领导力领域不是以领导者为中心的（Meindl，1995），也不是说追随者不再是领导力模型中"未被充分发掘的差异来源"（Lord、Brown 和 Freiberg，1999，第167 页），而是说我们对追随者和追随力已有了一些了解，并非一无所知。

本章将首先粗略地介绍以往的领导力文献中有哪些关于追随者的关键假设，以及追随者如何发挥作用。然后，我将重点剖析以追随者为中心的主流观点。近几年有关追随者的研究正在尝试开发一个行为类型体系，从而了解追随者对领导者产生的影响，挖掘优秀、不良和无关紧要的追随者分别具有哪些特点。不过，一直以来，以追随者为中心的理论和研究本身关注的都是发生在这些活动之前的过程——信息处理。我们要想了解追随者行为背后的原因，首先要做的就是了解追随者的思考过程。因此，我将重点探讨两个与追随者的想法密切相关的问题：①为什么我们要通过领导者来了解世界？②我们的"领导者"这个心理范畴究竟是怎样的，它又如何影响我们对领导者的感知？为帮助读者轻松了解本章内容，表 4-1 总结了本章的主要概念。

📖 追随力是什么？

将追随者视为领导力模型中的重要考虑因素并不是最近才出现的新趋势，许多以领导者为中心的框架都考虑到了追随者方面的因素（Howell 和 Shamir，2005）。不过，先前以领导者为中心的研究大部分将追随者当作探讨不同领导者风格的有效性时必须考虑的被动情境因素（Avolio，2007）。追随者在这类研究中处于被动地位并不令人意外，因为这些研究背后的主要动因都是以领导者为中心的。举例来说，Fielder（1967）的"领导者匹配理论"等一些权变框架认为，领导者的行为风格与情境相匹配是预测领导力有效性的重要因素，情境包括忠诚度和配合度等追随者方面的因素。Hersey 和 Blanchard（1977）和其他一些研究者提出的环境领导力模型认为，什么样的领导力风格是合适的，这在一定程度上取决于下属的发展水平。House（1971）的"路径—

表 4-1　主要概念及其意义

概　　念	定　　义	意义或重要性
以领导者为中心	一类模型，强调领导者所引起的系统性差异	历来占据主导地位的领导力研究方法，主要强调领导者
以追随者为中心	一类模型，强调追随者所引起的系统性差异	考量追随者在领导力创建过程中有何作用的一种领导力研究方法
领导力浪漫化	一种广为接受的内隐理论，关于领导者和领导力的重要性	领导力可能只是一种社会建构
领导者范畴	一种知识结构，由体现领导者特征的特质构成	观察者生成领导力印象的基础
群组原型	一种知识结构，由与群组相关的特质构成	可用来生成领导力印象的另一种范畴
社会认同领导力模型	一种模型，描述如何利用群组原型来形成领导力印象	领导力印象取决于观察对象与群组的契合度
联结主义领导者范畴	一种模型，提出如何生成特定情境下的领导者范畴	认为领导者范畴为动态而非静态
范畴化理论	一种模型，描述观察者如何判断一个观察对象是否符合领导者范畴	描述形成领导力印象的潜在心理过程
识别与归因过程	一组心理过程，人们经由此过程为某一对象贴上领导者的标签	提出有两种路径可以使人认为某一观察对象很像是领导者

目标理论"提出，追随者的技能和经验是领导力风格充分发挥激励作用的重要前提。Kerr 和 Jermier（1978）的"领导力替代理论"指出，追随者所具有的特点既有可能降低领导力的必要性（即成为其替代品），也有可能消融领导者行为的有效性（即发生了中和）。最后，魅力型领导力理论将追随者比作可燃物，而领导者则是火种（Klein 和 House，1995）。

先前以领导者为中心的研究将追随者假定为被动因素，这与我们对人类本性的一般了解不符。追随者在领导者主导的环境中并不是简单的"被动者"，而是自主采取行动的人（Grant 和 Ashford，2008）。虽然很多的时候，追随者甘愿作为被动的旁观者，既不参与也不反对领导者的行为和指示，但有时他们确实也会成为顽固的狂热分子，极力支持或反对领导者及其事业（Kellerman，2008）。在组织中，既有只按照正式职位要求定义自身角色"做一天和尚撞一天钟"的员工，也有完全投身于领导者的愿景和目标并且不惜牺牲个人未来的自由、健康、家庭生活、价值观和切身利益的员工。最后，我们对追随者的了解必须以这样一种假设为前提：他们是独立的、具有智慧的个体，能够积极尝试了解和改变所处的环境（Bandura，1986）。

研究还表明，对于一个人所展现出的领导力水平的高低，不同的追随者的看法可能差异很大，领导者和追随者的看法也可能存在明显差异。例如，变革型领导力的行为评分存在非常明显的个体差异，其差异程度之大，可能已足够说明变革型领导力只是"情人眼里出西施"，而根本无法反映一位领导者的真实情况（Yammarino 和 Dubinsky，1994，第 792 页）。对档案资料的重新分析表明，领导力评分中大约 20% 的差异属于特质性差异，取决于评价者是谁，被评价者又是谁（Livi、Kenny、Albright 和 Pierro，2008）。这种感知上的个体差异非常重要，因此，世界的特征是观察者和社会参与者所构建的，而不是被动接受的（Salancik 和 Pfeffer，1978）。这些构建出来的特征，是我们试图了解人类行为时最重要的依凭（Fiske，1998）。因此，某位领导者所具有的影响力并不完全取决于他 / 她采取了哪些行为，还有一部分取决于观察者的心目中如何看待他 / 她（Hollander，1958）。因此，我们可以通过感知到的智力来预测领导力显现（Judge、Colbert 和 Ilies，2004），可供我们用于预测团队中哪些人有或没有影响力的因素是感知到的胜任力而非实际胜任力，对此我们不应感到意外（Anderson 和 Kilduff，2009）。这并不是说实际智力或实际胜任力不重要，而是说它们会受到观察者感知的影响。

基于这些观点，过去几十年来，以追随者为中心的研究一直试图了解追随者的意义构建行为。追随力研究的重点是，了解追随者如何理解每天不断涌入的海量信息。人类处理信息的能力有限，而我们每天需要处理的信息已远远超出我们的处理能力。人类严重依赖稳定的内部心理表征来"理解、了解、解释、归因、推断和预测"，从而避免这种信息处理瓶颈（Starbuck 和 Milliken，1988，第 51 页）。我们使用的心理范畴会引导我们将注意力投向一部分信息，告诉我们如何对这些信息进行编码，以及怎样形成判断。因此，在以追随者为中心的研究中，追随者并不是领导者行为的被动接受者，而是构建领导力的主动者。

虽然前文并未明确说明，但应该强调的是，追随者的意义构建行为不是神经元随机触发的结果，追随者也不是没有思想和感情的"领导力信息记录仪"。人类的信息处理是一种目标导向型活动。确切地说，追随者是被迫从领导力的角度来了解世界的，因为这有助于实现一些总体目标，如缓解消极的情绪状态。此外，追随者的思维是有其动机的，会受到已有结论、目标或期望的引导（Kunda，1990）。因此，当发现党派认同会影响人们对政治领袖的感知（Pillai、Kohles 和 Bligh，2007），或发现我们对领导者的喜欢程度会影响对其行为的判断时（D.J. Brown 和 Keeping，2005），我们不应感到特别意外。

以追随者为中心的研究进一步指出，这些意义构建行为非常重要。对于谁会成为领导者，下属的信息处理是最直接的决定因素，它同时也决定着下属能够给领导者多大的宽容度，报以多大的热情来追随他们。确切地说，领导力取决于下属对信息的处理（Lord 和 Emrich，2000）。下属对领导力情境的感知非常重要，因为这种象征性的行为确定了一个人在社会情境中的角色，同时也是个体如何定义自我、如何定义自我与重要他人关系的近端前因（Howell 和 Shamir，2005；Lord 和 Brown，2004）。将自己的角色定义为追随者或下属，应能自动触发观察者身上的相关行为规范和脚本（Baumeister 和 Newman，1995）。有研究表明，人类面对支配型伙伴时往往会表现出依从性（Tiedens、Unzueta 和 Young，2007）。虽然肯定有一些普遍的追随力脚本有待进一步了解，但研究者可能还需要去揭示系统性的特质性二元脚本差异。对于一些人而言，将他人视为团队的领导者表明自己依赖性强，顺从、无力；而对另一些人来说，做一名追随者意味着勇于表达自己的观点，敢于质疑权威（Uhl-Bien 和 Pillai，2007）。最后，正如一些魅力型领导力的研究文献中所说，通过追随者意义构建行为塑造出来的关系的性质能够反过来影响一个人对自我的总体感知（Kark、Shamir 和 Chen，2003）。

追随者的意义构建行为除了会对领导力的影响起中介作用之外，从实践的角度看，对领导力这门学科也非常重要。绝大多数领导力研究都依赖于行为调查，需要下属报告其上级主管采取各种行为的频率（Hunter、Bedell-Avers 和 Mumford，2007）。这种对领导力概念进行操作化的方式意味着几乎不可能将领导者行为与追随者的意义构建完全分开。此外，这还会给研究者最喜欢使用的行为分类带来严重的构念效度问题，而这方面的问题最终会导致我们质疑自己一直以来从海量数据中究竟积累下了什么。正如以追随者为中心的研究中反复提及的那样，追随者如何理解领导力的概念对于他们如何回答行为问卷上的问题起着关键作用（Lord、Foti 和 De Vader，1984）。基于此，人们就有理由质疑目前占据主导地位的行为研究范式和方法是否真的研究了领导者要做什么，或者追随者如何通过编码、存储、检索和整合信息来作出判断（如 Rush、Thomas 和 Lord，1977）。最后，如果领导力作为一门科学仍要依靠下属的报告来开展研究，那么唯一合理的做法似乎就是充分了解这些问卷上的评分是怎样产生的。

综上所述，追随者是主动的意义构建者，他们的意义构建行为对于我们了解领导力至关重要。接下来，我将分两部分深入发掘认知导向的追随者中心研究文献。第一部分讨论人类为什么会以领导者为中心来思考，这是一个关键问题，同时，我还会剖析哪些因素影响着我们通过领导者了解世界的倾向。在此基础上，我将继续深入，探讨我们如何了解一个人并为他／她贴上领导者的标签。在这部分，我将探索领导者范畴方面的内容，并说明指导我们运用这一范畴的潜在社会认知过程。

📖 我们为什么以领导者为中心思考，在什么情况下会这样做？

一段时间以来，一个让观察家迷惑不解的问题是，人类为什么倾向于从领导者和领导力的角度来理解世界。破解这个迷局的一个关键点是，要学会欣然接受人们对领导力的浪漫化。领导力浪漫化的观点认为："我们作为组织的观察者和参与者，对领导力、领导者行为、领导者所能取得的成就，以及他们对我们生活的影响形成了高度浪漫化和英雄化的看法。"（Meindl、Ehrlich 和 Dukerich，1985，第 79 页）本质上，领导力浪漫化是观察者在尝试了解"组织行为的原因、性质和后果"时所采取和使用的一种内隐理论（Meindl 和 Ehrlich，1987）。

一些文献认为，领导力只是一种解释性的说法（Calder，1977；Pfeffer，1977），根据这一激进观点，Meindl 提出，领导者范畴已"实现了一种英雄式的、高于生活本身的价值"。社会参与者对领导者效能有着极大的信心，领导者被视为潜藏在所有组织事件之下，发挥着积极或消极作用的"主要推动力"（Meindl 等人，1985，第 79 页）。感知者是天真的科学家，他们利用领导者范畴来梳理、理解和预测世界。从功能上来说，领导者范畴减少了我们的不确定性和焦虑感，并让我们"认识到，要了解促成和维持有组织活动的各因素之间的各种互动关系，在认知和道德层面是多么复杂的任务"（Meindl 和 Ehrlich，1987，第 92 页）。

在早先的研究中，Meindl 及同事（1985）通过一系列档案研究和实验研究，为领导力的浪漫化寻找证据。Meindl 等人早期的两份档案研究发现，人们对极端绩效情况下的领导力兴趣高涨，这从《华尔街日报》刊登的领导力文章的篇数以及相关的论文数量便可看出，人们似乎会在极端环境下求助于领导力。为直接验证这一观点，Meindl 等人完成了一系列情景模拟研究，参与者会通过阅读材料了解几家业绩各不相同（如好、中、差）的公司的情况，然后对若干因素的因果意义进行评估，以解释这几家公司的业绩状况。相对于其他解释（如经济），极端绩效（无论是特别好还是特别差）会使人们更强调领导力。这些研究结论凸显了观察者将领导力浪漫化的观点，他们认为领导者拥有改变组织和人们命运的控制力和影响力。

后来，Meindl 和 Ehrlich（1987）又检验了个人对组织绩效作何反应是否取决于绩效结果是应归因于领导力还是其他因素（如员工）。为此，他们完成了一系列情景模拟研究，让参与者通过阅读材料了解某个组织的机构简介、业务优势概述和部分绩效指标等信息。其中的要点是，他们刻意调整了关于业务优势的那段内容，有的凸显领导力的作用，有的则强调其他因素（如监管政策）。与领导力浪漫化理论的预期相一致，当绩效结果应归因于领导力时，参与者普遍对组织的营利能力更加看好，认为风险较小。这一结果说明，当绩效与领导力联系在一起时，人们会感到更安心。

进一步的研究分析了让人更倾向于创造英雄式的、极富魅力的领导力形象的那些情境，让我们对这个问题有了更多的认识。或许最值得注意的是，研究者探讨了危机的作用。危机似乎能让最不具魅力的人都采取富有魅力的行动方式（Bligh、Kohles 和 Meindl，2004），刺激人们对魅力的渴望（Bass，2008），让人们更易受到魅力的影响和感召（Shamir 和 Howell，1999），而且不自觉地去寻求领导力（Emrich，1999）。在对美国总统进行的一项研究中，House、Spangler 和 Woycke（1991）发现，危机值与总统魅力值具有相关性。McCann（1997）发现，危机时期与魅力型总统的吸引力相关。Pillai（1996）发现，在学生群组中，危机环境会促使群组成员感知到魅力型领导力（十分有趣的是，此时感知到的并不是交易型领导力）的出现。毫无疑问，这些发现表明，人们对魅力的感知与危机息息相关。

对于危机为何能刺激感知者对领导力的渴望，我们可以通过危机所引起的反应来理解。危机会带来令人不快的模糊性和不确定性（Pearson 和 Clair，1998），这与人们对世界可预测性的强烈渴望相悖（Pittman，1998）。在危机时刻，直接控制事态有时无法实现，人们常会通过辅助手段来间接控制，如将魅力型特质投射到领导者身上，将其视为意义、救赎和减压的源泉（Shamir 和 Howell，1999）。研究显示，危机一旦结束，这种由危机触发的魅力型领导力感知便会迅速消退（Hunt、Boal 和 Dodge，1999）。这一结果与上述基于动机的解释吻合。

虽然此类研究显示危机的作用独一无二，但实际上，任何可提升感知者心理—生理状态的环境都能促使我们将领导力浪漫化（Meindl，1995）。例如，Pastor、Mayo 和 Shamir（2007）通过让参与者骑健身车提高了他们的唤起水平，还有一些研究通过提醒参与者"人终有一死"来干预他们的心理—生理状态（Gordijn 和 Stapel，2008；Landau、Greenberg 和 Sullivan，2009）。无论采用何种干预手段，加强刺激提高唤起水平都会强化参与者对魅力型领导力的感知，而且在感知对象本已表现出一些魅力的情况下，这种感知会进一步增强。除了这种简单感知之外，还有研究进一步指出，提升唤起水平有助于提高对现任领导者的支持度（Landau 等人，2009）、依从性（Landau 等人，2009）和逆态度愿景的可接受性（Gordijn 和 Stapel，2008）。至于为什么骑健身车、有关死亡的念头和经历危机会有相似的作用，还需要学者开展更多的研究。

除了危机，研究者还分析了魅力型领导力形象和人们所感知的自身与对象间的距离有何联系。虽然对魅力的感知存在于组织的各个层面，但人们广泛认可的一种观点是，近端领导力和远端领导力有着根本性的差异（Shamir，1995）。当领导者与被领导者之间的距离增加，观察者会更倾向于将自己对领导力的认知建立在组织的业绩状况或他们对领导者的典型化印象等简单触发因素上（Antonakis 和 Atwater，2002）。

深入了解"建构水平理论"有助于更好地理解这种感知偏差（见 Trope 和 Liberman，2003）。该理论认为，随着距离的增加，我们对各种类型事件和对象的概念都会变得更简单、更抽象。"建构水平理论"似乎向我们提供了一种有效的总体框架以及重要的洞察，帮助我们理解领导力判断的哪些特点会使感知者更容易形成过于理想化、原型化和魅力化的领导力评价。

　　另一个备受关注的情境因素是观察者所处的社会环境。感知者个体存在于庞大的社会网络之中，这增加了领导力感知受到社会影响的可能性（Meindl，1990）。领导力感知并不单单来自个体的意义构建行为，它还会像感冒一样在社会网络中传播（Mayo 和 Pastor，2007；Pastor、Meindl 和 Mayo，2002）。这些研究结论颠覆了人们对群众智慧的普遍误解，也颠覆了群组层面的分析能够反映对象的实际行为这种认识（Mount 和 Scullen，2001）。社会传染研究指出，领导力的社会建构能够，而且确实已经覆盖了分析的所有层面（即个体、二元关系和群组层面）。

　　有趣的是，这种感知在社会层面的传播不一定是显性的，它可以通过看似无关紧要的贬抑性表达（Goodman、Schell、Alexander 和 Eidelman，2008）或非言语表达潜移默化地实现。非言语的面部表情就是一种很有趣的研究视角，这不仅是因为人们广泛地认为表情是一种线索，能够帮助我们了解社会参与者的态度和行为意图（Ekman 和 Oster，1979），还因为它能无声地传播，防不胜防。从功能上看，社会参与者的非言语表示能帮助我们理解领导者的行为。一旦被感知到，非言语信息就会被观察者自发地模仿，由此产生的输入反馈会引起相应的情绪，继而影响后续的信息处理。与这种观点一致的是，有研究表明，当领导者身边的群组成员给出的都是积极的（而非消极的）非言语表示时，观察者会认为他们的工作效率更高（V. Brown 和 Geis，1984）；对女性领导者的消极态度可能在一定程度上来自于下属面部所表现出来的非言语的不认同感（Butler 和 Geis，1990）。有趣的是，对非言语领导力影响的敏感性可能因人而异，同与他人交往的兴趣（Lakin 和 Chartrand，2003）、自我监控（Cheng 和 Chartrand，2003）或信息处理风格（Van Baaren、Horgan、Chartrand 和 Dijkmans，2004）等因素有关。

　　综上所述，研究表明人类是以领导者为中心来思考的，常使用领导者范畴来解释这个世界。然而我们尚未真正弄清领导力概念的本身——领导力是什么，它是如何形成的，以及领导力应用背后的信息处理过程是怎样的。下面我将讨论这些问题。

📖 社会认知方法

　　为进一步了解追随者是如何感知领导力的，我们有必要强调，人类的认知是以存储在长期记忆中的象征结构为基础的一种稳定的内在心理模式。人们并不会将每一个对象、事件、人或动物都当作新生事物来处理，他们会"将转瞬即逝的经验转换成内在模式"（Bandura，1986，第 18 页）。通过将个例范畴化，社会参与者能容纳大量存储在记忆中的概念知识，继而知道下一步会发生什么，该做什么（Murphy，2002）。另外，概念和范畴是有效和高效沟通的基石，其前提是人们对这个世界有着共同的思维地图。最后，将领导者范畴应用于某个对象能够帮助我们推导出大量的信息，理解对象的行为，使自己的行为与对象相协调，理解其他感知者的活动。

考虑到范畴在信息处理过程中的核心作用，以追随者为中心的研究应将领导者范畴的内容、创建和部署作为核心要素。下面我将探讨这方面的问题：①我将分析我们目前对领导者范畴有哪些了解。②我将探究关于领导者范畴的变化性和稳定性的一些问题。③我将论述领导者范畴的发展历程。④我将关注领导者范畴对信息处理有何影响，人们又是如何应用这一范畴的。⑤我将简述几种领导者范畴的应用如何解放或约束领导者的行为。

领导者范畴的内容和性质

与处理世界上的其他信息的方式一样，关于领导者，观察者也会在大脑中存储一个极其复杂的范畴，其中含有将领导者与非领导者区分开来的各种特征（Lord 等人，1984）。按照概率论的观点（Rosch，1978），领导者这个范畴被概念化成了一种由一系列特征组合而成的知识结构，其定义并不明确，其中任何一个单独的特征都不是确保某一对象被划分到这一范畴的必要条件或充分条件。和其他概念一样，领导者范畴的应用也遵循家族相似性原则，可能属于某一范畴的成员有着各不相同的原型拟合度。举例来说，"鸟"一般会飞，但某一种动物（如鸡）不会飞这一事实并不妨碍我们将它视为"鸟类"的一员，只是这种动物相对于其他一些动物（如知更鸟）不那么像鸟罢了。说到底，某一对象与同一范畴的其他成员共有的特征越多，它就越容易被视为该范畴的典型成员。

基于之前的研究（Cantor 和 Mischel，1979），Lord 及其同事提出，领导者范畴是围绕特质建立起来的（Lord、De Vader 和 Alliger，1986）。这并不令人意外，因为特质是人类思维和记忆过程的核心，观察者会在看到他人的行为时自动和自发地利用范畴去进行信息处理（Uleman、Newman 和 Moskowitz，1996）。事实上，特质已深植在我们的思维之中，我们对非生命体和动物界在很大程度上都是根据特质来感知的（Epley、Waytz 和 Cacioppo，2007）。在早先的一项使用了自由记忆法的研究中，Lord 等人（1984）发现，参与者创造了典型程度各不相同 59 种领导力特质。后续研究重复了这种研究方式，缩短了问卷，并确定了二阶因子结构（Epitopaki 和 Martin，2004；Offerman 等人，1994）。

说到底，人们并不会从这个世界抽取一个单独的领导者范畴，而是提取一种相互嵌套的三层结构，包括上义、本义和下义范畴（Rosch，1978）。上义范畴覆盖的范围最广，存在着最一般、最抽象的范畴代表，这个层面包含了大多数领导者通常共有的特征，与对照范畴（如非领导者）几乎没有重叠。上义范畴之下是本义范畴，这个层面包含了情境。Lord 等人（1984）认为，人类可区分商业、金融、少数群体、教育、宗教、体育、国内政治、世界政治、劳工、媒体和军事这 11 种不同的本义层面领导者。

虽然 Lord 等人的研究具有开创性，但值得注意的是，这一结构仅以单一研究为依据，实际上可能存在其他的本义范畴（Den Hartog 和 Koopman，2005）。最后，在下义层面，领导者范畴得到了进一步细分，让我们对领导力的了解更加细致入微。仅举一例：有些研究指出，领导者范畴对于男性和女性领导者而言可能是不同的（Johnson、Murphy、Zewdie 和 Reichard，2008）。

在继续讨论之前，值得一提的是，近些年来，人们对群组范畴在领导力信息处理方面的作用越来越感兴趣（D. Van Knippenberg、Van Knippenberg 和 Giessner，2007）。在日常环境下，领导力是在群组背景下发挥作用的，与群体的拟合度对于了解追随者对潜在领导者作何反应有重要作用（D. Van Knippenberg 和 Hogg，2003）。根据社会认同理论，Hogg 及同事指出，除了上面讨论的一般领导者原型外，包含原型价值观、态度以及群组规范等要素的群组原型也可以作为判断潜在领导者的重要标准。与一般领导者范畴一样，潜在领导者的群组原型的典型度也是渐变的，追随者对领导者的认可取决于对象在多大程度上符合群组共有的社会身份。这种符合度对领导力感知有重要作用，因为它会使追随者相信某位领导者值得信赖，会以符合集体利益的方式行事（D. Van Knippenberg 等人，2007）。与这种观点类似，一项正在进行的大型研究发现，领导者与群组范畴的拟合度与感知到的领导力有效性（Hains、Hogg 和 Duck，1997；Platow 和 Van Knippenberg，2001）及魅力（B. Van Knippenberg 和 Van Knippenberg，2005）相关。在此，我暂时只强调群组范畴的重要性，稍后再分析感知者如何协调和整合特定对象与一般领导者范畴和群组范畴的拟合度信息。

领导者范畴的变化性和稳定性

尽管有人试图证明事实并非如此，但研究表明，同一社会中的不同群组以整个生命周期而言,总体的领导力观察结果和经验在很大程度上是一致的。我们有理由相信，正如同一社会中的大多数群组对其他概念都有着共同的概念性理解一样，他们对领导力的理解也是共同的。研究表明，大学生和职员针对领导力的心理模式非常相似，年龄、工龄和职位（Epitropaki 和 Martin，2004；Offermann 等人，1994）以及组织认同度（Martin 和 Epitropaki，2001）不同的员工对此的心理模式也很相似。如果想在这方面发现群组层面的差异，我们可能需要找到这样的一些群组：他们在早期反复遇到的重要榜样人物要截然不同，团队结构和领导力经验也要不同。与此相一致的是，一些证据显示，男性和女性在领导者范畴上存在细微差别（Deal 和 Stevenson，1998；Den Hartog 和 Koopman，2005）。在这个方面，一些研究结果指出，相对于女性，男性的理想领导者范畴对非典型特征（如咄咄逼人、霸道强势）更宽容；而女性心目中理想的领导者原型则通常强调人际关系的敏感性（Deal 和 Stevenson，1998）。因此，除有证据表明男女两性的领导者范畴略有差异之外，领导者范畴似乎非常稳健可靠——至少在同一种文化中是这样。

全球化进程的加快促使更多学者去调查文化是如何影响领导者范畴的。在人们对领导者行为有何期待、如何看待，以及如何应对（Ensari 和 Murphy，2003；综述见 Tsui、Nifadkar 和 Ou，2007）等方面，我们都发现了文化差异。例如，有研究表明，不同文化的群组在面对经常侮辱人的领导者（Bond、Wan、Leung 和 Giacalone，1985）和不公正现象（Tsui 等人，2007）时，应对方式是不同的。这些发现凸显了这样一种可能性：西方的领导力概念可能并没有得到普遍认可（Den Hartog、House、Hanges、Ruiz-Quintanilla 和 Dorfman，1999；Gerstner 和 Day，1994；Javidan、Dorfman、De Luque 和 House，2006）。

为了评估领导者范畴在不同文化间的差异，Robert House 及同事（Javidan 等人，2006）对来自 10 个民族的文化集群、62 个不同地方的 15 022 位中层管理人员进行了问卷调查（平均每个社会 $n=250$），让他们对 112 个领导力事项进行评分。这些事项涵盖了 21 个主要维度和 6 个背景维度，评分者需要评价每一事项对有效领导力的阻碍或促进程度。这一复杂研究为我们提供了一个机会，初步了解领导者范畴的文化普适性和差异性。在二阶因素上，10 个文化集群在所有 6 个维度上都显示出了显著差异。例如，这个层面的分析结果显示，10 个民族的文化集群对魅力型/价值型领导力（一种注重激励人，并期望取得出色业绩的领导方式）的重视程度存在巨大的差异。美国等盎格鲁人后裔为主的国家对魅力型/价值型领导力的重视程度评分很高，中东国家（如埃及）不太强调这个维度，以儒家文化为主的亚洲国家（如中国）评分居中（Javidan 等人，2006）。

尽管 6 个维度的研究结果表明不同的文化对领导者的理解存在深刻差异，但事项层面的分析显示情况也不全如此，对于领导力，人们还是存在着一些普遍共识的。就此，GLOBE 的研究得出了 22 个人们普遍认为比较理想的特征（如诚实、果断和活力等）和 8 个被广泛认为不理想的特征（如易怒、自我中心和无情等）。这种相似性表明，可能存在一种普适的领导力经验。对此，进化论学者提出，领导力是一种群组适应行为，理想的领导者需要在群组中发挥常见的功能，如发起集体活动、保持集体凝聚力以及对未来进行规划等（Van Vugt、Hogan 和 Kaiser，2008）。

除了群组差异，个体层面的范畴稳定性评估方面的研究也增进了我们对领导者范畴的了解（Epitropaki 和 Martin，2004）。例如，Epitropaki 和 Martin（2004）的研究让参与者指出一系列特质在多大程度上符合一般商业领导者的特征，一共测试两次，间隔一年。从整体上看，他们发现，商业领导者的范畴变化不大。要了解研究中为什么会出现这种稳定性，读者一定要明白，人类虽然能进行谨慎、有意识、连续的思考，但更多情况下是通过一个非意识系统来体验这个世界的（Macrae 和 Bodenhausen，2000）。这个系统中的知识包括我们对这个世界的一般性认识，而这种认识是通过反复关联逐渐积累起来的。我们从孩童时期就开始反复接触那些具有某些特质（如专注、智慧和敏感等）的领导者。这种反复关联逐渐形成了我们内在的领导者知识结构（即领导者范畴）。一旦形成，这种一般性范畴就很难再发生变化，它为我们体验世界提供了一种稳定的背景。由于缺乏情境，Epitropaki 和 Martin 的研究做法很可能是让参与者简单地回顾和利用了他们一般、静态、稳定的心理表征。他们的研究结果告诉我们，一般领导者范畴具有与椅子、鸟、汽车和猫等其他一般性概念类似的稳定性，一年内通常保持不变。

虽然有上述发现，但认知研究一致认为，范畴灵活可变，能够在当下迅速形成。人们通常认为非意识系统的认知结构是联结主义的。这一系统具有亚符号性，知识是由类似神经元的一些单位的激活模式来表征的（Smith 和 De Coster，2000）。当信息输入到这个系统时，联结结构会通过一种平行约束补偿过程获得最佳解释（即承认），找到可以最大限度地容纳所存储关联的激活模式，以及外部（如性别、行为）和内部（如动机）约束的瞬时模式。因此，我们对鸟类的一般概念虽能长久保持稳定，但当我们站在船上眺望南极洲时，我们对鸟类的印象可能会发生轻微的变化（见 Barsalou，1982）。

根据联结主义的原则，Lord 及其同事使用通俗的语言解释了这样一个系统的运作方式：它如何生成动态的、短期的领导者范畴（Hanges、Lord 和 Dickson，2000；Lord、Brown 和 Harvey，2001）。一些研究对他们的观点进行了直接检验。其中 Foti、Knee 和 Backert（2008）发现，一些证据显示领导者范畴会根据观察者的内在目标而发生变化。虽然这样的发现令人鼓舞，但动态生成领导者范畴方面的实证数据仍很有限，这一领域还有待进一步研究。值得注意的是，为有效推进这类调查，应用领导力研究者可能需要放弃他们对实地数据的偏好，用有控制的方式通过实验室研究来对观察者目标等约束条件进行短时干预。

领导者范畴的发展

正如上文所言，人们从小就不断地接触各种领导力特征同时出现的情况，从中无意识地慢慢积累信息，形成领导者范畴的概念。例如，我们小时候就开始将商业领导者与高智力、能力强、男性、白人等特点联系在一起，无意识地将这些特质互相关联，锁定在记忆当中（Rosette、Leonadelli 和 Phillips，2008）。鉴于大多数领导力感知都是以缓慢学习、缓慢变化的大脑皮层系统中的范畴为基础的，是否存在一个可识别的发展曲线呢？领导者范畴一般会在哪个年龄段写入我们的记忆？简单地说，领导力学者在很大程度上忽略了这个重要的基本科学问题。在少数几项尝试解答这个问题的研究中，Matthews、Lord 和 Walker（1990）分析了一年级、三年级、六年级、九年级和十二年级 159 名儿童的领导者范畴发展情况。与我们对皮层系统的理解相一致，他们发现年龄较小的儿童（一年级和三年级）往往认为领导力由具体的行动、结果和榜样（如父母）来体现，而大一些的孩子（即六年级、九年级和十二年级），则将判断建立在更复杂的领导者范畴之上。Antonakis 和 Dalgas（2009）最近在研究中发现，儿童和思想朴素的成年人都能比较成功地根据竞选人的照片来预测选举结果。他们的研究结果还显示，很小的孩子就会将面部特征与人格特点（如竞争性）联系起来，并据此对人的领导力作出与成年人相近的判断。这两项研究显示，用于形成领导力感知的标准在我们很小的时候就已生根发芽。其重要的实践意义之一是，若要通过干预来打破带有偏见的领导力范畴（如对男性化特质的强调），可能在年幼时最有效。

如果领导者范畴在我们发展的早期就已形成，那么我们或许可以预计，儿童眼中的世界可能对领导者范畴的性质起关键作用。举一个显而易见的例子：由于儿童通常比生活中的领导力人物矮小，因此身高（Judge 和 Cable，2004）和空间的垂直维度（Schubert，2005）应该与领导力紧密相关，而事实正是如此。此外，儿童对领导力人物的特殊经验也应是范畴内容的关键前因。在一项调查中，Keller（1999）要求参与者评价一系列特征在多大程度上与他们的母亲、父亲的特征相符，又在多大程度上符合他们认为的理想领导者形象。结果显示，从整体上看，父母的特征对理想领导者形象是有影响的。虽然我们有理由相信儿童期经验与领导者范畴之间的是有关联的，但人们对这一主题的了解仍然很少。这一点非常可惜，因为幼年时期的经验具有预见性，可能是导致文化差异或性别偏见的原因。

范畴的用途和应用

先前的研究指出，原型等范畴是对对象形成印象的重要决定因素。如果数据含糊不清或存在缺陷，感知者会以自上而下的方式使用范畴自行填补空白，作出符合原型的判断。一项非常著名的研究显示，即使评分者所评价的是虚构的领导者，他们仍能提取出行为问卷的因子结构（Rush 等人，1977）。与这些发现相一致的是，研究还显示下属对领导行为问卷的评分与领导者范畴密切相关（Avolio 和 Bass，1989）；即使评分对象不同，拥有相同领导者范畴的评分者也会给出相似的行为评分（Rush 和 Russell，1988）。范畴化思维还会使一个人记错某个对象的行为。例如，一些研究发现，观察者会将未观察到的与范畴一致的行为和实际观察到的行为混为一谈（Binning、Zaba 和 Whattam，1986；Phillips 和 Lord，1982）。实际上，这些发现对领导力实践具有重大意义，尤其关系到我们应在多大程度上信任行为问卷。虽然领导行为问卷被认为能够捕捉观察对象的行为，但范畴化的思维过程会对记忆、编码以及行为检索产生影响（Shondrick、Dinh 和 Lord，2010）。因此，相比之下，从行为评分中提取的信息更多的是反映观察者的信息处理过程，而非领导者的实际行为。

还有一个问题是，感知者是如何决定是否将"领导者"这个标签赋予某一对象的。Lord 及其同事的领导力感知范畴化理论认为，是否给某个对象贴上领导者的标签取决于对象的特征与感知者的领导力范畴重合的程度（Lord 等人，1984）。实际上，将某人视为领导者的途径之一是识别，即感知者利用对象的特征来判断其领导力（Lord 和 Maher，1993）。对象被感知到的特征与感知者长期记忆中的领导者范畴之间重合越多，这个对象被贴上领导者标签的可能性就越大。Lord 及其同事（1984；研究 3）的开创性研究中有 95 名本科学生参与，随机安排他们阅读关于 John Perry 的三条描述中的一条。这三条描述分别是典型的领导行为、与典型行为相反的做法和中性的领导行为。研究结果显示，这种干预方式会严重影响感知者对 John Perry 会采取哪种领导行为，以及新产品的成功是否应归功于他所作出的判断。从整体上看，这些发现为了解识别体系的运行提供了强有力的因果证据，表明贴上领导者的标签也带来了对对象未来行为的预期。

随后的研究将这方面的认识进一步细化，表明领导者范畴化对于可观察的对象行为与领导力评分之间的关系起中介作用（Fraser 和 Lord，1988），会使记忆检索产生偏差（Rush 和 Russell，1988），而且并不取决于感知者认知资源的多寡（Maurer 和 Lord，1991）。虽然研究较少，但已有一些文献证明范畴化理论在现实情境中也是适用的，证实了这个理论的外部有效性和实际适用性。实地研究也显示，与领导者范畴的拟合度不仅会影响人们对领导力的感知，也可以作为相关员工工作业绩优劣的前因（Engle 和 Lord，1997；Epitropaki 和 Martin，2005）。对于后一点，Epitropaki 和 Martin（2005）的一项纵向调查研究指出，下属对上级的感知与领导者范畴之间的拟合度会影响领导者—成员交换的质量，并通过领导者—成员交换间接影响员工的组织承诺、工作满意度和福祉。除了论证范畴化方法的适用性外，该研究还展示了一种完成领导者范畴概念操作化的方式，感兴趣的研究者可以使用。尽管 Lord 的范畴化理论获得了高度评价和大量的引用，但除了先前有文献将一般行为测量与领导者范畴直接联系起来（Avolio 和 Bass，1989）之外，有关范畴化会对领导行为的影响发挥怎样的中介作用目前鲜有研究。

研究还表明，有些看似与领导力无关的特征也可能使人们认为某一对象很像领导者。例如，数据显示某对象被认为具有领导力的依据包括健谈（Stein 和 Heller，1979）、有吸引力（Cherulnik、Turns 和 Wilderman，1990）、男性化外表（Sczesny 和 Kühnen，2004）、感知显著性（Phillips 和 Lord，1981）等。近期有证据显示，思考不止发生在我们的大脑中，我们的概念化知识还存在于感官和运动系统内（Barsalou、Simmons、Barbey 和 Wilson，2003）。我们的概念化知识不仅作为抽象的符号存储在记忆中，而且会以直接体验某种现象的方式表现出来。动机系统与特定动作密不可分，情绪与面部表情有关，孤独感和冷漠有关（Zhong 和 Leonardelli，2008），美德与清新的气味有关（Liljenquist、Zhong 和 Galinsky，2010），而领导力和身高有关（Judge 和 Cable，2004）。支配性的个体高高在上，统治着我们，我们仰视他们；他们在食物链上处于高位，在组织机构图的顶端，在宝座之上向下俯视着我们。身体对这种仰视和俯视的体验与领导力、权力以及支配力相关。因此，数据显示，如果地位信息按照适当的空间顺序排列，我们处理起来会更顺畅（Schubert，2005），通过组织机构图传递的纵向信息会影响我们对领导力的感知（Giessner 和 Schubert，2007）。剖析自下而上的感知过程、内嵌的认知和领导者范畴之间的关系，将是一个非常有趣的研究方向（见 Lord 和 Shondrick，2011）。

虽然从与领导者范畴的拟合度这个角度来识别领导力加深了我们对领导力的理解，但这只揭示了一部分事实。追随者遵从领导者不只是因为这些领导者符合领导形象或占据着相应的空间位置，还因为他们对于实现我们的目标至关重要。正如

Barsalou（1985）多年前所言，对象的范畴化不仅取决于其是否符合一个范畴的主要趋势，还取决于感知者努力达到的最终状态或目标是什么。尽管人们对领导者对团队及其成员而言的主要功能究竟是什么有一些设想，但显而易见，我们愿意放弃自由的一部分原因在于，领导者能增加团队生存和成功的概率（Van Vugt 等人，2008）。事实上，40 多年前的研究已明确证明，领导力与团队产出存在关联。该研究还显示，群组绩效十有八九会被归因于领导者，而且这并不取决于绩效信息何时发布（Larson，1982），或感知者是否与某位领导者有私交（Binning 和 Lord，1980）。这些研究凸显了领导力感知的第二条关键途径——传统的推理途径（Lord 和 Maher，1993）。有趣的是，直接比较识别途径和推理途径可以发现，二者对领导力判断的影响是相互叠加的（Lord、Binning、Rush 和 Thomas，1978），但相对权重因民族文化而异（Ensari 和 Murphy，2003）。当代有关 CEO 选拔情境的研究进一步表明，感知者可能更倾向于使用推理路径，只有当业绩情况不明时才会默认采用识别途径（Jacquart 和 Antonakis，2015）。

许多读者可能已经想到了，一个对象能够触发多个（有时是相互竞争的）范畴。至少，追随者可按照与领导者范畴（Lord 和 Maher，1993）、群组范畴（B.Van Knippenberg 和 Van Knippenberg，2005）、种族范畴（Rosette 等人，2008）、先前领导者（Ritter 和 Lord，2007）、群组绩效（Phillips 和 Lord，1981）以及性别范畴（Scott 和 Brown，2006）等的匹配度来对对象作出判断。来自这些方面的信息会在观察者的头脑中交织、竞争、相互作用，信息处理的方式多种多样。例如，Scott 和 Brown（2006）的研究表明，性别范畴和原型领导行为过程相互作用，会对行为编码产生影响。还有研究显示，不同信息来源的相互作用也会影响我们对领导者的评价。就这一点而言，做出成绩后，原型领导者往往比非原型领导者更受欢迎（Ensari 和 Murphy，2003），而且与少数族群相比，这种效应在白人身上更为明显（Rosette 等人，2008）。最后，一些研究显示，不同信息的相对影响力可能取决于感知者自身的特征。越来越多的研究显示，虽然一般来说与领导者范畴的拟合度比较重要，但其作为个体对群组认同功能的重要性不及群组范畴（Hains 等人，1997）。显然，观察者的意义构建过程非常复杂，而且依赖各方面的数据。

追随者感知与领导者行动

到目前为止，我已介绍了领导力感知背后的一些细微差别。领导力归根结底是一种双向影响，追随者如何进行范畴化会成为领导者行动的一个重要约束因素。例如，虽然从领导者身上感知到他们有能力取得成功是非常关键的，而且人们通常不允许领导者失败，但失败也有不同的情况，有时下属可能会允许领导者失败（Giessner 和 Van Knippenberg，2008；Giessner、Van Knippenberg 和 Sleebos，2009）。在最近发表的两篇论文中，Giessner 及其同事对两个因素进行了干预，其一是上文讨论过的领导者与群组范畴的拟合度；另一个是未能实现的目标属于哪一类别、是何种性质。研究结果表明，符合某一群组范畴的领导者如果未能实现最低目标，下属对这位领导者的积极感知便会减少；但当领导者未能实现的是最高目标时，情况却不是这样。在追求最高目标的情境下，符合原型的领导者似乎仍能获得信任，失败不会破坏他们因符合群组范畴而得到的好处。这一发现反映了其他研究文献也强调过的一个事实——业绩与领导力推断并不是直接相关的，二者的关系会因人们对绩效成因的理解不同而有所差异（Phillips 和 Lord，1981），也会因观察者运用的处理方式不同而不同（Foti 和 Lord，1987）。

　　上述研究表明，追随者所奉行的领导力标准具有一种潜在的灵活性，有时追随者会允许领导者表现出特殊的、非常规的行为（Hollander，1992）。例如，有研究表明，自我牺牲行为与追随者对领导者合法性的感知相关，而自利行为则与之无关（Choi 和 Mai-Dalton，1999；B. Van Knippenberg 和 Van Knippenberg，2005；Yorges、Weiss 和 Stickland，1999）。虽然这在大多数情况下成立，但领导者的自我牺牲行为与追随者对领导者的认可度之间的关系，会因观察者是否认为领导者属于典型的群组成员而发生变化（B. Van Knippenberg 和 Van Knippenberg，2005）。相对于非典型群组成员，被认为更典型的那些成员似乎不会被要求达到同样的自我牺牲水平。与此相似，相对于非典型的群组成员来说，程序正义（Ullrich、Christ 和 Van Dick，2009）和分配公平（Platow 和 Van Knippenberg，2001）似乎对属于典型群组成员的领导者来说并不是很重要的标准。最后，Platow Knippenberg、Haslam、Van Knippenberg 和 Spears（2006）发现，那些属于典型群组成员的领导者能够灵活运用以交换或群组为导向的言辞，而非典型的领导者只能运用以群组为导向的言辞。按照 Hollander（1958）的特质信用模型，领导者是通过为团队做贡献来积累下属对自己的信任的。上面讨论过的这些研究表明，信任与领导力并不需要努力争取，只要领导者符合追随者心目中的范畴便可轻松获得。

📖 文献综述

　　本章中所讨论的文献强调了追随者在领导力生成方面的作用，图 4–1 概括了本章提及的各关键主题。如图 4–1 所示，领导者范畴是社会参与者用来了解世界的一种关键感知图式（即领导力浪漫化）。如上所述，尽管人们会频繁地使用这一范畴，但在某些情况下，其对观察者的作用会更为明显，如他们感到不确定或需要控制感的时候。人们对特定领导者的感知和领导者范畴本身主要由一系列特质组成，而且很早就已形成，随着情境特征（如某人的文化）而发生改变。同样，近期的研究（即联结主义的研究）也强调范畴的潜在动态性，以及社会参与者如何生成范畴内容来适应当前的环境限制。图 4–1 还强调，人们是否会为某个人贴上领导者的标签取决于他们对对象的感知和预期原型之间的重叠程度。最后，给某人贴上领导者的标签会产生许多后果，如改变人们的记忆和让人们更容易感受到领导者试图施加影响的努力等。

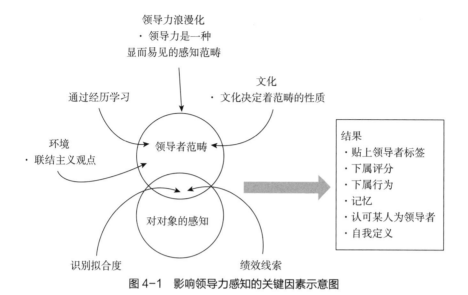

图4-1　影响领导力感知的关键因素示意图

📖 总结

本章首先描述了几位员工讨论新任 CEO 的场景，尽管他们观察到了同样的行为举止，但不同的员工对这位 CEO 的领导能力却作出了不同的判断。本章通过一些文献、数据、理论和思想，帮助读者了解领导力感知产生差异的过程。此外，我还剖析了领导力感知对于成为一名有效领导者的重要性。尽管领导力在传统上一直是通过以领导者为中心的方式去研究的，但过去的 40 年，以追随者为中心的研究表明领导力高度依赖追随者。也就是说，教练、政要、管理者和 CEO 作为领导者之所以失败，不只因为他们的行为存在缺陷，还因为他们不再被认为属于领导者范畴了。

🔍 讨论题

1. 是否存在一个最重要的特征，能够让某人被视为领导者？这个特征为什么如此重要，在什么情况下会变得不重要？

2. 领导者是真正拥有典型的领导力特质，还是仅仅给受众留下他们拥有这些特质的印象，这重要吗？

3. 在改变领导者原型方面，哪些情境要素最重要？

4. 对于领导者来说，了解观察者如何生成领导力印象是否重要？为什么？

5. 本章所讨论的研究表明，商业领导者范畴与白人相关（见 Rosette、Leonardelli 和 Phillips，2008），社会可采取哪些步骤来纠正这种偏见？

推荐阅读

Javidan, M., Dorfman, P. W., de Luque, M. S., & House, R. J.（2006）. In the eye of the beholder: Cross cultural lessons in leadership from project GLOBE. *Academy of Management Perspectives*, *20*, 67-90.

Kellerman, B.（2007, December）. What every leader needs to know about followers. *Harvard Business Review*, *85*, 84-91.

Schyns, B., Kiefer, T., Kerschreiter, R., & Tymon, A.（2011）. Teaching implicit leadership theories to develop leaders and leadership—How and why it can make a difference. *Academy of Management Learning & Education*, *10*, 397-408.

案例研究

案例：Ely, R. J., & Vargas, I.（2006）. Managing a public image: Cheri Mack. Harvard Business School Case 406096-PDF-ENG.

案例：Khoo, H. S., Chia, A., & Lim, V. K. G.（2010）. Good intentions gone awry at the National Kidney Foundation. Harvard Business School Case 910M17-PDF-ENG.

案例：Munyon, T. P., & Cleavenger, D. J.（2013）. It's how you frame it: Transformational leadership and the meaning of work. Ivey Publishing BH535.

推荐视频

Monk, P.（2011）. Leaders and followers: What tango teaches. http://ed.ted.com/featured/ypFEhSjj

参考文献

扫一扫，下载
本章参考文献

Anderson, C., & Kilduff, G. J.（2009）. Why do dominant personalities attain influence in face-to-face groups? The competence-signaling effects of trait dominance. *Journal of Personality and Social Psychology, 96*, 491-503.

Antonakis, J., & Atwater, L.（2002）. Leader distance: A review and a proposed theory. *The Leadership Quarterly, 13*, 673-704.

Antonakis, J., & Dalgas, O.（2009）. Predicting elections: Child's play! *Science, 323*（5918）, 1183.

Avolio, B. J.（2007）. Promoting more integrative strategies for leadership theory-building. *American Psychologist, 62*, 25-33.

Avolio, B. J., & Bass, B. M.（1989）. Transformational leadership, charisma, and beyond. In J. G. Hunt, B. R. Baliga, H. P. Dachler, & C. A. Schreisheim（Eds.）, *Emerging leadership vistas. International leadership symposia series*（pp. 29-49）. Lexington, MA: Lexington Books.

Bandura, A.（1986）. *Social foundations of thought and action: A social cognitive theory.* Englewood Cliffs, NJ:Prentice-Hall.

Barsalou, L. W.（1982）. Context-independent and context-dependent information in concepts. *Memory & Cognition, 10*, 82-93.

Barsalou, L. W. (1985). Ideals, central tendency, and frequency of instantiation as determinants of graded structure in categories. *Journal of Experimental Psychology: Learning, Memory, and Cognition, 11,* 629–654.

Barsalou, L. W., Simmons, W. K., Barbey, A., & Wilson, C. D. (2003). Grounding conceptual knowledge in modality–specific systems. *Trends in Cognitive Sciences, 7,* 84–91.

Bass, B. M. (2008). *The Bass handbook of leadership: Theory, research, and managerial applications* (4th ed.). New York, NY: Free Press.

Baumeister, R. F., & Newman, L. S. (1995). The primacy of stories, the primacy of roles, and the polarizing effects of interpretive motives: Some propositions about narratives. In R. S. Wyer (Ed.), *Advances in social cognition* (Vol. 8, pp. 97–108). Hillsdale, NJ: Lawrence Erlbaum.

Bennis, W. (2008). Introduction. In R. E. Riggio, I. Chaleff, & J. Lipman–Blumen (Eds.), *The art of followership: How great followers create great leaders and organizations* (pp. xxiii–xxvii). San Francisco, CA: Jossey–Bass.

Binning, J. F., & Lord, R. G. (1980). Boundary conditions for performance cue effects on group process ratings: Familiarity versus type of feedback. *Organizational Behavior and Human Decision Processes, 26,* 115–130.

Binning, J. F., Zaba, A. J., & Whattam, J. C. (1986). Explaining the biasing effects of performance cues in terms of cognitive categorization. *Academy of Management Journal, 29,* 521–535.

Bligh, M. C., Kohles, J. C., & Meindl, J. R. (2004). Charisma under crisis: Presidential leadership, rhetoric, and media responses before and after the September 11th terrorist attacks. *The Leadership Quarterly, 15,* 211–239.

Bond, M. H., Wan, W. C., Leung, K., & Giacalone, R. (1985). How are responses to verbal insult related to cultural collectivism and power distance? *Journal of Cross-Cultural Psychology, 16,* 111–127.

Brown, D. J., & Keeping, L. M. (2005). Elaborating the construct of transformational leadership: The role of affect. *The Leadership Quarterly, 16,* 245–272.

Brown, V., & Geis, F. L. (1984). Turning lead into gold. Evaluations of men and women leaders and the alchemy of social consensus. *Journal of Personality and Social Psychology, 46,* 811–824.

Butler, D., & Geis, F. L. (1990). Nonverbal affect responses to male and female leaders: Implications for leadership evaluations. *Journal of Personality and Social Psychology, 58,* 48–59.

Calder, B. J. (1977). An attribution theory of leadership. In B. M. Staw & G. R. Salancik (Eds.), *New directions in organizational behavior* (pp. 179–204). Chicago, IL: St. Clair.

Cantor, N. W., & Mischel, W. (1979). Prototypes in person perception. In L. Berkowitz (Ed.), *Advances in experimental social psychology* (Vol. 12, pp. 3–52). New York, NY: Academic Press.

Cheng, C. M., & Chartrand, T. L. (2003). Self–monitor-ing without awareness: Using mimicry as a nonconscious affiliation strategy. *Journal of Personality and Social Psychology, 85,* 1170–1179.

Cherulnik, P. D., Turns, L. C., & Wilderman, S. K. (1990). Physical appearance and leadership: Exploring the role of appearance–based attribution in leader emergence. *Journal of Applied Social Psychology, 20,* 1530–1539.

Choi, Y., & Mai–Dalton, R. R. (1999). The model of followers' responses to self–sacrificial leadership: An empircal test. *The Leadership Quarterly, 10,* 397–421.

Deal, J. J., & Stevenson, M. A. (1998). Perceptions of female and male managers in the 1990s: Plus ça change. *Sex Roles, 38,* 287–300.

Den Hartog, D. N., House, R. J., Hanges, P. J., Ruiz–Quintanilla, S. A., & Dorfman, P. W. (1999). Culture specific and cross–culturally generalizable implicit leadership theories: Are attributes of charismatic/transformational leadership universally endorsed? *The Leadership Quarterly, 10,* 219–256.

Den Hartog, D. N., & Koopman, P. L. (2005). Implicit theories of leadership at different hierarchical levels. In B. Schyns & J. R. Meindl (Eds.), *Implicit leadership theories: Essays and explorations* (pp. 135–148). Greenwich, CT: Information Age.

Ekman, P., & Oster, H. (1979). Facial expressions of emotion. *Annual Review of Psychology, 20,* 527–554.

Emrich, C. D. (1999). Context effects in leadership perception. *Personality and Social Psychology Bulletin, 25,* 991–1006.

Engle, E. M., & Lord, R. G. (1997). Implicit theories, self–schemas, and leader–member exchange. *Academy of Management Journal, 40,* 988–1010.

Ensari, N., & Murphy, S. E. (2003). Cross–cultural variations in leadership perceptions and attribution of charisma to the leader. *Organizational Behavior and Human Decision Processes, 92,* 52–66.

Epitropaki, O., & Martin, R. (2004). Implicit leadership theories in applied settings: Factor structure, generalizability and stability over time. *Journal of Applied Psychology, 89,* 293–310.

Epitropaki, O., & Martin, R. (2005). The moderating role of individual differences in the relation between transformational/transactional leadership perceptions and organizational identification. *The Leadership Quarterly, 16,* 569–589.

Epley, N., Waytz, A., & Cacioppo, J. T. (2007). On seeing human: A three–factor theory of anthropomorphism. *Psychological Review, 114,* 864–886.

Fiedler, F. E. (1967). *A theory of leadership effectiveness.* New York, NY: McGraw-Hill.

Fiske, S. T. (1998). Stereotyping, prejudice, and discrimination. In D. T. Gilbert, S. T. Fiske, & G. Lindzey (Eds.), *Handbook of social psychology* (4th ed., Vol. 2, pp. 357–411). Boston, MA: McGraw-Hill.

Foti, R. J., Knee, R. E., & Backert, S. G. (2008).

Multi-level implications of framing leadership perceptions as a dynamic process. *The Leadership Quarterly, 19,* 178–194.

Foti, R. J., & Lord, R. G. (1987) . Prototypes and scripts: The effects of alternative methods of processing information on rating accuracy. *Organizational Behavior and Human Decision Processes, 39,* 318–340.

Fraser, S. L., & Lord, R. G. (1988) . Stimulus prototypicality and general leadership impressions: Their role in leadership and behavioral ratings. *Journal of Psychology, 122,* 291–303.

Gerstner, C. R., & Day, D. V. (1994) . Cross-cultural comparison of leadership prototypes. *The Leadership Quarterly, 5,* 121–134.

Giessner, S. R., & Schubert, T. (2007) . High in the hierarchy: How vertical location and judgments of leaders'power are interrelated. *Organizational Behavior and Human Decision Processes, 104,* 30–44.

Giessner, S. R., & Van Knippenberg, D. (2008). "License to fail" : Goal definition, leader group prototypicality, and perceptions of leadership effectiveness after leader failure. *Organizational Behavior and Human Decision Processes, 105,* 14–35.

Giessner, S. R., Van Knippenberg, D., & Sleebos, E. (2009) . License to fail? How leader group prototypicality moderates the effects of leader performance on perceptions of leadership effectiveness. *The Leadership Quarterly, 45,* 434–451.

Goldhagen, D. J. (2009) . *Worse than war: Genocide, eliminationism, and the ongoing assault on humanity.* New York, NY: PublicAffairs.

Goodman, J. A., Schell, J., Alexander, M. G., & Eidelman, S. (2008) . The impact of a derogatory remark on prejudice toward a gay male leader. *Journal of Applied Social Psychology, 38,* 542–555.

Gordijn, E. H., & Stapel, D. A. (2008) . When controversial leaders with charisma are effective: The influence of terror on the need for vision and impact of mixed attitudinal messages. *European Journal of Social Psychology, 38,* 389–411.

Grant, A. M., & Ashford, S. J. (2008) . The dynamics of proactivity at work. *Research in Organizational Behavior,28,* 3–34.

Hains, S. C., Hogg, M. A., & Duck, J. M. (1997) . Self-categorization and leadership: Effects of group prototypicality and leader stereotypicality. *Personality and Social Psychology Bulletin, 23,* 1087–1100.

Hanges, P., Lord, R. G., & Dickson, M. W. (2000) . An information-processing perspective on leadership and culture: A case for a connectionist architecture. *Applied Psychology: An International Review, 49,* 133–161.

Hersey, P., & Blanchard, K. H. (1977) . *The management of organizational behavior* (3rd ed.) . Upper Saddle River,NJ: Prentice Hall.

Hogg, M. A., Hains, S. C., & Mason, I. (1998) . Identification and leadership in small groups: Salience, frame of refer-ence, and leader stereotypicality effects on leader evaluations. *Journal of Personality and Social Psychology,75,* 1248–1263.

Hollander, E. P. (1958) . Conformity, status, and idiosyncrasy credit. *Psychological Review, 65,* 117–127.

Hollander, E. P. (1992) . Leadership, followership, self, and others. *The Leadership Quarterly, 3,* 43–54.

Hollander, E. P. (1993) . Legitimacy, power and influence: A perspective on relational features of leadership. In M. M. Chemers & R. Ayman (Eds.) , *Leadership theory and research: Perspectives and directions* (pp. 29–47) . San Diego, CA: Academic Press.

House, R. J. (1971) . A path-goal theory of leader effectiveness. *Administrative Science Quarterly, 16,* 321–339.

House, R. J., Spangler, W. D., & Woycke, J. (1991) . Personality and charisma in the U.S. presidency: A psychological theory of leader effectiveness. *Administrative Science Quarterly, 36,* 364–396.

Howell, J. M., & Shamir, B. (2005) . The role of followers in the charismatic leadership process: Relationships and their consequences. *Academy of Management Review, 30,* 96–112.

Hunt, J. G., Boal, K. B., & Dodge, G. E. (1999) . The effects of visionary and crisis-responsive charisma on followers: An experimental examination of two kinds of charismatic leadership. *The Leadership Quarterly, 10,* 423–448.

Hunter, S. T., Bedell-Avers, K. E., & Mumford, M. D. (2007) . The typical leadership study: Assumptions, implications, and potential remedies. *The Leadership Quarterly, 18,* 435–446.

Jacquart, P., & Antonakis, J. (2015) . When does charisma matter for top-level leaders? Effects of attributional ambiguity. *Academy of Management Journal, 58,* 1051–1074.

Johnson, S. J., Murphy, S. E, Zewdie, S., & Reichard, R. J. (2008) . The strong, sensitive type: Effects of gender stereotypes and leadership prototypes on the evaluation of male and female leaders. *Organizational Behavior and Human Decision Processes, 106,* 39–60.

Judge, T. A., & Cable, D. M. (2004) . The effect of physical height on workplace success and income: Preliminary test of a theoretical model. *Journal of Applied Psychology, 89,* 428–441.

Judge, T. A., Colbert, A. E., & Ilies, R. (2004) . Intelligence and leadership: A quantitative review and test of theoretical propositions. *Journal of Applied Psychology, 89,* 542–552.

Kark, R., Shamir, B., & Chen, G. (2003) . The two faces of transformational leadership: Empowerment and dependency. *Journal of Applied Psychology, 88,* 246–255.

Keller, T. (1999) . Images of the familiar: Individual differences and implicit leadership theories. *The Leadership Quarterly, 10,* 589–607.

Kellerman, B. (2008) . *Followership: How followers are creating change and changing leaders.* Boston, MA: Harvard Business School Publishing.

Kerr, S., & Jermier, J. M. (1978) . Substitutes for leadership: Their meaning and measurement. *Organizational Behav-*

ior and Human Performance, 22, 375–403.

Klein, K. J., & House, R. J.（1995）. On fire: Charismatic leadership and levels of analysis. *The Leadership Quarterly, 6,* 183–198.

Kunda, Z.（1990）. The case for motivated reasoning. *Psychological Bulletin, 108,* 480–498.

Lakin, J. L., & Chartrand, T. L.（2003）. Using nonconcious behavioral mimicry to create affiliation and rapport. *Psychological Science, 14,* 334–339.

Landau, M. J., Greenberg, J., & Sullivan, D.（2009）. Managing terror when self–worth and worldviews collide: Evidence that mortality salience increases reluctance to self–enhance beyond authorities. *Journal of Experimental Social Psychology, 45,* 68–79.

Larson, J. R.（1982）. Cognitive mechanisms mediating the impact of implicit theories of leader behavior on leader behavior ratings. *Organizational Behavior and Human Decision Processes, 29,* 129–140.

Liljenquist, K., Zhong, C. B., & Galinsky, A. D.（2010）. The smell of virtue: Clean scents promote reciprocity and charity. *Psychological Science, 21,* 381–383.

Livi, S., Kenny, D. A., Albright, L., & Pierro, A.（2008）. A social relations analysis of leadership. *The Leadership Quarterly, 19,* 235–248.

Lord, R. G.（2008）. Followers' cognitive and affective structures and leadership processes. In R. E. Riggio, I. Chaleff, & J. Lipman–Blumen（Eds.）, *The art of followership: How great followers create great leaders and organizations*（pp. 255–266）. San Francisco, CA: Jossey–Bass.

Lord, R. G., Binning, J. F., Rush, M. C., & Thomas, J. C.（1978）. The effect of performance cues and leader behavior on questionnaire ratings of leadership behavior. *Organizational Behavior and Human Decision Processes, 21,* 27–39.

Lord, R, G., & Brown, D. J.（2004）. *Leadership processes and follower self-identity.* Mahwah, NJ: Lawrence Erlbaum.

Lord, R. G., Brown, D. J., & Freiberg, S. J.（1999）. Understanding the dynamics of leadership: The role of follower self–concepts in the leader/follower relationship. *Organizational Behavior and Human Decision Processes, 78,* 167–203.

Lord, R. G., Brown, D. J., & Harvey, J. L.（2001）. System constraints on leadership perceptions, behavior, and influence: An example of connectionist level processes. In M. A. Hogg & R. S. Tindale（Eds.）, *Blackwell handbook of social psychology: Vol. 3. Group processes*（pp. 283–310）. Oxford, UK: Blackwell.

Lord, R. G., De Vader, C. L., & Alliger, G. M.（1986）. A meta–analysis of the relation between personality traits and leadership perceptions: An application of validity generalization procedures. *Journal of Applied Psychology, 71,* 402–410.

Lord, R. G., & Emrich, C. G.（2000）. Thinking outside the box by looking inside the box: Extending the cognitive revolution in leadership research. *The Leadership Quarterly, 11,* 551–579.

Lord, R. G., Foti, R. J., & De Vader, C. L.（1984）. A test of leadership categorization theory: Internal structure, information processing, and leadership perceptions. *Organizational Behavior and Human Performance, 34,* 343–378.

Lord, R. G., Foti, R. J., & Philips, J. S.（1982）. A theory of leadership categorization. In J. G. Hunt, U. Sekaran, & C. Schriesheim（Eds.）, *Leadership: Beyond establishment views*（pp. 104–121）. Carbondale: Southern Illinois University Press.

Lord, R. G., & Maher, K. J.（1993）. *Leadership and information processing: Linking perceptions and performance.* New York, NY: Routledge.

Lord, R. G., & Shondrick, S. J.（2011）. Leadership and knowledge: Symbolic, connectionist, and embodied perspectives. *The Leadership Quarterly, 22,* 207–222.

Macrae, C. N., & Bodenhausen, G. V.（2000）. Social cognition: Thinking categorically about others. *Annual Review of Psychology, 51,* 93–120.

Martin, R., & Epitropaki, O.（2001）. Role of organizational identification on implicit leadership theories（ILTs）, transformational leadership and work attitudes. *Group Processes and Intergroup Relations, 4,* 247–262.

Matthews, A. M., Lord, R. G., & Walker, J. B.（1990）. *The development of leadership perceptions in children.* Unpublished manuscript, University of Akron.

Maurer, T. J., & Lord, R. G.（1991）. An exploration of cognitive demands in group interaction as a moderator of information processing variables in perception of leadership. *Journal of Applied Social Psychology, 21,* 821–840.

Mayo, M., & Pastor, J. C.（2007）. Leadership embedded in social networks: Looking at inter–follower processes. In B. Shamir, R. Pillai, M. C. Bligh, & M. Uhl–Bien（Eds.）, *Follower-centered perspectives on leadership: Atribute to the memory of James R. Meindl*（pp. 93–114）. Greenwich, CT: Information Age.

McCann, S. J. H.（1997）. Threatening times and the election of charismatic U.S. presidents: With and without FDR. *The Journal of Psychology, 131,* 393–400.

Meindl, J. R.（1990）. On leadership: An alternative to the conventional wisdom. In B. A. Staw（Ed.）, *Research in organizational behavior*（Vol. 12, pp. 159–203）. New York, NY: JAI.

Meindl, J. R.（1995）. The romance of leadership as a follower–centric theory: A social constructionist approach. *The Leadership Quarterly, 6,* 329–341.

Meindl, J. R., & Ehrlich, S. B.（1987）. The romance of leadership and the evaluation of organizational performance. *Academy of Management Journal, 30,* 91–109.

Meindl, J. R., Ehrlich, S. B., & Dukerich, J. M.（1985）. The romance of leadership. *Administrative Science Quarterly, 30,* 78–102.

Mount, M. K., & Scullen, S. E.（2001）. Multisource feedback ratings: What do they really measure? In M. London（Ed.）, *How people evaluate others in organizations*（pp. 155–176）. Mahwah, NJ: Lawrence Erlbaum.

Murphy, G. L.（2002）. *The big book of concepts*. Cambridge, MA: MIT Press.

Offerman, L. R., Kennedy, J. K., & Wirtz, P. W.（1994）. Implicit leadership theories: Content, structure and generalizability. *The Leadership Quarterly, 5,* 43–58.

Pastor, J. C., Mayo, M., & Shamir, B.（2007）. Adding fuel to fire: The impact of followers'arousal on ratings of charisma. *Journal of Applied Psychology, 92,* 1584–1596.

Pastor, J. C., Meindl, J. R., & Mayo, M. C.（2002）. A network effects model of charisma attributes. *Academy of Management Journal, 2,* 410–420.

Pearson, C. M., & Clair, J. A.（1998）. Reframing crisis management. *The Academy of Management Review, 23,* 59–76.

Pfeffer, J.（1977）. The ambiguity of leadership. *The Academy of Management Review, 2,* 104–112.

Phillips, J. S., & Lord, R. G.（1981）. Causal attributions and perceptions of leadership. *Organizational Behavior and Human Performance, 28,* 143–163.

Phillips, J. S., & Lord, R. G.（1982）. Schematic information processing and perceptions of leadership in problem solving groups. *Journal of Applied Psychology, 67,* 486–492.

Pillai, R.（1996）. Crisis and the emergence of charismatic leadership in groups: An experimental investigation. *Journal of Applied Social Psychology, 26,* 543–562.

Pillai, R., Kohles, J. C., & Bligh, M. C.（2007）. Through thick and thin? Follower constructions of presidential leadership amidst crisis, 2001–2005. In B. Shamir, R. Pillai, M. C. Bligh, & M. Uhl-Bien, M.（Eds.）, *Follower centered perspectives on leadership: A tribute to the memory of James R. Meindl* （pp. 135–166）. Greenwich, CT: Information Age.

Pittman, T. S.（1998）. Motivation. In D. Gilbert, S. Fiske, & G. Lindsay（Eds.）, *Handbook of social psychology* （4th ed., pp. 549–590）. Boston, MA: McGraw-Hill.

Platow, M. J., & van Knippenberg, D.（2001）. A social identity analysis of leadership endorsement: The effects of leader ingroup prototypicality and distributive intergroup fairness. *Personality and Social Psychology Bulletin, 27,* 1508–1519.

Platow, M. J., Van Knippenberg, D., Haslam, S. A., Van Knippenberg, B., & Spears, R.（2006）. A special gift we bestow on you for being representative of us: Considering leader charisma from a self-categorization perspective. *British Journal of Social Psychology, 45,* 303–320.

Riggio, R. E., Chaleff, I., & Lipman-Blumen, J.（2008）*The art of followership: How great followers create great leaders and organizations.* San Francisco, CA: Jossey-Bass.

Ritter, B. A., & Lord, R. G.（2007）. The impact of previous leaders on the evaluation of new leaders: An alternative to prototype matching. *Journal of Applied Psychology, 92,* 1683–1695.

Rosch, E.（1978）. Principles of categorization. In E. Rosch & B. B. Lloyd（Eds.）, *Cognition and categorization*（pp. 27–48）. Hillsdale, NJ: Lawrence Erlbaum.

Rosette, A., Leonardelli, G. J., & Phillips, K. W.（2008）. The White standard: Racial bias in leader categorization.*Journal of Applied Psychology, 93,* 758–777.

Rush, M. C., & Russell, J. E.（1988）. Leader prototypes and prototype-contingent consensus in leader behavior descriptions. *Journal of Experimental Social Psychology, 24,* 88–104.

Rush, M. C., Thomas, J. C., & Lord, R. G.（1977）. Implicit leadership theory: A potential threat to the internal validity of leader behavior questionnaires. *Organizational Behavior and Human Performance, 20,* 93–110.

Salancik, G. R., & Pfeffer, J.（1978）. A social information processing approach to job attitudes and task design. *Administrative Science Quarterly, 23,* 224–253.

Schubert, T. W.（2005）. Your highness: Vertical positions as perceptual symbols of power. *Journal of Personality and Social Psychology, 89,* 1–21.

Scott, K. A., & Brown, D. J.（2006）. Female first, leader second? Gender bias in the encoding of leadership behavior. *Organizational Behavior and Human Decision Processes, 101,* 230–242.

Sczesny, S., & K ü hnen, U.（2004）. Meta-cognition about biological sex and gender-stereotypic physical appearance: Consequences for the assessment of leadership competence. *Personality and Social Psychology Bulletin, 30,* 13–21.

Shamir, B.（1995）. Social distance and charisma: Theoretical notes and an exploratory study. *The Leadership Quarterly, 6,* 19–47.

Shamir, B., & Howell, J. M.（1999）. Organizational and contextual influences on the emergence and effectiveness of charismatic leadership. *The Leadership Quarterly, 10,* 257–283.

Shondrick, S. J., Dinh, J. E., & Lord, R. G.（2010）. Developments in implicit leadership theory and cognitive science: Applications to improving measurement and understanding alternatives to hierarchical leadership. *The Leadership Quarterly, 21,* 959–978.

Smith, E. R., & DeCoster, J.（2000）. Dual-process models in social and cognitive psychology: Conceptual integration and links to underlying memory systems. *Personality and Social Psychology Review, 4,* 108–131.

Srull, T. K., & Wyer, R. S.（1989）. Person memory and judgment. *Psychological Review, 96,* 58–83.

Starbuck, W. H., & Milliken, F. J.（1988）. Executive perceptual filters: What they notice and how they make sense. In D. Hambrick（Ed.）, *The executive effect: Concepts and methods for studying top managers*（pp.35–65）. Greenwich, CT: JAI.

Stein, R. T., & Heller, T.（1979）. An empirical analysis of the correlation between leadership status and participation rates reported in the literature. *Journal of Personality and Social Psychology, 37,* 1993–2002.

Tiedens, L. Z., Unzueta, M. M., & Young, M. J.（2007）. The desire for hierarchy? The motivated perception of dominance complementarity in task partners. *Journal of Personality and Social Psychology, 93,* 402–414.

Trope, Y., & Liberman, N.（2003）. Temporal construal. *Psychological Review, 110,* 403–421.

Tsui, A. S., Nifadkar, S. S., & Ou, A. Y.（2007）. Cross–national, cross–cultural organizational behavior research: Advances, gaps, and recommendations, *Journal of Management, 33,* 426–478.

Uhl–Bien, M., & Pillai, R.（2007）. The romance of leadership and the social construction of followership. In B. Shamir, R. Pillai, M. Bligh, & M. Uhl–Bien（Eds.）, *Follower-centered perspectives on leadership: A tribute to the memory of James R. Meindl*（pp. 187–209）. Greenwich, CT: Information Age.

Uleman, J. S., Newman, L. S., & Moskowitz, G. B.（1996）. People as flexible interpreters: Evidence and issues form spontaneous trait inference. In M. P. Zanna（Ed.）, *Advances in experimental social psychology*（Vol. 28, pp. 211–279）. New York, NY: Academic Press.

Ullrich, J., Christ, O., & Van Dick, R.（2009）. Substitutes for procedural fairness: Prototypical leaders are endorsed whether they are fair or not. *Journal of Applied Psychology, 94,* 235–244.

Van Baaren, R., Horgan, T., Chartrand, T. L., & Dijkmans, M.（2004）. The forest, the trees, and the chameleon:Context dependency and nonconscious mimicry. *Journal of Personality and Social Psychology, 86,* 453–459.

Van Knippenberg, B., & Van Knippenberg, D.（2005）. Leader self–sacrifice and leadership effectiveness: The moderating role of leader prototypicality. *Journal of Applied Psychology, 90,* 25–37.

Van Knippenberg, D., & Hogg, M. A.（2003）. A social identity model of leadership effectiveness in organizations. *Research in Organizational Behavior, 25,* 243–295.

Van Knippenberg, D., Van Knippenberg, B., & Giessner, S. R.（2007）. Extending the follower–centered perspective on leadership: Leadership as an outcome of shared social identity. In B. Shamir, R. Pillai, M. Bligh, &M. Uhl–Bien（Eds.）, *Follower-centered perspectives on leadership: A tribute to the memory of James R. Meindl*（pp. 51–70）. Greenwich, CT: Information Age.

Van Vugt, M., Hogan, R., & Kaiser, R. B.（2008）. Leadership, followership, and evolution: Some lessons from the past. *American Psychologist, 63,* 182–196.

Yammarino, F., & Dubinsky, A.（1994）. Transformational leadership theory: Using levels of analysis to determine boundary conditions. *Personnel Psychology, 47,* 787–811.

Yorges, S. L., Weiss, H. M., & Strickland, O. J.（1999）. The effect of leader outcomes on influence, attributions, and perceptions of charisma. *Journal of Applied Psychology, 84,* 428–436.

Zhong, C. B., & Leonardelli, G. J.（2008）. Cold and lonely: Does social exclusion literally feel cold? *Psychological Science, 19,* 838–842.

第 5 章
关系型领导力

Olga Epitropaki、Robin Martin、Geoff Thomas

📖 开篇案例：领导者的日常

Alex 是一家消费品公司的财务总监，管理着 12 个人的团队。她认为上任 5 年来，自己已与这些同事建立了良好的关系。但是，并不是所有的员工都能像她期待的那样尽最大的努力去工作，超额完成业绩目标。她对此感到困惑。其实他们都具备过硬的专业技能，完全能够胜任工作。而且，她觉得自己在每个团队成员身上花费的时间都不少，在他们需要时能够及时地提供支持和指导，也为他们创造了很多成长和出彩的机会。

Martha 是 Alex 的直接下属之一。在绩效评估中，Alex 赞扬 Martha 可靠、能干，为团队树立了榜样。在 Martha 需要帮助的时候，Alex 总是设身处地认真了解她的问题，腾出时间伸手相助。Alex 不仅给 Martha 提供完成工作任务所必需的资源和指导，而且还会提供情感支持和成长机会。能在 Alex 的领导下工作，Martha 感到非常高兴。她感觉自己浑身是劲，几乎所向披靡。Alex 信任 Martha，愿意将重要的事项交给她去做决策，也会给她分配非常有趣和富有挑战性的任务。最近，她还将 Martha 带入了与工作相关的社交圈，介绍她认识了一些有影响力的高级管理者。Martha 知道自己很快将有机会升职加薪。显然，Martha 是 Alex 直接下属中的"内团体"成员。

Cathy 也是 Alex 的直接下属。在绩效评估中，Alex 说希望 Cathy 能做得更好，告诉她做好自己的本职工作非常重要。当 Cathy 需要帮助时 Alex 总是无暇顾及，在两人仅有的几次面对面交流中，Alex 一直不理会 Cathy 的担忧。Cathy 既得不到 Alex 的任务指导或情感支持，也无法获得重要资源或结识主要的高级管理者。Alex 分配给她的大部分任务都很枯燥，让她无法充分施展本领。即使 Cathy 将工作任务完成得很好，Alex 也从不赞赏，连一声"谢谢"也不说。Cathy 觉得自己没有什么成长和进步，感到挫败，缺乏继续努力的动力，甚至动了辞职的念头。与 Martha 不同，Cathy 在 Alex 直接下属中属于"外团体"。

讨论题

1. Martha 和 Cathy 与管理者 Alex 之间的关系质量对她们的工作满意度和绩效有多重要？

2. 我们如何解释 Alex 和 Cathy 在关系质量感知上的差异？

3. Alex 与 Martha 和 Cathy 的关系会随着时间的推移而发生变化吗？ Cathy 该做些什么来改善与管理者的关系？

4. 你是否认为 Alex 也会区别对待其他 10 位团队成员？

5. 领导者为什么要明里暗里将追随者分为"内团体"和"外团体"？这样做公平吗？

📖 本章概述

> 我们存在的意义在于相遇。
>
> （Άξιζε να υπάρξουμε για να συναντηθούμε）.
>
> —— Yiannis Ritsos，《春天交响曲》
>
> 每一个朋友代表着我们的一个世界，他们到来之前这个世界可能没有诞生，与他们相遇之后，新世界来临。
>
> —— Anaïs Nin，《日记》

友谊通常与职场上的领导力沾不上边。但是，如果我们用"关系"来代替"友谊"，那么 Anaïs Nin 的这句名言马上就与领导力研究产生了关联。关系是人类生存的基础："我们从降生之日便处在关系之中，又在关系中度过一生；我们死去以后，我们与他人的关系将借由活着的人的生活得到延续。"（Berscheid，1999，第 261 页）领导力也是一个关系性的概念。正如 Pearce、Conger 和 Locke（2007）所言："领导力是一个关于人际关系的概念，其前提假设是，存在这样一些人，他们追随一个或多个其他人。……如果只有一个人，那就没有领导力可言。"（第 287 页）领导力至少涉及两个人，即领导者和追随者，他们处在相互影响的关系过程之中（Carter、DeChurch、Braun 和 Contractor，2015）。然后，这个基本的"二元核心"架构呈指数式扩展，在巨大的社交网和集体系统中形成复杂的关系。

"领导者—成员交换"理论等基于关系的领导力研究方法是理解组织领导力的主要途径之一。Dihn 等人（2014）指出，"领导者—成员交换"理论是"典型的领导者—追随者社会交换二元方法"（第 39 页），它强调的是领导者与追随者之间的关系，而不是像其他领导力理论那样，集中关注领导者或追随者个体的特质、风格或行为。这种研究视角将领导力视为领导者和追随者之间的一种双向影响的关系，其主要目的是实现共同的目标（如 Graen 和 Uhl-Bien，1995）。此前基于关系的研究还探讨了领导者与群组的关系（Hollander，1964）、群组成员之间的关系（如团队成员交换；如 Seers，1989），以及扩展的网络内的关系（如 Balkundi 和 Kilduff，2005）。

最近，我们发现领导力研究借鉴了社会建构主义的视角，掀起了一场"关系运动"。学者们创造了"关系型领导力"一词（如 Brower、Schoorman 和 Tan，2000；Uhl-Bien，2006），试图超越以前的静态交换，从动态的角度阐释组织情境中的领导力关系。正如 Uhl-Bien（2006）所言，"'关系'取向始于过程而不是人，认为人、领导力和其他关系性事实都是在过程中形成的"（第 655 页）。

按照认识论视角的不同，我们可以将关系型领导力研究分为实证主义、后实证主义、实体和社会建构主义两大类。我们还可以区分侧重二元对的关系型领导力研究与侧重社会网络和集体系统的关系型领导力研究。表 5-1 给出了关系型领导力研究的这一分类体系，本章将据此展开。我们将从二元对和群组、网络、集体层面上的实证主义、后实证主义、实体研究谈起，然后分析社会建构主义概念在两个层面上的关系型领导力理论。本章我们将讨论认识论阵营及相关领域中新出现的关系型领导力的研究方法。

表 5-1　关系型领导力研究视角分类

		认识论范式	
		实证主义、后实证主义、实体	社会建构主义
分析层面	二元	√领导者—成员交换（如 Bauer 和 Erdogan，2015；Dulebohn 等人，2012；Gerstner 和 Day，1997；Graen 和 Uhl-Bien，2005；Martin 等人，2016）	√将关系型领导力视为一种对话和话语（如 Cunliffe 和 Eriksen，2011；Fairhurst 和 Uhl-Bien，2012）
		√感知到的领导者—成员交换差异化（如 Hooper 和 Martin，2008）	√将领导力视为一种行动空间和身份空间（Carroll 和 Levy，2010）
		√领导者—成员关系发展（Liden 等人，1993；Nahrgang 和 Seo，2015；Thomas 等人，2013）	√将领导力视为一种身份谈判过程（DeRue 和 Ashford，2010）
		√关系型领导力图式（如 Huang 等人，2008）	
		√关系身份和领导力（Chang 和 Johnson，2010）	
	集体	√相对领导者—成员交换（Anand 等人，2015；Henderson 等人，2008；Hu 和 Liden，2013）	√将领导力视为一种交流和集体话语（如 Alvesson 和 Sveningsson，2003；Clifton，2012、2014；Koivunen，2007）
		√群组层面的领导者—成员交换差异化（如 Epitropaki 等 人，2016；Erdogan 和 Bauer，2010；Gooty 和 Yammarino，2016）	√将领导力视为一种协作实践（Fayerherm，1994）
		√社会网络中的和作为社会网络的领导力（如 Carter 等人，2015）	√将关系型领导力视为一种相互控制的形式（Gittell 和 Douglass，2012）

将领导力视为一种二元关系

领导者—成员交换

领导者—成员交换目前依然是关系型领导力研究的主要阵地，过去的 40 年间（1 824 篇文章），它引起了人们的极大兴趣，相关文章数量在最近 5 年呈指数增长（1 010 篇文章；见 Bauer 和 Erdogan，2015）。领导者—成员交换的基本前提是领导者与追随者之间会发展出不同类型的交换关系，关系的质量会影响领导者和成员的重要态度与行为（如 Gerstner 和 Day，1997）。质量较高的领导者—成员交换往往以高度的信任、互动、支持和回报为特征。相反，质量较低的交换仅限于根据正式雇用合同进行的交换（如 Dienesch 和 Liden，1986；Graen 和 Uhl-Bien，1995）。元分析结果（如 Dulebohn、Bommer、Liden、Brouer 和 Ferris，2012；Gerstner 和 Day，1997）一致表明，高质量的领导者—成员交换与员工产出（如工作绩效和工作态度）呈正相关。

领导者—成员交换研究主要有三种理论：社会交换理论（Blau，1964）、社会交换资源理论（Foa 和 Foa，1974）和相对剥夺理论（Crosby，1976）。社会交换理论的核心是公平与互惠。个人争取的是一种公平交换，他们在关系中付出多少，就得到多少。他们还希望获得奖励或避免产生成本，对自己获得的帮助给予回报，避免伤害帮助过他们的人。

Foa 和 Foa（1974）的资源理论提出，在关系中进行交换的共有 6 种资源：金钱、商品、服务、地位、信息和关爱（从属 / 社会情感资源）。在领导者—成员交换中，领导者和成员应经常交换这些资源，可以是同类资源的交换，也可以是跨越不同类别资源的交换（Wilson、Sin 和 Conlon，2010）。此外，根据成员在工作群组中的地位，他们所处的环境可分为资源丰富型（内团体）和资源受限型（外团体）两种，而这会对行为结果产生影响，如向上影响（Epitropaki 和 Martin，2013）。最后，根据相对剥夺理论的假设（Crosby，1976），低质量交换中的员工会遭受剥夺（相对于他们的同事而言）。然后，他们会针对剥夺采取一系列应对措施，包括积极应对（如自我完善）和消极应对（如反生产工作行为；见 Bolino 和 Turnley，2009）。

"领导者—成员交换"理论有几份文献综述（如 Erdogan 和 Bauer，2014；Martin、Epitropaki、Thomas 和 Topakas，2010）和元分析（Dulebohn 等人，2012；Martin、Thomas、Guillaume、Lee 和 Epitropaki，2016）。此外，最近还出版了《牛津领导者—成员交换手册》（Bauer 和 Erdogan，2015）。鉴于此，我们将重点分析领导者—追随者关系动态中一些关键的主题或尚未探讨的领域。建议有兴趣的读者查阅上述资源以了解更广泛的领导者—成员交换文献。

传统的领导者—成员交换研究：前因和结果

领导者—成员交换的前因。有许多因素都被当作领导者—成员交换关系质量的潜在前因（见 Dulebohn 等人，2012），可分为追随者特征、领导者特征、交互变量和情境变量 4 类，下面我们将逐一分析。

追随者特征。就领导者—成员交换的质量而言，追随者方面最常见的前因是人格，而且大多数研究都与"大五人格特质"模型（Costa 和 McRae，1992）有关。研究表明，更具亲和性、外向性、尽责性和情绪稳定性的追随者一般拥有较高的领导者—成员交换质量（参见 Dulebohn 等人的元分析，2012）。"大五人格特质"模型中不能对领导者—成员交换质量产生可靠影响的人格因素是经验开放性。实际上，一些研究

（如 Bernerth、Armenakis、Field、Giles 和 Walker，2007）发现，经验开放性与领导者—成员交换质量之间呈负相关。目前尚不清楚为什么会这样，可能是因为更具经验开放性的人具有创新意识，倾向于通过相关活动，而非人际关系，从工作中获得更多的满足感。

研究表明，工作能力强的追随者有可能发展出质量更高的领导者—成员交换关系。突出的业绩是追随者可以提供给领导者的一种重要变量，可用来换取宝贵的资源（如赞赏、认可和任务支持等）。与此相一致，研究结果还表明，追随者的积极主动性（即渴望发起工作活动；Li、Lang 和 Crant，2010）、工作能力（DelVecchio，1998）和公民行为（Bauer 和 Green，1996）都与高质量的领导者—成员交换关系存在稳定的相关性。

领导者特征。与追随者方面的前因相比，人们在对领导者—成员交换的研究中，关注领导者方面前因的相对较少，部分原因在于很多研究都选择了从追随者的角度来理解领导者—成员交换。但是，一些针对追随者进行的前因研究也探讨了领导者方面的问题。例如，领导者人格方面的研究结果与追随者非常相似：更具亲和性、外向性和尽责性的领导者能够与追随者建立更好的领导者—成员交换关系。Schyns（2015）认为，领导者的亲和性是决定领导者—成员交换质量的最重要的人格维度，具有这种特征的领导者也有可能在工作团队中维持良好的关系。这在意料之中，因为亲和力强的人更愿意信任别人，也更乐于助人、和蔼可亲，这些特征都有助于促进良好关系的发展（Schyns、Paul、Mohr 和 Blank，2005）。

也有研究将领导者的行为作为高质量领导者—成员交换关系的前因进行了研究，如放权（Bauer 和 Green，1996）、道德行为（Mahsud、Yukl 和 Prussia，2010）、变革型领导力（Wang、Law、Hackett 和 Chen，2005）、遵从心理契约等（Restubog、Bordia 和 Bordia，2011）。

交互变量。领导者—成员交换是一个二元过程，因此，要更好地了解它，我们还需要在分别研究追随者和领导者方面前因的基础上，考虑两方面之间的交互作用。这方面的多数研究都关注领导者与追随者在一系列前因变量上的一致性。一般认为，领导者—追随者的一致性对于发展良好的关系非常有益，因为它能减少不确定性和潜在冲突，从而提高领导者—成员交换的质量。这种推测的理论基础来自关系学和"同类相吸"假设（Byrne，1971）——人更喜欢在重要维度上与自己相似的人，因为这能帮助他们验证自己的态度和信念（见 Thomas、Martin、Epitropaki、Guillaume 和 Lee，2013）。

在人格一致性方面，关于"大五人格特质"各维度上的一致性对高质量领导者—成员交换关系有何影响，研究结论各不相同（如 Zhang、Wang 和 Shi，2012）。用"同声相应"来解释一致性的做法得到了较好的支持，因为有研究结果表明，领导者和追随者在态度（Phillips 和 Bedeian，1994）、价值观（Ashkanasy 和 O'Connor，1997）、正向情感（Bauer 和 Green，1996）和权利相似性等方面如果相似（McClane，1991），就能收获高质量的领导者—成员交换关系。此外，领导者与追随者在喜好上的相似性也与领导者—成员交换关系的质量正相关（如 Wayne 和 Ferris，1990）。

确定领导者—成员交换质量时，重要的可能不是实际一致性，而是感知一致性。社会认知领域的文献对二者进行了区分，认为感觉与他人相似往往比实际上的相似更能决定双方的关系如何。这是因为，人们对所处环境的感知各不相同，会受到一系列感知偏差的影响。因此，与实际一致性相比，感知一致性与领导者—成员交换的距离更近（所以能更好地预测领导者—成员交换的质量）。有几项研究为这种观点提供了支持（如 Phillips 和 Bedeian，1994），指出感知一致性与领导者—成员交换质量之间存在正相关关系。此外，Liden 等人（1993）的一项纵向研究发现，追随者和领导者之间的感知一致性能够预测他们未来会报告怎样的领导者—成员交换质量。

情境变量。最后一类前因因素是能够预测领导者—成员交换质量的情境变量或组织变量。不出所料，团队规模和领导者工作量与领导者—成员交换质量呈负相关（如 Green、Blank 和 Liden，1983；Schyns 等人，2005）。组织氛围（如 Tordera、González-Romá 和 Peiró，2008）和团队氛围（如 Tse、Dasborough 和 Ashkanasy，2008）对领导者—成员交换的作用也得到了研究。

领导者—成员交换的结果。如 Martin 等人（2010）在综述相关文献时所述，"细究起来，人们可能会注意到，有一系列令人困惑的因素被确定为领导者—成员交换的前因和结果。确实，人们可能很难在工业与组织心理学的文献中找到与领导者—成员交换完全无关的变量"（第 70 页）。这句话反映了这样一个事实：对领导者—成员交换结果的研究不仅数量庞大，而且涵盖的变量也非常多样。为了总结其中的一些主要发现，我们按照所研究的主要结果类型，将各项研究分为工作态度类和绩效类两部分。

工作态度。元分析型的综述显示，领导者—成员交换质量与一系列有关工作的态度和反应之间存在稳定的相关关系（如 Dulebohn 等人，2012）。Martin 等人（2010）总结了不同分析层面的一些主要的研究结论：高质量的领导者—成员交换能够提升个人层面的结果（如提高员工满意度、工作相关福祉、授权、组织承诺，降低工作压力和离职意向等）、二元对层面的结果（如增进同事间友谊、对领导者的支持力度、领导者放权、协商等）和组织层面的结果（如提升感知到的公平度）。显然，高质量的领导者—成员交换与工作场所的许多积极反应相关。这项研究中值得注意的是，不仅许多关系都拥有较大的效应值（如工作满意度 $\rho=0.49$，组织承诺 $\rho=0.47$；Dulebohn 等人，2012），而且这些影响对于不同特征的追随者和领导者、不同的工作类型、组织部门和不同文化而言都是一致的。

的确，高质量的领导者—成员交换对工作态度的积极影响已在许多研究中得到充分的证明，Epitropaki 和 Martin（2015，第 139 页）甚至说："还有什么没有经过探讨和研究的吗？"他们的分析主要集中在工作满意度和组织承诺方面，是研究最多的领域，不过相关结果的应用范围还可以更广一些。他们的结论是，尽管研究已很全面，但还可以通过开发更好的理论模型和方法技术来加深了解。

绩效。追随者"偿还"或报答领导者恩惠的方法之一是建立高质量的领导者—成员交换关系（如更多的关注、支持和机会），努力工作，实现工作目标。针对绩效与领导者—成员交换之间关系的研究不如针对工作态度的研究多，这可能主要是因为获取绩效指标比较困难。不过，绩效方面的研究近期明显增多，有望得出更可信的研究成果。

在分析领导者—成员交换与绩效之间的关系时，需要考虑以下具体问题，以便对研究发现作出解释：①各项研究的绩效衡量方法各不相同，其中使用最多的是主管评分，但这可能会造成许多报告偏差（Duarte、Goodson 和 Klich，1993）。本质上更为客观的工作绩效衡量标准显然更具优势，但使用频率却较低，因为其性质决定了它只能用于特定类型的工作（如销售人员）。②工作绩效存在多个类型，各项研究关注的方面也不相同。Rotundo 和 Sackett（2002）提出的三要素绩效模型有助于评估各种不同的研究：该模型将绩效分为三类：任务（或"角色内"）绩效、公民（或"角色外"）绩效，以及反生产工作行为（对组织福祉有害的行为）。③人们可能认为领导者—成员交换与绩效之间的关系会因领导者—成员交换的评判主体（追随者或领导者）不同而发生变化。领导者或许比追随者更倾向于将领导者—成员交换的质量与工作绩效联系在一起；也就是说，领导者更有可能将良好的绩效作为高质量的领导者—成员交换关系的基础。

在一份全面的综述中，Martin 等人（2016）报告了一份关于领导者—成员交换与三种绩效结果关系的元分析。结果发现，领导者—成员交换与任务类绩效（146 个样本，$\rho=0.30$）和公民类绩效（97 个样本，$\rho=0.34$）正相关，与反生产工作行为负相关（19 个样本，$\rho=-0.24$）。因此，与领导者的领导者—成员交换质量高与追随者工作业绩出色是相关的，这不仅适用于直接的角色内职责，也包括直接的领导者—追随者情境之外可为组织带来利益的其他角色外活动）。

尽管领导者—成员交换和绩效之间存在很强的主效应，但研究进一步表明当追随者拥有更高的尽责性（Kamdar 和 Van Dyne，2007）、成长需求（Graen、Novak 和 Sommerkamp，1982）、目标承诺（Klein 和 Kim，1998）、任务自主性（Ozer，2008）以及较低的外向性（Bauer 等人，2006）时，这种关系会进一步强化。

总结。 很多因素都可作为领导者—成员交换质量的前因和结果，本节对这些因素进行了回顾。尽管我们是分门别类报告研究结果的，但实际上大多数研究都是采用同样的研究设计对多个前因变量进行分析的。这一点非常重要，因为这些前因因素并非孤立存在的，而是以一个个集群的形式与每个领导者—追随者二元对形成相关关系的。鉴于此，每个前因变量与其他前因变量一起出现时，其对领导者—成员交换质量的影响可能与单独分析时并不相同。此外，大多数研究都采用了横向的研究设计，无法确定前因能否决定领导者—成员交换的质量。已有越来越多的领导者—成员交换文献使用了纵向设计，为更好地分析各变量的影响方向提供了机会（Thomas 等人，2013）。

我们还回顾了工作态度和绩效等领导者—成员交换质量的主要结果变量。在工作态度和反应方面，有大量的证据表明高质量的领导者—成员交换会带来很多的好处和各种各样的结果。强有力的证据表明，高质量的领导者—成员交换会对一系列绩效指标带来益处，而且这些益处不只局限于直接的领导者—追随者情境中，也涉及范围更广的组织层面。

还有一点非常重要：研究领导者—成员交换与各项结果之间的因果关系可能会面临内生性问题。我们不能假设领导者—成员交换在组织环境中的变化是随机的。领导者—成员交换关系可能会受到领导者、追随者或组织环境等方面一系列因素的影响。因此，我们不能忽略的一种可能性是：影响领导者—成员交换结果的是这些因素，而不是领导者—成员交换本身（Antonakis、Bendahan、Jacquart 和 Lalive，2014）。部分领导力研究文献已注意到这个问题（House 和 Aditya，1997）。例如，Gerstner 和 Day（1997）在元分析中指出："我们避而不谈（研究中揭示的这些）关系的方向和因果推论。就本次分析而言，我们将所有的关系都视为相关关系。"（第 829 页）不过，大多数将领导者—成员交换作为独立变量的研究都忽略了内生性对估计一致性和推论造成的严重威胁。因此，未来对领导者—成员交换结果的研究应采用严格的研究设计和统计程序来系统地解决与内生性有关的问题（Antonakis 等人，2014）。

领导者—成员交换共识。尽管我们希望领导者和追随者对领导者—成员交换关系的看法能够一致，但研究表明，事实并非如此（如 Schyns 和 Day，2010）。例如，Gerstner 和 Day（1997）的元分析检验了 24 个样本，从追随者和领导者的视角分别对领导者—成员交换进行了测量，最终得出的样本平均加权相关系数为 0.29。Sin、Nahrgang 和 Morgeson（2009）检验了 64 个样本，发现领导者和追随者评分之间的真实得分相关系数是 0.37。这种感知的不对称性非常有趣：领导者和追随者的看法为什么不一致呢？

一种可能的解释是，领导者与追随者之间的关系持续的时间不够长（如 Graen 等人，2006）——双方对关系质量形成共识可能需要一些时间。Cogliser、Schriesheim、Scandura 和 Gardner（2009）认为个体差异（如负面情感）、社会认知过程（如领导者图式和追随者图式），以及情境因素（如领导力的覆盖范围）可能是领导者—成员交换共识的重要预测因子。另一种解释是，这可能与领导者不愿承认自己区别对待不同的追随者有关，因为研究中观察到，领导者给出的领导者—成员交换评分均值较高，变异程度较小（Tekleab 和 Taylor，2003）。

还有研究者强调，评分者所面对的评分难度不同（领导者需要对多个追随者进行评分；Zhou 和 Schriesheim，2009），级别的差异会使领导者和追随者关系的不同侧面突显出来（如 M. M. Harris 和 Schaubroeck，1988）。近年，Zhou 和 Schriesheim（2010）提出，领导者和追随者所关注的领导者—成员交换维度不同，因此造成了感知不对称。他们还具体指出，领导者更倾向于使用与任务相关的交换因素来评估领导者—成员交换，而员工更倾向于考虑双方关系的社交方面。此外，学者还提出了测量问题，如追随者和领导者所使用的领导者—成员交换量表不等价，以及参照系没有进行适当的统一等问题（Zhou 和 Schriesheim，2009）。

近期的一些研究分析了领导者—成员交换共识的内容和方向。例如，Cogliser 等人（2009）根据领导者—成员交换共识度（一致性）和关系的质量高低，将领导者和追随者对领导者—成员交换的评分分成了 4 种组合：一致 / 低质量、一致 / 高质量、不一致 / 追随者高估、不一致 / 追随者低估。他们发现，双方评分一致较高的关系会对追随者产生有利的影响，而评分一致较低的关系会对追随者产生不利的影响。

大量的研究都已指明这种领导者和追随者对领导者—成员交换的感知不对称的现象，是关系型领导力情境下的一个重要现象。它表明关系具有主观性，我们还需进一步研究会对这些差异化感知产生影响的因素。

领导者—成员交换的发展：关系学的借鉴

尽管有实验证据表明，领导者—成员关系会对员工融入组织及其对重要成果的作用产生重要影响，但我们对这种关系的形成过程仍知之甚少（如 Day，2014）。Graen 和 Scandura（1987）提出了早期的三个阶段，认为其对关系的发展至关重要，它们是"角色承担""角色创造"和"常规化"。后来，Graen 和 Uhl-Bien（1995）也在领导力创造模型中专门研究了领导者—成员交换发展的早期阶段，提出了"陌生人阶段"（领导者—成员交换以正式交换为主）、"熟人阶段"（领导者和成员间的交流超越了雇用合同的范围）和"成熟伙伴关系阶段"（关系高度发展，交流不再限于行为层面，而是深入到了情感层面）三个阶段。他们认为"成熟伙伴关系阶段"反映了高质量的领导者—成员交换。此外，这一模型还假设，每个领导者—追随者二元对关系的实时进展各不相同。Ferris 等人（2009）提出的模型涵盖范围更广，但与上一个模型相似，他们认为当期望长期无法得到满足时，高质量关系便可能变坏甚至瓦解。

有趣的是，一些纵向研究表明，领导者—成员交换是一个快速而密集的过程，发生在关系的早期；而且交换质量一旦确定就会基本保持稳定（如 Liden、Wayne 和 Stillwell，1993；Nahrgang、Morgeson 和 Ilies，2009）。这一观点意味着，交换的行为规范在关系的早期阶段形成之后，就不再需要额外的努力去维持领导者—成员交换的质量了。但越来越多的人对此假设提出了质疑，并呼吁理论和研究延伸至形成阶段以后，去揭示领导者—成员交换关系在整个生命周期中的动态变化情况（如 Erdogan 和 Bauer，2014；Martin 等人，2010）。

为此，下面我们来介绍一下关系学（有时被称为亲密关系学或人际关系学；见 Berscheid，1999；Berscheid 和 Reis，1998）理论和多学科研究文献，来详细了解亲密非工作关系中的关系维护过程。尽管私人关系和工作关系有些区别，但亲密非工作关系和领导者与追随者关系的共性多于差异。例如，这两种关系的双方都相互喜欢、相互影响，彼此高度信任，计划和目标同步，积极响应对方，以及提供各种资源和支持（详情见 Thomas 等人，2013）。因此，可以说关系学方面的理论和研究为我们了解如何维护良好的领导者—追随者关系提供了一个很好的出发点。

相互依存理论是关系学中最重要的理论框架；与领导者—成员交换理论一样，它也建立在社会交换和互惠的基础上（Blau，1964）。基于相互依存理论，Rusbult（1980）的投资模型指出，依存关系会不断发展，直至能够满足个人最重要的需求，而其他方法满足需求的质量都很低。依存关系会导致关系承诺（即坚持的意愿、长期导向和心理联结），这是因为双方采取了各种关系维护策略来确保这一关系在期望的水平上得以延续（Rusbult，1980）。

同样，领导者—成员交换关系也具有高度相互依存的特征。追随者依靠领导者来提供资源（如金钱、信息、地位、归属和服务等），而领导者也依赖追随者来提供类似的资源（Wilson 等人，2010）。但是，投资水平可能取决于双方关系的质量。能够使双方需求都得到满足的高质量领导者—成员交换关系具有高依存度、高投入和高承诺的特点，双方主动维护这种关系的动力也更强。与此相反，资源供应不足的低质量领导者—成员交换关系通常表现为低水平依存、低投入和低承诺，因此双方也不太愿付出更多的努力或承受更大的成本来实现维护这种关系的目标。

从广义上讲，投资模型区分了两种关系维持机制：一是认知机制（良性归因、积极想象和对替代关系的贬损），二是行为机制（顺应、奉献的意愿和谅解；Rusbult、Olsen、Davis 和 Hannon，2001）。认知机制策略的本质是主动出击。例如，针对对关系构成威胁的行为进行良性的外部归因，从而保护高质量的领导者—成员交换关系不受损失。行为机制策略则相对被动，需要付出更多的努力。例如，高质量关系的双方倾向于容许关系发生一些小问题并以建设性的方式去处理，防止关系质量下降（Fletcher、Thomas 和 Durant，1999）。但是，人们越来越多地认识到，职场上的关系也会出现更为严重的问题（如 Fehr 和 Gelfand，2012），如辜负信任、违反关系规范（Dirks、Lewicki 和 Zaheer，2009）等，这些侵犯行为无法轻易宽恕，也很难通过解释完全化解。在这样的情况下，谅解可能是一种有效的关系维持或修复策略，至少对高质量关系是如此（Thomas 等人，2013）。由于关系双方对关系都比较忠诚，进行了大量的投入，而且依赖彼此来提供重要资源，因此他们可能会有原谅同伴过错的动机。

实施关系维持行为的动机很可能会受到领导者和追随者依恋风格的影响。依恋理论（关系学中最著名的理论之一）的基本原则是，个人会形成一种风格或认知工作模型，其所反映的是在亲密关系的整个生命周期中，寻求依恋的努力在多大程度上取得了成功。个人的依恋风格包括安全型、不安全—焦虑型和不安全—回避型三种。依恋关系稳固的人更有可能寻求与他人相互依存，对亲密关系的投入更多，也更有可能制定维持关系的目标（Etcheverry、Le、Wu 和 Wei，2013）。相反，不安全—回避型依恋的人在依靠他人时会感到不安，很少花精力来培养和维持亲密关系；而不安全—焦虑型依恋的人则急于建立和维持亲密关系，对双方关系所受到的挑战和威胁过度警觉，因此可能会采取适应性较差的关系维持行为（如过分地寻求支持），因而导致被他人疏远（Tran 和 Simpson，2009）。

领导者—成员交换研究已开始将依恋理论扩展到领导者—追随者关系的情境

中（如 Hinojosa、McCauley、Randolph-Seng 和 Gardner，2014）。对于领导者—成员交换的发展，个人层面的安全型依恋和二元对中领导者—追随者依恋类型的一致性（都是安全型）都与更高质量的领导者—成员交换关系相关（如 Richards 和 Hackett，2012）。但是，依恋风格和领导者—成员交换维持行为之间的关系还需要进行实证研究。

尽管我们经常呼吁研究者超越领导者—成员交换发展的早期阶段，去研究如何维持成熟的领导者—成员交换关系，但领导者—成员交换理论和研究仍然在很大程度上忽略了关系维持行为对于将领导者—成员交换关系维持在期望水平的必要性（如 Martin 等人，2010）。鉴于此，我们在本章引入了关系学的多学科文献，用其中的观点来填补这一空白。按照相互依存理论和投资模型（Rusbult，1980），我们介绍了一系列可能在领导者—成员交换关系情境中运用的认知方面（如相似的归因）和行为方面（如顺应、谅解）的关系维持策略，以及依恋风格会对采取这些策略的动机产生怎样的影响。我们认为未来的关系型领导力研究将在这个方面取得丰硕的成果。

超越二元对：群组和集体关系视角

近 100 年前，Mary Parker Follett（1924）就提出，领导力源自组织参与者之间的动态互动；但一直到近些年才有实证研究系统地分析了集体领导力的各种形式（如 Denis、Langley 和 Sergi，2012）。尽管集体领导力的所有形式基本上都是关系型领导力的表现形式，但本章无法涵盖这方面的文献综述。本章将介绍关系型领导力的两个重要流派，它们都超越了二元对的层面，关注群组和集体层面：领导者—成员交换分化和领导力与社交网络研究。

领导者—成员交换差异化："关系生而不平等"

差异化是领导者—成员交换理论诞生以来就一直存在的一种假定，但对差异化展开明确研究却是近些年才开始的，它是当前领导者—成员交换研究中最重要的领域之一（见 Anand、Vidyarthi 和 Park，2015）。人们利用三种方式对差异化进行了研究：领导者—成员交换感知差异化（如 Hooper 和 Martin，2008）、相对领导者—成员交换（如 Hu 和 Liden，2013）和群组层面的领导者—成员交换差异化（如 Erdogan 和 Bauer，2010）。

领导者—成员交换的感知差异化（如 Hooper 和 Martin，2008）是一个有关感知的指标，它反映的是群组内感知到的领导者—成员交换关系的差异，相对领导者—成员交换和领导者—成员交换差异化则直接考虑团队情境。相对领导者—成员交换关注的是群组内个人的层面（即中观层面；Anand 等人，2015）的情况，其基础概念是工作群组中的领导者—成员交换关系以绝对和相对两种形式存在（Hogg 等人，2005）。成员将自己的领导者—成员交换关系与其他团队成员的关系进行比较，这种社会比较的结果可能会在个人的领导者—成员交换之上，对工作结果产生额外的影响，或两个层面的交换关系相互作用继而对工作结果产生影响（如 Festinger，1954；Vidyarthi、Liden、Anand、Erdogan 和 Ghosh，2010）。最后，群组层面的领导者—成员交换差异化关注的是，当领导者与群组中不同成员间的关系质量不一致时群组内的差异程度（如 Erdogan 和 Bauer，2010）。

先前的领导者—成员交换差异化研究认为，由于个人可以利用关系来获取更大比例的关注和资源（即带来不确定性和波动性状态），差异大会创造一种环境，增进团队成员之间的竞争和对抗。相反，差异小可能会促进群组内部的合作和社会和谐（Hooper 和 Martin，2008）。令人颇感兴趣的是，领导者—成员交换差异化对个人产出的这三方面影响都还没有足够的证据得出明确结论（如 T. B. Harris、Li 和 Kirkman，2014）。一些研究发现了这种差异化具有积极作用的证据（如 Henderson、Wayne、Shore、Bommer 和 Tetrick，2008；Ma 和 Qu，2010），而另一些研究则认为，领导者—成员交换分化会对工作态度产生负面影响，但对工作行为具有积极影响（如 Erdogan 和 Bauer，2010；Nishii 和 Mayer，2009）。

最近，Gooty 和 Yammarino（2016）提出，领导者—成员交换差异化会对员工领导者—成员交换与工作绩效评分之间的关系起调节作用。他们发现，当领导者—成员交换差异化严重时，领导者—成员交换与绩效的相关度会降低。有趣的是，Kauppila（2016）发现，对于领导者—成员交换较低（而不是较高）的员工来说，领导者—成员交换差异化对工作结果的影响更大。他的解释是，当领导者—成员交换差异化严重时，领导者—成员交换较低的追随者会认为自己有可能与领导者建立高质量的关系，因为确实有一些群组成员做到了。Epitropaki 等人（2016）通过两次研究，考察了领导者—成员交换差异化的所有三个方面（领导者—成员交换感知差异化、相对领导者—成员交换和群组层面的领导者—成员交换差异化）。结果，研究 1 证实政治技能与感知领导者—成员交换和群组层面的领导者—成员交换差异化都可以交互作用，对领导者—成员交换质量产生影响，而研究 2 证明这种交互作用对相对领导者—成员交换也有影响。他们还指出，政治技能会通过相对领导者—成员交换对任务绩效、组织公民行为和工作满意度产生显著的间接调节作用（研究 2）。他们得出的结论是，政治技能较好的员工能够在不稳定的关系环境中游刃有余，将领导者—成员交换差异化视为机遇而非威胁。在高差异化条件下，他们能够与领导者发展出更好的关系（包括绝对关系和相对关系），而这会转化为高绩效和高工作满意度。

上述研究凸显了情境和边界条件的重要性。差异化本身并无好坏之分，它的影响取决于环境变量（如公平环境、感知到的组织支持等），以及员工用来应对工作群组中的不同关系型领导力环境的个人资源（如政治技能等）的多寡。

社会网络关系型领导力

尽管绝大多数领导者—成员交换研究都将二元对作为主要的分析层面，近期才开始对领导者—成员交换差异化等群组层面的构念产生兴趣，但其实早期的领导者—成员交换学者就曾提出过，有必要采取社会网络的视角来看待领导者—成员交换研究。例如，Graen 和 Scandura（1987，第 202-203 页）讨论了超越领导者—成员关系的"二元组件"，指的是一种网络，由有助于提高个人及组织效能的"组织底层结构"关系构成。Sparrowe 和 Liden（1997）还提出，成员与组织的"同化"取决于领导者提供的帮助——这种帮助指领导者将成员归入自己的亲密和信任关系网络。

Carter 等人（2015）近期的一份综述将领导力和社会网络研究整合了起来。他们将领导力定义为一种"处于特定社会情境中，涵盖模式化的显现过程以及正式和非正式影响"的关系现象（第 616 页）。他们进一步指出，社会网络的研究视角所提供的理论和方法能够大大推动关系型领导力的研究。现有的研究可分为三类：①网络中的领导力。②作为网络的领导力。③网络中的领导力以及作为网络的领导力。

"网络中的领导力"使用关系研究方法为领导力的社会网络情境建模，但对领导力本身仍从一种非关系的、个人的和人格的视角来分析。此类研究的重点是基于个人特征研究社会网络情境中的领导力显现和领导力有效性（如魅力、变革型领导力、社交资本等；如 Lau 和 Liden，2008）。"作为网络的领导力"研究主要考虑领导力关系网络，其基本观念是，领导力存在于人与人之间的关系中。第一类研究大多针对正式领导者；第二类研究大多探讨了一个集体（团队或组织）所有成员的领导力关系模式，将重点放在共享领导力、集体领导力、分布式领导力或多元领导力等领导力形式上（如 Carson、Tesluk 和 Marrone，2007）。最后，"网络中的领导力以及作为网络的领导力"研究强调社会网络与领导力网络之间的相互作用，以及它们共同进化带来的结果。这一领域的研究仍然有限，但突显了社交结构在把领导力塑造为一种关系现象方面的重要性（如 Sparrowe 和 Liden，2005）。有趣的是，第三个领域（也是最有前途的领域）目前大多数研究都将领导者—成员交换视为一个焦点领导力变量。

Sparrowe 和 Emery（2015）近期发表了一份叙事性的综述，回顾了领导者—成员交换文献中结构和联结强度这两个主题的发展，继而将领导者—成员交换差异化研究与认知社会网络整合在一起。认知社会网络是对单个社会网络的心理表征，其核心是行动者和联结。Sparrowe 和 Emery 认为，当一位群组成员对群组中的领导者—成员关系形成了心理表征，那么认知社会网络就会被激活（这可能与实际的社会网络有所不同）。这种领导者—成员关系的认知网络具有很高的显著性（Sparrowe 和 Emery，2015），能够为社会网络和领导力研究开辟新的、更加广阔的前进道路。

总结

近年来，领导者—成员交换差异化研究蓬勃发展，推动着领导者—成员交换研究超越了二元对的层面。人们已经认识到，二元对嵌入在相互依存的复杂工作群组中。每个二元对都不是孤立存在的，而是相对于工作群组中的其他领导者—成员交换关系而存在的，因此社会比较过程对于员工产出极为重要。此外，社会网络视角是一个充满希望的研究领域，有助于阐释领导力的一些基本概念——其本质是关系性的、模式化的，且涵盖正式和非正式的影响力。

关系型领导力的社会建构主义视角

实证主义和后实证主义的观点将自我视为一个独特的实体，当与其他实体互动时，会明显受到束缚；而社会建构主义将自我视为一种通过互动形成的"内在联系"（Uhl-Bien，2006）。社会建构主义认为，社会现实是在日常互动中以及文化和历史的情境中在主体间建构而成的（如 Morgan 和 Smirchich，1980）；其关注的重点是关系性，或"中间空间"（Bradbury 和 Lichtestein，2000）。究其根源，这种观点来自 Mead（1934）的符号互动论，其所依赖的假设是，人们根据意义行事，而意义产生于社会互动，并可通过社会互动发生变化。

在这种范式下，领导力在共同建构的过程中显现，而非先于关系而存在（Fairhurst，2007）。根据 Endres 和 Weibler（2016）的关系型社会建构主义领导力三要素模型，领导力是由三个动态要件构成的：一种通过持续的解释和互动，在主体间创造社会现实的过程；高质量的关系和交流；不断涌现的影响力。关系型社会建构主义领导力向领导者的个人性提出了挑战，将研究视角从领导者转向了领导力（如 Crevani、Lindgren 和 Packendorff，2010）。它还采用了批判性管理理论的视角，进一步向领导力的重要性提出了挑战（如 Alvesson 和 Sveningsson，2003）。

在这一类关系型领导力文献中，我们要特别强调的是类似 Cunliffe 和 Eriksen（2011）这样的研究，他们利用 Bakhtin（1986）的"生活对话"概念，认为领导力嵌入在领导者的日常关系响应式对话实践中。关系型领导力不是一种理论或模型，而是一种存在方式，主张用关系响应式的方式来思考和行动。他们认为，"关系型领导力意味着承认生活的主体间性，关系所固有的多样性，以及展开关系对话的必要性"（第 1437 页）。Gittell 和 Douglass（2012）的概念性论文也很有意思，他们在文中将关系型领导力定义为一种意义构建过程，其基础是员工和管理者相互建立关系，从而帮助他们确定工作内容及方式。在这一过程中，人们基于共同的目标、共享的知识和相互尊重形成关系，进行交流。

社会建构主义关系型领导力将来可采用的一个有趣的理论和方法是过程研究（如 Langley 和 Tsoukas，2016）。过程研究探讨的是事物如何随着时间的推移而发生、发展、成长或终止，又为何会如此。他们优先考虑的是活动而非产品，是变化而非恒定，是创新而非延续；他们非常注重变成、变更、变动和破坏之类的概念。将关系型领导力视为一个过程，可能会极大地促进我们对其动态本质的了解。

Uhl-Bien（2006）的理论试图将按照不同认识论观点划分出的两种关系型领导力研究阵营连接在一起。她将关系型领导力定义为"一种可以建构和生产不断出现的协调（即不断演变的社会秩序）和变化（如新的价值观、态度、方法、行为和意识形态）的社会影响过程"（第 655 页）。她还进一步使关系型领导力理论融合了个体化的观点和联系式的观点，既解释了领导力关系的显现（借鉴了领导者—成员交换等以关系的性质为中心的传统个体化观点），又阐述了建立组织的关系动态（包括各种建构主义的领导力观点）。Uhl-Bien 和 Ospina（2012）在《推进关系型领导力研究》一书中采用了这种多理论的视角，对各种观点展开开放的讨论，让范式互相影响。对于希望深入了解关系型领导力的不同范式和方法之间有着怎样广泛而生动的对话的读者来说，这本书非常值得参考。

总结

领导力的"关系"运动（Uhl-Bien 和 Ospina，2012）表现出了令人兴奋的发展势头，试图指引领导力研究脱离个体化的静态观点。特别是社会建构主义关系型领导力研究方法，它为关系型领导力和一般的领导力研究提供了新的见解。领导力并不存在于领导者或追随者个人身上，而存在于这种关系的"中间空间"；它并不存在于这种关系之前，而是在关系中的对话和密集的交流中才出现的。这一领域大都是概念性研究，只有个别文献采用了民族志（如 Cunliffe 和 Eriksen，2011）、话语分析（如 Fairhurst 和 Uhl-Bien，2012）和案例研究（如 Alvesson 和 Sveningsson，2003）等定性方法。

关系型领导力：未来之路

本章回顾了各类关系型领导力文献，涵盖两个分析层面（二元对和集体）和两个主要的认识论阵营（实证主义 / 后实证主义 / 实体和社会建构主义）。图 5-1 试图通过展现工作群组中领导者和追随者之间关系质量的差异（领导者—成员交换质量和领导者—成员交换差异化过程），以及社会建构主义所提出的领导力存在于"中间空间"的观点，来架起两个认识论阵营之间的桥梁。

必须说明的一点是，虽然本章强调的是二元对层面和集体层面，但关系型领导力研究，就其本质而言，其实是多层次的。例如，追随者个人所感知的领导者—成员交

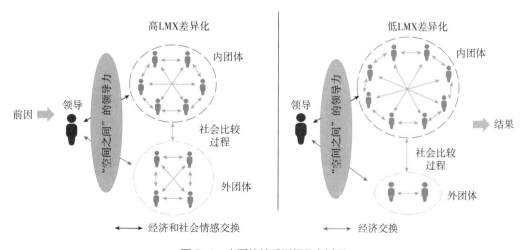

图 5-1 主要的关系型领导力过程

换质量是常见的领导者—成员交换衡量指标，在早期研究中尤其多见，它明显是个体层面的分析（如 Schriesheim、Castro、Zhou 和 Yammarino，2001）。我们在本章特意选择了二元对层面和集体层面作为关注重点，目的在于强调关系型领导力本质上是相互依赖的，突出以多个参与者为关注点进行研究和分析的必要性。

考虑到领导力从根本上说是关系型的，关系型领导力研究在未来若干年仍会处于领导力研究的前沿地带。除了前面借鉴亲密关系方面的文献而提出的关系发展研究建议外，关系型领导力研究在未来还有几个方向值得探索。

关系认知：关系和网络图式

从社会认知，尤其是关系图式的角度来研究领导力（如 Epitropaki 等人，2013；Shondrick 和 Lord，2010）会为这一研究领域带来令人兴奋的新的可能性。面对关系，人们并不是一张白纸。他们的感知、期望和理解会受到关系图式的影响，而关系图式是借由社会化过程和先前的人际关系经验形成的。因此，关系图式是代表人际关系模式规律的认知结构，它由人际脚本、自我图式和他人图式三个要素组成（Baldwin，1992）。

有一项已发表的研究专门分析了领导力的关系图式（Huang、Wright、Chiu 和 Wang，2008）。这项研究发现，领导者和成员所形成的关系图式是不同的，一方主要关注工作相关问题，而另一方则主要关注人际问题。Epitropaki 等人（2013）也将个人的领导力图式（如内隐领导力理论和内隐追随力理论）与关系型领导力图式整合在一起。他们提出，在领导者与追随者的二元关系中，领导者利用的关系图式由自我图式（内隐领导力理论）、他人图式（内隐追随力理论）和领导者—追随者人际脚本组成。与此类似，追随者采用的关系图式由自我图式（内隐追随力理论）、他人图式（内隐领导力理论）和人际脚本组成。这些图式可能会影响领导者—追随者互动的质量以及相关结果。

此外，领导者—追随者关系随着时间的推移而出现的发展以及前文回顾的关系维持策略可能会受到关系认知性质的影响。在这方面，Knee 及其同事（如 Knee、Patrick 和 Lonsbary，2003）的研究发现，个人拥有内隐关系理论，用图式来代表什么是良好的关系（如关于关系的宿命观点、成长观点等）。宿命论者认为，关系双方要么相容（注定的），要么不相容，而成长论则认为所有的关系都需要维护和培养。如果将这一逻辑扩展到领导者—成员交换关系，则可以认为，领导者和追随者拥有可影响领导者—成员交换发展及维持过程的内隐领导者—追随者关系理论。也就是说，对领导者—追随者关系秉持宿命论的人，最有可能相信领导者—成员交换质量在很大程度上取决于领导者—追随者的相似性和相容性，因此除了正常的交换行为外很少努力地去维持或增进关系。另一方面，秉持成长论的人则愿意主动培养关系，遇到问题和挑战时还会加倍努力来维持和修复关系。

第三个有趣的研究方向是领导力的网络图式。例如，Balkundi 和 Kilduff（2005）就网络图式进行了研究，他们提出，领导者对社会网络的认知表征决定着领导者作何选择，也决定着领导力的有效性。他们的基本观点是，网络既是存在于组织参与者头脑中的认知结构，又是他们之间关系的实际结构；并特别指出"网络方法认为领导力并不存在于个人特征当中，而是存在于将人与人之联系起来的关系之中"（第 942 页）。Sparrowe 和 Emery（2015）也强调了领导者—成员关系认知网络的显著性，以及其在领导者—成员交换研究中的重要性。Epitropaki 等人（2013）进一步提出，在共享型领导力和追随力角色网络中，对每个组织参与者而言，内隐领导力理论和内隐追随力理论既可以用作自我图示的一部分，也可以用作他人图式的一部分，对与自己发生互动的任何人都适用。而且，会出现一种网络型的领导者—追随者脚本，依据它来确定网络参与者之间的领导者—追随者交互模式。

关系情绪与情感

要谈论关系就不可能不涉及情感过程和情绪。组织内情绪研究的一个关键领域是领导者—追随者互动（如 Ashkanasy 和 Humphrey，2011）。已有多项研究为领导者—追随者关系中的情绪感染假说提供了支持（Hatfield、Cacioppo 和 Rapson，1994）。例如，Sy、Cote 和 Saavedra（2005）发现，当领导者拥有积极情绪时，群组中的每个成员也会产生积极情绪，更好地相互合作。Glaso 和 Einarsen（2006）发现，领导者—追随者关系会受到积极和消极情绪、情感、情绪化判断的严重影响；与上级—下属关系相关的 4 种情感因素（挫败、违规、不确定性、认可）中，三种属于消极情绪。这些因素与下属对领导者—成员交换关系质量的看法及工作满意度密切相关。

Newcombe 和 Ashkanasy（2002）发现，非言语情绪暗示会使成员对领导者—成员交换的感知产生重大影响。他们的研究结果表明，领导者表现出的积极情绪能够提高成员对领导者—成员交换的评分。此外，成员对领导者的看法与领导者言语信息与非言语情感之间的一致程度有关。一项实证抽样研究（Miner、Glomb 和 Hulin，2005）显示，员工对自己与上级 80% 的互动作出了积极评价，消极评价仅占 20%；但是，消极互动对员工情绪的影响通常要比积极互动严重 5 倍。这些研究结果表明，尽管大多数上下级之间的互动是积极的，但与上级互动的总净效可能略微偏向消极方面，因为消极互动对员工情绪的影响更大。Dasborough、Ashkanasy、Tee 和 Tse（2009）进一步提出，情绪感染也可能影响领导者，继而造成情绪螺旋。许多研究还分析了领导者的积极情绪对结果的积极作用（如 Sy 等人，2005）。另外，Totterdell 等人（2005）还从社会网络的视角展开研究，为在工作互动群组中的情感同化效应找到了证据。

情绪显然是未来一个充满希望的关系型领导力研究领域。正如 Gooty、Connelly、Griffith 和 Gupta（2010）所言，我们应针对"二元对层面（如领导者和追随者情绪对彼此产出的影响，就二元对层面感受比展现更重要达成共识）和群组层面（如群组情绪对领导者情绪的影响，群组情绪基调构念的发展和领导者的作用）"开展更多的理论和实证研究（第 998 页）。

关系身份

有关领导者和追随者身份发展的动态、水平、共同建构和影响的领导力研究文献正在迅速增多（如 Epitropaki、Kark、Mainemelis 和 Lord，2017；Miscenko、Guenter 和 Day，2017）。这方面，Brewer 和 Gardner（1996）提出的自我的三种表征（个体自我、关系自我和集体自我）很重要。在此基础上，Sluss 和 Ashforth（2007）进一步指出，工作中的关系身份会将个人身份和角色身份整合在一起，从而也就整合了个人、人际和集体层面的三个自我。他们还认为，在组织环境中，个人具有多种关系身份（如面对同事、领导、下属、客户）。这种多样性会影响关系身份的显著性（哪种关系身份最突出，为什么？）以及不同身份之间的相互作用和协同作用（领导力和追随力的关系身份会在同一个人身上相互冲突还是和谐共存？）。

在领导者和追随者身份动态变化的情境下，身份协商和自我验证过程（如 Swann、Johnson 和 Bosson，2009）也是一种主要的理论框架。例如，DeRue 和 Ashford（2010）描述了人们如何在动态的关系过程和社交过程中取得和赋予领导者和追随者的身份，个人正是通过这些过程来获得、内化和验证领导者身份的。因此，关系身份和领导力身份的建构是颇有前途的未来关系型领导力研究领域（最新的综述见 Epitropaki 等人，2017）。

📖 总结

关系型领导力的研究方法抓住了领导力的本质，即它是一种关系性的、动态的、多层次的现象。这一领域的研究跨越了两大认识论阵营，丰富多彩，充满活力，成果丰硕。这一领域的研究者已系统性地尝试为各种观点建立一种公开对话的渠道，以期产生跨学科的观点（如 Uhl-Bien 和 Ospina，2012）。领导者—成员交换研究显然在实证主义范式的阵营中占据主导地位，尽管其概念和方法受到了一些批评（如 Antonakis 等人，2014），但依然是领导力研究的主流思潮之一。社会建构主义强调对话和话语的重要性，以及作为身份空间的领导者—追随者的关系。

关系型领导力的研究将会走向何方？从我们对未来研究的讨论中可以看到，一个明确的主题是关系随着时间发展变化的情况。尽管我们已经认识到，领导力现象本质上是动态的，但时间仍是"领导力研究中一个有待探索的维度"（Shamir，2011，第307 页）。关系型领导力的发展壮大需要时间。正如本章前面已经谈到过的，随着时间的推移，关系会发展，会因越规和背叛而瓦解，也会通过各种认知和行为方面的关系维持策略得以维系。因此，关系型领导力的时间维度需要在未来的研究中明确探讨。关系的发展需要通过设计严谨、对时间范围把握适度的纵向研究来呈现（Day，2014）。从过程而非实体的角度来看待关系型领导力现象，可以为持有各种认识论观点的关系型领导力研究者开辟全新的、令人兴奋的探索之路。

此外，将关系型领导力作为一种超越二元对、存在于多个参与者关系网中的现象来看待，能够帮助我们更好地了解其复杂性，以及在实际组织环境中的多元作用。大数据可能会对这方面的研究工作很有帮助（如 Tonidandel、King 和 Cortina，2017）。

总之，本章回顾了关系型领导力的主流范式和研究流派，为未来的进一步研究奠定了基础。从我们的综述中可以明显看出，关系型领导力不只代表了领导力研究的过去和现在，而且在很大程度上也代表了领导力研究的未来。随着组织工作性质的快速变化，以及技术在工作关系中的广泛应用，我们既会面临新的问题，也会迎来方法论层面的种种新的可能，关系型领导力研究可能会发生革命性的变化。

讨论题

1. 你认为关系型领导力研究对领导力研究有哪些贡献？

2. 关系型领导力研究中有哪两个主要的认识论阵营？你认为二者主要有哪些异同？

3. 你认为现有的关系型领导力研究在方法论方面主要面临哪些挑战？请概述从二元对或集体层面研究领导者—追随者关系所应遵循的关键设计步骤。

4. 对于本章所指出的未来研究方向，你认为应优先考虑哪个？你能想到关系型领导力领域未来还有哪些研究方向值得探索吗？

推荐阅读

Bauer, T., & Erdogan, B.（Eds.）.（2015）. *The Oxford handbook of leader-member exchange.* Oxford, UK：Oxford University Press.

Uhl-Bien, M., & Ospina, S.（Eds.）.（2012）. *Advancing relational leadership research*：*A dialogue among perspectives.* Charlotte, NC：Information Age.

案例研究

案例：Cliffe, S.（2001, September）. What a star, what a jerk! *Harvard Business Review*, 37-48.

案例：Gabarro, J. J., & Kaftan, C.（2011）. Jamie Turner at MLI, Inc. Harvard Business School Brief Cases.

推荐视频

Heffernan, M.（2015）. Margaret Heffernan：Why it is time to forget the pecking order at work. https：//www.ted.com/talks/margaret_heffernan_why_it_s_time_to_forget_the_pecking_order_ at_work

参考文献

扫一扫，下载
本章参考文献

Alvesson, M., & Sveningsson, S. (2003) . The great disappearing act: Difficulties in doing "leadership." *The Leadership Quarterly*, *14*, 359–381.

Anand, S., Vidyarthi, P. R., & Park, H. (2015) . LMX differentiation: Understanding relational leadership at individual and group levels. In T. Bauer & B. Erdogan (Eds.), *The Oxford handbook of leader-member exchange* (pp. 263–291) . Oxford, UK: Oxford University Press.

Antonakis, J., Bendahan, S., Jacquart, P., & Lalive, R. (2014) . Causality and endogeneity: Problems and solutions. In D. V. Day (Ed.), *The Oxford handbook of leadership and organizations* (pp. 93–117) . New York, NY: Oxford University Press.

Ashkanasy, N. M., & Humphrey, R. H. (2011) . Current emotion research in organizational behavior. *Emotion Review*, *3*, 214–224.

Ashkanasy, N. M., & O'Connor, C. (1997) . Value congruence in leader-member exchange. *Journal of Social Psychology*, *137*, 647–662.

Bakhtin, M. M. (1986) . *Speech genres and other late essays* (V. McGee, Trans.) Austin: University of Texas Press.

Baldwin, M. W. (1992) . Relational schemas and the processing of social information. *Psychological Bulletin*, *112* (3), 461–484.

Balkundi, P., & Kilduff, M. (2005) . The ties that lead: A social network approach to leadership. *The Leadership Quarterly*, *16*, 941–961.

Bauer, T. N., & Erdogan, B. (2015) . Leader-member exchange (LMX) theory: An introduction and overview. In T. N. Bauer & B. Erdogan (Eds.), *The Oxford handbook of leader-member exchange*. Oxford, UK: Oxford University Press.

Bauer, T. N., & Green, S. G. (1996) . Development of leader-member exchange: A longitudinal test. *Academy of Management Journal*, *39*, 1538–1567.

Bernerth, J. B., Armenakis, A. A., Field, H. S., Giles, W. F., & Walker, H. J. (2007) . Is personality associated with perceptions of LMX? An empirical study. *Leadership & Organization Development Journal*, *28*, 613–631.

Berscheid, E. (1999) . The greening of relationship science. *American Psychologist*, *54*, 260–266.

Berscheid, E., & Reis, H. T. (1998) . Attraction and close relationships. In D. T. Gilbert, S. T. Fiske, & G. Lindzey (Eds.), *The handbook of social psychology* (Vol. 2, 4th ed., pp. 193–281) . New York, NY: McGraw-Hill.

Blau, P. (1964) . *Exchange and power in social life*. New York, NY: Wiley.

Bolino, M. C., & Turnley, W. H. (2009) . Relative deprivation among employees in lower-quality leader-member exchange relationships. *The Leadership Quarterly*, *20*, 276–286.

Bradbury, H., & Lichtenstein, B. M. (2000) . Relationality in organizational research: Exploring the space between. *Organization Science*, *11*, 551–564.

Brewer, M. B., & Gardner, W. (1996) . Who is this "we"? Levels of collective identity and self representations. *Journal of Personality and Social Psychology*, *71*, 83–93.

Brower, H. H., Schoorman, F. D., & Tan, H. H. (2000) . A model of relational leadership: The integration of trust and leader-member exchange. *Leadership Quarterly*, *11*, 227–250.

Byrne, D. (1971) . *The attraction paradigm*. New York, NY: Academic Press.

Carroll, B. & Levy, L. 2010. Leadership development as identity construction. *Management Communication Quarterly*, *24* (2): 211–231.

Carson, J. B., Tesluk, P. E., & Marrone, J. A. (2007) . Shared leadership in teams: An investigation of antecedent conditions and performance. *Academy of Management Journal*, *50* (5), 1217–1234.

Carter, D. R., DeChurch, L. A., Braun, M. T., & Contractor, N. S. (2015) . Social network approaches to leadership: An integrative conceptual review. *Journal of Applied Psychology*, *100*, 597–622.

Chang, C.-H. & Johnson, R. E. 2010. Not all leader-member exchanges are created equal: Importance of leader relational identity. *The Leadership Quarterly*, *21* (5): 796–808.

Clifton, J. (2012) . A discursive approach to leadership: Doing assessments and managing organizational meanings. *Journal of Business Communication*, *49*, 148–168.

Clifton, J. (2014) . Small stories, positioning, and the discursive construction of leader identity in business meetings. *Leadership*, *10*, 99–117.

Cogliser, C. C., Schriesheim, C. A., Scandura, T. A., & Gardner, W. L. (2009) . Balance in leader and follower perceptions of leader-member exchange: Relationships with performance and work attitudes. *Leadership Quarterly*, *20*(3), 452–465.

Costa, P. T., Jr., & McRae, R. R. (1992) . *Revised NEO Personality Inventory (NEO-PI-R) and NEO Five-Factor Inventory (NEO-FFI) professional manual*. Odessa, FL: Psychological Assessment Resources.

Crevani, L., Lindgren, M., & Packendorff, J. (2010) Leadership, not leaders: On the study of leadership as practices and interactions. *Scandinavian Journal of Management*, *26* (1), 77–86.

Crosby, F. (1976) . A model of egoistical relative deprivation. *Psychological Review*, *83* (2), 85–113.

Cunliffe A., & Eriksen, M. (2011) . Relational leadership. *Human Relations*, *64*, 14–25.

Dasborough, M. T., Ashkanasy, N. M., Tee, E. Y. J., & Tse, H. H. M. (2009) . What goes around comes around: How meso-level negative emotional contagion can ultimately determine organizational attitudes towards leaders. *The Leadership Quarterly*, *20*, 571–585.

Day, D. V. (2014). Time and leadership. In A. J. Shipp & Y. Fried (Eds.), *Time and work* (Vol. 2, pp. 30–52). New York, NY: Psychology Press.

DelVecchio, S. K. (1998). The quality of salesperson–manager relationship: The effect of latitude, loyalty and competence. *The Journal of Personal Selling and Sales Management*, *18* (1), 31–47.

Denis, J.-L., Langley, A., & Sergi, V. (2012). Leadership in the plural. *Academy of Management Annals*, *6*, 211–283.

DeRue, D. S., & Ashford, S. J. (2010). Who will lead and who will follow? A social process of leadership identity construction in organizations. *Academy of Management Review*, *35* (4), 627–647.

Dienesch, R. M., & Liden, R. C. (1986). Leader–member exchange model of leadership: A critique and further development. *Academy of Management Review*, *11*, 618–634.

Dihn, J., Lord, R. G., Gardner, W., Meuser J. D., Liden, R. C., & Hu, J. (2014). Leadership theory and research in the new millennium: Current theoretical trends and changing perspectives. *The Leadership Quarterly*, *25*, 36–62.

Dirks, K. T., Lewicki, R. J., & Zaheer, A. (2009). Repairing relationships within and between organizations: Building a conceptual foundation. *Academy of Management Review*, *34*, 68–84.

Duarte, N. T., Goodson, J. R., & Klich, N. R. (1994). Effects of dyadic quality and duration on performance appraisal. *Academy of Management Journal*, *37*, 499–521.

Dulebohn, J. H., Bommer, W. H., Liden, R. C., Brouer, R. L., & Ferris, G. R. (2012). A meta–analysis of antecedents and consequences of leader–member exchange: Integrating the past with an eye toward the future. *Journal of Management*, *38* (6), 1715–1759.

Endres, S., & Weibler, J. (2016), Towards a three–component model of relational social constructionist leadership: A systematic review and critical interpretive synthesis. *International Journal of Management Reviews*. Advance online publication. doi: 10.1111/ijmr.12095

Epitropaki, O., Kapoutsis, I., Ellen, B. P., III, Ferris, G. R., Drivas, K., & Ntotsi, A. (2016). Navigating uneven terrain: The roles of political skill and LMX differentiation in prediction of work relationship quality and work outcomes. *Journal of Organizational Behavior*, *37*, 1078–1103.

Epitropaki, O., Kark, R., Mainemelis, C., & Lord, R. G. (2017). Leadership and followership identity processes: A multilevel review. *The Leadership Quarterly*, *28*, 104–129.

Epitropaki, O., & Martin, R. (2013). Transformational–transactional leadership and upward influence: The role of relative leader–member exchanges (RLMX) and perceived organizational support (POS). *The Leadership Quarterly*,

24 (2), 299–315.

Epitropaki, O., & Martin, R. (2015). Leader–member exchanges and work attitudes: Is there anything left unsaid or unexamined? In T. Bauer & B. Erdogan (Eds.), *The Oxford handbook of leader-member exchange*. Oxford, UK: Oxford University Press.

Epitropaki, O., Sy, T., Martin, R., Tram–Quon, S., & Topakas, A. (2013). Implicit leadership and followership theories "in the wild": Taking stock of information–processing approaches to leadership and followership in organizational settings. *The Leadership Quarterly*, *24*, 858–881.

Erdogan, B., & Bauer, T. N. (2010). Differentiated leader–member exchanges: The buffering role of justice climate. *Journal of Applied Psychology*, *95*, 1104–1120.

Erdogan, B., & Bauer, T. N. (2014). Leader–member exchange (LMX) theory: The relational approach to leadership. In D. Day (Ed.), *The Oxford handbook of leadership and organizations* (pp. 407–433). Oxford, UK: Oxford University Press.

Etcheverry, P. E., Le, B., Wu, T. F., & Wei, M. (2013). Attachment and the investment model: Predictors of relationship commitment, maintenance, and persistence. *Personal Relationships*, *20*, 546–567.

Fairhurst, G. T. (2007). *Discursive leadership: In conversation with leadership psychology*. Thousand Oaks, CA: Sage.

Fairhurst, G., & Uhl–Bien, M. (2012). Organizational discourse analysis (ODA): Examining leadership as a relational process. *The Leadership Quarterly*, *23* (6), 1043–1062.

Fehr, R., & Gelfand, M. J. (2012). The forgiving organization: A multilevel model of forgiveness at work. *Academy of Management Review*, *37*, 664–688.

Ferris, G. R., Liden, R. C., Munyon, T. P., Summers, J. K., Basik, K. J., & Buckley, M. R. (2009). Relationships at work: Toward a multidimensional conceptualization of dyadic work relationships. *Journal of Management*, *35*, 1379–1403.

Festinger, L. (1954). A theory of social comparison processes. *Human Relations*, *7*, 117–140.

Feyerherm, A. E. (1994). Leadership in collaboration: A longitudinal study of two interorganizational rulemaking groups. *The Leadership Quarterly*, *5*, 253–270.

Fletcher, G. J. O., Thomas, G., & Durant, R. (1999). Cognitive and behavioral accommodation in close relationships. *Journal of Social and Personal Relationships*, *16*, 705–730.

Foa, E. B., & Foa, U. G. (1974). *Societal structures of the mind*. Springfield, IL.: Charles C. Thomas.

Follett, M. P. (1924). *Creative experience* (reprint 1951). New York, NY: Peter Smith.

Gerstner, C. R., & Day, D. V. (1997). Meta–analytic review of leader–member exchange theory: Correlates and construct issues. *Journal of Applied Psychology*, *82*, 827–844.

Gittell, G. H., & Douglass, A. (2012). Relational

bureaucracy：Structuring reciprocal relationships into roles. *Academy of Management Review*, *37*（4）, 709–733.

Glaso, L., & Einarsen, S.（2006）. Experienced affects in leader–subordinate relationships. *Scandinavian Journal of Management*, *22*, 49–73.

Gooty, J., Connelly, S., Griffith, J., & Gupta, A.（2010）. Leadership, affect and emotions：A state of the science review. *The Leadership Quarterly*, *21*, 979–1004.

Gooty, J., & Yammarino, F.（2016）. The leader–member exchange relationship：A multisource, cross-level investigation. *Journal of Management*, *42*（4）, 915–935.

Graen, G. B., Novak, M. A., & Sommerkamp, P.（1982）. The effects of leader–member exchange and job design on productivity and satisfaction：Testing a dual attachment model. *Organizational Behavior and Human Performance*, *30*, 109–131.

Graen. G. B., & Uhl–Bien, M.（1995）. Relationship–based approach to leadership：Development of leader–member exchange（LMX）theory of leadership over 25 years：Applying a multi–level multi–domain perspective. *The Leadership Quarterly*, *6*, 219–247.

Green, S. G., Blank, W., & Liden, R. C.（1983）. Market and organizational influences on bank employees' work attitudes and behaviors. *Journal of Applied Psychology*, *68*（2）, 298–306.

Harris, M. M., & Schaubroeck, J.（1988）. A meta–analysis of self–supervisor, self–peer, and peer–supervisor ratings. *Personnel Psychology*, *41*, 43–62.

Harris, T. B., Li, N., & Kirkman, B. L.（2014）. Leader–member exchange（LMX）in context：How LMX differentiation and LMX relational separation attenuate LMX's influence on OCB and turnover intention. *The Leadership Quarterly*, *25*, 314–328.

Hatfield, E., Cacioppo, J. T., & Rapson, R. L.（1994）. *Emotional contagion*. Cambridge, UK：Cambridge University Press.

Henderson, D. J., Wayne, S. J., Shore, L. M., Bommer, W. H., & Tetrick, L. E.（2008）. Leader–member exchange, differentiation and psychological contract fulfilment：A multilevel examination. *Journal of Applied Psychology*, *93*, 1208–1219.

Hinojosa, A. S., McCauley, K. D., Randolph–Seng, B., & Gardner, W. L.（2014）. Leader and follower attachment styles：Implications for authentic leader–follower relationships. *The Leadership Quarterly*, *25*, 595–610.

Hogg, M. A., Martin, R., Epitropaki, O., Mankad, A., Svensson, A., & Weeden, K.（2005）. Effective leadership in salient groups：Revisiting leader–member exchange theory from the perspective of the social identity theory of leadership. *Personality and Social Psychology Bulletin*, *31*（7）, 991–1004.

Hollander, E. P.（1964）. *Leaders, groups, and influence*. New York, NY：Oxford University Press.

Hooper, D., & Martin, R.（2008）. Beyond personal leader–member exchange（LMX）quality：The effects of perceived variability on employee reactions. *The Leadership Quarterly*, *19*, 20–30.

Hu, J., & Liden, R. C.（2013）. Relative leader–member exchange within team contexts：How and when social comparison impacts individual effectiveness. *Personnel Psychology*, *66*, 127–172.

Huang, X., Wright, R. P., Chiu, W. C. K., & Wang, C.（2008）. Relational schemas as sources of evaluation and misevaluation in leader–member exchanges：Some initial evidence. *The Leadership Quarterly*, *19*, 266–282.

Kamdar, D. & Van Dyne, L. 2007. The joint effects of personality and workplace social exchange relationships in predicting task performance and citizenship performance. *Journal of Applied Psychology*, *92*（5）：1286–1298.

Kauppila, O.（2016）. When and how does LMX differentiation influence followers' work outcomes? The interactive roles of one's own LMX status and organizational context. *Personnel Psychology*, *67*, 359–393.

Klein, K. J., & Kim, J. S.（1998）. A field study of the influence of situational constraints, leader–member exchange, and goal commitment on performance. *Academy of Management Journal*, *41*, 88–89.

Knee, C. R., Patrick, H., & Lonsbary, C.（2003）. Implicit theories of relationships：Orientations toward evaluation and cultivation. *Personality and Social Psychology Review*, *7*, 41–55.

Koivunen, N.（2007）. The processual nature of leadership discourses. *Scandinavian Journal of Management*, *23*, 285–305.

Langley, A., & Tsoukas, H.（2016）. *Process studies handbook*. Thousand Oaks, CA：Sage.

Lau, D. C., & Liden, R. C.（2008）. Antecedents of coworker trust：Leader blessings. *Journal of Applied Psychology*, *93*, 1130–1138.

Li, N., Liang, J., & Crant, J. M.（2010）. The role of proactive personality in job satisfaction and organizational citizenship behavior：A relational perspective. *Journal of Applied Psychology*, *95*, 395–404.

Liden, R. C., Wayne, S. J., & Stilwell, D.（1993）. A longitudinal study on the early development of leader–member exchanges. *Journal of Applied Psychology*, *78*, 662–674.

Ma, L., & Qu, Q.（2010）. Differentiation in leader–member exchange：A hierarchical linear modeling approach. *The Leadership Quarterly*, *21*（5）, 733–744.

Mahsud, R., Yukl, G., & Prussia, G.（2010）. Leader empathy, ethical leadership, and relations–oriented behaviors as antecedents of leader–member exchange quality. *Journal of Managerial Psychology*, *25*（6）, 561–577.

Maio, G. R., Thomas, G., Fincham, F. D., & Carnelley, K. B.（2008）. Unraveling the role of forgiveness in family relationships. *Journal of Personality and Social Psychology*, *94*, 307–319.

Martin, R., Epitropaki, O., Thomas, G., & Topakas, A. (2010). A critical review of leader–member relationship (LMX) research: Future prospects and directions. *International Review of Industrial and Organizational Psychology*, *25*, 35–89.

Martin, R., Thomas, G., Guillaume, Y., Lee, A., & Epitropaki, O. (2016). Leader–member exchange (LMX) and performance: A meta–analytic review. *Personnel Psychology*, *69*, 67–121.

McClane, W. E. (1991). The interaction of leader and member characteristics in the leader–member exchange (LMX) model of leadership. *Small Group Research*, *22*, 283–300.

Mead, G. H. (1934). *Mind, self, and society.* Chicago, IL: University of Chicago Press.

Miner, A. G., Glomb, T. M., & Hulin, C. (2005). Experience sampling mood and its correlates at work. *Journal of Occupational and Organizational Psychology*, *78*, 171–193.

Miscenko, D., Guenter, H., & Day, D. V. 2017. Am I a leader? Examining leader identity development over time. *The Leadership Quarterly*.

Morgan, G., & Smircich, L. (1980). The case for qualitative research. *The Academy of Management Review*, 5 (4), 491–500.

Nahrgang, J. D. & Seo, J. J. 2015. How and why high leader –member exchange (LMX) relationships develop: Examining the antecedents of LMX. *The Oxford Handbook of Leader-Member Exchange*: 87–118.

Nahrgang, J. D., Morgeson, F P., & Ilies, R. (2009). The development of leader–member exchanges: Exploring how personality and performance influence leader and member relationships over time. *Organizational Behavior and Human Decision Processes*, *108*, 256–266.

Newcombe, M. J., & Ashkanasy, N. M. (2002). The role of affect and affective congruence in perceptions of leaders: An experimental study. *The Leadership Quarterly*, *13*, 601–614.

Nishii, L. H., & Mayer, D. M. (2009). Do inclusive leaders help to reduce turnover in diverse groups? The moderating role of leader–member exchange in the diversity to turnover relationship. *Journal of Applied Psychology*, *94*, 1412–1426.

Ozer, M. (2008). Personal and task–related moderators of leader–member exchange among software developers. *Journal of Applied Psychology*, *93*, 1174–1182.

Phillips, A. S., & Bedeian, A. G. (1994). Leader–follower exchange quality: The role of personal and interpersonal attributes. *Academy of Management Journal*, *37*, 990–1001.

Restubog, S., Bordia, P, & Bordia, S. (2011). Investigating the role of psychological contract breach on career success: Convergent evidence from two longitudinal studies. *Journal of Vocational Behaviour*, *79* (2), 428–437.

Richards, D., & Hackett, R. D. (2012). Attachment

and emotion regulation: Compensatory interactions and leader–member exchange. *The Leadership Quarterly*, *23*, 686–701.

Rotundo, M., & Sackett, P R. (2002). The relative importance of task, citizenship, and counterproductive performance to global aspects of job performance: A policy capturing approach. *Journal of Applied Psychology*, *87*, 66–80.

Rusbult, C. E. (1980). Commitment and satisfaction in romantic associations: A test of the investment model. *Journal of Experimental Social Psychology*, *16*, 172–186.

Rusbult, C. E., Olsen, N., Davis, J. L., & Hannon, P. (2001). Commitment and relationship maintenance mechanisms. In J. H. Harvey & A. Wenzel (Eds.), *Close romantic relationships: Maintenance and enhancement* (pp. 87–113). Mahwah, NJ: Lawrence Erlbaum.

Schriesheim, C. A., Castro, S. L., Zhou, X. T., & Yammarino, F. J. (2001). The folly of theorizing "A" but testing "B": A selective level–of–analysis review of the field and detailed leader–member exchange illustration. *The Leadership Quarterly*, *12* (4), 515–551.

Schyns, B. (2015). Leader and follower personality and LMX. In T. Bauer & B. Erdogan (Eds.), *The Oxford handbook of leader-member exchange* (pp. 119–135). Oxford, UK: Oxford University Press.

Schyns B., & Day, D. (2010). Critique and review of leader–member exchange theory: Issues of agreement, consensus, and excellence. *European Journal of Work and Organizational Psychology*, *19*, 1–29.

Schyns, B., Paul, T., Mohr, G., & Blank, H. (2005). Comparing antecedents and consequences of leader–member exchange in a German working context to findings in the US. *European Journal of Work and Organizational Psychology*, *14*, 1–22.

Seers, A. (1989). Team–member exchange quality: A new construct for role–making research. *Organizational Behavior and Human Decision Processes*, *43*, 118–135.

Shamir, B. (2011). Leadership takes time: Some implications of (not) taking time seriously in leadership research. *The Leadership Quarterly*, *22*, 307–315.

Shondrick, S. J., & Lord, R. G. (2010). Implicit leadership and followership theories: Dynamic structures for leadership perceptions, memory and leader–follower processes. *International Review of Industrial and Organizational Psychology*, *25*, 1–33.

Sin, H.–P., Nahrgang, J. D., & Morgeson, F. P. (2009). Understanding why they don't see eye–to–eye: An examination of leader–member exchange (LMX) agreement. *Journal of Applied Psychology*, *94* (4), 1048–1057.

Sluss, D. M., & Ashforth, B. E. (2007). Relational identity and identification: Defining ourselves through work relationships. *Academy of Management Review*, *32*, 9–32.

Sparrowe, R. T., & Emery, C. (2015). Tracing structure, tie strength, and cognitive networks in LMX theory and research. In T. N. Bauer & B. Erdogan (Eds.), *The Oxford handbook of leader-member exchange* (pp. 293–309) . Oxford, UK: Oxford University Press.

Sparrowe, R. T., & Liden, R. C. (2005) . Two routes to influence: Integrating leader-member exchange and social network perspectives. *Administrative Science Quarterly*, *50* (4), 505–535.

Swann, W. B., Johnson, R. E., & Bosson, J. K. (2009) . Identity negotiation at work. *Research in Organizational Behavior*, *29*, 81–109.

Sy, T., Cote, S., & Saavedra, R. (2005) . The contagious leader: Impact of leader's mood on the mood of group members, group affective tone, and group processes. *Journal of Applied Psychology*, *90*, 295–305.

Tekleab, A. G., & Taylor, M. S. (2003) . Aren't there two parties in an employment relationship? Antecedents and consequences of organization-employee agreement on contract obligations and violations. *Journal of Organizational Behavior*, *24*, 585–608.

Thomas, G., Martin, R., Epitropaki, O., Guillaume, Y., & Lee, A. (2013) . Social cognition in leader-follower relationships: Applying insights from relationship science to understanding relationship-based approaches to leadership. *Journal of Organizational Behavior*, *34*, S63–S81.

Tonidandel, S., King, E. B., & Cortina, J. M. (2017) . Big data methods. *Organizational Research Methods*. Advance online publication. doi: 10.1177/1094428116677299

Tordera, N., Gonzalez-Roma, V., & Peiro, J. M. (2008) . The moderator effect of psychological climate on the relationship between leader-member exchange (LMX) quality and role overload. *European Journal of Work and Organizational Psychology*, *17*, 55–72.

Totterdell, P., Wall, T., Diamond, H., Holman, D., & Epitropaki, O. (2004) . Affect networks: A structural analysis of the relationship between work ties and job-related affect. *Journal of Applied Psychology*, *89*, 854–867.

Tran, S., & Simpson, J. A. (2009) . Pro-relationship maintenance behaviors: The joint roles of attachment and commitment. *Journal of Personality and Social Psychology*, *97*, 685–698.

Tse, H. H. M., Dasborough, M. T., & Ashkanasy, N. M. (2008) . A multi-level analysis of team climate and interpersonal exchange relationships at work. *The Leadership Quarterly*, *19*, 195–211.

Uhl-Bien, M. (2006) . Relational leadership theory: Exploring the social processes of leadership and organizing. *The Leadership Quarterly*, *17*, 654–676.

Uhl-Bien, M., & Ospina, S. (Eds.) . (2012) . *Advancing relational leadership research: A dialogue among perspectives*. Charlotte, NC: Information Age.

Vidyarthi, P. R., Liden, R. C., Anand, S., Erdogan, B., & Ghosh, S. (2010) . Where do I stand? Examining the effects of leader-member exchange social comparison on employee work behaviors. *Journal of Applied Psychology*, *95*, 849–861.

Wang, H., Law, K. S., Hackett, R. D., Wang, D., & Chen, Z. X. (2005) . Leader-member exchange as a mediator of the relationship between transformational leadership and followers' performance and organizational citizenship behavior. *Academy of Management Journal*, *48*, 420–432.

Wayne, S. J., & Ferris, G. R. (1990) . Influence tactics, affect, and exchange quality in supervisor-subordinate interactions: A laboratory experiment and field study. *Journal of Applied Psychology*, *75*, 487–499.

Wilson, K., Sin, H., & Conlon, D. (2010) . What about the leader in leader-member exchange? The impact of resource exchanges and substitutability on the leader. *Academy of Management Review*, *35*, 358–372.

Zhang, Z., Wang, M., & Shi, J. (2012) . Leader-follower congruence in proactive personality and work outcomes: The mediating role of leader-member exchange. *Academy of Management Journal*, *55* (1), 111–130.

Zhou, X., & Schriesheim, C. (2009) . Supervisor-subordinate agreement on leader-member exchange (LMX) quality: Review and testable propositions. *The Leadership Quarterly*, *20*, 920–932.

Zhou, X., & Schriesheim, C. (2010) . Quantitative and qualitative examination of propositions concerning supervisor-subordinate convergence in descriptions of leader-member exchange (LMX) quality. *The Leadership Quarterly*, *21*, 826–843.

第6章
权变、情境、环境和领导力

Roya Ayman、Matthew Lauritsen

📖 开篇案例：领导者的日常

Chris McAllister 刚成为一家公司的新任总经理。他拥有优秀领导者所需要的一切规范素质：判断准确，沟通清晰，上一份工作成绩斐然。他的上一份工作是在一家制造厂负责员工工作量的分配和确保按期交货。这个职位需要他管理所在业务部门的收入和成本，但很少到工厂与员工进行实地接触。

Chris 新入职的是一家大型设计与创新咨询公司，创造力是其核心宗旨。这家公司没有着装要求，办公空间宽敞开放，十分适合协作，员工可随意选择自己喜欢的位置"安营扎寨"。公司大多数的工作由扁平化的小型临时团队完成，团队负责人根据团队技能和个人对当前项目的热情程度选拔，而不是依据每个人的知识、技能或资历。在这样一个与过去完全不同的环境中，他要管理的不再是库存，而是一批知识型员工。

上任仅几个星期后，一天早晨，Chris 来到办公桌前，得知公司有一个重要客户对他手下一个团队的项目设计不满意，要求在那个星期之内完成修改。他决定组建一支精干团队，承诺如能按时完成这项任务就给他们发放奖金。可是令他非常失望的是，这个团队工作并不积极，任务进展缓慢，他们缺乏动力，对 Chris 为他们做出的每一项决策都很排斥，项目未能如期完成。Chris 不明白自己哪里出了问题。他确信自己的决策对公司有利，但不知为什么没有引起团队的共鸣。

讨论题

1. 一个人为什么会在一个工作环境中如鱼得水，到了另一个工作环境中却水土不服？

2. Chris 的前后两份工作有何不同？环境在其中发挥什么作用？

3. 如果 Chris 在决策之前征询一下团队的意见，事情会发生怎样的变化？

4. 如果 Chris 是女性，结局会有所不同吗？为什么？

📖 本章概述

在领导力研究领域，我们观察到两条并行的总体研究路线。一部分研究关注领导者的特质或行为与组织产出之间的关系，另外一些研究则利用权变、情境和环境因素来解释自己的研究发现（如 Judge、Bono、Ilies 和 Gerhardt，2002；Judge 和 Piccolo，2004）。这表明，尽管研究者希望找到一种简单的方法来解释领导力，但实际上面临的局面却非常复杂。不少学者一直将研究重点放在情境和权变方面（如 Liden 和 Antonakis，2009；Porter 和 McLaughlin，2006），表明这些因素在领导力研究中十分重要。正如 Fiedler（1992）所言，生命存在于一个结构复杂的宇宙中，因此需要运用同样复杂的理论进行解释。这便是领导力研究领域的真实写照。

从历史上看，20 世纪对领导力研究的心理学探索始于"伟人"理论，其所关注的领导力是个人身上的一种特征（如 Ayman，1993；Chemers，1997；Zaccaro、Kemp 和 Bader，2004）。这一哲学流派主导了后来大部分的理论发展、实证研究，以及组织对领导者的选拔。与此相反，根据马克思和恩格斯提出的"Zeitgeist"即"时代精神"哲学范式，领导力并不体现在成为领导者的那些个人身上，而是来源于成为领导者的这些人所处的环境和时代，这种研究视角更侧重于环境对领导力和领导力有效性的影响（Ayman，1993；Chemers，1997），构成了 20 世纪领导力权变学派诞生的背景。然而，即使在权变理论出现后，将领导力过程中的领导者其人作为研究重点的情况仍十分普遍。这一点在"大五人格特质"与领导力（Hogan、Curphy 和 Hogan，1994）、"全谱"领导力理论（Antonakis、Avolio 和 Sivasubramaniam，2003），以及领导者—成员交换（Graen 和 Uhl-Bien，1995）研究中都表现得非常明显。尽管如此，实证证据表明，研究者依然对权变和情境的研究路径感兴趣（Porter 和 McLaughlin，2006）。

本章将首先回顾目前领导力权变方面的理论和模型，然后分析领导力研究中权变、情境和环境的概念，再介绍各种变量和方法。在此过程中，我们会从人际层面和个人内部层面对这些变量进行定义，为权变、情境和环境模型的构建提供便利。此外，我们还将讨论如何通过这些概念来增进人们对领导力的理解。

领导力的权变模型与权变理论

从历史上看，20 世纪 60 年代后期至 70 年代发展起来的领导力模型和理论表明，领导力有效性是领导者特征与环境相互作用的结果（Fiedler，1978）。领导力有效性的权变模型和认知资源理论等一些模型注重领导者的内在状态与特质（Fiedler，1978；Fiedler 和 Garcia，1987）；决策规范模型（Vroom 和 Jago，1978；Vroom 和 Yetton，1973）、路径—目标理论（House，1971；House 和 Mitchell，1974）和环境领导力理论（Hersey 和 Blanchard，1969）等模型关注感知到的领导者行为。近年来，领导力范畴化作为一种新的权变理论被提了出来。这一理论在我们现有的领导力特质与行为权变方法中的位置还不明确，但其研究的重点似乎既包括领导者的特质（如 Offermann、Kennedy 和 Wirtz，1994），也包括领导者的行为（Lord、Foti 和 DeVader，1984）。下文将会说明，领导力范畴化体现的是人们对领导者的期望会因角色或环境而发生怎样的变化。下文将简要介绍每一种模型，并比较它们对领导者、环境和领导结果进行评价的方法（见表 6-1）。

表 6-1 不同的权变模型对领导者、环境和结果处理方式的比较

	领导力有效性权变模型	认知资源理论	领导力决策规范模型	路径—目标理论	环境领导力理论
领 导 者					
来源	领导者	领导者	大部分来自领导者，少部分来自下属	下属	下属
特征	特质（最难相处同事量表）：任务导向和人际导向	智力与经验	决策策略（5 种风格：专制一、专制二、协商一、协商二、群组二）	监督行为：参与型、支持型、成就导向型、指导型	监督行为（领导力有效性与适应性描述）：推销型、告知型、参与型、放权型
环 境					
来源	领导者与实验者	领导者	领导者与实验者	下属	领导者或实验者
变量	领导者—成员关系；任务结构、职位权力	老板压力、同事压力、任务压力	信息可用性、团队支持与凝聚力、可用时间（这是对 11 种条件的简化表示）	下属的需要、价值观和能力；下属的任务结构和任务难度	下属的意愿和能力（追随者成熟度指数）
结 果					
群组	绩效满意度（对领导者与下属）	实际表现	绩效满意度	总体满意度	总体满意度
个体	领导者压力			团队成员压力	

领导者特质权变模型

领导力有效性权变模型和认知资源理论展现了在领导者特征和各种结果之间发生作用的各种环境因素。在这两个模型中，领导者特征与个人和群组产出都有关，但相关度依具体环境而不同。本章将回顾每种模型，详细讨论其中的情境因素。

领导力有效性权变模型。 Fiedler（1964）率先建立了领导力有效性特质权变模型，后称为领导力有效性权变模型。在该模型中，Fiedler（1978）用领导者的导向（任务导向还是关系导向）与领导者环境控制之间的相互作用，对领导者或群组能否获得成功作出预测。领导者的导向是一种内在状态，与观察到的行为之间没有直接联系（Ayman，2002）。这种导向比较稳定，其概念与人格相似。该模型使用"最难相处同事量表"（如 Ayman 和 Romano，1998）来测量领导者在工作环境中的导向。这一范式的大多数早期研究均在实验室环境下进行（见 Fiedler，1978），参与者被选为领导者的依据是看其量表得分是否排名在前 1/3（关系导向）或后 1/3（任务导向）。

"最难相处同事量表"得分较低的个体以任务为导向，而得分较高者则以关系为导向，这一点有许多方法可以证实。为更好地说明这两种情况，有两项研究（Chemers

和 Ayman，1985；Rice、Marwick、Chemers 和 Bentley，1982）分析了"最难相处同事量表"得分对个人工作满意度与老板给出的绩效评价之间的关系有何影响。结果发现，与以关系为导向的领导者相比，以任务为导向的领导者的工作满意度与绩效评价之间的相关度明显更高。这样的研究结果进一步证实，"最难相处同事量表"可以用于衡量个体在多大程度上将任务完成情况作为其关注焦点和自我价值感的基础。

在该模型中，领导者控制和影响团队任务完成情况的能力属于领导者环境控制的范围。环境控制包括以下三个方面：团队氛围、领导者任务结构，以及领导者的职位权力。团队氛围就是人们所熟知的"领导者—成员关系"，评估的是团队的凝聚力和团队成员对领导者的支持度。领导者任务结构包括领导者任务的两个方面：任务—结构维度和领导者背景（即领导者的个人经验和受训情况）。任务结构是指任务目标的明确程度和实现方向。最终的任务—结构得分将在根据领导者的经验和受训情况对任务的结构得分进行调整后确定。例如，在同一个职位上，一名经验丰富或受训较多的领导者将面对结构化程度更高的任务，而新手则面对结构化程度较低的任务。职位权力反映的是领导者的合法性，以及领导者对团队成员实施惩罚或给予奖励的权威性（Ayman，2002；Fiedler，1978）。

这三种环境因素的重要性孰高孰低，取决于它们对领导者在某一环境中的控制感和预测能力有多大帮助。经过数十年的研究，Fiedler（1978）总结认为，领导者—成员关系对领导者控制感的重要性相当于任务结构的两倍，而任务结构的重要性是职位权力的两倍（Ayman、Chemers 和 Fiedler，1995、1998）。后来，Ayman（2002）又提出，对环境的控制感会赋予一个人权力。环境控制重要性顺序很好地体现了 French 和 Raven（1959）在权力来源研究中提出的相对重要性（Podsakoff 和 Schriesheim，1985）。例如，领导者—成员关系可类比威望权力，而领导者任务结构与专家权力有关。

根据领导者匹配的概念，领导力有效性权变模型预计，与以任务为导向的领导者相比，以关系为导向的领导者在中度环境控制的情形下会更有效，而以任务为导向的领导者会在高度和低度环境控制的情形下更有效。如果一位领导者所处的环境与模型预测其能发挥最大有效性的环境一致，则我们认为他属于匹配的领导者；而当领导者所处的环境是模型预测其有效性不佳的环境时，我们认为他属于非匹配的领导者（Ayman，2002）。

这个模型认为，领导者的特质是稳定的，因此要培育匹配的领导者就需要改变环境——这被称为环境工程（Fiedler 和 Chemers，1984）。根据这个模型，人们设计出了领导力培训计划来帮助领导者学习如何改变环境，使其更好地适应他们自身的领导者导向。Burke 和 Day（1986）对各种管理培训模型的元分析发现，领导者匹配训练（Fiedler、Chemers 和 Mahar，1976）最为有效，并且可推广至其他环境。不仅如此，另外三个单独的元分析（Peters、Hartke 和 Pohlman，1985；Schriesheim、Tepper 和 Tetrault，1994；Strube 和 Garcia，1981）也为该模型的一般预测提供了支持，并呼吁对该模型进行完善和扩展（Ayman，2002）。其他研究（Ayman，2002；Ayman、Chemers 和 Fiedler，1998）也对这种模型作了详细评述，讨论了它的优缺点。

最后，该模型主要将群组绩效作为领导力有效性的衡量标准（Fiedler，1978）。针对那些批评这种模型只能预测绩效的说法，Rice（1981）提出，这个模型还能预测团队满意度，这一点后来得到了实证支持（Ayman 和 Chemers，1991）。另外，Chemers、Hays、Rhodewalt 和 Wysocki（1985）还发现，非匹配的领导者会承受更大的压力，并报告出现疾病的临床症状。

领导力有效性权变模型主要是在群组这一分析层面得到验证（Ayman 等人，1995、1998）。不过，相关研究者指出，这种模型的设计使其也可以用于个体、二元对等其他分析层面。举例来说，Chemers 等人（1985）的研究从领导者个体层面展开分析，检验了模型对领导者压力的预测效果。另有两项研究——一项为实验室研究（Chemers、Goza 和 Plumer，1978），另一项为实地研究（Tobey-Garcia、Ayman 和 Chemers，2000），为二元对层面的分析提供了初步证据。这些研究都表明，在中度环境控制的条件下，以关系为导向的领导者和以任务为导向的下属在一起工作时，能够获得最高的工作满意度和最出色的工作业绩；而在相同的环境下，以任务为导向的领导者和以任务为导向的下属如果所获得的重要信息相互抵牾，则最终结果似乎最差。造成这种情况的部分原因可能在于，以任务为导向的领导者在此类环境中面临匹配不佳的局面，这往往使他们感到压力很大，不愿接受新的想法。在这种环境下，如果下属否定了以任务为导向领导者的任务结构和 / 或观点，那么领导者自然会感觉受到了更严重的威胁，从而很可能会拒绝接受至关重要的信息，错失成功的机会。

认知资源理论。 认知资源理论是第二种基于领导者特质与特征的权变模型（Fiedler 和 Garcia，1987），领导力有效性可通过智力和经验这两种内在特征与环境的相互作用来预测。这一理论的核心主张是，环境因素决定着领导者的智力或经验能否预测领导力有效性。Fiedler（2002）合并了 Sternberg（1995）对智力（"流动的"智力）和经验（"结晶的"智力）的解释；前者是指处理新生事物的认知能力，后者则是指体现经验和熟练程度的自动反应。这一理论将环境定义为领导者的压力水平。领导者会感受到角色冲突、超负荷工作等各方面的工作压力，压力的来源也各不相同，包括同事、任务或上级等（Fiedler，1993）。

通过总结多个实验室研究（如 Murphy、Blyth 和 Fiedler，1992）和实地研究（Potter 和 Fiedler，1981）的结果，Fiedler（1993、1995）指出，在高压环境下，领导者的业绩与经验呈正相关，而与智力呈负相关；在低压环境下，领导者的智力与业绩呈正相关，而经验对业绩的影响较小。Fiedler（2002）进一步指出："一个人可能既经验丰富又聪慧过人，也可能虽然经验丰富但资质驽钝；但要完成特定的工作，领导者必须在解决特定问题时选择优先考虑经验，还是优先采用创新性的分析方法。"（第 102 页）

将领导力有效性权变模型与认知资源理论相结合，我们可以看到，非匹配的领导者会承受较大的压力。在这种情况下，要取得出色的业绩，他们可能应该更多地依赖经验，而不是智力。Zaccaro（1995）认为，认知资源理论是一个很有前途的研究起点，他鼓励理论研究者们在研究中考虑自我复原力和社交智力等特质的作用。Judge、Colbert 和 Ilies（2004）对现有文献的定量综述发现了一些能够支持这种模型的证据。

📖 领导者行为权变方法

领导力决策规范模型

总体而言，规范模型着重考察领导者的决策策略选择与决策环境之间的相互作用。Vroom 和 Jago（1998）提出了 5 种领导力决策策略（见表 6-1），既有完全由领导者决策的策略，也有让下属部分参与决策的策略和让下属全面参与决策的策略。决策启发法是指根据提高决策质量、提高下属参与度、减少时间支出，以及促进下属发展这 4 个标准来描述决策环境（Vroom 和 Jago，1998）。这些标准同时也是衡量决策有效性的依据。在这类决策的过程中，领导者会面对决策树，对其中的每个问题回答"是"或"否"，以此达到启发决策的目的。此类决策的完整流程图可在其他文献中查阅（如 Vroom 和 Jago，1998）。

如果决策质量至关重要，那么领导者必须评估自己的知识水平、问题的结构化程度、下属的亲和性以及下属关于当前决策议题的知识水平。举例来说，如果下属对于决策事项比领导者更了解，那么群组参与便是上策；如果时间紧迫，那么群组参与的可行性就不强。在时间有限的环境下，大多数领导者都会采取专制的决策策略。最后，如果培养下属的兴趣、接受度和承诺是保障决策得到良好贯彻的关键，那么提升下属的参与度就是明智的做法。在这种环境下，领导者可能需要不惜时间，甚至不惜牺牲决策质量来确保团队的支持度和凝聚力。以实现质量、时间和团队支持之间的平衡为目标，领导者会考虑是将作出高质量决策作为首要目标，还是将团队成员的高接受度作为优先事项。

参与型领导力模型，也叫领导力决策规范模型，已得到了一些证据支持。相关证据表明，这种模型证明参与型决策的水平应根据环境和所使用的有效性标准来衡量。此外，似乎还有其他权变因素（如性别、文化价值观等）也影响着领导者决策风格选择的有效性。

路径—目标理论。根据路径—目标理论，领导者可通过调动不同类型的领导力来帮助下属开辟实现个人目标和组织目标的路径（House，1996）。House（1974）将指导型、成就导向型、支持型和参与型领导行为列为这一理论的自变量（见表 6-1）。需要注意的是，其中前两项偏重于任务（如分配任务、安排日程、强调最后期限等），后两项则偏重于关怀（如让他人感到轻松、乐于接受建议、鼓舞团队成员等）。环境特征以及追随者特征对这些行为的有效性起调节作用。

许多学者都指出，路径—目标理论存在明显的局限性。问题之一似乎在于所采用的领导者行为测量工具（Fisher 和 Edwards，1988；Schriesheim 和 Von Glinow，1977），而另一个问题是大多数研究都只分析了任务特征或只分析了下属特征。此外，Stinson 和 Johnson（1975）以及 Wofford 和 Liska（1993）都建议检验一种多调节变量的模型。最后，Wofford 和 Liska 还指出，大多数验证这一理论的研究都存在同源偏差（即共同方法偏差）。Evans（1996）总结指出："鉴于缺少研究来验证这一理论的关键动机假设，我们很难认为它已得到了合理检验——事实上确实没有。"（第 307 页）

从积极的方面来看，路径—目标理论是领导力理论的一次重要发展，它促进了新领导力概念的演变，是魅力型领导力理论和领导力替代理论的基础（House，1996），同时也可能推动了垂直二元对关联模型的发展（Dansereau、Graen 和 Haga，1975）。虽然实证研究的结果有的支持，有的不支持这一理论，但这种理论至少促使人们对领导力展开了新的思考。

环境领导力理论。Hersey 和 Blanchard（1969）认为，推销型、告知型、参与型和放权型这 4 种领导行为的有效性取决于领导行为能否与下属的任务相关特征（如能力、教育背景、经验等）及心理成熟程度（如意愿、自尊、动机等）形成互补。虽然该理论本身包含一套用于评估领导者风格的方法——领导力有效性与适应性描述，但许多实证研究在测量领导者行为时都采用了领导者行为描述问卷（如 Case，1987；Vecchio，1987；Vecchio 和 Boatwright，2002）。

根据环境领导力理论的主要原则，在下属有意愿、有能力，也有动机，能够有效地完成特定任务的环境下，领导者应该"放权"（即表现出低水平的关怀和低水平的结构行为）；如果下属有意愿，没能力，那么领导者的正确行为应当是"推销"（即表现出高水平的关怀和高水平的结构行为）；如果下属没意愿，有能力，那么领导者应采取"参与型"的策略（即表现出高水平的关怀和低水平的结构行为）；而如果下属没意愿也没能力，领导者需要"告知"他们去完成任务（即表现出低水平的关怀和高水平的结构行为）。虽然环境领导力理论直觉上很有吸引力，但得到的实证验证非常有限，而且遗憾的是，大多数综述文献都对这个模型提出了批评，还没有找到足够的实证证据为它提供支持（如 Fernandez 和 Vecchio，1997；Vecchio，1997；Vecchio 和 Boatwright，2002；York，1996）。

权变、情境和环境的定义

前面我们介绍了几种传统的领导力权变模型和理论，它们都认为领导力发生在情境之中。在大多数权变模型中，权变的操作化方式都与 Johns（2006）类似。Johns 认为，情境可以包括行为限制和行为机遇，围绕现象而存在，对个体而言是外部因素。与此相似，研究领导力权变的不少学者都将权变概念化为情境（Antonakis 等人，2003；Avolio，2007；Chemers，2000；Diedorff、Rubin 和 Morgeson，2009；Liden 和 Antonakis，2009）。因此，就领导力而言，环境是指可能影响领导者行为或领导者特征与结果之间关系的情境或权变因素。

有些特征可能是领导力的前因，或能调节领导行为与结果之间的关系。在前因变量方面，举例来说，一些研究者将性别视为领导者行为的预测因子，考察男性或女性领导者之间有何差异（Eagly、Johannesen-Schmidt 和 Van Engen，2003；见本书第 10章）。其他人则将领导者的性别看作是领导者风格与结果的一种权变或情境（Antonakis等人，2003）。同样，根据内隐领导力理论，领导者的角色、性别和文化背景都会影响观察者对管理者或领导者的描述（见第 4 章和第 9 章）。

此外，领导者的人格、性别、智力、经验等特征也可以相互作用，会形成一种对领导者行为与结果之间的关系产生影响的环境或权变因素。还是以性别为例，领导者的性别并不是一种外在的环境或情境因素；因此，权变的定义在此似乎包括了更内在的方面。本部分我们提出，领导力的权变因素可以是人际层面的，也可以是个人内在层面的（见图 6-1）。

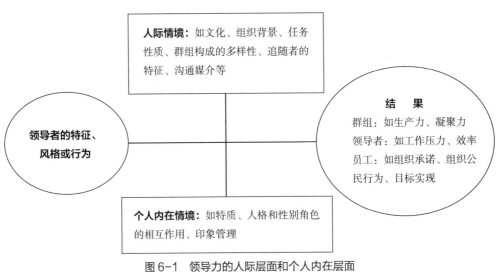

图 6-1　领导力的人际层面和个人内在层面

人际层面

权变的人际层面可以从主观和客观两个角度来考虑。客观的权变因素可包括国家、组织级别（如 Antonakis 等人，2003；Lowe、Kroeck 和 Sivasubramaniam，1996）、行业类型或工作领域、领导关系存续的时期，以及工作群组的构成等。客观的权变因素通常是权力、价值和人际互动的代理变量。

对情境的主观评价通常通过下属的视角来进行，评估的因素可包括领导者与追随者的距离（如 Antonakis 和 Atwater，2002）、下属价值观（Dvir 和 Shamir，2003），以及不确定性（Waldman、Ramirez、House 和 Puranam，2001）等。介绍当前框架内各项公认的领导力情境因素之前，我们先来简单回顾一下领导力替代理论。这一理论提出了一个更广泛的领导力情境因素清单，由此扩展了经典的权变模型。此外，该理论还提供了一个包含遏制或增强领导者影响力的各种情境因素的研究框架。

领导力替代理论。20 世纪 70 年代起，情境因素开始在领导力研究中发挥作用。不过，这些因素还未得到很好的概念化。有人认为，"我们需要对环境进行分类，或至少对环境变化的各个维度进行分类。Fiedler 是对描述情境和描述个体差异都有过贡献的少数几位心理学家之一"（Sternberg 和 Vroom，2002，第 317 页）。他（1978）提出的分类法（Ayman，2002；Sternberg 和 Vroom，2002）主要关注领导者所处的环境，环境状况清晰明了可以让领导者获得控制感和权力；而路径—目标理论和随后的领导力替代理论则重点关注下属所处的环境。

早期的权变理论主要关注工作群组或小群组范式中的领导力。领导力替代理论则在动态的组织和文化情境中探讨领导力。在 Podsakoff、Mackenzie 和 Bommer（1996）的研究基础上，Jermier 和 Kerr（1997）在讨论中指出，与环境因素（即领导力的各种替代品）相比，一般而言，领导者行为在预测相关领导力结果方面造成的差异较小。Kerr 和 Jermier（1978）将 14 个环境权变因素分为三类：下属特征、下属任务性质和组织特征。

对于这项研究，需要记住的关键点是，权变因素最初被视为领导者行为的替代品或中和因素。Schriesheim（1997）进一步澄清了这两个概念：替代品是与员工产出直接相关的因素，使领导者行为变得不再必要；中和因素是指那些妨碍领导者行为对结果产生影响的因素。这两类因素的区别在于环境因素与领导者行为的关系。在领导力替代范式中，无论领导者的行为如何，环境因素与结果变量之间均呈正相关。而中和因素与领导者的行为和结果都不相关，但能抵消领导者行为对结果的影响。

正如 Podsakoff 和 Mackenzie（1997）所说，领导力替代理论支持这样一种观点：领导者的行为不会对结果造成普遍影响。领导力替代理论的实证检验结果莫衷一是。Podsakoff 等人（1996）对 22 项研究进行了元分析，结果为该理论提供了一些支持；而 Dionne、Yammarino、Atwater 和 James（2002）的研究则认为这种方法得不到什么实证支持。Dionne 等人认为，由于同源评价偏差，人们发现领导力替代会对结果产生正面影响。虽然对这一模型是否获得了足够的支持还存在疑问，但它有助于从下属的角度更清晰地对权变变量进行概念化，而且也对分析领导力研究中的调节变量和中介变量有所帮助。

领导力中的情境

有两种动态模型可以帮助我们对领导力研究中的情境因素进行概念化：第一种是针对群组的系统方法，即输入—过程—输出模型（Hackman 和 Morris，1975）；第二种是团队有效性模型，其中包括情境的作用（West、Borrill 和 Unsworth，1998）。这两个模型都是动态的，允许输入和过程之间、过程和输出之间相互作用。在此，我们的兴趣点在于领导力过程。

群组的输入项包括文化情境和组织情境（即奖励结构、反馈系统、团队成员的位置、沟通媒介、时间限制、群组构成和任务特征等）。

群组的输出项或结果项既可以是行为方面的（如营业额、绩效和组织成员身份等），也可以是态度方面的（如满意度、压力等）；可以发生在领导者个体或下属个体的层面、领导者—下属二元对层面，或群组层面。输入变量和产出会对领导者特征产生重要影响，也会严重影响领导者选择采取怎样的行动来获取成功。

4 个输入因素都可以作为调节变量，成为领导力过程与组织产出之间的权变因素。在关于领导力和情境的研究中，我们使用这样的团队有效性模型来激发研究者对情境变量人际层面的思考。为进一步证明输入因素对领导力的影响，下文将通过实证案例介绍文化情境、组织情境 / 氛围、群组构成、任务性质、追随者特征对领导者特质的影响，以及领导者行为与各方面结果之间的关系。

文化。 Ayman（2004）认为，文化与领导力之间存在共生关系，一方不能脱离另一方而存在。Ayman 和 Korabik（2010）指出，文化的定义多种多样，但就文化这一概念在领导力研究中的可操作性而言，他们确定了两类衡量指标：一类是文化的可见（客观）指数，如国界等可见的群组间差异；另一类是文化的不可见（主观）指数，如一个社会群组经过较长时间发展形成的、一致认可的价值观和规范。

Avolio（2007）、Ayman（2004）和 Chemers（2000）就如何将文化纳入领导力理论和领导力模型提出了一些看法。文化可能会对领导力产生两种影响，可以分别验证：①如果文化是领导行为的前因，那么来自不同文化的领导者应该以不同的方式行事（见第 13 章）。②文化也可能是领导力（特质或行为）与结果（绩效或员工敬业度）之间的调节变量。

将文化作为领导力的调节变量或情境因素的研究数量较少，但确实有一些研究对此进行了考察。可能的做法有两种：①检验某种领导力风格与结果的关系或在不同国家和文化价值观下检验同一个领导力模型。②研究领导者与追随者来自不同文化背景时的情况。在这种情况下，我们可以探讨在不同的领导者—追随者二元对组合中，特定领导力风格特征与领导力结果之间的关系有何不同，相关内容将在二元对 / 群组构成部分进一步讨论。

在前一类研究中，文化通常被视为主观的或不可见的因素（文化价值观）。大多数的领导力研究会考虑三种文化价值观：个人主义 / 集体主义、不确定性规避和权力距离（Hofstede，2001）。为了分析文化作为领导力与结果之间的一种情境因素（调节变量）是如何发挥作用的，我们可以观察给定的领导行为及其在不同文化中与结果的关系如何，从而判断二者之间的相关性是否成立。另一种方法是在来自一种文化的领导者与来自另一种文化的追随者发生互动时，研究文化的影响。印度的一项研究表明，文化和针对特定组织的具体衡量指标是员工业绩的最佳预测因子，预测效果优于变革型领导力衡量指标（Palrecha、Spangler 和 Yammarino，2012）。

Walumbwa 和 Lawler（2003）以及 Jung 和 Avolio（1999）研究了集体主义价值观

对变革型领导力和结果的影响。两项研究都发现，变革型领导力在集体主义倾向更强烈的人群中更有效。来自中东的集体主义和不确定性规避研究表明，尽管集体主义增强了变革型领导力与员工敬业度之间的相关性，但不确定性规避会使这种关系弱化（Sheikh、Newman 和 Al Azzeh，2013）。

另一项研究发现，在权力距离更大、集体主义价值观更强的团队中，变革型领导力与团队效能之间的关系更紧密（Schaubroeck、Lam 和 Cha，2007）。Kirkman、Chen、Farh、Chen 和 Lowe（2009）也指出，对于权力距离倾向低的员工，变革型领导力与组织公民行为之间的正相关关系更显著。

总体而言，许多研究表明，作为一种文化价值观，集体主义和不确定性规避能够强化变革型领导力与结果之间的关系（Walumbwa 和 Lawler，2003；Walumbwa、Lawler 和 Avolio，2007）。相反，权力距离过高会减弱变革型领导力与结果之间的关系（Newman 和 Butler，2014）。而集体主义文化价值观并不影响变革型领导力与员工动机之间的关系（Wang 和 Gagné，2013）。尽管文化价值观已被证明会影响领导行为与结果之间的关系，但一些研究并未发现人们所预期的文化情境效应（Cavazotte、Hartman 和 Bahiense，2014）。若能提出一种概念或理论，决定文化价值观何时应该、何时不应该作为调节变量，将有助于增进我们对文化作用的了解。

通过从客观角度审视文化，并采用"强加的一致性"方法，我们考察了对变革型领导力和交易型领导力的跨文化研究。Singer 和 Singer（1990）对比了中国台湾和新西兰两地之间领导者的风格和员工满意度，发现新西兰人认为自己的领导者更倾向于变革型，而非交易型，而中国台湾的居民则认为他们的领导者属于均衡型，但他们对交易型领导者的满意度高于新西兰人。对中国的一些研究表明，变革型领导者与员工业绩之间的确存在相关性（Miao、Newman 和 Lamb，2012；Sun、Xu 和 Shang，2014；Tse 和 Chiu，2012）。变革型领导力与员工的组织公民行为等结果变量的相关性也得到了类似的验证（Cho 和 Dansereau，2010）。针对 23 个国家的领导者—成员交换和文化进行的元分析验证了领导者—成员交换模型的存在，为这一领导力模型的普适性提供了证据（Rockstuhl、Dulebohn、Ang 和 Shore，2012）。

总之，使用同一衡量标准来考察不同文化的情况，其结果似乎全面支持了变革型领导力和领导者—成员交换这两种模型，以及它们与结果之间的关系。但是，也有证据表明定义、表现形式和中介变量具有多样性，凸显了不同文化背景下领导行为的独特性。

组织。组织情境围绕工作团队及其领导者而存在。组织氛围能够反映组织情境，它包括规范性社交、政策和程序等内容。组织氛围可以进行客观的定义，衡量指标包括组织的等级架构是立体还是扁平，规模大小，以及属于哪个部门、行业。组织氛围的定义也可以是主观的，衡量标准包括共同的信仰和互动规范等（Dennison，1996）。Porter 和 McLaughlin（2006）对 1990—2005 年发表的领导力论文进行了分析，结果发现关于组织情境与领导力关系的实证研究文章的数量非常有限，但许多文章都肯定了这类研究在领导力有效性研究中的重要性。本部分将重点探讨这方面的一些实证结论，提供最新信息。

不少研究都已证实，组织规范对领导力是有影响的。例如，Shartle（1951）证明了组织中领导者行为的最佳预测因子是老板的行为，而非领导者的人格，从而验证了职场规范对领导者行为的重要性。对变革型领导力和交易型领导力进行的元分析（Judge 和 Piccolo，2004；Lowe 等人，1996）显示，领导者在等级制度中的地位对其领导力风格和有效性并没有影响。但是，Chun、Yammarino、Dionne、Sosik 和 Moon（2009）证明，领导者与追随者之间的距离越近，互动频率越高，追随者对上级的忠诚度就越高。

另一方面，Lowe 等人（1996）发现，与私营部门相比，变革型领导者的行为在公共机构中更为有效。Judge 和 Piccolo（2004）进一步解释，就商业机构、大学、军队和公共部门这 4 种环境而言，在商业组织中最为有效的是权变奖励，而非变革型领导力。这说明，虽然领导者在组织中的地位不会影响他们的行为，但组织类型却会影响。

在 West 等人（1998）的团队有效性模型中，组织情境变量包括物质条件和对工作群组及整个组织的情感反应等。但是在领导力研究中，这些变量中只有少数被视为调节变量。关于空间和物理环境的影响，先前有关沟通模式（Leavitt，1951）和座位安排（Howells 和 Becker，1962）的研究显示，这些环境因素对领导者的识别和显现产生了影响。这一研究结论背后的主要逻辑可能是，眼神交流越多，控制力就越强，因此也就越容易被识别为领导者（Chemers，1997；Shaw，1981）。

如果工作是在以计算机为媒介的环境中进行的，那么当代领导者可能不会总是与下属进行面对面的接触。随着虚拟工作环境的覆盖面不断扩大，线上领导力开始获得更多的关注（Antonakis 和 Atwater，2002）。早期的线上领导力研究展现了技术结构或过程是如何对领导力对团队过程和结果的影响发挥调节作用的（Avolio 和 Kahai，2003）。

因此，研究者近期已开始将沟通媒介视为一种与线上领导力相关的组织情境因素。例如，Puranova 和 Bono（2009）的研究证明，采取变革型行为方式的领导者在面对面和以计算机为媒介的条件下都很有价值，但在虚拟团队中的影响更大。Hambley、O'Neill 和 Kline（2007）的研究发现，变革型和交易型两种领导风格之间没有差异，但面对面团队的反馈更具建设性，视频会议比群聊更具凝聚力。此外，Hoyt 和 Blascovich（2003）证明，无论领导者属于变革型还是交易型，面对面交流都能够增加团队成员对领导者的满意度。同样，Golden 和 Veiga（2008）也证明，即使是在虚拟的工作环境中，报告领导者—成员交换质量更高的员工也会表现出更高的敬业度和满意度。而对于领导者—成员交换质量较低的员工，在虚拟环境中工作越多，他们的满意度和敬业度就越低。此外，Gajendran 和 Joshi（2012）也证明，对于分布在不同地点的团队而言，当沟通频率较高时，高质量的领导者—成员交换与员工参与决策和创新的程度呈正相关。因此，远程和虚拟工作环境离不开高质量的交换关系和频繁的变革型领导行为。

群组构成。群组构成这个输入变量（West 等人，1998）涵盖工作群组规模和成员异质性对群组和个人产出的影响。考虑到当今劳动者的多样性，旨在分析群组构成对领导力影响的研究意义重大。群组构成可以从群组层面或二元对层面进行考察。本部分将重点讨论群组规模和性别构成。

一小部分研究显示了群组规模和构成对领导力与结果之间关系的影响。例如，Ling、Simsek、Lubatkin 和 Veiga（2008）研究了组织或群组规模对领导力和结果之间关系的影响，发现在小型组织中，变革型领导力对组织客观绩效的影响要比大型组织更显著。韩国的一项研究发现，变革型领导力和各种结果（如团队凝聚力和团队间协作）在大型团队中都更好（Cha、Kim、Lee 和 Bachrach，2015）。此外，Mullen、Hu 和 Salas（1989）涵盖 8 项研究的元分析表明，规模较大的团队需要领导者展现更多的结构行为，这样才能提高员工的工作满意度。Gumusluoglu、Karakatapoglu-Aygun 和 Hirst（2013）对研发人员进行了研究，结果表明领导者的控制范围会对变革型领导力与主管承诺之间的关系产生调节作用，但对其与组织承诺之间的关系没有这种作用。总体而言，群组规模这个情境变量还没有得到深入研究，其影响多种多样，依领导者行为的不同而不同。

群组的性别构成可能会影响群组氛围，并对领导者行为对结果的影响产生调节作用。目前，研究群组多样性与领导力作用的文献并不多。Seong 和 Hong（2013）证明，能让性别多元化团队更敬业的因素是团队规范，而非变革型领导力。另外，研究结果还表明，合作式群组规范与对领导者变革型领导力的感知呈正相关。

在二元对层面，一些研究分析了性别构成作为领导行为和结果之间的一个调节变量或情境变量的情况。Eagly、Makhijani 和 Klonsky（1992）在较早的元分析中强调指出，追随者的性别以及工作场所的性别偏向会对女性领导者行为是否会遭到贬低产生影响。在讨论中，他们将体育行业和制造业作为高度男性主导的工作环境，有关性别角色的定型观念较严重。另外，他们的研究并没有明确指出，下属性别作为一种情境因素，对领导者性别、领导者行为与领导力有效性的关系有何影响。

后续研究或许让这方面的情况更明朗了一些。Ayman、Korabik 和 Morris（2009）证明，二元对的性别构成会对领导者变革型领导力与领导力绩效之间的关系产生调节作用。男性下属对女性变革型领导者的评价比对男性变革型领导者的评价要低。与此相似，Fleener、Ayman 和 Elington（2011）发现，当员工目标难以实现时，女性魅力型领导者的男性下属成功的概率低于其他下属。Ayman、Rinchiuso 和 Korabik（2004）考察了二元对性别构成对领导者—成员交换和管理满意度的调节作用，发现与其他二元对相比，领导者为男性、下属为女性、领导者—成员交换关系一般的二元对中，领导者对下属的满意度最低。当领导者与下属为一男一女，且领导者—成员交换关系良好时，满意度最高。这些研究发现表明，领导者和追随者的性别搭配会对领导行为对结果的影响产生调节作用。这进一步证实，需要将二元对和团队的性别构成作为情境因素来考察，而不是只分析领导者性别对感知到的领导者行为和结果的主要影响。

任务性质。 群组任务的性质对所完成工作的过程和结果有着重要意义。任务性质可以用多种方式来评估（有关任务类型的详细信息见 Hackman，1968 和 McGrath，1984）。例如，任务可以有不同的类型、难度、复杂度、对沟通的依赖程度（Hollingshead 和 McGrath，1995）甚至性别倾向性（Wentworth 和 Anderson，1984）。

许多权变模型（如领导力有效性权变模型、路径—目标理论）从领导者和下属的角度，研究了任务的不确定性、复杂性及其对领导力结果与各变量关系的影响。另外，最高管理者对组织任务环境复杂性和确定性的感知会对 CEO 的魅力型领导力对财务结果的影响产生调节作用（Waldman、Ramirez、House 和 Puranam，2001）。因此，不管怎样定义领导力，当前目标或任务的性质都可能影响领导者 / 追随者的成败。Keller（2006）发现，变革型管理者对研究型项目更有效，而结构行为得分较高的管理者在开发型项目中更有效。

追随者特征。 在路径—目标理论和内隐领导力理论中，追随者的特征屡屡被视为领导力的情境因素。近期有研究证明，追随者的核心自我评价和敬业度对变革型领导力与结果之间的关系具有调节作用。Roger 和 Ayman（2001）指出，当员工报告的工作参与度较低时，被认为属于变革型的销售管理者所领导的员工业绩更高。也就是说，工作参与度高的员工并不依靠管理者的变革型领导力来实现良好的工作业绩。Zhu、Avolio 和 Walumbwa（2009）发现，当追随者拥有正面特征时，变革型领导力与员工敬业度之间的正相关关系更加显著。此外，Kim、Liden、Kim 和 Lee（2015）发现，变革型领导力能强化核心自我评价与员工产出之间的关系。追随者特征对变革型领导力与结果的关系起何作用还需要进一步研究，以期弄清追随者特征能否替代变革型领导力，或发挥强化作用。

组织和群组产出。 组织和群组产出似乎是领导者与结果之间的一种调节变量。正如前文所言，West 等人（1998）的团队有效性模型认为，这种产出可以体现在态度方面（如满意度），也可以体现在行为方面（如营业额），能够发生在领导者个体、下属个体，以及群组层面。

Judge 和 Piccolo（2004）对变革型领导力和权变奖励的元分析表明，产出标准可以作为领导者行为与结果之间的调节变量。更具体地说，变革型领导力与领导者工作业绩关系不大，权变奖励与群组绩效或组织绩效的关系也不显著。此外，Judge、Bono、Ilies 和 Gerhardt（2002）指出，应考察领导力显现，而非领导力有效性与不同特质的关系。

此外，如表 6-1 所示，大多数经典的权变模型都倾向于使用满意度、敬业度和压力等较为主观的结果测量指标（如路径—目标理论、规范模型）；而领导力有效性权变模型倾向于使用更客观的测量指标，如达成目标。

总体而言，除了鼓励研究者考虑文化情境等其他权变因素外，团队有效性模型还提供了一个群组分析的理论视角来分析可能的领导力替代品或强化因素。另外，研究者还需要关注当今更具现实意义的情境因素，如沟通媒介、领导行为在不同领导级别上的影响（如 Kane 和 Tremble，2000），以及远端（间接）和近端（直接）领导力的作用（如 Avolio、Zhu、Koh 和 Puja，2004）等。

个人内在层面

就个人内在层面而言，重要的权变因素包括各种不同的领导者特征，这些特征可能会相互影响，继而改变一个人的领导能力。例如，自我监控等人格特质对领导力有效性的影响对男性和女性来说相同吗？（更多信息见本书第 2 章）

本部分将简要介绍人格特质与其他领导者特征之间的相互作用可能对领导力有效性产生怎样的影响。一个人的不同方面可能会相互作用，削弱某些长处或凸显某些弱点。例如，女性在自我监控方面的得分通常低于男性，而研究显示，自我监控这一特质与领导力相关（Day、Schleicher、Unckless 和 Hiller，2002）。根据这一逻辑可以推测，女性缺乏这种能促使她们成为有效领导者的关键人格特质。但是，一项研究（Becker、Ayman 和 Korabik，2002）表明，在男性主导的工作环境中，自我监控得分较高的女性领导者对下属行为的看法与下属一致的可能性低于男性领导者。而在中性环境中，男性领导者的情况几乎正好与此相反。这可能意味着自我监控对领导力的影响要比元分析所反映的情况更为复杂，因此需要进一步研究。

Ayman 和 Chemers（1991）研究了自我监控的作用和领导者匹配的概念。他们指出，自我监控程度低的匹配领导者比自我监控程度高的匹配领导者业绩更出色。但是，自我监控程度高的非匹配领导者能意识到自己所处的环境，并妥善管理自己的应对方式。例如，一个自我监控程度高、以任务为导向的领导者如果拥有中度的环境控制，那么他／她就会比自我监控程度低的领导者业绩更好。也就是说，以任务为导向、自我监控程度高的领导者一旦出现不匹配的状况，就会更加关注环境线索，妥善管理自己的应对方式，以便使自己的一举一动更为妥帖。如果能有进一步的研究来揭示自我监控对人格和领导行为之间关系的调节作用，将十分有益。

此外，社会人口性别与性别角色之间的相互作用也需要进一步探索。现有的少量研究表明，在预测变革型领导力与满意度和压力等结果的关系时，发挥作用的是领导者的性别角色取向，而不是性别本身（Korabik 和 Ayman，2007）。这一方向的研究还能帮助我们减少对女性和男性的刻板印象，转而关注个人所持的基本价值观（Ayman 和 Korabik，2010；Korabik 和 Ayman，2007）。

总结及结论

本章分两个部分介绍了领导力研究的权变与情境方法。第一部分对几个经典的权变模型进行了回顾；第二部分详细阐述了领导力研究中用于检验情境因素的变量类型。在回顾经典领导力权变理论的过程中，我们将相关理论分成了两类：①基于领导者特质与结果间关系的理论（即领导力有效性权变模型和认知资源理论）。②基于领导者行为与结果间关系的理论（即规范决策模型、环境领导力理论，以及路径—目标理论）。

在大多数早期研究中，情境通常是指环境的不同方面。在本章中，我们建议读者考虑两种不同类型的情境 / 权变因素：人际层面（即二元对或群组层面的相互作用）和个人内在层面（即领导者特质、社会人口特征和价值观等方面的相互作用）。关于人际层面的情境 / 权变因素，我们建议读者参考 West 等人（1998）的团队有效性模型，将群组的投入和产出看作潜在的情境因素。关于个人内在层面的权变因素，我们提出了领导者自我监控、性别和文化等概念。

运用领导力权变方法时需要记住的一个关键点是，这种研究方法以人与环境的拟合框架为最重要的基础。采用这种方法的各个模型证明，有效的领导者会以多种方式对环境作出应对，包括改变自身行为，让他人感受到自身的行为变化，或选择和管理所处的环境等。这与 Sternberg（1988）对智力功能的定义类似，他认为智力功能是一个人"根据自身的生活和能力，有目的地适应、选择和塑造现实世界的环境"（第 65 页）。

Chemers（1997）将领导者特征与环境实现最佳匹配时的状态称为"斗志昂扬"。Chemers 说，"斗志昂扬指的是这样一种状态：领导者自信而乐观，在感知、思想和情绪上都积蓄了十足的热情和能量，准备迎接领导任务所带来的挑战"（第 166 页）。这种状态在某种程度上类似于 Csikszentmihalyi（1990）所说的"心流"的概念。"心流"是指一个人所具备的技能和知识不多不少，恰好能满足环境的需求。在这种状态下，领导者能够展现出自身的最大潜力、乐观的态度和很强的效能感（Chemers，2002）。Fiedler（1978）将处于这种状态的领导者称作匹配的领导者。当领导者的特征适合于所处的环境时，他们会如鱼得水，表现出色而又不费力。

乍看起来，有人可能会认为领导者的概念有些自相矛盾，既要保持稳定和前后一致，又要能灵活应对不同环境的需求，但从根本上说，这两者是统一的。无论在哪种情况下，领导者的自我画像都没有发生变化。例如，一个自我监控程度高的领导者绝不会变成自我监控程度低的领导者，而"最难相处同事量表"得分高的领导者也绝不会变成一个得分低的领导者。但领导者所采取的行为和策略会使他们与环境的匹配度得到提高，进入"心流"或"斗志昂扬"的状态。

举例来说，在中度环境控制（非匹配）的环境下，"最难相处同事量表"得分低的领导者可能会意识到应让团队的其他成员参与决策过程，这也是 Vroom 的决策树所建议的。随后，这位领导者可以采用名义群组技术来形成管理这种环境的结构化方法。另一种办法是采用协商风格，对结果保持一定程度的控制，这是领导者的人格特质所要求的。所以说，一位领导者是"接受临时来访"还是"仅接受预约会面"虽然只是一个简单的问题，但可能会对领导者的环境匹配程度产生影响。我们所说的灵活性是指管理环境的行为，而不是改变某个人的特质和人格。

以前的许多研究都将调整能力和灵活性看作是领导者的一项重要能力（如 Lord 等人，1986）。灵活性可视为一种个人内在层面的权变因素，同时也是社交／情绪智力（Van Rooy 和 Visweswaran，2004）和文化智力（Triandis，2006）的组成部分。当领导者面对的是多样化的员工队伍时，他们往往需要调整自身行为以适应所处的环境和情境。

本章还介绍了将情境概念化的其他方式，包括将情境视为一种前因变量，而不是调节变量。在 West 等人（1998）的模型中，情境变量是群组过程输入的一部分。不过，从本章提供的几个示例来看，这些输入变量也可作为调节变量。因此，在领导力研究中，输入变量有时也可视为调节变量。

另外，我们还讨论了将情境作为客观（可见）或主观（不可见）因素进行测量的本质。从研究设计的角度来看，情境或权变因素就最纯粹的定义而言，多数是调节变量，不是预测因子。不过，某个变量既可以视为情境因素，也可视为预测因子。大多数与情境相关的研究，都是通过领导者或下属的感知来衡量情境因素的。客观情境因素总是作为主观解释的代理变量使用。例如，国家的概念可以拓展为人们的价值观，而不是简单地用地理位置来定义，性别可以解释为人们扮演的性别角色而不只是生理差异。

未来的研究

既然已有如此强有力且高度一致的证据，表明环境、情境和权变因素对于人们理解和研究领导力至关重要，那么领导者特质和行为对与领导者和追随者相关的组织和个人产出是否还会直接产生影响呢？未来，学者在探索真诚型领导力或服务型领导力等新的领导行为范式时可以考虑这个问题。研究领导者特质时，学者可以在对特质与结果之间关系的分析中考虑环境因素，使研究发现更有意义。

此外，未来的研究还可以探索数据来源的影响和情境的性质。也就是说，在评估情境时，可以同时考察客观和主观两方面的概念操作化方式，或者从多个角度收集数据，使信息互为印证。

实践指导意义

回顾开篇案例，Chris McAllister 的经历用本章所述研究中的很多证据都可以解释。例如，与研发人员共事所需要的领导行为和与制造业工人共事截然不同（Keller，2006）。还有，无论对于男性还是女性领导者，如果他们所领导的员工的性别偏向发生变化，领导行为的可迁移性也可能受到影响（Fleener 等人，2001）。

专业人员往往将领导力方面的知识用于培训与发展、人才选拔中的评价过程或绩效评估。但如果考虑到环境因素，那么在明确工作所需的各项能力之前先进行工作分析，也许能帮助我们弄清工作的性质、岗位职责范围，以及工作的情境。这样，我们或许能对一项工作所需的各种能力和技能确定更准确的优先级（Dierdorff、Rubin 和

Morgeson，2009）。专业人士在评估领导者绩效时可能也需要关注性别、民族等其他权变因素。一些研究表明，在业绩评估中，用于评估男性和女性领导者的能力因素可能是不同的（Frame、Roberto、Schwab 和 Harris，2010；Ostroff、Atwater 和 Feinberg，2004）。

总体而言，领导力的权变研究暗示了这样一个事实：领导者会有意无意地通过了解自身所处的环境和作出相应的反应来努力达到最佳的绩效水平。因此，"领导者匹配"（Fiedler 和 Chemers，1984）和"环境领导力"（Hersey 和 Blanchard，1982）等领导力培训项目都能帮助领导者变得更敏感、更应对自如、更灵活。另外，作为一种发展领导者能力的方法，全方位反馈会让领导者有机会以他人的视角（即在人际情境下）审视自己。培训的成果可以从两方面来验证：由下属描述领导者行为调整的情况，或由领导者描述自己是如何管理环境的。

总之，权变、情境和环境是我们在选择、培训和培养领导者时的重要考虑因素。在领导力理论中，我们需要更有效地整合和定义这些因素。技能与能力（如敏感性、反应性、灵活性等）的组合或许能帮助领导者进入"斗志昂扬"的状态（Chemers，2002）。这些能力可以通过多种方式表现出来，如个人特质、技能、行为等，具体情况因人而异，也因评估方法和领导力环境等的不同而不同。因此，领导力中的权变因素不可忽视，对全面了解领导力过程至关重要。

讨论题

1. 了解了权变与情境的作用后，我们在选择领导者时应考虑哪些问题？请从特质和行为两个方面来阐述。

2. 领导力研究应如何设计才能保证关注权变因素？有哪些做法和策略可供选择？

3. 任选一位领导者，描述他／她在各种环境下的人格和行为会对做事的成败产生什么影响。

推荐阅读

Hannah, S. T., Uhl-Bien, M., Avolio, B. J., & Cavarretta, F. L.（2009）. A framework for examining leadership in extreme contexts. *The Leadership Quarterly*, *20*, 897−919.

James, E. H., & Wooten, L. P.（2005）. Leadership as（un）usual: How to display competence in times of crisis. *Organizational Dynamics*, *34*, 141−152.

Kaplan, R. E., & Kaiser, R. B.（2003）. Developing versatile leadership. *MIT Sloan Management Review*, *44*（4）, 19−26.

Sally, D.（2002）. Co-leadership: Lessons from republican Rome. *California*

Management Review，*42*（4），84—99.

Snowden, D., & Boone, M.（2007）. A leaders' framework for decision making. *Harvard Business Review*，*85*（11），68—76.

案例研究

案例：Mitchell, J., & Konrad, A.（2011）. Christina Gold leading change at Western Union. Richard Ivey School of Business Case 9B06M007.

案例：Schwartz, M. S., & Copp, H.（2011）. Difficult hiring decision at Central Bank. Richard Ivey School of Business Case 9B06C004.

推荐视频

McChrystal, S.（2011）. Stanley McChrystal: Listen, learn … then lead. https：//www.ted.com/talks/ stanley_mcchrystal?language=en

Obeing, E.（2012）. Smart failure for a fast-changing world. https：//www. ted.com/talks/eddie_ obeng_smart_failure_for_a_fast_changing_world?language=en

参考文献

扫一扫，下载
本章参考文献

Antonakis, J., & Atwater, L.（2002）. Leader distance: A review and a proposed theory. *The Leadership Quarterly*，*13*，673–704.

Antonakis, J., Avolio, B. J., & Sivasubramaniam, N.（2003）. Context and leadership: An examination of the nine factor full range leadership theory using the Multifactor Leadership Questionnaire. *The Leadership Quarterly*，*14*，261–295.

Avolio, B. J.（2007）. Promoting more integrative strategies for leadership theory building. *American Psychologist*，*62*，25–33.

Avolio, B. J., & Kahai, S.（2003）. Effects of leadership style, anonymity, and rewards on creativity-relevant processes and outcomes in an electronic meeting system context. *The Leadership Quarterly*，*14*（4–5），499–524.

Avolio, B. J., Zhu, W., Koh, W, & Puja, B.（2004）. Transformational leadership and organizational commitment: Mediating role of psychological empowerment and moderating role of structural distance. *Journal of Organizational Behavior*，*25*，951–968.

Ayman, R.（1993）. Leadership perception: The role of gender and culture. In M. M. Chemers & R. Ayman（Eds.），*Leadership theory and research*：*Perspectives and directions*（pp. 137–166）. New York, NY: Academic Press.

Ayman, R.（2002）. Contingency model of leadership effectiveness. In L. L. Neider & C. A. Schriesheim（Eds.），*Leadership*（pp. 197–228）. Greenwich, CT: Information Age.

Ayman, R.（2004）. Culture and leadership. In C. Spielberger（Ed.），*Encyclopedia of applied psychology*（Vol. 2, pp. 507–519）. San Diego, CA: Elsevier.

Ayman, R., & Chemers, M. M.（1991）. The effects of leadership match on subordinate satisfaction in Mexican organizations: Some moderating influences of self-monitoring. *Applied Psychology*：*An International Review*，*44*，299–314.

Ayman, R., Chemers, M. M., & Fiedler, F.（1995）. The contingency model of leadership effectiveness and its levels of analysis. *The Leadership Quarterly*，*6*，147–167.

Ayman, R., Chemers, M. M., & Fiedler, F.（1998）. The contingency model of leadership effectiveness and its levels of analysis. In F. Yammarino & F. Dansereau（Eds.），*Leadership*：*The multi-level approaches*（pp. 73–96）. New York, NY: JAI Press.

Ayman, R., & Korabik, K.（2010）. Leadership: Why gender and culture matter. *American Psychologist*，*65*，157–170.

Ayman, R., Korabik, K., & Morris, S.（2009）. Is transformational leadership always perceived as effective? Male subordinates' devaluation of female transformational leaders.

Journal of Applied Social Psychology, *39*, 852–879.

Ayman, R., Rinchiuso, M., & Korabik, K. (2004, August). *Organizational commitment and job satisfaction in relation to LMX and dyad gender composition.* Paper presented at the International Congress of Psychology, Beijing, China.

Ayman, R., & Romano, R. (1998) . Measures and assessments for the contingency model of leadership. In F Yammarino & F. Dansereau (Eds.), *Leadership*: *The multi-level approaches* (pp. 97–114) . New York, NY: JAI Press.

Becker, J., Ayman, R., & Korabik, K. (2002) . Discrepancies in self/subordinates' perceptions of leadership behavior: Leader's gender, organizational context, and leader's self-monitoring. *Group & Organizational Management*, *27*, 226–244.

Burke, M. J., & Day, R. R. (1986) . A cumulative study of the effectiveness of managerial training. *Journal of Applied Psychology*, *71*, 242–245.

Case, B. (1987) . Leadership behavior in sport: A field test of the situation leadership theory. *International Journal of Sport Psychology*, *18*, 256–268.

Cavazotte, F., Hartman, N. S., & Bahiense, E. 2014. Charismatic Leadership, Citizenship Behaviors, and Power Distance Orientation. *Cross-Cultural Research*, *48*(1): 3–31.

Cha, J., Kim, Y., Lee, J., & Bachrach, D. G.(2015) . Transformational leadership and inter-team collaboration: Exploring the mediating role of teamwork quality and moderating role of team size. *Group and Organizational Management*, *40*(6), 715–743.

Chemers, M. M.(1997) . *An integrative theory of leadership.* Mahwah, NJ: Lawrence Erlbaum.

Chemers, M. M. (2000) . Leadership research and theory: A functional integration. *Group Dynamics*: *Theory, Research, and Practice*, *4*, 27–43.

Chemers, M. M. (2002) . Efficacy and effectiveness: Integrating models of leadership and intelligence. In R. E. Riggio, S. E. Murphy, & F. J. Pirossolo (Eds.), *Multiple intelligences and leadership* (pp. 139–160) . Mahwah, NJ: Lawrence Erlbaum.

Chemers, M. M., & Ayman, R. (1985) . Leadership orientation as a moderator of the relationship between performance and satisfaction of Mexican managers. *Personality and Social Psychology Bulletin*, *11*, 359–367.

Chemers, M. M., Goza, B., & Plumer, S. I. (1978, August) . *Leadership style and communication process.* Paper presented at the annual meeting of the American Psychological Association, Toronto, ON, Canada.

Chemers, M. M., Hays, R., Rhodewalt, F., & Wysocki, J. (1985) . A person–environment analysis of job stress: A contingency model explanation. *Journal of Personality and Social Psychology*, *49*, 628–635.

Cho, J. & Dansereau, F. 2010. Are transformational leaders fair? A multi-level study of transformational leadership, justice perceptions, and organizational citizenship behaviors. *The Leadership Quarterly*, *21* (3): 409–421.

Chun, J. U., Yammarino, F J., Dionne, S. D., Sosik, J. J., & Moon, H. K. (2009) . Leadership across hierarchical levels: Multiple levels of management and multiple levels of analysis. *The Leadership Quarterly*, *20* (5), 686–707.

Csikszentmihalyi, M. (1990) . *Flow*: *The psychology of optimal experience.* New York, NY: Harper Perennial.

Dansereau, F., Graen, G. B., & Haga, W. (1975) . A vertical dyad linkage approach to leadership in formal organizations: A longitudinal investigation of the managerial role–making process. *Organizational Behavior and Human Performance*, *13*, 46–78.

Dansereau, F., & Yammarino, F. J. (Eds.) . (1998a) . *Leadership*: *The multiple-level approaches—Classical and new wave.* Stamford, CT: JAI Press.

Dansereau, F., & Yammarino, F. J. (Eds.) . (1998b) . *Leadership*: *The multiple-level approaches—Contemporary and alternative.* Stamford, CT: JAI Press.

Day, D. V., & Lord, R. G. (1988) . Executive leadership and organizational performance: Suggestions for a new theory and methodology. *Journal of Management*, *14*, 453–464.

Day, D. V., Shleicher, D. J., Unckless, A. L., & Hiller, N. J. (2002) . Self–monitoring personality at work: A metaanalytic investigation of construct validity. *Journal of Applied Psychology*, *87* (2), 390–401.

Dennison, D. R. (1996) . What is the difference between organizational culture and organizational climate? A native's point of view on a decade of paradigm wars. *Academy of Management Review*, *21*, 619–654.

Dierdorff, E. C., Rubin, R. S., & Morgeson, F. P. (2009) . The milieu of managerial work: An integrative framework linking work context to role requirements. *Journal of Applied Psychology*, *94*, 972–988.

Dionne, S. D., Yammarino, F. J., Atwater, L. E., & James, L. R. (2002) . Neutralizing substitutes for leadership theory: Leadership effects and commonsource bias. *Journal of Applied Psychology*, *87*, 454–464.

Eagly, A. H., & Carli, L. L. (2007) . *Through the labyrinth*: *The truth about how women become leaders.* Boston, MA: Harvard Business School Press.

Eagly, A. H., Johannesen–Schmidt, M. C., & van Engen, M. L. (2003) . Transformational, transactional, and laissez–faire leadership styles: A meta–analysis comparing women and men. *Psychological Bulletin*, *129*, 569–591.

Eagly, A. H., & Karau, S. J. (1991) . Gender and the emergence of leader: A meta–analysis. *Journal of Personality and Social Psychology*, *60*, 685–710.

Eagly, A. H., Karau, S. J., & Makhijani, M. G. (1995) . Gender and leader effectiveness: A meta–analysis. *Psychological Bulletin*, *117*, 125–145.

Eagly, A. H., Makhijani, M. G., & Klonsky, B. G. (1992) . Gender and the evaluation of leaders: A meta–analysis. *Psychological Bulletin*, *111* (1), 3–22.

Evans, M. G.(1996) . R. J. House's "a path–goal theory

ofleader effectiveness." *The Leadership Quarterly*, *7*, 305–309.

Fernandez, C. F., & Vecchio, R. P. (1997). Situational leadership theory revisited: A test of an across jobs perspective. *The Leadership Quarterly*, *8*, 67–84.

Fiedler, F. E. (1964). A contingency model of leadership effectiveness. In L. Berkowitz (Ed.), *Advances in experimental social psychology* (Vol. 1, pp. 149–190). New York, NY: Academic Press.

Fiedler, F. E. (1978). The contingency model and the dynamics of the leadership process. In L. Berkowitz (Ed.), *Advances in experimental social psychology* (Vol. 11, pp. 59–112). New York, NY: Academic Press.

Fiedler, F. E. (1992). Life in a pretzel–shaped universe. In A. Bedeian (Ed.), *Management laureates: A collection of autobiographical essays* (Vol. 1, pp. 301–334). Greenwich, CT: JAI Press.

Fiedler, F. E. (1993). The leadership situation and the black box in contingency theories. In M. Chemers & R. Ayman (Eds.), *Leadership theory and research: Perspectives and directions* (pp. 2–28). New York, NY: Academic Press.

Fiedler, F. E. (1995). Cognitive resource and leadership performance. *Applied Psychology: An International Review*, *44*, 5–28.

Fiedler, F. E. (2002). The curious role of cognitive resources in leadership. In R. Riggio, S. Murphy, & F. Pirozzolo (Eds.), *Multiple intelligences and leadership* (pp. 91–104). Mahwah, NJ: Lawrence Erlbaum.

Fiedler, F. E., & Chemers, M. M. (1984). *Improving leadership effectiveness: The leader match concept* (2nd ed.). New York, NY: John Wiley.

Fiedler, F. E., Chemers, M. M., & Mahar, L. 1976. Improving leadership effectiveness: The leader match concept: John Wiley & Sons.

Fiedler F. E., & Garcia, J. E. (1987). *New approaches to effective leadership: Cognitive resources and organizational performance.* New York, NY: John Wiley.

Fisher, B. M., & Edwards, J. E. (1988). Consideration and initiating structure and their relationships with leader effectiveness: A meta–analysis. *Academy of Management Best Paper*, 201–205.

Fleener, B., Ayman, R., & Elington, K. (2011, April). *A multi–level, multi–sources study of Charismatic leadership, gender, and performance.* Presented at Society of Industrial and Organizational Psychology, Chicago, IL.

Frame, M. C., Roberto, K. J., Schwab, A. E., & Harris, C. T. (2010). What is important on the job? Differences across gender, perspective, and job level. *Journal of Applied Social Psychology*, *40*, 36–56.

French, J. R., & Raven, B. (1959). The basis of social power. In D. Cartwright (Ed.), *Studies in social power* (pp. 150–167). Ann Arbor: Institute for Social Research, University of Michigan.

Gajendran, R. S., & Joshi, A. (2012). Innovation in globally distributed teams: The role of LMX, communication frequency, and member influence on team decisions. *Journal of Applied Psychology*, *97* (6), 1252–1261.

Golden, T. D., & Veiga, J. F. (2008). The impact of superior–subordinate relationships on the commitment, job satisfaction, and performance of virtual workers. *The Leadership Quarterly*, *19* (1), 77–88.

Graen, G. B., & Uhl–Bien, M. (1995). Relationship based approach to leadership: Development of leader–member exchange (LMX) theory of leadership over 25 years: Applying a multi–level multi–domain perspective. *The Leadership Quarterly*, *6*, 219–247.

Gumusluoglu, L., Karakitapoglu–Aygun, Z., & Hirst, G. (2013). Transformational leadership and R&D workers' multiple commitments: Do justice and span of control matter? *Journal of Business Research*, *66* (11), 2269–2278.

Hackman, J. R. (1968). Effects of task characteristics on group products. *Journal of Experimental Social Psychology*, *4*, 162–187.

Hackman, J. R., & Morris, C. G. (1975). Group task, group interaction process, and group performance effectiveness: A review and proposed integration. In L. Berkowitz (Ed.), *Advances in experimental social psychology* (Vol. 8). New York, NY: Academic Press.

Hambley, L. A., O'Neill, T. A., & Kline, T. J. B. (2007). Virtual team leadership: The effects of leadership style and communication medium on team interaction styles and outcomes. *Organizational Behavior and Human Decision Processes*, *103* (1), 1–20.

Hanges, P. J., Lord, R. G., & Dickson, M. W. (2000). An information–processing perspective on leadership and culture: A case for connectionist architecture. *Applied Psychology: An International Review*, *49*, 133–161.

Hersey, P., & Blanchard, K. (1969). Life cycle theory of leadership. *Training and Development Journal*, *23*, 26–34.

Hersey, P., & Blanchard, K. (1982). *Management of organizational behavior* (4th ed.). Englewood Cliffs, NJ: Prentice Hall.

Hofstede, G. (2001). *Culture's consequences: Comparing values, behaviors, institutions, and organizations across nations* (2nd ed.). Thousand Oaks, CA: Sage.

Hogan, R., Curphy, G. J., & Hogan, J. (1994). What we know about leadership: Effectiveness and personality. *American Psychologist*, *49*, 493–504.

Hollingshead, A. B., & McGrath, J. E. (1995). Computer–assisted groups: A critical review of the empirical research. In R. A. Guzzo, E. Salas, & Associates (Eds.), *Team effectiveness and decision-making in organizations* (pp. 46–78). San Francisco, CA: Jossey–Bass.

House, R. J. (1971). A path–goal theory of leadership effectiveness. *Administrative Quarterly*, *16*, 312–338.

House, R. J. (1996). Path–goal theory of leadership: Lessons, legacy, and a reformulated theory. *The Leadership*

Quarterly, 7, 323–352.

House, R. J., & Mitchell, T. R. (1974). Path–goal theory of leadership. *Journal of Contemporary Business*, *9*, 81–97.

Howells, L. T., & Becker, S. W. (1962). Seating arrangement and leadership emergence. *Journal of Abnormal and Social Psychology*, *64*, 148–150.

Hoyt, C. L., & Blascovich, J. (2003). Transformational and transactional leadership in virtual and physical environments. *Small Group Research*, *34*, 678–715.

Jermier, J. M., & Kerr, S. (1997). "Substitutes for leadership: Their meaning and measurement" —Contextual recollections and current observations. *The Leadership Quarterly*, *8*, 95–102.

Johns, G. (2006). The essential impact of context on organizational behavior. *Academy of Management Review*, *31*, 386–408.

Judge, T. A., Bono, J. E., Ilies, R., & Gerhardt, M. W. (2002). Personality and leadership: A qualitative and quantitative review. *Journal of Applied Psychology*, *87*, 765–780.

Judge, T. A., Colbert, A. E., & Ilies, R. (2004). Intelligence and leadership: A quantitative review and test of theoretical propositions. *Journal of Applied Psychology*, *89*, 542–552.

Judge, T. A., & Piccolo, R. F. (2004). Transformational and transactional leadership: A meta–analytic test of their relative validity. *Journal of Applied Psychology*, *89*, 755–768.

Jung, D. I., & Avolio, B. J. (1999). Leadership style and followers' cultural orientation on performance in group and individual task conditions. *Academy of Management Journal*, *42*, 208–218.

Kane, T. D., & Tremble, T. R. (2000). Transformational leadership effects at different levels of the Army. *Military Psychology*, *12*, 137–160.

Keller, R. T. (2006). Transformational leadership, initiating structure, and substitutes for leadership: A longitudinal study of research and development project team performance. *Journal of Applied Psychology*, *91* (1), 202–210.

Kerr, S., & Jermier, J. M. (1978). Substitutes for leadership: Their meaning and measurement. *Organizational Behavior and Human Performance*, *22*, 375–403.

Kim, T., Liden, R. C., Kim, S., & Lee, D. (2015). The interplay between follower core self–evaluation and transformational leadership: Effects on employee outcomes. *Journal of Business and Psychology*, *30* (2), 345–355.

Kirkman, B. L., Chen, G., Farh, J. L., Chen, Z. X., & Lowe, K. B. (2009). Individual power distance orientation and follower reaction to transformational leaders: A cross-level, cross-cultural examination. *Academy of Management Journal*, *52* (4), 744–764.

Klein, K. J., & Kozlowski, S. W. J. (Eds.). (2000). *Multilevel theory, research, and methods in organiza-tions: Foundations, extensions, and new directions*. San Francisco, CA: Jossey–Bass.

Korabik, K., & Ayman, R. (2007). Gender and leadership in the corporate world: A multiperspective model. In J. C. Lau, B. Lott, J. Rice, & J. Sanchez–Hudes (Eds.), *Transforming leadership: Diverse visions and women's voices* (pp. 106–124). Malden, MA: Blackwell.

Leavitt, H. J. (1951). Some effects of certain communication patterns on group performance. *Journal of Abnormal and Social Psychology*, *46*, 38–50.

Liden, R. C., & Antonakis, J. (2009). Considering context in psychological leadership research. *Human Relations*, *62*, 1587–1605.

Ling, Y., Simsek, Z., Lubatkin, M. H., & Veiga, J. F. (2008). Impact of transformational CEOs on the performance of small to medium firms: Does organizational context matter? *Journal of Applied Psychology*, *93*, 923–934.

Lord, R. G., DeVader, C. L., & Alliger, G. M. (1986). A meta–analysis of the relation between personality traits and leadership: An application of validity generalization procedures. *Journal of Applied Psychology*, *71*, 402–410.

Lord, R. G., & Emrich, C. G. (2001). Thinking outside the box by looking inside the box: Extending the cognitive revolution in leadership research. *The Leadership Quarterly*, *11*, 551–579.

Lord, R. G., & Maher, K. J. (1991). *Leadership and information processing: Linking perceptions and performance*. Boston, MA: Routledge.

Lowe, K. B., Kroeck, G., & Sivasubramaniam, N. (1996). Effectiveness correlates of transformational and transactional leadership: A meta–analytic review of the MLQ literature. *The Leadership Quarterly*, *7*, 385–425.

McGrath, J. E. (1984). A typology of tasks. *Groups, interaction and performance* (pp. 53–66). Englewood Cliffs, NJ: Prentice Hall.

Miao, Q., Newman, A., & Lamb, P. 2012. Transformational leadership and the work outcomes of Chinese migrant workers: The mediating effects of identification with leader. *Leadership*, *8* (4): 377–395.

Mitchell, T. R., & James, L. R. (2001). Building better theory: Time and the specification of when things happen. *Academy of Management Review*, *26*, 530–547.

Mullen, B., Symons, C., Hu, L., & Salas, E. (1989). Group size, leadership behavior, and subordinate satisfaction. *Journal of General Psychology*, *116* (2), 155–170.

Mumford, M. D., Dansereau, F., & Yammarino, F. Y. (2000). Followers, motivations, and levels of analysis: The case of individualized leadership. *The Leadership Quarterly*, *11*, 313–340.

Murphy, S. E., Blyth, D., & Fiedler, F. E. (1992). Cognitive resource theory and the utilization of the leader's and group members' technical competence. *The Leadership Quarterly*, *3*, 237–255.

Offermann, L. R., Kennedy, J. K., Jr., & Wirtz, P. W.

（1994）. Implicit leadership theories: Content, structure, and generalizability. *The Leadership Quarterly*, 5, 43–58.

Ostroff, C., Atwater, L. E., & Feinberg, B. J. (2004). Understanding self–other agreement: A look at rater and ratee characteristics, context, and outcomes. *Personnel Psychology*, 57, 333–375.

Palrecha, R., Spangler, W. D., & Yammarino, F. J. (2012). A comparative study of three leadership approaches in India. *The Leadership Quarterly*, 23 (1), 146–162.

Peters, L. H., Hartke, D. D., & Pohlmann, J. F (1985). Fiedler's contingency theory of leadership: An application of the metaanalysis procedures of Schmitt and Hunter. *Psychological Bulletin*, 97, 274–285.

Podsakoff, P. M., & Mackenzie, S. B. (1997). Kerr and Jermier's substitutes for leadership model: Background, empirical assessment, and suggestions for future research. *The Leadership Quarterly*, 8, 117–125.

Podsakoff, P. M., MacKenzie, S. B., & Bommer, W. H. (1996). Meta–analysis ofthe relationships between Kerr and Jermier's substitutes for leadership and employee job attitudes, role perceptions, and performance. *Journal of Applied Psychology*, 81, 380–399.

Podsakoff, P. M., & Schriesheim, C. A. (1985). Field studies of French and Raven's bases of power: Critique, reanalysis, and suggestions for future research. *Psychological Bulletin*, 97, 387–411.

Polyashuk, Y., Ayman, R., & Roberts, J. L. (2008, April). *Relationship quality: The effect of dyad composition diversity and time.* Poster session presented at the meeting of the Society of Industrial and Organizational Psychology, San Francisco, CA.

Porter, L. W., & McLaughlin, G. B. (2006). Leadership and the organizational context: Like the weather? *The Leadership Quarterly*, 17, 559–576.

Potter, E. H., III, & Fiedler, F. E. (1981). The utilization of staff members' intelligence and experience under high and low stress. *Academy of Management Journal*, 24, 361–376.

Preacher, K. J., Rucker, D. D., & Hayes, A. F. (2007). Addressing moderated mediation hypotheses: Theory, methods, and prescriptions. *Multivariate Behavioral Research*, 42, 185–227.

Puranova, R. K., & Bono, J. E. (2009). Transformational leadership in context: Face to face and virtual teams. *The Leadership Quarterly*, 20, 343, 357.

Rice, W. R. (1981). Leader LPC and follower satisfaction: A review. *Organizational Behavior and Human Performance*, 28, 1–25.

Rice, W. R., Marwick, N. J., Chemers, M. M., & Bentley, J. C. (1982). Task performance and satisfaction: Least preferred coworker (LPC) as a moderator. *Personality and Social Psychology Bulletin*, 8, 534–541.

Rockstuhl, T., Dulebohn, J. H., Ang, S., & Shore, L. M. (2012). Leader–Member Exchange (LMX) and culture: A meta–analysis of correlates of LMX across 23 countries. *Journal of Applied Psychology*, 97, 1097–1130.

Rogers, T. & Ayman, R. (2001, July). The role of transformational leadership in salesperson's motivation and performance. Paper presented at the 7th European Congress of Psychology, London, U.K.

Schaubroeck, J., Lam, S. S., & Cha, S. E. 2007. Embracing transformational leadership: team values and the impact of leader behavior on team performance. *Journal of Applied Psychology*, 92 (4): 1020.

Schneider, R. J., & Hough, L. M. (1995). Personality and industrial/organizational psychology. In C. L. Cooper & I. T. Robertson (Eds.), *International review of industrial and organizational psychology* (Vol. 10). New York, NY: John Wiley.

Schriesheim, C. A. (1997). Substitutes–for–leadership theory: Development and basic concepts. *The Leadership Quarterly*, 8, 103–108.

Schriesheim, C. A., Tepper, B. J., & Tetrault, L. A. (1994). Least preferred coworker score, situational control and leadership effectiveness: A meta–analysis of contingency model performance predictions. *Journal of Applied Psychology*, 79, 561–573.

Schriesheim, C. A., & Von Glinow, M. A. (1977). The path–goal theory of leadership: A theoretical and empirical analysis. *Academy of Management Journal*, 20, 398–405.

Seong, J. Y., & Hong, D. (2013). Gender diversity: How can we facilitate its positive effects on teams? *Social Behavior and Personality*, 41 (3), 497–508.

Shartle, C. L. (1951). Studies of naval leadership, part I. In H. Guetzkow (Ed.), *Groups, leadership and men: Research in human relations* (pp. 119–133). Pittsburgh, PA: Carnegie Press.

Shaw, M. E. (1981). *Group dynamics: The psychology of small group behavior* (3rd ed.). New York, NY: McGraw– Hill.

Sheikh, A. Z., Newman, A., & Al Azzeh, S. A.–F. 2013. Transformational leadership and job involvement in the Middle East: the moderating role of individually held cultural values. *The International Journal of Human Resource Management*, 24 (6): 1077–1095.

Singer, M. S., & Singer, A. E. (1990). Situational constraints on transformational versus transactional leadership behavior, subordinates' leadership preference, and satisfaction. *The Journal of Social Psychology*, 130 (3), 385–396.

Staw, B. M., & Ross, J. (1980). Commitment in an experimenting society: A study of the attribution of leadership from administrative scenarios. *Journal of Applied Psychology*, 65 (3), 249–260.

Sternberg, R. J. (1988). *The triarchic mind: A new theory of human intelligence.* New York, NY: Penguin Books.

Sternberg, R. J. (1995). A triarchic view of "cognitive

resource and leadership performance." *Applied Psychology: An International Review*, *44*, 29–32.

Sternberg, R. J., & Vroom, V. (2002). The person versus situation in leadership. *The Leadership Quarterly*, *13*, 301–323.

Stinson, J. E., & Johnson, T. W. (1975). The path-goal theory of leadership: A partial test and suggested refinement. *Academy of Management Journal*, *18*, 242–252.

Stogdill, R. M. (1974). *Handbook of leadership*. New York, NY: Free Press.

Strube, M. J., & Garcia, J. E. (1981). A meta-analytical investigation of Fiedler's contingency model of leadership effectiveness. *Psychological Bulletin*, *90*, 307–321.

Sun, W., Xu, A., & Shang, Y. 2014. Transformational leadership, team climate, and team performance within the NPD team: Evidence from China. *Asia Pacific Journal of Management*, *31* (1): 127–147.

Tobey-Garcia, A., Ayman, R., & Chemers, M. (2000, July). *Leader-subordinate trait dyad composition and subordinate satisfaction with supervision: Moderated by task structure*. Paper presented at the XXVII International Congress of Psychology, Stockholm, Sweden.

Triandis, H. C. (2006). Cultural intelligence in organizations. *Group & Organizational Management*, *31*, 20–26.

Van Rooy, D. L., & Viswesvaran, C. (2004). Emotional intelligence: A meta-analytic investigation of predictive validity and nomological net. *Journal of Vocational Behavior*, *65*, 71–95.

Vecchio, R. P. (1987). Situational leadership theory: An examination of a prescriptive theory. *Journal of Applied Psychology*, *72*, 444–451.

Vecchio, R. P. (1997). Situational leadership theory: An examination of a prescriptive theory. In R. P. Vecchio (Ed.), *Leadership: Understanding the dynamics of power and influence in organizations* (pp. 334–350). Notre Dame, IN: University of Notre Dame Press.

Vecchio, R. P., & Boatwright, K. J. (2002). Preferences for idealized styles of supervision. *The Leadership Quarterly*, *13*, 327–342.

Vroom V. H., & Jago, A. G. (1978). On the validity of the Vroom–Yetton model. *Journal of Applied Psychology*, *63*, 151–162.

Vroom, V. H., & Jago, A. G. (1988). *The new leadership: Managing participation in organizations*. Englewood Cliffs, NJ: Prentice Hall.

Vroom, V. H., & Jago, A. G. (1998). Situation effects and levels of analysis in the study of leader participation. In F. Yammarino & F. Dansereau (Eds.), *Leadership: The multi-level approaches* (pp. 145–159). Stamford, CT: JAI Press.

Vroom, V. H., & Yetton, P. W. (1973). *Leadership and decision-making*. Pittsburgh, PA: University of Pittsburgh Press.

Waldman, D. A., Ramirez, G. G., House, R. J., & Puranam, P. (2001). Does leadership matter? CEO leader-ship attributes and profitability under conditions of perceived environmental uncertainty. *Academy of Management Journal*, *44* (1), 134–143.

Waldman, D. A., & Yammarino, F. J. (1999). CEO charismatic leadership: Levels-of-management and levels-of-analysis effects. *Academy of Management Review*, *24*, 266–285.

Walumbwa, F. O., & Lawler, J. J. (2003). Building effective organizations: Transformational leadership, collectivist orientation, work-related attitudes, and withdrawal behaviors in three emerging economies. *International Journal of Human Resource Management*, *14*, 1083–1101.

Walumbwa, F. O., Lawler, J. J., & Avolio, B. J. (2007). Leadership, individual differences, and work-related attitudes: A cross-cultural investigation. *Applied Psychology: An International Review*, *56* (2), 212–230.

Wang, Z., & Gagne, M. (2013). A Chinese-Canadian cross-cultural investigation of transformational leadership, autonomous motivation, and collectivistic value. *Journal of Leadership & Organizational Studies*, *20*, 134–142.

Wentworth, D. K., & Anderson, L. R. (1984). Emergent leadership as a function of sex and task type. *Sex Roles*, *11*, 513–524.

West, M. A., Borrill, C. S., & Unsworth, K. L. (1998). Team effectiveness in organizations. In C. L. Cooper & I. T. Robertson (Eds.), *International review of industrial and organizational psychology* (pp. 1–48). Chichester, UK: Wiley.

Wofford, J. C., & Liska, L. Z. (1993). Pathgoal theories of leadership: A meta-analysis. *Journal of Management*, *19*, 857–876.

Yammarino, F. J., & Dansereau, F. (Eds.). (2009). *Multi-level issues in organizational behavior and leadership* (Vol. 8). Bingley, UK: Emerald.

York, R. O. (1996). Adherence to situational leadership theory among social workers. *Clinical Supervisor*, *14*, 5–26.

Yukl, G., & Van Fleet, D. D. (1992). Theory and research on leadership in organizations. In M. D. Dunnette & L. M. Hough (Eds.), *Handbook of industrial and organizational psychology* (2nd ed., Vol. 3, pp. 147–198). Palo Alto, CA: Consulting Psychologist Press.

Zaccaro, S. J. (1995). Leader resource and the nature of organizational problems. *Applied Psychology: An International Review*, *44*, 32–36.

Zaccaro, S. J. (2007). Trait-based perspectives of leadership. *American Psychologist*, *62*, 6–16.

Zaccaro, S. J., Kemp, C., & Bader, P. (2004). Leader traits and attributes. In J. Antonakis, A. T. Cianciolo, & R. J. Sternberg (Eds.), *The nature of leadership* (pp. 102–124). Thousand Oaks, CA: Sage.

Zhu, W., Avolio, B. J., & Walumbwa, F. O. (2009). Moderating role of follower characteristics with transformational leadership and follower work engagement. *Group & Organization Management*, *34* (5), 590–619.

第7章
共享型领导力

Christina L. Wassenaar、Craig L. Pearce

📖 开篇案例：领导者的日常

Miena 怀着复杂的心情开始了今天的工作。她感到兴奋、紧张，饱含激情和希望。最重要的是，自从她开始担任时尚餐厅的主厨之后，Miena 希望可以尽自己最大的努力工作。她清楚地知道是因为个人才华让她获得了这份工作。她为自己的成就和才华感到自豪，获得这份新工作是她在过去的 10 年中不断学习和努力的结果。

Miena 准备走进新厨房时，一直在想会面临怎样的工作环境。比起之前只有几个人一起工作，这里的一切都很令人好奇。面试时，她遇到的每一个人都很友善，他们都表现出愿意共同制作精美菜单和令人兴奋的菜品的愿望。然而，当真的要走进这间新厨房时，Miena 开始担心会有其他才华横溢的厨师也希望得到这份工作。如果竞争更激烈的话，她该如何表现得最好呢？

穿上围裙的 Miena 继续思考着这个问题。她想起了自己的师傅 Thomas，Thomas 始终如一、无休无止地追求品质，每天都希望能做出有创意的食物。Thomas 希望学生们富有创造力。除了这些目标，Thomas 还说："我雇用你是因为你是最好的。我不会告诉你每时每刻需要做什么。你知道你必须做什么，因此，如果你拥有帮助我们成功的想法或技能，请直接向我们展示你可以做什么。"

Miena 知道 Thomas 主张的领导方式在厨房情境中并不常见。通常，主厨就像君主一样，所有在主厨手下工作的厨师都只是帮助主厨进行创造的工具。一般来说，厨房通常由主厨、副主厨、各个部门的厨师及其助手组成。主厨提出规划并协调一切，其他人通常都毫无疑义地听从主厨的安排。这种传统的厨房等级结构，即经典的法国方式，神圣不可侵犯。

Miena 知道，今天与她一起工作的每个人都有可能接受过此类厨房等级结构的培训。但同时她也明白，得益于 Thomas 及其领导力风格的影响，她已经成为了主厨。Thomas 经常鼓励他人主导、采取主动、共同成长。Miena 意识到，当她进入厨房时，她想在新的岗位中采用 Thomas 的领导力风格。Miena 想教导他人、向他人学习，并精益求精，在这一过程中让其他人有机会学习到自己曾经接受过的培训。

讨论题

1. 当 Miena 与新团队交谈时，你建议她先说什么？

2.Miena 不仅在考虑赋予他人权力，而且正在计划如何分享潜在客户，她采取哪些步骤能成功地实现这些目标呢？

3. 你认为 Miena 的新团队将如何应对这样的领导力风格？

📖 本章概述

> *令人惊讶的是，如果人们不关心谁会得到荣誉，那么有多少人会主动完成工作呢？*
>
> ——斯瓦希里谚语

当我们思考领导力的本质时，会联想到一些深层次的问题（Antonakis、Cianciolo 和 Sternberg，2004）。在这方面，共享型领导力理论改变了我们的思维模式，将领导力从层级中的角色转变为动态的社会过程（Pearce 和 Conger，2003；Pearce 和 Wassenaar，2015；Pearce、Wassenaar 和 Manz，2014）。人类社会行为的自然属性意味着其从事的活动遵循内在的性格规律——本能决定了行为。换言之，人类的本质或行为与生俱来。这意味着我们在日常生活中采取的行动受到了前置性格的影响，这一性格由环境、教育和文化塑造而成。作为社区中的成员，作为父母、孩子或雇员，甚至作为领导者，我们的本质，即我们到底是谁，深深地影响着我们与他人的互动。

但是，这样的理解足够吗？是否可以单纯地依赖个人或传统对社会规则的理解？我们正在走向新世界，这样的世界受到科技发展和人口增长的推动，各式各样的嵌入性规则此起彼伏，与此同时，我们也面对着新的地缘政治规则。从某个角度看，我们是世界变革的一部分；如此看来，我们的祖先经历了多少次变革呢？与这一主题更直接相关的是，谁引导着变革？

本章的目标是为共享型领导力理论提供一种基础性视角。在过去的几十年中，共享型领导力作为一种特殊的领导力模式已经在人类社会中存在一段时间。它既存在于实际的工作场所，也存在于科学研究之中。共享型领导力的一般定义：群体中个人之间的动态互动影响着过程，目的是为了通过相互领导来实现群体或组织目标（Pearce 和 Conger，2003，第 1 页）。换言之，当小组成员根据所处的环境或具体情况，积极主动地将领导者的角色进行互相转换，共享型领导力也因此而产生。这与传统的领导力模式存在明显的不同，在传统的领导力模式中，影响力和决策权从垂直式领导者流向追随者（Day、Gronn 和 Salas，2004、2006；Day 和 O'Connor，2003；Pearce 和 Sims，2000、2002；Riggio、Chaleff 和 Lipman-Blumen，2008）。我们并不是要提倡下列观念，即学习共享型领导力可以超越或取代对层级式领导力或更加传统型领导力的理解（Pearce、Conger 和 Locke，2008）。恰恰相反，共享型领导力提倡领导力的角色并非掌握在一个人的手中，而是掌握在为了实现群体目标而共同努力的所有成员手中。

显然，这种领导力不同于传统上对层级式领导者的理解。传统观念认为领导者是决策和目标的仲裁者，一群人会围绕着领导者。纵观整个历史，我们经常阅读到一些著名人士的故事（Bass 和 Bass，2008；Carlyle，1841、1894；Figueira、Brennan 和 Sternberg，2009）。的确如此，我们赞扬他们，而不管结果如何。我们渴望获得他们所取得的成就，或者至少被他们所接纳。因此，对于领导力的研究，主要集中于领导者的态度、行为和活动，通过这些研究了解并揭开领导者的神秘面纱，甚至也是为了模仿领导者（Bass 和 Bass，2008）。

Pearce 和 Conger（2003）指出，最近学术界中的一些研究者摆脱了传统做法，开始转而主张"领导力实际上是一个过程，在这个过程中领导力可以被教导、共享、分配，并在集体意义上得以实现"。这些学者着手宣传一种观念：领导力是一个共享的互相影响过程，领导力并不一定仅仅来源于层级式领导者。相反，领导者可以来自于团体或社会系统中的任何成员，这些成员可以为项目或系统提供所需的即时性技能和才能（Hunt，2004；Ropo、Eriksson 和 Hunt，1997）。当然，就目前而言，与比较成熟的领导力理论相比，共享型领导力的实证研究要少得多，但是在过去的 20 年中，这一领域的研究得以开展并取得了长足的进步。

因此，本章将涵盖有关共享型领导力的 4 个主要领域：①辨析共享型领导力理论发展的历史先驱。②综述现有共享型领导力研究，这些研究进行了初步分析并有了一定的研究成果。③着重于分析如何在实践中实现共享型领导力，并为潜在的领导者提供具体建议。④探讨组织中领导力的未来。

有时，为了前进，首先需要回顾过往。在领导力研究的案例中，Bass 和 Avolio（1993）指出，领导力领域中的"新"理论通常是旧理论的先锋版（Yukl，2012）。为了不陷入选择性记忆的陷阱中，我们将花一点时间回顾共享型领导力的历史根基，以及目前对共享型领导力的理解是如何受到组织行为学、心理学、协同合作、社会学和领导力研究的学术性影响的。

📖 共享型领导力的历史基础

一般而言，工业革命之前很少有人从科学的角度思考领导他人或领导力的问题。工业革命时期，尤其是 19 世纪 30 年代，人们开始以科学的方式关注工业革命带来的快速变化（Nardinelli，2008）。当然，有很多人，从生产商到哲学家，都在研究那些影响全球的现象，但是他们关注的重点主要是与技术进步相关的知识转移和知识运动（Stewart，1998、2003）。Stewart（2003）指出，直到 18 世纪末，许多被公认的科学家才开始着手对社会和管理事件进行科学研究。19 世纪初，Jean Baptiste Say（1803、1964）等经济学家，在其研究中写道：企业家"必须掌握监督和管理的艺术"（第 330 页）。在这之前，经济学家的主要兴趣是土地和劳动力，从某种程度上看是资本。最终，关于领导力确实在企业中发挥作用的想法开始得到更多的认同。但是，这种领导他人的想法仍主要集中在由层级式领导者产生的命令和控制活动中。直到 19 世纪晚期，作为另一种领导他人的模式，共享型领导力才在管理研究中初显雏形（Pearce 和 Conger，2003）。

Daniel C. McCallum 是系统组织和领导方法领域最早的管理思想家之一。他开发了一套与管理相关的原则，这些原则涵盖各个行业，并以领导力为主题。其中一个原则是命令的统一性，命令来自最高层，具体由下级人员执行（Wren，1994）。工业革命期间，有关领导力的研究绝大多数都集中于自上而下的命令与控制（如Montgomery，1836、1840；Wren，1994）。20 世纪初，这种观念进一步得到了推崇，后来被称之为著名的"科学管理"（Gantt，1916；Gilbreth，1912；Gilbreth 和Gilbreth，1917；Taylor，1903、1911）。

如果只依据上述作者和社会思想家的观点，我们可能会轻易地得出下列结论：雇主对员工行为的绝对控制是前辈们所知道的唯一管理方法。但是，如果我们再翻阅其他文献，就会发现领导力研究开始有了新的方向。管理顾问和社区活动家 Mary Parker Follett 开始关注并研究特别的领导力。她提出"情境法则"（Law of the situation）（Follett，1924）。这一法则指出，与其在任何情况下都追随有经验的领导者，不如追随群体中最了解实际运作情况的人，后者更加适宜。显然，Follett 的主张与当今经常被接受的层级式领导力模式大相径庭，但这一法则很接近共享型领导力理论。

20 世纪 20 年代，Follett 是一位知名的管理顾问和演讲者。然而，当时商业界中的大多数人对她的观念和作品不屑一顾。经济事实是造成这种情况的原因之一。当时的经济很不稳定，特别是在 20 世纪三四十年代，对组织领导者而言，失去控制权是一种诅咒（Drucker，1954）。然而，Peter Drucker（1995）认为 Follett 是那个时代"管理界最耀眼的明星"（第 2 页）。

Hollander（1961）的研究成为共享型领导力发展的另一个关键支柱，很多研究者紧随其后。Hollander 认为领导者可以在无领导者群体中自动出现，或由成员选举出来（如 Bartol 和 Martin，1986；Hollander，1978；Stein 和 Heller，1979）。显然，这一类型的理论构建高度契合了人们对领导者并一定是由高层管理人员"挑选而出"的心理需求。共享型领导力与"自发性领导力"（Emergent leadership）之间的区别是，自发性领导力主要讨论的是选择一位最终领导者，而共享型领导力更多地关注一种理念，即在一个群体中，随着时间的流逝，并依据群体的需求和所处的情境，可以而必将会产生多位领导者（Pearce，1997；Pearce 和 Sims，2002）。

还有另一主题的文献——领导力替代理论——有助于我们更好地理解共享型领导力的发展（如 Kerr 和 Jermier，1978）。这一类文献指出，在一些特定情形下，一个群体中会出现可以替代层级式领导者的状况。例如，在高度常规化的工作中并不需要领导者或主管监督每位员工的每项工作。将上述观点向前推进一步，共享型领导力也可以作为被正式任命领导者的替代者。

自我领导（Manz，1986）也被认为是领导力替代理论的衍生概念。Manz 和 Sims

（1980）认为自我管理或自我领导，可以替代传统指定的垂直式领导者。他们认为：群体成员越了解群体需求，其技能就越高；成员们越积极地参与生产性活动，就越具有领导自我的能力，这样的领导能力可以减缓对核心控制、指导和监督的需求。将这一主张向前推进一小步，可以得出如下结论：上述主张在群体层面很适用，当群体中的每个人可以很好地展现个人的能力、技能以及对组织的认识，同时保有向往成功的动力时，共享型领导力才得以发展（Pearce 和 Conger，2003）。

最后，作为共享型领导力的基础构成部分，有必要简要回顾一下授权理论。授权理论引起了很多领导力研究者的兴趣（如 Blau 和 Alba，1982；Conger 和 Kanungo，1988；Conger 和 Pearce，2009；Cox、Pearce 和 Sims，2003；Manz，1986；Manz 和 Sims，1989、1990；Mohrman、Cohen 和 Mohrman，1995；Pearce 和 Sims，2000、2002），这一主题主要探讨权力问题（Conger 和 Kanungo，1988）。一般而言，管理研究的重点是组织高层及其活动。但是，授权着重于层级式权力的下放，一般情况下是下放给追随者，而不是描述共享型领导力所涉及的动态社会过程。

虽然有一些研究从群体层面上分析授权（如 Mohrmanet 等人，1995），但是关于授权的大多数文献都集于个体层面（如 Conger 和 Kanungo，1988）。在此需要明确指出的是，尽管授权型领导力或授权可以称得上是共享型领导力的一种行为，但是这不等同于由一个群体共同创建的共享型领导力。为了使共享型领导力可以在群体中完整地呈现，成员们必须积极地参与领导过程（Conger 和 Pearce，2009）。因此很显然，授权是一个群体中共享型领导力发展的关键和必要组成部分。

在本部分中，我们简略地讨论了共享型领导力理论发展的重要历史根基。从英国的工业革命迅速蔓延到全球其他地方，到"科学管理"的开拓，以及一些既有趣又有价值的研究分支的建立，这些文献让我们在探索共享型领导力理论时更加清晰。Pearce 和 Conger（2003）列出了一个完整的表，囊括了共享型领导力理论的理论性和实践性基础（见表 7-1）。在下一部分中，我们将进一步分析共享型领导力研究，探索这一重要领导力的前因后果。

表 7-1　共享型领导力的历史根基

理　　论	核 心 观 点	代 表 人 物
情境法则	让具体情况而不是人来确定"命令"	Follett（1924）
人际关系和社会系统理论	关注员工的社会和心理需求	Turner（1933）；Mayo（1933）；Barnard（1938）
群体角色区分	群体成员通常承担不同类型的角色	Benne and Sheats（1948）
协同领导力	关注两个人之间的领导角色划分，主要是研究导师和学生之间的关系	Solomon、Loeffler 和 Frank（1953）；Heenan and Bennis（1998）
社会交换理论	人们在社交互动中交换惩罚和奖励	Festinger（1954）；Homans（1958）
目标管理和参与式目标制定	下属和上级共同设定绩效期望	Drucker（1954）；Erez 和 Arad（1986）；Locke 和 Latham（1990）

续表

理　　论	核 心 观 点	代 表 人 物
自发性领导力	领导者可以从无领导者群体中"出现"	Hollander（1961）
相互领导力	领导力可以来自同辈	Bowers 和 Seashore（1966）
期望状态理论与团队成员交换	团队成员开发不同成员之间的状态差异模型	Berger、Cohen 和 Zelditch（1972）；Seers（1989）
参与式决策	在一些情况下，建议让下属更多地参与决策过程	Vroom 和 Yetton（1973）
垂直式双联、领导力—成员交换	检查领导者和追随者之间的过程以及组内外的创建	Graen（1976）
领导力替代理论	情境特征（如高度常规化的工作）减少了对领导力的需求	Kerr 和 Jermier（1978）
自我领导力	员工在一定的条件下有能力领导自己	Manz 和 Sims（1980）
自我管理团队	团队成员可以担任以前为经理保留的角色	Manz 和 Sims（1987、1993）
追随力	分析优秀追随者的特征	Kelley（1988）
授权	与下属共享权力	Conger 和 Kanungo（1988）
共享认知	分析团队成员对内外部主要环境问题拥有相似思维模式的程度	Cannon-Bowers 和 Salas（1993）；Klimoski 和 Mohammed（1994）；Ensley 和 Pearce（2001）
联结领导力	分析领导者与团队内外其他人建立联系的能力	Lipman-Blumen（1996）

资料来源：Craig L. Pearce 和 Jay A. Conger（2003），《共享型领导力：重新梳理领导力的方式和成因》，加利福尼亚州，SAGE。

📖 共享型领导力的前因和结果

最近，无论是在实践领域（如 Pearce、Manz 和 Sims，2014），还是在研究领域（如 D'Innocenzo、Mathieu 和 Kukenberger，2014；Nicolaides 等人，2014；Wang、Waldman 和 Zhang，2014；Wassenaar 和 Pearce，2015），共享型领导力越来越受到关注。尽管关于共享型领导力的绝大多数研究在本质上还停留在概念阶段，但值得注意的是，在实证研究方面已经取得了一些进步。这些实证研究确定了各种情况下共享型领导力的先例及其成果。例如，Pearce 等人（2014）对 21 种共享型领导力进行了定性分析，这些领导力存在于各式各样的情境中，从医院到研发机构，再到航空公司、制造业蓝领群体、虚拟团队的白领，甚至包括高层管理团队的首席级高管行列，同时也跨越国家边界，包括亚洲、欧洲和北美洲。接下来，我们简要概述迄今为止共享型领导力的经验证据。这样做的目的，并不是对所有有关共享型领导力的文献进行详尽评论，而是进行有代表性的评论。

共享型领导力的前因

研究组织行为中的各类现象时，最吸引人的视角之一就是追寻前因。简单地说，什么样的潜在活动或行为带来结果。近年来，研究人员一直致力于深入分析群体和组织中共享型领导力演变的前因。秉持着这种精神，研究者们发现共享型领导力有三大先决条件，下文将简要说明。

层级式 / 垂直式领导者。 毫不奇怪，已有研究发现层级式 / 垂直式领导者对共享型领导力的出现和发展具有重要的影响。例如，高层领导的支持与共享型领导力的发展相关（Hess，2015），层级式领导者的信任与群体中共享型领导力的形成直接相关（Georgeet 等人，2002；Olson-Sanders，2006）。另外，层级式领导者也是社会互动流畅的推动力量（Dirks 和 Ferrin，2002），反过来也直接影响着群体中有效分享领导力的能力。

Masal（2015）在对警察的研究中发现，变革型领导力与共享型领导力的发展有关。Shamir 和 Lapidot（2003）在对以色列国防军的研究中，清晰地得出下列结论，即领导者和追随者的目标一致时有助于共享型领导力的发展。他们的研究也指出群体成员对领导者的信任和满意度，与群体中共享型领导力的存在程度直接相关。同样，Elloy（2008）的研究发现，当垂直式领导者允许群体成员自由决策时，共享型领导力产生的概率会增加。Chiu（2014）发现领导者的谦卑可以展望共享型领导力。Fausing、Joensson、Lewandowski 和 Bligh（2015）的研究发现，授权型领导者的行为会带来共享型领导力。

在探讨共享型领导力的发展时，已有研究指出垂直式领导者的性别很重要。Konu 和 Viitanen（2008）对芬兰几个主要卫生保健组织进行了研究，他们发现，在有女性作为垂直型领导者的群体中更有可能在群体成员之间产生共享型领导力。这一研究还表明，在这些由女性领导的群体中，共享型领导力发生率较高的原因是，与男性相比，这些领导者更倾向于培养周围的人（Paris、Howell、Dorfman 和 Hanges，2009）。

最后，垂直式领导者的行为对群体中共享型领导力的发展至关重要（Hooker 和 Csikszentmihalyi，2003；Pearce 等人，2014）。Hooker 和 Csikszentmihalyi（2003）所做的定性研究发现了 6 种垂直式领导者的行为可以支持共享型领导力的发展：重视卓越、提供清晰的目标、及时提供反馈、将挑战与技能相匹配、减少干扰和创造自由。Pearce 等人（2014）发现授权型领导、有远见的领导，以及领导者对目标和价值观的关注，均与共享型领导力的发展有关。总之，这些研究肯定了垂直式领导对共享型领导力的出现和发展有着重要的作用。

支持结构。 过去的几年，一些研究对另一组重要的先决条件进行了探索。这些研究增加了人们对支持结构的认知，支持结构有助于共享型领导力的产生和发展。例如，不管是过去还是现在，技术已经并将继续是群体中共享型领导力发展的基础（Wassenaar 等人，2010）。Cordery、Soo、Kirkman、Rosen 和 Mathieu（2009）指出，社会型和技术型支持结构是虚拟团队中共享型领导力得以发展并保持可持续性的关键组成部分，这些支持结构使得群体成员之间的交流更加便利，可以更流畅地跨时间、跨地域地传输信息。支持机制可以由现有的技术基础和培训组成。技术基础会支持群体成员或其他成员之间的交流，培训（员工培训、入职培训或其他类型的组织学习）会增强群体的技能。

Pearce 等人（2014）的研究证明，选拔制度、薪酬制度、教育培训和发展体系都与共享型领导力的发展息息相关。DeRue、Nahrgang 和 Ashford（2015）发现网络模式和温情感知对共享型领导力有影响。此外，Hess（2015）肯定了当整个组织关注团队成果和团队成员招募的公平性时，会促进共享型领导力。Elloy（2008）对造纸厂的研究发现，当组织提供团队培训并积极鼓励和促进员工沟通时，共享型领导力会快速发展。针对高阶主管辅导的研究，在学术领域和实践领域都获得了蓬勃发展（Bono、Purvanova、Towler 和 Peterson，2009；Elmhirst，2008；Leonard 和 Goff，2003）。辅导被认为是领导者和团队发展的关键。然而，迄今为止较少有实证研究，特别是与团队相关的研究对此进行分析。Carson（2007）和 Cordery 等人（2009）的确发现辅导与共享型领导力的出现存在正向关系。

文化与授权。越来越多的文献开始关注领导力情境（如 Antonakis、Avolio 和 Sivasubramaniam，2003）。显然，除了目前已知的垂直式领导者的行为和支持结构之外，还有很多其他方式有助于营造领导力共享的环境。其中之一是文化因素（Pearce，2008）。例如，Konu 和 Viitanen（2008）认为，团队价值观是共享型领导力的重要预测指标。同样，Pearce 等人（2014）发现文化和授权与共享型领导力有关。此外，在这份研究中，他们讨论了辅导对分享型领导力的影响。Carson 等人（2007）、Serban 和 Roberts（2016）的研究都发现内部环境——类似于文化价值观的概念——有助于共享型领导力。这些结论进一步证实了我们的观察，即组织文化或组织环境是推动共享型领导力发展的因素。

Wood（2005）还发现，如果团队及其成员感知到自己被授权，更有可能以共享型领导力的方式行事。Wood 讨论了一个问题，即教会组织中的高层管理人员，是否已经出现在通常被认为是高度发达的等级制组织中。该分析具有启发性，特别是当我们思考共享型领导力的历史根基时，与我们最初的期望或认识相反，在许多宗教派别中，特别是在中世纪，这种情况确实发生了（Coss，1996）。

其他前提。当前的文献还探讨了另外 4 种有趣且有价值的先决条件。首先是关系长度。Ropo 和 Sauer（2003）对乐团进行了纵向定性研究，他们发现成员之间的关系长度对管弦乐团成员共享领导力有着重要预示，这些成员包括乐团领导者、赞助商、乐队成员或其他可能的成员。Chiu（2014）指出团队成员的积极性促进了共享型领导力的发展。Paunova 和 Lee（2016）发现，团队学习导向也促进了共享型领导力。同样，Pearce 等人（2014）发现主动性、信任性和开放性等因素可以促进共享型领导力。Hooker 和 Csikszentmihalyi（2003）研究了大学研究团队，他们发现流动性（Csikszentmihalyi，1990）和流动状态的发展是创意团队中共享型领导力发展的基础。Fausing 等人（2015）发现团队成员的相互依存关系与共享型领导力的发展相关。Muethel、Gehrlein 和 Hoegl（2012）指出群体成员的社会人口统计特征会影响共享型领导力。Serban 和 Roberts（2016）发现任务凝聚力与共享型领导力有关。最后一个前提是距离。Baltazar、Waldman、Howell 和 Atwater（2004）和 Hess（2015）对此进行了研究。他们在 Antonakis 和 Atwater（2002）的研究基础之上发现面对面的团队比虚拟团队更有可能发展出共享型领导力。

小结。从上述回顾中，可以清楚地看到很多先兆或潜在因素会促使共享型领导力在团体中产生。作为研究人员，我们只是对这些先例进行初步探索，这一领域在未来有进一步研究的巨大空间。更全面地了解这些先决条件，会促使组织和团体更好地利用共享型领导力的益处，下一部分将详细探讨。

共享型领导力的结果

从广义上讲，关于组织行为和领导力研究的结果分析可以在三个层面上进行：个体、群体和组织层面。同时，结果变量的范畴也包括中间变量和结果变量，前者包括态度、行为和认知，后者包括有效性或绩效结果（Luthans，2010）。下面将概述与共享型领导力有关的实证研究结果。

个体层面的结果。目前，至少有 7 个个体层面的结果与共享型领导力相关。个人满意度是组织行为研究中最常被关注的变量之一（如 Cranny、Smith 和 Stone，1992）。两项研究具体分析了共享型领导力对个人满意度的影响。首先，Avolio、Jung、Murray 和 Sivasubramaniam（1996）在对本科生项目团队的研究中发现，团队成员的满意度与共享型领导力存在正相关关系。其次，Shamir 和 Lapidot（2003）在对以色列军官的培训研究中发现，共享型领导力与对层级式领导者的满意度和信任度成正比。因此，共享型领导力与对团队成员和领导者的满意度息息相关。

在 Bandura（1986）的研究的基础之上，George 等人（2002）在一项护理研究中发现，共享型领导力与追随者的自我效能感直接相关。同样，在医院环境中，Klein、Zeigert、Knight 和 Xiao（2006）发现，共享型领导力与初级医务人员的技能发展存在正相关关系。这一结论与 Pearce 等人（2014）的研究结果一致。此外，Peter、Braun、Frey（2015）与 Gu、Chen、Huang 和 Lui（2016）的研究都发现共享型领导力与个人创造力之间存在正相关关系。同样，Grille 和 Kauffeld（2015）发现共享型领导力与个人的自主性感知相关。最后，Hooker 和 Csikszentmihalyi（2003）在对研发实验室的研究中发现了共享型领导力的模仿效应。换言之，随着追随者在其最初的博士训练中，从首席科学家那里学习到共享型领导力之后，他们会模仿首席科学家的行为，进而在自己的实验室中发展共享型领导力。这类似于 Bass、Waldman、Avolio 和 Bebb（1987）所说的"多米诺骨牌效应"，即变革型领导力的模仿效应。因此，从实证研究的结果来看，共享型领导力与多个个人层面的结果相关联。

群体 / 团队层面的结果。 Wang 等人在 2014 年发表了一篇学术文章，从群体 / 团队层面上对共享型领导力的结果进行了元分析。这一分析基于 42 项独立研究，总共包括 3 439 名个体。其中，有 23 项研究已发表，19 项尚未发表。11 个研究关注了学生团队，31 个研究关注了工作环境中的群体或团队。绝大多数的研究都来自北美地区。

这项元分析发现，共享型领导力是群体 / 团队结果的中等强度预测指标，校正后的平均相关系数为 0.34，在社会科学研究中相当稳健。这项研究还发现，环境确实很重要，在复杂的环境中，共享型领导力可以更好地预测结果。

有趣的是，这份研究推测并发现，与"传统"的领导行为相比，"新型"的共享领导行为对群体结果更具有稳健性。他们将新型的领导行为定义为变革型和授权型，将传统行为定义为命令型和交易型。此外，Wang 等人评估了共享型领导力的测量，发现测量方式确实会影响结果。然而，最重要的发现是，这一研究表明，相比层级型领导力，共享型领导力能够预测更多的结果变量。

前面提到了另外两份综合研究（D'Innocenzo，2014；Nicolaides，2014），这些研究的结论与 Wang 等人的研究一致。D'Innocenzo（2014）认为最重要的是，基于网络的共享型领导力测量，在结果变量方差检测中有更好的效果。Nicolaides 等人（2014）指出，团队信任在一定程度上调节了共享型领导力和团队绩效之间的关系。

最近的研究与上面三份综合研究的结论一致。例如，Mathieu、Kukenberger、D'Innocenzo 和 Reilly（2015）发现，共享型领导力与团队凝聚力成正比。Grille 和 Kauffeld（2015）发现，共享型领导力与团队绩效成正比。此外，Sousa 和 Van Dierendonck（2015）发现，共享型领导力与团队行为整合的发展有关。Gu 等人（2016）发现，共享型领导力与团队创造力正相关。

组织层面的结果。 虽然共享型领导力对个人和群体的影响很重要，但是，也许最重要的是我们应该在组织层面上对其进行元分析。在这一方面，下列研究提供了一些见解。首先，O'Toole、Galbraith 和 Lawler（2003）对 25 家公司高层组织中的共享型领导力进行了定性研究，并得出下列结论：17 家公司存在正面效应，8 家公司存在负面效应。更具有潜在重要意义的是，Ensley、Hmieleski 和 Pearce（2006）使用多元回归分析，对创业型公司中的共享型领导力进行了两类样本分析。第一类样本是在世界500 强公司中选出 66 家公司，这些公司是美国增长速度最快的民营企业。第二类样本是通过随机抽样从 Dun 和 Bradstreet 的市场标识数据库中抽取的美国公司。在针对这两类样本的研究中发现，控制 CEO 领导者行为之后，共享型领导力可以预测公司的财务绩效。

最近，Hmieleski、Cole 和 Baron（2012）也发现，共享型领导力对创业公司的绩效有积极影响。此外，Pearce 等人（2014）对各个行业、各个国家、各个地区的组织进行了定性研究，并清晰地发现共享型领导力与组织绩效之间存在强有力的关系。因此，关于共享型领导力的初步证据表明，它可以对组织绩效产生潜在的强大影响。最后，Zhou（2016）发现，共享型领导力与中国企业家的团队绩效相关。

小结。综上所述，共享型领导力似乎是一些结果变量的重要预测指标。这些变量跨越了个人、群体和组织层面。在下一部分中，我们将为共享型领导力的实践、维护和发展提供一些具体建议。

共享型领导力的实践

本章大部分内容专门探讨了共享型领导力理论的发展，现在开始讨论在组织中实践共享型领导力的实用性建议。具体而言，我们可以提供哪些关于共享型领导力的一般性建议呢？根据上述文献回顾，并进一步进行反思，我们将建议分为四大类：个体层面的建议；群体、团队层面的建议；组织层面的建议；与人力资源实践相关的建议（见图 7-1）。下面将根据上述四大分类，对在组织中建立共享型领导力行动提供全面的指导。

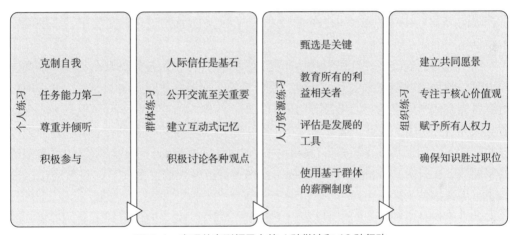

图 7-1 实现共享型领导力的 4 种做法和 16 种行动

资料来源：Pearce。

个体层面的建议。 对于开发共享型领导力而言，第一条个体层面的建议是回顾本章开头部分的斯瓦希里谚语。首先，至关重要的是，个体必须控制内心的自我。这并不容易，尤其是对于那些希望获得成就的人而言。但是，将个体中的"自我"放置在一边，才可能将"我"转为"我们"。在复杂的组织中，绝大多数工作都需要协同合作。因此，必须超越个体的自我。

除了聚焦于集体认同之外，渴望共享型领导力的个人还需要具备良好的倾听能力，并表现出对他人想法、观念和视角的尊重。最后，参与的个体必须是自我领导者，并适当地对他人施加影响。如果一个人不积极地为团队提供领导力，那么他（她）再聪明也没用。共享型领导力需要所有人的领导，这取决于每一个参与个体的知识、技能和能力，以及当前形势的任务要求。否则，共享型领导力将失败。因此，这些是实现共享型领导力在个体层面的关键建议。

群体 / 团队层面的建议。人际信任是群体、团队层面上的最核心建议。信任对于共享型领导力非常重要：没有信任，共享型领导力就是黄粱一梦。换言之，信任是社会努力的基础，神经经济学研究发现，信任与国家经济是否成功有关。群体 / 团队是社会实体的基本单元，所以需要在群体 / 团队中建立信任。开放式交流可以在群体中共享知识，避免其他成员产生猜疑，也有助于建立信任，所有这些都促进了共享型领导力的发展。

开放式交流很重要，但是要让共享型领导力真正地得以发挥作用，群体成员还需要开发一些"交互记忆"，即群体成员拥有与群体任务相关的知识、技能和能力。这种交互记忆有助于领导力的顺畅过渡，并避免个体或某个特定群体霸占权力。

如果群体没有发展完善的交互记忆，如群体或团队处于初期状态，该如何增加共享型领导力呢？我们的建议是鼓励对各方观点进行积极的辩论，并建立群体 / 团队规范，这些规范强调建设性地挑战各种观念的重要性。这一领域的研究非常清晰地记录了积极的观点与单位绩效之间存在密切关系。因此，前面所论述的是实现共享型领导力在群体层面的主要建议。

组织层面的建议。一旦我们开始向更大的群体转移，如各类组织在实践共享型领导力时，各种问题会浮出水面。其中，最根本的，如果要共同发展领导力，就必须对组织目标有清晰的愿景。如果没有明确的共识，组织内的群体和子群体很有可能会朝着交叉性目标努力。在此，需要考虑的一件有趣的现象是共享愿景和共享型领导力可以协同合作。如果层级式领导者目标很强，那么就需要特别利用共享型领导力来塑造共享愿景。Berson、Waldman 和 Pearce（2016）最近发表的一篇文章，对上述论点进行了更为详细的论述。

共享愿景是组织开发共享型领导力的关键。同样，共享的价值观也至关重要。在这方面，没有任何一套价值观是可以套用的，我们需要真诚地关注公平和道德。事实上，共享的文化价值观是不易复制的，是唯一可以长期竞争的优势，它们为建立共享型领导力提供了强大的基础，并增加了竞争优势。

显然，我们建议至少在一定程度上赋予所有人权力。基本上，每个人都有能力承担一些领导职责，并为组织成功做出积极的贡献。从这个角度来看，"知识"始终应该高于"地位"。我们需要鼓励对一项任务最有"知识"的人发挥领导作用，而不是屈服于会议室中地位最高的人。这一点非常重要，尽管通常情况下这样做会让人不舒服，但显然很有意义。这些是我们提供的关键建议，以此鼓励组织层面的共享型领导力。

与人力资源实践相关的建议。毫无疑问，对任何规模的组织来说，选拔绝对是最重要的事情。问题是，我们是挑选一个人还是挑选一份工作，抑或是一个组织，更或者是一份处境。在不同的情况下，应挑选不同个性的人。话虽如此，大多数人力资源管理者在选择特定工种的员工时，依然做得很糟糕。Pearce 等人（2014）着重介绍了几个案例。我们强烈建议在这方面效仿西南航空和 W. L. Gore 公司。这里不详细介绍这两家公司的具体选拔程序，我们可以自信地说，它们比您可能赞赏的最负盛名的常春藤盟校更具有选拔性。

选拔至关重要。除此之外，共享型领导力还需要以教育、培训和发展（ETD）为形式的持续性支持结构。传统的 ETD 侧重于培养领导者候选人或那些所谓的高潜力者。与此相反，共享型领导力的 ETD 工作需要更具包容性。同样，通常用于合理化薪酬的评估也需要用于共享型领导力的发展。最后，在薪酬方面，需要重新思考大多数组织中的薪酬分配方式。几乎所有的组织都认为团队合作至关重要，然而，实际上很少有基于团队成果的奖励机制。因此，我们强烈建议适当地使用基于群体的薪酬机制，如收益分享，这样可以鼓励整个组织中共享型领导力的产生。总之，这些不同的方法促进了共享型领导力的发展。当然，每种情况都会有所不同，因此需要量身定制。

📖 组织领导力的未来

当我们迈入知识时代，领导力的范式也在持续发展。从共享型领导力的视角来看，领导力范式已经从最初的层级式角色逐步发展为一种社会过程（Wassenaar 等人，2010）。与其他很多过程一样，这一转变过程引起了一些简单的问题。

最简单的问题是"领导力能够有效共享吗"？答案是"能够"。Pearce、Manz 和 Sims（2014）发现，在很多组织中，共享型领导力已经有了实际效果。例如，创伤中心的医疗团队通过共享型领导力可以更快、更安全地治疗患者；戒酒匿名者中心通过共享型领导力帮助正在努力治愈自己的瘾君子；西南航空公司将其成功归因于可以激发各个层面领导力的反馈型企业文化，而不是归因于公司的成本结构。

发展共享型领导力是否具有挑战性？答案是"具有"。话虽如此，我们坚信大多数人都有能力成为追随者和领导者，共享型领导力是知识时代中组织的迫切需求（Pearce，2010）。尽管在一些情况下共享型领导力可能行不通，但是研究证据表明，共享型领导力可以对包括组织绩效在内的个体、群体和组织层面产生积极影响。

共享型领导力是否就是灵丹妙药？答案是"不是"。几乎所有的现代组织都需要层级式领导力（Leavitt，2005）。正如一些研究所记录的那样（Ensley 等人，2006；Hooker 和 Csikszentmihalyi，2003；Pearce 和 Sims，2002；Shamir 和 Lapidot，2003），共享型领导力和层级式领导力可以合作，共同影响个人、群体和组织。

是否存在一些不建议采用共享型领导力的情况？答案是"存在"。共享型领导力仅适用于个体之间需要相互依赖的情况。在任何特定的组织过程中，强制推行共享型领导力并不明智。进一步推测来看，还需要其他一些先决条件，共享型领导力才能蓬勃发展。例如，似乎很重要的是，参与共享型领导力的个体应该具有完备的知识、技能和能力，这些不仅是指技术方面的知识和能力，还包括以追随者和领导者的身份进行有效互动的知识和能力，这样的话共享型领导力才能有效。关于共享型领导力，我们还需要更深入地研究共享型领导力及其相应的实践方法，这不仅包括共享型领导力的效果，也包括先决条件和中间变量。我们需要继续深入地探索领导力的过程，研究结果也会为未来的组织提供更多的见解。

🔍 讨论题

　　1. 你曾在什么样的情况下体验过共享型领导力？有哪些积极效果？为什么？你是否认为共享型领导力可以让你的工作变得更好？

　　2. 在哪些情况下，实践共享型领导力可能会比其他情况更好？

　　3. 关于共享型领导力，你会给正式任命的领导者提供哪些建议？

🔍 参考文献

Antonakis, J., & Atwater, L. (2002). Leader distance: A review and a proposed theory. *The Leadership Quarterly*, *13*, 673–704.

Antonakis, J., Avolio, B. J., & Sivasubramaniam, N. (2003). Context and leadership: An examination of the nine-factor full-range leadership theory using the Multifactor Leadership Questionnaire. *The Leadership Quarterly*, *14*, 261–295.

扫一扫，下载
本章参考文献

Antonakis, J., Bendahan, S., Jacquart, P., & Lalive, R. (2010). On making causal claims: A review and recommendations. *The Leadership Quarterly*, *21*(6), 1086–1120.

Antonakis, J., Cianciolo, A. T., & Sternberg, R. J. (2004). *The nature of leadership*. Thousand Oaks, CA: Sage.

Avolio, B. J., Jung, D., Murray, W., & Sivasubramaniam, N. (1996). Building highly developed teams: Focusing on shared leadership process, efficacy, trust, and performance. In M. M. Beyerlein, D. A. Johnson, & S. T. Beyerlein (Eds.), *Advances in interdisciplinary studies of work teams* (pp. 173–209). Greenwich, CT: JAI.

Balthazard, P., Waldman, D., Howell, J., & Atwater, L. (2004, January). Shared leadership and group interaction styles in problem–solving virtual teams. In *Proceedings of the 37th annual Hawaii international conference on system sciences*, 43 (HICSS, Vol. 1, p. 10043b).

Bandura, A. (1986). *Social foundations of thought and action: A social cognitive theory*. Englewood Cliffs, NJ: Prentice Hall.

Barnard, C. I. 1938. The functions of the executive. Cambridge, Mass.,: Harvard University Press.

Bartol, K. M., & Martin, D. C. (1986). Women and men in task groups. In R. D. Ashmore & F. K. Del Boca (Eds.), *The social psychology of female-male relations* (pp. 259–310). New York, NY: Academic Press.

Bass, B. M., & Avolio, B. J. (1993). Transformational leadership: A response to critiques. In J. G. Hunt, B. R. Baliga, H. P. Dachler, & C. A. Schriesheim (Eds.), *Emerging leadership vistas* (pp. 29–40). Lexington, MA: D. C. Heath.

Bass, B. M., & Bass, R. (2008). *The Bass handbook of leadership: Theory, research, and managerial applications*. New York, NY: Simon & Schuster.

Bass, B. M., Waldman, D. A., Avolio, B. J., & Bebb, M. (1987). Transformational leadership and the falling dominoes effect. *Group & Organization Studies*, *12*, 73–87.

Benne, K. D. & Sheats, P. 1948. Functional roles of group members. *Journal of Social Issues*, *4*(2): 41–49.

Berger, J., Cohen, B. P., & Zelditch Jr, M. 1972. Status characteristics and social interaction. American Sociological Review: 241–255.

Blau, J. R., & Alba, R. D. (1982). Empowering nets of participation. *Administrative Science Quarterly*, *27*, 363–379. Bono, J., Purvanova, R., Towler, A., & Peterson, D. (2009). A survey of executive coaching practices. *Personnel Psychology*, *62*, 361–404.

Bowers, D. G. & Seashore, S. E. 1966. Predicting organizational effectiveness with a four–factor theory of leadership. *Administrative Science Quarterly*, *11*: 238–263.

Carlyle, T. (1894). *On heroes and hero worship and the heroic in history*. London, UK: Chapman and Hall. (Original work published 1841)

Carson, J., Tesluk, P., & Marrone, J. (2007). Shared leadership in teams: An investigation of antecedent conditions and performance. *Academy of Management Journal*, *50*, 1217–1234.

Chiu, C. Y. (2014). *Investigating the emergence of shared leadership in teams: The roles of team proactivity, internal social context, and leader humility*. Buffalo: State University of New York at Buffalo.

Conger, J. A., & Kanungo, R. N. (1988). The empowerment process: Integrating theory and practice. *Academy of Management Review*, *13*, 639–652.

Conger, J. A., & Pearce, C. L. (2009) Using empowerment to motivate people to engage in effective self– and shared leadership. In E. A. Locke (Ed.), *Principles of organizational behavior* (pp. 201–216). New York, NY: John Wiley.

Converse, S., Cannon–Bowers, J., & Salas, E. 1993. Shared mental models in expert team decision making. Individual and group decision making: Current (1993): 221.

Cordery, J., Soo, C., Kirkman, B., Rosen, B., & Mathieu, J. (2009). Leading parallel global virtual teams:

Lessons from Alcoa. *Organizational Dynamics*, *38*, 204–216.

Coss, P. R. (1996). *The knight in medieval England*. Conshohocken, PA: Combined Books.

Cox, J. F., Pearce, C. L., & Sims, H. P., Jr. (2003). Toward a broader agenda for leadership development: Extending the traditional transactional–transformational duality by developing directive, empowering and shared lead–ership skills. In S. E. Murphy & R. E. Riggio (Eds.), *The future of leadership development* (pp. 161–180). Mahwah, NJ: Lawrence Erlbaum.

Cranny, C. J., Smith, P. C., & Stone, E. F. (1992). *Job satisfaction: How people feel about their jobs and how it affects their performance*. Lexington, MA: Lexington Books.

Csikszentmihalyi, M. (1990). *Flow: The psychology of optimal experience*. New York, NY: Harper & Row.

Day, D. V., Gronn, P., & Salas, E. (2004). Leadership capacity in teams. *The Leadership Quarterly*, *15*, 857–880.

Day, D. V., Gronn, P., & Salas, E. (2006). Leadership in team–based organizations: On the threshold of a new era. *The Leadership Quarterly*, *17*, 211–216.

Day, D. V., & O'Connor, P. M. G. (2003). Leadership development: Understanding the process. In S. E. Murphy & R. E. Riggio (Eds.), *The future of leadership development* (pp. 11–28). Mahwah, NJ: Lawrence Erlbaum.

DeRue, D. S., Nahrgang, J. D., & Ashford, S. J. (2015). Interpersonal perceptions and the emergence of leadership structures in groups: A network perspective. *Organization Science*, *26* (4), 1192–1209.

D′ Innocenzo, L., Mathieu, J. E., & Kukenberger, M. R. (2014). A meta–analysis of different forms of shared leadership–team performance relations. *Journal of Management*, *42* (7), 1964–1991.

Dirks, K. T., & Ferrin, D. L. (2002). Trust in leadership: Meta–analytic findings and implications for research and practice. *Journal of Applied Psychology*, *87*, 611–628.

Drucker, P. F. (1954). *The practice of management*. New York, NY: Harper & Row.

Drucker, P. F. (1995). *Management in time of great change*. New York, NY: Penguin Putnam.

Elloy, D. F. (2008). The relationship between self–leadership behaviors and organization variables in a self–managed work team environment. *Management Research News*, *31*, 801–810.

Elmhirst, K. (2008). Executive coaching. *Leadership Excellence*, *25* (1), 11.

Ensley, M. D., Hmieleski, K. M., & Pearce, C. L. (2006). The importance of vertical and shared leadership within new venture top management teams: Implications for the performance of startups. *The Leadership Quarterly*, *17*, 217–231.

Erez, M. & Arad, R. 1986. Participative goal–setting: Social, motivational, and cognitive factors. *Journal of Applied Psychology*, *71* (4): 591.

Evans, C. R., & Dion, K. L. (1991). Group cohesion and performance: A meta–analysis. *Small Group Research*, *22*, 175–186.

Fausing, M. S., Joensson, T. S., Lewandowski, J., & Bligh, M. (2015). Antecedents of shared leadership: Empowering leadership and interdependence. *Leadership & Organization Development Journal*, *36* (3), 271–291.

Figueira, T. J., Brennan, T. C., & Sternberg, R. H. (2009). *Wisdom from the ancients: Leadership lessons from Alexander the Great to Julius Caesar*. New York, NY: Fall River Press.

Follett, M. P. (1924). *Creative experience*. New York, NY: Longmans Green. Gantt, H. L. (1916). *Industrial leadership*. New Haven, CT: Yale University Press.

George, V., Burke, L. J., Rodgers, B., Duthie, N., Hoffmann, M. L., Koceja, V., . Gehring, L. L. (2002). Developing staff nurse shared leadership behavior in professional nursing practice. *Nursing Administration Quarterly*, *26* (3), 44–59.

Gerstner, C. R., & Day, D. V. (1997). Meta–analytic review of leader–member exchange theory: Correlates and construct issues. *Journal of Applied Psychology*, *82*, 827–844.

Gilbreth, F. B. (1912). *Primer of scientific management*. New York, NY: Van Nostrand Reinhold. Gilbreth, F. B., & Gilbreth, L. M. (1917). *Applied motion study*. New York, NY: Sturgis & Walton.

Grille, A., & Kauffeld, S. (2015). Development and preliminary validation of the Shared Professional Leadership Inventory for Teams (SPLIT). *Psychology*, *6* (1), 75.

Gu, J., Chen, Z., Huang, Q., Liu, H., & Huang, S. (2016). A multilevel analysis of the relationship between shared leadership and creativity in inter–organizational teams. *The Journal of Creative Behavior*. Advance online publication. doi: 10.1002/jocb.135

Heenan, D. A. & Bennis, W. 1999. Co–leaders: The power of great partnerships: John Wiley & Sons.

Hess, J. P. (2015). Enabling and sustaining shared leadership in autonomous teams. *European Scientific Journal*, *1*, 82–95.

Hmieleski, K. M., Cole, M. S., & Baron, R. A. (2012). Shared authentic leadership and new venture performance. *Journal of Management*, *38* (5), 1476–1499.

Hofstede, G. H. (1980). *Culture consequences: International differences in work-related values*. London, UK: Sage.

Hollander, E. P. (1961). Some effects of perceived status on responses to innovative behavior. *Journal of Abnormal and Social Psychology*, *63*, 247–250.

Hollander, E. P. (1978). *Leadership dynamics: A practical guide to effective relationships*. New York, NY: Free Press.

Hooker, C., & Csikszentmihalyi, M. (2003). Flow, creativity, and shared leadership: Rethinking the motivation and structuring of knowledge work. In C. L. Pearce & J. A. Conger (Eds.), *Shared leadership*：*Reframing the hows and whys of leadership* (pp. 217-234) . Thousand Oaks, CA：Sage.

House, R. J., Hanges, P. J., Ruiz-Quintanilla, S. A., Dorfman, P. W., Javidan, M., Dickson, M., et al. (1999) . Cultural influences on leadership in organizations：Project GLOBE. In W. H. Mobley, M. J. Gessner, & V. Arnold (Eds.), *Advances in global leadership* (Vol. 1, pp. 171-234) . Stamford, CT：JAI.

Hunt, J. G. (2004) . What is leadership? In J. Antonakis, A. T. Cianciolo, & R. J. Sternberg (Eds.), *The nature of leadership* (pp. 19-47) . Thousand Oaks, CA：Sage.

Kelley, R. E. 1988. In praise of followers：Harvard Business Review Case Services.

Kerr, S., & Jermier, J. (1978) . Substitutes for leadership：Their meaning and measurement. *Organizational Behavior and Human Performance*, *22*, 374-403.

Klein, K. J., Ziegert, J. C., Knight, A. P., & Xiao, Y. (2006) . Dynamic delegation：Shared, hierarchical, and deindi- vidualized leadership in extreme action teams. *Administrative Science Quarterly*, *51*, 590-621.

Klimoski, R. & Mohammed, S. 1994. Team mental model：Construct or metaphor? *Journal of Management*, *20* (2)：403-437.

Konu, A., & Viitanen, E. (2008) . Shared leadership in Finnish social and health care. *Leadership in Health Services*, *21*, 28-40.

Leavitt, H. J. (2005) . *Top down*：*Why hierarchies are here to stay and how to manage them more effectively.* Boston, MA：Harvard Business School Press.

Leonard, H. S., & Goff, M. (2003) . Leadership development as an intervention for organizational transformation. *Consulting Psychology Journal*, *55*, 58-67.

Liden, R. C., & Antonakis, J. (2009) . Considering context in psychological leadership research. *Human Relations*, *62*, 1587-1605.

Locke, E. A. (2003) . Leadership：Starting at the top. In C. L. Pearce & J. A. Conger (Eds.), *Shared leadership*：*Reframing the hows and whys of leadership* (pp. 271-284) . Thousand Oaks, CA：Sage.

Luthans, F. (2010) . *Organizational behavior.* New York, NY：McGraw-Hill.

Manz, C. C. (1986) . Self-leadership：Toward an expanded theory of self-influence processes in organizations. *Academy of Management Review*, *11*, 585-600.

Manz, C. C., Shipper, F., & Stewart, G. L. (2009) . Everyone a team leader：Shared influence at W. L. Gore & Associates. *Organizational Dynamics*, *38*, 239-244.

Manz, C. C., & Sims, H. P., Jr. (1980) . Self-management as a substitute for leadership：A social learning theory perspective. *Academy of Management Review*, *5*, 361-367.

Manz, C. C., & Sims, H. P., Jr. (1989) . *Super leadership*：*Leading others to lead themselves.* New York, NY：

Prentice Hall. Masal, D. (2015) . Shared and transformational leadership in the police. *Policing*：*An International Journal of Police Strategies & Management*, *38* (1), 40-55.

Mathieu, J. E., Kukenberger, M. R., 'Innocenzo, L., & Reilly, G. (2015) . Modeling reciprocal team cohesion-performance relationships, as impacted by shared leadership and member competence. *Journal of Applied Psychology*, *100* (3), 713.

Mohrman, S. A., Cohen, S. G., & Mohrman, A. M. (1995) . *Designing team-based organizations*：*New forms for knowledge work.* San Francisco, CA：Jossey-Bass.

Montgomery, J. (1836) . *The theory and practice of cotton spinning*；*or the carding and spinning master's assistant.* Glasgow, Scotland：John Niven, Trongate.

Montgomery, J. (1840) . *The cotton manufacture of the United States of America contrasted and compared with that of Great Britain.* London, UK：John N. Van.

Muethel, M., Gehrlein, S., & Hoegl, M. (2012) . Socio-demographic factors and shared leadership behaviors in dis-persed teams：Implications for human resource management. *Human Resource Management*, *51* (4), 525-548.

Mundlak, Y. (1978) . Pooling of time-series and cross-section data. *Econometrica*, *46* (1), 69-85.

Nardinelli, C. (2008) . *Industrial revolution and the standard of living.* Retrieved from http：//www.econlib.org/library/Enc/IndustrialRevolutionandtheStandardofLiving.html

Nicolaides, V. C., LaPort, K. A., Chen, T. R., Tomassetti, E. J., Weis, E. J., Zaccaro, S., & Cortina, J. M. (2014) . The shared leadership of teams：A meta-analysis of proximal, distal, and moderating relationships. *The Leadership Quarterly*, *25*, 923-942.

Olson-Sanders, T. (2006) . Collectivity and influence：The nature of shared leadership and its relationship with team learning orientation, vertical leadership and team effectiveness (Doctoral dissertation) . Retrieved from ABI/INFORM Global (Publication No. AAT 3237041) .

O' Toole, J., Galbraith, J., & Lawler, E. E., III. (2003) . The promise and pitfalls of shared leadership：When two (or more) heads are better than one. In C. L. Pearce & J. A. Conger (Eds.), *Shared leadership*：*Reframing the hows and whys of leadership* (pp. 250-268) . Thousand Oaks, CA：Sage.

Paris, L., Howell, J., Dorfman, P., & Hanges, P. (2009) . Preferred leadership prototypes of male and female leaders in 27 countries. *Journal of International Business Studies*, *40*, 1396-1405.

Paunova, M., & Lee, Y. T. (2016) . Collective global leadership in self-managed multicultural teams：The role of team goal orientation. *Advances in Global Leadership* (Vol. 9, pp. 187-210) . Bingley, UK：Emerald Group.

Pearce, C. L. (1997) . *The determinants of change management team (CMT) effectiveness*：*A longitudinal investiga- tion.* (Unpublished doctoral dissertation), University of Maryland, College Park.

Pearce, C. L. (2008, July 7) . Follow the leaders. *Wall*

Street Journal, p. R8.

Pearce, C. L. (2010). Leading knowledge workers: Beyond the era of command and control. In C. L. Pearce, J. A. Maciariello, & H. Yamawaki (Eds.), *The Drucker difference* (pp. 35–46). New York, NY: McGraw-Hill.

Pearce, C. L., & Conger, J. A. (Eds.). (2003). *Shared leadership: Reframing the hows and whys of leadership*. Thousand Oaks, CA: Sage.

Pearce, C. L., Conger, J. A., & Locke, E. (2008). Shared leadership theory. *The Leadership Quarterly*, *19*, 622–628.

Pearce, C. L., Manz, C. C., & Sims, H. P., Jr. (2009). Where do we go from here? Is shared leadership the key to team success? *Organizational Dynamics*, *38*, 234–238.

Pearce, C. L., Manz, C. C., & Sims, H. P., Jr. (2014). *Share, don't take the lead*. Charlotte, NC: Information Age.

Pearce, C. L., & Osmond, C. P. (1999). From workplace attitudes and values to a global pattern of nations: An application of latent class modeling. *Journal of Management*, *25*, 759–778.

Pearce, C. L., & Sims, H. P., Jr. (2000). Shared leadership: Toward a multi-level theory of leadership. In M. M. Beyerlein, D. A. Johnson, & S. T. Beyerlein (Eds.), *Advances in interdisciplinary studies of work teams* (pp. 115–139). Greenwich, CT: JAI.

Pearce, C. L., & Sims, H. P., Jr. (2002). Vertical versus shared leadership as predictors of the effectiveness of change management teams: An examination of aversive, directive, transactional, transformational, and empowering leader behaviors. *Group Dynamics, Theory, Research, and Practice*, *6*, 172–197.

Pearce, C. L., & Wassenaar, C. L. (2014). Leadership, like fine wine, is something meant to be shared, globally. *Organizational Dynamics*, *43* (1), 9–16.

Pearce, C. L., Wassenaar, C. L., & Manz, C. C. (2014). Is shared leadership the key to responsible leadership? *Academy of Management Perspectives*, *28*, 275–288.

Pearce, C. L., Yoo, Y., & Alavi, M. (2004). Leadership, social work, and virtual teams: The relative influence of vertical versus shared leadership in the nonprofit sector. In R. E. Riggio & S. Smith Orr (Eds.), *Improving leadership in nonprofit organizations* (pp. 160–203). San Francisco, CA: Jossey-Bass.

Peter, T., Braun, S., & Frey, D. (2015, January). How shared leadership affects individual creativity and support for innovation. *Academy of Management Proceedings*. doi: 10.5465/AMBPP.2015.16212abstract.

Riggio, R. E., Chaleff, I., & Lipman-Blumen, J. (Eds.). (2008). *The art of followership: How great followers create great leaders and organizations*. San Francisco, CA: Jossey-Bass.

Rodríguez, C. (2005). Emergence of a third culture: Shared leadership in international strategic alliances. *International Marketing Review*, *22*, 67–95.

Ropo, A., Eriksson, P., & Hunt, J. G. (1997). Reflections on conducting processual research on management and organizations. *Scandinavian Journal of Management*, *13*, 331–335.

Ropo, A., & Sauer, E. (2003). Partnerships of orchestras: Towards shared leadership. *International Journal of Arts Management*, *5* (2), 44–55.

Say, J. B. (1964). *A treatise on political economy*. New York, NY: Augustus M. Kelley. (Original work published 1803).

Seibert, S. E., Sparrowe, R. T., & Liden, R. C. (2003). A group exchange structure approach to leadership in groups. In C. L. Pearce & J. A. Conger (Eds.), *Shared leadership: Reframing the hows and whys of leadership* (pp. 173–192). Thousand Oaks, CA: Sage.

Serban, A., & Roberts, A. J. (2016). Exploring antecedents and outcomes of shared leadership in a creative context: A mixed-methods approach. *The Leadership Quarterly*, *27* (2), 181–199.

Shamir, B., & Lapidot, Y. (2003). Shared leadership in the management of group boundaries: A study of expulsions from officers' training courses. In C. L. Pearce & J. A. Conger (Eds.), *Shared leadership: Reframing the hows and whys of leadership* (pp. 235–249). Thousand Oaks, CA: Sage.

Solomon, A., Loeffler, F. J., & Frank, G. H. 1953. An analysis of co-therapist interaction in group psychotherapy. *International Journal of Group Psychotherapy*, *3* (2): 171–180.

Sousa, M., & Van Dierendonck, D. (2015). Introducing a short measure of shared servant leadership impacting team performance through team behavioral integration. *Frontiers in Psychology*, *6*.

Stein, R. T., & Heller, T. (1979). An empirical analysis of the correlations between leadership status and participation rates reported in the literature. *Journal of Personality and Social Psychology*, *37*, 1993–2002.

Stewart, L. (1998). A meaning for machines: Modernity, utility, and the eighteenth century British public. *Journal of Modern History*, *70*, 259–294.

Stewart, L. (2003). Science and the eighteenth-century public: Scientific revolutions and the changing format of scientific investigation. In M. Fitzpatrick, P. Jones, C. Knelworf, & I. McAlmon (Eds.), *The Enlightenment world* (pp. 234–246). London, UK: Routledge.

Taylor, F. W. (1903). *Shop management*. New York, NY: Harper & Row.

Taylor, F. W. (1911). *Principles of scientific management*. New York, NY: Harper & Brothers.

Turner, C. 1933. Test room studies in employee effectiveness. *American Journal of Public Health and the Nations Health*, *23* (6): 577–584.

Wang, D., Waldman, D. A., & Zhang, Z. (2014). A meta-analysis of shared leadership and team effectiveness.

Journal of Applied Psychology, *99*（2）, 181.

Wassenaar, C. L., & Pearce, C. L.（2012）. Shared leadership 2.0: A 2010 glimpse into the state of the field. In M. Uhl-Bien & S. Ospina（Eds.）, *Relational leadership theory.* Charlotte, NC: Information Age.

Wassenaar, C. L., & Pearce, C. L.（2015）. Shared leadership in action. *Academy of Management Perspectives.* Advance online publication. doi: 10.5465/amp.2015.0175.

Wassenaar, C. L., Pearce, C. L., Hoch, J., & Wegge, J.（2010）. Shared leadership meets virtual teams: A match made in cyberspace. In P. Yoong（Ed.）, *Leadership in the digital enterprise: Issues and challenges*（pp. 15-27）.

Hersey, PA: IGI Global.

Wood, M. S.（2005）. Determinants of shared leadership in management teams. *International Journal of Leadership Studies*, *1*（1）64-85.

Wren, D. A.（1994）. *The evolution of management thought*（4th ed.）. New York, NY: John Wiley. Yukl, G. A.（2012）. *Leadership in organizations*（8th ed.）. Englewood Cliffs, NJ: Prentice Hall.

Zhou, W.（2016）. When does shared leadership matter in entrepreneurial teams: The role of personality compo- sition. *International Entrepreneurship and Management Journal*, *12*（1）, 153-169.

第8章
进化、生物学和神经科学视角

Mark van Vugt

📖 开篇案例：领导者的日常

群体中的每个人都期望冲突会在某个时刻升级，然而，当冲突最终爆发并对群体造成严重破坏时，还是会让人不安。为了争夺资源，下属 Tom 经常挑战群体领导者 Jack。到目前为止，每次冲突的解决都以既强大又霸道的 Jack 的胜利而结束。但是，这次却有所不同，Tom 不再接受 Jack 的权威，他发起了一场领导力挑战。不像之前，这次 Tom 和 Jack 面对面地站在一起，当 Jack 用锐利的眼神恐吓 Tom 时，Tom 没有看向别处，这明显违反了组织有关等级制度的规定。Tom 挺起腰板，张开双臂和双腿，像拳击手进入拳击场一样，这样会让自己看起来更高大。Jack 很快将这种行为视为对他领导力的挑战，他也让自己变得更加强大。两个人开始拳打脚踢，这件事不会得到和平解决了。群体中的其他人袖手旁观，他们是不是要等到冲突结束之后站在胜利者一边呢？"不是"。Peter 是 Tom 的朋友，他出手帮 Tom，现在是两个人对一个人。就在 Jack 的盟友们准备来帮忙时，Mary 从人群中走出来，靠近正在搏斗的 Tom 和 Jack。作为群体中年龄最大的女性，Mary 受到大家的尊敬。如果有人能成功地介入这场冲突，只能是 Mary。她开始介入，分别打了 Jack 和 Tom 几拳，然后这次冲突就结束了。两个愤怒的男人各走各的路，不久之后，彼此拥抱以示和解。Jack 在这场特殊的挑战中获得了领导权威，但他知道，只要自己看上去软弱或优柔寡断，Tom 会再次试图夺回领导的位置。

你可能认为上面的案例是人类中的冲突，事实并非如此。相反，它代表了黑猩猩群体中典型的领导力挑战。黑猩猩（包含倭黑猩猩）是最接近人类基因的近亲，在 500 万—700 万年前，与人类有着共同的祖先。黑猩猩生活在具有统治等级的小群体中，并以雄性老大（alphas）为"领导者"。领导者经常面临群体中下层雄性黑猩猩发起的领导力挑战，有时这群雄性黑猩猩会联合起来推翻领导者。根据灵长类动物学家 Frans de Waal（1982）的研究，他曾在荷兰阿纳姆动物园（Arnhem Zoo）研究过黑猩猩，当这种挑战出现时，也会有年长的雌性黑猩猩以维和形象介入冲突。

讨论题

1. 人类的领导力与灵长类动物的领导力之间的异同是什么？

2. 你认为成为黑猩猩领导者有什么好处？

3. 在人类中，领导者和追随者的非语言指标是什么？

4. 举例说明，在商业或政治上具有领导地位的领导者，他们的行为举止像黑猩猩群体中的雄性老大吗？

📖 **本章概述**

当蜜蜂采完蜜返回蜂巢时，会在其他蜜蜂前跳摇摆舞。它在空中飞来飞去，飞出 "8" 字形，同时抖动腹部。2005 年，科学家发现，蜜蜂通过舞蹈动作向其他蜜蜂展示觅食位置和花粉质量（Riley、Gregggers、Smith、Reynolds 和 Menzel，2005）。蜜蜂的朝向是食物源相对于太阳的方向。摇摆舞的持续时长代表着觅食地的距离和花粉的质量。通过设置人工食物源，并仔细观察蜜蜂的摇摆舞行为，科学家据此得出上述结论。将蜂巢移出 250 米，追随蜂也会飞到离人工食物源 250 米的位置，这证明了追随蜂遵循了摇摆舞中的导航指令。这个实验证明了生物学家 Karl von Frisch（诺贝尔奖获得者）在 20 世纪 60 年代首次提出的理论。实际上，舞蜂通过为蜂巢寻找食物资源而扮演领导者。最好的舞者会吸引最多的追随者，这种互动产生了有效的群体产出。

动物界有很多领导和追随现象，从鸟类和鱼类的迁徙模式，海豚和鬣狗的觅食活动，再到灵长类动物之间的食物共享，同样，蜜蜂的摇摆舞也是其中的一种（Smith 等人，2015）。

人类也是动物世界中的一员。虽然在很多方面人类的领导力模式都比其他动物更为复杂，但是仔细研究领导力的演变史并进行跨物种比较，或许可以从中收获一些知识。在本章中，我将解释为什么除了人类之外，领导力出现在各类社会群居的物种之中，以及它采取了什么样的形式。研究领导力的社会学家和行为科学家很少关注领导力的进化起源及其功能。他们主要对领导力的机制感兴趣，即领导力如何运作，而不关注更深层次的领导力的进化功能问题。回答领导力的近因和本源，有助于整合领导力理论，并产生新颖的假设性观察。

领导力研究者日益意识到建立综合知识的重要性，如将自然科学、生物学和社会科学整合在一起，这些知识领域都对领导力进行了有趣的观察（Antonakis，2011；Bennis，2007；Colarelli 和 Arvey，2015）。人类学家、生物学家、认知神经科学家、经济学家、政治学家、动物学家、灵长类动物学家和心理学家，一直在研究各式各样的领导力。但是，到目前为止，这些领域的学者们在发展相互一致的领导力模型和理论方面几乎没有任何交集（如 King、Johnson 和 van Vugt，2009；Smith 等人，2015）。此外，研究领导力的社会科学家们已经提供了很多优秀的中层理论，如人格、认知、情境和权变领导力理论（如 Bass，1985；Fiedler，1995；Graen 和 Uhl-Bien，1995；House，1996；Shamir、House 和 Arthur，1993）。然而，这些理论并没有很好地与宏观理论相衔接（如 Bennis，2007；van Vugt、Hogan 和 Kaiser，2008）。最后，大多数领导力理论的研究对象都是现代社会中的复杂组织，如企业、军队和政府，这类组织在进化史上都是颇为新颖的组织结构。在人类进化史中，95% 以上的时间都是在非正式、平等、共享的领导力主导之下的小规模社会（van Vugt 和 Ronay，2014；von Rueden 和 van Vugt，2015）。分析小规模社会中的领导力有助于回答下列问题：领导力何时出现？是什么原因使得各类社会都会出现有效的领导者？

　　进化论（稍后再进一步解释）大概可以提供一个总体框架，这个框架将不同的分析思路与领导力相衔接。达尔文（1871）的自然选择进化论清楚地表明，就像人类身体的进化一样，人类思想最终也是生物进化的产物，它由很多不同的特征和机制组成。思想进化使人类可以发展出更好的适应社会和自然需求的能力。

　　在本章中，我提出一个新的理论视角——领导力进化理论（evolutionary leadership theory），简称为 EvoL 理论。这一理论以达尔文进化论原理为指导，解释了在自然选择的压力下如何形成领导和追随心理（van Vugt 和 Ronay，2014）。从广泛的意义上，对领导力进行概念界定——领导力是一个包含目标设定、内部协调、进程监测和奖惩策略的影响过程（Bass，2008；Yukl，2014）。首先，本章对进化论进行简要回顾，并特别关注进化心理学的最新发展。该领域将达尔文进化论应用于分析人类的心理和行为。其次，解释为什么进化心理学可能与领导和追随特别相关，并分析领导力的各类进化功能。再次，梳理领导力的自然进化史，探索领导力如何从一种相当简陋的机制（同步简单的生物活动）进化到一种复杂的社会结构（跨时空协调分散于各地的数百万人）。第四，介绍行为科学家对领导力的最新研究。这些研究运用了各种方法，从数学模型到民族志，从动物行为观察到神经科学实验，充分展现了领导力进化的丰富性和多样性。最后，分析从进化论视角进一步探索领导力所带来的启示，并特别关注"失配假说"。

📖 领导力进化心理学

　　领导力进化理论始于下列认知：人类行为中的生理、神经和心理过程是生物进化的第一产物。随之而来的是，就像发现其他动物行为一样，严格、谨慎地应用进化论的主要观点，可以为人类行为研究带来新发现（Buss，2015；van Vugt 和 Ronay，2014；van Vugt 和 Schaller，2008）。当然，在理解人类行为方面，文化进程也很重要，只是文化也是生物进化的产物，人类已经进化出用于模仿和社会学习的心理机制（Henrich 和 Gil-White，2001；Richerson 和 Boyd，2006；Tooby 和 Cosmides，2005）。

　　达尔文是杰出的现代进化论之父。19 世纪时，在乘坐"贝格尔号"前往加拉帕戈斯群岛（Galápagos Islands）的航行中，达尔文观察到各类物种都很好地适应了环境。经过大量的研究，达尔文提出，不同的物种并不是由上帝之手创造，而是经由环境的不断影响而形成。在同一物种中，一些具有特定特征的群体繁衍能力更强，如在非洲大草原上，拥有长脖子的长颈鹿繁衍率会高于短颈长颈鹿。长脖子的长颈鹿会获得更多的食物资源，尤其是树梢上较高的叶子，这种优势让有着长脖子的长颈鹿保持着生存优势。随着时间的流逝，这可能会带来差异性繁殖：长脖子进化为长颈鹿的一般性特征，这被称之为适者生存。达尔文推断，这类现象解释了为什么各类生物看起来如此完美地适合了其所在的自然环境。

达尔文推测，自然选择发挥作用需要遵守三条非常简单的规则：

（1）同一物种内个体之间在特征变异上存在差异。

（2）一些变异可以遗传（这也是后代与父母很像的原因）。

（3）一些变异能够让个体在资源竞争中处于优势。

这三条规则构成了进化论的主要观点。

很多研究证明了达尔文进化论的正确性，随后这一理论不再被视为是一种假设，而是一种自然法则（Coyne，2010）。理解进化论并不一定需要学习遗传学、基因学或等位基因学。但是，首先还要明白，物种的适应性受到了作为选择单位的基因支撑（如长颈鹿的脖子）。任何基因，首先都会以随机变异的方式出现，并且通常只有生物体在资源竞争中占据优势时，这种基因才会在整个种群中传播。回到之前的案例，历史上某个时刻，一只小长颈鹿出生时便携带了自发性突变基因，比起其他长颈鹿，它的脖子更长。这个基因产生了一类更能适应环境的长颈鹿品种，这一特殊基因也因此而延续下来。经过很多代之后，它已经在种群中传播，现在每一只长颈鹿都携带着进化意义上的"长脖子"基因，这一特征已经固化。除此之外更重要的是，我们要认识到，当进化生物学家讨论"特征 X 基因"时，这一称呼过于简单。大多数特征都是多个基因经过复杂组合并共同运行的结果，如根据全基因组关联研究，人类的身高受到了近 700 个基因的影响（Wood 等人，2014）。最后，当进化生物学家讨论"特征"时，他们指的是生物基因与环境相互作用时所表现出的每一项生物特征。这些特征包括身体特征（如身高、眼睛颜色）、神经生理特征（如脑区、神经递质、荷尔蒙）、心理特征（如认知、情绪）和行为特征（如冒险、社交、追随）。如果自然选择受到基因控制，它便可以作用于生物体的任意方面。有关进化生物学和进化证据的更多详细信息，请参考著名的进化论学者，如 Jerry Coyne（2010）、Ernst Mayr（2001）或 Richard Dawkins（2009），所撰写的科普读物。

领导力进化理论受到了进化心理学的启发，进化心理学是将进化生物学的原理运用于研究人类心理和行为的心理学分支（Buss，2015；Pinker，2002；Tooby 和 Cosmides，2005）。进化心理学综合了心理学不同分支的理论和研究，并将这些知识与生物科学联系起来，在进化论的基础之上形成一个统一的理论框架。理论框架的基本原则——人类思想是自然选择的进化结果：进化塑造人脑的方式，及其他相关产物，如激素、情绪、认知和行为，与塑造人体以及其他动物身心的方式一致。实际上，这意味着人类是动物世界中的一部分，与其他物种一样，必须遵循生物和进化法则。

进化心理学认为人脑包含许多专门的心理机制或适应机制，这些机制使人类能够解决影响繁衍成功的众多不同问题（Buss，2015）。人类可能拥有专门的自我适应机制，这些机制可以调节体温、躲避天敌、觅食、择偶、亲情投资、面部识别、语言、社交和领导。在一定的意义上，这是特定领域的功能性心理机制，它们非常善于解决特定问题，但在其他方面却无能为力（Barrett 和 Kurzban，2006）。例如，语言（聊天）是共享社交信息的高效工具，但不利于保持体温。

我们可以建设性地将进化机制看作是一种"认知启发"，或是"如果—那么"决策规则。这些机制是长期进化的自然选择结果，是为了应对环境而产生的适应性行为、生理反应和心理反应。适应性决策机制最典型的就是"只追随看起来值得信任的人"。一眼就能明白，这一决策机制比"追随任何人"更有效，在进化的过程中自然会被选中。进化心理学家进一步假设，进化心理学机制：可以自动运行（不需要额外的努力，参见 Kahneman，2011）；不需要广泛的学习或培训；相对来说，也不需要文化根基；遵循稳定的发展路径；对相关环境的输入高度敏感（Tooby 和 Cosmides，2005）。

最后，我们需要认识到，生物进化是一个痛苦的缓慢过程，因此心理机制已经适应了过去的环境。这意味着，它们不一定在现代环境中产生适应性，尤其是在环境和社会条件迅速变化的情况下。例如，"追随强壮的领导者"这一启示，可能是人类原始环境中的一种功能机制，在原始环境中，领导者的身体强壮度在解决冲突时很重要（Spisak 等人，2011；von Rueden 和 van Vugt，2015）。然而，这种决策规则可能会在现代环境中适得其反。虽然身材高大、体能强的领导者仍然有可能吸引更多的追随者，因为他们常被认为更具影响力，但是在现代环境中领导者的身体素质所起的作用要小得多。我们将原始环境与现代环境之间的这些差异称之为"进化失配"（van Vugt、Johnson、Kaiser 和 O' Gorman，2008），稍后会详细解释。

进化科学家经常提出 4 类问题来寻找适应机制的证据（Tinbergen，1963）。为什么人类有视觉？一个答案是视觉可以帮助人们找到食物并发现危险。这个问题涉及视觉的最终进化功能。第二个问题是视觉的进化有哪些具体步骤？这是有关系统发育的问题。其他问题，与眼睛的运作机制相关，如视觉如何工作？个体一生中的视觉发育变化过程如何？尽管这 4 类问题的答案截然不同，但它们在提供视觉适应性的完整描述方面相得益彰。

同样，我们可以提出领导力在功能、系统发育、个体发育和机制方面的 4 类问题，以此对领导力进行全面的分析（Smith 等人，2015；van Vugt 和 Ahuja，2010）。第一个问题涉及领导力在促进个体生存和繁衍成功方面的作用。第二个是系统发育问题，即领导力的进化步骤，在人类谱系中第一次出现领导力的时间（Brosnan、Newton-Fisher 和 van Vugt，2009）。第三个问题与领导力的机制相关，即领导力如何发挥作用。一般而言，这是心理学家和其他研究领导力的行为科学家最感兴趣的问题，哪些性格决定了优秀领导者，哪些类型的领导力风格特别吸引追随者？最后一个问题涉及领导力的发育、发展过程，在整个生命周期中领导者和追随者如何发展变化。例如，有人提出，模仿和凝视发生在追随者的早期发育阶段，婴儿从 9 个月起开始追随成年人的凝视（van Vugt，2014）。

📖 领导力进化功能

为什么人类拥有领导力？为什么领导和追随关系会自动自发地形成？可能的答案深藏于人类进化史中（van Vugt 和 Ahuja，2010）。人类是高度群居动物（Baumeister 和 Leary，1995；Richerson 和 Boyd，2006；Smith 等人，2015）。曾经很长的一段时间（大约 250 万年前），人类都生活在狩猎采集的小型半游牧家庭群体中。彼此之间的关系高度依赖、合作平等。人类可能起源于非洲大草原（Foley，1997）。对于早期的人类而言，协调活动对生存至关重要。其中，最基础的协调挑战是群体从一个地方（如一个水坑）向另一个地方迁移。

House（1971）的路径目标理论指出领导力的一种主要功能是有能力的领导者会清晰地指出迁移路线，并帮助追随者从所在地迁移到目的地，同时在迁移过程中消除障碍让行程变得更容易。早期人类为了生存经常需要从一个地方迁移到另一个地方。鉴于存在掠食者危险，并需要保持集体行动的优势，群体迁移进化为一种适应性行为（King、Johnson 和 van Vugt，2009）。然而，什么时候开始迁移？迁移到哪里？领导力提供了解决方案。已有文献记载，如图 8-1 所示，在动物界中领导力为群体迁移提供了助力，从群居昆虫到鱼类，从鸟类到哺乳动物（Couzin 等人，2005；King 等人，2009；Smith 等人，2015）。这些记载表明领导和追随可能并不需要复杂的决策规则。简单的规则，如"没有食物就迁移"或"靠近邻居"，都可以产生类似于领导和追随效应。此外，如博弈论模型所展示，如果我们假设第一个迁移者的状态或特征与他人不同，如更感觉饥饿或者更大胆，就会自动地产生"领导者"和"追随者"（Couzin 等人，2005；van Vugt，2006）。

一旦建立领导和追随的基本机制，就可以用来解决更复杂的协调问题。领导力进化理论提出领导力具有各种附加功能，如获取资源、形成联盟、冲突管理、协调群际关系和群体教育。关注小规模社会的比较人类学研究证明了这些领导力功能（Hooper 等人，2010；Smith 等人，2015；von Rueden 和 van Vugt，2015）。人类学研究描绘了早期人类群体生活的合理模型。关于资源机会，蜜蜂的案例表明，侦察蜂充当领导者，将蜂群指向新的觅食和迁徙地。在狩猎采集型社会中，一些领导者负责狩猎。例如，加利福尼亚东部的美洲原住民部落，有猎兔和捕鲸的领导者，他们（因纽特人）的鲸鱼狩猎活动需要由船长监督船员进行有效的协调合作（von Rueden 和 van Vugt，2015）。在小规模社会中，另一个需要领导力的常见状况是冲突管理。在狩猎采集型的集体行动中，群体内外都会经常发生冲突，人类学研究描述了战争领袖与和平领袖。例如，在美洲的原住民部落中，夏安人、克劳人，年轻的更具侵略性的战争领导者会在发生突袭时行驶权力，而更高阶的领导者会在和平时期接管权力（von Rueden 和 van Vugt，2015）。

人类的近亲黑猩猩，也有参与战争和维持和平的行为，这表明系统发育具有一致性。例如，灵长类动物学家 Frans De Waal（1996）观察并描述了荷兰阿纳姆动物园

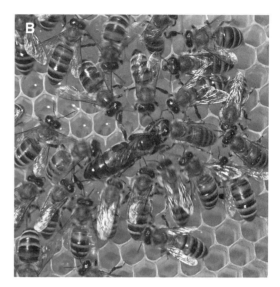

图 8-1 动物世界中的领导和追随现象

A——串联前进：通过触角传递信息，左侧蚂蚁追随另一只蚂蚁，向已知的觅食地前行。图片由 Tom Richardson 和 Nigel Franks 提供。

B——蜜蜂通过摇摆舞向蜂群发出潜在觅食地和花粉质量的信号。图片由 Jürgen Tautz 和 Marco Kleinhenz 提供。

C——知情的领头海豚进行侧翻，以此协调群体活动模式的变化。图片由 Susan 和 David Lusseau 提供。

D——哈佛大学毕业典礼：一场包含音乐、按教育程度不同而装扮、各类信号和仪式的纪念活动。图片由 Dominic Johnson 提供。

经 Elsevier 许可印刷。

里黑猩猩领地上的和平"领袖"：

Mama 和 Spin 之间的争吵失控了，最后开始打斗互咬。很多猩猩冲了进来，一场混乱的群战开始了。嘶吼的猩猩们在沙地上扭打翻滚，直到 Luit（雄性老大）冲入，并将这群猩猩打散分开。它没有像其他猩猩那样，选择加入冲突中的任何一方。相反，那些继续打斗的猩猩都会受到 Luit 的拳击（第 129 页）。

资源分配是领导者的另一项职能，例如，如何分配家庭之外的食物。小规模社会就已经有了"大人物"领导者，他们慷慨地提供资源，并以此吸引追随者（参见冬季赠礼节；van Vugt 和 Hogan 等人，2008）。如果群体协作变得更加复杂，领导者也会因此出现。在北美大平原印第安人"部落"中，通常没有领导者，但是在夏季的野牛狩猎中，他们会选出部落首领，监督粮食生产，并惩罚小偷和搭便车的人（von Rueden 和 van Vugt，2015）。

最后，小规模社会中的领导者还需要发挥另一项功能，向群体成员传授相关的技能和知识，如自然界的运作方式。在不同类型的狩猎采集社会中，如东亚的苗族人，萨满会主持宗教仪式，在部族与祖先的精神世界之间建立起桥梁（Harner，1980）。

总而言之，领导力进化理论（van Vugt 和 Ahuja，2010；van Vugt 和 Ronay，2014）假设领导力是一种群体物种之间的简单协调机制。此外，领导力更好地解决了狩猎采集者所面临的更为复杂的社会问题，如维持治安、惩治搭便车者、计划突袭、发起战斗、维持和平、群内教育以及管理内部资源。关注小规模社会的人类学研究，提供了原始人类群体生活的优良模式，为研究领导力的独特功能提供了支撑（Hooper 等人，2010；von Rueden 和 van Vugt，2015）。

领导力进化理论的基本逻辑为：不同领域的有效领导力将有助于促进群体效率和个体的生存繁殖。假设一个思维实验，想象一下居住在同一地区并争夺相同资源的两组人：第一组人的特点是内部不和谐，群体决策有缺陷，并协调失败；第二组人的特点是内部和谐，有效的群体决策在情境需要领导力的情况下，进行平稳、有效的协调。随着时间的流逝，第二组成员的繁衍和生殖能力会更好。因此，他们的基因以及与这些基因编码相关的生理和心理机制将被传给下一代，直到它们在整个人类中传播。这种领导和追随机制的进化过程，很可能首先是通过生物进化而发生的。然而，在人群中，信息通过基因和文化传递（注：文化也是生物进化的产物）。"文化的选择"同样经历了达尔文式变异、选择和保留机制而运作，但运作的速度更快（Richerson 和 Boyd，2006）。领导力的文化实践很可能是成功的文化创新，例如，制度化的领导者（首长、将军、CEO）会建立正式的等级制度。农业革命之后，一旦这些等级结构出现，就会在人类社会中成功地迅速传播。如果我们想了解人类和非人类在领导力表现形式上的差异，就必须考虑生物学和文化进化之间的相互作用，这就是"基因—文化"共同进化模型正在研究的内容（Henrich 等人，2015；Smith 等人，2012；参见生态位构建理论；Spisak、O'Brien、Nicholson 和 van Vugt，2015）。

📖 领导力自然简史

除了领导力进化功能之外，我们对领导力的系统发育了解多少呢？领导力在人类进化周期中如何发展？人类和非人类领导力的进化又如何？回顾人类和非人类的领导力研究文献可以发现，领导力至少有 4 类主要转变（King 等人，2009；van Vugt 和 Hogan 等人，2008；参见表 8-1）。

（1）领导力最早出现在上万年前的史前物种中。它是一种解决群体简单协调的机制：个体开始迁徙，其他人紧随其后。在类人物种中，或许还有其他灵长类动物，如黑猩猩（约 500 万—700 万年前人类与黑猩猩有着共同的祖先）的领导力得以存活。在个体利益重大冲突的情况下，如需要进行冲突管理或维持内部和平，领导力可以促进集体行动。在这个过程中，身体强壮或在社会中具有重要地位的个体会成为领导者。

（2）追溯到 250 万年前，作为灵长类动物的遗传，支配力在早期人类社会中被削弱。特别是在大约 10 万年前，语言出现之后，支配力的削弱为基于声望的领导力模式和参与式民主的群体决策规则铺平了道路。

（3）大约在 13 000 年前，农业革命之后，人类社会的规模和复杂程度不断增加。为了应对复杂的协调挑战，人类中产生了强有力的、经过正式任命的领导者，包括酋长、祭司和国王。从最好的情况来看，他们通过提供重要的公共物品而充当"大人物"式领导者；从最坏的情况来看，尽管他们也是奴隶，但是他们却滥用权力剥削追随者（见表 8-1）。

（4）仅仅在 250 年前左右，人类社会中出现了通过民主选举产生领导者的民族国家机制。工业革命之后，大公司开始选聘 CEO 和受过良好教育的员工，城市中的居民开始接受很好的教育。领导力仍然是等级式，但是在全球大多数地区，领导力开始有了参与式，追随者也可以选择离开组织到其他地方。

表 8-1 领导力自然史

阶 段	时 期	社 会 形 式	群体规模	领导力结构	领 导 者	领导和追随关系
1	250 万年前	前人类社会	易变化	基于情境	任何个体，通常是群体核心成员（老大）	情境制或等级制（非人类灵长类动物）
2	250 万年至 1.3 万年前	群对、氏族、部落	几十人到几百人	非正式、世袭或基于专业技能	"大人物"、首领	平等、情境制
3	1.3 万年至 250 年前	酋邦制、王国、军阀社会	数千人	集权、制度化（有些情况为世袭）	酋长、国王、军阀	等级制、威望制或统治制
4	250 年前至今	民族、国家、大型企业	几千人到数百万人	集权、民主	国家领导人、CEO	等级制，但包含参与式

检验领导力进化假设

有进化视野的心理学家如何获得领导力知识？进化心理学包含了各式各样的理论、方法和视角，这些知识可以有效地应用于领导和追随研究（Price 和 van Vugt，2014；van Vugt 和 Tybur，2015）。进化心理学和更宽泛的进化行为科学吸引了具有不同学术背景的科学家加入，这使得进化心理学呈现出多样性的特征。这些科学家不仅有受过不同程度心理学教育的研究者，而且还包括生物学家、灵长类动物学家、动物学家、人类学家、经济学家、政治学家和很多其他学科的研究者。同时，多样性也是一种功能反应。进化心理学的理论发展和假设检验都需要高标准的证据。一份可以有效地论证领导力进化理论或假设的证据，首先需要证明这一证据是在进化情境中被激发，其次还需要证明这一证据可以增加个体的繁衍率。第一部分的验证比较容易；第二部分的验证则相当困难。

（1）进化心理学家通常会从一般性理论出发。从进化生物学的核心理论出发，通过启发式将研究关注点引向潜在的心理适应行为。这些理论包括亲代投资理论、性伴侣选择理论、生命史理论和昂贵信号理论（Gangestad 和 Simpson，2007）。如果一个假定的适应性直接起源于一般的进化范式理论，那么进化心理学家会对这类适应性的存在更有信心。例如，如果女性有较高的亲代投资观念，那么可以依此推测出下列假设：女性会对可以提供优质可靠资源的性伴侣更感兴趣。此外，昂贵信号理论表明：①女性应该更关注潜在伴侣的努力信号，这些信号是资源的持有能力或潜在持有能力。②男性应该热衷于将这些昂贵的努力信号发送给理想伴侣。反过来有另外一个假设，即因为地位与资源相关，所以男性会通过获得高地位来证明自己具有伴侣价值（van Vugt 和 Tybur，2015）。这在领导力方面产生了可验证的预测：①男性应该更有动力去争取高阶管理职位，特别是当这些职位能够带来更多的收入和社会声誉时。②女性应该认为男性领袖更像浪漫伴侣，反之却不一定正确，即女性领袖并不能吸引更多男性的性兴趣。③男性应该在有魅力的女性面前展示"成本高昂的领导力行为"，相反，女性领导者在男性面前不一定如此。大部分预测得到了经验上的支持（如Iredale 和 van Vugt，2008；Jensen-Campbell、Graziano 和 West，1995），还有一些需要进一步检验。

（2）进化理论学家可以运用博弈论对领导力进行研究。博弈论对个体互动进行建模，这种互动是竞争后的社会策略结果（van Vugt，2006）。例如，一些模型证明：在协调博弈中，当个体利益一致而不冲突时，领导和追随关系出现得更快；当一个人被告知而其他人没有被告知时，领导和追随关系不会快速出现（Couzin 等人，2005）。

（3）计算机模拟和基于代理的模型可以用来检测领导力出现假设条件的有效性。例如，计算机模拟可以帮助确定，群体从以非正式领导者为决策者的平等结构，向以正式领导者为决策者的等级结构转变的条件（Hooper 等人，2010）。

（4）行为经济学和社会心理学的实验方法可用于检验领导力的进化假设。实验（经济学）博弈方法研究参与者之间的互动，如因徒困境博弈、公共物品博弈或薄弱环节协调博弈，这些博弈的参与者最终做出相互依赖的决策。博弈论的分析可以回答很多问题，如哪种性格的玩家更有可能在秩序协调游戏中占据主导地位，即一个玩家先行，其他玩家紧随其后（Gillet、Cartwright 和 van Vugt，2011）。

（5）关于领导和追随机制的证据也可能来自社会神经科学的最新研究进展。组织认知神经科学的新兴领域将神经科学技术应用于组织行为研究，如领导力研究（Lee、Senior 和 Butler，2012；Waldman、Wang 和 Fenters，2016）。脑成像研究（fMRI）有可能提供与特定组织行为相关的特定生理结构数据（Adolphs，1999）。核磁共振成像研究可以用于检测，当领导者成功地协调团队活动、提出公平分配建议或惩罚损害团队目标的个体时，领导者和追随者的大脑活动状况（Fehr 和 Camerer，2007）。最近出现了一种被称为经颅磁模拟（TMS）技术，它扰乱了被认为负责社会经济决策的大脑区域活动。这项技术发现，左额叶前皮质的损害会阻碍人们建立良好社会声誉的能力（Knoch、Schneider、Schunk、Hohmann 和 Fehr，2009），这是有效领导力的先决条件。

荷尔蒙研究可以帮助确定，领导力的出现及其有效性与荷尔蒙之间的关系。基础荷尔蒙水平的个体差异，如皮质醇、5–羟色胺和睾酮，可以预测个体在高职位上的表现（van Vugt 和 Tybur，2015）。例如，Josephs 等人（2006）提出了一种实验研究中的错配效应。这项研究表明，高睾酮个体在高职位的复杂认知任务中表现得更好，而低睾酮个体在低职位的复杂认知任务中表现得更好。此外，最近对企业员工的研究表明，当个体努力爬上高职位时，基础性睾酮水平与更具指导性、独裁型领导力风格相关，但是当他们已经获得领导职位时，睾酮水平与独裁领导力风格无关（Van der Meij、Schaveling 和 Van Vugt，2016）。

（6）行为遗传学研究有助于指出领导力的出现是否具有实质性的遗传因素。较高的遗传指数表明这些特征可能存在重要的个体差异。De Neve 等人（2013）在纵向人口数据上采用了双设计方法，并估算领导力遗传性的占比为 24%。遗传标记的进一步研究表明，领导力角色与调节大脑中释放多巴胺的单个等位基因有关。除了直接的遗传效应外，还有一些令人鼓舞的研究结果表明，已知稳定的人格差异具有相当高的遗传成分，可以系统地预测领导力的出现，如外向和智力（介于 40%~60%；Ilies、Arvey 和 Bouchard，2006）。

（7）进化心理学家也经常使用实验认知心理学方法来寻找心理机制进化的证据。关于领导力，可以使用认知实验来确定人们是否自发地将特定个体识别为领导者。一项研究分析了人们在评价他人面孔时，是否与领导者进行自动自发的关联。例如，战争时期人们更喜欢男性化的领导者，而在和平时期更倾向于女性化的领导者（Spisak 等人，2011；van Vugt 和 Grabo，2015）。这样的原型存在于各种文化和各个年龄段群体中。关于领导者的面孔，确实存在跨文化共识（Berggren、Jordahl 和 Poutvarra，2010）。这表明这些原型是自动进化的决策规则，可能不需要大量的学习（这一假设不同于隐性领导力理论；参见 Epitropaki 和 Martin，2004；Lord、De Vader 和 Alliger，1986）。一项研究发现，5 岁儿童可以通过判断候选人的面孔来选出政治选举中的获胜者（Antonakis 和 Dalgas，2009）。其他研究表明，成年人和儿童对面部进行最短时间（100 毫秒）的观察就会对各种领导力属性（如统治力、信任度）作出快速判断（Cogsdill、Todorov、Spelke 和 Banaji，2014；Todorov、Olivola、Dotsch 和 Mende-Siedlecki，2015）。

（8）心理调查问卷通过真实世界中的领导和追随现象的自我报告数据，为领导力进化假设提供证据。例如，来自世界各地的调查数据表明，一些特征被普遍认为与优秀的领导力相关，如远见、正直和可信赖（Den Hartog、House、Hanges、Ruiz-

Quintanilla 和 Dorfman，1999）。另外，在一些文化中，一些领导力属性更重要，而在另一些文化中则不是，如领导者的慷慨大方和支配力（Den Hartog 等人，1999）。这些数据表明一些决策规则在生物学上相对固定，如"追随值得信任的领导者"。然而，在另一些情况下，其他的决策规则会更为灵活，这些规则也是各地文化规范的产物，如"追随权威型领导"。

（9）人类学和民族志研究可以为领导力进化假说提供更多的证据，这些研究分析了领导力在人类文化中，从小规模社会到大规模社会，普遍存在的程度（von Rueden 和 van Vugt，2015）。这些研究可以有效地区分更深层次的进化根源现象与较浅层次的具体文化现象。作为原始群体生活的良好典范，对小规模社会的研究发现，享有声望的领导者，如在狩猎或政治外交方面表现出色的领导者，有更多的后代（von Rueden 等人，2011）。

（10）跨物种证据有助于检验领导力属性或机制的进化史。例如，在人类和大象群体中，年长者都在需要传统知识时担任领导职务，如前往一个被遗忘的水坑（King 等人，2009；van Vugt 和 Ahuja，2010）。此外，对非人类灵长类动物的实验表明，"追随者"会拒绝"领导者"的不公平提议（Brosnan 和 De Waal，2005）。这一发现预示着，行之有效的深层次进化心理机制或决策规则，要么是趋同进化的产物——两种不密切相关的物种针对同一问题提出相同的解决方案，要么是在数百万年前人类与非人类灵长类动物从共同的祖先中分裂而来，在这种情况下是卷尾猴（Brosnan 等人，2009）。灵长类动物学研究以及更广泛的动物学研究，加深了我们对重要适应机制的进化理解，如公平、同理心和领导力（Preston 和 De Waal，2013；Smith 等人，2015）。

综合不同的研究结果，可以为领导力及其机制、发展和进化功能带来新的理解。对于认真使用进化论方法的研究者而言，这一方法的效用显而易见。为了说明这一点，下面列出了 9 个最新的实证研究结果。这些研究都从进化论视角出发，采用了不同的研究方法，从数学模型到神经科学，对领导力进行了分析。尽管这些发现没有一个能描绘出确切的故事，但是它们共同分析了领导和追随关系存在特殊的进化机制。换言之，越来越多的经验证据表明，运用生物学进化方法对领导力进行研究，颇具价值。

（1）基于个体的模型分析表明，在成员偏好具有异质性但需要在有限的时间内达成共识的群体中，领导力会自发出现（Gavrilets、Auerbach 和 van Vugt，2016）。最顽固的团队成员将担任领导者，而个人并不愿意改变职位。这个结果解释了为什么在时间压力下，民主组织会恢复为更加等级分明的决策机制。

（2）最近一项双胞胎研究表明，领导力的出现，大约 40% 的变化是由遗传因素引起（Chaturvedi、Zyphur、Arvey、Aviolo 和 Larsson，2012）。这表明领导力具有可遗传的成分。然而，天生的领导者和天生的追随者之间的差异不太可能是由一个基因造成的（参见 De Neve 等人，2014）。

（3）一项脑成像研究表明，在最后通牒博弈中，当追随者收到来自领导者的不公平提议时，会引发与情感有关的区域大脑活动（前绝缘），这意味着情感在决定是否遵循领导者上起着一定的作用（Sanfey，2007）。这表明，快速、直觉、情感的判断在我们如何评价领导者中起着重要作用。

（4）观察玻利维亚齐曼人的人类学研究显示，在狩猎采集的社会中，体格健壮的男性通常占据着很高的地位，有更多的妻子，会生育更多的后代（von Rueden 等人，2011）。因为体格健壮的男性是（被视为）更好的战士和外交官，所以更容易在齐曼人群体中获得高地位。

（5）一项实验研究表明，在经济博弈中，睾酮水平较高的个体更容易滥用权力。拥有更多的追随者（代表权力）的高睾酮个体更有可能为自己保留金钱，而不是在自己和追随者之间进行平均分配（Bendahan、Zehnder、Pralong 和 Antonakis，2015）。

（6）一项超扫描（fNIRS）实验表明，有领导和追随之分的双胞胎比无领导状态的双胞胎，其神经活动更同步（Jiang 等人，2015）。这项研究表明，领导者出现的特征是：领导者与追随者之间的神经活动高度同步。另外，沟通的质量比这些中立同步的频率重要得多。

（7）一份管理层执行计划数据表明，组织中较高级别经理人的皮质醇水平（"压力"激素）低于较低级别的员工（Sherman 等人，2012）。这表明在社会中，高职位（如领导者）具有较低的压力水平，并最终预示着拥有更好的健康状况。

（8）一项实验表明，有惩罚型领导者的团体，比没有领导者的团体，具有更高的合作水平（O'Gorman、Henrich 和 van Vugt，2009）。这项研究的含义是，领导力的进化可能部分是为了解决（祖先）人类社会中的基本搭便车问题。

（9）一项使用著名凝视提示范例进行的认知实验表明，在以危险提示为基础的实验中，相比于非支配型面孔，参与者更会凝视拥有支配表情的眼睛（Ohlsen、Van Zoest 和 van Vugt，2013）。这表明在危险中，人们可能会使用一种自动"追随强者"的心理启发，这一启示可能是进化的产物。

📖 领导力进化理论的启示

最后一部分，我将提出运用进化论进行领导力研究和实践的一些启示。这些启示源于两种不同社会中的领导力比较：现代组织与人类进化中的小规模社会。一些启示也源于其他一些理论，如路径目标理论、领导者—成员交换理论、社会认同理论、变革型或领导力分类理论（Avolio 等人，2009；Epitropaki 等人，本书第 5 章；van Knippenberg，本书第 12 章）。显然，每一个理论最终都必须用进化理论来解释其假设，如为什么我们被魅力四射的领导者所吸引？为什么我们将特定的身体特征与领导力联系起来？领导力结构中的文化差异从何而来？此外，领导力进化理论还需要阐明文献中尚未充分解决的核心问题，如为什么有些人是追随者而不是领导者？为什么人类始终偏爱高大健康的领导者？为什么女性 CEO 常会招来敌意？最后，与其他理论相比，以进化为基础的分析框架似乎也对领导力研究和实践产生了更广泛的启示（van Vugt 和 Ronay，2014；von Rueden 和 van Vugt，2015）。例如，当我们设计组织领导力方式时，可以参考发展心理学的观点来分析用远程领导代替面对面领导是否可行。

为何追随？

进化分析方法强调研究追随力的重要性。从理论上说，因为追随者人数多于领导者，所以了解追随者的心理比了解领导者的心理更有趣。从进化的角度来看，为什么一个人自愿放弃主导权追随另一个人，这令人困惑。实际上，这个问题很难研究（参见 Brown，本书第 4 章）。领导力进化理论表明，追随者进化是对协调问题的回应，如在人类进化史上很重要且经常发生的群体迁移、群体防御、冲突解决和教育。这意味着在这些与进化相关的情况下，追随者应该更快地出现，并且追随者的风格会根据实际情形而有所不同。虽然这一假设没有得到明确的检验，但是它与先前的发现一致。在危机或自然灾害等外部威胁下，人们更可能追随领导者（Baumeister、Chesner、Senders 和 Tice，1989；Hamblin，1958）。群体间的冲突也激励追随现象。在著名的罗波洞穴实验中，彼此陌生的人被召集在一起，他们迅速选择了领导者来重新领导他们（Sherif，1966）。最后，整合研究表明，当人们不确定最佳行动方案时，更有可能接受另一个人（即领导者）的建议。社会心理学经典实验米尔格拉姆（Milgram）和阿施（Asch）的从众实验表明，即使是在道德或智力上都错误的决定，人们也会迅速"遵循大多数人的行为"。这意味着人类的大脑已经有效地进化出追随力，这是祖先的遗产——与领导力进化理论一致。

领导力进化理论的另一种启示是，在一个小群体中，当个体面临很少或没有利益冲突的简单协调时，可能并不希望有固定的领导者。这一启示与领导替代研究的结论一致（Kerr 和 Jermier，1978）。在这种情况下，任命领导者甚至可能会损害群体绩效。例如，具有高度凝聚力的团体，在与正式任命的领导者一起执行例行任务时，表现并不好（Haslam 等人，1998）。

领导力文献可以从运用以追随者为中心的研究方法中获益（Brown，本书第 4 章；Uhl-Bien 等人，2014；Wayne 和 Ferris，1990）。追随者的风格可能至少与跨背景和跨个性的领导力风格一样，具有可变性和差异性（Uhl-Bien 等人，2014；van Vugt 等人，2008）。从不情愿追随到狂热追随，人们遵循不同的承诺水平（Kellerman，2008）。此外，有些人之所以追随是因为他们想学习新的东西（"学徒"），与领导者（"粉丝"）保持着强烈的认同感，或者被更高级别的他人（经理的下属）所强迫。进化论将追随者置于领导力研究的最前沿，是发展新的追随者理论和研究的好起点（van Vugt 和 Ronay，2014）。

情境有多重要？

领导力进化理论具有另一个优势：它通过展示早期人类面临各种适应性问题选

择了不同类型的领导力，为领导力应急方法奠定了坚实基础。通过观察现代狩猎采集社会可以推断，领导力是灵活的，并且条件不同会出现不同类型的领导者，如最好的猎人领导狩猎队，最聪明的长者解决内部冲突，最凶猛的战士领导战斗（von Rueden 和 van Vugt，2015）。尽管在各种情况下成为领导者的可能性存在稳定的个人（和遗传）差异，但是领导者的出现取决于实际情境。实际上，双胞胎研究表明，领导能力出现差异大约仅有 25% 是由于人格遗传差异所致（Ilies、Gerhardt 和 Le，2004）。

领导力进化理论还解释了下列事实：一些领导力属性（如公平）被领导者们普遍重视，而其他属性的重要性则因文化而具有灵活性（Den Hartog 和 Dickson，本书第 13 章；Hofstede，1980；Richerson 和 Boyd，2006）。例如，由于经济或区域压力，参与式的民主风格在美国和欧洲盛行，领导者被迫与公民分享权力（Acemoglu 和 Robinson，2012）。相反，在一些群体间冲突或病原体风险盛行的地方，如撒哈拉以南的非洲和亚洲，存在更专制型的领导力风格。在这些地方，为了维持和平或防止感染风险的传播，有必要施加更大的整合压力和惩罚措施（参见个人文化与集体文化；Fincher、Thornhill、Murray 和 Schaller，2008）。

为何领导者与追随者的关系存在矛盾？

领导力进化理论的第三个优点是，它解释了领导者与跟随者关系中的根本矛盾（van Vugt 等人，2008）。进化论认为动物世界中有两种不同的层次结构（van Vugt 和 Tybur，2015）。第一个是经典的统治等级体系，源于对稀缺资源的竞争，其中最强大、最有决心的个体占据上风，控制着群体资源和群体活动。当阶层式决策结构有利于群体绩效时，阶层式的第二种形式便以协商一致的方式出现（Ronay 等人，2012）。这两种模式提供了非常不同的领导力解释。支配模式描述了各种非人类灵长类动物，如大猩猩和黑猩猩，雄性老大指挥并控制群体活动，追随者受到武力威胁。然而，对于人类来说，这幅画面却大不相同。作为合作平等的物种而具有特殊进化史的人类，其等级制度比非人类灵长类动物要扁平得多，领导力主要是基于声望而非强制（Henrich 和 Gil-White，2001；van Vugt 等人，2004）。我们将此称为领导力信誉服务理论（Price 和 van Vugt，2014）：提供公共服务（如协调狩猎或发动突袭）的个体被群体授予地位和声望。在小规模社会中，这样的个体"领导者"的确受到钦佩和尊重，他们的地位也转化为繁衍成功率——有更多的妻子和子女（von Rueden 等人，2011）。

支配力是灵长类动物遗传的一部分，人类也可能进化了形成支配与服从关系的心理机制（van Vugt 和 Ronay，2014）。因此，在组织中始终存在风险：如果条件合适，领导者将利用自己的权力来剥削追随者（Padilla、Hogan 和 Kaiser，2007）。这使得领导者与跟随者之间的关系存在固有矛盾。一方面，组织中始终存在从他人之手攫取资源的诱惑力。因此，人类可能已经进化出一套包含决策规则的领导力心理机制，这些决策规则会在适当的情况下触发领导力行为，如领导者掌权时。另一方面，人类进化了一种追随者心理，其中包括另一套机制或决策规则，以避免被领导者支配和利用。

人类学和心理学文献揭示了几种个体拥有增加基本权力的心理机制。众所周知，小规模社会中，"大人物"领导者可以公平而慷慨地重新分配资源，这会增强他们的权力——这是一种被普遍期望的领导力（Brown，1991；Dorfman 等人，2004；Henrich 等人，2015）。领导者还会诱发外部群体威胁来巩固他们的权力根基（Cohen 等人，2004）。有时领导者通过裙带关系和腐败行为来"购买"支持（Altemeyer，1981；Gandossy 和 Sonnenfeld，2004），这进一步推动了领导者的繁衍利益（von Rueden 和 van Vugt，2015）。随着语言的出现，另一个让领导者使用的强大工具也随之出现，即意识形态的发明。纵观历史，领导者创建宗教甚至一直使用来维持权力，如土耳其 Kemal Ataturk 的包括宗教、文字（Sun Language religion）改革在内的世俗化改革，将其统治转变为世袭制，以使自己和亲人受益，这显然是裙带关系（van Vugt 和 Ahuja，2010）。

同时，各种机制可能不断进化，以确保人们跟随领导者时是获益的而不是被剥削的。在人类学文献中，这种反剥削手段被称为"调平机制"（Boehm，1999）或 STOPs——克服强权的策略（van Vugt 和 Ahuja，2010）。第一种机制，接受和认可权威的前提条件是，领导者拥有公认的专业知识（von Rueden 和 van Vugt，2015）。第二种机制，利用八卦和嘲讽来监督领导者。在小规模社会中，如果一个酋长行为不端，就会遭到公开批评，如果他试图下达命令，通常会被拒绝（Boehm，1999）。

躲避剥削型领导者也可以成为消除权力距离的有力工具。在人类进化的过往之中，流放大概会对被流放者造成严重后果（Williams，2007）。在小规模社会中，避免剥削型领导者的终极制裁是谋杀。在狩猎采集社会中，为了避免氏族之间的冲突，支配他人的个体通常会有被谋杀的危险，这些谋杀大多来自家庭成员（Boehm，1999）。在美国，心怀不满的公民试图暗杀 45 位总统中的 15 位，这使得美国总统成为世界上最危险的职业之一（Oliver 和 Marion，2010）。

原始环境与现代环境之间是否存在不匹配状况？

最后，领导力进化理论解释了为什么现代领导力可能会失败的原因，这一理论指出领导力进化心理与现代环境挑战之间有可能存在不匹配状况。人类的领导力心理在小群体中发展，而且领导力是个人的、非正式的、两相情愿的。假设这种进化心理仍然影响着我们选择和回应领导者的方式，有时会带来不匹配的挑战（van Vugt 和 Johnson 等人，2008；von Rueden 和 van Vugt，2015）。

谁是领导者？

领导力进化理论解释了为什么领导力与诸如身高、语调和面部表情之类的身体特征相关，从表面上看，这些特征与优秀的领导力并无关系，现有的领导力理论并不容易解释这一点。在现代社会中，成功的领导者往往身材更高（Blaker 等人，2013；Judge 和 Cable，2004；Stulp 等人，2013）。然而，在团队中并不一定如此，在一些情况下，比起身高，运动者的年龄更重要（Elgar，2016）。领导者的面部和身体特征通常也更男性化（Little 等人，2007；Spisak 等人，2012）。具有深沉嗓音的男性 CEO 管理较大的公司并享有更长的任期（von Rueden 和 van Vugt，2015）。

在小规模祖先社会中，领导力通常是指体型上的领导者，他们拥有支配力（如为解决冲突）或体力（如为团体运动），因此与体力相关的领导力指标（Sell 等人，2009）尤其重要。但是，在现代社会，领导力通常与体型无关。虽然一些领导力竞争可能包含令人生畏的体型，如美国总统大选，但是追随者很少能够与领导者面对面交流。这种身体特征继续影响着今天的领导力观念。Todorov 等人（2015）最近评论了面部表情的有效性："在对面部表情进行社会归因时，人们从很少的信息中获取了太多的东西。"（第 27 页）

不匹配假说也可以解释为什么在现代组织高层中出现自恋者、马基雅维利派甚至精神病患者（Babiak 和 Hare，2006；Judge 和 Bono，2000），这些人被称为"黑社会领袖"。他们最初被认为是迷人的、有能力的、鼓舞人心的，但是并没有证据表明这些领导者促进了追随者的利益，相反，甚至可能会伤害追随者（Brunell 等人，2008）。在小规模社会中，人们对领导者有着很深的了解，因此从实际行为中推断领导者的能力相对容易。自恋狂或精神病患者的表现会受到群体惩罚（Boehm，1999）。但是，在现代组织结构中，人们可以轻松地调动工作，并且通常缺乏监控实际绩效的机制，将能力与夸大的自恋区分开来相对困难。因此，可以说，在现代组织中涌现出更多的黑社会领袖（von Rueden 和 van Vugt，2015）。

目前，领导者甄选过程造成了另一个潜在的不匹配现象。在人类祖先社会中，领导者是基于知识、性格或道德、美德自下而上出现的。在现代的工业和官僚组织中，领导者由自上而下的组织层次结构中更高级的经理任命。因此，取悦上级是职业成功的一个重要预测因素，而在人类进化的小规模社会中，这一点并不存在。值得注意的是，如果在领导者甄选过程中包括下属，则高管更有可能获得成功（Sessa、Kaiser、Taylor 和 Campbell，1998）。这是避免不匹配的一种方法。

失配假说也为当前另一个社会问题提供了线索：对女性领导力的偏见（Carli 和 Eagly，本书第 10 章）。在小规模社会中，因为领导力通常是指身体力量，所以男性领导是常态（Sell 等人，2009）。但是，在越来越强调人际交往能力和教育技能的现代复杂组织中，倾向于男性领导的偏见还有待更多的观察（Eagly 和 Carli，2003）。虽然男女的生物学构成有很多相似之处，但是由于追求不同的交配策略，男女之间依然有所不同（Geary，1998）。不同于社会角色理论家的研究结果，性别差异不仅存在于身体特征上，还存在于心理特征上（Pinker，2002）。平均而言，女性具有更好的言语记忆、同理心和沟通技巧，这大概是由于女性在选择进化时需要保持更加紧密的社会网络，并以此保护和抚养子女（van Vugt，2006）。男性更擅长建立更大、更松散的网络并能在等级关系中发挥作用（Benenson，2013）。据推测，这是因为原始社会中的男性在战争中扮演了更直接的角色，他们选择更大的联盟和更多的指挥官（van Vugt

等人，2007；van Vugt 和 Spisak，2008）。这种进化演变差异合理地解释了为什么男性以更专制的方式进行领导，而女性则以更参与的方式进行领导（Eagly 和 Johnson，1990）。

领导者的效能如何？

领导者有效性也有可能出现不匹配现象。首先，小规模社会的领导者倾向于非正式地开展活动，并与追随者进行面对面的互动。有超凡魅力的变革型领导者的成功，可能部分源于不断发展的追随者心理，即追随者期望与领导者建立亲密的个人关系（van Vugt 和 Ronay，2014）。随着领导者和追随者之间物理距离的扩大，组织必须解决这一问题以使领导力有效。在过去的几十年中，劳动力的全球化和信息技术的发展催生了新的工作安排，如远程办公、远程数字化工作以及灵活的工作时间安排，这常常使管理人员与下属之间的距离变得遥远（Antonakis 和 Atwater，2002；Kelley 和 Kelloway，2012）。例如，在美国和加拿大，约有 10% 的劳动力，每周至少有 8 个小时在远程工作，如今，96% 的员工依靠网络、电子邮件或手机保持工作沟通（美国劳工统计局，2002）。这种趋势导致了一种相对较新的领导力形式，其特征是，在地理和物理上孤立的领导者和追随者之间，通过电子媒介进行沟通，这就产生了远程领导力。但是，远程领导力的效果如何？研究表明，因为面对面的交流更具说服力，员工倾向于与经理进行面对面的交流（Le Ngoc 等人，2016）。通过创建具有更丰富社交线索的虚拟环境，组织可以解决应对面对面领导力不断进化的心理问题。

第二，小规模社会中的领导力倾向于共享和分配。最有能力胜任手头任务的人（无论是打猎、外交还是战争）都可以发挥其影响力，但是他们只能在狭窄的专业知识领域内发挥作用（von Rueden 和 van Vugt，2015）。此外，重要的群体决策通常基于共识而做出，信息也是从每一个个体收集而来（"群体智慧"效应）。但是，在现代组织中，一个人（CEO 或经理）需要负责任地管理远远超出其专业领域的各种工作。这或许部分是基于这样一个信念，即一个领域的技能可以预测另一个领域的技能（Yukl，2014）。显然，人类已经进化出社会学习机制，倾向于广泛地模仿领导者等成功人士（Henrich 等人，2015；Price 和 van Vugt，2014）。然而，这种认知是否可以评估现代复杂组织中的领导者，依然值得怀疑。追随者对领导者抱有过分乐观的期望（"浪漫的领导力"），但很少有领导者具备执行各种职责所需的正确技能。这是领导者多功能性的问题——扮演多个甚至彼此竞争角色的能力（Kaiser、Lindberg 和 Craig，2007）。不能分享领导权，不顾及利益相关者，可能是顶级领导层失败率相对较高的原因（van Vugt 等人，2008；Wassenaar 和 Pearce，本书第 7 章）。

第三类潜在的失配是现代领导者和追随者之间的地位差异。领导者通常会获得高薪、较高的声望和特权。研究表明，CEO 的薪酬远高于人们认为公平的薪酬。在现代商业环境中，CEO 的平均工资几乎是员工平均工资的 200 倍（Norton 和 Ariely，2011）。心理学研究表明，与"高薪"相关的权力，会增加虐待他人的可能性（Kipnis，

1972），并会降低同情下属的能力（Galinsky、Magee、Inesi 和 Gruenfeld，2006）。现代企业领导者的高度不对称报酬，可能与人类不断进化的心理机制背道而驰，并催生了让员工主动抗拒的管理模式。在人类进化过程中的小规模社会中，个体之间的财富和地位差异极小。这就出现了一个问题：为什么会有人想成为领导者？一种可能性是领导者本身或其直系亲属从协调中获利，如捍卫自己的领土。另一个可能性是成功的领导者，如猎人或外交官，会因享有声望而得到回报（参见信誉服务理论；Price 和 van Vugt，2014；von Rueden 等人，2011）。最终的可能性是，领导力行为是一种诚实信号（参见前面的部分），它反映了宝贵的个人品质，如勇气或拥有的资源潜力，并借此吸引盟友或性伴侣。从某种程度上讲，此类信号的成本更高、更难以伪造，因此，根据上诉逻辑，人们应该热衷于关注表现出良好领导行为的个人。

总之，失配假说可以解释领导力出现和有效性方面的各种偏差，这很可能成为现代组织领导力的障碍。尽管如此，未来的研究需要为不匹配假说提供其他解释。例如，在现代组织中，一个人的体力或自恋可能是一种可靠的信号，这一信号表明他们的智力或招募盟友的能力会形成更大的社会网络，组织也因此可以从中获利（von Rueden 和 van Vugt，2015）。此外，在现代社会中，只要地位和财富之间的差异不转化为高地位和低地位个体之间繁衍机会的差异，这种差异可能是可以接受的。因此，尽管现代社会存在着巨大的社会不平等，但这实际上可能不会产生不匹配。

📖 结论

在进化心理学的启发之上，领导力进化理论是研究领导力的一种新方法，它将各类研究领域衔接起来，提供了一个与进化生物学原理相一致的总体框架。上文论证了为什么研究领导力的进化功能很重要。另外，上文展示了进化心理学对领导力研究的贡献，它提出了许多新的假设，并用各种不同的方法检验这些假设，从行为遗传学到神经科学，从实验到博弈论。上文也概述了在领导力理论研究和实践中运用进化论带来的各种启发。我希望这个新的研究领域将引起领导力研究者和从业者的兴趣，他们和我一样，对理解领导力的真正本质很感兴趣。

🔍 讨论题

1. 非人类生物有领导力吗？如果有，它们与人类的领导力有何相似之处？又有何不同？

2. 神经科学研究如何帮助我们理解领导力和追随力？

3. 权力会滋生腐败吗？用进化心理学的观点讨论支持或反对这一主张的证据。

4. 为什么在祖先环境中会有更高的领导者偏爱？你如何分析这种现象？

🔍推荐阅读

van Vugt, M., & Ahuja, A.（2010）. *Naturally selected*: *Why some people lead, why others follow, and why it matters.* London, UK: Profile.

van Vugt, M., & Grabo, A. E.（2015）. The many faces of leadership: An evolutionary-psychology approach. *Current Directions in Psychological Science, 24*, 6484–6489.

van Vugt, M., Jiang, J., Chen, C., Shi, G., Ding, G., Liu, L., & Lu, C.（2015）. Leader emergence through interpersonal neural synchronization. *Proceedings of the National Academy of Sciences, 112*, 4274–4279.

von Rueden, C., & van Vugt, M.（2015）. Leadership in small-scale societies: Some implications for theory, research, and practice. *The Leadership Quarterly, 26*（6）, 978–990.

🔍案例研究

电影案例: *Geronimo*: *An American legend*（1993）.

案例: Brown, T.（2012）. From blueprint to genetic code: The merits of an evolutionary approach to design. Harvard Business School Case ROT165–PDF–ENG.

🔍推荐视频

De Waal, F.（2012）. Primatologist Frans De Waal about morality in primates. https://youtu.be/GcJxRqTs5nk.

🔍参考文献

扫一扫，下载
本章参考文献

Acemoglu, D., & Robinson, J.（2012）. *Why nations fail*: *The origins of power, prosperity, and poverty.* New York, NY: Crown.

Adolphs, R.（1999）. Social cognition and the human brain. *Trends in Cognitive Sciences, 3,* 469–479. Altemeyer, B.（1981）. *Right-wing authoritarianism.* Winnipeg, Canada: University of Manitoba Press.

Anderson, C., & Kilduff, G. J.（2009）. Why do dominant personalities attain influence in face–to–face groups? The competence–signaling effects of trait dominance. *Journal of Personality and Social Psychology, 96,* 491–503.

Antonakis, J.（2011）. Predictors of leadership: The usual suspects and the suspect traits. In A. Bryman, D. Collinson, K. Grint, B. Jackson, & M. Uhl–Bien（Eds.）, *The Sage handbook of leadership*（pp. 269–285）. Thousand Oaks, CA: Sage.

Antonakis, J., Ashkanasy, N. M., & Dasborough, M.（2009）. Does leadership need emotional intelligence? *The Leadership Quarterly, 20,* 247–261.

Antonakis, J., & Atwater, L.（2002）. Leader distance: A review and a proposed theory. *The Leadership Quarterly, 13,* 673–704.

Antonakis, J., & Dalgas, O.（2009）. Predicting elections: Child's play. *Science, 323,* 1183.

Avolio, B., Walumbwa, F. O., & Weber, T. J.（2009）. Leadership: Current theories, research, and future directions. *Annual Review of Psychology*, *60*, 421–449.

Babiak, P., & Hare, R. D.（2006）. *Snakes in suits: When psychopaths go to work*. New York, NY: Harper.

Barrett, H. C., & Kurzban, R.（2006）. Modularity in cognition: Framing the debate. *Psychological Review*, *113*, 628–647.

Bass, B. M.（1985）. *Leadership and performance beyond expectations*. New York, NY: Free Press.

Bass, B. M.（2008）. *Bass and Stogdill's handbook of leadership: Theory, research, and managerial applications*. New York, NY: Free Press.

Baumeister, R. F., Chesner, S. P., Senders, P. S., & Tice, D. M.（1989）. Who's in charge here? Group leaders do lend help in emergencies. *Personality and Social Psychology Bulletin*, *14*, 17–22.

Baumeister, R. F., & Leary, M.（1995）. The need to belong: Desire for interpersonal attachments as a fundamental human motivation. *Psychological Bulletin*, *117*, 497–529.

Bendahan, S., Zehnder, C., Pralong, F. P., & Antonakis, J.（2015）. Leader corruption depends on power and tes- tosterone. *The Leadership Quarterly*, *26*, 101–122.

Benenson, J. F.（2013）. The development of human female competition: Allies and adversaries. *Philosophical Transactions of the Royal Society B*, 368.

Bennis, W.（2007）. The challenges of leadership in the modern world. *American Psychologist*, *62*, 2–5.

Berggren, N., Jordahl, H., & Poutvaara, P.（2010）. The looks of a winner: Beauty and electoral success. *Journal of Public Economics*, *94*, 8–15.

Blaker, N. M., Rompa, I., Dessing, I. H., Vriend, A. F., Herschberg, C., & van Vugt, M.（2013）. The height leader- ship advantage in men and women: Testing evolutionary psychology predictions about the perceptions of tall leaders. *Group Processes and Intergroup Relations*, *16*, 17–27.

Boehm, C.（1999）. *Hierarchy in the forest*. Cambridge, MA: Harvard University Press.

Brosnan, S. F., & de Waal, F. B. M.（2003）. Monkeys reject unequal pay. *Nature*, *425*（6955）, 297–299.

Brosnan, S. F., Newton-Fisher, N. E., & van Vugt, M.（2009）. A melding of minds: When primatology meets personality and social psychology. *Personality and Social Psychology Review*, *13*, 129–147.

Brown, D.（1991）. *Human universals*. Boston, MA: McGraw-Hill.

Brunell, A. B., Gentry, W. A., Campbell, W. K., Hoffman, B. J., Kuhnert, K. W., & DeMarree, K. G.（2008）. Leader emergence: The case of the narcissistic leader. *Personality and Social Psychology Bulletin*, *34*, 1663–1676.

Buss, D. M.（20105）. *Handbook of evolutionary psychology*. Hoboken, NJ: John Wiley.

Chaturvedi, S., Zyphur, M. J., Arvey, R. D., Avolio, B., & Larsson, G.（2012）. The heritability of emergent leadership: Age and gender as moderating factors. *The Leadership Quarterly*, *23*, 219–232.

Cogsdill, E. J., Todorov, A. T., Spelke, E. S., & Banaji, M. R.（2014）. Inferring character from faces: A developmen- tal study. *Psychological Science*, *25*（5）, 1132–1139.

Colarelli, S., & Arvey, R.（2015）. *Handbook of the biology of organizational behavior*. Chicago, IL: University of Chicago Press.

Couzin, I. D., Krause, J., Franks, N. R., & Levin, S. A.（2005）. Effective leadership and decision-making in animal groups on the move. *Nature*, *433*, 513–516.

Darwin, C.（1871）. *The descent of man*. London, UK: Appleton.

Dawkins, R.（2009）. *The greatest show on earth: The evidence for evolution*. New York, NY: Free Press.

De Waal., F. B. M.（1996）. *Good natured: The origins of right and wrong in humans and other animals*. Cambridge, MA: Harvard University Press.

Den Hartog, D. N., House, R. J., Hanges, P. J., Ruiz-Quintanilla, S. A., & Dorfman, P. W.（1999）. Culture-specific and cross-culturally generalizable implicit leadership theories: A longitudinal investigation. *The Leadership Quarterly*, *10*, 219–256.

Dorfman, P. W., Hanges, P. J., & Brodbeck, F. C.（2004）. Leadership and cultural variation: The identification of culturally endorsed leadership profiles. In R. J. House, P. J. Hanges, M. Javidan, P. W. Dorfman, & V. Gupta（Eds.）, *Culture, leadership, and organizations: The GLOBE study of 62 societies*（pp. 669–719）. Thousand Oaks, CA: Sage.

Eagly, A. H., & Carli, L. L.（2003）. The female leadership advantage: An evaluation of the evidence. *The Leadership Quarterly*, *14*, 807–834.

Eagly, A. H., & Johnson, B. T.（1990）. Gender and leadership style: A meta-analysis. *Psychological Bulletin*, *108*, 233–256.

Elgar, M. A.（2016）. Leader selection and leadership outcomes: Height and age in a sporting model. *The Leadership Quarterly*, *27*, 588–601.

Epitropaki, O., & Martin, R.（2004）. Implicit leadership theories in applied settings: Factor structure, generaliz- ability, and stability over time. *Journal of Applied Psychology*, *89*, 293–310.

Fehr, E., & Camerer, C.（2007）. Social neuroeconomics: The neural circuitry of social preferences. *Trends in Cognitive Sciences*, *11*, 419–427.

Fiedler, F. E.（1967）. *A theory of leadership effectiveness*. New York, NY: McGraw-Hill.

Fiedler, F. E.（1995）. Cognitive resources and leadership performance. *Applied Psychology*, *44*（1）, 5–28.

Fincher, C., Thornhill, R., Murray, D., & Schaller, M.（2008）. Pathogen prevalence predicts human cross-cultural variability in individualism/collectivism. *Proceedings of the Royal Society B*, *275*, 1279–1285.

Foley, R. A.（1997）. The adaptive legacy of human evolution: A search for the environment of evolutionary adaptedness. *Evolutionary Anthropology*, *4*, 194–203.

Galinsky, A. D., Magee, J. C., Inesi, M. E., & Gruenfeld, D. H. (2006) . Power and perspectives not taken. *Psychological Science*, *17*, 1068–1077.

Gandossey, R., & Sonnenfeld, J. A. (2004) . *Leadership and governance from the inside out*. London, UK: Wiley. Gangestad, S., & Simpson, J. A. (2007) . *The evolution of the mind*. New York, NY: Guilford.

Gavrilets, S., Auerbach, J., & van Vugt, M. (2016) . *Convergence to consensus in heterogeneous groups and the emergence of informal leadership*. Unpublished manuscript.

Geary, D. (1998) . *Male/female: The evolution of human sex differences*. Washington, DC: APA Press.

Gillet, J., Cartwright, E., & van Vugt, M. (2011) . Selfish or servant leadership? Leadership personalities in coordination games. *Personality and Individual Differences*, *51* (3), 231–236.

Graen, G. B., & Uhl-Bien, M. (1995) . Development of leader-member exchange (LMX) theory of leadership over 25 years: Applying a multi-level domain perspective. *The Leadership Quarterly*, *6*, 219–247.

Greenleaf, R. (2002) . *Servant leadership* (25th anniv. ed.). Mahwah, NJ: Paulist Press.

Hackman, J. R., & Wageman, R. (2007) . Asking the right questions about leadership. *American Psychologist*, *62*, 43–47.

Hamblin, R. L. (1958) . Leadership and crises. *Sociometry*, *21*, 322–335.

Haslam, A., McGarty, C., Brown, P., Eggins, R., Morrison, B., & Reynolds, K. (1998) . Inspecting the emperor's clothes: Evidence that random selection of leaders can enhance group performance. *Group Dynamics*, *2*, 168–184.

Henrich, J., & Gil-White, F. (2001) . The evolution of prestige: Freely conferred deference as a mechanism for enhancing the benefits of cultural transmission. *Evolution and Human Behavior*, *22*, 165–196.

Hofstede, G. (1980) . *Culture's consequences: International differences in work-related values*. Beverly Hills, CA: Sage.

Hogan, R., & Kaiser, R. (2005) . What we know about leadership. *Review of General Psychology*, *9*, 169–180.

Hooper, P. L., Kaplan, H. S., & Boone, J. L. (2010) . A theory of leadership in human cooperative groups. *Journal of Theoretical Biology*, *265*, 633–646.

House, R. J. (1971) . A path-goal theory of leader effectiveness. *Administrative Science Quarterly*, *16*, 321–339. House, R. J. (1996) . Path-goal theory of leadership: Lessons, legacy, and a reformulated theory. *The Leadership Quarterly*, *7* (3), 323–352.

Ilies, R., Arvey, R., & Bouchard, T. (2006) . Darwinism, behavioral genetics, and organizational behavior: A review and agenda for future research. *Journal of Organizational Behavior*, *27*, 121–141.

Ilies, R., Gerhardt, M., & Le, H. (2004) . Individual differences in leadership emergence: Integrating meta-analytic findings and behavior genetics estimates. *International Journal of Selection and Assessment*, *12*, 207–219.

Iredale, W., Vugt, M. V., & Dunbar, R. 2008. Showing Off in Humans: Male Generosity as a Mating Signal. *Evolutionary Psychology*, *6* (3): 386–392.

Jensen-Campbell, L. A., Graziano, W. G., & West, S. G. (1995) . Dominance, prosocial orientation, and female preferences: Do nice guys really finish last? *Journal of Personality and Social Psychology*, *68*, 427–440.

Jiang, J., Chen, C., Shi, G., Ding, G., Liu, L., & Lu, C. (2015) . Leader emergence through interpersonal neural synchronization. *Proceedings of the National Academy of Sciences*, *112*, 4274–4279.

Josephs, R. A., Sellers, J. G., Newman, M. L., & Metha, P. (2006) . The mismatch effect: When testosterone and status are at odds. *Journal of Personality and Social Psychology*, *90*, 999–1013.

Judge, T. A., Bono, J., Ilies, R., & Gerhardt, M. (2002) . Personality and leadership: A qualitative and quantitative review. *Journal of Applied Psychology*, *87*, 765–780.

Judge, T. A., & Cable, D. M. (2004) . The effect of physical height on workplace success and income: A preliminary test of a theoretical model. *Journal of Applied Psychology*, *89*, 428–441.

Judge, T. A., Colbert, A. E., & Ilies, R. (2004) . Intelligence and leadership: A quantitative review and test of theo- retical propositions. *Journal of Applied Psychology*, *89*, 542–552.

Kahneman, D. (2011) . *Thinking, fast and slow* (1st ed.). New York, NY: Farrar, Straus and Giroux.

Kaiser, R., Lindberg, J., & Craig, S. (2007) . Assessing the flexibility of managers: A comparison of methods. *International Journal of Selection and Assessment*, *16*, 40–55.

Kellerman, B. (2008) . *Followership*. Boston, MA: Harvard Business School Press.

Kelley, E., & Kelloway, E. K. (2012) . Context matters: Testing a model of remote leadership. *Journal of Leadership & Organizational Studies*, *19*, 4437–4449.

Kerr, S., & Jermier, J. (1978) . Substitutes for leadership: Their meaning and measurement. *Organizational Behavior and Human Performance*, *22*, 374–403.

King, A. J., Johnson, D. D. P., & van Vugt, M. (2009) . The origins and evolution of leadership. *Current Biology*, *19*, R911–R916.

Kipnis, D. (1972) . Does power corrupt? *Journal of Personality and Social Psychology*, *24*, 33–41.

Knoch, D., Schneider, F., Schunk, D., Hohmann, M., & Fehr, E. (2009) . Disrupting the prefrontal cortex diminishes the human ability to build a good reputation. *Proceedings of the National Academy of Sciences of the United States of America*, *106*, 20895–20899.

Krause, J., Ruxton, G. D., & Krause, S. (2010). Swarm intelligence in animals and humans. *Trends in Ecology & Evolution*, *25*, 28–34.

Lee, N., Senior, C., & Butler, M. (2012). Leadership research and cognitive neuroscience: The state of this union. *The Leadership Quarterly*, *23*, 213–218.

Le Ngoc, M., Lehmann–Willenbrock, N., Oostrom, J., Sipman, M., & Van Vugt, M. (2017). Obstacles for remote leadership in the workplace: An evolutionary hypothesis.

Little, A., Buriss, R. P., Jones, B., & Roberts, S. C. (2007). Facial appearance affects voting decisions. *Evolution and Human Behavior*, *28*, 18–27.

Lord, R. G., De Vader, C. L., & Alliger, G. M. (1986). A meta–analysis of the relation between personality traits and leadership perceptions: An application of validity generalization procedures. *Journal of Applied Psychology*, *71*, 402–410.

Mayr, E. (2001). *What evolution is*. New York, NY: Basic Books.

Mezulis, A., Abramson, L., Hyde, J. S., & Hankin, B. L. (2004). Is there a universal positivity bias in attributions? A meta–analytic review of individual, developmental, and cultural differences in the self–serving attributional bias. *Psychological Bulletin*, *130*, 711–746.

Norton, M. I., & Ariely, D. (2011). Building a better America—One wealth quintile at a time. *Perspectives on Psychological Science*, *6*, 9–12.

O'Gorman, R. O., Henrich, J., & van Vugt, M. (2009). Constraining free–riding in public goods games: Designated solitary punishers can sustain human cooperation. *Proceedings of Royal Society B*, *276*, 323–329.

Ohlsen, G., Van Zoest, W., & van Vugt, M. (2013). Gender and facial dominance in gaze cuing: Emotional context matters in the eyes that we follow. *PLoS ONE*, 8.

Oliver, W. M., & Marion, N. E. (2010). *Killing the president: Assassinations, attempts, and rumored attempts on U.S. commanders-in-chief*. Santa Barbara, CA: Praeger.

Padilla, A., Hogan, R., & Kaiser, R. B. (2007). The toxic triangle: Destructive leaders, vulnerable followers, and conducive environments. *The Leadership Quarterly*, *18*, 176–194.

Pinker, S. (2002). *The blank slate*. London, UK: Penguin Classics.

Preston, S. D., & de Waal, F. B. M. (2002). Empathy: Its ultimate and proximate bases. *Behavioral and Brain Sciences*, *25* (1), 1–20.

Price, M. E., & van Vugt, M. (2014). The evolution of leader–follower reciprocity: The theory of service-for-prestige. *Frontiers in Human Neuroscience*, *8*, 363.

Richerson, P. J., & Boyd, R. (2006). *Not by genes alone: How culture transformed human evolution*. Chicago, IL: University of Chicago Press.

Riley, J. R., Greggers, U., Smith, A., Reynolds, D., & Menzel, R. (2005). The flight paths of honey bees recruited by the waggle dance. *Nature*, *435*, 205–207.

Ronay, R., Greenaway, K., Anicich, E. M., & Galinsky, A. D. (2012). The path to glory is paved with hierarchy: When hierarchical differentiation increases group effectiveness. *Psychological Science*, *23*, 669–677.

Sanfey, A. (2007). Social decision making: Insights from game theory and neuroscience. *Science*, *318*, 598–602.

Sell, A., Tooby, J., Cosmides, L., Sznycer, D., von Rueden, C., & Gurven, M. (2009). Human adaptations for the visual assessment of strength and fighting ability from the body and face. *Proceedings of the Royal Society-B*, *276*, 575–584.

Sessa, V. I., Kaiser, R., Taylor, J. K., & Campbell, R. J. (1998). *Executive selection*. Greensboro, NC: Center for Creative Leadership.

Shamir, B., House, R. J., & Arthur, M. B. (1993). The motivational effects of charismatic leadership: A self-con- cept based theory. *Organization Science*, *4* (4), 577–594.

Sherif, M. (1966). *In common predicament*. Boston, MA: Houghton Mifflin.

Sherman, G. D., Lerner, J. S., Josephs, R. A., Renshon, J., & Gross, J. J. (2016). The interaction of testosterone and cortisol is associated with attained status in male executives. *Journal of Personality and Social Psychology*, *110* (6), 921.

Simonton, D. K. (1994). *Who makes history and why?* New York, NY: Guilford.

Smith, J. E., Gavrilets, S., Borgerhoff Mulder, M., Hooper, P. L., El Moulden, C., Nettle, D., … Smith, E. A. (2015). Leadership in mammalian societies: Emergence, distribution, power, and pay-off. *Trends in Ecology and Evolution*, *31*, 54–66.

Spisak, B. R., Homan, A. C., Grabo, A., & van Vugt, M. (2011). Facing the situation: Testing a biosocial contin- gency model of leadership in intergroup relations using masculine and feminine faces. *The Leadership Quarterly*, *23*, 273–280.

Spisak, B. R., O'Brien, M. J., Nicholson, N., & van Vugt, M. (2015). Niche construction and the evolution of leadership. *Academy of Management Review*, *40*, 291–306.

Stulp, G., Buunk, A. P., Verhulst, S., & Pollet, T. V. (2013). Tall claims? Sense and nonsense about the importance of height of US presidents. *The Leadership Quarterly*, *24* (1), 159–171.

Tinbergen, N. (1963). On the aims and methods in ethology. *Zeitschrift for Tierpsychology*, *20*, 410–433.

Todorov, A., Olivola, C. Y., Dotsch, R., & Mende–Siedlecki, P. (2015). Social attributions from faces: Determinants, consequences, accuracy, and functional significance. *Annual Review of Psychology*, *66*, 519–545.

Tooby, J., & Cosmides, L. (2005). The theoretical foundations of evolutionary psychology. In D. M. Buss (Ed.), *The handbook of evolutionary psychology* (2nd ed., Vol. 1, pp. 3–87）. Hoboken, NJ: John Wiley.

Uhl-Bien, M., Riggio, R. E., Lowe, K. B., & Carsten, M. K.（2014）. Followership theory: A review and research agenda. *The Leadership Quarterly*, *25*, 83–104.

Van der Meij, L., Schaveling, J., & van Vugt, M.（2016）. Basal testosterone, leadership and dominance: A field study and meta-analysis. *Psychoneuroendocrinology*, *72*, 72–79.

van Vugt, M.（2006）. The evolutionary origins of leadership and followership. *Personality and Social Psychology Review*, *10*, 354–372.

van Vugt, M.（2009）. Despotism, democracy, and the evolutionary dynamics of leadership and followership. *American Psychologist*, *64*, 54–56.

van Vugt, M.（2014）. On gazes, faces, votes and followers: Evolutionary and neuroscience approaches to leader- ship. In J. Decety & Y. Christen（Eds.）, *New frontiers in social neuroscience*（pp. 93–110）. Heidelberg Germany: Springer.

van Vugt, M., & Ahuja, A.（2010）. *Naturally selected: Why some people lead, why others follow, and why it matters.* London, UK: Profile.

van Vugt, M., & De Cremer, D.（1999）. Leadership in social dilemmas: The effects of group identification on collective actions to provide public goods. *Journal of Personality and Social Psychology*, *76*, 587–599.

van Vugt, M., & Grabo, A. E.（2015）. The many faces of leadership: An evolutionary-psychology approach. *Current Directions in Psychological Science*, *24*, 6484–6489.

van Vugt, M., Hogan, R., & Kaiser, R.（2008）. Leadership, followership, and evolution: Some lessons from the past. *American Psychologist*, *63*, 182–196.

van Vugt, M., Jepson, S. F., Hart, C. M., & De Cremer, D.（2004）. Autocratic leadership in social dilemmas: A threat to group stability. *Journal of Experimental Social Psychology*, *40*, 1–13.

van Vugt, M., Johnson, D., Kaiser, R., & O'Gorman, R.（2008）. Evolution and the social psychology of leadership: The mismatch hypothesis. In C. R. Hoyt, G. R. Goethals, & D. R. Forsyth（Eds.）, *Leadership at the crossroads: Vol. 1. Leadership and psychology*（pp. 267–282）. London, UK: Praeger.

van Vugt, M., & Ronay, R.（2014）. The evolutionary psychology of leadership: Theory, review, and roadmap. *Organizational Psychology Review*, *4*, 74–95.

van Vugt, M., & Schaller, M.（2008）. Evolutionary perspectives on group dynamics: An introduction. *Group Dynamics*, *12*, 1–6.

van Vugt, M., & Spisak, B. R.（2008）. Sex differences in leadership emergence during competitions within and between groups. *Psychological Science*, *19*, 854–858.

van Vugt, M., & Tybur, J. M.（2015）. *The evolutionary foundations of status hierarchy. The handbook of evolu- tion- ary psychology*（Vol. 2）. New York, NY: John Wiley.

von Rueden, C., Gurven, M., & Kaplan, H.（2010）. Why do men seek status? Fitness payoffs to dominance and prestige. *Proceedings of the Royal Society B: Biological Sciences*, rspb20102145.

von Rueden, C., & van Vugt, M. 2015. Leadership in small-scale societies: Some implications for theory, research, and practice. *The Leadership Quarterly*, *26*（6）, 978–990.

Waldman, D. A., Wang, D., & Fenters, V.（2016）. The added value of neuroscience methods in organizational research. *Organizational Research Methods*. Advance online publication. doi: 10.1177/1094428116642013.

Wayne, S. J., & Ferris, G. R.（1990）. Influence tactics, affect and exchange quality in supervisor-subordinate interactions: A laboratory experiment and field study. *Journal of Applied Psychology*, *75*, 487–499.

Williams, K. D.（2007）. Ostracism. *Annual Review of Psychology*, *58*, 425–452. Wilson, D. S.（2007）. *Evolution for everyone.* New York, NY: Delta.

Wilson, E. O.（1975）. *Sociobiology: The new synthesis.* Cambridge, MA: Harvard University Press.

Wood, A. R., Esko, T., Yang, J., Vedantam, S., Pers, T. H., Gustafsson, S., … Frayling, T. M.（2014）. Defining the role of common variation in genomic and biological architecture of adult human height. *Nature Genetics*, *46*, 1173–1186.

Yukl, G. A.（2014）. *Leadership in organizations.* Englewood Cliffs, NJ: Prentice Hall.

第 3 部分
领导力研究方面的最新话题

第9章
社会认知、社会感知和领导力

Konstantin O. Tskhay、Nicholas O. Rule

📖 开篇案例：领导者的日常

Amy 是一位高管招聘人员，她约见的都是出类拔萃的候选人，所针对的职位也都是纽约、多伦多和伦敦最具创新精神的企业和非营利性组织中的顶级职位。这些候选人个个资历不凡，拥有傲人的领导才能，成就卓著，技术能力过硬。但 Amy 的工作有时并不容易，因为她要选出的候选人不仅要具备卓越的领导才能（担任过多个主管和管理职务），而且还要能胜任组织的领导岗位。此外，她推荐给企业董事会的候选人还必须满足组织内部的若干要求，如与组织的企业文化相匹配等。

今天，Amy 会见了两位候选人，Stephen 和 Matthew，她正在考虑推荐其中一位担任一家社会创新组织的高管。这两位候选人都能胜任这一职务：两人取得的成就类似，都曾领导过多个团队，接受过各种技能培训。另外，他们两人的性格都非常开朗，口碑也都很好。与他们两人的会见进行得很顺利，但她只能把其中一位推荐给公司代表。

Amy 在反复斟酌到底谁更适合手头的这家公司。Stephen 给人留下的印象是支配力强、雄心勃勃、渴望成功、善于分析，这有利于在企业内部传达目标和指示。但是，Amy 觉得他可能过于外向，有时似乎显得不太真诚。她认为这种"刻意努力"的感觉可能是因为 Stephen 非常渴望得到这个职位，但如果这是他的常态性格，则可能会损害公司与外部利益相关者的关系。而 Matthew 表现得真诚、有魅力，而且精明——这些都是与媒体、合作伙伴组织和股东沟通所需要的重要特征。然而，他似乎缺乏日常工作中可能需要的支配力与果敢。此外，由于 Matthew 长着一张娃娃脸，容易让人误认为他不成熟，缺乏经验，因此 Amy 认为，人们可能不会把他放在眼里。除了总体印象外，Amy 还考虑了其他因素，包括候选人的年龄、是否能灵活应对出差，以及如果担任高管可能带来怎样的经济影响等。时间已到午夜，而最终人选明天上午就要确定了。

讨论题

1. Amy 应向公司代表推荐哪位候选人？为什么？

2. Amy 根据看似随意的特质进行评估是否合适？有什么更好的策略吗？

3. 你认为在这种情况下应该考虑外貌吗？外貌能代表真实情况吗？

📖 本章概述

尽管一般人没有 Amy 那种为企业招贤纳士的经历，但也会通过短暂的观察来处理他人的信息（Macrae 和 Quadflieg，2010），包括他们的领导能力和个人成就（Antonakis 和 Dalgas，2009；Benjamin 和 Shapiro，2009；Rule 和 Ambady，2008、2009、2010；Sanchez-Cortes、Aran、Mast 和 Gatica-Perez，2010；Todorov、Mandisodza、Goren 和 Hall，2005；Tskhay、Xu 和 Rule，2014；另见 Poutvaara、Jordahl 和 Berggren，2009）。无论何时，人们都会根据一些特征来评价彼此，最初是性别、种族和年龄等方面的基本评估，然后是人格特质和社会地位等更复杂的问题（Bruce 和 Young，1986）。这种信息处理能力是社会认知和社会感知的核心（Bodenhausen 和 Todd，2010）。本章将考察人的这种能力，重点探讨人们如何处理有关领导力的信息。

人类的大脑无时无刻不在处理海量的信息，要感知声音等环境中的基本要素，推断复杂的社会信息（如别人的情绪状态）等。因此，我们必须有效且高效地感知信息，长时间存储信息，并利用信息来预测他人的动机、欲望、行为等。对这个信息处理模块的研究称为社会认知研究（Fiske 和 Taylor，2013；Gallese、Keysers 和 Rizzolatti，2004）。

本章分为两大部分，从社会认知的角度剖析领导力。第一部分回顾社会认知的理论框架，讨论人类感知和认知的各个方面是如何建构出心理模型和表征，帮助我们应对所处的社会环境的。第二部分专门考察领导力，综述那些探讨利用社会认知的方法和模型来确定谁会成为领导者，以及领导力显现能否导致领导成功的研究。最后，我们将总结潜在的中介模型，尝试解释领导力感知和认知如何转化为现实结果。

📖 信息处理的社会认知模型

社会认知模型认为，人类的大脑发展出了一个特殊的模块来处理和整合能帮助人们了解这个世界的那些社会信息（Macrae 和 Quadflieg，2010）。这个假定的模块能够存储有关他人及其关系的信息，为成功的交流奠定基础。据此，人们认为社会认知是进化适应的结果，能够帮助个人成功地寻找配偶、合作、竞争和选择领导者（Caporael，1997；Herrmann、Call、Hernández-Lloreda、Hare 和 Tomasello，2007；Stevens 和 Fiske，2013）。本部分将讨论心理表征、社会感知和个人建构这些社会认知的基本概念和过程。

心理表征

心理表征是社会认知过程的基本单位（Bodenhausen 和 Todd，2010）。从广义上讲，心理表征构成了人们对彼此的看法和想法。但这一定义并未就这些想法和看法的复杂性给出任何限定。因此，心理表征可以包括身体特征（如胡须）、特质（如阳刚之气），以及对个人身份或群组所属（如男性）的表征。社会认知理论认为，大脑能把人们的心理表征按等级组织起来，底层是基本特征，它们聚合形成特质感知，然后达到最高层的复杂心理表征（Freeman 和 Ambady，2011）。例如，当人们想到胡须时，便会推断出阳刚之气（Neave 和 Shields，2008），继而建构出此人为男性。

当然，胡须并不是唯一会使我们将某个人推断为男性的特征（如 E. Brown 和 Perrett，1993）。人们还会注意到男性有宽阔的肩膀、浓密的眉毛、下颌轮廓清晰（Antoszewska 和 Wolanski，1991；E.Brown 和 Perrett，1993；Crosby 和 Nyquist，1977；Johnson 和 Tassinary，2005；Kozlowski 和 Cutting，1977）。这些身体特征和动态特征可能还会激活支配力、果断和攻击性等相关表征，它们反过来又与男子气或阳刚之气关联起来（Freeman 和 Ambady，2011）。由此，身体特征、特质和其他特征的若干网络汇集在一起，形成一种心理表征，继而产生个人建构。心理学家将这种网络称为图式，它是一种认知工具，能根据不同特征之间的关系将复杂的信息组织起来，形成可管理的范畴（Bodenhausen 和 Todd，2010；另见 Rosch，1975）。

图式是特征的组合，这种观点比较直观，但大脑必须存储很多个范畴，其定义的内容包括高度可见的特征，也包括几乎不可见的特征（如年龄、性取向等；Brewer，1988；Tskhay 和 Rule，2013）。因此，大脑会将所有这些表征组织成相互连接的网络，而各种图式会在这个网络中以不同的方式相互影响（Read、Vanman 和 Miller，1997；E. R. Smith，1996）。例如，由于男女特征截然不同，激活"男性"表征将会抑制与之相对的"女性"表征的建构（Freeman 和 Ambady，2011）。实际上也确实如此，胡须不会激活女性表征，因为这两个概念一般并不相容（Macrae 和 Martin，2007；Tskhay 和 Rule，2015）。与此同时，男性表征被激活会触发领导力和支配力这两个图式（Carli 和 Eagly，2012）。这样，人脑便将图式及其相关特征组织成了分等级、相互关联的网络。

的确，人们会使用多种心理表征来判定他人的群组所属、人格特质，并（最终）判定他们的身份（如 Bruce 和 Young，1986）。构成一个人心理表征的大部分信息来自此人先前与他人的接触（E. R. Smith，1996）。例如，儿童很早就能分辨基本和明显的社会维度（如性别；Wild 等人，2000），但更为复杂的特征（如领导能力）则需要等他们长大一些后才能了解（Heider，1944；Matthews、Lord 和 Walker，1990，引自 D. J. Brown，2012；另见 Antonakis 和 Dalgas，2007）。因此，心理表征是随着时间的推移通过对环境的体验而逐渐获得的。

社会感知

人类对形状、线条和声音的感知构成了基本的认知处理，与此类似，社会感知是社会认知的起点（Brewer，1988）。因此，社会感知研究的目的是了解人们如何利用社会环境中的信息，处理社会刺激和创建心理模型。至关重要的是，研究社会感知不仅能帮助研究者了解人们会对彼此作出怎样的推断，而且还有助于剖析这些感知最初是如何形成的（如 Quinn 和 Macrae，2005）。

社会感知过程可分为三个阶段（Gilbert、Pelham 和 Krull，1988）：首先，人们将彼此归类为不同的群组；接着，他们将这种初始分类转换成更细致的推断，判断某一个体有可能是怎样的；最后，他们评估感知对象周围的情形和环境变量，据此调整自己的推论（Gilbert、Krull 和 Malone，1990；Gilbert 等人，1988）。因此，感知他人的过程包括从环境中提取信息，汇总这些信息和相关认知并作出推断，以及考虑周围情境对信息进行重新评估这几个过程。一般而言，研究者认为前两个阶段是社会感知的主要部分，这意味着人们进行推断时会在很大程度上依赖第一印象。不过，最后一个阶段表明，如果能获得更多的信息，人们就能拓展自己的感知（见 Gilbert 等人，1990；Rule、Tskhay、Freeman 和 Ambady，2014）。

从更技术的层面上讲，感知始于对刺激的基本特征进行编码。就社会刺激而言，这些特征来源于一个人有意无意留下的静态和动态线索（Ambady、Hallahan 和 Rosenthal，1995；Ambady 和 Rosenthal，1992；Freyd，1987；Gosling、Ko、Mannarelli 和 Morris，2002）。这种线索包括一个人的面部结构（Zebrowitz，1997）、肢体动作（Johnson 和 Tassinary，2005）、声音特征（Pittam 和 Gallois，1986）甚至气味（Baron，1983）等。例如，人们对一个人是否适合合作、值得信任的印象取决于这个人脸庞的宽度（Stirrat 和 Perrett，2010），而臀部和肩部的动作能够就一个人的性别和性取向提供可靠、有效的信息（Johnson、Gill、Reichman 和 Tassinary，2007；Johnson 和 Tassinary，2005）。此外，人们还会根据音质来准确感知他人来自哪个民族（Kalin 和 Rayko，1978）。实际上，大脑会习惯性地从社会环境中提取模式信息来区分自适应信号与干扰性噪声，但难免会犯错（Jussim，1991；McArthur 和 Baron，1983）。在这里，我们将简要回顾关于人们如何从环境中提取和了解相关线索几种的重要理论（见表 9-1）。

表 9-1　有关领导力社会感知和认知的理论模型概要

理　　论	关 键 概 念	结　　论
社会感知生态模型（McArthur 和 Baron，1983）	1. 感知有助于提高生存能力 2. 信息是通过动态事件揭示的 3. 信息促进环境赋能（适应性） 4. 感知者习惯于环境赋能	人们是从周围环境中了解有关其他人的重要信息的
Brusnwik 的透镜模型（Brunswik，1956）	1. 线索效用 = 人们使用的线索 2. 线索有效性 = 对象实际展现出的线索目标 3. 推断是概率性事件	当线索效用与线索有效性匹配时（即人们使用有效线索时），人们才能作出准确推断
现实精度模型（Funder，1995）	1. 线索必须与感知者相关 2. 线索必须是感知者可以获得的 3. 感知者必须检测线索 4. 感知者必须使用线索	当有效线索可用并能被检测到时，人们才能作出准确推断
个人建构的动态交互模型（Freeman 和 Ambady，2011）	1. 人们拥有关于他人的心理模型 2. 激活（抑制）模式引发个人建构 3. 人们把较低层次的特征和较高层次的认知聚合在一起，获得稳定的表征	人们会以动态方式收集信息，形成完整且稳定的个人建构

理　　论	关键概念	结　　论
领导力范畴化理论一	1. 人们拥有内隐领导力理论 2. 内隐领导力理论形成领导力图式 3. 领导力图式催生领导力原型 4. 刺激与领导力原型相符就会产生领导力感知 5. 此人被选为领导者	人们的内隐理论形成领导力原型，原型导致领导力感知，促进领导力显现
领导力范畴化理论二	1. 人们拥有内隐领导力理论 2. 内隐领导力理论被组织成一个网络 3. 这个网络催生领导力原型 4. 如果刺激与原型相符，就会产生领导力感知 5. 此人被选为领导者	人们的内隐理论相互联系，形成领导力原型，触发领导力感知，促进领导力显现

社会感知生态模型。社会感知生态模型认为，人们对他人的感知在人类进化过程中不断发生适应性的变化，因为它要服务于增强人类生存能力的目的。（Gibson，1986/2014；McArthur 和 Baron，1983；有关领导力的进化论观点另见本书中由 van Vugt 所写的章节）。有些环境适应行为可能是与生俱来的（如避开令人作呕的气味；Rozin、Haidt 和 McCauley，1999），还有一些是通过不断接触物理环境和社会环境掌握的（如领导力；D. J. Brown，2012）。重要的是，这一假设表明人类会使用和关注环境中的线索，而且只对与生存最相关的线索进行编码（McArthur 和 Baron，1983）。

当然，环境中有无数的线索都对生存至关重要，有些是静态的（如需要绕开的巨石），另一些是动态的（如他人脸上所表现出来的情绪）。尽管这两种线索都提供了重要的信息，但大脑通常只会注意对当下至关重要的信息，并不会在意这一信息是一成不变还是会随着时间的推移而变化的。的确，人们很难关注环境中所有的线索并根据每条线索制订一个"行动计划"。因此，重要线索必须要能引起人们的注意，有助于实现眼前的目标，并创造出行动的机会，以便进入意识的主要阶段。

因此，社会感知生态模型认为，所提供的信息能够帮助人增强生存能力的那些社会线索是我们关注的重点。这些线索会被编码，形成心理表征，存储起来，供我们日后在不同的环境下推广使用（Zebrowitz、Kikuchi 和 Fellous，2007）。因此，大脑不仅能根据一个人的当前动机提取信息，而且还能够建立关联，将更广泛的社交界组织在一起。

Brunswik 的透镜模型。作为对社会感知生态模型的推论部分的一种补充，Brunswik 的透镜模型试图解释人们如何通过对象发出的有效线索来准确推断社会信息，以及感知者如何选择使用还是不使用这些线索（Brunswik，1956）。例如，人们会向世界释放多种线索，表明他们是内向还是外向的。感知者可能会注意到指向外向性的线索（如果断、善于表达、正向情感等），并利用它们来推断对象的特质（Nestler

和 Back，2013；R. E. Riggio 和 Friedman，1986）。但是，如果外向者仅在"善于表达"和"正向情感"两个方面表现突出，但既没有表现出顺从性，也没有显露果断性，那么前两个线索会被视为该对象潜在性格的有效指标。因此，感知的准确性取决于感知者进行推断时是否使用了有效的线索。与此同时，每个感知者会使用哪些线索取决于他们先前与外向者的互动。换句话说，根据这个模型可以知道，感知者在与多个对象互动时，会概率性地计算哪些特质对于作出推断更加重要，然后将这些信息存入关于某个特征的心理表征，并在每次互动时进行更新。

Brunswik 的透镜模型虽然有名，而且很常用（如 Gosling 等人，2002），但它过于简单了。环境不同，一个人表现出的指示性线索就会不同；情境因素可能会限制或强化感知者发现这些线索的能力；而且，这个模型也未考虑人们的动机或偏见（West 和 Kenny，2011）。尽管这个模型在实验设计和分析中效果不错，但要解析日常生活，它的精度恐怕还不够。

现实精度模型。Funder(1995)提出的"现实精度模型"是一个连续的分阶段过程，结合了生态模型的自适应功能与透镜模型的精度测量。这个模型共分为相关性、可用性、侦测和利用 4 个阶段。第一阶段指的是人们用来对他人做判断的线索必须与基本特质相关。第二阶段针对的是线索必须可见，必须由对象表现出来，以便感知者能够进行感知。可见，前两个阶段关注的是线索和对象特征，而后两个阶段关注的是感知者及其偏见。第三阶段，感知者需要从杂乱的环境噪声中巧妙地检测出重要的、可用的对象线索。第四阶段要求感知者使用侦测到的信息进行判断。当 4 个阶段全都完成时，准确的感知就实现了。

当然，有些感知者可能是"出色的判读者"，也就是说他们更善于发现社交信息。因此，环境和感知者特征的影响在模型中没有得到体现，这激发了进一步的研究来探索感知者的哪些特征可以提高判断的准确性（Colvin 和 Bundick，2001）。同样，通过研究对象是怎样利用相关线索的，我们发现有些其他的权变因素可能对感知的最终准确性和 / 或可靠性起调节作用。

个人建构的动态交互模型

人们对他人的建构是通过将多个较低层次的表征结合成一个原型或形成对一个身份的整体表征而产生的。至关重要的是，个人建构的完成标志着大脑就一个人的身份、群组所属和特质特征在那一刻作出了决定。然后，人们会使用这些信息来决定是否与他人联系、合作、交友、竞争或以其他方式互动（Herrmann 等人，2007）。

根据个人建构的动态交互理论（Freeman 和 Ambady，2011），一旦大脑收集到了关于一个人的一批信息，就会有一些图式或者被激活，或者被抑制。但大脑的工作并不会到此结束，它会重复上述处理任务，通过迭代将新信息整合进来，有些新信息会确认已有的判断，有些则与之矛盾。因此，不仅他人的表征会不断地实时更新，而且事实上，人们每次遇到此人时都会重新进行一轮推断（Rule 等人，2014）。社会认知通常是比较稳定的，但也会发生动态变化。

面对这样复杂的状况，社会认知研究还有很多工作要做。不过，关于人们如何处理彼此的信息，我们已有了相当多的了解。研究者已经知道大脑会存储他人的多种表征（Bodenhausen 和 Todd，2010）；人们能灵活地从环境中获得社会线索；以及社会感知能够触发个人建构，最终形成决策。重要的是，社会认知研究不仅局限于心理学的范围，其研究成果已经用于了解领导力这一主题（Lord、Foti 和 De Vader，1984）。

📖 社会认知与领导力

根据社会认知原则，领导者拥有并会释放出一些特征，激活他人大脑中有关领导力的表征。在这一部分，我们将描述人们如何看待领导者（即内隐领导力理论；Offerman、Kennedy 和 Wirtz，1994），这些看法又如何聚合成对领导力的整体心理表征（D. J. Brown，2012；E. R. Smith，1996）。具体来说，我们会讨论领导力范畴化理论，阐述人们如何利用特质来识别和选择领导者（Lord 等人，1984）；然后，我们将简要回顾追随者的感知如何促进领导力显现（另见本书中 Brown 所写的章节）；最后，我们将会概述领导者感知如何转化为结果（如领导成功；Rule 和 Ambady，2008）。

内隐领导力理论与领导力范畴化理论

数十年来，领导力学者和组织行为学研究者一直对个体的内隐领导力理论（即他们认为哪些行为和特质可以区分领导者和非领导者）很感兴趣（如 Eden 和 Leviatan，1975；House、Javidan、Hanges 和 Dorfman，2002；Lord 等人，1984；详细讨论另见本书中 Brown 所写的章节）。例如，人们可能暗中认为领导者比非领导者更具吸引力和支配力，更有权势和男子气概。如此，人们对领导者的看法通常是指对他们身上各种特质的表征（Lord、Brown、Harvey 和 Hall，2001；J. A. Smith 和 Foti，1998）。因此，在将一个人建构为领导者之前，我们需要将低层次的特征信息先组织起来，形成有意义的特质图式，然后再把若干个图式聚合成领导力原型（Lord 和 Dinh，2014；Lord 等人，1984）。

领导力范畴化理论（Lord 等人，1984）描述了人们是如何从内隐领导力理论出发，生成对领导力的整体表征的。具体而言，该理论认为，人们会将内隐领导力理论组合起来形成一系列的领导力图式，图式是一个由若干领导者特质组成的网络，若干网络汇聚起来，会形成领导者原型和非领导者原型（Lord 等人，2001）。然后，根据认知的连接主义模型，认知系统收到各种输入后会产生激活和抑制的模式，从而构建表征输出节点（见 E. R. Smith，1996；J. A. Smith 和 Foti，1998）。换言之，表征之间的内部连接能够灵活地将来自低层次感知特征的信息与高阶认知结合在一起，形成领导者表征（如环境要求和其他权变因素；Lord 等人，2001；另见 Lord 和 Dinh，2014）。激活这个领导者表征并将其与我们对某个人的感知对比，我们就产生了对领导力有效性的印象。

如图 9-1 所示，来自环境的对象信息通过低层次的感知特征进入感知者的大脑（即社会认知模块），然后这些特征会整合到领导力图式（一个共同激活的特质网络）中，从而将对象建构为领导者或非领导者（系统输出）。这一决定促成了领导力显现（这就是 Lord 等人的连接主义模型）。随后，这种范畴化将转化为领导力有效性，因为如果追随者不认为某人是领导者，领导者就无法真正达成领导力结果和影响他人。

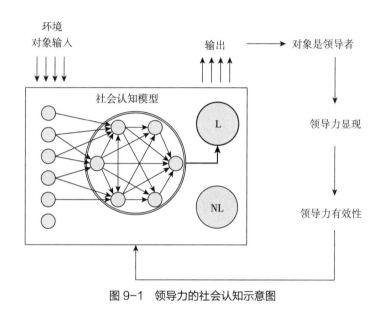

图 9-1　领导力的社会认知示意图

（注：L = 领导者；NL = 非领导者。）

最后，领导力有效性会反馈到系统中，以强化一个人作为领导者在追随者眼中的形象（下文详述）。

📖 社会认知与领导力研究

至此，我们已经讨论了社会认知的核心内容，探讨了信息处理的认知模型是如何解释人们对领导者的感知和识别的。接下来，我们将回顾一些实证证据，说明社会认知系统在领导力感知中发挥怎样的作用，以及领导力感知与领导力有效性的测量有何关联。

从身体特征到领导力感知

尽管大部分领导力感知、领导者原型和领导力有效性研究主要关注的都是特质（Lord 和 Dinh，2014），但也有几项研究发现了一些能增进领导力感知、对领导结果具有预示作用的身体特征。进化理论认为，壮硕和让人感到支配力的身体特征能转化为对领导力的感知，不过具体研究结论有一些细微的差别（Murray 和 Schmitz，2011；H. R. Riggio 和 Riggio，2010；van Vugt、Hogan 和 Kaiser，2008；van Vugt 和 Ronay，2014）。举例来说，人们在战争时期喜欢个子高、更具阳刚之气的领导者，而和平时期则不然。这表明，当环境需要攻击性行为时，具有这方面身体特征的领导者就会更受青睐（Re、DeBruine、Jones 和 Perrett，2013）。同样，在权力比较集中的公司，面部比较宽大（说明其青春期雄性激素水平更高，这种身体特征表示其更具攻击性；Carré、McCormick 和 Mondloch，2009）的 CEO 能创造出更好的财务业绩（Wong、Ormiston 和 Haselhuhn，2011）。最后，嘴巴宽（提示灵长类动物的咬合能力更强，是人际竞争和战斗的一个重要相关因素）可以预测领导力选择，当公司的 CEO 具备这种特征时，公司的利润更高，而且这种特征也能解释美国参议院选举的结果（Re 和 Rule，2016）。尽管此类面部特征造成的领导力结果差异只有 9%~14%，但它们还能强化其他平行的和更高阶的感知（即特质推断），共同为领导力感知提供支持。

领导力特质

自内隐领导力理论提出以来，研究者一直试图确定人们认为领导者身上应具备哪些特质。在一项开创性研究中，Lord 等人（1984）要求人们针对商业、教育和军事等 11 类领导力各提供 10 个领导者特征。分析这些特征发现，人们不约而同地将智力与其中 10 类联系在一起。尽管人们对有些特质的态度不太一致，但仍有不少特质多次出现，成为领导者的典型特质，如主动性和权力等与竞争相关的特质、交流和热情等与合作相关的特质，以及组织技能。而虚伪和冷漠都不在此列。Offermann 等人（1994）使用更先进的方法和更多元的样本进一步扩展了这项研究。他们根据典型度的高低对内隐领导力理论进行了排序，确定了 6 个原型特质（敏感、敬业、吸引力、智力、力量和魅力）和两个反原型特质（专横和阳刚），形成了 41 种不同的低层次内隐领导力理论。Epitropaki 和 Martin（2004）随后将特质数量从 8 个减为 6 个（敏感、智力、敬业、活力、专横和阳刚），内隐领导力理论的数量从 41 个减少到 21 个。这组新的内隐领导力特质在不同的时间、环境和被试群组中表现出了稳定性。

尽管这项研究在很大程度上依赖被试的自我报告，但也有研究表明，人们从遇到另一个人的那一刻起就会评估这个人的领导力（Ballew 和 Todorov，2007）。研究表明，人们通常只需看别人几眼就可以评价对方的领导能力（如 Antonakis 和 Dalgas，2009；Rule 和 Ambady，2008；Todorov 等人，2005）。这些研究还表明，许多人对构成有效领导的特质有着相似的印象。多数研究都表明，能力、支配力和权力等特质能够很好地预测西方文化中人们对领导者（无论其种族或性别如何）的选择，以及领导能否成功（如 Livingston 和 Pearce，2009；Rule 和 Ambady，2009）。而且重要的是，与社会感知生态模型相一致，领导者是通过自己的行为将这些特质表现出来的，这表明感知者的内隐领导力理论能够反映领导者的实际特征（如 Judge、Colbert 和 Ilies，2004；Tskhay 等人，2014）。因此，人们用来检测领导力的那些特质组合可能来自他们与领导者互动的经历（另见 D. J. Brown，2012）。

领导力的心理表征、图式和原型

很自然，领导力显现始于内隐领导力理论，而内隐领导力理论会聚合成原型。Lord 等人（1984）认为，对领导力至关重要的特质比典型度低的特质更能快速激活领导力原型。为了验证这一点，他们用 25 条表述描述了原型、中性和反原型的行为特质，并要求参与者用评分来表示每一项在多大程度上与领导者的情况相符。结果发现，典型性评分与反应时间呈中度负相关：参与者对典型性强的（相对于典型性弱的）特质反应更快，这表明典型性强的特质能更快地激活领导力表征（如 Collins 和 Loftus，1975）。

也有其他一些研究表明，激活领导力图式会让参与者对原型性领导力特质的记忆变得模糊。社会认知研究表明，当人们忘记了他人的具体特征时，他们会参照内部存储的原型来填补记忆空白（Sherman 和 Hamilton，1994；Valentine，1991）。因此，人们会将更多的典型性领导行为赋予被视为有效领导者的那些人（Phillips，1984；Phillips 和 Lord，1982），这表明内隐领导力理论可能有助于强化领导力原型。

领导力的某些特质或概念的确会对个人对领导者的选择产生很大的影响。一项研究表明，缺乏经验的观察者也能预测出政治选举的获胜者（Armstrong、Green、Jones 和 Wright，2010；Todorov 等人，2005）。这一发现已在亚洲、澳大利亚、欧洲、北美洲和南美洲多次得到验证（Antonakis 和 Dalgas，2009；Lawson 等人，2010；Little 等人，2007；Martin，1978；Rule 等人，2010）。似乎有一些特质可以预测选举结果。许多研究都表明，感知者对政治候选人能力的推断有助于预测这些人在西方国家的选举中能否获胜（如 Ballew 和 Todorov，2007），不过在东亚，对选举结果的预测要依靠其他特质。Rule 等人（2010）和 Na、Kim、Oh、Choi 和 O'Toole（2015）分别发现，对能力的判断并不能预测日本和韩国的大选结果。相反，温和的特质（如值得信赖、讨人喜欢）在东亚选民的判断和东亚候选人的成败中起着更大作用。有趣的是，在 Rule 等人的研究中，美国和日本的参与者在判断对方国家候选人能否胜选时仍会运用自己对领导力特质的期望。这表明，人们会将自己的内隐领导力理论（这里是根据文化类聚的）投射到他人身上。

内隐领导力理论可能是在认知早期形成的。Antonakis 和 Dalgas（2009）向一些儿童（平均年龄 10 岁左右）展示了 57 对政客的面孔，要求他们指出谁更适合当船长，结果显示，猜对的概率是 71%，与成年人的准确率不相上下。儿童表现出的准确性表明，对于成功和领导力的共识从小就根植在人们心中。的确，3~6 岁儿童对于核心社会特征（如能力、支配力和可信赖性）的看法在很大程度上与成年人是一致的，但这种看法随着年龄的增长才会变得更加明确（Cogsdill、Todorov、Spelke 和 Banaji，2014；Matthews 等人，1990）。因此，人们可能是随着心智的发展从直接环境中吸收信息，使得关于领导力的构念逐渐丰满。

不过，还有其他数据表明，领导力感知的某些方面可能依赖于天生的反应。在进一步验证共识型领导力原型与基本认知的关系时，Rule 等人（2011）发现，大脑杏仁核的激活状态与对领导者的感知相关。在 Rule 等人的研究中，参与者未被告知哪些人是领导者，但在观察 CEO 的面部照片时，他们的左侧杏仁核表现得更为活跃。随后，参与者又根据每张面孔评估了这些人的领导能力，领导力评分越高，杏仁核的反应就越强烈。此外，他们对领导力的判断也与 CEO 作为领导者的实际成功程度（公司的营利能力）相一致，与杏仁核的反应相关（即越成功的 CEO 所引起的杏仁核反应越强烈）。考虑到杏仁核在生理唤起中的核心作用（如 Anderson 等人，2003），可以认为这种结果表明，更成功、与原型领导者更像的个体更容易导致唤起。

从领导力认知到领导力有效性

大量的研究分析了领导力感知转化为领导力绩效的情况。例如，被人认为智力较高的领导者绩效更好（见 Judge 等人，2004），看上去更有权势（即有能力、支配力强、面相成熟）的 CEO 领导的公司盈利更多（如 Rule 和 Ambady，2008）。对律师事务所管理合伙人面相的感知也可预测其事务所的财务业绩（Rule 和 Ambady，2011a）。但更令人惊讶的是，不管是根据律师事务所管理合伙人的近照，还是根据他们上大学时（平均 35 年前）的照片，实验参与者都能对事务所的业绩作出很好的判断（Rule 和 Ambady，2011b）。这表明，领导者面部的"官相"可能在他们职业生涯的早期就已出现，对于外貌如何反映一个人的性格特质或为其提供成长为领导者的机会，我们不妨作出有趣的猜测。

尽管先前的研究表明，第一印象具有"黏性"（Rule 等人，2014），但这种印象会在新的情境信息进入认知系统后得到修正（Gilbert 等人，1990）。换言之，情境因素能够影响领导力感知与领导力成功之间的关系。例如，跨文化研究表明，从领导者面部就可以看出的明显特质与他们能否获得成功之间的关系可能因具体国家的集体价值观不同而不同。Rule 及其同事通过对政治候选人的研究发现，美国和加拿大的选民会将看起来有权势的候选人选为领导人，而日本的选民则会选举看起来温和的领导人（Rule 和 Ambady，2010；Rule 等人，2010）。与此相似，Harms、Han 和 Chen（2012）也发现，西方感知者认为，对智力和支配力的感知能够预测中国企业的 CEO 能否获得成功（但事实并非如此）。Rule 等人（2011）也发现，美国人通过日本 CEO 们的面孔获得的权力感知与他们根据面孔获得的领导力感知相关，但与这些领导者实际成功与否不相关。

进一步的研究表明，一国之内不同亚文化之间的差异也会影响领导者的成败。具体而言，对温和相关特质的感知能够预测黑人 CEO 的成功，因为这类特质有助于消除人们对黑人的成见——过分强势、力量强大或野心勃勃（Livingston 和 Pearce，2009）。同样，尽管对权力相关特质的感知能够预示女性 CEO 的成功（Rule 和 Ambady，2009），但与同等职位的男性商业领袖相比，女性商业领袖似乎更具集体主义精神（Pillemer、Graham 和 Burke，2014）。

此外，研究还表明，人们能够克服第一印象。例如，尽管人们通常认为女性的能力不及男性，但当得知某一女性成员对所在群组工作成果的贡献与男性相当时，他们便不会表现出这种偏见（见 Heilman 和 Haynes，2005）。与此相似，人们在了解到女性候选人的资质和先前的工作业绩后，或是处在一个男性并不明显占主导地位的环境中时，会修正女性的能力不及男性这种印象（Eagly、Makhijani 和 Klonsky，1992；Heilman、Martell 和 Simon，1988；Herman、Makhijani 和 Klonsky，1988；Tosi 和 Einbender，1985）。总之，这些研究结果表明，个人的内隐领导力理论不仅会影响他们选择谁担任领导者，还会影响领导者招募和领导追随者的效果。

对领导者非言语行为的研究也表明，人们对领导力的感知和认知可能会影响结果。富有表现力的非言语行为一直被认为是魅力型领导力和更高社会地位的标志（如 Conger 和 Kanungo，1994；Den Hartog 和 Verburg，1998；Friedman、Prince、Riggio 和 DiMatteo，1980；Newcombe 和 Ashkanasy，2002；Tskhay、Zhu 和 Rule，2017）。研究证实，情感表达更丰富和目光注视更多的政治候选人会获得更积极的评价（McGovern 和 Tinsley，1978）。为了检验内隐领导力理论、领导力原型和绩效结果之间的关系，Tskhay 等人（2014）对乐团指挥的非言语行为进行了研究。具体方法是向参与者播放指挥家们指挥演奏的视频但将声音关闭，然后要求他们判断这些指挥家的表达能力如何，以及作为领导者有多大可能取得成功。不出所料，参与者认为肢体语言更具表现力的指挥家更有可能获得成功，而事实也的确如此。更具表现力的指挥家能够获得更多的认可，赢得更多的奖项，参加更多的演出，这表明领导力感知不仅能预示经济上的结果，也能预示声誉方面的结果。

此外，一些研究表明，人们可以学习必要的魅力行为，从而提高别人对自己领导能力的感知。Antonakis、Fenley 和 Liechti（2011）通过向参与者介绍有效领导力和魅力型领导力的特质和行为信息，播放成功领导者的视频，以及要求参与者两两一组练习相关技巧，向公司管理者和商学院学生传授了魅力型领导力的一些方法（如提高表达能力等；另见 Friedman 等人，1980）。结果发现，受训后参与者的"多因素领导力问卷"得分有了有效且显著的提高（Bass 和 Avolio，1995），这表明模仿领导行为可以提高领导技能。

尽管越来越多的研究表明对领导者的感知可能在一定程度上反映了领导者的能力，但我们仍要考虑这类研究的局限性，这一点非常重要。例如，Rule 等人（2013）发现，人们对企业高管、军官或大学生可信度的推断并不准确。这在组织情境下可能会特别容易造成麻烦，因为在组织内的各种职位由谁来担任往往通过面试，根据面试官的直觉决定的（见 Posthuma、Morgeson 和 Campion，2002；另见 Rule、Bjornsdottir、Tskhay 和 Ambady，2016）。为了消除可能导致组织生产力低下的偏见，招聘工作负责人也许愿意采用更加稳定一致的面试方法（见 Campion、Pursell 和 Brown，1988），更多地依赖一般智力等客观的认知能力和绩效指标（见 Heilman 和 Haynes，2005；

Schmidt 和 Hunter，1998）。

　　总而言之，这方面的研究虽然暂时不多，但数量正在增长，这些研究分析了对领导者的认知和感知如何转化为各种绩效指标。其中一部分分析的是相对静态的特质和线索（如从外貌推断人格），还有一些则分析了动态的行为和线索（如非言语表达能力）。此外，还有人将这类分析用于基于他人主观评价的结果（如专业获奖情况），以及客观结果（如整个组织的利润指标）。种族、文化和性别可能会对这些关系起调节作用。重要的是，领导力感知并不总能产生理想的结果，因为在有些条件下，感知可能很不准确。接下来，我们将重点介绍几种对领导力感知与领导成功之间的关系进行解释的观点。

📖 从社会认知到领导力有效性：机械论观点

　　尽管许多研究都认为特质和特征、领导力感知和领导力有效性之间存在相关性（如 Rule 和 Ambady，2008；Todorov 等人，2005；Tskhay 等人，2014），但很少有研究去分析将认知与领导结果联系起来的机制是怎样的（Antonakis，2012；van Knippenberg 和 Sitkin，2013）。尽管内隐领导力理论与领导力原型之间的联系在理论层面似乎合理，但有关各种面部特征与非言语表达如何影响领导力有效性的问题仍未得到解决。在这里，我们将提供一些合理的、旨在将对领导者的感知和认知与领导结果联系在一起的观点，希望研究者未来进一步探索影响领导力有效性的各种路径。

　　从 CEO 的外貌和公司绩效之间的关系，我们可以看到，其实我们并不确定这两者究竟是谁在影响谁：是长得更像领导者的 CEO 能够改善公司的业绩呢，还是业绩良好的公司会聘请看起来更像优秀领导者的人担任其 CEO 来树立公司良好的公众形象（如 Ranft、Zinko、Ferris 和 Buckley，2006）？一项研究表明，看起来能力更强（但实际并非如此）的人更有可能被聘为 CEO（Graham、Harvey 和 Puri，2010），这支持了后一种假设。但是，还有几项研究表明，人们根据一位 CEO 的面容产生的感知可以预测公司在这位领导者任期内的成就，但这忽视了这样一种可能：CEO 之所以获得成功，是因为公司本身就处在快速发展的进程当中（如 Re 和 Rule，2016；Wong 等人，2011）。

　　此外，律师事务所领导者和公司 CEO 在选拔方式上有着根本性的不同，但在外貌和领导成败方面却显示出了趋同的结果（Rule 和 Ambady，2011a）。公司高管和领导者可能会经历一些横向调动，而律师事务所采用的是一种类似终身制的垂直晋升制度（Galanter 和 Palay，1994）。因此，最高领导职位的候选人必须拥有本科学位，读过法学院，然后进入律师事务所，成为合伙人，最后才可能有资格担任管理合伙人。这种垂直筛选过程会将任何可能仅凭外貌获得职位的人排除在外。然而，外貌和领导成败之间关系背后的过程可能并不简单。别忘了，Rule 和 Ambady（2011b）的研究发现，仅凭美国百强律师事务所管理合伙人在进入法学院就读之前的照片，就可以预测他们所在组织在财务上是否成功。这可能表明，要么是他们的面孔如实展示了他们的领导能力，要么是长得更像领导者为他们提供了更多的机会去练就成功所需的领导技能。最后，情况也可能是这样：只有当多名候选人在可用于选拔领导者的所有直接资质因素上都已达到最佳水平，外貌才会成为最终的决定因素（见 Rule 和 Tskhay，2014）。社会认知方面的理论和研究可能有助于确定哪些路径可以导致这种情况发生。

外貌可以通过自证预言塑造行为（如 McArthur 和 Baron，1983）。也就是说，我们可以将某种特质赋予一个人，从而激励这个人去发展自己的这种特质。例如，Rosenthal 和 Jacobson（1968）假装对一批小学生进行了智商测验，然后告知老师某几个学生的学业在本学年将有大幅度的提高，实际上这些学生是随机选择的。当再次测试这些学生时，他们发现老师对这些学生智力的期望促进了他们学业的进步，这很可能是因为老师对这些他们认为更有潜力的学生给予了更多的关注。在领导力方面可能也存在这种效应：如果人们认为某人是一个领导者，他 / 她就很可能会被选出来担任领导职务（Lord 等人，1984），然后获得担任领导者所需的经验、训练和指导，最终实现"此人是领导者"这一预期。另外，某人担任了领导职务也可能会增进人们对其领导力的感知。例如，一个人如果担任了一个领导职务，那么除了获得领导经验之外，他 / 她还可能更容易获得其他领导职务。如此循环往复，这个人的领导履历会不断被充实，"他 / 她是一位有效领导者"这一观念也会得到强化或变得更可信。

与此相似，随着时间的推移，领导经验的积累可能会让一个人看起来更像领导者。与其他领导者打交道能够为一个人提供一种榜样，学习有效的领导者是如何行事的——就像与追随者打交道，可能会让领导者逐渐意识到领导者应该如何行事一样（D. J. Brown，2012）。这甚至可能会让一个人的外貌发生变化，变得更像领导者。这种现象被称为"Dorian Gray 效应"（Zebrowitz、Collins 和 Dutta，1998）。其实，手握权力和成功的感觉可能会让一个人自信满满、昂首挺胸、高谈阔论，展示出更多的领导行为（Carney、Cuddy 和 Yap，2010；Cuddy、Wilmuth、Yap 和 Carney，2015）。

尽管人们对领导能力、行为和外貌之间的联系机制有各种有趣的猜测，但了解领导者感知（无论有效与否）如何影响追随者也很重要。尽管领导者会在追随者中激发出许多积极的情感，但有时也会带来威胁、攻击和支配等感受（Keating，2002、2011），这些特质都会自动捕捉大脑的认知和注意力资源（Öhman，1986）。此外，领导力本身的定义之一就是，它是影响他人，使其采取集体行动，争取实现组织目标的能力。能够促使他人采取集体行动，朝着组织目标迈进（Bass，1985；Conger 和 Kanungo，1994；Shamir、Arthur 和 House，1993）。实际上，Drath 等人（2008）提出，领导者的目标就是为追随者指明一个共同的方向，确保他们的行动一致，朝向某个共同的目标，致力于达成领导者所提出的愿景或目的（见 Avolio 和 Bass，1988；Bass，1985；Conger 和 Kanungo，1994；House，1977）。为了成功地实现目标，领导者可能需要成为引人注目的步调设定者，将追随者带入自己的节奏，然后引导他们朝着预定目标前进（Bluedorn 和 Jaussi，2008；另见 Rule 等人，2011）。

魅力型领导力理论支持这种观点。这方面的研究常会谈到领导者持续吸引追随者注意力,激励他们朝着宏伟目标迈进的能力(如 Bass,1985；House,1977；Shamir 等人，1993；Weber，1978/1922)。通过这种机制，领导者能触发情绪感染，将自己的情感传递给追随者（Cherulnik、Donley、Wiewel 和 Miller，2001)。此外，Keating（2002、2011）指出，具有魅力的个人如果能同时刺激他人的趋近反应和回避反应，他们就能更好地掌控他人的注意力，对他们产生更大的影响。

📖 总结

本章尝试从社会认知的角度来勾勒领导力研究的图景，强调了可能在领导力感知、领导力显现和领导力有效性中发挥核心作用的几种机制。为此，我们讨论了关于表征和原型形成的社会认知文献，也探讨了这方面的概念如何通过内隐领导力理论和领导力范畴化理论直接应用于领导力领域（见 Lord 等人，1984；Lord 等人，2001)。最后，我们尝试证明人们对领导者的认知可能会转化为组织层面的实际结果，讨论了一些值得研究者未来探索的潜在机制和权变因素。希望我们对人们感知和思考领导力的各个层次的描述能够帮助读者更好地了解社会认知和信息处理理论是如何描述和构建领导力理论的，又开辟了哪些新途径来拓展我们对领导者的理解，以及关于追随者如何定义自身角色的认识。

🔍 讨论题

1.人们头脑中的内隐领导力理论是如何形成的？构成内隐领导力理论的那些特质是与生俱来的还是后天习得的？

2.被别人视为领导者总会发挥积极作用吗？为什么？

3.我们讨论了内隐领导力理论和领导力原型影响群组和组织绩效的几种方式，社会认知还可通过哪些其他方式来影响现实结果？

4.外貌对领导力的影响有多大，领导力对外貌和其他非言语行为的影响又有多大？

🔍 推荐阅读

Freeman, J. B., & Ambady, N.（2011）. A dynamic interactive theory of person construal. *Psychological Review*, 118, 247−279.

Halvorson, H. G.（2015, January）. A second chance to make the right impression. *Harvard Business Review*. https：//hbr.org/2015/01/a−second−chance−to−make−the−right−impression

Re, D. E., & Rule, N. O.（2015）. CEO facial appearance, firm performance, and financial success. In M. Fetscherin（Ed.）, *CEO branding*：*Meaning, measuring, managing*（pp. 219−238）. New York, NY: Routledge.

案例研究

> 案例：Gino, F., & Staats, B. R.（2015）. Mary Caroline Tillman at Egon Zehnder：Spotting talent in the 21st century. *Harvard Business Review* Case 416017-PDF-ENG.
>
> 案例：Seijts, G., Gandz, J., & Crossan, M. M.（2014）. Invictus：Introducing leadership competencies, character, and commitment. *Harvard Business Review* Case W14042-PDF-ENG.

推荐视频

Brooks, D.（2011）. David Brooks：The social animal. https：//www.ted.com/talks/david_brooks_the_social_animal.

Todorov, Alexander（2007）. Elections How Voters Really Think and Feel. https：//youtu.be/eLrDiBhHYNY.

参考文献

扫一扫，下载
本章参考文献

Ambady, N., Hallahan, M., & Rosenthal, R.（1995）. On judging and being judged accurately in zero-acquaintance situations. *Journal of Personality and Social Psychology*, *69*, 518-529.

Ambady, N., & Rosenthal, R.（1992）. Thin slices of expressive behavior as predictors of interpersonal consequences：A meta-analysis. *Psychological Bulletin*, *111*, 256-274.

Anderson, A. K., Christoff, K., Stapin, I., Panitz, D., Ghahremani, D. G., Glover, G., ... Sobel, N.（2003）. Dissociated neural representations of intensity and valence in human olfaction. *Nature Neuroscience*, *6*, 196-202.

Antonakis, J.（2012）. Transformational and charismatic leadership. In J. Antonakis & D. Day（Eds.）, *The nature of leadership*（2nd ed., pp. 256-288）. Thousand Oaks, CA：Sage.

Antonakis, J., & Dalgas, O.（2009）. Predicting elections：Child's play! *Science*, *323*, 1183.

Antonakis, J., Fenley, M., & Liechti, S.（2011）. Can charisma be taught? Tests of two interventions. *Academy of Management Learning & Education*, *10*, 374-396.

Antoszewska, A., & Wolanski, N.（1991）. Sexual dimorphism in newborns and adults. *Studies in Human Ecology*, *10*, 23-38.

Armstrong, J. S., Green, K. C., Jones, R. J., & Wright, M. J.（2010）. Predicting elections from politicians' faces. *International Journal of Public Opinion Research*, *22*, 511-522.

Avolio, B. J., & Bass, B. M.（1988）. Transformational leadership, charisma and beyond. In J. G. Hunt, B. R. Baliga, H. P Dachler, & C. A. Schriesheim（Eds.）, *Emerging leadership vistas*（pp. 29-50）. Lexington, MA：Lexington Books.

Ballew, C. C., & Todorov, A.（2007）. Predicting political elections from rapid and unreflective face judgments. *Proceedings of the National Academy of Sciences of the United States of America*, *104*, 17948-17953.

Baron, R. A.（1983）. "Sweet smell of success"？The impact of pleasant artificial scents on evaluations of job applicants. *Journal of Applied Psychology*, *68*, 709-713.

Bass, B. M.（1985）. *Leadership and performance beyond expectations*. New York, NY：Free Press.

Bass, B. M., & Avolio, B. J.（1995）. *MLQ multifactor leadership questionnaire for research：Permission set*. Redwood City, CA：Mindgarden.

Benjamin, D. J., & Shapiro, J. M.（2009）. Thin-slice forecasts of gubernatorial elections. *Review of Economics and Statistics*, *91*, 523-536.

Bluedorn, A. C., & Jaussi, K. S.（2008）. Leaders, followers, and time. *The Leadership Quarterly*, *19*, 654-668.

Bodenhausen, G. V., & Todd, A. R.（2010）. Social cognition. *WIREs Cognitive Science*, *1*, 160-171.

Brewer, M. B.（1988）. A dual process model of impression formation. In R. S. Wyer Jr. & T. K. Srull（Eds.）, *Advances in social cognition*（Vol. 1, pp. 1-36）. Hillsdale, NJ：Lawrence Erlbaum.

Brown, D. J.（2012）. In the mind of followers：Follower-centric approaches to leadership. In J. Antonakis & D. Day

(Eds.), *The nature of leadership* (2nd ed., pp. 331–362). Thousand Oaks, CA: Sage.

Brown, E., & Perrett, D. I. (1993). What gives a face its gender? *Perception*, *22*, 829–840.

Bruce, V, & Young, A. (1986). Understanding face recognition. *British Journal of Psychology*, *77*, 305–327.

Brunswik, E. (1956). *Perception and the representative design of psychological experiments* (2nd ed.). Berkeley: University of California Press.

Campion, M. A., Pursell, E. D., & Brown, B. K. (1988). Structured interviewing: Raising the psychometric properties of the employment interview. *Personnel Psychology*, *41*, 25–42.

Caporael, L. R. (1997). The evolution of truly social cognition: The core configurations model. *Personality and Social Psychology Review*, *1*, 276–298.

Carli, L. L., & Eagly, A. H. (2012). Leadership and gender. In J. Antonakis & D. Day (Eds.), *The nature of leadership* (2nd ed., pp. 417–476). Thousand Oaks, CA: Sage.

Carney, D. R., Cuddy, A. J., & Yap, A. J. (2010). Power posing brief nonverbal displays affect neuroendocrine levels and risk tolerance. *Psychological Science*, *21*, 1363–1368.

Carre, J. M., McCormick, C. M., & Mondloch, C. J. (2009). Facial structure is a reliable cue of aggressive behavior. *Psychological Science*, *20*, 1194–1198.

Cherulnik, P. D., Donley, K. A., Wiewel, T. S. R., & Miller, S. R. (2001). Charisma is contagious: The effect of leaders' charisma on observers' affect. *Journal of Applied Social Psychology*, *31*, 2149–2159.

Cogsdill, E. J., Todorov, A. T., Spelke, E. S., & Banaji, M. R. (2014). Inferring character from faces a developmental study. *Psychological Science*, *25*, 1132–1139.

Collins, A. M., & Loftus, E. F. (1975). A spreading-activation theory of semantic processing. *Psychological Review*, *82*, 407–428.

Colvin, C. R., & Bundick, M. J. (2001). In search of the good judge of personality: Some methodological and theoretical concerns. In J. A. Hall & F. J. Bernieri (Eds.), *Interpersonal sensitivity: Theory and measurement* (pp. 47–65). Mahwah, NJ: Lawrence Erlbaum.

Conger, J. A., & Kanungo, R. N. (1994). Charismatic leadership in organizations: Perceived behavioral attributes and their measurement. *Journal of Organizational Behavior*, *15*, 439–443.

Crosby, F., & Nyquist, L. (1977). The female register: An empirical study of Lakoff's hypothesis. *Language in Society*, *6*, 313–322.

Cuddy, A. J., Wilmuth, C. A., Yap, A. J., & Carney, D. R. (2015). Preparatory power posing affects nonverbal presence and job interview performance. *Journal of Applied Psychology*, *100*, 1286–1295.

Den Hartog, D. N., & Verburg, R. M. (1998). Cha-

risma and rhetoric: Communicative techniques of international business leaders. *The Leadership Quarterly*, *8*, 355–391.

Drath, W. H., McCauley, C. D., Palus, C. J., Van Velsor, E., O'Connor, P. M., & McGuire, J. B. (2008). Direction, alignment, commitment: Toward a more integrative ontology of leadership. *The Leadership Quarterly*, *19*, 635–653.

Eagly, A. H., Makhijani, M. G., & Klonsky, B. G. (1992). Gender and the evaluation of leaders: A meta-analysis. *Psychological Bulletin*, *111*, 3–22.

Eden, D., & Leviatan, U. (1975). Implicit leadership theory as a determinant of the factor structure underlying supervisory behavior scales. *Journal of Applied Psychology*, *60*, 736–741.

Epitropaki, O., & Martin, R. (2004). Implicit leadership theories in applied settings: Factor structure, generaliz- ability, and stability over time. *Journal of Applied Psychology*, *89*, 293–310.

Fiske, S. T., & Taylor, S. E. (2013). *Social cognition: From brains to culture* (2nd ed.). Thousand Oaks, CA: Sage.

Freeman, J. B., & Ambady, N. (2011). A dynamic interactive theory of person construal. *Psychological Review*, *118*, 247–279.

Freyd, J. J. (1987). Dynamic mental representations. *Psychological Review*, *94*, 427–438.

Friedman, H. S., Prince, L. M., Riggio, R. E., & DiMatteo, M. R. (1980). Understanding and assessing nonverbal expressiveness: The Affective Communication Test. *Journal of Personality and Social Psychology*, *39*, 333–351.

Funder, D. C. (1995). On the accuracy of personality judgment: A realistic approach. *Psychological Review*, *102*, 652–670.

Galanter, M., & Palay, T. (1994). *Tournament of lawyers: The transformation of the big law firm*. Chicago, IL: University of Chicago Press.

Gallese, V., Keysers, C., & Rizzolatti, G. (2004). A unifying view of the basis of social cognition. *Trends in Cognitive Sciences*, *8*, 396–403.

Gibson, J. J. (2014). *The ecological approach to visual perception: Classic edition*. New York, NY: Psychology Press. (Original work published 1986)

Gilbert, D. T., Krull, D. S., & Malone, P. S. (1990). Unbelieving the unbelievable: Some problems in the rejection of false information. *Journal of Personality and Social Psychology*, *59*, 601–613.

Gilbert, D. T., Pelham, B. W., & Krull, D. S. (1988). On cognitive busyness: When person perceivers meet persons perceived. *Journal of Personality and Social Psychology*, *54*, 733–740.

Gosling, S. D., Ko, S. J., Mannarelli, T., & Morris, M. E. (2002). A room with a cue: Personality judgments based on offices and bedrooms. *Journal of Personality and Social*

Psychology, *82*, 379-398.

Graham, J. R., Harvey, C. R., & Puri, M. (2010) . *A corporate beauty contest* (No. w15906) . Cambridge, MA: National Bureau of Economic Research.

Harms, P. D., Han, G., & Chen, H. (2012) . Recognizing leadership at a distance: A study of leader effectiveness across cultures. *Journal of Leadership & Organizational Studies*, *19*, 164-172.

Heider, F. (1944) . Social perception and phenomenal causality. *Psychological Review*, *51*, 358-374.

Heilman, M. E., & Haynes, M. C. (2005) . No credit where credit is due: Attributional rationalization of women's success in male-female teams. *Journal of Applied Psychology*, *90*, 905-916.

Heilman, M. E., Martell, R. F., & Simon, M. C. (1988) . The vagaries of sex bias: Conditions regulating the undervaluation, equivaluation, and overvaluation of female job applicants. *Organizational Behavior and Human Decision Processes*, *41*, 98-110.

Herrmann, E., Call, J., Hernandez-Lloreda, M. V., Hare, B., & Tomasello, M. (2007) . Humans have evolved specialized skills of social cognition: The cultural intelligence hypothesis. *Science*, *317*, 1360-1366.

House, R. J. (1977) . A 1976 theory of charismatic leadership. In J. G. Hunt & L. L. Larson (Eds.), *Leadership: The cutting edge*. Carbondale: Southern Illinois University Press.

House, R., Javidan, M., Hanges, P., & Dorfman, P. (2002) . Understanding cultures and implicit leadership theories across the globe: An introduction to Project GLOBE. *Journal of World Business*, *37*, 3-10.

Johnson, K. L., Gill, S., Reichman, V., & Tassinary, L. G. (2007) . Swagger, sway, and sexuality: Judging sexual orientation from body motion and morphology. *Journal of Personality and Social Psychology*, *93*, 321-334.

Johnson, K. L., & Tassinary, L. G. (2005) . Perceiving sex directly and indirectly: Meaning in motion and morphology. *Psychological Science*, *16*, 890-897.

Judge, T. A., Colbert, A. E., & Ilies, R. (2004) . Intelligence and leadership: A quantitative review and test of theoretical propositions. *Journal of Applied Psychology*, *89*, 542-552.

Jussim, L. (1991) . Social perception and social reality: A reflection-construction model. *Psychological Review*, *98*, 54-73.

Kalin, R., & Rayko, D. S. (1978) . Discrimination in evaluative judgments against foreign-accented job candidates. *Psychological Reports*, *43*, 1203-1209.

Keating, C. F. (2002) . Charismatic faces: Social status cues put face appeal in context. In G. Rhodes & L. A. Zebrowitz (Eds.), *Facial attractiveness* (pp. 153-192) . Westport, CT: Ablex.

Keating, C. F. (2011) . Channelling charisma through face and body status cues. In D. Chadee & A. Kostic (Eds.),

Social psychological dynamics (pp. 93-111) . Kingston, Jamaica: University of West Indies Press.

Kozlowski, L. T., & Cutting, J. E. (1977) . Recognizing the sex of the walker from a dynamic point-light display. *Perception and Psychophysics*, *21*, 575-580.

Lawson, C., Lenz, G. S., Baker, A., & Myers, M. (2010) . Looking like a winner: Candidate appearance and electoral success in new democracies. *World Politics*, *62*, 561-593.

Little, A. C., Burriss, R. P., Jones, B. C., & Roberts, S. C. (2007) . Facial appearance affects voting decisions. *Evolution and Human Behavior*, *28*, 18-27.

Livingston, R. W., & Pearce, N. A. (2009) . The teddy-bear effect: Does having a baby face benefit black chief executive officers? *Psychological Science*, *20*, 1229-1236.

Lord, R. G., Brown, D. J., Harvey, J. L., & Hall, R. J. (2001) . Contextual constraints on prototype generation and their multilevel consequences for leadership perceptions. *The Leadership Quarterly*, *12*, 311-338.

Lord, R. G., & Dinh, J. E. (2014) . What have we learned that is critical in understanding leadership perceptions and leader-performance relations? *Industrial and Organizational Psychology*, *7*, 158-177.

Lord, R. G., Foti, R. J., & De Vader, C. L. (1984) . A test of leadership categorization theory: Internal structure, information processing, and leadership perceptions. *Organizational Behavior and Human Performance*, *34*, 343-378.

Macrae, C. N., & Martin, D. (2007) . A boy primed Sue: Feature-based processing and person construal. *European Journal of Social Psychology*, *37*, 793-805.

Macrae, C. N., & Quadflieg, S. (2010) . Perceiving people. In S. Fiske, D. T. Gilbert, & G. Lindzey (Eds.), *The handbook of social psychology* (5th ed., pp. 428-463) . New York, NY: McGraw-Hill.

Martin, D. S. (1978) . Person perception and real life electoral behavior. *Australian Journal of Psychology*, *30*, 255-262.

Matthews, A. M., Lord, R. G., & Walker, J. B. (1990) . *The development of leadership perceptions in children*. Unpublished manuscript, University of Akron.

McArthur, L. Z., & Baron, R. M. (1983) . Toward an ecological theory of social perception. *Psychological Review*, *90*, 215-238.

McGovern, T. V., & Tinsley, H. E. (1978) . Interviewer evaluations of interviewee nonverbal behavior. *Journal of Vocational Behavior*, *13*, 163-171.

Murray, G. R., & Schmitz, J. D. (2011) . Caveman politics: Evolutionary leadership preferences and physical stature. *Social Science Quarterly*, *92*, 1215-1235.

Na, J., Kim, S., Oh, H., Choi, I., & O'Toole, A. (2015) . Competence judgments based on facial appearance are better predictors of American elections than of Korean elections. *Psychological Science*, *26*, 1107-1113.

Neave, N., & Shields, K. (2008) . The effects of facial hair manipulation on female perceptions of attractiveness, masculinity, and dominance in male faces. *Personality and Individual Differences*, *45*, 373–377.

Nestler, S., & Back, M. D. (2013). Applications and extensions of the lens model to understand interpersonal judgments at zero acquaintance. *Current Directions in Psychological Science*, *22*, 374–379.

Newcombe, M. J., & Ashkanasy, N. M. (2002). The role of affect and affective congruence in perceptions of leaders: An experimental study. *The Leadership Quarterly*, *13*, 601–614.

Offermann, L. R., Kennedy, J. K., & Wirtz, P. W. (1994). Implicit leadership theories: Content, structure, and generalizability. *The Leadership Quarterly*, *5*, 43–58.

Ohman, A. (1986). Face the beast and fear the face: Animal and social fears as prototypes for evolutionary analyses of emotion. *Psychophysiology*, *23*, 123–145.

Phillips, J. S. (1984). The accuracy of leadership ratings: A cognitive categorization perspective. *Organizational Behavior and Human Performance*, *33*, 125–138.

Phillips, J. S., & Lord, R. G. (1982). Schematic information processing and perceptions of leadership in problemsolving groups. *Journal of Applied Psychology*, *67*, 486–492.

Pillemer, J., Graham, E. R., & Burke, D. M. (2014). The face says it all: CEOs, gender, and predicting corporate performance. *The Leadership Quarterly*, *25*, 855–864.

Pittam, J., & Gallois, C. (1986). Predicting impressions of speakers from voice quality: Acoustic and perceptual measures. *Journal of Language and Social Psychology*, *5*, 233–247.

Posthuma, R. A., Morgeson, F. P., & Campion, M. A. (2002). Beyond employment interview validity: A comprehensive narrative review of recent research and trends over time. *Personnel Psychology*, *55*, 1–81.

Poutvaara, P., Jordahl, H., & Berggren, N. (2009). Faces of politicians: Babyfacedness predicts inferred competence but not electoral success. *Journal of Experimental Social Psychology*, *45*, 1132–1135.

Quinn, K. A., & Macrae, C. N. (2005). Categorizing others: The dynamics of person construal. *Journal of Personality and Social Psychology*, *88*, 467–479.

Ranft, A. L., Zinko, R., Ferris, G. R., & Buckley, M. R. (2006). Marketing the image of management: The costs and benefits of CEO reputation. *Organizational Dynamics*, *35*, 279–290.

Re, D. E., DeBruine, L. M., Jones, B. C., & Perrett, D. I. (2013). Facial cues to perceived height influence leadership choices in simulated war and peace contexts. *Evolutionary Psychology*, *11*, 89–103.

Re, D. E., & Rule, N. O. (2016). The big man has a big mouth: Mouth width correlates with perceived leadership ability and actual leadership performance. *Journal of Experimental Social Psychology*, *63*, 86–93.

Read, S. J., Vanman, E. J., & Miller, L. C. (1997).

Connectionism, parallel constraint satisfaction processes, and Gestalt principles: (Re) introducing cognitive dynamics to social psychology. *Personality and Social Psychology Review*, *1*, 26–53.

Riggio, H. R., & Riggio, R. E. (2010). Appearance-based trait inferences and voting: Evolutionary roots and implications for leadership. *Journal of Nonverbal Behavior*, *34*, 119–125.

Riggio, R. E., & Friedman, H. S. (1986). Impression formation: The role of expressive behavior. *Journal of Personality and Social Psychology*, *50*, 421–427.

Rosch, E. (1975). Cognitive representations of semantic categories. *Journal of Experimental Psychology: General*, *104*, 192–233.

Rosenthal, R., & Jacobson, L. (1968). *Pygmalion in the classroom: Teacher expectation and pupils' intellectual development.* New York, NY: Holt, Rinehart & Winston.

Rozin, P., Haidt, J., & McCauley, C. R. (1999). Disgust: The body and soul emotion. In T. Dalgleish & M. Power (Eds.), *Handbook of cognition and emotion* (pp. 429–445). Chichester, UK: John Wiley.

Rule, N. O., & Ambady, N. (2008). The face of success: Inferences from chief executive officers' appearance predict company profits. *Psychological Science*, *19*, 109–111.

Rule, N. O., & Ambady, N. (2009). She's got the look: Inferences from female chief executive officers' faces predict their success. *Sex Roles*, *61*, 644–652.

Rule, N. O., & Ambady, N. (2010). First impressions of the face: Predicting success and behavior. *Social and Personality Psychology Compass*, *4*, 506–516.

Rule, N. O., & Ambady, N. (2011a). Face and fortune: Inferences of personality from managing partners' faces predict their firms' financial success. *The Leadership Quarterly*, *22*, 690–696.

Rule, N. O., & Ambady, N. (2011b). Judgments of power from college yearbook photos and later career success. *Social Psychological and Personality Science*, *2*, 154–158.

Rule, N. O., Ambady, N., Adams, R. B., Jr., Ozono, H., Nakashima, S., Yoshikawa, S., & Watabe, M. (2010). Polling the face: Prediction and consensus across cultures. *Journal of Personality and Social Psychology*, *98*, 1–15.

Rule, N. O., Bjornsdottir, R. T., Tskhay, K. O., & Ambady, N. (2016). Subtle perceptions of male sexual orientation influence occupational opportunities. *Journal of Applied Psychology*, *101*, 1687–1704.

Rule, N. O., Ishii, K., & Ambady, N. (2011). Cross-cultural impressions of leaders' faces: Consensus and predictive validity. *International Journal of Intercultural Relations*, *35*, 833–841.

Rule, N. O., Krendl, A. C., Ivcevic, Z., & Ambady, N. (2013). Accuracy and consensus in judgments of trustworthiness from faces: Behavioral and neural correlates. *Journal of Personality and Social Psychology*, *104*, 409–426.

Rule, N. O., Moran, J. M., Freeman, J. B., Whitfield-Gabrieli, S., Gabrieli, J. D. E., & Ambady, N. (2011). Face value: Amygdala response reflects the validity of first impressions. *NeuroImage*, *54*, 734–741.

Rule, N. O., & Tskhay, K. O. (2014). The influence of economic context on the relationship between chief executive officer facial appearance and company profits. *The Leadership Quarterly*, *25*, 846–854.

Rule, N. O., Tskhay, K. O., Freeman, J. B., & Ambady, N. (2014). On the interactive influence of facial appearance and explicit knowledge in social categorization. *European Journal of Social Psychology*, *44*, 529–535.

Sanchez-Cortes, D., Aran, O., Mast, M. S., & Gatica-Perez, D. (2010). Identifying emergent leadership in small groups using nonverbal communicative cues (pp. 8–12). International Conference on Multimodal Interfaces and the Workshop on Machine Learning for Multimodal Interaction, Beijing, China.

Schmidt, F. L., & Hunter, J. E. (1998). The validity and utility of selection methods in personnel psychology: Practical and theoretical implications of 85 years of research findings. *Psychological Bulletin*, *124*, 262–274.

Shamir, B., House, R. J., & Arthur, M. B. (1993). The motivational effects of charismatic leadership: A selfconcept based theory. *Organization Science*, *4*, 577–594.

Sherman, J. W., & Hamilton, D. L. (1994). On the formation of interitem associative links in person memory. *Journal of Experimental Social Psychology*, *30*, 203–217.

Smith, E. R. (1996). What do connectionism and social psychology offer each other? *Journal of Personality and Social Psychology*, *70*, 893–912.

Smith, J. A., & Foti, R. J. (1998). A pattern approach to the study of leader emergence. *The Leadership Quarterly*, *9*, 147–160.

Stevens, L. E., & Fiske, S. T. (1995). Motivation and cognition in social life: A social survival perspective. *Social Cognition*, *13*, 189–214.

Stirrat, M., & Perrett, D. I. (2010). Valid facial cues to cooperation and trust: Male facial width and trustworthiness. *Psychological Science*, *21*, 349–354.

Todorov, A., Mandisodza, A. N., Goren, A., & Hall, C. C. (2005). Inferences of competence from faces predict election outcomes. *Science*, *308*, 1623–1626.

Tosi, H. L., & Einbender, S. W. (1985). The effects of the type and amount of information in sex discrimination research: A meta-analysis. *Academy of Management Journal*, *28*, 712–723.

Tskhay, K. O., & Rule, N. O. (2013). Accuracy in categorizing perceptually ambiguous groups a review and meta-analysis. *Personality and Social Psychology Review*, *17*, 72–86.

Tskhay, K. O., & Rule, N. O. (2015). Sexual orientation across culture and time. In S. Safdar & N. Kosakowska-Berezecka (Eds.), *Psychology of gender through the lens of culture* (pp. 55–73). New York: Springer International.

Tskhay, K. O., Xu, H., & Rule, N. O. (2014). Perceptions of leadership success from nonverbal cues communicated by orchestra conductors. *The Leadership Quarterly*, *25*, 901–911.

Tskhay, K. O., Zhu, R., & Rule, N. O. (2017). Perceptions of charisma from thin slices of behavior predict leadership prototypicality judgments. *The Leadership Quarterly*. Advance online publication. doi: 10.1016/j.leaqua.2017.03.003

Valentine, T. (1991). A unified account of the effects of distinctiveness, inversion, and race in face recognition. *The Quarterly Journal of Experimental Psychology*, *43*, 161–204.

van Knippenberg, D., & Sitkin, S. B. (2013). A critical assessment of charismatic-transformational leadership research: Back to the drawing board? *The Academy of Management Annals*, *7*, 1–60.

van Vugt, M., Hogan, R., & Kaiser, R. B. (2008). Leadership, followership, and evolution: Some lessons from the past. *American Psychologist*, *63*, 182–196.

van Vugt, M., & Ronay, R. (2014). The evolutionary psychology of leadership: Theory, review, and roadmap. *Organizational Psychology Review*, *4*, 74–95.

Weber, M. (1978). *Economy and society: An outline of interpretive sociology*. Berkley: University of California Press. (Original work published 1922)

West, T. V., & Kenny, D. A. (2011). The truth and bias model of judgment. *Psychological Review*, *118*, 357–378.

Wild, H. A., Barrett, S. E., Spence, M. J., O'Toole, A. J., Cheng, Y. D., & Brooke, J. (2000). Recognition and sex categorization of adults' and children's faces: Examining performance in the absence of sex-stereotyped cues. *Journal of Experimental Child Psychology*, *77*, 269–291.

Wong, E. M., Ormiston, M. E., & Haselhuhn, M. P. (2011). A face only an investor could love: CEOs' facial structure predicts their firms' financial performance. *Psychological Science*, *22*, 1478–1483.

Zebrowitz, L. A. (1997). *Reading faces: Window to the soul?* Boulder, CO: Westview.

Zebrowitz, L. A., Collins, M. A., & Dutta, R. (1998). The relationship between appearance and personality across the life span. *Personality and Social Psychology Bulletin*, *24*, 736–749.

Zebrowitz, L. A., Kikuchi, M., & Fellous, J. M. (2007). Are effects of emotion expression on trait impressions mediated by babyfaceness? Evidence from connectionist modeling. *Personality and Social Psychology Bulletin*, *33*, 648–662.

第10章
领导力与性别

Linda L. Carli、Alice H. Eagly

📖 开篇案例：领导者的日常

德国总理安吉拉·默克尔（Angela Merkel），住在位于柏林市中心一个朴实并需定期交房租的公寓里。每天早晨 6：00~6：30 定时起床，8：00~9：00 做早餐并与丈夫一起用餐。随后乘坐装甲轿车至总理府，会见亲密顾问，讨论工作人员事先准备好的全球新闻及其他一些议题。每星期三上午 9：30，定期召开每周一次的内阁会议，讨论一些重要议题，这其中包含持续的难民危机。作为会议主席，默克尔邀请大家进行讨论，同时巧妙地调解以解决有争议的问题。在这些内阁部长和顾问中，有很多女性代表，Beate Baumann 担任办公室主任、演讲稿撰稿人和管家。

工作午餐之后，默克尔与国防部长 Ursula Von der Leyen 及其他顾问一起讨论叙利亚危机。然后会见普法尔茨州基督教民主联盟党主席 JuliaK löckner 和他的助手们。默克尔是一位敏锐的战略家，她提出一些如何克服反对党政治挑战的建议。

下午召开联邦议院（即国会），默克尔去议院就难民危机发表了早已撰写好的演讲。像往常一样，她穿着标志性的黑色裤子和鲜艳的西装外套。在电视转播之前，默克尔让发型师进行了快速整理。在演讲中，她回顾了难民危机的最新发展和当前局势，特别是默克尔坚决捍卫与土耳其签订的协议。这一协议答应保留难民，仅将叙利亚国民移交给德国和欧洲其他国家。默克尔以日常的平静风格发表了演讲，没有夸夸其谈、高谈阔论，并以坦率、低调的方式介绍了事实和具体的解决方案。演讲获得普遍好评，这与德国公众给予她很高的认可度，并赋予她"妈妈（Mutti）"或"Mommy"的昵称相一致。但是，默克尔感到担心，因为在难民危机中采取的欢迎政策已经威胁到她所享受到的民众高度信任。

离开联邦议院，默克尔回到办公室。默克尔并没有继续使用前任 Gerhard Schroeder 那张豪华大气的办公桌，她选择了一张简单的写字台。写字台上方墙壁上挂着战后西德首相 Konrad Adenauer 的肖像。书桌后面的架子上放着一张小巧的裱框肖像，上面是 Catherine 大帝。这位德国出生的俄国女沙皇在 18 世纪的俄国掀起了一场革命性的变革。然而，在这些鼓舞人心的榜样面前，默克尔面临着一项艰巨的任务：查看并签署下属交给她的文件。默克尔还听取了几位顾问关于内乱的报告，这些内乱涉及右翼抗议者反对移民激增。会议持续到晚餐时间。

晚上 10：00 后，默克尔回到公寓，午夜之前上床睡觉，这样可以保证 6~7 个小时的睡眠，然后开始第二天的例行工作。[①]

讨论题

1. 如何描述默克尔的领导力风格？性别是否影响了她的领导方式？
2. 默克尔有什么特点使其成为特别坚强的领导者？另外，她有哪些劣势？
3. 文化背景如何影响人们对女性领导者的期望和评价？请对比美国和挪威的情况。

📖 本章概述

在很多社会中，女性在担任领导者方面已经取得了长足的进步，默克尔升任德国总理就是一个非常有力的象征。但是，性别平等仍然是一个遥远目标。目前在组织和政府中，男性比女性拥有更多的权力和权威。虽然父权制被削弱，但是它依旧占上风。本章将从社会科学的角度分析，虽然性别不平等现象在缓慢减少，但是为什么这一现象依然存在。

本章关注的是在正式职位上行使的领导力，而不是通常不被认可、没有报酬的非正式领导力。在思考女性在领导角色中的相对不足时，我们考虑了 5 种因素：①女性人力资本较低是否造成了这一现象？②女性的领导力风格是否不利于领导力发展？③考虑了男性的自然属性是否使他们占据了优势？④关于偏见和歧视。⑤考虑了组织障碍。下文首先回顾女性领导者的现状，见表 10-1。

表 10-1 领导力性别差异的理论解释综述

分 析 视 角	结 论
人力资本	女性倾向于教育和一般的课外活动；男性倾向于商学院和体育运动
家庭责任	男性受到青睐；由于家庭原因，女性更经常性地辞职或打零工
领导力风格	女性偏爱使用变革型风格，重视奖励、避免惩罚、等待行动、自由放任，而民主型领导力的作用尚不明确
有效性	组织财务研究结果各有差异；不同的情况下，男女领导者的有效性评级不同
进化视角	证据显示在性别角色上男女均保持灵活性；男女领导者在不同的情况下都会受到青睐
特质差异	男性在五大特质或智力上没有明显优势；侵略性和竞争的相关性尚不清楚
歧视性刻板印象	男性受青睐；女性在雇用、晋升和薪酬方面均受到歧视
组织障碍	虽然情境有时也会限制男性，但是总体上男性受青睐，而女性受到了双重约束

① 参见 Kreller（2014）；Orth（2014）；Packer（2014）；Rinke 和 Brown（2010）。

📖 领导力角色中的女性和男性代表

在大多数发达社会中，女性已经获得了相当多的管理机会。目前，在美国所有管理职位中，女性占比 39%，高于 1940 年的 11%（美国人口普查局，2016）。尽管随着职位级别的提高，女性占比下降（Helfat、Harris 和 Wolfson，2006），但是在所有组织中女性 CEO 占比 28%（美国劳工统计局，2016）。在非营利性组织中，女性表现得更好，女性 CEO 占比 43%，女性董事会成员占比 43%，但是在规模更大、更富裕的非营利性组织中，女性 CEO 占比则较少（Stiffman，2015）。在《财富》或标准普尔 500 指数中，女性高级行政人员或经理占比 25%，女性董事会成员占比 19%，但是女性 CEO 占比仅为 4%（Catalyst，2016）。

在全球范围内，女性管理人员的比例在过去的 10 年中有所上升，从牙买加的 59% 到巴基斯坦的 3%（国际劳工组织，2015）。一项针对 39 个国家或地区大型上市公司的研究报告指出，女性董事会代表人数的中位数为 11%，占比排前三的分别是冰岛（48%）、挪威（37%）和法国（30%），同时所有国家均要求保留最低比例的女性资格（德勤会计师事务所，2015）。

一些女性拥有更高的职位。目前，在包括德国在内的 19 个国家由女性领导政府，她们担任总统或总理。默克尔继续担任德国总理（Christensen，2016；Kent，2015），另外一位女性担任国际货币基金组织总裁。因此，与玻璃天花板隐喻所暗示的无法逾越的障碍不同，女性面临的挑战虽然难以克服，但并非不能克服。为了象征女性在领导力之路上经常遇到的挑战，我们采用了"迷宫"的隐喻（Eagly 和 Carli，2007）。一些女性确实到达了迷宫中心并获得了领导地位，但是与男性相对平坦的道路相比，女性面临的错综复杂的路线需要更谨慎的导航。现在，我们考虑一下迷宫的形状。为什么女性担任领导职务的人数仍然不足？

📖 人力资本投资和家庭责任

女性和男性的人力资本

一种观点认为，领导力存在性别差别的原因是女性缺乏人力资本，具体是指女性缺乏能够触发领导力的技能、知识和心理特性的人力资本。但是，在工业化国家中，目前女性所受到的教育超过了男性（联合国报告，2015）。2014 年，在美国，57% 的学士学位、60% 的硕士学位和 52% 的博士学位由女性获得（美国国家教育统计中心，2015，表 318–30）。在美国（Voyer 和 Voyer，2014）和许多工业化国家（联合国，2015），女性的成绩均高于男性。

越来越多的女性获得 MBA 学位，这是高级管理职位的常用凭证。2015 年，全球范围内，参加管理学研究生入学考试的人数中，女性占比 44%，全日制 MBA 课程申请总数中，女性占比 40%（Bruggeman 和 Chan，2016）。此外，越来越多的女性（占比 47%）申请金融学学位（Bruggeman 和 Chan，2016）。即使如此，性别差距仍然存在。一项研究指出，男性拥有较高的职位和较好的收入，这与女性较低的收入相关（Bertrand、Goldin 和 Katz，2010）。然而，尖锐的批评已经开始指责精英商学院的男性文化对女性不利（如 Wittenberg-Cox 和 Symons，2015）。

年轻人的课外经历可以以自信和竞争力的方式建立人力资本（Fitzsimmons 和 Callan，2016）。美国的一些研究表明，男孩更多地参加体育活动，女孩更多地参与其他活动，如社团和学生会（如 Ingels、Dalton 和 LoGerfo，2008；Kort-Butler 和 Hagewen，2011）。这些课外活动与幸福感、亲社会行为和其他一些结果相关（参见 Farb 和 Matjasko 的评论，2012），如自我评价的领导力（Hancock、Dyk 和 Jones，2012），与体育活动相比，非体育活动的人际关联更加明确。在大学里，男性继续更多地参加体育运动（Quadlin，2016），除了学生会主席和财务人员的领导角色之外，女孩依然更多地参加学生会活动（美国学生会协会，2016）。尽管这类研究表明，课外活动对女性和男性都有好处，但是依然有一些特定证据表明，参加竞技体育有助于培养竞争兴趣（Comeig、Grau Grau、Jaramillo Gutiérrez 和 Ramírez，2015）。一些经济学家认为，女性劳动力市场结果受到竞争力较低的不利影响（如 Reuben、Sapienza 和 Zingales，2015），但现有证据并不多。

职业兴趣和偏好是塑造职业决策的人力资本因素。与男性相比，女性更喜欢（Diekman 和 Steinberg，2013）并且从事能够实现公共目标的工作，换言之，女性更喜欢帮助他人，并与他人进行互动（如 Lippa、Preston 和 Penner，2014）。此外，一份研究关注了人们在寻找工作时所表现出的特殊属性，分析显示出性别差异：女性更喜欢与人合作、帮助他人、资源充足以及有机会结交朋友，而男性则喜欢独处和休闲（Konrad、Ritchie、Lieb 和 Corrigall，2000）。即使是在塑造女性从事管理职业的同时，女性的社区取向可以提高她们对管理的兴趣。例如，一项针对 30 万名美国商学院学生的调查发现，女性在下列领域寻求就业的人数是男性的两倍或以上：非营利组织、政府和公共服务部门、医疗保健、零售业、时尚业和服装业、营销和广告业、消费品领域（Goudreau，2010）。

比男性相比，女性对政治领导者的兴趣较低。这一发现在美国对大多数政治候选人所在行业从业人员的三次全国性调查中得到了有力的证明（包括律师、政治活动家、商业领袖；参见 Lawless，2015）。两个原因得到了相当大的支持：①不太可能招募女性参加竞选。②女性的自我效能感相对较低。一项针对美国高中生和大学生的全国性调查发现，这种政治抱负上的性别差异从高中一直扩展到大学，因为通过课程、政治组织、媒体消费和对话，男性逐渐比女性更多地参与政治活动（Fox 和 Lawless，2014）。

女性的总体职业抱负与男性相似。事实上，现在的美国，年轻女性自述对高薪工作的渴望比年轻男性更强烈（Patten 和 Parker，2012）。男性和女性员工似乎对雇用组织同样忠诚（参见 Meyer、Stanley、Herscovitch 和 Topolnytsky，2002）。此外，一项针对 1 000 名美国公共部门和私立部门雇员的研究发现，当女性进入组织时，渴望获得最高管理职位的人比男性多。然而，相对于男性而言，随着时间的推移，女性的抱负开始慢慢消退（Coffman 和 Neuenfeld，2014）。

总而言之，用一个巧妙的故事讨论人力资本。尽管女性在商学院中可能会面临一些劣势，但是她们的教育水平仍然很高。虽然男性可能会在竞争环境中获得更多的经验，但女性与男性一样在学业以外均获得了更多的人力资本。女性在公共场合的定位更强，这使她们更多地担任一些领导类型的角色。最后，女性在迷宫中对领导力的雄心壮志可能会消失，这是本章余下部分要探讨的问题。

女性和男性的家庭责任

根据人力资本理论，家庭责任削弱了女性的职业生涯。毫无疑问，在所有的国家，女性在儿童保育和家务方面的时间平均比男性多（美国劳工统计局，2015a，表 A-6、表 A-7；世界银行，2013）。因为很多家务为必须和例行责任，所以因工作责任而放弃家务通常不可行。因此，女性一般会牺牲个人的时间，这导致女性享受休闲的时间比男性少（如 Sayer，2016）。

尽管男性的工作流转率略高于女性（参见 Griffeth、Hom 和 Gaertner 的元分析，2000），但是一项对《财富》500强公司的专业人士和管理人员的大规模研究发现，女性的离职率比男性高出 36%（Hom、Roberson 和 Ellis，2008）。因为这类职位的男性离职率更高，所以这种差异在更多女性担任的职位上有所减弱。女性仅在工作早期才辞职，而辞职的常见原因是家庭因素（如 Bertrand、Goldin 和 Katz，2010；欧洲的数据请参见 Theodossiou 和 Zangelidis，2009）。一般来说，员工因家庭责任的工作中断而遭受长期收入损失，这比因额外培训等原因而中断的成本更高（Theunissen、Verbruggen、Forrier 和 Sels，2011）。

非全日制就业（减缓女性地位）占比越来越高，尤其是女性（国际劳工组织，2015b）。2010 年，欧洲约 26% 的女性、美国约 13% 的女性，每周工作时间少于 30个小时，而男性的比例为 4%~5%（Blau 和 Kahn，2013）。与女性有配偶或子女有关，也与男性的工作时间增加有关（Greenhaus 和 Powell，2012）。甚至从事高级职位的女性也经常减少工作时间来承担家庭责任（Herr 和 Wolfram，2012）。

总而言之，非全日制工作和休息时间会降低女性相对于男性的人力资本，从而极大地造成男女在薪酬、晋升和权威方面的差距（Abendroth、Maas 和 van der Lippe，2013；Blau 和 Kahn，2013；Mandel 和 Semyonov，2014）。这些发现可能引发有关女性领导者的表现是否合适的疑问。当女性担任领导者时，她们的表现是否与男性一样？

📖 女性和男性的领导力风格

女性和男性的领导力风格研究

如果女性缺乏足够的领导能力，那么她们的领导力风格有可能会有问题，即她们与上级、同龄人和下属互动的典型方式。因为领导力风格会影响领导者的效能（Yukl，2013），所以风格上的任何性别差异都有可能影响女性的地位。

基于人们对领导者典型行为的评价，对领导力风格中的性别差异进行元分析发现：总体而言，女性通过让下属参与决策，采取了一种不那么专制、更民主的领导力风格（Eagly 和 Johnson，"幕后领导"，与他人合作以达成集体决策，这是德国总理默克尔的一项标志性努力）。相比之下，男女在以任务为导向和以人际为导向的领导力上并没有什么不同——他们强调遵循规则和程序，而不是关注追随者的需求程度，尽管在非管理职位样本中，尤其是在大学生中，女性更以人际为导向。

Eagly 和 Johnson（1990）认为，女性偏爱民主和参与式领导力风格可能源于性别规范。这种性格规范阻止了女性运用自上而下的专制方式（参见"女性能动性限制"部分）。然而，在不同的组织中，恰当的管理行为规范可能有所不同，相比男性，女性在较少由男性主导的领导角色上，往往表现出更民主、更注重人际关系的风格。因此，文化上的女性关系和参与式风格可能有更大的余地，更多的女性会担任领导者角色。

20 世纪八九十年代，很多研究人员转向了变革型领导力：这种领导力风格，面向未来而不是现在，激发追随者的承诺和创造性地为组织做出贡献的能力，由此提升组织效能。变革型领导力需要通过赢得追随者的信任和信心来树立榜样（Bass，1998）。即使组织在一般状况下是成功的，变革型领导者都会陈述未来的目标，制订实现这些目标的计划，并进行创新。通过指导和授权追随者，领导者鼓励追随者发挥全部潜能，从而更有效地为组织做出贡献。

研究人员将变革型领导者与交易型领导者进行了对比，后者通过与下属建立交换关系来回应下属的利益。这种领导力方式包括明确下属的职责，当下属实现目标时进行奖励，未能实现目标时进行纠正。除了这两种风格之外，研究人员区分了一种自由放任型风格，这种风格的特点是普遍不承担管理责任（参见 Antonakis，本书第 3 章）。

因为变革型领导力将男性特质与女性特质结合在一起，尤其是在个性化考量维度上，这种风格可能比男性化的风格更能吸引女性领导者（Eagly 和 Carli，2007）。为了检验这一观点，一份研究对变革型、交易型和自由放任型领导力风格的性别差异进行了元分析（Eagly、Johannesen-Schmidt 和 van Engen，2003）。研究结果表明，性别差异较小（作为标准化差异的 d 指标平均值，男性差异为正；在提供令人满意的业绩奖励的交易型子量表上，女性通常更具有变革性和交易性）。在个性化考量上，女性变革型领导力与男性的差异最大。女性注重培养和指导追随者，关注他们的个人需求。与女性相比，男性展现出更多的交易型领导力，他们强调追随者的错误和失败，等到问题严重后再进行干预。男性也比女性更自由放任。这些差异在 Antonakis、Avolio 和 Sivasubramaniam（2003）以及 Desvaux 和 Devillard（2008）的大规模研究中得到了验证。

总而言之，女性的领导力风格倾向于民主和参与式，男性的领导力风格倾向于专制和指导型。相比男性，女性管理者更倾向于采取变革型风格。在交易型领导力上，相比男性，女性管理者会采用更多的奖励措施。相比女性，男性更关注下属未能完成目标的情况，也表现出更多的以问题为导向的领导力风格，包括拖延解决问题或在关键时刻缺席或不参与。一项关于人们对男女领导力风格的观念或刻板印象的研究中也

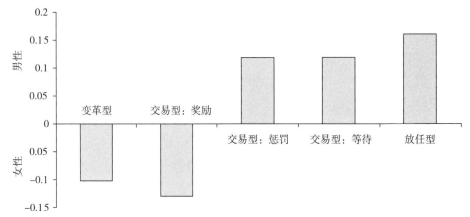

图 10-1　变革型、交易型和自由放任型领导力中性别差异效应值

资料来源：改编自变革型、交易型和自由放任型领导力风格：性别差异元分析 . A. H. Eagly, M. C. Johannesen-Schmidt 和 M. van Engen, 2003. Psychological Bulletin, 129, p. 571。

出现了类似的发现，这表明人们普遍意识到这些相对微妙的行为差异（Vinkenburg、van Engen、Eagley 和 Johannesen Schmidt，2011）。

📖 领导力风格与领导者效能

上述关于领导力风格的发现是否有利于男性领导者或女性领导者？关于民主和参与风格，答案尚不清楚。果断自信是专制风格的一个方面，它由积极追求和捍卫自己的利益组成，在中等水平上最有效；高水平的果断自信会损害社会关系，而低水平的果断自信则会限制目标的实现（Ames & Flynn，2007）。进一步的研究可以确定女性典型的更民主风格通常在中位水平上让她们获益。

变革型和交易型领导力的启示更为清晰。正如元分析所证实的（Judge 和 Piccolo，2004；另参见 Wang、Oh、Courtright 和 Colbert，2011），一些女性特质行为，如变革型风格、交易型风格中涉及报酬的部分，与领导力有效性相关。相反，一些男性特质行为，如涉及惩罚的交易型领导力与有效性为弱相关，延迟解决问题和放任自由型风格与有效性受损相关。

对这种女性优势泛化的一些警告是适当的。保持谨慎的原因之一是研究中发现的差异很小。保持谨慎的原因之二是可能存在选择偏差，为了获得领导职位，女性必须满足比男性更高的晋升标准（参见 Blau 和 DeVaro,2007）。鉴于这种含糊不清的情况，我们回顾了其他检验女性和男性领导者相对有效性的方法。

在商业环境中，研究有效性的一种方法是检查女性领导者的比例与公司财务绩效之间的关系。一些早期研究发现，性别的多样性与更好的财务结果相关（如 Desvaux、Devillard-Hoellinger 和 Baumgarten，2007）。这一研究和其他一些早期研究启动了所谓的"商业案例"——女性领导力可以带来更高的公司利润。但是，仅基于简单的群体比较或相关分析得出的结论，不足以证明女性带来了更大的利润。这种关联可能会受到内生性的影响，即统计异常，如反向因果关系、遗漏的变量、选择偏差或测量方法有缺陷（Antonakis、Bendahan、Jacquart 和 Lalive，2010）。

实际上，对内生性进行适当统计控制的最新研究，并未常规地支持上诉的"商业案例"（参见 Adams，2016）。例如，在大量的美国公司样本中，Adams 和 Ferriera（2009）发现，控制个别公司特征之后，企业董事会的性别多样化在总体上平均为负效应。但是，这种影响通过公司治理水平的提高而有所缓和。特别是，女性董事的存在减少了董事会的出勤问题，增加了对 CEO 的监督，促使他们为差绩效负责。这种监督使得治理薄弱的公司受益，但是对治理良好的公司却适得其反。这项研究说明了女性和男性行为差异可能会产生意想不到的后果。

对 140 项研究进行元分析，这些研究分析了董事会性别多样化的增加对公司财务业绩的影响，结果发现一个微小但显著的正相关（r=.03）（Byron 和 Post，2016）。总而言之，虽然一些研究得出积极的结论，但是董事会"女性商业案例"依然缺乏证据（参见 Eagly，2016）。研究结果还发现，与财务业绩相比，更多的证据支持董事会中女性的参与提高了社会性成果，如企业社会责任（Byron 和 Post，2016）。

评估领导者绩效的最终方法是基于对个体领导者的效能进行评估。一份对 96 项研究进行比较的元分析发现，男性和女性在领导角色上具有可比性，但是总体上没有性别差异（Eagly、Karau 和 Makhijani，1995）。后来对包括 95 个研究在内的领导者效能进行元分析，也没有发现在总体上存在性别差异（Paustian-Underdahl、Walker 和 Woehr，2014）。但是，感知的有效性取决于领导者是由领导者自己评价还是他人来评价。在他人的评价中，女性领导力似乎比男性更有效，而在自我评价中，男性领导力似乎比女性更有效。两种元分析的结果均会受组织类型的影响。在男性主导的情况下，如军事、政府，男性获得了更高的效能评价；在女性主导的情况下，如教育、中层管理，女性被认为比男性更有效。这些情境结果预示着性别刻板印象的影响。在男性主导的环境中，人们可能将优秀的领导力等同于刻板的男性行为，从而对女性的能力产生怀疑。同样，在女性主导的环境中，领导力在某种程度上可以注入更多的女性特质（Koenig、Eagly、Mitchell 和 Ristikari，2011）。

概括而言，关于领导者风格和有效性的研究表明，男女之间的风格差异不太可能阻碍女性领导者的绩效表现，反而甚至可以提高她们的表现。同样，关于领导者有效性的研究结果表明，尽管情境影响比比皆是，但无论是男性还是女性都不具有优势。总体而言，很少有理由认为女性的领导力风格无效，或者通常不如男性有效。

📖 自然界争论：男性天生就占主导地位

进化心理学理论

进化心理学家将当前的心理性别差异归因于人类早期男性和女性的生殖压力不

同（如 Buss，2016）。根据一种进化论方法（Trivers，1972），因为女性对后代的投入比男性多，如妊娠和哺乳，所以女性对可能的配偶变得更加挑剔。这种选择可能是原始社会中女性偏爱可以提供资源支持她们及其子女的性伴侣。结果，原始社会中的男性与其他男性竞争以获取资源并与女性发生性关系，而这些竞争的获胜者更有可能将基因传给下一代。按照这种逻辑，表现更好的人具有统治力、进取心、冒险精神、竞争能力和追求地位的能力，这些特征促进了领导力。这样的男性对资源有更多的控制和更高的地位，也促进了他们的繁衍成功，而这些特质成为进化特质，并变得根深蒂固。

其他进化科学家强调人类进化过程中极端环境的可变性和不断变化的适应性挑战（Richerson 和 Boyd，2005）。他们认为这种进化史增强了人类的认知能力，使人类能够灵活应对环境变化（如 Lieberman，2012；Potts，2012）。同样，随着人类的发展，人类在越来越多的群体中生活，他们的进化利基优势使那些具有社交能力、能够进行交流和说服他人的人获益。有了这种社交性，再加上先进的认知，人类就具备了根据外部条件形成不同类型社会结构的能力（Gintis、van Schaik 和 Boehm，2015）。

这些关于人类灵活性的假设表明，男性的统治地位不会是人类的普遍性。的确，人类学研究表明，最简单的觅食社会被组织成非等级和非父权的群对结构（如 Boehm，1999；Gintis 等人，2015）。在这样的社会中，男性和女性的生存互相依赖，这取决于每个社会的环境和生态。通过与有效资源提供者之间的配对，男女双方都将获得优势。尽管基于性别存在任务专门化，但是性别之间的关系可能是相对平等的。

父权制伴随着各种经济和社会发展而出现，如战争和集约型农业发展（Wood 和 Eagly，2012）。随着积累财富的定居社会到来，非家庭经济的角色越来越需要专门的培训、大量的能源消耗以及外出。男性不受妊娠和哺乳的困扰，他们在担任这些职位时占据更多的优势，最终，这些职位承担了为家庭提供资源的主要责任。因为出生率仍然很高，非家庭性工作则从家庭和农场中转移到工厂和办公室中，女性劳动变得更加局限于家庭领域。因此，相对于男性，女性一般会失去权力，不平等现象加剧，男性会成为领导者（Miller，2015）。

假定男性领导者的优势反映了更广泛的社会结构，一些进化心理学家就男性主导地位的出现提出了理论上的偶然性。他们支持诱发性文化论，即遗传因素造成的性别差异，如攻击性和主导性，是由情境因素引起（Buss，2016；van Vugt 和 Ronay，2014）。从诱发性文化角度来看，人们是否偏爱具有男性或女性特质的领导者取决于当时的情境。一些关注情境因素的研究表明，用死亡威胁来激发参与者，会引起人们对更具代理性和男性化领导力的偏好（Hoyt、Simon 和 Innella，2011），而用犯罪或失业威胁来激发参与者，则会倾向于交易型和女性化领导力（Brown、Diekman 和 Schneider，2011）。此外，女性领导者往往是危机组织的首选，部分原因是因为她们预示着变革的潜力（Ryan 等人，2016；参见"女性领导力的组织障碍"

部分）。这些发现表明，男性领导者的盛行至少与进化趋势一样反映出社会文化条件的影响。

领导力特质的性别差异

人格特质也被认为是领导力的重要决定因素。大多数当代心理学家认为，性格和行为的性别差异源于先天和后天（Eagly 和 Wood，2013）。与这种互动论观点一致，领导力倾向似乎也是部分可遗传（Ilies、Arvey 和 Bouchard，2006），但同样也对社会作出了反应，这使得儿童和年轻人可以在许多场合中学习领导技能。

特别令人关注的是，与领导力相关的性格性别差异，其中可能包括攻击性和自信。确实，元分析发现，男性比女性更具侵略性，尤其是对身体而非言语的攻击（Archer，2004；Bettencourt 和 Miller，1996）。关于工作场所攻击行为的元分析（Hershcovis 等人，2007）也显示出男性占比更高。在自我报告的自信性格测量方面，男性得分也高于女性（Costa、Terracciano 和 McCrae，2001）。与这些趋势相一致，男性表现出更大的动力，采用传统层级式的命令与控制方式进行管理（参见 Eagly、Karau、Miner 和 Johnson 的元分析，1994）。

考虑到人们经常争夺领导职位的逻辑，竞争力中的性别差异也引起了人们的关注。如"女性和男性的人力资本"部分所述，行为经济学家已经研究了实验室和现实环境中的竞争力（参见 Niederle 和 Vesterlund 的评论，2011）。总的来说，男性比女性更具竞争性，这反映了男性的过分自信，并对竞争抱有更积极的态度。在讨价还价和混合动机博弈中的竞争性研究中，元分析显示性别差异较小，男性的行为比女性更具竞争性（Walters、Stuhlmacher 和 Meyer，1998；Balliet、Wu 和 De Dreu，2014）。但是，对社会困境研究的元分析发现，男性之间的互动比女性之间的互动更具合作性，而在混合性别互动中，男性会表现出更多的竞争、更少的合作（Balliet、Li、Macfarlan 和 van Vugt，2011）。

其他研究进一步证明了男性和女性的竞争力的情境因素。例如，一项实验表明，在典型的女性时尚领域的工作中，女性的竞争力要强于男性，但是在其他领域，男性的竞争力更高，或者没有差异（Wieland 和 Sarin，2012）。另外，一项中国的实验表明，在金钱奖励方面，男性比女性更具竞争力，但在使儿童受益的奖励方面，男性具有同等的竞争力（Caesar、Wordofa 和 Zhang，即将出版）。

尽管从整体上看，男性更倾向于具有攻击性和竞争力，但是没有理由相信这些因素通常会使领导者更有效。在现代的专业化组织中，身体上的攻击几乎不是优秀的手段。当然，在一些情况下，言语侵略、否定性主张和竞争力可能会促进领导者的崛起。然而，与这些支配性格类似的特征，如傲慢、以自我为中心的野心或具有威吓或粗暴的性格，会使领导者脱轨（Judge、Piccolo 和 Kosalka，2009）。

关于人格对领导力影响的许多研究都集中在"人格五因素"模型之上，即五大性格特质（如 McCrae 和 Costa，1987）。对评估人格特质与领导者关系的研究进行元分析，结果表明，外向、开放和尽责与领导者的出现之间存在着小到中等水平的关联，并且人的愉悦感也与领导力有效性有关。相反，情绪稳定性与领导者的出现及其有效性的关系为负相关（Judge、Bono、Ilies 和 Gerhardt，2002）。回归分析表明，领导者的出现与外向和尽责具有强关系，领导者的有效与外向和开放具有强关系，而情绪稳定性和顺从性并不重要。另一项元分析发现，一般智力也与领导者的出现及其有效性相关（Judge、Colbert 和 Ilies，2004）。

男性和女性在这些性格特征上表现如何？比较男女的性格特征，两种性别的领导者都没有明显的整体优势。一项大型的跨文化研究发现，女性在情绪稳定性、外向性、随和性和尽责性方面表现出更高的水平，在情绪稳定性方面表现出中等程度的差异，在其他方面表现出较小的差异（Schmitt、Realo、Voracek 和 Allik，2008）。男性和女性的整体智力没有差异（Halpern，2012）。因此，女性在情绪稳定性方面具有劣势，在随和性方面具有优势，但两者都与领导力没有太大的关系。女性表现出更多的尽责和外向性，这确实可以预测领导能力。

为了有效地发挥领导作用，管理专家通常建议男女协同工作，包括谈判、合作、外交、团队建设、激励和培训。因此，在现代条件下，有效的领导力不太可能主要源于传统的男性化的命令与控制行为，也不可能是男性在精英领导中的地位体现他们天生的支配地位。因此，我们转向讨论偏见和歧视存在的可能性。

📖 对女性领导者的偏见和歧视

性别歧视

经济研究表明人力资本只能部分地解释工资和晋升中的性别差距，这表明歧视可能源于另一种因素（Johnston 和 Lee，2012；Mandel 和 Semyonov，2014）。一项针对美国联邦雇员的研究指出性别歧视真实存在，研究发现女性必须获得比男性更高的绩效等级才能获得晋升（Pema 和 Mehay，2010）。另一项研究指出组织层面上的歧视指数是恒定的，这表明女性面临着稳定的裁员概率，在更高的管理职位上女性人数更少（如 Elliot 和 Smith，2004）。

对具有相同资格的男女求职者进行评估的比较实验也验证了歧视因素。涉及实际招聘的实验（雇主评估申请者或工作申请）显示，男性偏爱更高地位和工资的工作，也偏爱由男性占主导地位的职位，而女性只偏爱由女性占主导地位的职位（参见 Riach 和 Rich 的回顾，2002）。其他一些模拟招聘决策实验包括由学生、经理或其他参与者评估具有相同简历的男性和女性申请者。对 136 项这样的研究进行元分析后发现，在男性主导、女性主导和综合性的工作中，男性评分者更喜欢男性而不是女性，男性在男性主导的工作中具有最大的优势（Koch、D'Mello 和 Sacket，2015）。女性评估者没有倾向于任何性别，她们只认为男性在由女性主导的职位上有优势。

组织研究也反映了歧视因素。这类研究的元分析发现，特别是在享有声望的由男性主导的职位上，即使女性的工作表现与男性相同，在晋升和收入方面也会比男性低（Joshi、Son 和 Roh，2015）。另一份关于组织研究的元分析也得出类似结论，女性获得了较高的绩效评估，但是晋升评定反而较少（Roth、Purvis 和 Bobko，2012）。其他一些实验也表明，具有相当的专业工作经验，母亲而非父亲，会成为工作场所中的歧视对象（如 Correll、Benard 和 Paik，2007；Heilman 和 Okimoto，2008）。最后，一些研究指出，女性雇员不太可能仅仅因为家庭义务而选择不担任主管职务（Corrigall 和 Konrad，2006；Galinsky、Aumann 和 Bond，2008）。相反，歧视可能会破坏女性的工作野心（请参阅"女性和男性的人力资本"部分）。歧视也有可能是造成性别差距的根源。即使男性和女性具有类似的人力资本投资，歧视会造成女性在工作场所中获得的权威较少，在工作的自主性、挑战性和收入方面获得的优势也较低（Mintz 和 Krymkowski，2010；Schieman、Schafer 和 McIvor，2013）。

📖 有关女性、男性和领导者的刻板印象与双重约束

对女性领导者的歧视主要是因为人们认为女性缺乏成为有效领导者的能力。根据角色不协调理论，对女性领导者的偏见源于性别角色，即关于男女性格的一般认知。这些认知包含两种期望：描述性期望——男性和女性分别是什么样；命令性期望——男性和女性应该是什么样（Eagly 和 Karau，2002）。人们对女性领导者的偏见源于人们通常认为女性的典型特征与领导角色要求之间不一致。

根据很多国家的研究，人们期望男性热情、果断自信、有主见、有权威，期望女性热情、支持、善良和乐于助人（如 J. E. Williams 和 Best，1990）。人们还将领导力属性主要归功于领导者，并且认为对领导者的信念类似于对男性的信念，正如 Schein（1973）在"思考管理者·思考男性"研究中证明的那样。在这项研究中，参与者对男性、女性或成功领导者性别的刻板印象特质进行评分，Schein 通过相关分析检测领导者特征是否与男性或女性特质更相似。Koenig 等人（2011）对上诉范式研究（以及两个相关范式）进行元分析，结果表明，尽管领导力和男性特征的关联随着时间的推移而减弱，但是领导者属性仍然被认为更像男性特质而不是女性特质，尤其是在男性主导和地位较高的领导角色中。因此，当领导角色和女性角色之间存在更大的不一致时，存在偏见的可能性就更大。

刻板印象可以自我实现。一个群体的负面形象会导致群体成员开始关注如何实现这一刻板印象，而这种关注会破坏他们在刻板印象领域中的表现。例如，在一个刻板印象威胁实验中，学生观看了以女性刻板印象（vs. 中性）为内容的电视广告（Davies、Spencer 和 Steele，2005）。与非领导角色相比，接触女性刻板印象的女性（而非男性）更不喜欢领导角色。尽管刻板印象的威胁通常会损害表现，但是其他反应也有可能，如远离受威胁的领域，甚至通过反刻板行为来挑战刻板印象（参见 Hoyt 和 Murphy 的评论，2016）。

刻板印象给女性领导者带来了独特的挑战：一方面，人们认为女性缺乏有效领导

者的能力；另一方面，关于女性交往存在禁令性规范，如果女性领导者的行为举止过于急躁主动，则会被认为缺乏足够的温情（Eagly 和 Carli，2007）。女性领导者面临的挑战是平衡领导者角色的两种规范：能动性规范和女性角色互动规范，这两种规范产生了双重约束。双重约束意味着女性领导者面临着双重标准，因此，在绩效水平相当的情况下，女性领导者的总体评价略低于男性领导者，尤其是在男性主导的环境中（参见 Eagly、Makhijani 和 Klonsky 的元分析，1992）。在对军校生（Boldry、Wood 和 Kashy，2001）和管理人员（Heilman、Block 和 Martell，1995）的研究中，即使男性和女性的表现相同，男性也会获得更高的评价。除了在女性主导的环境之外，女性均必须表现出比男性拥有更多的技能，才可以被认为具有同等能力（如 Biernat 和 Kobrynowicz，1997；Carli，1990）。因此，女性更难影响他人（Carli，即将发表）。

性别的刻板印象给女性领导者带来的这些挑战，往往因为种族和族裔的文化层面的刻板印象而变得更加复杂。文化层面的刻板印象同样包含了一些不利于领导力的属性，如非洲裔美国人被认为能力不强，西班牙裔被认为野心不够，亚裔则被定性为较不自信（如 Gavami 和 Peplau，2012）。因此，少数民族女性面临的挑战与白人女性不同（参见 Rosette、Koval、Ma 和 Livingston，2016）。白人女性的绩效有时不如黑人女性（Biernat 和 Sesko，2013）。尽管在绩效低下的情况下，对黑人女性的能力评估可能更加低（Rosette 和 Livingston，2012）。

对女性能动性的限制

矛盾的是，成为理想领导者的典型代表通常并不能保护女性免受歧视。传统女性被认为是温和善良的，但在工作能力上并不是特别出色；与传统女性不同，擅长表现出领导才能的女性被认为有工作能力，但并不特别温和（Glick、Diebold、Bailey-Werner 和 Zhu，1997）。这种矛盾被认为违反了性别角色需求，反过来也就降低了人们对女性担任领导职务的评价。

与男性相比，女性领导力更多地取决于女性对一系列行为的坚持（Carli，1999）。一些被认为与女性性别角色规范的冲突行为，如表现出支配性、否定性主张、自我提升或缺乏温情，会干扰女性的影响力。例如，一项元分析表明，使用群体而非个人能动性的策略会让女性更具有影响力，但是无论使用哪种策略，男性都具有同等的影响力（Smith 等人，2013）。另一项元分析表明，相比男性，人们更不喜欢女性表现出明显的支配力，但是如果女性表现出微妙的支配力则比较受欢迎（参见 M. J. Williams 和 Tiedens 的元分析，2016）。此外，相比女性，男性展现出有能力的行为会产生更多的益处（Biernat、Tocci 和 Williams，2012；Brescoll，2011）。一般而言，处于权势地位的女性被认为不如男性具有合法性，从而引发诸如合作减少等后果（参见 Vial、Napier 和 Brescoll 的评论，2016）。

无论男女、对女性领导者的批评均比对男性领导者的批评更加严厉，尤其是男性的这种倾向更为强烈。来自 31 个国家或地区的数据表明，男性比女性更赞同性别歧视（Napier、Thorisdottir 和 Jost，2010）。相比女性，男性更容易将领导力与男性特性相连（Koenig 等人，2011），对女性领导者的评价也低于男性领导者（Eagly 等人，1992；Eagly 等人，1995），并且更不愿意雇用女性（Koch et al.，2015）。

一种方法让女性可以通过增加亲和力，进而增加对男性的影响力——通过增加女性的人际温暖来"女性化"行为。热情的女性更受欢迎，这带来了影响力的增加（Carli，即将出版）。因此，女性领导者可能会表现出一种主动性和群体性特质，以获得影响力和有效的领导力。在一个实验中，女性领导者必须同时表现出交流和主动才能被认为是有效的，而男性领导者只需要表现出主动（Johnson、Murphy、Zewdie 和 Reichard，2008）。迫使女性领导者遵守性别角色的压力，可能有助于促使女性避免专制的领导力形式以及她们对更民主和变革型领导力风格的依赖。

总而言之，性别角色导致人们期望并更希望女性具备更多的技能，这给女性领导者制造了一个双重困境，她们必须表现出非凡的能力，才能被视为与男性能力相当，而且还必须避免用支配地位和缺乏温和来威胁他人。因此，德国总理默克尔以其冷静、平和的风格巧妙地解决了这一双重难题，这种风格没有她的前任施罗德那种夸夸其谈和大男子主义姿态。施罗德能够以这样的风格保持自己的领导地位，因为男性可以表现出更广泛的行为，可以根据形势调整领导力风格，所以男性不会因为表现出温和的群体性而受到惩罚，这为他们创造了优势。此外，男性对女性领导力的更大的抗拒，也延缓了女性晋升到更高领导职位的进程。因此，一些研究提供了有力的证据，证明刻板印象是女性很少担任精英领导角色的一个主要因素。

📖 女性领导力的组织障碍

因为男性传统上拥有权威职位，所以组织结构要适合男性的生活经历。因此，组织经常建立表面上看来是中性，但本质上却有利于男性的规范（如 Martin，2003）。特别是，许多组织对其管理人员和专业人员的需求增加，需要长时间的工作和个人牺牲。这样的要求隐含了一个假设，即一个理想的员工应该符合传统的男性形象，很少承担外部责任，对组织全身心投入（J. C. Williams、Berdahl 和 Vandello，2016）

这些变化增加了专业人员和管理人员中极端工作的普遍性，这些工作需要很长时间的高要求工作（Hewlett，2007），工作时间更长、速度更快、提前休息、经常出差和 24/7 可用的压力（McCann、Morris 和 Hassard，2008）。这些要求在高阶位的管理和专业职位上尤其明显，长时间的工作可以带来更快的晋升和更高的薪水（Cha 和 Weeden，2014）。因此，在管理和相关领域工作的人，工作时间通常比平均时间长（美国劳工统计局，2015a，表 5）。因为女性承担了大量的家庭责任，所以奖励长时间工作对女性来说是一个特别的挑战（Gascoigne、Parry 和 Buchanan，2015）。由于家务活少、闲暇时间多，男性更容易从事这种极端的工作。

这些问题在从事高强度职业的女性中最为严重。因为妻子往往没有工作，可以承担家庭责任，所以男性的压力较小。即便是在高层，女性高管和专业人士也常常承担着相当大的家庭责任，这给她们带来了压力，使她们无法达到理想的员工标准。Anne-Marie Slaughter 在《大西洋月刊》上发表的一篇备受争议的文章"为什么女人不能拥有一切"就是一个例子，这篇文章讲述了她在平衡美国国务院高级职位的需求与对丈夫和两个年幼儿子的责任时所经历的艰辛（Slaughter，2012）。

父亲们也报告说，因为他们通常希望为家庭和工作付出同等的努力，所以在协调工作和家庭生活方面也很有压力（Harrington、Van Deusen 和 Humberd，2011）。然而，共同的劳动分工为 J. C. Williams 等人（2016）定义的新传统家庭：父亲有一份繁重的工作，母亲有一份不太费时的工作，母亲需要承担更多的家务工作，从而支持父亲的事业。皮尤研究中心的一项调查反映了人们对母亲从事高强度职业的矛盾心理。调查显示，70% 的受访者支持让父亲全职工作，相比之下，只有 12% 的人支持让母亲全职工作（Parker，2015）。

女性更大的家庭责任也会削弱她们形成与工作相关的社会网络的能力，这种社会网络依赖于下班后在酒吧和餐馆的社交活动，如打高尔夫球或参加体育活动等。不管女性在这样的场合是否受欢迎，母亲们无疑会发现这样的活动会影响她们与孩子相处的时间。因此，女性获得强大职业网络的机会比男性少（Burt，1998；Dreher 和 Cox，1996）。然而，拥有网络和导师，与加薪和升职相关（参见 Ng、Eby、Sorensen 和 Feldman 的元分析，2005）。因此，女性相对缺乏社会资本，阻碍了她们展现的领导力机会。

在传统的男性企业文化中，女性还面临着其他挑战。女性高管报告称，她们很难融入组织文化，难以获得发展工作任务和国际旅行机会（如 Hoobler、Lemmon 和 Wayne，2014；Lyness 和 Thompson，2000）。女性进步不如男性快的部分原因是她们接受的挑战性发展任务较少（King 等人，2012）。一项实验反映了这一现象，男性和女性对具有挑战性或不具有挑战性的任务进行谈判，女性对具有挑战性的工作同样感兴趣，但最终得到这份工作的机会却比男性少（De Pater 等人，2009）。

一般而言,管理者认为女性的职业动机低于男性,并据此对待他们（Hoobler 等人，2014）。因此，女性比男性更多地或退出公司，或转而担任管理职位，而不是通常会升至高级管理人员的直属管理职位，这并不奇怪（Barsh 和 Yee，2012）。然而，女性更经常被给予高风险、高水平的任务，在这些任务中她们很可能会失败，这一现象被称为"玻璃悬崖"（参见 Ryan 等人的评论，2016）。因此,女性被剥夺了接受可实现的、具有挑战性的任务的机会，却得到了更多命运多舛的任务，这些任务不太可能促进她们的职业发展。

考虑到内群体偏袒，女性在拥有更多决策权的组织中可能表现得更好。一项针对 2 万家美国公司的全国抽样调查发现，高级管理层中女性的比例预示着中级管理层中女性的比例会随之上升，这为高级管理层中女性员工的晋升提供了有利的证据（Kurtulus 和 Tomaskovic-Devey，2012）。然而，其他研究得出的结果并不一致（参见 Kunze 和 Miller，2014）。此外，并不是所有的高级女性管理者都同样支持女下属：有些是蜂后，她们与初级职位的女性保持距离（Derks、Van Laar 和 Ellemers，2016）。虽然这种行为加剧了性别不平等，但它似乎是对现有性别歧视和象征性女性领导者所经历的社会身份威胁的回应。

总之，组织结构和文化隐含着对男性的偏爱。由于男性通常不承担女性需要承担的家务，因此男性更容易满足公司对长时间工作和持续可用性的需求。企业文化和男性关系网往往也不欢迎女性，削弱了她们在工作中创造宝贵社会资本的能力。而且，女性很难获得有晋升潜力的理想工作。这些障碍是对女性的歧视，导致她们相对缺乏领导地位。

📖 女性领导者的崛起与未来

尽管存在种种障碍，但是在很多国家女性逐渐成为领导者，她们不仅是中下层领导者，在组织和政府的高层也慢慢成为看得见的人物。像默克尔、珍妮特·耶伦（Janet Yellen）和克里斯汀·拉加德（Christine Lagarde）这样有权势的女性，已成为大众媒体的例行报道。现在讨论的这些变化，使至少一些女性能够担任领导职务，而女性在过去很少担任这种职务。

前面提到，女性崛起的一个重要因素是，相对于男性，女性的教育优势越来越大。此外，家庭分工也发生了变化，女性和男性更平等地分担家务、照顾孩子（Bianchi，2011）。这种转变反映了人们对家庭和就业角色的态度正在改变。在美国，对传统性别角色的认可处于历史最低点，尤其是在年轻的美国人眼中（Galinsky 等人，2008）。

女性和男性在就业和收入方面已取得很大的融合：1973 年的劳动力分工中，79% 的男性和 45% 的女性，到 2015 年，这些百分比分别为 69% 和 57%（2016 年美国劳工统计局，表 2）。此外，在 38% 的已婚夫妇中，女性是主要或唯一的工资来源，这一比例有史以来最高（美国劳工统计局，2015a，表 26）。

随着女性将更多的时间从家务劳动转移到有偿劳动，她们承担起了在这些新角色中获得成功所需的个人特征（Eagly 和 Wood，2012）。随着时间的推移，对性别差异的跟踪研究表明，随着女性进入以前由男性主导的角色，她们变得更主动、自信、有冒险精神，并且对科学、数学和工程感兴趣（参见 Wood 和 Eagly 的评论，2012）。

随着时间的推移，现在被视为优秀领导力的特质已经变得更加中性化，融合了更多女性化和群体性特质（参见 Koenig 等人，2011）。这些新主题反映了以加速技术增长、增加劳动力多样性和削弱地缘政治边界为特征的组织环境。领导力专家现在建议领导者们运用更多的公共品质：民主关系、参与性决策、责任分配、培养下属以及依靠团队技能（如 Kanter，1997；Lipman-Blumen，2000）。

如果女性变得更男性化，领导角色也更女性化，那么女性所具有的特征最终能否与男性所具有的领导角色相匹配呢？我们这样认为，但正如研究所表明的，性别偏见和歧视已经减少，但并没有消失。人们仍然把领导力与男性联系得比与女性联系得更紧密。女性组织仍然遇到阻力，特别是在男性占主导地位和传统的男性环境中。

美国的劳动分工仍然不平等，女性挣得更少、进步更慢。此外，在一些情况下，有效的领导力可能倾向于一种权威的、直接的方法，这可能会引起反弹，对女性来说存在风险。

尽管如此，各类组织正在试验一系列广泛的改革，如面向家庭的工作，以便在其管理阶层中实现更大的性别多样化。这些做法，尤其是家庭友好型假期安排和直接提供服务（如托儿或老人护理）可以产生积极的影响，但通常只有在一段相当长的时间之后，而且只有在一些组织背景中才有效（参见 Kalysh、Kulik 和 Perera，2016）。此外，家庭友好型改革的潜在好处通常被弹性制污点所抵消——对那些利用这种做法的人的负面反应（如 J. C. Williams 等人，2016），这可能导致这些好处没有得到充分利用。作为回应，一些组织试图淡化弹性工作时间和弹性工作地点等选择。其他的则专注于提高工作实践的效率，以缩短长时间的工作周期（如 J. C. Williams 等人，2016），或者通过教育和多元化培训来减少员工的性别刻板印象（如 Carnes 等人，2015）。还有一些干预措施，通常是根据政府的授权，修改选拔和晋升程序，以增加女性和少数民族裔的代表性。例如，强制平权行动、目标设定、报告要求和配额制度。这些政策通常会增加女性领导力，但可能会产生意想不到的效果（如 Sojo、Wood、Wood 和 Wheeler，2016）。企业有时会采取行动，避免被纳入强制令。而且，这样的干预会使那些想从中受益的女性蒙羞，引起没有从中受益的人的反感，并在工作小组中产生压力（如 Heilman 和 Haynes，2006）。最后，需要研究来确定哪些干预措施是最有效的，以及在什么条件下有效（如 Dobbin、Schrage 和 Kalev，2015）。

近年来，女性进入精英领导层的势头越来越猛，女性领导者已经成为现代性和面向未来的领导力象征。例如，当加拿大总理贾斯廷·特鲁多（Justin Trudeaux）被问及为什么内阁中男女人数相等时，他回答说："因为现在是 2015 年"（编委会，2015）。虽然增加女性领导力的作用还没有被完全了解，但是女性的加入大大增加了领导人才的储备。因此，无论是资本主义社会官僚组织的合理性，还是民主社会所高度重视的基本公平，都应该有助于女性未来更多地进入领导层。

🔍 讨论题

1. 雇主可以采取什么措施来减少家庭义务与工作责任之间的冲突？

2. 男性女性领导者在媒体上有哪些受欢迎的形象？男性领导者的形象特征多于女性领导者吗？这些形像是否随着时间而出现变化？

3. 除了鼓励女性同时具备男性和女性特质之外，如何才能解决这种双重约束呢？人们能接受有关性别刻板印象和女性领导人面临的挑战的教育吗？

4. 想象一下，你必须在组织领导者和男同事面前提议让更多的女性担任领导者职务，有哪些论据能支持你的提议？

推荐阅读

Bohnet，I.（2016）. *What works：Gender equality by design.* Cambridge，MA：Harvard University Press.

Eagly，A. H.，& Carli，L. L.（2007）. Women and the labyrinth of leadership. *Harvard Business Review*，*85*，62–71.

Glass，C.，& Cook，A.（2016）. Leading at the top：Understanding women's challenges above the glass ceiling. *The Leadership Quarterly*，*27*，51–63.

Sanchez–Hucles，J. V.，& Davis，D. D.（2010）. Women and women of color in leadership：Complexity，identity，and intersectionality. *American Psychologist*，*65*，171–181.

Williams，J.，& Dempsey，R.（2014）. *What works for women at work: Four patterns working women need to know.* New York，NY: New York University Press.

案例研究

案例：Gentile，M.（1994）. *Anne Livingston and Power Max Systems.* Boston，MA：Harvard Business School Publishing.

案例：Kantor，J.（2013，September 7）. Harvard Business School case study：Gender equity. *New York Times*. Retrieved from http：//www.nytimes.com/

推荐视频

Tomasdottir，A.（2010）. Halla Tomasdottir：A feminine response to Iceland's financial crash. http：//www.ted.com/talks/halla_tomasdottir?language=en.

参考文献

扫一扫，下载
本章参考文献

Abendroth，A.，Maas，I.，& van der Lippe，T.（2013）. Human capital and the gender gap in authority in European countries. *European Sociological Review*，*29*，261–273.

Adams，R. B.（2016）. Women on boards：The superheroes of tomorrow? *The Leadership Quarterly*，*27*（3），371–386.

Adams，R. B.，& Ferreira，D.（2009）. Women in the boardroom and their impact on governance and performance. *Journal of Financial Economics*，*94*，291–309.

American Student Government Association.（2016）. *SG database：Percentage of women serving in collegiate student governments nationwide.* Retrieved from http：//www.asgaonline.com/

Ames，D. R.，& Flynn，F. J.（2007）. What breaks a leader? The curvilinear relation between assertiveness and leadership. *Journal of Personality and Social Psychology*，*92*，307–324.

Antonakis，J.，Avolio，B. J.，& Sivasubramaniam，N.（2003）. Context and leadership：An examination of the nine– factor full–range leadership theory using the Multifactor Leadership Questionnaire. *The Leadership Quarterly*，*14*，261–295.

Antonakis，J.，Bendahan，S.，Jacquart，P.，& Lalive，R.（2010）. On making causal claims：A review and recommendations. *The Leadership Quarterly*，*21*，1086–1120.

Archer，J.（2004）. Sex differences in aggression in real–world settings：A meta–analytic review. *Review of General*

Psychology, *8*, 291–322.

Balliet, D., Li, N. P., Macfarlan, S. J., & van Vugt, M. (2011). Sex differences in cooperation: A meta-analytic review of social dilemmas. *Psychological Bulletin*, *137*, 881–909.

Balliet, D., Wu, J., & De Dreu, C. K. W. (2014). Ingroup favoritism in cooperation: A meta-analysis. *Psychological Bulletin*, *140*, 1556–1581.

Barsh, J., & Yee, L. (2012). *Unlocking the full potential of women at work*. Retrieved from http://www.mckinsey.com/business-functions/organization/our-insights/unlocking-the-full-potential-of-women-at-work

Bass, B. M. (1998). *Transformational leadership: Industry, military, and educational impact*. Mahwah, NJ: Lawrence Erlbaum.

Bertrand, M., Goldin, C., & Katz, L. F. (2010). Dynamics of the gender gap for young professionals in the finan- cial and corporate sectors. *American Economic Journal: Applied Economics*, *2*, 228–255.

Bettencourt, B. A., & Miller, N. (1996). Gender differences in aggression as a function of provocation: A meta-analysis. *Psychological Bulletin*, *119*, 422–447.

Bianchi, S. M. (2011). Family change and time allocation in American families. *The Annals of the American Academy of Political and Social Science*, *638*, 21–44.

Biernat, M., & Kobrynowicz, D. (1997). Gender- and race-based standards of competence: Lower minimum standards but higher ability standards for devalued groups. *Journal of Personality and Social Psychology*, *72*, 544–557.

Biernat, M., & Sesko, A. K. (2013). Evaluating the contributions of members of mixed-sex teams: Race and gender matter. *Journal of Experimental Social Psychology*, *49*, 471–476.

Biernat, M., Tocci, M. J., & Williams, J. C. (2012). The language of performance evaluations: Gender-based shifts in content and consistency of judgment. *Social Psychology and Personality Science*, *3*, 186–192.

Blau, F. D., & DeVaro, J. (2007). New evidence on gender differences in promotion rates: An empirical analysis of a sample of new hires. *Industrial Relations: A Journal of Economy and Society*, *46*, 511–550.

Blau, F. D., & Kahn, L. M. (2013). Female labor supply: Why is the United States falling behind? *American Economic Review*, *103*, 251–256.

Boehm, C. (1999). *Hierarchy in the forest*. Cambridge, MA: Harvard University Press.

Boldry, J., Wood, W., & Kashy, D. A. (2001). Gender stereotypes and the evaluation of men and women in mili- tary training. *Journal of Social Issues*, *57*, 689–705.

Brescoll, V. L. (2011). Who takes the floor and why: Gender, power, and volubility in organizations. *Administrative Science Quarterly*, *56*, 622–641.

Brown, E. R., Diekman, A. B., & Schneider, M. C. (2011). A change will do us good: Threats diminish typical preferences for male leaders. *Personality and Social Psychology Bulletin*, *73*, 930–941.

Bruggeman, P., & Chan, H. (2016, March). *Minding the gap: Tapping the potential of women to transform business*. Reston, VA: GMAC Research Reports. Retrieved from http://www.gmac.com/

Burt, R. S. (1998). The gender of social capital. *Rationality and Society*, *10*, 5–46.

Buss, D. M. (2016). *Evolutionary psychology: The new science of the mind* (5th ed.). New York, NY: Routledge. Byron, K., & Post, C. (2016). Women on boards of directors and corporate social performance: A meta-analysis. *Corporate Governance: An International Review*, *24*, 448–442.

Caesar, A., Wordofa, F., & Zhang, Y. J. (in press). Competing for the benefit of offspring eliminates the gender gap in competitiveness. *Proceedings of the National Academy of Sciences*.

Carli, L. L. (1990). Gender, language, and influence. *Journal of Personality and Social Psychology*, *59*, 941–951. Carli, L. L. (1999). Gender, interpersonal power, and social influence. *Journal of Social Issues*, *55*, 81–99.

Carli, L. L. (in press). Social influence and gender. In K. Williams & S. Harkins (Eds.), *Oxford handbook of social influence*. Oxford, UK: Oxford University Press.

Carnes, M., Devine, P. G., Manwell, L. B., Byars-Winston, A., Fine, E., Ford, C. E., … Sheridan, J. (2015). The effect of an intervention to break the gender bias habit for faculty at one institution: A cluster randomized, controlled trial. *Academic Medicine*, *90*, 221–230.

Catalyst. (2016, February 3). Knowledge center: Women in S&P 500 companies. Retrieved from http://www.catalyst.org/knowledge/women-sp-500-companies.

Center for American Women and Politics. (2016). *Levels of office*. Retrieved from http://www.cawp.rutgers.edu/history-women-us-congress.

Cha, Y., & Weeden, K. A. (2014). Overwork and the slow convergence in the gender gap in wages. *American Sociological Review*, *79*, 457–484.

Christensen, M. I. (2016). *Worldwide guide to women in leadership*. Retrieved from http://www.guide2 womenleaders.com/Female_Leaders.htm.

Coffman, J., & Neuenfeld, B. (2014). Everyday moments of truth: Frontline managers are key to women's career aspirations. Retrieved from http://www.bain.com/.

Comeig, I., Grau-Grau, A., Jaramillo-Gutiérrez, A., & Ramírez, F. (2015). Gender, self-confidence, sports, and preferences for competition. *Journal of Business Research*, *69*, 1418–1422.

Correll, S. J., Benard, S., & Paik, I. (2007). Getting a job: Is there a motherhood penalty? *American Journal of Sociology*, *112*, 1297–1338.

Corrigall, E. A., & Konrad, A. M. (2006). The relationship of job attribute preferences to employment, hours of paid work, and family responsibilities: An analysis comparing women and men. *Sex Roles*, *54*, 95–111.

Costa Jr, P. T., Terracciano, A., & McCrae, R. R. 2001. Gender differences in personality traits across cultures: Robust and surprising findings. *Journal of Personality and Social Psychology*, *81* (2): 322–331.

Davies, P. G., Spencer, S. J., & Steele, C. M. (2005). Clearing the air: Identity safety moderates the effects of stereotype threat on women's leadership aspirations. *Journal of Personality and Social Psychology*, *88*, 276–287.

De Pater, I. E., Van Vianen, A. E. M., Humphrey, R. H., Sleeth, R. G., Hartman, N. S., & Fischer, A. H. (2009). Individual task choice and the division of challenging tasks between men and women. *Group & Organization Management*, *34*, 563–589.

Deloitte. (2015). *Women in the boardroom: A global perspective* (4th ed.). Retrieved from http://www2.deloitte. com/ content/dam/Deloitte/global/Documents/Risk/gx-ccg-women-in-the-boardroom-a-global-perspective4.pdf

Derks, B., Van Laar, C., & Ellemers, N. (2016). The queen bee phenomenon: Why women leaders distance them-selves from junior women. *The Leadership Quarterly*, *27* (3), 456–469.

Desvaux, G., & Devillard, S. (2008). *Women matter 2*. Retrieved from http://www.mckinsey.com/.

Desvaux, G., Devillard-Hoellinger, S., & Baumgarten, P. (2007). *Women matter: Gender diversity, a corporate performance driver*. Paris, France: McKinsey.

Diekman, A. B., & Steinberg, M. (2013). Navigating social roles in pursuit of important goals: A communal goal congruity account of STEM pursuits. *Social and Personality Psychology Compass*, *7*, 487–501.

Dobbin, F., Schrage, D., & Kalev, A. (2015). Rage against the iron cage: The varied effects of bureaucratic person- nel reforms on diversity. *American Sociological Review*, *80*, 1014–1044.

Dreher, G. F., & Cox, T. H., Jr. (1996). Race, gender, and opportunity: A study of compensation attainment and the establishment of mentoring relationships. *Journal of Applied Psychology*, *81*, 297–308.

Eagly, A. H. (2016). When passionate advocates meet research on diversity, does the honest broker stand a chance? *Journal of Social Issues*, *72*, 199–222.

Eagly, A. H., & Carli, L. L. (2007). *Through the labyrinth: The truth about how women become leaders*. Cambridge, MA: Harvard Business School Press.

Eagly, A. H., Johannesen-Schmidt, M. C., & van Engen, M. L. (2003). Transformational, transactional, and laissez-faire leadership styles: A meta-analysis comparing women and men. *Psychological Bulletin*, *129*, 569–591.

Eagly, A. H., & Johnson, B. T. (1990). Gender and leadership style: A meta-analysis. *Psychological Bulletin*, *108*, 233–256.

Eagly, A. H., & Karau, S. J. (2002). Role congruity theory of prejudice toward female leaders. *Psychological Review*, *109*, 573–598.

Eagly, A. H., Karau, S. J., & Makhijani, M. G. (1995). Gender and the effectiveness of leaders: A meta-analysis. *Psychological Bulletin*, *117*, 125–145.

Eagly, A. H., Karau, S. J., Miner, J. B., & Johnson, B. T. (1994). Gender and motivation to manage in hierarchic organizations: A meta-analysis. *The Leadership Quarterly*, *5*, 135–159.

Eagly, A. H., Makhijani, M. G., & Klonsky, B. G. (1992). Gender and the evaluation of leaders: A meta-analysis. *Psychological Bulletin*, *111*, 3–22.

Eagly, A. H., & Wood, W. (2012). Social role theory. In P. van Lange, A. Kruglanski, & E. T. Higgins (Eds.), *Handbook of theories in social psychology* (Vol. 2, pp. 458–476) Thousand Oaks, CA: Sage.

Eagly, A. H., & Wood, W. (2013). The nature-nurture debates: 25 years of challenges in understanding the psychology of gender. *Perspectives on Psychological Science*, *8*, 340–357.

Editorial Board. (2015, Nov. 12). Antidote to cynicism. *New York Times*. Retrieved from http://www.nytimes. com/2015/11/12/opinion/an-antidote-to-cynicism-in-canada. html?_r=0

Elliott, J. R., & Smith, R. A. (2004). Race, gender, and workplace power. *American Sociological Review*, *69*, 365–386.

Farb, A. F., & Matjasko, J. L. (2012). Recent advances in research on school-based extracurricular activities and adolescent development. *Developmental Review*, *32*, 1–48.

Fitzsimmons, T. W., & Callan, V. J. (2016). Applying a capital perspective to explain continued gender inequality in the C-suite. *The Leadership Quarterly*, *27* (3), 354–370.

Fox, R. L., & Lawless, J. L. (2014). Uncovering the origins of the gender gap in political ambition. *American Political Science Review*, *108*, 499–519.

Galinsky, E., Aumann, K., & Bond, J. T. (2008). *Times are changing: Gender and generation at work and at home*. New York, NY: Families and Work Institute. Retrieved from http://familiesandwork.org/site/research/reports/ Times_Are_Changing.pdf

Gascoigne, C., Parry, E., & Buchanan, D. (2015). Extreme work, gendered work? How extreme jobs and the dis- course of "personal choice" perpetuate gender inequality. *Organization*, *22*, 457–475.

Ghavami, N., & Peplau, L. A. (2012). An intersectional analysis of gender and ethnic stereotypes: Testing three hypotheses. *Psychology of Women Quarterly*, *37*, 113–127.

Gintis, H., van Schaik, C., & Boehm, C. (2015). Zoon politikon. *Current Anthropology*, *56* (3), 327–353.

Glick, P., Diebold, J., Bailey-Werner, B., & Zhu, L. (1997). The two faces of Adam: Ambivalent sexism and polar- ized attitudes toward women. *Personality and Social*

Psychology Bulletin, *23*, 1323–1334.

Goudreau, J. (2010, June 21). Top 20 industries favored by M.B.A. women. *Forbes*. Retrieved from http：//www.forbes.com/.

Greenhaus, J. H., & Powell, G. N. (2012). The family–relatedness of work decisions：A framework and agenda for theory and research. *Journal of Vocational Behavior*, *80*, 246–255.

Griffeth, R. W., Hom, P. W., & Gaertner, S. (2000). A meta–analysis of antecedents and correlates of employee turnover：Update, moderator tests, and research implications for the next millennium. *Journal of Management*, *26*, 463–488.

Halpern, D. F. (2012). *Sex differences in cognitive abilities* (4th ed.). New York, NY：Psychology Press.

Hancock, D., Dyk, P. H., & Jones, K. (2012). Adolescent involvement in extracurricular activities：Influences on leadership skills. *Journal of Leadership Education*, *11*, 84–101.

Harrington, B., Van Deusen, F., & Humberd, B. (2011). *The new dad：Caring, committed, conflicted*. Boston, MA：Boston College Center for Work and Family.

Heilman, M. E., Block, C. J., & Martell, R. F. (1995). Sex stereotypes：Do they influence perceptions of managers? *Journal of Social Behavior and Personality*, *10* (6), 237–252.

Heilman, M. E., & Haynes, M. C. (2006). Affirmative action：Unintended adverse effects. In M. F. Karsten (Ed.), *Gender, race, and ethnicity in the workplace* (Vol. 2, pp. 1–24). Westport, CT：Praeger.

Heilman, M. E., & Okimoto, T. G. (2008). Motherhood：A potential source of bias in employment decisions. *Journal of Applied Psychology*, *93*, 189–198.

Helfat, C. E., Harris, D., & Wolfson, J. P. (2006). The pipeline to the top：Women and men in the top executive ranks of U.S. corporations. *Academy of Management Perspectives*, *20*, 42–64.

Herr, J. L., & Wolfram, C. D. (2012). Work environment and opt–out rates at motherhood across high–education career paths. *Industrial & Labor Relations Review*, *65*, 928–950.

Hershcovis, M. S., Turner, N., Barling, J., Arnold, K. A., Dupré, K. E., Inness, M., … Sivanthan, N. (2007). Predicting workplace aggression：A meta–analysis. *Journal of Applied Psychology*, *92*, 228–238.

Hewlett, S. A. (2007). *Off-ramps and on-ramps：Keeping talented women on the road to success*. Boston, MA：Harvard Business School Press.

Hom, P. W., Roberson, L., & Ellis, A. D. (2008). Challenging conventional wisdom about who quits：Revelations from corporate America. *Journal of Applied Psychology*, *93*, 1–34.

Hoobler, J. M., Lemmon, G., & Wayne, S. J. (2014). Women's managerial aspirations：An organizational development perspective. *Journal of Management*, *40*, 703–730.

Hoyt, C. L., & Murphy, S. E. (2016). Managing to clear the air：Stereotype threat, women, and leadership. *The Leadership Quarterly*, *27* (3), 387–399.

Hoyt, C. L., Simon, S., & Innella, A. N. (2011). Taking a turn toward the masculine：The impact of mortality salience on implicit leadership theories. *Basic & Applied Social Psychology*, *33* (4), 374–381.

Ilies, R., Arvey, R. D., & Bouchard, T. J., Jr. (2006). Darwinism, behavioral genetics, and organizational behavior：A review and agenda for future research. *Journal of Organizational Behavior*, *27*, 121–141.

Ingels, S. J., Dalton, B. W., & LoGerfo, L. (2008). *Trends among high school seniors, 1972-2004* (National Center for Education Statistics 2008–320). Washington, DC：National Center for Education Statistics. Retrieved from http：//files.eric.ed.gov/fulltext/ED501757.pdf.

International Labor Organization. (2015a). *Women in business and management：Gaining momentum：Global report*. Geneva, Switzerland：International Labor Organization. Retrieved from http：//www.ilo.org.

International Labor Organization. (2015b). *World employment and social outlook：The changing nature of jobs*. Geneva, Switzerland：International Labor Organization. Retrieved from http：//www.ilo.org.

International Parliamentary Union. (2015). *Women in National Parliaments*. Retrieved from http：//www.ipu.org/wmn–e/world.htm.

Johnson, S. K., Murphy, S. E., Zewdie, S., & Reichard, R. J. (2008). The strong, sensitive type：Effects of gender stereotypes and leadership prototypes on the evaluation of male and female leaders. *Organizational Behavior and Human Decision Processes*, *106*, 39–60.

Johnston, D. W., & Lee, W. (2012). Climbing the job ladder：New evidence of gender inequity. *Industrial Relations*, *51*, 129–151.

Joshi, A., Son, J., & Roh, H. (2015). When can women close the gap? A meta–analytic test of sex differences in performance and rewards. *Academy of Management Journal*, *58*, 1516–1545.

Judge, T. A., Bono, J. E., Ilies, R., & Gerhardt, M. W. (2002). Personality and leadership：A qualitative and quantitative review. *Journal of Applied Psychology*, *87*, 765–780.

Judge, T. A., Colbert, A. E., & Ilies, R. (2004). Intelligence and leadership：A quantitative review and test of theo– retical propositions. *Journal of Applied Psychology*, *89*, 542–552.

Judge, T. A., & Piccolo, R. F. (2004). Transformational and transactional leadership：A meta–analytic test of their relative validity. *Journal of Applied Psychology*, *89*, 755–768.

Judge, T. A., Piccolo, R. F., & Kosalka, T. (2009). The bright and dark sides of leader traits：A review and theo–

retical extension of the leader trait paradigm. *The Leadership Quarterly*, *20*, 855–875.

Kalysh, K., Kulik, C., & Perera, S. (2016). Help or hindrance? Work–life practices and women in management. *The Leadership Quarterly*, *27*(3), 504–518.

Kanter, R. M. (1997). *On the frontiers of management*. Boston, MA: Harvard Business School Press.

Kent, L. (2015, July 30). *Number of women leaders around the world has grown, but they're still a small group*. Washington, DC: Pew Research Center. Retrieved from http://www.pewresearch.org/.

King, E. B., Botsford, W., Hebl, M. R., Kazama, S., Dawson, J. F., & Perkins, A. (2012). Benevolent sexism at work: Gender differences in the distribution of challenging developmental experiences. *Journal of Management*, *38*, 1835–1866.

Koch, A. J., D'Mello, S. D., & Sackett, P. R. (2015). A meta–analysis of gender stereotypes and bias in experimental simulations of employment decision making. *Journal of Applied Psychology*, *100*, 128–161.

Koenig, A. M., Eagly, A. H., Mitchell, A. A., & Ristikari, T. (2011). Are leader stereotypes masculine? A meta–analysis of three research paradigms. *Psychological Bulletin*, *137*, 616–642.

Konrad, A. M., Ritchie, J. E., Jr., Lieb, P., & Corrigall, E. (2000). Sex differences and similarities in job attribute preferences: A meta–analysis. *Psychological Bulletin*, *126*, 593–641.

Kort–Butler, L. A., & Hagewen, K. J. (2011). School–based extracurricular activity involvement and adolescent self–esteem: A growth curve analysis. *Journal of Youth & Adolescence*, *40*, 568–581.

Kreller, A. (2014, July 17). Angela Merkel: So sieht ein tag im leben der kanzlerin aus. *Web.de—Magazine*. Retrieved from http://web.de/magazine/.

Kunze, A., & Miller, A. R. (2014). *Women helping women? Evidence from private sector data on workplace hierar- chies*(No. w20761). Cambridge, MA: National Bureau of Economic Research.

Kurtulus, F. A., & Tomaskovic–Devey, D. (2012). Do female top managers help women to advance? A panel study using EEO–1 records. *Annals of the American Academy of Political and Social Science*, *639*, 173–197.

Lawless, J. L. (2015). Female candidates and legislators. *Annual Review of Political Science*, *18*, 349–366. Lieberman, P. (2012). *The unpredictable species. What makes humans unique?* Princeton, NJ: Princeton University Press.

Lipman–Blumen, J. (2000). *Connective leadership: Managing in a changing world*. New York, NY: Oxford University Press.

Lippa, R. A., Preston, K., & Penner, J. (2014). Women's representation in 60 occupations from 1972 to 2010: More women in high–status jobs, few women in things–oriented jobs. *PLoS ONE*, *9*(5).

Lyness, K. S., & Thompson, D. E. (2000). Climbing the corporate ladder: Do female and male executives follow the same route? *Journal of Applied Psychology*, *85*, 86–101.

Mandel, H., & Semyonov, M. (2014). Gender pay gap and employment sector: Sources of earnings disparities in the United States, 1970–2010. *Demography*, *51*, 1597–1618.

Martin, P. Y. (2003). "Said and done" versus "saying and doing": Gender practices, practicing gender at work. *Gender & Society*, *17*, 342–366.

McCann, L., Morris, J., & Hassard, J. (2008). Normalized intensity: The new labour process of middle manage- ment. *Journal of Management Studies*, *45*, 343–371.

McCrae, R. R., & Costa, P. T., Jr. (1987). Validation of the five–factor model of personality across instruments and observers. *Journal of Personality and Social Psychology*, *52*, 81–90.

Meyer, J. P., Stanley, D. J., Herscovitch, L., & Topolnytsky, L. (2002). Affective, continuance, and normative com- mitment to the organization: A meta–analysis of antecedents, correlates, and consequences. *Journal of Vocational Behavior*, *61*, 20–52.

Miller, L. F. (2015). Fine–tuning the ontology of patriarchy: A new approach to explaining and responding to a persisting social injustice. *Philosophy & Social Criticism*, *41*, 885–906.

Mintz, B., & Krymkowski, D. H. (2010). The ethnic, race, and gender gaps in workplace authority: Changes over time in the United States. *The Sociological Quarterly*, *51*, 20–45.

Napier, J. L., Thorisdottir, H., & Jost, J. T. (2010). The joy of sexism? A multinational investigation of hostile and benevolent justifications for gender inequality and their relations to subjective well–being. *Sex Roles*, *62*, 405–419.

National Center for Education Statistics. (2015). *Digest of education statistics, 2015*. Retrieved from https://nces.ed.gov/programs/digest/2015menu_tables.asp.

Ng, T. W. H., Eby, L. T., Sorensen, K. L., & Feldman, D. C. (2005). Predictors of objective and subjective career success: A meta–analysis. *Personnel Psychology*, *58*, 367–408.

Niederle, M., & Vesterlund, L. (2011). Gender and competition. *Annual Review of Economics*, *3*, 601–630. Orth, M. (2014, November 24). Angela's asserts. *Vanity Fair*. Retrieved from http://www.vanityfair.com/.

Packer, G. (2014, December 1). The quiet German. *The New Yorker*. Retrieved from http://www.newyorker.com/magazine/2014/12/01/quiet–german.

Parker, K. (2015). *Women more than men adjust their careers for family life*. Washington, DC: Pew Research Center. Retrieved from http://www.pewresearch.org/fact–tank/.

Patten, E., & Parker, K. (2012). A gender reversal on career aspirations. Washington, DC: Pew Research Center. Retrieved from http://www.pewsocialtrends.org/.

Paustian-Underdahl, S. C., Walker, L. S., & Woehr, D. J. (2014). Gender and perceptions of leadership effectiveness: A meta-analysis of contextual moderators. *Journal of Applied Psychology*, *99*, 1129–1145.

Pema, E., & Mehay, S. (2010). The role of job assignment and human capital endowments in explaining gender differences in job performance and promotion. *Labour Economics*, *17*, 998–1009.

Post, C., & Byron, K. (2015). Women on boards and firm financial performance: A meta-analysis. *Academy of Management Journal*, *58*, 1546–1571.

Potts, R. 2012. Evolution and Environmental Change in Early Human Prehistory. *Annual Review of Anthropology*, *41* (1): 151–167.

Quadlin, N. Y. (2016). Gender and time use in college: Converging or diverging pathways? *Gender & Society*, *30*, 361–385.

Reuben, E., Sapienza, P., & Zingales, L. (2015). *Taste for competition and the gender gap among young business professionals* (National Bureau of Economic Research Working Paper 21695). Cambridge, MA: National Bureau of Economic Research.

Riach, P. A., & Rich, J. (2002). Field experiments of discrimination in the market place. *The Economic Journal*, *112*, F480–F518.

Richerson, P. J., & Boyd, R. (2005). *Not by genes alone: How culture transformed human evolution*. Chicago, IL: University of Chicago Press.

Rinke, A., & Brown, S. (2010, November 12). Special report: The two lives of Angela Merkel. *Reuters, U.S. Edition*. Retrieved from http: //www.reuters.com/article/us-merkel-idUSTRE6AB24W20101112.

Rosette, A. S., Koval, C. Z., Ma, A., & Livingston, R. (2016). Race matters for women leaders: Intersectional effects on agentic deficiencies and penalties. *The Leadership Quarterly*, *27* (3), 429–445.

Rosette, A. S., & Livingston, R. W. (2012). Failure is not an option for Black women: Effects of organizational performance on leaders with single versus dual-subordinate identities. *Journal of Experimental Social Psychology*, *48*, 1162–1167.

Roth, P. L., Purvis, K. L., & Bobko, P. (2012). A meta-analysis of gender group differences for measures of job performance in field studies. *Journal of Management*, *38*, 719–739.

Ryan, M. K., Haslam, S. A., Morgenroth, T., Rink, F., Stoker, J., & Peters, K. (2016). Getting on top of the glass cliff: Reviewing a decade of evidence, explanations, and impact. *The Leadership Quarterly*, *27* (3), 446–455.

Sayer, L. C. (2016). Trends in women's and men's time use, 1965–2012: Back to the future? In S. M. McHale, V. King, J. Van Hook, & A. Booth (Eds.), *Gender and couple relationships* (pp. 43–77). New York, NY: Springer International.

Schein, V. E. (1973). The relationship between sex role stereotypes and requisite management characteristics. *Journal of Applied Psychology*, *57*, 95–100.

Schieman, S., Schafer, M. H., & McIvor, M. (2013). The rewards of authority in the workplace: Do gender and age matter? *Sociological Perspectives*, *56*, 75–96.

Schmitt, D. P., Realo, A., Voracek, M., & Allik, J. (2008). Why can't a man be more like a woman? Sex differences in Big Five personality traits across 55 cultures. *Journal of Personality and Social Psychology*, *94*, 168–182.

Slaughter, A. M. (2012, July–August). Why women still can't have it all. *The Atlantic*, 84–102.

Smith, A. N., Watkins, M. B., Burke, M. J., Christian, M. S., Smith, C. E., Hall, A., & Simms, A. (2013). Gendered influence: A gender role perspective on the use and effectiveness of influence tactics. *Journal of Management*, *39*, 1156–1183.

Sojo, V. E., Wood, R. E., Wood, S. A., & Wheeler, M. A. (2016). Reporting requirements, targets, and quotas for women in leadership. *The Leadership Quarterly*, *27* (3), 519–536.

Stiffman, E. (2015, September). *Women nonprofit leaders still make less than men, survey finds*. Retrieved from https: //philanthropy.com/article/Women-Nonprofit-Leaders-Still/233129.

Theodossiou, I., & Zangelidis, A. (2009). Should I stay or should I go? The effect of gender, education and unemployment on labour market transitions. *Labour Economics*, *16*, 566–577.

Theunissen, G., Verbruggen, M., Forrier, A., & Sels, L. (2011) Career sidestep, wage setback? The impact of different types of employment interruptions on wages. *Gender, Work & Organization*, *18*, e110–e131.

Trivers, R. L. (1972). Parental investment and sexual selection. In B. Campbell (Ed.), *Sexual selection and the descent of man: 1871-1971* (pp. 136–179). Chicago, IL: Aldine.

United Nations. (2015). *The world's women 2015: Trends and statistics*. Retrieved from http: //unstats.un.org/unsd/gender/worldswomen.html.

U.S. Bureau of Labor Statistics. (2015a). *American time use: Databases, tables and calculators by subject*. Retrieved from http: //www.bls.gov/news.release/archives/atus_06242015.pdf.

U.S. Bureau of Labor Statistics. (2015b). *Women in the labor force: A databook (2015 edition)*. Retrieved from http: //www.bls.gov/.

U.S. Bureau of Labor Statistics. (2016). *Labor force statistics from the current population survey*. Retrieved from http: //www.bls.gov/cps/tables.htm.

U.S. Census Bureau. (2016). *Women in the workforce*. Retrieved from https: //www.census.gov/newsroom/pdf/women_workforce_slides.pdf.

van Engen, M. L., & Willemsen, T. M. (2004). Sex

and leadership styles: A meta-analysis of research published in the 1990s. *Psychological Reports*, *94*, 3–18.

van Vugt, M., & Ronay, R. (2014). The evolutionary psychology of leadership: Theory, review, and roadmap. *Organizational Psychology Review*, *4*, 74–95.

Vial, A. C., Napier, J. L., & Brescoll, V. (2016). A bed of thorns: Female leaders and the self-reinforcing cycle of illegitimacy. *The Leadership Quarterly*, *27*(3), 400–414.

Vinkenburg, C. J., van Engen, M. L., Eagly, A. H., & Johannesen-Schmidt, M. C. (2011). An exploration of ste- reotypical beliefs about leadership styles: Is transformational leadership a route to women's promotion? *The Leadership Quarterly*, *22*(1), 10–21.

Voyer, D., & Voyer, S. D. (2014). Gender differences in scholastic achievement: A meta-analysis. *Psychological Bulletin*, *140*, 1174–1204.

Walters, A. E., Stuhlmacher, A. F., & Meyer, L. L. (1998). Gender and negotiator competitiveness: A meta-analysis. *Organizational Behavior and Human Decision Processes*, *76*, 1–29.

Wang, G., Oh, I., Courtright, S. H., & Colbert, A. E. (2011). Transformational leadership and performance across criteria and levels: A meta-analytic review of 25 years of research. *Group & Organization Management*, *36*, 223–270.

Wieland, A., & Sarin, R. (2012). Domain specificity of sex differences in competition. *Journal of Economic Behavior & Organization*, *83*, 151–157.

Williams, J. C., Berdahl, J. L., & Vandello, J. A. (2016). Beyond work-life "integration." *Annual Review of Psychology*, *67*, 515 –539.

Williams, J. E., & Best, D. L. (1990). *Measuring sex stereotypes: A multination study.* Newbury Park, CA: Sage.

Williams, M. J., & Tiedens, L. Z. (2016). The subtle suspension of backlash: A meta-analysis of penalties for women's implicit and explicit dominance behavior. *Psychological Bulletin*, *142*, 165–197.

Wittenberg-Cox, A., & Symons, L. (2015, April 27). How women are faring at business schools worldwide. *Harvard Business Review.* Retrieved from https: //hbr.org/

Wood, W., & Eagly, A. H. (2012). Biosocial construction of sex differences and similarities in behavior. In J. M. Olson & M. P. Zanna (Eds.), *Advances in experimental social psychology* (Vol. 46, pp. 55–123). London, UK: Elsevier.

World Bank. (2013). *Gender at work: A companion to the world development report on jobs.* Retrieved from http: //www.worldbank.org/.

Yukl, G. (2013). *Leadership in organizations* (8th ed.). New York, NY: Pearson.

第 11 章
权力与领导力

Rachel E. Sturm、Lucas Monzani

📖 开篇案例：领导者的日常

  Sorensen 的老板破天荒地去欧洲度假了。Sorensen 和两名同事正盼望着他从欧洲归来。他们三人是老板"最亲密、最信赖的下属"。老板外出度假的这段时间，他们在风靡全球的旧车款的基础上设计了一款新车型，希望给老板一个惊喜。老板从欧洲回来之后，他们向他展示了这款新车。老板绕着车子慢慢转了几圈，仔细观察。突然，他抓住门把手猛地一拉，拽下了一扇车门，然后不由分说就徒手把这款车拆了个七零八落（Jardim，1970）。

  这个新车型是对 Ford T 型车的适度升级，这位老板不是别人，正是 Henry Ford。他的愿望是为普通人制造汽车，这让他成为了世界上最富有的人之一。Henry Ford 对新车型的反应让他的几位下属感到震惊，觉得受到了伤害。Henry Ford 甚至把一名最有才华的工程师调离了工程设计部门（Jardim，1970），让他离工程设计越远越好。很长时间以来，Henry Ford 都坚决不同意对 T 型车进行任何修改（事实上，从 1908年问世一直到 1927 年停产，T 型车几乎没什么变化，共出厂 1 500 多万辆）。

  Henry Ford 开始不再接受别人对他的设计思路提出任何质疑和改进建议。此外，Ford 还在 Sorensen 和其他高管之间制造矛盾挑拨他们的关系（Nye，1979）。当时，公司员工没有职称一说，只能通过讨好老板 Ford 来证明自己的价值（Jardim，1970）。Ford 会对多名员工提出同一个问题，但这些员工并不知道他们是在互相竞争，看谁的答案会赢得 Henry Ford 的青睐（Jardim，1970）。大家都知道，Henry Ford 不信任任何知名专家。他认为，这些人成为专家后就失去了跳出传统思维框架的能力，只能依靠他们所学的知识和拥有的经验（Grandin，2009）。在这种情况下，许多员工感到害怕并主动离职。但也有一些人出于各种原因留了下来，有些人可能就是喜欢冒犯别人，有些人迷恋 Ford 的盛名，有些人可能一时找不到其他更好的工作。Ford 实行 8 小时工作制，每天的工资是 5 美元，这是当时标准工资的两倍，也是 Ford 成为世界传奇的原因之一。

讨论题

1. 你认为人们为什么喜欢在 Henry Ford 的领导下工作？

2. 成为世界上最富有的人之一对 Henry Ford 的领导力有什么影响？

3. Henry Ford 在其职业生涯中犯下了哪些错误？

📖 本章概述

提起权力，人们通常会想到政治领导人。实际上，《福布斯》全球最具影响力人物年度排行榜上，不少国家的政府高官和国家元首都名列前茅。例如，2015 年，Vladimir Putin（俄罗斯）、Angela Merkel（德国）、Barack Obama（美国）和习近平（中国）都在排行榜的前 5 名之内。这些领导者何以拥有如此巨大的影响力？《福布斯》认为，出于以下 4 个方面的原因，这些领导者能够"推动世界前进"：①他们可以领导很多人。②与其他国家领导人相比，他们控制着更多的财政资源。③他们在许多方面都大权在握。④他们会积极地运用手中的权力。不过，权力到底是什么呢？此外，我们许多人都在思考的另一个尖锐问题是：这些领导者会利用手中的权力为民造福吗？换言之，这些领导者是在推动世界朝着积极的方向前进并为大众谋福祉吗？要回答这些问题并进一步了解权力对掌权者会产生怎样的影响（如开篇 Henry Ford 的案例），我们先要了解一下人们对权力这个概念的操作化方式经历了怎样的变迁。

📖 权力是什么？

哲学背景

权力是很多著名的哲学家都感兴趣的话题，包括 Plato（公元前 428—公元前 348）和 Aristotle（公元前 384—公元前 322）。在《理想国》中，Plato 通过古代神话"裘格斯的戒指"（Ring of Gyges）阐述了美德的本质以及美德与手握权力的领导者有何关系（Plato，1901）。简而言之，Gyges 是一个牧羊人，为 Lydia 的国王 Candaules 服务。一次地震之后，Gyges 冒险进入一个洞穴寻找丢失的羊，在洞穴里发现了一枚有魔力的金戒指，戴上它可以隐身。驯服这枚戒指的力量后，Gyges 借口向国王 Candaules 通报最新情况，潜入了王宫。他用戒指诱惑了王后，在她的帮助下杀死了国王，自己登上了 Lydia 的王位。在《理想国》中，Plato 探讨了如果真的存在这样一枚神秘的戒指，将会发生什么。我们心目中那些好的领导者能抵制住诱惑，不去做不计后果的事情吗？他们会保持美德吗？还是说，领导者只有在社会的压力下才能保持美德？ Plato 认为，除非一个人"生性刚正"，否则很可能会以权谋私，这样的人不应担任公职（领导职位）。事实上，Plato 批评了"领导者理应被团体的高尚目标所激励"这种幼稚的观点（Williamson，2008，第 397 页），他认为，应该慎重地选择和培养治理国家的统治者，只有那些道德高尚、具有强烈正义感的人才能行使权力（Williamson，2008）。

Aristotle 认同 Plato 关于应该在社会上慎重选择领导者来治国的观点。不过，Plato 相信，围绕在领导者周围的统治阶级（如贵族）能够限制领导者的权力，而 Aristotle

则认为，所有人都首先应该是"自己的领导者"。Aristotle 认为，只有能够通过领导自我来掌控自己情感的人才能拥有领导力，也才有能力行使权力，因为这样的自我掌控能够防止统治者屈从于权力腐败堕落的本质（即成为暴君；Aristotle，1999）。Plato 和 Aristotle 都认为，只有最有智慧的人才才应该成为统治者，因为他们凭借智慧能够建立起强调公共利益的统治制度。Aristotle 认为，智慧对于确保领导力符合美德的要求发挥着核心作用，因为智慧能够使领导者平衡其性格的力量，以一种和谐、适当、有利于社会的方式处理日常事务（Aristotle，1999）。我们将在本章结尾详细讨论美德的概念。

界定权力

在 Plato、Aristotle 以及其他哲学家、作家和科学家所奠定的基础之上，20 世纪和 21 世纪的学者们研究了权力的许多重要特征。Sturm 和 Antonakis（2015）回顾了这些研究著述，从过去 75 年关于权力定义和测量的研究中归纳出了权力的三个关键特征：自由裁量权、实现途径和贯彻个人意志。自由裁量权指权力持有者可用于贯彻其意志的选择范围和行动自由度。本章开篇第一段已经指出，《福布斯》在评选最具影响力人物时强调，权力持有者必须积极运用手中的权力，只有这样才有可能被认为是最具权势的人。因此，上榜人物证明了拥有自由裁量权并可以选择运用手中的权力是十分重要的。

一个人要想贯彻自己的意志，可以使用自身固有的手段（如外貌和魅力），也可以运用通过训练和专门知识获得的手段，或者结构性手段（即与其职位紧密相连的手段，如奖励和惩罚；French 和 Raven，1959）。《福布斯》排行榜表明，控制财务资源往往是大权在握者运用的一种重要手段，这有助于解释政治领导者（对一个国家的财富拥有行政控制权的人）为什么常常能在《福布斯》的排行榜上名列前茅。《福布斯》2015 年最具影响力人物排名前 5 位中还有一个人——教皇 Pope Francis，他获得权力不是依靠金钱，而是因为他具有合法性而且受人爱戴。

最后，一个人有怎样的意志关系到他 / 她如何调节、控制或从外部影响自己所处的环境或他人。Bendahan、Zehnder、Pralong 和 Antonakis（2015）认为，领导者可以通过追随者贯彻其意志，因此，一位领导者拥有的追随者越多，他 / 她的权力就越大。权力的这一关键特征在《福布斯》年度排行榜上也有所体现，它要求入选者的权力能够覆盖很多人（并遍及多个影响领域）。

根据权力的这三个关键特征，我们采纳了 Sturm 和 Antonakis（2015）对于权力的定义：权力是指拥有以不对等的方式令其他实体贯彻自身意志的自由裁量权和手段。据此，我们将解释领导力的本质。"实体"这个术语可以包括其他人（如一个组织的员工），也可以包括政策、做法、制度和组织结构（Hambrick 和 Mason，1984）等。例如，德国著名哲学家 Karl Marx 从社会阶级和社会制度的角度来看待权力。他认为，权力是以经济活动和劳动分工为基础建立社会阶级的支配和从属关系。据此，组织的

"权力中心"（领导者）会试图影响系统内部的社会强制和社会冲突（Etzioni，1964）。强势的领导者不仅可以制定制度，甚至还可以把时间作为一个实体来操控。2007 年，Hugo Chávez 修改了委内瑞拉的时区，让委内瑞拉可以独享一个时区，不再和美国共用（《经济学人》，2015）。权力适用于各种分析层面，小到二元对层面，领导者可以使追随者贯彻其意志；大到国家层面，领导者可以让整个国家贯彻其意志。

纵观本书，领导力是一个涉及领导者个人特征、领导者和追随者的互动，以及环境压力的过程。接下来我们会看到，权力的运行与领导力过程十分相似，也是根植于情境之中的（Emerson，1962），而且也涉及人格的发展和结构（如 McClelland，1975），因此能够反映领导过程。总之，权力是领导者、追随者和环境的函数（Hughes、Ginnett 和 Curphy，1999）。正如 Russell（1938）所言，权力是社会关系中的基本力量。因此，本章中的权力主要指人际权力以及领导者如何使他人（如追随者）贯彻其意志。

权力定义的科学背景

本书的第 1 章强调指出，"领导他人的能力……需要拥有权力"。我们刚刚对权力进行了定义，现在，让我们退一步，回顾一些过往的研究，来看看权力这个概念是如何进行操作化的。这会为我们了解权力为何对于行使领导力至关重要奠定基础。在本书的第 3 章，我们知道是 Weber（1947）让"魅力"一词流行起来。其实，在权力方面，Weber 的影响也很大。他给出了权力的经典定义：权力是一个人排除阻力贯彻自己意志的可能性（Weber，1947）。后来对权力的多种定义都以此为基础。Weber 对于权力的定义强调自由裁量权，后来的很多定义也都强调这一点，这里包含着寻求主动权的努力（van Dijke 和 Poppe，2006），即不受他人影响的主动权（Lammers、Stoker 和 Stapel，2009），以及控制自有资源的努力（Galinsky、Gruenfeld 和 Magee，2003）。鉴于此，领导者不仅会在目标的驱动下采取行动寻求改变（Bryman，1992），而且还会运用主动权使自己更强大，更好地让他人贯彻其意志。

有些领导者天然地渴望领导职位，以满足内心对权力的渴求。McClelland（1975）将这种欲望称为权力需求，他认为，控制他人所带来的心理满足感因人而异。因此，权力需求高的领导者会谋求高职位，从而获取各种权力，以便让他人贯彻他们的意志。此外，尽管这种做法不无缺陷，但过去的实证研究一直将支配力这一特质用作权力的代理变量（Anderson 和 Berdahl，2002；Weick 和 Guinote，2006）。然而，对权力或支配力的欲望虽然很重要，但不足以让我们了解领导者的出现，因为其实有不少人对掌握权力的欲望并不强烈，但最终还是走上了领导岗位（如强制升迁）。而且，文化也能帮助领导者妥善地完成升迁，掌控权力。例如，"权力距离"是指手中权力较少的人对权力分配不平等情况的接受程度（Hofstede，1991）。权力距离高的追随者通常更容易服从富有雄心的领导者，不太会质疑其领导能力。当领导者已拥有一些权力，或有掌权机构（如执行委员会、工会代表或政党）支持其权力主张时尤其如此。因此，领导者的个人特征能够帮助我们了解权力对他 / 她有多大的吸引力，以及他 / 她会对其他掌权者作出怎样的回应，不过，要充分理解领导者的权力，我们需要采用更加全面的方法。

尽管有些领导者可能希望获得权力，但仅靠人格的动力和结构不足以保证他们如愿以偿。和领导力一样，权力也涉及与他人的互动。Emerson（1962，第 32 页）认为，角色 A 对于角色 B 拥有多大的权力取决于她 / 他能克服来自角色 B 的多大阻力；当角色 B 更加依赖 A 来获取稀缺和高价值的资源时，A 对 B 的权力就增加了。如果将权力定义为社会关系的一种属性，那么我们所理解的权力就不再像教科书上常说的那样（参见 Hughes 等人，1999；Whetten 和 Cameron，2016；Yukl，2002），只是人的一种能力，特别是施加影响的能力了（Lewin，1951/1997）。虽然如此，但权力通常与社会影响力和说服力密切相关。影响指的是影响其他人的想法、行为和感受的过程，它对关于领导者权力的讨论至关重要，因为领导力本质上是一个施加影响的过程（Antonakis、Bastardoz、Jacquart 和 Shamir，2016）。我们认为影响力可能是权力的来源或结果。例如，领导者运用影响策略（如施加压力、夸赞和用道理说服等）激发人们对请求给出肯定回应的倾向，从而获取权力，具体的原则有互惠、承诺和一致、社会认同、喜好、权威和稀缺 6 种（Cialdini，2001；Cialdini 和 Goldstein，2004）。不过，Magee 和 Galinsky（2008）认为，权力并不意味着关系中的任何一方必须采取某种行动（如行为改变）。

考虑到领导力可以从素质的角度去考察（非正式领导力，与一个人在组织中的职位无关），我们会发现，其实权力也可以是非正式的（Etzioni，1964）。也就是说，权力可以来自威望，也可以来自某种象征意义（French 和 Raven，1959），不一定取决于对奖励和惩罚等重要资源的控制（这通常与职位挂钩）。例如，在一个工作群组中，富有魅力的人即使没有管理者的职位，也可以在群组内施加影响。因此，权力与权威是不同的，而且当前对权力的许多定义都包括一条典型的要求，认为权力应该是对资源的控制（如 Galinsky 等人，2003；Jordan、Sivanathan 和 Galinsky，2011；Rucker、Dubois 和 Galinsky，2011），这一定是有其局限性的。通过扩大权力这个概念的涵盖范围，使其不再局限于"对重要资源的控制"，我们会发现，某些定性的变量（如文化）也能够使权力持有者将自己的意志施加在他人身上。例如，"如果在某一社会中仅男性享有投票权而女性没有，那么男性就会比女性拥有更大的权力，因为他们出于男性身份和其他一些文化因素，可以通过投票来对他人施加自己的意志"（Sturm 和 Antonakis，2015，第 142 页）。鉴于此，我们使用自由裁量权、手段和迫使他人贯彻自己的意志这三个要素来对权力这一概念进行操作化之后，权力就不再与职位捆绑在一起，而成为了一种受情境影响的社会过程。

将这个"情境"的概念稍作拓展，本书用专门的一章来探讨权力对于领导力的意义，以及领导者如何获取权力，可能显得在文化取向上相当"北美化"（Whetten 和 Camerson，2016）。这是因为，对于那些文化上更强调集体主义（而非个人主义）和归属（而非成就）的民族而言，权力可能是比较负面的东西，讨论个人如何令他人贯彻其意志似乎与社会秩序相悖（Whetten 和 Camerson，2016）。我们认同这种视角，不过我们仍然认为，权力在经济、政治和社会交往方面发挥着至关重要的作用（Fehr、Herz 和 Wilkening，2013），因此对于在职的领导者非常重要。据此，理解权力是什么以及领导者如何获取权力，可以帮助我们了解社会交往是如何发生的。此外，与其他领导力教科书中关于权力的内容相比，本章的不同之处在于，它既阐述了权力对其持有者有何积极作用，也说明了它的消极影响。特别是，我们阐述了领导者是什么样的人对于权力表达的结果有何影响。

📖 权力的来源

权力的来源很多。如图 11-1 所示，这些来源（即前因）既可以是结构性的，也可以是认知方面的，可以来自特质，也可以是物理的（Sturm 和 Antonakis，2015）。这些来源主要体现在权力定义中的"手段"部分，这表明权力可以通过多种机制（如获得地位更高的职位）来获取和行使。

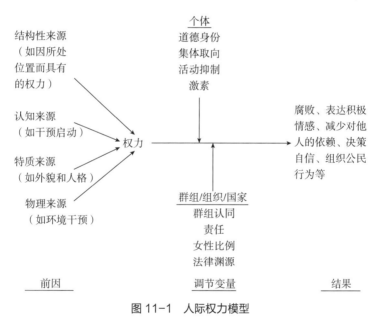

图 11-1　人际权力模型

资料来源：Sturm, R. E., & Antonakis, J. 2015. Interpersonal Power: A Review, Critique, and Research Agenda. *Journal of Management*，41（1）：p.147.

结构性来源

首先，结构性权力通常来源于职位、头衔、任务分配以及权威。French 和 Raven（1959）认为，来自职位的权力包括奖赏权力、强制权力和合法权力。奖赏权力与对重要资源的控制直接相关——领导者能够决定下属的工资和升迁。强制权力指领导者可以给追随者带来不愉快的经历（通过威胁对其施加惩罚、辱骂等）。例如，董事会中的领导者可以投票解雇公司的 CEO。此外，领导者的权力还可以基于其在正式等级体系中的职位（合法权威），在这个等级体系中，领导者和追随者都认可领导者依据其职位拥有影响他人的权力。例如，在国家橄榄球联盟中，球队的主教练会因为其职位是主教练而对队员们享有权力。权力的其他结构性来源包括官僚结构、组织内的政治联合与联盟、资源依赖关系，以及社会网络（Anderson 和 Brion，2014）等。据此，人们通常认为，权力持有者具有更高超的政治技巧（Stern 和 Westphal，2010）。

Whetton 和 Cameron（2016，第 237 页）认为，以下 4 种与职位有关的特征有助于领导者在组织内获取权力：①中心性，指获取沟通网中信息的便利性。②灵活性，指某一职位享有的自由裁量权。③可见性，指一个人的任务完成情况在多大程度上会被组织内有影响力的人物看到。④重要性，指安排给某人的任务与组织优先事项的一致程度。一般而言，研究表明，对于获取权力来说，网络中心性以及对信息的获取和控制是最重要的（Anderson 和 Brion，2014）。举例来说，网络中心性与权力感知、升迁的可能性（Brass，1984），以及领导者的魅力归因呈正相关（Balkundi、Kilduff 和 Harrison，2011）。此外，Burt（2000）发现，个体如果能通过给两个本无联系的人牵线搭桥，弥补组织中的结构洞，那么在谈判场景中他 / 她就可以让那两个人彼此作对，自己从中渔利。

除了领导者在组织中的职位之外，环境压力也会影响领导者对权力的运用。在一份关于银行管理者的研究中，Mulder、de Jong、Koppelar 和 Verhage（1986）发现，领导者在危机中倾向于更多地运用权力。更具体地说，他们的研究发现，与平时相比，在危机环境下，领导者使用强制权力和合法权力的可能性会增大。此外，Rucker、Galinsky 和 Dubois（2012）指出，当我们从社会角色（如员工、配偶、朋友和社区志愿者）的角度去审视权力的结构性来源时，如果结构临时发生了变化，那么这些权力来源可能会改变权力体验。例如，一个演员在表演时可能感觉自己很有权力，但回家之后可能就会感觉没什么权力，因为他的夫人不准他在外面待太久。因此，领导者的权力可能会随着环境 / 情境以及领导者所扮演的社会角色而发生变化。

认知来源

权力的认知来源将关注的焦点从社会角色和职位转移到个体身上。具体而言，这种研究视角假定大多数人都会在一些时候体会到权力感（Galinsky 等人，2003），因此权力是内嵌于个人身上的（Rucker 等人，2012）。鉴于此，研究者们认为，如果从这个角度衡量权力，可以利用启动效应来进行干预，也就是让参与研究的人先在认知上接触权力。最常见的例子是让参与者回想某次他们拥有权力时的情景，然后把它写下来（Galinsky 等人，2003；Galinsky、Rucker 和 Magee，2016）。但这种权力启动的方式可能会带来偏差（其影响是复合性的，难以厘清，而且在生态上是无效的），这是因为，让干预组的参与者写下有关权力的情境描述意味着这些参与者已经得到了有关实验目的的提示（而对照组的参与者则完全不知情，因为让他们写的是昨天做了什么事）。据此，干预组的参与者可能就应该怎么做形成自己的预期，并会照此行事（因为他们已经意识到权力是干预对象），这和他们真正获得权力时会采取的做法是有区别的。Sturm 和 Antonakis（2015）建议研究者在实证研究中对单独使用回忆作为启动方式（和相关任务）的做法保持谨慎（如 Malhotra 和 Gino，2011），因为这样做并不能确保权力是唯一被干预的因素。

下面我们从实验研究转向实地研究。实地研究发现，只需通过人际互动，就可以将权力"在心理上"从一个人转移给另外一个人。Goldstein 和 Hays（2011）发现，一个人在与掌握权力的人短暂合作之后，会在心理上接收对方的权力，感到权力似乎属于自己。这些人，特别是男性，会在接下来表现得如同一个大权在握之人，即使在与那个掌权者的合作互动之外，也仍然会保持这种状态。这一研究发现与前述关于权力启动的研究结合起来看，会给我们带来许多重要的启示，帮助我们了解一个人在认知上感到自己拥有权力会带来怎样的后果。不过，我们认同一些研究的结论——一个人感到自己有权有势，与真正有权有势（即拥有真正的权力）所带来的结果是完全不同的（如 Flynn、Gruenfeld、Molm 和 Polzer，2011）。如 Sturm 和 Antonakis（2015）所言，权力使他人贯彻掌权者的意志，而领导者虽然感觉自己有权力，实际上未必真能使他人贯彻其意志。延续这种思路（同时也延续上文关于权力的结构性来源的讨论）可知，组织中的非正式领导者可能会比担任具有权威的正式领导职务的人更有能力令他人贯彻其意志。[①]

特质来源

将特质作为权力来源的研究关注的是领导者的哪些特征能够给他们带来权力。Anderson 和 Brion（2014）指出，人们往往会将权力赋予他们认为在某方面具有突出特长（如专业知识和技能）的人。French 和 Raven（1959）认为，从个人层面上讲，权力的两个主要来源是专家权力和威望权力。专业知识和技能是指与工作有关的知识和技能（Whetton 和 Cameron，2016）。Blau 和 Scott（1962）的研究证明，被人们认为能力最强的那些人，往往会获得更多的权力。但领导者也有可能只是因为看起来十分专业而获得权力，实际上并不一定有真才实学。但 Yukl（2002）又强调，当他人十分依赖领导者的建议时，拥有真才实学就非常重要了。

威望权力/象征权力是一种人际吸引力。如果追随者对领导者怀有高度的好感、钦佩和忠诚，因而希望取悦领导者，那么威望权力/象征权力就会产生（Yukl，2002）。如本书第 3 章所述，魅力植根于价值观和感受，能够带来非同一般的追随力。具体而言，领导者可以利用魅力向追随者表明他们应该获得相称的地位（Antonakis 等人，2016），因此，魅力可以帮助领导者建立威望权力。除了魅力，我们还可以在《福布斯》年度最具影响力人物排行榜上的那些领导者身上看到威望权力的其他

[①] 下次有机会的时候，你可以在既有正式领导者又有非正式领导者的一个群组中观察两者，看谁更能让他人按其意愿行事。

获得途径。例如，教皇 Francis 似乎举手投足间都显得十分真诚，让人非常信任他。根据 Monzani、Ripoll 和 Peiró（2014）的研究，真诚型领导力能够提升追随者的忠诚度，从而增进领导者的威望权力。此外，教皇 Francis 还十分受人爱戴，Whetten 和 Cameron（2016）认为，领导者若能使更多的人爱戴他们，也可以获取权力。[①]

在上文对权力进行界定时，我们说过，人们的基本动机和个体差异变量（包括权力需求和具有较高水平的支配力特质）也可以造成权力方面的差异。而且，性别、年龄和种族也可以影响领导者所拥有的权力大小（Anderson 和 Brion，2014）。社会角色理论表明，权力更多地归属于特定的人群（Eagly，1987）。有研究证明，在小型群组中，女性成为领导者的情况通常少于男性（Eagly 和 Karau，1991），这也支持了社会角色理论的观点。《福布斯》2015 年年度最具影响力人物排名前 10 位中也仅有两名女性领导者。而且，更有趣的是，研究发现，一个人的身高和面部特征等身体特征也与权力感知有关。例如，Gawley、Perks 和 Curtis（2009）研究了一个加拿大工人样本，发现身高与职权正相关。体育行业中也可以得出类似结论，如足球裁判通常比其助理个子高，而高个子的裁判在比赛中的权威性和控制力似乎也更强（Stulp、Buunk、Verhulst 和 Pollet，2012）。

物理环境

权力的重要来源除了领导者的身体特征（如性别和身高）之外，还有领导者所处的环境，而且环境是可以干预的，也确实经常有人对其进行干预。在一系列的实验研究中，我们让参与者有意无意地采取占空间较大的身体姿势，Yap、Wazlawek、Lucas、Cuddy 和 Carney（2013）发现，能够让身体充分伸展的环境会使人产生一种权力感。他们进行了一次十分巧妙的实地研究，发现在纽约，驾驶座空间更大的汽车违章停车的可能性更大。还有一个实验，借助了启动效应。实验者让参与者分别坐在一个地位高的人和一个地位低的人的椅子上，然后观察他们会做出什么样的决定（Chen、Lee-Chai 和 Bargh，2001）。从方法论的角度来看，这种实验方法相对隐蔽，能够让人不知不觉中启动信息处理，从而有效地带来权力感（相比之下，我们在认知来源部分描述的那个实验就有可能会让参与者觉察到实验的真实目的）。然而，也有越来越多的研究在仔细审视这种利用启动效应的方式。例如，Ranehill 等人（2015）指出，这种做法只能提升自我报告的权力感，但对睾酮水平和风险偏好没有影响，我们将在下一节对此进行讨论。

从追随者的角度来看，对物理环境的干预也可以影响他人对领导者权力的看法。例如，有研究发现，手握大权者的肖像往往采取仰视的角度（使人们能够仰视

---

① 这里一定要注意，受人爱戴与亲和性不同。实际上，有研究表明，亲和性与领导力有效性无关，而且与领导力显现呈负相关（Judge、Bono、Ilies 和 Gerhardt，2002）。有趣的是，Barrick 和 Mount（1993）发现，在从事高自主性工作（即因为拥有自由裁量权和决策权而拥有权力）的管理者中，亲和性差的人比亲和性好的人业绩更出色。

他们），而无权无势者的肖像往往是俯视的角度（Giessner、Ryan、Schubert 和 Van Quaquebeke，2011）。而且，《时代》杂志的世界最具影响力百人榜单上的照片也使用了垂直的视角，彰显上榜者的身高（Giessner 等人，2011）。

　　总之，本部分阐述了权力的不同来源，必须注意的一点是，这些权力来源并不互斥。因此，在任何一个时间点上，领导者都有可能从多个来源获得权力。例如，有些理论虽然强调特质的重要性，但其实也与其他权力来源（如结构性权力）有所重叠。Yukl（2002）认为，人们通常通过提供别人想要的东西来换取权力（因为一个人可能拥有他人需要的东西，如专业知识），另外，当下级部门（如职能部门）获得权力时，其上级部门人员也会获得（结构性的）权力。此外，还有研究发现，同一名客座教师到大学授课，随着他 / 她学术地位的提高，人们猜测他 / 她身高时给出的数值会逐渐变大（Wilson，1968）。特别是，如果向一个班的学生介绍说此人是一位讲师，而对另一个班的学生介绍说此人是一位教授，那么后一个班的学生猜测的身高会比前一个班猜的高。也就是说，我们向群组介绍某人情况的时候，介绍的内容（如结构性权力来源，因为其与职位和头衔紧密相连）会影响群组对于这个人体貌特征（如身高等可以作为权力来源的特质）的感知。另外，当我们把物理环境视为权力来源时，我们知道，通过对一个人所处的空间进行干预（如让他 / 她坐一把身居高位者的椅子），可以让他 / 她体会到权力感。

📖 权力能给领导者带来什么？

　　个体拥有权力之后会发生一些变化（Jordan 等人，2011；Keltner、Gruenfeld 和 Anderson，2003）。这种改变可以是认知上的（与想法有关），影响领导者的信息处理（如刻板程度）；也可以是情感方面的（与情绪和感受有关），影响一个人的情绪表现。另外，还可能发生行为上的变化，影响个体的行事方式，如出现冒险行为。个体甚至还可能发生神经（生理）改变。下文将详细介绍权力持有者可能发生的认知、情感、行为和神经方面的变化，从而阐明权力可能带来的主要结果。主要的研究发现在表 11-1 中概要列出。随后，我们将根据各方面的具体变化情况来解释权力在整体上会对领导者起到怎样的作用，借此讨论大权在握的领导者究竟会不会利用其权力为人们谋利益。

表 11-1　权力持有者的变化概述

变 化 类 型	结　　　果
认知	·制定目标并排出优先次序 ·减少细节问题带来的干扰 ·改善抽象思维和分析思维 ·提高刻板程度 ·增加虚伪性 ·增加 / 减少换位思考 ·提升创造力 ·产生自信（以及过度自信）

续表

变化类型	结　　果
情感	·增加正向情感（如愿望、热情、乐观和自豪） ·增加愉悦情绪的表达，减少悲伤情绪的表达 ·减少同情心、减少对他人痛楚的同理心 ·导致"先己后人"
行为	·增加行为性行动 ·努力争取奖励性结果 ·增加用在自己身上的支出 ·提高对他人社会影响的抵御能力 ·导致轻佻行为增多 ·降低社会从众性，增加违反社会规范的行为 ·增加冒险行为
神经化学	·提升睾酮水平，从而增加攻击性冲动 ·降低皮质醇水平，从而缓解压力 ·提高多巴胺水平，从而激活大脑的奖赏中心 ·提高血清素水平和自我价值感 ·在某些情境下提升催产素水平，从而增加对"内团体"的偏好。

认知变化

在认知表现方面，我们看到，权力能够强化设定和追求目标的活动（Anderson和 Brion，2014）。研究发现，权力不仅能够使人制定并开始追求目标，为这些目标安排优先次序（Guinote，2007），而且还会让权力持有者不太容易看到其在实现目标的过程中受到的制约（Whitson 等人，2013）。与此相关的是，Yap 和同事（2013）发现，权力持有者在追求目标时甚至有可能低估其他人的高矮胖瘦。此外，专注于取得与目标相关的结果可以提高权力持有者在高尔夫球推杆和投掷飞镖等运动任务上的表现（Burgmer 和 Englich，2013）。设置目标能够带来这些好处，可能是因为目标会让权力持有者不被细节问题困扰，更好地把握环境输入信息中的要点（Smith 和Trope，2006）。换言之，高权力领导者往往比低权力领导者更善于高瞻远瞩。高权力领导者也更倾向于运用抽象思维和分析思维（Miyamoto 和 Ji，2011；Smith 和 Trope，2006）。

拥有权力能够帮助领导者集中精力实现目标，这有很多好处，但也有一些缺点。例如，权力通常会导致权力持有者不太愿意张扬个性（Erber 和 Fiske，1984），这有助于解释领导者为什么会更加刻板（Fiske 和 Depret，1996）并且有时显得虚伪（Lammers、Stapel 和 Galinsky，2010）。研究还表明，拥有权力会减少换位思考（Galinsky、Magee、Inesi 和 Gruenfeld，2006），但也不尽如此，因为有其他研究发现，权力实际上会增加换位思考（Mast、Jonas 和 Hall，2009）。此外，权力可以提高权力持有者的创造性（Galinsky、Magee、Gruenfeld、Whitson 和 Liljenquist，2008）并让他们更容易进入自信满满的状态（Fast、Sivanathan、Mayer 和 Galinsky，2012），降低与损失有关的威胁预期（Inesi，2010）。例如，Fast 等人（2012）发现，高权力者比低权力者更可能高估自己知识的准确性。这些发现若放在一起来考虑，我们就会发现，它们对于领导力有重要的意义。具体而言，这些发现表明，领导者设定的目标是何内容非常重要，因为手握权力的领导者会付出很多努力去实现目标。此外，如果领导者得到的关于目标的信息是不准确，甚至完全错误的，而权力又让他们过分自信，那么他们可能会看不到自己的思维存在问题，而别人却能看到。

情感变化

就领导者的情绪体验和情绪表达而言，权力总的来说会提升权力持有者的正面情感，而权力减少，则会增加负面情感（Keltner 等人，2003）。研究发现，正面情感的表达包括愿望、热情、快乐、乐观和自豪等（Anderson 和 Galinsky，2006；Berdahl 和 Martorana，2006；Fast、Gruenfeld、Sivanathan 和 Galinsky，2009；Keltner 等人，2003）。例如，Berdahl 和 Martorana（2006）发现，在有关有争议社会问题（如堕胎）的讨论群组中，领导者体验到的正面情绪（即快乐和兴趣）比其他成员（即权力比领导者小的人）要多，而其他成员则报告体验到了更多的负面情绪（即不安和恐惧）。而且，权力持有者往往会更多地展现快乐的微笑（Keltner、Young、Heerey、Oemig 和 Monarch，1998），较难看到他们有悲伤的情绪（Kemper，1991）。

权力持有者倾向于体验和表达更多的正面情感，可能有很多原因，其中一个重要的原因是，他们可能不太理解别人的难处。例如，van Kleef 等人（2008）发现，当他人身陷困境时，权力持有者较少与他们共情，感受到的困难程度也低于他人。与此相关的是，Blader 和 Chen（2012）发现，权力与对他人的正义感负相关。此外，Stellar、Manzo、Kraus 和 Keltner（2011）通过三个研究发现，与高地位个体（即那些较大程度上认同自己是中产阶级或上层阶级的人）相比，社会下层有更大的同情心。虽然社会阶级和权力不是一回事（Gandhi 就是一个突出的例子），但地位会使领导者能够通过不同的渠道（如合法性）获得权力。按照与此相似但不完全相同的思路来考虑，权力持有者之所以会表现出更多的正面情感，原因可能在于，他们会优先考虑自己而非他人，因为这样能够在情感上为其带来回报（van Kleef、Oveis、Homan、van der Lowe 和 Keltner，2015）；van Kleef 等人（2015）发现，权力持有者更容易自我鼓舞和启发，较少从他人处得到启发。总而言之，这些研究结果表明，手握权力的领导者可能更为积极，但不太能理解（和响应）他人的情绪。

行为变化

一般而言，权力会提升行动取向（Galinsky 等人，2003；Keltner 等人，2003），也就是说高权力领导者采取行动的可能性比低权力领导者要大。虽然我们看到这个特征已经在权力的定义中有所体现（即领导者必须选择行使其权力），但这种特征的实际意义相当宽泛。例如，手握权力的领导者不仅倾向于采取行动，而且更倾向于追求奖励性的结果（Gruenfeld、Inesi、Magee 和 Galinsky，2008；Keltner 等人，2003）。研究表明，拥有权力会让消费者在自己身上花更多的钱（Rucker 等人，2011），这似乎说明权力可以使人们在行为上变得自私。Bendahan 等人（2015）有关腐败的研究表明，权力持有者更易利用其掌握的权力以违反社会规范的方式谋取私利、损害公益。会发生这样的行为是因为权力减少了领导者对他人的依赖（Emerson，1962），使他们与人疏远（Magee 和 Smith，2013）。此外，手握权力的领导者可能还会经历其他一些心理过程，导致他们在得知自己违反了社会规范时不会感到愧疚（Bendahan 等人，2015）。

权力使领导者无视社会规范，发生不恰当的社会行为，其原因之一是，领导者对其他人的社会影响有更强的抵御能力（Berdahl 和 Martorana，2006），能够更加自由地表达自己的想法。例如，权力持有者出现轻佻行为的可能性更大（Guinote、Judd 和 Brauer，2002；Keltner 等人，2003）。如前所述，权力持有者更具创造性，并且在提出创意时较少受外界影响（Galinsky 等人，2008）。因此，高权力领导者可能不太合群并且会更频繁地违反社会规范（Galinsky 等人，2008）。此外，权力还会增加冒险行为（Anderson 和 Galinsky，2006），这常常是因为权力使人过度自信。总而言之，就我们目前所知，权力似乎能够通过多种方式强化自我，如让人采取行动来实现奖励性的结果。

神经化学改变

权力能够改变领导者的认知、情感和行为，这些都可以算作是领导者的"软件"。那么，权力能通过改变领导者大脑中的化学物质来影响其"硬件"吗？在回答这个问题以前，我们必须首先简单介绍一下人脑的解剖结构，然后再探讨大脑对来自权力环境的刺激作何反应。

大脑是一个神经生理结构构成的网络，这些生理结构就是大脑的各个系统。对于健康的成年人而言，大脑是一个高度协调的整体（Bullmore 和 Sporns，2012）。人脑的每一个系统都具有特定的功能，能够帮助人们体验和处理外界刺激。边缘系统具有深层次的、相对简单的结构，能够快速评估外部刺激对其社会地位的威胁，并凭直觉估计在对抗中获胜的概率（"两难"反应；Gray，1994）。边缘系统还会产生恐惧、愤怒、焦虑和喜悦等大部分原始情感，而更浅层、更复杂的结构是大脑皮层，它负责处理进入认知层面的原始信息，对原始情感和行为反应的强度进行调节（Kandel、Schwartz、Jessell、Siegelbaum 和 Hudspeth，2013）。

在这个复杂的系统网络中，信息通过神经递质（如多巴胺和血清素）和激素（如睾酮、皮质醇和催产素）来传递。按照传统的观点，多巴胺和血清素是与奖赏、成就感和幸福感有关的神经递质（Mogenson、Jones 和 Yim，1980）。睾酮是一种雄性激素（其作用是形成和维持雄性特征），与竞争、地位提升行为（Mazur 和 Booth，1998）有关，皮质醇是一种与压力和"两难"行为有关的激素。催产素与信任、亲社会、集体和群体导向行为有广泛的联系（Campbell，2010）。

神经递质可以在大脑中的神经突触之间快速传递，但效果很短暂，而激素依靠血液流动到达大脑，作用持久。神经递质和激素都是通过神经通路（连接大脑各系统的"道路"）来传递的，所到之处都会留下化学痕迹。这种化学痕迹可以导致大脑中短暂的化学失衡，从而向身体传递重要信息（如使心脏搏动）。然而，在健康的成年人体内，引发神经化学反应的外部刺激一旦消失，神经递质和激素就会互相调节，使大脑恢复到平衡状态（Plaff、Arnold、Fahrbach、Etgen 和 Rubin，2002）。近期的研究已经开始探索频繁接触与权力有关的环境是否会导致大脑中长期的神经化学不平衡状态，像药物对成瘾者的影响一样，逐渐重塑权力持有者的神经生理结构和神经通路（Zilioli 和 Watson，2014）。此外，近期还有一些研究聚焦于权力相关刺激对激素和神经递质的影响。例如，研究发现，完成紧张的工作任务之后，权力持有者的心率通常较低（Schmid 和 Schmid Mast，2013），表明权力可以舒缓压力。

人类和其他哺乳动物在进化上拥有共同的祖先，因此，研究现代啮齿类动物的权力导向行为对于了解人类在权力相关环境中会发生怎样的神经化学过程非常有帮助。例如，我们知道，对于啮齿类动物而言，在个体社会地位受到威胁的环境中（即处于明显的权力斗争中），睾酮和皮质醇会相互作用（Fuxjager 和 Marler，2010）。而且，通过研究睾酮和多巴胺之间的联系，我们了解了为什么一些人认为拥有权力是一种极大的奖赏，甚至会导致成瘾（Schwartzer、Ricci 和 Melloni，2013）。最后，分析睾酮与皮质醇的相互作用，以及血清素和催产素对睾酮的拮抗效应，有助于解释为什么权力拥有者有时表现出自我导向行为，有时又表现出群组导向行为（Edwards 和 Kravitz，1997）。下面将举出一个与社会地位有关的例子来详细说明这种效应，在 French 和 Raven（1959）的研究中，社会地位是一种象征权力。

社会地位通常通过在社会竞争中胜出而获得。在动物界，社会竞争的主要目的是确立对群体的支配。但在人类社会中，社会竞争包括体育比赛、求职面试甚至参加中学辩论队等。由于进化的原因，人类在意识到自己身处社会竞争中时，基本的神经化学反应是睾酮的增多和皮质醇水平的下降。这种不平衡能够增加攻击性冲动，提升专注力，减少自主性的消极情绪（Mazur 和 Booth，1998；Mehta 和 Josephs，2010），这就解释了前文提到的一些权力持有者会表现出来的行为。人在社会竞争中获胜之后，大脑会释放更多的睾酮，这会降低皮质醇水平。除了睾酮和皮质醇之外，多巴胺也在社会竞争中发挥着至关重要的作用。竞争中，多巴胺会提高认知表现，但在社会竞争之后它会发挥更重要的作用，因为多巴胺会触发大脑的奖赏中心，使人产生满足感。这种赢家效应不仅能够起到自我肯定作用，让人感到受到了奖赏，而且还会推动获胜者以后继续参加竞争。竞争失败者的神经化学反应与获胜者相反，其睾酮水平下降、皮质醇水平上升。皮质醇水平上升是一种进化适应性应激反应，帮助失败者为以后继续参与社会竞争做好准备。然而，如果失败者在以后的社会竞争中仍然失利，他们最终将会出现耗竭现象，获胜者的新社会地位将得到巩固

（Sapolsky，1995）。

一些证据表明，在对抗中不断获胜从而长期拥有权力，对啮齿类动物和人类的行为模式都会产生影响。例如，与赢家效应相一致，不受质疑的权力会导致权力持有者对社会地位比自己低的人缺乏同情和关心（Robertson，2012）。这是因为，睾酮会驱使权力持有者通过高睾酮水平或其他社会支配机制导致的攻击性来维护他们新获取的社会地位。对于动物而言，处于支配地位不仅能够减少压力，而且还能够获得其他一些回报（如更容易获取食物、领地和交配机会）。

大脑通过分泌催产素和血清素来防止睾酮引起过于频繁的攻击行为。例如，大脑的眶额皮层是新皮质层的一部分，这里有大量的血清素受体，具有调节攻击性行为的作用（Mehta 和 Beer，2010）。当血清素水平升高时，这个调节机制就会启动，攻击性冲动下降。与此相似，催产素能够减少针对群组内部成员的攻击行为，对于社会关系的稳定和维护发挥着至关重要的作用。例如，一些研究认为，催产素与情感依恋、母性行为、合作、共情、慷慨、信任和利他主义有关（Barraza、McCullough、Ahmadi 和 Zak，2011；Baumgartner、Heinrichs、Vonlanthen、Fischbacher 和 Fehr，2008；Hurlemann 等人，2010；Zak、Stanton 和 Ahmadi，2007）。在观察到有睾酮受体存在的皮层区域也发现了催产素受体，这可能从神经化学的角度解释了关系型权力的社会方面，这涉及领导者、所领导的群组（即内团体）和非本群组人员（即外团体）之间的关系。实际上，高亲和性物种（如草原田鼠）的大脑奖赏中心有大量的催产素受体，表明对于这些物种来说，照顾同伴会带来非常积极的体验（Insel，2010）。同样，人类也可能会寻求一种环境，其所提供的刺激能够保持催产素过量的神经化学不平衡状态。无疑，内源性催产素系统的刺激是一种关键的神经化学基质，促成了二亚甲基双氧苯丙胺（摇头丸）等毒品的亲社会作用和移情作用（McGregor 和 Bowen，2012）。

如果对探索权力的神经化学作用感兴趣，那么你需要特别注意一点：人类的大脑是迄今已知的最复杂的系统网络，因此，将人类丰富的体验简化为若干种神经化学物质的作用是对人类的一种极简主义和还原主义态度（Rose，2003）。而且，这种还原主义的方法，加之缺乏一个总体的综合性理论框架，可能会产生严重的误导。例如，尽管大家似乎已经一致认可，催产素对信任和亲和行为具有积极影响，但如果没有拮抗激素（如睾酮）的调节作用，过量的催产素可能会导致对外团体的排斥和攻击（De Dreu、Greer、Van Kleef、Shalvi 和 Handgraaf，2011）。更糟糕的是，近期有人提出，有关催产素的研究可能存在发表偏差（Lane、Luminet、Nave 和 Mikolajczak，2016）。发表偏差指的是研究者会选择性地仅报告符合预期的结果，而忽略不符合预期的结果或空结果。主要期刊不愿审查，更不会同意发表这种报告空结果的研究，这进一步加剧了发表偏差。例如，Lane 等人（2016）就承认，在 8 篇研究催产素与信任关系的论文中，他们只发表了 4 篇，而其中仅有一篇包含空结果（Lane 等人，2015）。

在领导力和权力领域，神经化学、情感、认知和行为等各方面因素高度交织。因此，对有兴趣研究领导力和权力之间关系的学者，我们建议在理论构建和后续实证研究中采取综合性的方法将所有维度都纳入考虑（Avolio，2007）。

权力的自我强化效应

从本部分内容可以看出，发生在手握权力的领导者身上的变化似乎总的来说是增加了他们对自我的关注度。前文内容已经表明，人在体验到权力后会更有可能感到获得了一种解放，可以尽情采取行动争取奖励性的结果，满足自己的需求。这些人违反社会规范的可能性增大，对他人的痛苦感同身受的可能性降低。因此，权力似乎能让领导者更多地展现真实的自我（Hirsh、Galinsky 和 Zhong，2011）。在此基础上，我们也就理解了 Plato 和 Aristotle 为什么会提醒我们要谨慎地选择领导者，因为被选为领导者后，个人将获得权力，而权力会增进他们的自我展现。尤其是，考虑到权力会增加对自身利益的关注，许多人认为权力会导致腐败。正如 Acton 男爵所说，"权力使人腐败，绝对权力使人绝对腐败"（Acton 和 Himmelfarb，1948，第335~336 页）。但从另一个角度来看，如果执掌权力的人本身具有亲社会性，那么权力的自我强化效应可能会带来有利于社会的结果。例如，研究发现，权力可以提升具有强烈道德认同感的人的道德意识（从而弱化其自身利益；DeCelles、DeRue、Margolis 和 Ceranic，2012）。权力还可以使具有公共导向的个体以更加利他的方式行事（Chen 等人，2001）。在下一部分，我们将从如何运用权力的角度深入探讨领导者究竟是怎样的人有多重要。

📖 应选择什么样的人来掌权

我们已经确定，权力能够放大领导者的特征，这种放大效应在达到某个临界值以前对领导力是有利的，但一旦达到了这个临界值，权力将会滋生腐败。权力导致的腐败指的是领导者利用权力谋求私利，违反社会规范，损害公共利益（Bendahan 等人，2015）。为了防止权力滋生腐败，领导者不仅必须特别擅长领导组织、领导他人，而且需要真正掌握如何"领导自我"（Crossan、Vera 和 Nanjad，2008）。道家学派创始人老子说："胜人者有力，自胜者强。"为了了解什么样的领导者能够按照这种方式妥善运用权力，我们将首先说明权力导致的腐败是如何发生的。我们将特别关注结构性腐败和环境腐败。结构性腐败持续时间较长且不易改变，而环境腐败则随着权力相关刺激的消失就会停止。其次，我们将了解具有美德的领导者如何成功地避开这两类腐败，即使组织、追随者，甚至扭曲的自我都很容易导致腐败，他们也不为所动，能够克服权力的腐败效应（Padilla、Hogan 和 Kaiser，2007）。

权力的腐败性影响

一些组织（如黑帮）从成立起就具有破坏性和反社会性，而另一些组织虽然是出于有利于社会的目的而成立的，但在其发展过程中却迷失了方向，产生了结构性腐败。例如，伪变革型领导者的负面影响能够彻底改变一个组织的文化，营造一种适应其不

良领导力的环境（Barling、Christie 和 Turner，2008）。一方面，在企业中，结构性腐
败的组织具有以下特征：①垄断性、利益驱动型战略，不承担任何社会责任。②高度
竞争性的氛围。③高度的独裁文化。另一方面，环境腐败组织推崇亲社会的价值观，
但有时会因为受到威胁或不稳定因素而采取不道德的政策和做法。相关的威胁包括：
面对新的竞争对手需要维持市场领先地位，面对来自股东的压力不惜代价稳定股票市
值，甚至有政府机构插手组织的日常运营。对于具有美德的领导者而言，身处环境腐
败型组织的前景远好于处在结构性腐败的组织中。这是因为，结构性腐败的组织环境
特别糟糕，很可能会逐渐腐蚀领导者，强迫他们要么采取激进行动推动变革（增大他
们成为组织中自封的暴君的可能性），要么最终离开组织。

　　权力导致的腐败还可能影响领导者对他人的领导方式。组织内部级别较低的团
队领导者和项目管理者更容易发生权力导致的腐败，这种腐败源自他们在群组中的
地位。例如，近期的一些关于领导力的社会动态的评估（Haslam、Reicher 和 Platow，
2011；Hogg 和 Terry，2000；Steffens 等人，2014）表明，权力不仅可以由领导者自己
争取，还可以由其所领导的群组赋予（DeRue 和 Ashfort，2010）。被赋予的权力也可
能是高度腐败的。这方面的主要研究结果显示，如果社会群组的成员认为他们的领导
者特别能代表群组的共有特征（即具有典型性），那么他们很可能给予领导者更大的
自由度。领导者的典型性具有很大的影响力，典型的领导者即使无法实现其承诺的目
标、责任心较差、团队导向行为较少（Giessner 和 van Knippenberg，2008；Giessner、
van Knippenberg、van Ginkel 和 Sleebos，2013），甚至违反程序正义，追随者也仍然会
支持他们（Ullrich、Christ 和 van Dick，2009）。

　　如果这类典型的领导者是具有美德的领导者，他们会利用这种自由度在困难时期
维持自己的统治，或"使官僚体系作出让步"，以便真正地为公共利益服务（如 Plato
所希望的那样），但如果这类领导者是结构性破坏者（如企业心理变态者；Boddy，
2014），则更有可能出现的情况是，他们会滥用这种非正式权力满足私欲。

　　最后，在某些环境下，即使是通常具有美德的个体也容易发生权力导致的腐败。
例如，文艺复兴时期，Niccolò Machiavelli 写下了《君主论》一书，批判当时佛罗伦
萨腐败的贵族统治。Machiavelli 认为，君主必须要有"狮子的勇猛"和"狐狸的狡
猾"，只有这样才不会因为腐败的统治阶级而导致统治无效。然而，当前的研究发现
Machiavelli 的想法是错误的。这是因为，虽然寻求和掌握（各种形式的）权力是有
好处的，并且在某种程度上对于维持领导力至关重要，但不惜一切代价试图无限期
地掌握绝对权力可能是领导者狂妄自大的最基本表现形式（Claxton、Owen 和 Sadler-
Smith，2015）。一项有关 100 位美国总统和英国首相的传记研究发现，这 100 人中有
18 位患有傲慢综合征，这种病症是由掌握权力诱发的一系列症状，用过去的稳定人
格障碍（如自恋、双相障碍等）都无法解释，一旦失去权力，症状就会消失（Owen
和 Davidson，2009）。

　　傲慢综合征与上文所述权力导致的神经化学不平衡的影响高度一致。例如，尽管

睾酮驱动的赢家效应对于领导者而言有其积极意义，但它也有阴暗面，因为如果一位领导者在多次与人对抗后地位仍未被撼动，他／她寻求权力的行为可能会升级。随之可能会发生物质滥用，不惜代价满足对权力的需求，而且很可能影响领导者对于所领导的组织面临的威胁作出判断（Robertson，2012）。此外，如果一个与权力相关的环境一直使人保持催产素水平过高的状态，可能也对领导力有效性非常不利。高水平的催产素能够促进信任和内团体合作，但领导者可能会过度依恋他／她所领导的群组，而将攻击性指向可能对其群组造成威胁的其他群组，这可能会使追随者产生社会排斥、仇外、群组间偏见，最终导致攻击（Bartels，2012）。事实上，近期的研究结果表明，较高的催产素水平与民族优越感有关，使人们倾向于认为自己所在的群组要优于其他群组（De Dreu 等人，2011）。这些证据表明，就连强烈的依恋和对同伴的关心，也可能导致领导者腐败，这再次凸显了在利己与利他及组织福祉之间寻求平衡对领导者的重要性。

美德对手握权力的领导者的重要性

上文表明，权力导致的腐败不只是领导者的问题，它可以变得根深蒂固，影响组织内的很多人，甚至影响整个社会。尽管 Aristotle 的学说形成于很久以前，但时至今日仍能为我们提供应对权力腐败的重要方法。Aristotle 提出的“美德”的概念涵盖我们今天所说的功能性、适应性和亲社会行为（Crossan、Mazutis、Seijts 和 Gandzs，2013）。Aristotle 认为，权力本身并不坏，只有当它打破了个人行为的和谐与平衡时，它才是坏的，会把美德变成恶行，使人品质败坏，催生腐败。

Aristotle 认为，积极、善良的性格是经常展现出善行带来的结果。在这个概念的基础上，当前的研究认为，性格就是一系列被普遍认为对幸福和优秀非常重要的美德（Peterson 和 Seligman，2004；Seijts、Gandz、Crossan 和 Reno，2015）。现代心理学认为，性格包括远端人格特质（稳定的、通过遗传获得的特质，如尽责性）和近端人格特质（可塑的、依赖情境的、后天习得的特质，如自我效能感），这些人格特质与亲社会价值观相一致，通过符合美德的行为表现出来。例如，Crossan 和同事（2013）提出了对于好的领导力和积极的组织绩效特别重要的 11 种性格优势（即判断力、勇气、人性化、公正、节制、卓越、责任、干劲、协作、谦逊和正直；Seijts 等人，2015；Sosik、Gentry 和 Chun，2012）。因此，扮演领导角色的人所展现的性格就是我们今天所理解的好或不好的领导力（Seijts 和 Gandz，2013），这也证明了越来越多的学者提出的观点——美德应作为评判当权者决策质量的黄金标准。这些学者还特别提出，评判领导者是否具有美德离不开决策的情境，在一种情境中符合美德的决策，到了另外一种情境下可能就不太符合了（Cameron，2011；Wright 和 Goodstein，2007）。

对性格的强调能够帮助我们理解美德的平衡如何使领导者克服权力的腐败性影响。权力的不良作用源于过度的自我参照认知、情感和自我导向型行为，这损害了他人导向的认知、情感和行为。如前所述，高权力个体通常比低权力者更加乐观，更频繁地采取冒险行为（Anderson 和 Galinsky，2006）。这种行为表现为鲁莽（失衡或过多的勇气）。同样，权力会影响权力持有者的情绪表达（Kemper，1991），影响他们贸然采取行动的可能性（Galinsky 等人，2003），让他们显得不够谨慎，而谨慎正是节制这种美德的一个方面。最后，权力还会影响权力持有者对别人的看法，使他们更容易接受、认可甚至生成刻板印象（Fiske 和 Dépret，1996）。产生这种苛刻而又封闭的不良心态的原因在于不够人性化和缺乏判断力。

为了培养好的领导力，Aristotle 认为实践智慧是最重要的美德。这是因为，简单来说，实践智慧让人能够识别和了解每种环境的特殊性（Aristotle，1999）。现在，我们使用"判断力"一词表示一个人性格的深度，具有判断力意味着知道在什么时候应该运用性格的哪个维度。良好的判断力至关重要，它能够帮助领导者妥善处理行使权力带来的挑战和诱惑。具体而言，良好的判断力能让领导者规避权力的负面影响（导致腐败），确保权力只会放大其美德。此外，我们认为，性格的深度能够使领导者消除权力对大脑神经化学环境产生的影响。我们尚未发现足够的证据表明性格的力量与神经化学过程或神经化学结构有联系，但未来这方面值得进一步研究。例如，睾酮可能会激活与勇气和驱动力有关的大脑皮层区，而催产素可能会激活与协作和人性化有关的结构。同样，多巴胺会激活大脑皮层中的奖赏中心，这可能与正义感和责任心有联系，而血清素可能能激活某些结构来减少由大量的睾酮导致的攻击行为，因此可能与节制和正直存在联系。并没有一种万能良方一定能防止权力腐败，我们鼓励领导者致力于培养自己良好的性格，以避免权力导致的腐败。

📖 结论

从 2015 年的《福布斯》全球最具影响力人物年度排行榜可以看出，领导者必须选择运用其权力，通过各种方法获取并维持权力，并且能够利用权力带来世界性的变革。对于领导者而言，权力虽然很有吸引力，但如果没有足够的智慧，权力也可能成为一种沉重的负担，让人难以承受。本章开头部分讲过的 Plato 的神话故事"裘格斯的戒指"让我们明白了这样一个道理：权力可能会使其持有者腐化堕落，执掌权力是需要付出代价的。关于隐身戒指对其佩戴者有着怎样的不良影响，Tolkien 的小说《霍比特人》（The Hobbit）和《指环王》（The Lord of the Rings）中有非常充分的描述。在 Tolkien 看来，象征权力的指环是一种邪恶的力量，必然会蚕食佩戴者的美德。在 Tolkien 的故事中，我们看到了 Bilbo 和 Frodo 戴上魔戒之后所经历的痛苦。通过总结当今的科学研究结论，揭示权力持有者在认知、情感、行为和神经化学方面会经历怎样的变化，我们也证明了权力有其邪恶的力量。此外，本章还说明了慎重选择将权力赋予谁（什么样的领导者）有多么重要。与 Plato 和 Aristotle 一样，我们认为具有美德的领导者是最适合运用权力的，因为他们能够利用权力造福社会。因此，面对领导者滥用权力日益严重的局面，我们认为，我们面临的并不是权力与腐败的危机，而是领导者性格的危机。

讨论题

1. 权力本身是邪恶的吗?

2. 如果你在一个组织中负责制订领导者更替计划, 那么, 在了解出任领导者会使人获得更大权力的前提下, 你会如何选择继任领导者? 另外, 你会对他们进行怎样的培训来确保继任者在掌握权力之后能够造福社会?

推荐阅读

Heimans, J., & Timms, H. (2014). Understanding "new power." *Harvard Business Review*, *92* (12), 48–56.

How power-hungry bosses keep their power. (2015). *Harvard Business Review*, *93* (5), 24–25.

Seijts, G. H., Gandz, J., Crossan, M., & Reno, M. (2015). Character matters: Character dimensions' impact on leader performance and outcomes. *Organizational Dynamics*, *44* (1), 65–74.

案例研究

案例: Clawson, J. G., & Yemen, G. (2007). *Tough guy.* Darden School of Business.

案例: Snook, S. A., Perlow, L. A., & Delacey, B. J. (2005). *Coach knight: The will to win.* Harvard Business School.

案例: Lundberg, K., & Heymann, P. (2003). *Robust web of corruption: Peru's intelligence chief Vladimiro Montesinos.* Harvard Kennedy School.

推荐视频

Liu, E. (2014). Why ordinary people need to understand power. https: // www.youtube.com/watch?v=Cd0JH1AreDw.

Schwartz, B. (2009). Our loss of wisdom. http: //www.ted.com/talks/ barry_schwartz_on_our_loss_of_wisdom.

参考文献

Acton, J. E. E. D. A., & Himmelfarb, G. (1948). *Essays on freedom and power.* Boston, MA: Beacon Press.

Anderson, C., & Berdahl, J. L.

扫一扫, 下载本章参考文献

(2002). The experience of power: Examining the effects of power on approach and inhibition tendencies. *Journal of Personality and Social Psychology*, *83*, 1362–1377.

Anderson, C., & Brion, S. (2014). Perspectives on power in organizations. *Annual Review of Organizational Psychology and Organizational Behavior*, *1*, 67–97.

Anderson, C., & Galinsky, A. D. (2006). Power,

optimism, and risk-taking. *European Journal of Social Psychology*, *36* (4), 511-536.

Antonakis, J., Bastardoz, N., Jacquart, P., & Shamir, B. (2016). Charisma: An ill-defined and ill-measured gift. *Annual Review of Organizational Psychology and Organizational Behavior*, *3* (1), 293-319.

Aristotle. (1999). *Nicomachean ethics* (T. Irwin, Trans.). Indianapolis, IN: Hacket.

Avolio, B. J. (2007). Promoting more integrative strategies for leadership theory-building. *American Psychologist*, *62* (1), 25-33.

Balkundi, P., Kilduff, M., & Harrison, D. A. (2011). Centrality and charisma: Comparing how leader networks and attributions affect team performance. *Journal of Applied Psychology*, *96* (6), 1209-1222.

Barling, J., Christie, A., & Turner, N. (2008). Pseudo-transformational leadership: Towards the development and test of a model. *Journal of Business Ethics*, *81* (4), 851-861.

Barraza, J. A., McCullough, M. E., Ahmadi, S., & Zak, P. J. (2011). Oxytocin infusion increases charitable donations regardless of monetary resources. *Hormones and Behavior*, *60* (2), 148-151.

Barrick, M. R., & Mount, M. K. (1993). Autonomy as a moderator of the relationships between the Big 5 personality dimensions and job-performance. *Journal of Applied Psychology*, *78*, 111-118.

Bartels, A. (2012). Oxytocin and the social brain: Beware the complexity. *Neuropsychopharmacology*, *37* (8), 1795-1796.

Baumgartner, T., Heinrichs, M., Vonlanthen, A., Fischbacher, U., & Fehr, E. (2008). Oxytocin shapes the neural circuitry of trust and trust adaptation in humans. *Neuron*, *58* (4), 639-650.

Bendahan, S., Zehnder, C., Pralong, F. P., & Antonakis, J. (2015). Leader corruption depends on power and testosterone. *The Leadership Quarterly*, *26* (2), 101-122.

Berdahl, J., & Martorana, P. (2006). Effects of power on emotion and expression during a controversial group discussion. *European Journal of Social Psychology*, *36*, 497-509.

Blader, S. L., & Chen, Y.-R. (2012). Differentiating the effects of status and power: A justice perspective. *Journal of Personality and Social Psychology*, *102*, 994-1014.

Blau, P. M., & Scott, W. R. (1962). *Formal organizations: A comparative approach*. San Francisco, CA: Chandler.

Boddy, C. R. (2014). Corporate psychopaths, conflict, employee affective well-being and counterproductive work behavior. *Journal of Business Ethics*, *121*, 107-121.

Brass, D. J. (1984). Being in the right place: A structural analysis of individual influence in an organization. *Administrative Science Quarterly*, *29*, 518-539.

Bryman, A. (1992). *Charisma and leadership in organizations*. London, UK: Sage.

Bullmore, E., & Sporns, O. (2012, May). The economy of brain network organization. *Nature Reviews Neuroscience*, *13*, 336-349.

Burgmer, P., & Englich, B. (2013). Bullseye! How power improves motor performance. *Social Psychological and Personality Science*, *4*, 224-232.

Burt, R. S. (2000). The network structure of social capital. *Research in Organizational Behavior*, *22*, 345-423.

Cameron, K. S. (2011). Responsible leadership as virtuous leadership. *Journal of Business Ethics*, *98*, 25-35.

Campbell, A. (2010). Oxytocin and human social behavior. *Personality and Social Psychology Review*, *14* (3), 281-295.

Chen, S., Lee-Chai, A. Y., & Bargh, J. A. (2001). Relationship orientation as moderator of the effects of social power. *Journal of Personality and Social Psychology*, *80*, 183-187.

Cialdini, R. B. (2001). Harnessing the science of persuasion. *Harvard Business Review*, *79*, 72-79.

Cialdini, R. B., & Goldstein, N. J. (2004). Social influence: Compliance and conformity. *Annual Review of Psychology*, *55*, 591-621.

Claxton, G., Owen, D., & Sadler-Smith, E. (2015). Hubris in leadership: A peril of unbridled intuition? *Leadership*, *11* (1), 57-78.

Crossan, M., Mazutis, D., Seijts, G., & Gandz, J. (2013). Developing character in business programs. *Academy of Management Learning and Education*, *12* (2), 285-305.

Crossan, M., Vera, D., & Nanjad, L. (2008). Transcendent leadership: Strategic leadership in dynamic environments. *The Leadership Quarterly*, *19* (5), 569-581.

De Dreu, C. K. W., Greer, L. L., Van Kleef, G. A., Shalvi, S., & Handgraaf, M. J. J. (2011). Oxytocin promotes human ethnocentrism. *Proceedings of the National Academy of Sciences*, *108* (4), 1262-1266.

DeCelles, K. A., DeRue, D. S., Margolis, J. D., & Ceranic, T. L. (2012). Does power corrupt or enable? When and why power facilitates self-interested behavior. *Journal of Applied Psychology*, *97*, 681-689.

DeRue, D. S., & Ashford, S. J. (2010). Who will lead and who will follow? A social process of leadership identity construction in organizations. *Academy of Management Review*, *35* (4), 627-647.

Eagly, A. H. (1987). *Sex differences in social behavior: A social-role interpretation*. Hillsdale, NJ: Lawrence Erlbaum.

Eagly, A. H., & Karau, S. J. (1991). Gender and the emergence of leaders: A meta-analysis. *Journal of Personality and Social Psychology*, *60*, 685-710.

The Economist. (2015). Rulers of time: Clocks and calendars provide a timeless way for regimes to illustrate their power. Retrieved from http: //www.economist.com/news/leaders/21660980-clocks-and-calendars-provide- timeless-wayregimes–illustrate–their–power–rulers–time.

Edwards, D. H., & Kravitz, E. A.（1997）. Serotonin, social status and aggression. *Current Opinion in Neurobiology*, *7*（6）, 812–819.

Emerson, R. M.（1962）. Power–dependence relations. *American Sociological Review*, *27*, 31–40.

Erber, R., & Fiske, S. T.（1984）. Outcome dependency and attention to inconsistent information. *Journal of Personality and Social Psychology*, *47*, 709–726.

Etzioni, A.（1964）. *Modern organizations*. Englewood Cliffs, NJ: Prentice–Hall.

Fast, N. J., Gruenfeld, D. H., Sivanathan, N., & Galinsky, A. D.（2009）. Illusory control: A generative force behind power's far–reaching effects. *Psychological Science*, *20*, 502–508.

Fast, N. J., Sivanathan, N., Mayer, N. D., & Galinsky, A. D.（2012）. Power and overconfident decision–making. *Organizational Behavior and Human Decision Processes*, *117*, 249–260.

Fehr, E., Herz, H., & Wilkening, T.（2013）. The lure of authority: Motivation and incentive effects of power. *American Economic Review*, *103*, 1325–1359.

Fiske, S. T., & Depret, E.（1996）. Control, interdependence and power: Understanding social cognition in its social context. *European Review of Social Psychology*, *7*（1）, 31–61.

Flynn, F. J., Gruenfeld, D., Molm, L. D., & Polzer, J. T.（2011）. Social psychological perspectives on power in organizations. *Administrative Science Quarterly*, *56*, 495–500.

Forbes.（2015）. The world's most powerful people 2015. Retrieved from http: //www.forbes.com/sites/davidewalt/2015/11/04/the–worlds–most–powerful–people–2015/#762b53f01868.

French, J., & Raven, B.（1959）. *The bases of social power*. In D. Cartwright（Ed.）, *Studies in social power*（pp. 150–167）. Ann Arbor: University of Michigan.

Fuxjager, M. J., & Marler, C. A.（2010）. How and why the winner effect forms: Influences of contest environment and species differences. *Behavioral Ecology*, *21*（1）, 37–45.

Galinsky, A. D., Gruenfeld, D. H., & Magee, J. C.（2003）. From power to action. *Journal of Personality and Social Psychology*, *85*（3）, 453–466.

Galinsky, A. D., Magee, J. C., Gruenfeld, D. H., Whitson, J. A., & Liljenquist, K. A.（2008）. Power reduces the press of the situation: Implications for creativity, conformity, and dissonance. *Journal of Personality and Social Psychology*, *95*, 1450–1466.

Galinsky, A. D., Magee, J. C., Inesi, M. E., & Gruenfeld, D. H.（2006）. Power and perspectives not taken. *Psychological Science*, *17*, 1068–1074.

Galinsky, A. D., Rucker, D. D., & Magee, J. C.（2015）. Power: Past findings, present considerations, and future directions. In M. Mikulincer & P. R. Shaver（Eds.）, *APA handbook of personality and social psychology*（pp. 421–460）. Washington, DC: American Psychological Association.

Gawley, T., Perks, T., & Curtis, J.（2009）. Height, gender, and authority status at work: Analyses for a national sample of Canadian workers. *Sex Roles*, *60*（3–4）, 208–222.

Giessner, S. R., Ryan, M. K., Schubert, T. W., & Van Quaquebeke, N.（2011）. The power of pictures: Vertical picture angles in power pictures. *Media Psychology*, *14*（4）, 442–464.

Giessner, S. R., & van Knippenberg, D.（2008）. "License to fail": Goal definition, leader group prototypicality, and perceptions of leadership effectiveness after leader failure. *Organizational Behavior and Human Decision Processes*, *105*（1）, 14–35.

Giessner, S. R., van Knippenberg, D., van Ginkel, W., & Sleebos, E.（2013）. Team–oriented leadership: The interactive effects of leader group prototypicality, accountability, and team identification. *Journal of Applied Psychology*, *98*（4）, 658–667.

Goldstein, N. J., & Hays, N. A.（2011）. Illusory power transference: The vicarious experience of power. *Administrative Science Quarterly*, *56*, 593–621.

Grandin, G.（2009）. *Fordlandia: The rise and fall of Henry Ford's forgotten jungle city*. New York, NY: Picador.

Gray, J. A.（1994）. Three fundamental emotion systems. In P. Ekman & R. J. Davidson（Eds.）, *The nature of emotion: Fundamental questions*. New York, NY: Oxford University Press.

Guinote, A.（2007）. Behavior variability and the situated focus theory of power. *European Review of Social Psychology*, *18*, 256–295.

Guinote, A., Judd, C. M., & Brauer, M.（2002）. Effects of power on perceived and objective group variability: Evidence that more powerful groups are more variable. *Journal of Personality and Social Psychology*, *82*, 708–721.

Hambrick, D. C., & Mason, P. A.（1984）. Upper echelons—The organization as a reflection of its top managers. *Academy of Management Review*, *9*, 193–206.

Haslam, S. A., Reicher, S. D., & Platow, M. J.（2011）. *The new psychology of leadership*. New York, NY: Psychology Press.

Hirsh, J. B., Galinsky, A. D, & Zhong, C.–B.（2011）. Drunk, powerful, and in the dark. *Perspectives on Psychological Science*, *6*, 415–427.

Hofstede, G.（1991）. *Cultures and organizations: Software of the mind*. New York, NY: McGraw-Hill.

Hogg, M. A., & Terry, D. J.（2000）. Social identity and self–categorization in organizational contexts. *Academy of Management Review*, *25*, 121–140.

Hughes, R. L, Ginnett, R. C., & Curphy, G. J.（1999）. *Leadership: Enhancing the lessons of experience*. New York, NY: Irwin McGraw–Hill.

Hurlemann, R., Patin, A., Onur, O. A., Cohen, M. X., Baumgartner, T., Metzler, S., ... Kendrick, K. M. (2010). Oxytocin enhances amygdala-dependent, socially reinforced learning and emotional empathy in humans. *Journal of Neuroscience*, *30*, 4999-5007.

Inesi, M. E. (2010). Power and loss aversion. *Organizational Behavior and Human Decision Processes*, *112*, 58-69.

Insel, T. R. (2010). The challenge of translation in social neuroscience: a review of oxytocin, vasopressin, and affiliative behavior. *Neuron*, *65*（6）, 768-779.

Jardim, A. (1970). *The first Henry Ford: A study in personality and business leadership*. Cambridge, MA: MIT Press.

Jordan, J., Sivanathan, N., & Galinsky, A. D. (2011). Something to lose and nothing to gain: The role of stress in the interactive effect of power and stability on risk taking. *Administrative Science Quarterly*, *56*, 530-558.

Judge, T. A., Bono, J. E., Ilies, R., & Gerhardt, M. W. (2002). Personality and leadership: A qualitative and quantitative review. *Journal of Applied Psychology*, *87*, 765-780.

Kandel, E. R., Schwartz, J. H., Jessell, T. M., Siegelbaum, S. A., & Hudspeth, A. J. (2013). *Principles of neural science*（5th ed.）. New York, NY: McGraw-Hill.

Keltner, D., Gruenfeld, D. H., & Anderson, C. (2003). Power, approach, and inhibition. *Psychological Review*, *110*, 265-284.

Keltner, D., Young, R. C., Heerey, E. A., Oemig, C., & Monarch, N. D. (1998). Teasing in hierarchical and intimate relations. *Journal of Personality and Social Psychology*, *75*, 1231-1247.

Kemper, T. D. (1991). Predicting emotions from social relations. *Social Psychology Quarterly*, *54*（4）, 330-342.

Lammers, J., Stapel, D. A., & Galinsky, A. D. (2010). Power increases hypocrisy: Moralizing in reasoning, immorality in behavior. *Psychological Science*, *21*, 737-744.

Lammers, J., Stoker, J. I., & Stapel, D. A. (2009). Differentiating social and personal power opposite effects on stereotyping, but parallel effects on behavioral approach tendencies. *Psychological Science*, *20*, 1543-1549.

Lane, A., Luminet, O., Nave, G., & Mikolajczak, M. (2016). Is there a publication bias in behavioural intranasal oxytocin research on humans? Opening the file drawer of one laboratory. *Journal of Neuroendocrinology*, *28*（4）. http://doi.wiley.com/10.1111/jne.12384

Lane, A., Mikolajczak, M., Treinen, E., Samson, D., Corneille, O., de Timary, P., & Luminet, O. (2015). Failed replication of oxytocin effects on trust: The envelope task case. *PLoS ONE*, *10*（9）.

Lewin, K. (1997). Behavior and development as a function of the total situation. In D. Cartwright (Ed.), *Field theory in social psychology*（pp. 337-381）. Washington, DC: American Psychological Association. (Original work published 1951)

Luthans, F., & Avolio, B. J. (2009). The "point" of positive organizational behavior. *Journal of Organizational Behavior*, *30*, 291-307.

Magee, J. C., & Galinsky, A. D. (2008). Social hierarchy: The self-reinforcing nature of power and status. *Academy of Management Annals*, *2*, 351-398.

Magee, J. C., & Smith, P. K. (2013). The social distance theory of power. *Personality and Social Psychology Review*, *17*, 158-186.

Malhotra, D., & Gino, F. (2011). The pursuit of power corrupts: How investing in outside options motivates opportunism in relationships. *Administrative Science Quarterly*, *56*, 559-592.

Mast, M. S., Jonas, K., & Hall, J. A. (2009). Give a person power and he or she will show interpersonal sensitivity. *Journal of Personality and Social Psychology*, *97*, 835-850.

Mazur, A., & Booth, A. (1998). Testosterone and dominance in men. *Behavioral and Brain Sciences*, *21*, 353-397.

McClelland, D. C. (1975). *Power: The inner experience*. New York, NY: Halsted Press.

McGregor, I. S., & Bowen, M. T. (2012). Breaking the loop: Oxytocin as a potential treatment for drug addiction. *Hormones and Behavior*, *61*, 331-339.

Mehta, P. H., & Beer, J. (2010). Neural mechanisms of the testosterone-aggression relation: The role of orbito-frontal cortex. *Journal of Cognitive Neuroscience*, *22*, 2357-2368.

Mehta, P. H., & Josephs, R. A. (2010). Testosterone and cortisol jointly regulate dominance: Evidence for a dual-hormone hypothesis. *Hormones and Behavior*, *58*, 898-906.

Miyamoto, Y., & Ji, L.-J. (2011). Power fosters context-independent, analytic cognition. *Personality and Social Psychology Bulletin*, *37*, 1449-1458.

Mogenson, G. J., Jones, D. L., & Yim, C. Y. (1980). From motivation to action: Functional interface between the limbic system and the motor system. *Progress in Neurobiology*, *14*（2-3）, 69-97.

Monzani, L., Ripoll, P, & Peiro, J. M. (2014). Followers' agreeableness and extraversion and their loyalty towards authentic leadership. *Psicothema*, *26*（1）, 69-75.

Mulder, M., de Jong, R. D., Koppelar, L., & Verhage, J. (1986). Power, situation, and leaders' effectiveness. *Journal of Applied Psychology*, *71*, 566-570.

Nye, D. E. (1979). *Henry Ford, ignorant idealist*. Port Washington, NY: Kennikat Press.

Owen, D., & Davidson, J. (2009). Hubris syndrome: An acquired personality disorder? A study of US presidents and UK prime ministers over the last 100 years. *Brain: A Journal of Neurology*, *132*（5）, 1396-1406.

Padilla, A., Hogan, R., & Kaiser, R. B. (2007). The toxic triangle: Destructive leaders, susceptible followers, and conducive environments. *The Leadership Quarterly*, *18*, 176-194.

Peterson, C., & Seligman, M. E. (2004). *Character strengths and virtues: A classification and handbook.* Washington, DC: American Psychological Association.

Plaff, D. W., Arnold, A. P, Fahrbach, S. E., Etgen, A. M., & Rubin, R. T. (2002). *Hormones, brain and behavior.* San Diego, CA: Academic Press.

Plato. (1901). *The Republic of Plato, an ideal commonwealth* (Rev. ed.; B. Jowett, Trans.). New York, NY: The Colonial Press.

Platow, M. J., van Knippenberg, D., Haslam, S. A., van Knippenberg, B., & Spears, R. (2006). A special gift we bestow on you for being representative of us: Considering leader charisma from a self-categorization perspective. *The British Journal of Social Psychology, 45* (2), 303–320.

Ranehill, E., Dreber, A., Johannesson, M., Leiberg, S., Sul, S., & Weber, R. A. (2015). Assessing the robustness of power posing: No effect on hormones and risk tolerance in a large sample of men and women. *Psychological Science, 26,* 653–656.

Robertson, I. H. (2012). *The winner effect: How power affects your brain.* London, UK: Bloomsbury.

Rose, N. (2003). Neurochemical selves. *Society, 41* (1), 46–59.

Rucker, D. D., Dubois, D., & Galinsky, A. D. (2011). Generous paupers and stingy princes: Power drives consumer spending on self versus others. *Journal of Consumer Research, 37,* 1015–1029.

Rucker, D. D., Galinsky, A. D., & Dubois, D. (2012). Power and consumer behavior: How power shapes who and what consumers value. *Journal of Consumer Psychology, 22,* 352–368.

Russell, B. (1938). *Power: A new social analysis.* London, UK: Allen and Unwin.

Sapolsky, R. M. (1995). Social subordinance as a marker of hypercortisolism. *Annals of the New York Academy of Sciences, 771,* 626–639.

Schmid, P C., & Schmid Mast, M. (2013). Power increases performance in a social evaluation situation as a result of decreased stress responses. *European Journal of Social Psychology, 43,* 201–211.

Schwartzer, J. J., Ricci, L. A., & Melloni, R. H. (2013). Prior fighting experience increases aggression in Syrian hamsters: Implications for a role of dopamine in the winner effect. *Aggressive Behavior, 39* (4), 290–300.

Seijts, G. H., & Gandz, J. (2013). Good leaders learn. *Developing Leaders, 12,* 50–56.

Seijts, G. H., Gandz, J., Crossan, M., & Reno, M. (2015). Character matters: Character dimensions' impact on leader performance and outcomes. *Organizational Dynamics, 44* (1), 65–74.

Smith, P. K., & Trope, Y. (2006). You focus on the forest when you're in charge of the trees: Power priming and abstract information processing. *Journal of Personality and Social Psychology, 90,* 578–596.

Sosik, J. J., Gentry, W. A., & Chun, J. U. (2012). The value of virtue in the upper echelons: A multisource examination of executive character strengths and performance. *The Leadership Quarterly, 23,* 367–382.

Steffens, N. K., Haslam, S. A., Reicher, S. D., Platow, M. J., Fransen, K., Yang, J., … Boen, F. (2014). Leadership as social identity management: Introducing the Identity Leadership Inventory (ILI) to assess and validate a four-dimensional model. *The Leadership Quarterly, 25* (5), 1001–1024.

Stellar, J. E., Manzo, V. M., Kraus, M. W., & Keltner, D. (2012). Compassion and class: Socioeconomic factors predict compassionate responding. *Emotion, 12,* 449–459.

Stern, I., & Westphal, J. D. (2010). Stealthy footsteps to the boardroom: Executives' backgrounds, sophisticated interpersonal influence behavior, and board appointments. *Adiminstrative Science Quarterly, 55,* 278–319.

Stulp, G., Buunk, A. P., Verhulst, S., & Pollet, T. V. (2012). High and mighty: Height increases authority in professional refereeing. *Evolutionary Psychology, 10* (3), 588–601.

Sturm, R. E., & Antonakis, J. (2015). Interpersonal power: A review, critique, and research agenda. *Journal of Management, 41* (1), 136–163.

Ullrich, J., Christ, O., & van Dick, R. (2009). Substitutes for procedural fairness: Prototypical leaders are endorsed whether they are fair or not. *Journal of Applied Psychology, 94* (1), 235–44.

van Dijke, M., & Poppe, M. (2006). Striving for personal power as a basis for social power dynamics. *European Journal of Social Psychology, 36,* 537–556.

van Kleef, G. A., Oveis, C., Homan, A., van der Lowe, I., & Keltner, D. (2015). Power gets you high: The powerful are more inspired by themselves than by others. *Social Psychological and Personality Science, 6,* 472–480.

van Kleef, G. A., Oveis, C., van der Lowe, I., LuoKogan, A., Goetz, J., & Keltner, D. (2008). Power, distress, and compassion: Turning a blind eye to the suffering of others. *Psychological Science, 19,* 1315–1322.

Weber, M. (1947). *The theory of social and economic organization* (A. M. Henderson & T. Parsons, Trans.). New York, NY: Oxford University Press.

Weick, M., & Guinote, A. (2008). When subjective experiences matter: Power increases reliance on ease-of-retrieval. *Journal of Personality and Social Psychology, 94,* 956–970.

Whetten, D. A., & Cameron, K. S. (2016). *Management skills.* Englewood Cliffs, NJ: Prentice Hall.

Whitson, J. A., Liljenquist, K. A., Galinsky, A. D., Magee, J. C., Gruenfeld, D. H., & Cadena, B. (2013). The blind leading: Power reduces awareness of constraints. *Journal of Experimental Social Psychology, 49,* 579–582.

Williamson, T. (2008). The good society and the good

soul: Plato's *Republic* on leadership. *The Leadership Quarterly*, *19*, 397–408.

Wilson, P. R. (1968). The perceptual distortion of height as a function of ascribed academic status. *Journal of Social Psychology*, *74*, 97–102.

Wright, T. A., & Goodstein, J. (2007). Character is not "dead" in management research: A review of individual character and organizational-level virtue. *Journal of Management*, *33*, 928–958.

Yap, A. J., Wazlawek, A. S., Lucas, B. J., Cuddy, A. J. C., & Carney, D. R. (2013). The ergonomics of dishonesty: The effect of incidental expansive posture on stealing, cheating, and traffic violations. *Psychological Science*, *24*, 2281–2289.

Yukl, G. (2002). *Leadership in organizations*. Englewood Cliffs, NJ: Prentice Hall.

Zak, P. J., Stanton, A. A., & Ahmadi, S. (2007). Oxytocin increases generosity in humans. *PLoS ONE*, *2* (11), e1128.

Zilioli, S., & Watson, N. V. (2014). Testosterone across successive competitions: Evidence for a "winner effect" in humans? *Psychoneuroendocrinology*, *47*, 1–9.

第12章
领导力与身份认同

Daan van Knippenberg

📖 开篇案例：领导者的日常

Alice Dupont 正在思考眼前的挑战。她所面临的最大挑战是如何说服员工接受公司业务即将发生重大改变：公司成立时的核心服务（实际上，这一服务似乎定义了公司的身份认同）即将转换成貌似与过去相脱节的新服务。Alice 可以感知到员工们可能会讨厌和抵制转变的所有方式，他们会认为放弃曾是公司标志性服务的决定会背叛公司的基本立场。她还意识到这不是小问题。Alice 极度渴望员工对公司转型具有主人翁感，并努力促使转型成功。她意识到，如果员工拖延或有更糟的行为，转型注定失败。她理解员工们的顾虑，至少从某种意义上说，Alice 很感激员工与公司之间的紧密联系，员工们所做的工作和所提供的服务都是公司的核心，这是他们所珍惜并愿意保护和珍藏的共同的身份认同。同时，Alice 意识到，这种转型对公司在未来几年的生存必不可少。重要的是，她还看到，放弃原来的服务并转向新的服务，并不像很多人认为的那样会存在脱节。实际上，这一转变完全符合公司的使命——提供高质量、最先进的商业服务。作为公司创始人，Alice 应该意识到，这一使命是她在这次转型决定中的核心力量。Alice 不仅可以清楚地看到这次转型不是脱节，也不是对公司的背叛，而是在不断变化的时代中合乎逻辑的发展。作为公司的创始人和所有者，Alice 具有独特的地位，可以充分合法地传达公司决定转型的信息。如果有人可以对公司的基本立场（实际上是关于公司的真实身份认同）提出要求，那就是她。这是唯一且显而易见的前进方向：向员工展示强有力的信息——转型是最初创立公司的自然发展。

讨论题

1. Dupont 面对员工对转型的抵制时，身份认同问题在其中有什么影响？
2. Dupont 的领导力如何解决这些身份认同问题？

📖 本章概述

领导力是群体、组织和社会的核心组成部分。事实上，很难想象一个社会群体中没有某种形式的领导力结构，即使只是非正式的领导力。领导力有潜力对团体、组织和社会的运作和绩效产生重大影响。毫不奇怪，一个多世纪以来，领导力一直是管理学、心理学和社会科学领域中有关行为研究的重中之重。然而，令人惊讶的是，过往的领导力研究很少关注下述观念：领导力通常在共享群体身份的情境中产生，在这种情境中，领导者也是群体领导中的成员之一（团队、组织、国家）；又或者是，群体之外的领导者，至少与嵌入群体中的核心小组一起共享成员身份（如即使不是团队中的成员，组织领导者也与作为同一组织中的一部分小组成员打交道；Hogg、van Knippenberg 和 Rast，2012b；D. van Knippenberg，2011）。这意味着领导力有效性受到与团体成员心理相关过程的影响。这是本章重点论述的核心问题。

群体成员心理的核心是身份认同——从共享群体成员的角度感知自我和他人。身份认同对领导力过程有着重要作用（或是自我意识；自我和身份认同是可以互换使用的社会结构）。追随者的身份认同既影响对领导力的反馈，又受领导力的影响（Lord、Brown 和 Freiberg，1999；Shamir、House 和 Arthur，1993；D.van Knippenberg 和 Hogg，2003；D.van Knippenberg、van Knippenberg、De Cremer 和 Hogg，2004）。尽管这一分析非常重视理解群体身份认同的作用（领导者和跟随者的共同社会身份），但是这一分析也可以轻松地延伸至另外两个与身份认同和自我意识相关的方面：自我评价和对身份认同随时间变化而连贯的认知。这两个方面不一定与共享群体成员资格必然相连（但却可以）。本章也会讨论这些问题。相同的身份认同原则也可以扩展到包括领导者身份对领导力的影响——不仅是指共享群体成员，而且也指作为领导者的角色身份（即在群体身份认同方面，抽象领导者类别中的成员资格身份）。鉴于经验证据更加有限，本章将简要探讨这一问题。

虽然领导力研究在将自我和身份角色关联方面进展缓慢，但是在过去的 25 年中情况已发生了巨大的变化。本章的目的是探索这一发展方向，并提供有关领导力、自我和身份认同的前沿科学研究。为此，本章首先讨论被认为是领导力、自我和身份认同研究的核心：社会（群体）身份认同的概念和领导力的社会身份认同观点。这一核心包含了两种方式：追随者社会身份对领导力的反应、领导者对追随者社会身份的影响。然后，本章的讨论转向论述自我评价、身份变动和连贯、领导者身份的角色。

社会身份认同和领导力

当我们思考自己时，在分辨我们是谁的过程中，会想到的一件事就是我们对社会群体的归属感。无论是国籍、种族、组织成员资格、职业，还是其他群体成员资格，我们倾向于用社会群体成员资格（团队、组织、国家和人口学类别），或多或少地来描述自身的重要方面。社会身份认同理论、自我分类理论和自我构建理论解释了这种以社会群体成员资格来进行自我定义的方式（Hogg，2003；Tajfel 和 Turner，1986；Turner、Hogg、Oakes、Reicher 和 Wetherell，1987）。最近，这些理论越来越多地被归类为前沿社会身份认同方法（Haslam，2004）。社会身份认同方法描述了个体如何看待自己，不仅包含个体视角（将自我识别为一个独特的个体特征、个体自我或身份认同，"我"），而且包含群体或组织成员视角（将自我识别为一个群体成员的特征，集体自我或社会身份认同，"我们"）。

社会身份认同方法是从群体间关系的角度来解释为什么人们倾向于偏袒自己的成员群体（"内群体"；Tajfel 和 Turner，1986）。然而，正如社会身份认同研究的最新发展所展示的那样，这一方法的本质（社会自我定义）抓住了群体成员心理的核心。比起从群体间关系来理解社会态度和行为，这一方法可以带来更加深远的启示（有关评论请参阅 Haslam，2004；Hogg，2003）。作为群体成员的自我定义（社会身份认同）对认知、态度和行为有着重要的影响。因为这意味着通过群体成员的视角来看待自我，社会身份认同需要将群体的最高利益放在心上，实际上，将群体利益作为自我利益（即包容性的"我们"的利益；D.van Knippenberg，2000），并且将群体身份认同视为自我描述和自我引导（Turner 等人，1987）。这两个过程对于领导力社会身份分析尤为重要。简而言之，追随者的社会身份认同会导致追随者青睐那些被视为群体的原型（即体现群体身份，从而体现群体共享的社会现实），并为群体最大利益服务的领导者。此外，有效的领导力可能源于领导者建立追随者的集体身份认同感并改变追随者对集体身份理解的能力。

群体原型和群体服务导向

社会身份认同方法描述了社会群体在心理上如何表现为群体原型—— 一组模糊特征集，界定了群体的定义、群体成员的共同点以及群体与其他群体之间的区别（Hogg，2001；Turner 等人，1987）。群体原型是主观性表征，这一原型抓住的并不是群体的平均图像，而是一种理想化图像——这种理想化被认为是真正的群体定义。群体原型捕捉了群体的社会共享事实，它描述了群体所重视、相信和认为重要的东西，以及被视为适当和可取的行为和行动方针。实际上，群体原型抓住了群体的规范性。因此，当认同引导人们将群体定义的特征归因于自我，并激励个体遵守群体规范时（Abrams 和 Hogg，1990；Turner 等人，1987），群体原型就成为一种影响力来源，这是对认同群体的影响（即依据群体成员的自我定义；Ashforth 和 Mael，1989；Tajfel 和 Turner，1986）。

领导力社会身份认同分析的核心是群体成员，同样也包括群体领导者，在代表或体现群体原型的程度上可能有所不同（即成为群体原型）。如果一个集体领导者（即群体、团队、组织、国家）被认为是群体原型（即体现集体身份），那么领导者的影响力则来自于他／她所代表的群体规范（内隐）认知（Hogg，2001）。此外，群体原型也会引起对领导者意图的信任。因为他们体现了群体身份，群体原型的领导者被委以信任，他们会去追求群体的最大利益（B.van Knippenberg 和 van Knippenberg，2005；D.van Knippenberg 和 Hogg，2003）。因为认同会实现群体利益的内部化，所以为群体服务是一种品质，这是高度认同群体的人会优先考虑领导者所应拥有的品质（Haslam 和 Platow，2001；Platow 和 van Knippenberg，2001）。因此，由领导者群体原型引起的对领导者群体服务取向的信任有助于提高领导力的有效性（Giessner 和 van

Knippenberg，2008；Giessner、van Knippenberg 和 Sleebos，2009）。

在一些实验室实验（如 Hains、Hogg 和 Duck，1997）和实地调查中（如 B.van Knippenberg 和 van Knippenberg，2005），可以找到支持领导者群体原型作用的证据。另外一些证据表明，个人在正式领导职位上的有效性（如 Pierro、Cicero、Bonaiuto、van Knippenberg 和 Kruglanski，2005；Platow 和 van Knippenberg，2001），以及一些新兴领导者的有效性（Fielding 和 Hogg，1997；D.van Knippenberg、van Knippenberg 和 van Dijk，2000）。有效性指标包括追随者的认知和态度，如领导力有效性认知和工作满意度（如 Giessner 和 van Knippenberg，2008；Hogg、Hains 和 Mason，1998；Pierro 等人，2005），以及更客观的领导力有效性指标，如任务绩效（B. van Knippenberg 和 van Knippenberg，2005）和创造力（Hirst、van Dick 和 van Knippenberg，2009）。此外，这些支持性证据来自不同洲、不同国家的研究（澳大利亚、美洲、亚洲和欧洲；D. van Knippenberg，2011），这些研究证明了上述分析在跨文化中的有效性。

更有趣的是，领导者群体原型的概念在解释商业和政治领导者的有效性方面似乎也很有帮助。例如，Reicher 和 Hopkins（2001、2003）讨论了撒切尔（大不列颠及北爱尔兰联合王国）、苏加诺（印度尼西亚）和甘地（印度）等民族国家领导人如何从追随者的认知中产生影响力，这些领导者被认为是民族象征（请参见下文，领导者在树立这种观念方面可能发挥了积极作用）。商业领袖也可能部分地将其影响力和吸引力建立在他们对群体原型的认知上，如作为公司创始人，他 / 她已经成为公司的象征（苹果公司的史蒂夫·乔布斯），或是因为他 / 她的个人经历与公司息息相关（飞利浦前 CEO 杰拉德·克莱斯特里）。

这种对领导者群体原型的强调可能会引起一个问题，即如何考虑群体多样性。当群体成员的人口特征（年龄、性别、种族）和 / 或与工作有关的特征（专业和教育背景）差异很大时，群体原型能否在领导力中继续发挥作用？因为组织和社会正变得越来越多样化，而多样性显然会对群体过程和结果有影响（D. van Knippenberg 和 Schippers，2007），所以这个问题至关重要。在这方面，重要的是要认识到，群体原型并不是围绕在尽可能多的属性上与群体尽可能相似而展开的。相反，它关系到领导者在群体定义特征方面所能代表理想群体原型的程度。例如，一个研发团队，既有男性又有女性的事实，可能与团队成员从成员资格中获得的认同无关。反过来，团队迫切地致力于突破性创新，并采取一切冒险或非常规的方式来达到这一目标的感觉，可能是团队身份认同的重要组成部分。因此，问题不在于领导者是否代表团队的性别组成，而是在于领导者是否体现了团队为了实现创新产品而愿意破釜沉舟的重要承诺。多样性不应该被误认为缺乏共同的身份认同（参见 D. van Knippenberg、Haslam 和 Platow，2007），对于更具多样化和更加同质化的群体来说，群体原型在领导力效能方面可能有着相似的作用。人口特征可能会在领导者群体原型中发挥作用，但是群体成员多样性程度高，并不能排除领导者可以体现群体身份认同的可能性。实际上，人口特征有可能在领导者群体原型中有着更多的作用。尽管人口特征不是团队看待自己的核心属性，但是一个偏离团队共享人口特征的领导者可能至少会面对一些印象，即领导者与团队不同，不太可能代表团队立场，如女性团队中的男性领导者或男性团队中的女性领导者。在这种情况下，领导者在管理团队身份认知中的积极作用，以及领导者对团队身份的代表性变得越来越重要。

群体成员偏爱他们认为服务于群体并为群体最大利益而行动的领导者（即领导者群体原型的一部分与有效性相关），这一观点也意味着（或可以解释为）领导者团队服务动机的行为会提高领导力有效性（Haslam 和 Platow，2001；D. van Knippenberg 和 Hogg，2003）。与此分析一致，领导力有效性与以下行为相关：代表团队的领导者的自我牺牲（Yorges、Weiss 和 Strickland，1999），支持内群体优于外群体的领导者的分配决策（Platow、Hoar、Reid、Harley 和 Morrison，1997），对群体承诺的领导者的表达方式（De Cremer & van Vugt，2002）。

社会身份认同分析既提高了领导者群体原型，又提高了以领导者群体为导向的行为，这都是有效领导力的关键要素。领导者群体原型促使人们信任领导者的群体服务导向（B. van Knippenberg 和 van Knippenberg，2005），并在某种程度上从这种信任中获得了有效性（Giessner 和 van Knippenberg，2008）。从某种程度上讲，领导者群体原型和面向领导者群体导向的行为源于相同的机制——对领导者群体服务导向的认知。因此，我们可以预测领导者群体原型和领导者群体导向行为对领导力有效性有着交互影响，从而在某种意义上可以相互弥补。铆定其中一个因素，另一个因素与领导力有效性的关系就减弱了（D. van Knippenberg 和 Hogg，2003）。确实，一些研究在各种不同的以领导群体服务为导向的运作方式中发现，如分配决策（Platow 和 van Knippenberg，2001）、自我牺牲（B. van Knippenberg 和 van Knippenberg，2005）、对集体利益的诉求（相对于个人利益而言；Platow、van Knippenberg、Haslam、van Knippenberg 和 Spears，2006）：无论群体原型领导者是否面向群体而行动，他们都是有效的，但是非群体原型领导者在进行面向群体行动时比不面向群体行动时更有效。

在所有其他条件相同的情况下，领导者群体原型、领导者群体服务行为，及它们之间的相互影响是成立的。但是，社会身份认同分析的核心是，这些领导力影响来自于群体追随者的身份认同。因此，随着追随者身份认同和社会身份认同的提高，这些影响会更大（Hogg，2001）。[①] 如果追随者的社会身份认同是群体原型领导者有效性的根源，那么原型性和有效性之间的关系应该通过身份认同来调节，事实已证明这

---

① 认同是群体成员对自我的认知程度，而社会身份显著性是指认同被认知激活的程度——在此时此地而非休眠状态下是有影响的（即一个人认同一个群体并不意味着这个认同总是同样地集中在这个人的思想和行为上）。例如，一个群体和另一个群体之间的竞争可能使一个人的群体识别比没有竞争时更加突出。认同感可以被视为更长期或持久的影响，而认同的显著性可以被视为这种影响更多的是在情境中被激活（Haslam，2004）。然而，在很大程度上，认同感和显著性在功能上可能等价，并且在一定程度上为正相关。我将关注认同感更持久的影响，这在领导力文献中有更广泛的研究，也可以应用到社会认同的显著性上。

种情况（Fielding 和 Hogg，1997；Hains 等人，1997；Hogg 等人，1998）。同样，研究表明，追随者与集体行动的认同越高，对领导者行为的反应就越积极（De Cremer、van Knippenberg、van Dijke 和 Bos，2006；De Cremer 和 van Vugt，2002；Platow 等人，1997）。进一步验证这一分析，领导者原型和领导者群体行为的互动影响也被证明取决于追随者的身份认同（Platow 和 van Knippenberg，2001）。

　　领导者社会身份认同模型将原型性和群体导向性作为有效领导力的两个核心要素。这两个要素直接来源于社会身份认同和自我分类理论对群体成员心理的分析。最近，这一分析得到了扩展，其见解在社会身份认同方法中存在时间虽不长，但有着很好的基础：领导力中不确定性和变化的作用，以及领导者公平。此外，在整个发展过程中，已经建立了与其他领导方法的交叉链接和集成，这可以为更全面和广泛的领导力理论提供支持（Hogg、van Knippenberg 和 Rast，2012a、2012b）。以下会分别讨论这些问题。

拓展与整合

　　原型、不确定性和变革。 领导力的一项重要功能在于其带来的变革和管理的不确定性，也有人认为这是领导力的核心。让领导者成为变革的推动者，管理并减少不确定性的有效因素，与稳定时期领导者发挥作用的因素相同（参见 Conger 和 Kanungo，1987），这一主张并不显而易见。领导力、变革和不确定性之间的关系是一个需要认真思考的重要命题。

　　不确定性在领导力社会身份认同方法中有着重要作用。Hogg（2007）指出，减少对不确定性的渴望是社会团体互相关联的主要动机。不确定性是个人渴望解决或至少想要减轻的一种厌恶性心理状态。因为社会身份认同体现了可能会减少不确定性的共享社会现实，所以社会身份认同或许很重要。社会身份认同有助于确定什么是重要的、有价值的，甚至是"真实的"，它可能会提供一些指导，在不确定的情况下采用适当的应对方式。因此，减少不确定性的渴望可能会使个人依靠团体资格，并根据社会身份认同进行更多的思考和行动（Hogg，2007）。不确定性还引发了人们对领导力的渴望。当人们处于不确定的状况时，会寻求领导力来减少这种不确定性（D. van Knippenberg 等人，2000）。总而言之，这些论点表明希望减少主观不确定性的个人对领导者群体典型特别敏感——一种体现共同社会现实的领导力。

　　为了支持上述主张，D.van Knippenberg 等人（2000）指出，当不确定性很高时，有着群体原型特征的成员更有可能成为领导者。Pierro 及其同事的研究表明，个人对渴望减少不确定性的个人支配力是领导者群体原型与领导力有效性的中间变量。Pierro 等人（2005）重点研究了闭合需求（一种避免不确定性、模糊性和未解决问题的渴望）的个体差异，他们发现对闭合需求更大的追随者，领导者群体典型与领导力有效性关系更加密切。Cicero、Pierro 和 van Knippenberg（2007、2010）将此分析扩展到研究减少不确定性渴望的更多情境性指标而非倾向性指标之中，也得到了类似的结论，追随者的工作压力和角色模糊性之间存在中间变量（即两者都与更多的闭合需求相关联）。Pierro 等人（2007）的研究进一步论证了这些关系的社会身份认同基础，追随者的身份认同可以调节原型互动效果和闭合需求之间的交互作用。

因为变革通常与不确定性相关，所以这些发现可能也对变革领导力有着重要意义。例如，Pierro 等人（2007）在组织变革的背景下进行研究，他们发现领导者原型预测了追随者对变革的接纳程度，这可以作为追随者对闭合需求和寻求身份认同的影响因素。变革还将另一个问题——集体身份认同的潜在变革提上了研究范畴。人的一生都处于变化和发展之中，身份认同如此，社会身份认同也是如此。随着时间的流逝，群体、组织和民族身份认同可能会发生变化。仅此一点并没有问题，然而，人们重视个人和社会身份认同的连续感（Sani，2008）。因为人们会认为变革可能会威胁有价值的身份认同延续，人们会抵制集体变革（Rousseau，1998；D.van Knippenberg、van Knippenberg、Monden 和 de Lima，2002）。因为集体变革在很大程度上依赖集体成员的积极合作，所以这种对变革的抵制是变革领导力面临的主要挑战（Conner，1995）。

因此，从身份认同的角度来看，领导变革的一个重要作用就是不仅要充当变革的推动者，还要充当身份认同的延续者，以此消除变革阻力（参见，D. van Knippenberg 和 Hogg，2003； Shamir，1999）。变革领导力传达出下列信息：尽管推动所有变革，但是集体身份的核心仍然会被保持，变革领导力才会更有效。 变革信息也应该表达为“我们仍将是我们”（Rousseau，1998）。 Reicher 和 Hopkins（2003）举例说明，成功的变革领导力实际上可能传达出这样的信息：作为变革的结果，集体会更忠于“真实”或真正的身份。在这方面，D. van Knippenberg 和 Hogg（2003）举例说明了苹果公司创始人史蒂夫·乔布斯离开公司多年后重返的情况。起初，乔布斯帮助创建了一家非常规的创意公司，但离职之后，这些集体身份就逐渐消失了。当乔布斯回到苹果之后，采用了改变公司业务的策略，并主张恢复公司的非传统创意根源。从某种意义上说，这使公司恢复了它所偏离的“真实身份”。如此的框架策略，乔布斯的变革信息不仅仅传达了身份的连续性信息，更是通过变革来呼吁增加身份的连续性。

D. van Knippenberg、van Knippenberg 和 Bobbio（2008）探讨了一些证据，领导者群体原型在变革时代灌输身份连续性方面可能特别有效。原型领导者对共享身份的代表性使人们相信领导者会是身份连续性的推动者。群体原型领导者被委以信任，以此确保集体身份中的核心方面在变革中延续下来。为了支持这一预测，D. van Knippenberg 等人研究了两项关于并购的组织变革实验，结果表明，因为群体原型领导者更多地被认为是组织身份连续性的推动者，与没有原型领导者相比，他们在建立致力于变革意愿方面更加有效。此外，第二项研究通过控制不连续性威胁的大小（即变革可能在多大程度上改变组织的身份），进一步论证了身份连续性的作用；研究结果表明，当组织身份连续性面临更大的威胁时，领导者群体原型的效应更强。

变革领导力是一个尚未得到充分研究的问题（Yukl，2002），从某种意义上讲，这些研究也只是触及了变革领导力所涉及问题的表面。即使这样，他们也证明了社会身份认同方法在领导力方面的期待和更广泛的适用性。因此，需要从身份认同的角度进一步探讨该问题。

社会身份认同与领导者公平。长期以来，学术界一直对正义心理学感兴趣（Lind 和 Tyler，1988；Thibaut 和 Walker，1975）。一份研究区分了接受的结果公平（分配正义）、实现结果的程序公平（程序正义），以及人际待遇的公平（互动正义），这是人们对上级处理的回应以及与上级关系的重要决定因素（Colquitt、Conlon、Wesson、Porter 和 Ng，2001）。然而，直到最近才有研究开始关注以下事实：在组织情境中，权威通常是领导者。因此，对组织公平的分析在很大程度上也是对领导者公平的分析（D. van Knippenberg、De Cremer 和 van Knippenberg，2007）。确实，该研究领域中的很多研究成果，如追随者满意度、动机、合作和绩效，都可以从领导力有效性方面来理解。

公平心理学的分析也认识到，公平对社会身份认同具有重要作用，特别是程序和互动正义（Lind 和 Tyler，1988；Tyler 和 Blader，2000）。权威者（如领导者）选择对待他人的方式（即程序和互动正义）传达了权威者的地位（Koper、van Knippenberg、Bouhuijs、Vermunt 和 Wilke，1993）。最近，关于社会身份认同公平的分析表明，因为人们越来越关注个人身份群体的社会评价，群体或组织身份认同会促使人们对程序正义更加敏感。为了支持这一主张，一些研究表明，领导者的程序正义对具有较高身份认同的追随者的影响更大（Lind、Kray 和 Thompson，2001；Tyler 和 De Cremer，2005）。

一些研究将领导者公平更牢固地整合到领导者社会身份认同分析中，他们发现，对群体原型领导者的信任可以扩展至对领导者公平的信任（Janson、Levy、Sitkin 和 Lind，2008；van Dijke 和 De Cremer，2008）。这也意味着，类似于领导力社会认同分析中提出的原型群体导向的互动行为，领导者群体原型和领导力公平在预测领导力有效性方面有着交互作用。这正是 Janson 等人的观点（2008），他们提出并发现领导者互动的公平性。另外，Ullrich 等人（2009）在程序正义方面也获得了类似的发现，这种互动是通过追随者的认同来调节的，正如人们所期望的，这一效应根源于社会身份认同。

Janson 等人（2008）也将这种逻辑延伸至领导者群体导向行为（自我牺牲型领导力），研究表明自我牺牲和互动正义之间的相互作用，一方的程度较高时，另一方的积极影响就减弱了。尽管 De Cremer 和 van Knippenberg（2002）的分析强调领导力在建立追随者集体认同中的作用（更多内容见下文），但是这份报告在关于领导者自我牺牲和领导者过程公平的互动效应中也有类似发现。总而言之，关于领导者公平的社会身份认同方法似乎提供了一种可行的观点，增进了我们对领导力这一重要方面的理解，并将其更牢固地整合到其他关于领导力的观察中（参见有关领导者公平的文献，如 D. van Knippenberg 等人，2007）。

图 12-1 总结了本部分和前几部分对领导者社会身份认同理论的概述要点。它描绘了领导者群体原型可能对领导力有效性所产生的积极影响，对领导者群体服务动机

的信任是中间调节变量。

这种关系由领导者群体服务行为和领导者公平来调节，两者都代表着一种领导者灌输群体服务信任的替代方式。同时，这种关系由成员群体认同和成员渴望减少不确定性来调节，两者都促使成员对领导者群体原型更加敏感，代表了共享的社会现实。

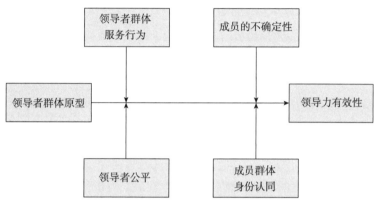

图 12-1　领导者社会身份认同分析的核心概念综述

群体与领导者原型。作为领导者社会身份认同分析的核心，领导者群体原型的概念可以追溯到认知心理学中的归类理论。领导力的另一视角也围绕着原型概念，其根源也可以追溯到认知心理学中的领导力归类理论（Lord 和 Maher，1991；第 4 章）。但是，它们之间的重要区别在于，领导者分类理论不是指群体原型，而是指抽象的领导者类别原型（如领导者角色）——代表理想领导者类型的心理表征。尽管领导力归类理论是唯一明确使用原型概念的其他领导力理论，但是有许多类似的方法围绕着个人领导力心理表征，因此可以归入领导力归类理论的范畴（D. van Knippenberg 和 Hogg，2003）。这包括内隐领导力理论（Eden 和 Leviatan，1975）、领导力的浪漫（Meindl、Ehrlich 和 Dukerich，1985）、性别与领导力角色一致性理论（Eagley 和 Karau，2002；第 10 章）以及领导力认知的跨文化差异。

领导者社会身份认同分析提出一个非常相似的过程，但是内隐标准有所不同。这一分析提出，要根据群体原型而不是领导者原型对领导者进行评判。虽然这些主张似乎不一致，但实际上很容易达成一致（Lord 和 Hall，2003；D. van Knippenberg 和 Hogg，2003）。Hogg 及其同事进行的一系列研究（参见 Fielding 和 Hogg，1997；Hains 等人，1997；Hogg 等人，1998；Platow 和 van Knippenberg，2001）表明，追随者身份认同是一个关键的中间变量，调节群体原型与领导力回应中领导者原型的相对重要性。与更高的追随者认同度相比，领导者原型成为领导力有效性的重要基础。最近，Hogg 等人（2006）的研究表明这一分析也特别适用于分析性别和领导力之间的关系。当追随者的认同度很高时，领导者群体原型，而非领导者的性别，推动了人们对领导力有效性的认知。

Giessner 及其同事将这种整合延伸至研究领导者绩效反馈（Giessner 等人，2009；Giessner 和 van Knippenberg，2008）。领导力归类理论建立了一种将绩效归于领导力的模型。也就是说，人们倾向于将成功视为优秀领导力的指标，将失败视为不良领导力的指标，并低估了对这些结果的非领导力影响（Lord、Binning、Rush 和 Thomas，1978；Meindl 等人，1985）。这部分意味着领导者需要对坏的结果负责，实际上，未能实现集体目标时，他们将被认为是不好的领导者。Giessner 及其同事认为领导者群体原型减弱了这种趋势。具体来说，对群体原型领导者的更多信任会扩展至领导者绩效认知，从而使群体原型领导者在失败后遭受更少的、负面的领导力评估。他们的研究支持这一主张。研究显示，随着追随者身份认同的提高，群体原型的衰减效应增强，同时，群体原型的衰减效应也取决于绩效目标在解释领导者失败方面的回旋余地（即当失败更加模棱两可时，群体原型更能保护领导者不受负面评价的影响）。

因为领导力归类过程会介入偏见（因此也引发出一个警告，即反对在研究和实践中出现依赖领导力素质的主观评估；Eagly 和 Karau，2002；Lord 和 Maher，1991），同时因为可能会为领导力有效性的行为指标设定基础（即追随者可能更愿意接受他们认为拥有"正确思想"领导者的领导），所以归类过程尤其重要。群体身份认同和领导力归类理论的进一步融合对于发展以追随者为中心的领导力方法可能具有重要价值（参考 D. van Knippenberg、van Knippenberg 和 Giessner，2007），因此，对于我们理解领导力过程中的重要方面也具有重要价值。

群体基础与人际型领导力。 除了共享型领导力和团队型领导力，比起其他大多数的领导力方法，领导力社会身份认同分析更强调领导力基于群体基础的本质。一个有趣的对位是，领导力研究的传统是捍卫领导力的人际和二元性：领导者—成员交换（LMX）理论（Dansereau、Graen 和 Haga，1975；Gerstner 和 Day，1997；Graen 和 Uhl-Bien，1995）。LMX 理论建立在更普遍的人际关系社会交换理论基础之上（Homans，1958），以此理解领导者和追随者的关系品质如何随着时间的推移而发展，并影响领导力有效性。简言之，LMX 理论的基本原则是领导者与追随者之间的关系是基于物质（如奖金）和非物质（如尊重）的交换，领导者与追随者之间的关系品质由社会交换的品质决定。交换的品质包含交换物品的品质（即更好的关系时有更多的交换，并具有更高的价值）和交换中的平衡。接受的物品价值应与给与的物品价值相匹配（即交换应具有公平性）。每个追随者的交换关系的品质可能有所不同，因此，领导者与某些追随者的关系可能会比与其他追随者的关系更好。因此，在 LMX 理论中，领导者和跟随者之间的人际关系是领导力有效性的关键，而不是领导者和跟随者之间共享群体成员关系。

乍一看，LMX 的观点似乎与社会身份认同背道而驰。然而，这些观点的整合相对直接，都关注追随者身份认同的调节作用。Hogg 等人（2005）指出社会身份认同可以调和追随者以人际关系或共享团体成员的方式与领导者建立关系的程度。与这一主张相一致的是，他们的研究发现，因为更多的追随者在群体中得到认同，所以与人际关系（如与领导者的交流质量）相比，按照群体成员身份对待追随者的领导力风格更有效。D. van Knippenberg、van Dick 和 Tavares（2007）得出可比较的发现，组织身份认同是领导者支持（组织行为社会交换分析中的核心变量；Rhoades 和 Eisenberger，2002）与离职意向的调节者，也是领导力有效性指标。追随者身份认同越低（即当这种关系被认为是人际关系时），领导者支持（即反映领导者在社会交往关系中的投入）越有效。可能需要指出的是，类似的研究只是朝向更充分地探索潜在的、整合各类观点的方向上的第一步。但是，追随者的身份本身就是决定不同领导过程相对影响的重要决定因素。

最新研究发展关注了群际领导力——多个群体成员必须协作以在共同目标的情况下发挥领导力的作用（Hogg、van Knippenberg 和 Rast，2012a）。在这种情况下，领导者可能不太可能通过共享群体成员身份来促成协同合作。如果借用上一级共享群体身份（"我们都是美国人"）的典型概念可能会适得其反。因为人们要么抵制上一级身份（被认为否认了更需要自我定义的群体身份），要么将群体身份投射到上一级身份认同上并判断其他偏离自身认同建构的群体（"他们不是真正的美国人"；Hogg 等人，2012a）。为了解决这个问题，Hogg 等人（2012a）认为，这种情况需要构建群体间关系身份和体现该身份的领导力（即作为群体间关系身份的原型）。群体间关系身份被理解为捕获群体与其他群体关系的群体身份。例如，老师是由师生关系定义的，护士是通过护士与医生的关系来实质性地界定的。针对这些问题的实证研究应在未来几年出现，但概念性研究已经证明通过人际、内群体和外群体分析维度发展出一体化身份理论的可能性。

塑造身份认同的领导力

追随者身份认同不仅可以激励人们对领导力作出反应，也会被领导力所影响。关键是要认识到身份认同不是一成不变的。身份认同不仅会随着时间的推移而逐渐改变（Sani，2008），而且情境因素对身份认同也可能有相对较大的影响。身份认同的一部分，有时被称为工作自我概念（Lord 和 Brown，2004；Markus 和 Nurius，1986），其流动性很强，并具备情境线索功能。自我归类理论对社会身份认同显著性的处理（Turner 等人，1987；注释 1）就是一个例子，情境线索（如群体威胁）可能会使群体身份认同凸显。如果触发认同激活的情境提示不再存在，群体身份认同可能会减弱。除了工作自我和身份认同显著性观念所捕获的这种相对"断断续续"的影响之外，在情境因素的影响下，自我观念的短暂变化也会经历不那么短暂的变化。例如，随着团队越来越成功，人们可能会越来越多地认同它。鉴于身份认同在动机和行为中的重要作用，领导力有效性的一个重要方面可能因此围绕领导者暂时或更长久地改变追随者的自我观念（Shamir 等人，1993；D. van Knippenberg 等人，2004）。研究在不断强化上述论点，尤其是在领导力对集体认同的影响方面。

领导力面临的核心挑战之一是团结一群不同类型的人，以追求共同的团队、组织和社会的目标、宗旨和使命。不同类型的人有不同的利益，个人常常会优先考虑个人追求而不是集体利益。实现动机转变（如从个人利益到集体利益）是动员追随者在实现集体目标方面努力合作的关键（Burns，1978）。按照这一思路，集体身份认同可能会推动集体利益的优先排序（Ashforth 和 Mael，1989）。正如领导力社会身份认同分析和超凡魅力或变革型领导力分析所认可的那样，领导力可以通过建立追随者的身份认同来动员和激励追随者追求集体利益（D. van Knippenberg 和 Hogg，2003a）。

与此分析相一致，许多研究表明，领导力有效性可以通过其对追随者身份认同的影响来解释。例如，De Cremer 和 van Knippenberg（2002）在领导者自我牺牲与领导者程序公正的互动效应研究中确立了集体认同的中介作用。研究发现，自我牺牲和程序公正都能引起追随者更高的身份认同，所以两者削弱了彼此对追随者的积极影响。De Cremer 和 van Knippenberg（2004）研究了领导者自我牺牲和自信的互动影响，并表明这两个方面增强了彼此对领导力有效性的影响，而且这些影响由集体身份认同进行调节。

结合追随者身份认同在领导力过程中发挥调节作用的证据，我们可以提出一种动态模型，构建身份认同的领导力（如群体服务领导力）可以为未来领导力的有效性奠定基础。这并不是说身份认同是领导力有效性的唯一途径，但是它确实证明了追随者的集体身份认同在领导力过程中可能发挥的重要作用，如在激励合作和其他努力中的作用。

上述分析还指出了领导力研究中很少涉及的一个话题——集体身份认同。正如 D. van Knippenberg（2000）所论证的那样，身份认同激发了对集体利益的追求，但是对集体利益的认知决定了是否以及如何将身份认同转化为行动（如只有团队认为绩效很重要，身份认同才能产生绩效）。Reicher 和 Hopkins（2003）的分析表明，在这方面领导者可以有效地扮演企业家身份，积极地塑造追随者对集体身份的认同，让他们知道如何更好地服务于集体身份（参见 Voss、Cable 和 Voss，2006）。这是一个我们所知甚少的过程，但基于我们对追随者身份认同重要性的了解，这应该提上更高层次的研究议程。

关于这个问题，Reicher 和 Hopkins（2003）分析了一个重要的因素，领导力不仅可以引导追随者对集体身份认同的理解，而且还可以影响追随者对领导者群体原型的认知。他们的分析表明，像撒切尔、苏加诺和甘地这样的政治领袖，他们不仅从群体典型性中获得影响力，而且还积极地传达作为群体典型性的公众自我形象。与其说他们"恰好"成为群体原型，还不如说他们积极地促成了人们对他们的看法。然而，总体来说，关于这一主题的研究基本上是定性分析和轶事分析，在补充研究的定量和假设检验的研究方面仍需要更多的努力。尽管这些研究有待于得出更为准确的结论，但是有一个重要启示，企业家身份不仅可以使一个人成为一名高效的领导者，而且还可能在一定程度上成为一种可以发展的能力。

作为领导力的一个方面，企业家身份在群体多样性的背景下尤为重要。在群体多样性中，有时很难看到什么是群体统一，或者有什么理由将领导者视为群体原型。在这种情况下，重要的是，能够以下列方式定义群体身份认同：这种定义既能在群体成员之间灌输集体认同感，又能引起领导者对身份认同的认知，这可能是一项重要的领导力技能。这也许是一个有点极端的案例，看看这段简短的摘录，这是美国原总统约翰·肯尼迪（John F. Kennedy）在冷战最激烈时在西柏林进行的一个有影响力的演讲内容的一部分，当时东德在原柏林墙后面加了第二道屏障：

2000 年前，最引以为傲的是罗马公民。如今，在自由的世界中，最引以为傲的人是柏林公民。所有的自由人，无论他们生活在哪里，都是柏林公民。因此，作为自由人，我为柏林公民一词感到自豪。

肯尼迪总统并没有在柏林出生，更不是德国人。在此情境之外，声称自己是柏林公民——Ich bin ein Berliner——似乎有些古怪，但是这句话表明肯尼迪总统的确是在定义一个群体——无论身在何处都是自由人——他和他的听众都在共享一种身份。特别是在这种观念比以往任何时候都更加突出的背景下，即美国是自由世界的领导者，在这种共同的团体成员作为领袖的背景下，肯尼迪总统自豪地宣称自己是柏林人，可能传达了一种形象，这种形象直接影响了听众对他作为领袖的看法。

身份不仅仅是集体认同，身份和自我概念的其他方面可能在领导力中扮演重要的角色。领导力研究更适度地强调自我评价和未来身份。在为接下来的讨论奠定基础时，我注意到自我评价和未来身份不能与身份认同分开。相反，自我评价和未来身份可能会在自我建构的不同层面上得到构想（D. van Knippenberg 等人，2004）。在个体身份认同层面，自我评价和未来身份将个人视为与他人分离的独特个体。在集体身份认同层面，自我评价和未来认同与群体成员有关，即"我们"的身份认同。表 12-1 示意性地记录了这一点，引用了在个体和集体自我建构层面最常采用的自我评价和未来身份方面的实例。

表 12-1　自我 / 自我建构层面的身份认同

自我方面	自我建构层面	
	个体身份认同	集体身份认同
自我评价	个体自尊、个体自我效能	集体自尊、集体自我效能
及时自我	自我连续性，可能的自我	集体自我连续性，集体可能的自我

📖 自我评价和领导力

每个人都是评价者，人们会忍不住对自己遇到的几乎所有的事情作出判断。自我评价在动机中作用明显，因此，在领导力中也有着重要作用。自我评价通常被认为是一种自尊，这种自尊往往强调对社会自我的评价（其他人对自己的评价），或者是一种更注重能力的自我效能，用以评价一个人实现某些目标的能力（Bandura，1997）。

但是，有理由相信，自尊和自我效能都是高阶自我评价的体现（Judge、Locke 和 Durham，1997）。领导力研究者对此特别感兴趣，尤其是在领导力社会身份认同分析中，自我评价不仅可以捕捉到一个人对个体层面的自我评价（即自尊或自我效能），还可以捕捉到（共享的）自我评价，集体自我（集体自尊，Crocker 和 Luhtanen，1990；集体效能，Bandura，1997）。因为更高的自我评价会激发更高的成就目标，所以自我评价对动机来说很重要。

因为更高的（集体）自我评价可能会激发出更雄心勃勃的成就目标，所以领导力的一项基本含义为，领导力可以通过建立追随者、个人和群体的自尊和自我效能来获得部分有效性（Shamir 等人，1993）。例如，有关领导力程序公正的研究（De Cremer 等人，2005）、授权型领导力（Mathieu、Ahearne 和 Taylor，2007）和领导力自我效能（Hoyt、Murphy、Halverson 和 Watson，2003）的研究都证明了上述论点。

但是，需要注意的是，领导力构建追随者自我评价的证据，比领导力对自我评价的影响进而提高追随者绩效的证据更稳健（D. van Knippenberg 等人，2004）。Vancouver 及其同事在自我效能方面的研究强调了复杂性（如 Vancouver、More 和 Yoder，2008）。这些研究表明，自我效能可以激发雄心勃勃的绩效目标（对绩效有利），然而同时也可以激发较低的投入（对绩效不利）。换言之，一个人对自我能力的高度信任实际上可能会促使一个人投入更少的精力，前提是人们总是能够实现自己的目标。在领导力和绩效方面，追随者的自我评价可能有点像双刃剑。对于研究而言，确定领导力对追随者自我评价的影响在何种条件下可以预测会产生预期的行为效果特别有价值。

自我评价也可调节对领导力的反馈。组织公平研究表明，自尊心较低可能会使个人对上级的程序公正更加敏感（Vermunt、van Knippenberg 和 Blaauw，2001），领导力程序公正和追随者自尊也同样如此，De Cremer（2003）恰恰证明了这一点。其他更具试探性的研究表明，追随者自我评价会调节对领导力的反馈（如 Murphy 和 Ensher，1999），但这一证据尚不明确（D. van Knippenberg 等人，2004）。目前的研究现状表明，应该将追随者自我评价视为领导力有效性的调节变量和中间变量，但与此同时，更明确的结论应该等待更确凿的证据。

📖 追随者身份认同的时间维度

本章的前面探讨了身份认同的变化和连续性，提出了一个更广泛的问题：身份认同的时间维度。人们会意识到过去、现在和未来身份之间的关联性，并重视身份认同的连续性（Sani，2008；Shamir 等人，1993）。除了身份认同的连续性之外，身份认同的时间维度还有另一个重要组成部分：个人对未来可能是谁有着或多或少的明确概念（即可能的自我；Markus 和 Nurius，1986）。这样的自我可以采用理想自我（理想中的自我形象）和应该自我（理想中的应该是谁形象）。一名年轻的律师在职业生涯初期的理想自我，可能是一位成功的高级合伙人。这种可能自我的重要性在于其可以激励和引导目标追求。个人倾向于更执着、更善于自我调节，努力追求与可能自我相关的目标（Banaji 和 Prentice，1994）。可能自我越被清晰地表达和发展，就越可能成为"自我向导"，并规范个人行为，也就是说，它就越可能成为动力源泉。

基于这些关于可能自我的潜在激励和自我调节概念，Lord 等人（1999）和 D.van Knippenberg 等人（2004）提出，如果领导力能够让追随者形成与集体目标和使命相一致的可能自我，那么领导力可能会更有效。在这些分析的基础上，Stam、van Knippenberg 和 Wisse（2010）指出，特别是对于关注自我提升的追随者而言，领导者有远见的演讲能更明确地引导追随者形成基于核心愿景的理想自我，从而更有效地激发与愿景一致表现的可能自我（Higgins，1987），他们对这种理想形象更敏感。可能自我，更广泛地说，自我的时间维度，在领导力研究中基本上是未知领域，为未来的研究工作提供了明确的挑战（参见 Stam、Lord、van Knippenberg 和 Wisse，2014）。

随着时间的流逝，特定身份认同的发展不仅与理解领导力过程中追随者的心理有关，而且与理解领导者的心理特别相关。就像在下一部分将要讨论的，作为领导者的自我概念可能是领导者行为的重要驱动力，这提出了一个问题，即随着时间的推移，领导者身份认同应如何发展？

📖 领导者身份认同

领导力身份认同方法的核心是身份认同塑造认知、态度和行为，因此，身份认同可能是强大的动力。显然，关注追随者身份认同有助于理解领导力有效性，但同时也可以采用身份认同的观点来理解领导力动力本身——领导者身份认同也可以成为研究重点。尽管领导力研究的底线是领导力有效性（即对追随者的影响），但是研究领导力的决定因素也有着悠久的传统。这些决定因素的传统观点主要为人格视角（如 Judge 和 Bono，2000；D.van Knippenberg，2012），然而，从身份认同视角可能至少适合回答这一问题。

认识到这一点之后，最近的研究开始考虑领导者自我认同和身份认同在塑造领导力中的作用。研究中的一部分与领导力社会身份认同分析紧密相关（如 D. van Knippenberg 等人，2000），并强调领导者身份认同是领导者自我与群体服务行为的决定因素。Giessner、van Knippenberg、Sleebos 和 van Ginkel（2013）指出，自我感知的群体原型与领导者群体服务行为正相关，而感知原型程度低的领导者仅在他们认为需要负责和认定的范围内为群体服务。van Dick、Hirst、Grojean 和 Wieseke（2007）着重于领导者对集体的认同，研究表明领导者的组织认同为追随者的组织认同奠定了基础。

与追随者共享群体成员身份并不是思考领导者身份认同的唯一重要方面。对领导者而言，其身份认同的重要组成部分可能与角色相关，并围绕将自己视为领导者的程度而变化（参见社会身份认同分析与领导力归类理论之间的比较）——领导者自我定义为领导者或领导者角色认同（参见 Stets 和 Burke，2000）。担任正式领导者角色的人会把自己当成领导者，并且具有强烈的自我意识，以此强调领导角色。领导者在成为领导者身份的重要程度方面有所不同（Rus、van Knippenberg 和 Wisse，2010）。就像群体认同会将群体原型作为参照物一样，领导者角色认同也可能会找到领导者理想类型作为参照物，并可能影响领导者的行为。

在一项定性案例研究中，Kramer（2003）认为就领导者角色而言的自我概念可能会对领导者的行为产生强大的激励作用。Kramer 分析了美国总统林登·约翰逊（Lyndon Johnson）关于美国加入越南战争的决定。他认为约翰逊总统做出了很多决定，这些决定更多地要归功于约翰逊对成为伟大美国总统的定义构想以及适合这一身份认同的自我形象，而不是根据可选取的行动方案而作出的明智判断（即使约翰逊总统被认为非常有能力作出合理的决定）。与此相反，Rus 等人（2010）研究了领导者自我定义作为领导者自我与群体服务行为的决定因素。他们发现，更强烈的自我定义要求领导者更多地依赖于规范性信息，即优秀的领导者应该做什么，或者大多数领导者决策时会做什么，这些决策会在自我和群体服务连续性中产生什么样的影响。

这些研究不仅表明领导者角色认同的作用值得更多的关注，而且还找到促使领导者身份认同发展的原因（Day 和 Harrison，2007；Day、Harrison 和 Halpin，2009）。实际上，这种发展不必局限于担任正式领导职务的人，那些担任非领导职务的人也可以根据自身的领导力素质或多或少地构想自己可能成为领导者（van Quaquebeke、van Knippenberg 和 Brodbeck，2011）。从这种意义上说，领导者身份认同的发展可以在一个人正式担任领导职务之前就开始，甚至在一个人没有正式领导职务时也可以在领导力行为中表现出来。Lord 和 Hall（2005）认为培养领导者的可能自我在领导力发展中有着重要作用（参见 Ibarra，1999）。换言之，与其说是把自己看作现在的领导者，不如说把它当作一个未来的自我形象、一个激励和引导领导力发展的形象。领导者的可能自我会让人们发展出必要的领导力技能，并表现为领导力行为。DeRue 和 Ashford（2010）认为，在协同的环境中，这可能会引发相互促进的过程，在此过程中其他人会对尝试领导力行为进行回应，可能会肯定一个人的新兴领导者身份，反过来又可能会促成其他领导力行为，进而增强他人对自身领导力的认可（参见，Ridgeway，2003）。

这项研究面临的挑战之一是，有好的理论和新兴证据表明，领导者身份认同的发展很重要，但是这种身份认同的发展通常会持续多年（Day 等人，2009）。因此，支持和推动理论发展的实证工作必须是纵向研究，并且通常比领导力研究需要更长的时间跨度，这样的复杂性不应妨碍研究人员的努力。从经验上进一步分析领导者身份认同显然更有希望。

领导者自我定义的研究，围绕个人对领导者内涵的理解而进行，而与此相关但又不同的重点是，个人以领导者自我能力的形式评估自己作为领导者的领导力自我效能（如 Anderson、Krajewski、Griffin 和 Jackson，2008；Paglis 和 Green，2002；Singer，1991）。遵循先前的自我效能逻辑（Bandura，1997），具有较高领导力自我效能的领导者被认为会更积极地参与领导者角色，也因此更有效。有证据表明可能会有上述情况（Chemers、Watson 和 May，2000；Hoyt 等人，2003；Ng、Ang 等人 Chan，2008；Paglis 和 Green，2002）。前文提出的警告也适用于此。具体来说，虽然领导力自我效能可能会激发领导者的野心，但这并不一定意味着具有更高领导力自我效能的领导者会不断地为实现目标而付出更大的努力（Vancouver 等人，2008）。

问题不只是作为领导者身份认同和自我评价。Johnson、Venus、Lanaj、Mao 和 Chang（2012）表明，领导者个人和集体身份认同分别预测了领导力的不同方面——滥用监督的领导力和变革型领导力。后者存在有效性问题，但是 Johnson 等人的研究确实说明了发展理论将领导者认同与领导者行为联系起来的前景。

领导力研究在研究领导者人格作为领导者行为和领导力有效性的决定因素方面有着悠久的历史，而对领导者身份认同作用的关注仍处于萌芽阶段。即便如此，鉴于领导者人格视角取得了一定程度的成功（Judge、Bono、Ilies 和 Gerhardt，2002；D. van Knippenberg，2012），似乎有必要探索一种可能性，即领导者身份认同观点可以补充人格视角，并在较大程度上增加我们对领导力决定因素的理解。显然有必要在这一领域进行更多的研究。

📖 未来之路

对于领导力而言，身份认同至关重要。社会身份认同方面的研究已经得出大量高度一致的结论，这些结论均支持上述论点。证据似乎也足够强大，足以保证认同分析中较少被关注的问题值得进一步被探索。例如，领导者能力和动力促进企业家身份认同，并积极促使社会身份认同分析中确定的身份动力为其服务。而在其他领域，如自我的时间维度在领导力有效性或领导者身份认同中的作用，仍处于起步阶段。虽然怀疑身份认同分析的前景看似很合理，但是鉴于强有力的证据证明了这一分析在其他方面的可行性，因此需要在这一新兴领域里投入大量的精力。

领导力身份认同并不是孤立发展的研究视角，它是一种与其他领导力分析（如领导归类理论、LMX 理论）相结合的视角。从这个意义上讲，身份认同视角的进一步发展可能有助于在领导力领域提供整合并建立更广泛的领导力解释（D.van Knippenberg 和 Hogg，2003）。从这个角度看，现有证据证明在领导力身份认同分析方面的问题有待进一步的研究。

🔍 讨论题

1. 在最近的大选中，你能找出候选人尝试利用社会身份认同的动力来动员大众支持的证据吗？这是什么策略，它们看起来有什么效果？与竞争对手相比，是否有证据表明胜出者在认同动力中获得了更多支持？

2. 回想一下自己的工作经历，是什么激励了你？这在多大程度上与你如何看待自己、对自己的感知有关？如果你在领导力方面有过非常好和非常坏的经历，这些经历在多大程度上说明了你的身份认同？这些问题的答案是否可以告诉你领导力在个人工作经历中的身份是什么？

3. 你能描述一下作为领导者的身份认同吗？在你的生命中有过此类认同吗？把自己想象成领导者，你认为理想的领导者是什么样的？要实现这个目标需要怎么做？这些问题的答案告诉你作为领导者的角色认同会如何发展？

推荐阅读

Wright, R.（2010, June 1）. Is Steve Jobs big brother? *New York Times Online Opinionator*. https：//nyti.ms/2uB37lN

案例研究

案例：Mark, K., & Konrad, A.（2005）. Anita Jairam at Metropole Services. Richard Ivey School of Business.

推荐视频

Canadian Institute for Advanced Research.（2014）. Prof. Alex Haslam on why leaders need to care about group identity. https：//www.youtube.com/watch?v=nwcf_E9pUUA.

参考文献

扫一扫，下载
本章参考文献

Abrams, D., & Hogg, M. A.（1990）. Social identification, selfcategorization and social influence. *European Review of Social Psychology*, *1*, 195–228.

Anderson, D. W., Krajewski, H. T., Griffin, R. D., & Jackson, D. N.（2008）. A leadership selfefficacy taxonomy and its relation to effective leadership. *The Leadership Quarterly*, *19*, 595–608.

Ashforth, B. E., & Mael, F.（1989）. Social identity theory and the organization. *Academy of Management Review*, *14*, 20–39.

Banaji, M. R., & Prentice, D. A.（1994）. The self in social contexts. *Annual Review of Psychology*, *45*, 297–332.

Bandura, A.（1997）. *Self-efficacy：The exercise of self-control*. New York, NY：Freeman.

Burns, J. M.（1978）. *Leadership*. New York, NY：Harper & Row.

Chemers, M. M., Watson, C. B., & May, S.（2000）. Dispositional affect and leadership effectiveness：A comparison of selfesteem, optimism, and efficacy. *Personality and Social Psychology Bulletin*, *26*, 267–277.

Cicero, L., Pierro, A., & van Knippenberg, D.（2007）. Leader group prototypicality and job satisfaction：The moderating role of job stress and team identification. *Group Dynamics*, *11*, 165–175.

Cicero, L., Pierro, A., & van Knippenberg, D.（2010）. Leadership and uncertainty：How role ambiguity affects the relationship between leader group prototypicality and leadership effectiveness. *British Journal of Management*, *21*, 411–421.

Colquitt, J. A., Conlon, D. E., Wesson, M. J., Porter, C. O. L. H., & Ng, K. Y.（2001）. Justice at the millennium：A metaanalytic review of 25 years of organizational justice research. *Journal of Applied Psychology*, *86*, 425–445.

Conger, J. A., & Kanungo, R. N.（1987）. Toward a behavioral theory of charismatic leadership in organizational settings. *Academy of Management Review*, *12*, 637–647.

Conner, D. R.（1995）. *Managing at the speed of change：How resilient managers succeed and prosper where others fail*. New York, NY：Villard Books.

Crocker, J., & Luhtanen, R. (1990). Collective self-esteem and ingroup bias. *Journal of Personality and Social Psychology*, *58*, 60–67.

Dansereau, F., Graen, G., & Haga, W. J. (1975). A vertical dyad linkage approach to leadership within formal organizations: A longitudinal investigation of the role making process. *Organizational Behavior and Human Performance*, *13*, 46–78.

Day, D. V., & Harrison, M. M. (2007). A multilevel, identitybased approach to leadership development. *Human Resource Management Review*, *17*, 360–373.

Day, D. V., Harrison, M. M., & Halpin, S. M. (2009). *An integrative approach to leader development.* New York, NY: Routledge.

De Cremer, D. (2003). Why inconsistent leadership is regarded as procedurally unfair: The importance of social selfesteem concerns. *European Journal of Social Psychology*, *33*, 535–550.

De Cremer, D., van Knippenberg, B., van Knippenberg, D., Mullenders, D., & Stinglhamber, F. (2005). Rewarding leadership and fair procedures as determinants of selfesteem. *Journal of Applied Psychology*, *90*, 3–12.

De Cremer, D., & van Knippenberg, D. (2002). How do leaders promote cooperation? The effects of charisma and procedural fairness. *Journal of Applied Psychology*, *87*, 858–866.

De Cremer, D., & van Knippenberg, D. (2004). Leader selfsacrifice and leadership effectiveness: The moderating role of leader selfconfidence. *Organizational Behavior and Human Decision Processes*, *95*, 140–155.

De Cremer, D., & van Knippenberg, D. (2005). Cooperation as a function of leader selfsacrifice, trust, and identification. *Leadership and Organization Development Journal*, *26*, 355–369.

De Cremer, D., van Knippenberg, D., van Dijke, M., & Bos, A. E. R. (2006). Selfsacrificial leadership and follower selfesteem: When collective identification matters. *Group Dynamics*, *10*, 233–245.

De Cremer, D., & van Vugt, M. (1999). Social identification effects in social dilemmas: A transformation of motives. *European Journal of Social Psychology*, *29*, 871–893.

De Cremer, D., & van Vugt, M. (2002). Intergroup and intragroup aspects of leadership in social dilemmas: A relational model of cooperation. *Journal of Experimental Social Psychology*, *38*, 126–136.

DeRue, D. S., & Ashford, S. J., (2010). Who will lead and who will follow? A social process of leadership identity construction in organizations. *Academy of Management Review*, *35*, 627–647.

DeRue, D. S., Ashford, S. J., & Cotton, N. C. (2009). Assuming the mantle: Unpacking the process by which individuals internalize a leader identity. In L. M. Roberts & J. E. Dutton (Eds.), *Exploring positive identities in organizations* (pp. 217–236). New York, NY: Routledge.

Eagly, A. H., & Karau, S. J. (2002). Role congruity theory of prejudice toward female leaders. *Psychological Review*, *109*, 573–598.

Eden, D., & Leviatan, V. (1975). Implicit leadership theory as a determinant of the factor structure underlying supervisory behavior. *Journal of Applied Psychology*, *60*, 736–741.

Fielding, K. S., & Hogg, M. A. (1997). Social identity, selfcategorization, and leadership: A field study of small interactive groups. *Group Dynamics: Theory, Research, and Practice*, *1*, 39–51.

Gerstner, C. R., & Day, D. V. (1997). Metaanalytic review of leader–member exchange theory: Correlates and construct issues. *Journal of Applied Psychology*, *82*, 827–844.

Giessner, S. R., & van Knippenberg, D. (2008). "License to fail": Goal definition, leader group prototypicality, and perceptions of leadership effectiveness after leader failure. *Organizational Behavior and Human Decision Processes*, *105*, 14–35.

Giessner, S. R., van Knippenberg, D., & Sleebos, E. (2009). License to fail? How leader group prototypicality moderates the effects of leader performance on perceptions of leadership effectiveness. *The Leadership Quarterly*, *20*, 434–451.

Giessner, S. R., van Knippenberg, D., Sleebos, E. P., & van Ginkel, W. P. (2013). Teamoriented leadership: The interactive effects of leader group prototypicality, accountability, and team identification. *Journal of Applied Psychology*, *98*, 658–667.

Graen, G. B., & UhlBien, M. (1995). Relationshipbased approach to leadership: Development of leader–member exchange (LMX) theory of leadership over 25 years: Applying a multilevel multidomain approach. *The Leadership Quarterly*, *6*, 219–247.

Hains, S. C., Hogg, M. A., & Duck, J. M. (1997). Selfcategorization and leadership: Effects of group prototypicality and leader stereotypicality. *Personality and Social Psychology Bulletin*, *23*, 1087–1100.

Haslam, S. A. (2004). *Psychology in organisations: The social identity approach* (2nd ed.). London, UK: Sage.

Haslam, S. A., & Platow, M. J. (2001). Your wish is our command: The role of shared social identity in translating a leader's vision into followers' action. In M. A. Hogg & D. J. Terry (Eds.), *Social identity processes in organizational contexts* (pp. 213–228). Philadelphia, PA: Psychology Press.

Higgins, E. T. (1987). Selfdiscrepancy: A theory relating self and affect. *Psychological Review*, *94*, 319–340.

Hirst, G., van Dick, R., & van Knippenberg, D. (2009). A social identity perspective on leadership and employee creativity. *Journal of Organizational Behavior*, *30*, 963–982.

Hogg, M. A. (2001). A social identity theory of leadership. *Personality and Social Psychology Review*, *5*, 184–200. Hogg, M. A. (2003). Social identity. In M. R. Leary & J. P. Tangney (Eds.), *Handbook of self and identity* (pp.462–479). New York, NY: Guilford.

Hogg, M. A. (2007). Uncertaintyidentity theory. In M. P. Zanna (Ed.), *Advances in experimental social psychology* (Vol. 39, pp. 69–126). San Diego, CA: Academic Press.

Hogg, M. A., Fielding, K. S., Johnson, D., Masser, B., Russell, E., & Svensson, A. (2006). Demographic category membership and leadership in small groups: A social identity analysis. *The Leadership Quarterly*, *17*, 335–350.

Hogg, M. A., Hains, S. C., & Mason, I. (1998). Identification and leadership in small groups: Salience, frame of reference, and leader stereotypicality effects on leader evaluations. *Journal of Personality and Social Psychology*, *75*, 1248–1263.

Hogg, M. A., Martin, R., Epitropaki, O., Mankad, A., Svensson, A., & Weeden, K. (2005). Effective leadership in salient groups: Revisiting leader–member exchange theory from the perspective of the social identity theory of leadership. *Personality and Social Psychology Bulletin*, *31*, 991–1004.

Hogg, M. A., van Knippenberg, D., & Rast, D. E., III (2012a). Intergroup leadership in organizations: Leading across group and organizational boundaries. *Academy of Management Review*, *37*, 232–255.

Hogg, M. A., van Knippenberg, D., & Rast, D. E., III. (2012b). The social identity theory of leadership: Theoretical origins, research findings, and conceptual developments. *European Review of Social Psychology*, *23*, 258–304.

Homans, G. C. (1958). Social behavior as exchange. *American Journal of Sociology*, *63*, 597–606.

Hoyt, C. L., Murphy, S. E., Halverson, S. K., & Watson, C. B. (2003). Group leadership: Efficacy and effectiveness. *Group Dynamics: Theory, Research, and Practice*, *7*, 259–274.

Ibarra, H. (1999). Provisional selves: Experimenting with image and identity in professional adaptation. *Administrative Science Quarterly*, *44*, 764–791.

Janson, A., Levy, L., Sitkin, S., & Lind, A. E. (2008). Fairness and other leadership heuristics: A fournation study. *European Journal of Work and Organizational Psychology*, *17*, 251–272.

Johnson, R. E., Venus, M., Lanaj, K., Mao, C., & Chang, C. H. (2012). Leader identity as an antecedent of the frequency and consistency of transformational, consideration, and abusive leadership behaviors. *Journal of Applied Psychology*, *97*, 1262–1272.

Judge, T. A., & Bono, J. E. (2000). Fivefactor model of personality and transformational leadership. *Journal of Applied Psychology*, *85*, 751–765.

Judge, T. A., Bono, J. E., Ilies, R., & Gerhardt, M. (2002). Personality and leadership: A qualitative and quantitative review. *Journal of Applied Psychology*, *87*, 765–780.

Judge, T. A., Locke, E. A., & Durham, C. C. (1997). The dispositional causes of job satisfaction: A core self evaluations approach. *Research in Organizational Behavior*, *19*, 151–188.

Koper, G., van Knippenberg, D., Bouhuijs, F., Vermunt, R., & Wilke, H. (1993). Procedural fairness and self esteem. *European Journal of Social Psychology*, *23*, 313–325.

Kramer, R. M. (2003). The imperatives of identity: The role of identity in leader judgment and decision making. In D. van Knippenberg & M. A. Hogg (Eds.), *Leadership and power: Identity processes in groups and organiza- tions* (pp. 184–196). London, UK: Sage.

Lind, E. A., Kray, L., & Thompson, L. (2001). Primacy effects in justice judgments: Testing predictions from fair ness heuristic theory. *Organizational Behavior and Human Decision Processes*, *85*, 189–210.

Lind, E. A., & Tyler, T. R. (1988). *The social psychology of procedural justice*. New York, NY: Plenum.

Lord, R. G., Binning, J. F., Rush, M. C., & Thomas, J. C. (1978). The effect of performance cues and leader behav ior on questionnaire ratings of leadership behavior. *Organizational Behavior and Human Performance*, *21*, 27–39.

Lord, R. G., Brown, D. J., & Freiberg, S. J. (1999). Understanding the dynamics of leadership: The role of follower selfconcepts in the leader/follower relationship. *Organizational Behavior and Human Decision Processes*, *78*, 1–37.

Lord, R., & Hall, R. (2003). Identity, leadership categorization, and leadership schema. In D. van Knippenberg & M. A. Hogg (Eds.), *Leadership and power: Identity processes in groups and organizations* (pp. 48–64). London, UK: Sage.

Lord, R. G., & Hall, R. J. (2005). Identity, deep structure and the development of leadership skill. *The Leadership Quarterly*, *16*, 591–615.

Lord, R. G., & Maher, K. J. (1991). *Leadership and information processing: Linking perceptions and performance*. Boston, MA: Unwin Hyman.

Markus, H., & Nurius, P. (1986). Possible selves. *American Psychologist*, *41*, 954–969.

Mathieu, J., Ahearne, M., & Taylor, S. R. (2007). A longitudinal model of leader and salesperson influences on sales force technology use and performance. *Journal of Applied Psychology*, *92*, 528–537.

Meindl, J. R. (1995). The romance of leadership as a followercentric theory: A social constructionist approach. *The Leadership Quarterly*, *6*, 329–341.

Meindl, J. R., Ehrlich, S. B., & Dukerich, J. M. (1985). The romance of leadership. *Administrative Science Quarterly*, *30*, 78–102.

Murphy, S. E., & Ensher, E. A. (1999). The effects of leader and subordinate characteristics in the development of leader–member exchange quality. *Journal of Applied Social*

Psychology, *29*, 1371–1394.

Ng, K.Y., Ang, S., & Chan, K.Y. (2008) . Person-ality and leader effectiveness: A moderated mediation model of leadership selfefficacy, job demands, and job autonomy. *Journal of Applied Psychology*, *93*, 733–743.

Paglis, L. L., & Green, S. G. (2002) . Leadership selfefficacy and managers' motivation for leading change. *Journal of Organizational Behavior*, *23*, 215–235.

Pierro, A., Cicero, L., Bonaiuto, M., van Knippenberg, D., & Kruglanski, A. W. (2005) . Leader group prototypical ity and leadership effectiveness: The moderating role of need for cognitive closure. *The Leadership Quarterly*, *16*, 503–516.

Pierro, A., Cicero, L., Bonaiuto, M., van Knippenberg, D., & Kruglanski, A. W. (2007) . Leader group prototypical ity and resistance to organizational change: The moderating role of need for closure and team identification. *Testing*, *Psychometrics*, *Methodology in Applied Psychology*, *14*, 27–40.

Platow, M. J., Hoar, S., Reid, S., Harley, K., & Morrison, D. (1997) . Endorsement of distributively fair and unfair leaders in interpersonal and intergroup situations. *European Journal of Social Psychology*, *27*, 465–494.

Platow, M. J., & van Knippenberg, D. (2001) . A social identity analysis of leadership endorsement: The effects of leader ingroup prototypicality and distributive intergroup fairness. *Personality and Social Psychology Bulletin*, *27*, 1508–1519.

Platow, M. J., van Knippenberg, D., Haslam, S. A., van Knippenberg, B., & Spears, R. (2006) . A special gift we bestow on you for being representative of us: Considering leader charisma from a selfcategorization perspective. *British Journal of Social Psychology*, *45*, 303–320.

Reicher, S., & Hopkins, N. (2003) . On the science and art of leadership. In D. van Knippenberg & M. A. Hogg (Eds.), *Leadership and power: Identity processes in groups and organizations* (pp. 197–209) . London, UK: Sage.

Rhoades, L., & Eisenberger, R. (2002) . Perceived organizational support: A review of the literature. *Journal of Applied Psychology*, *87*, 698–714.

Ridgeway, C. L. (2003) . Status characteristics and leadership. In D. van Knippenberg & M. A. Hogg (Eds.), *Leadership and power: Identity processes in groups and organizations* (pp. 65–78) . London, UK: Sage.

Rousseau, D. M. (1998) . Why workers still identify with organizations. *Journal of Organizational Behavior*, *19*, 217–233.

Rus, D., van Knippenberg, D., & Wisse, B. (2010) . Leader selfdefinition and leader selfserving behavior. *The Leadership Quarterly*, *21*, 509–529.

Sani, F. (2008) . *Self-continuity: Individual and collective perspectives.* New York, NY: Psychology Press.

Shamir, B. (1999) . Leadership in boundaryless organizations: Disposable or indispensable? *European Journal of*

Work and Organizational Psychology, *8*, 49–71.

Shamir, B., House, R., & Arthur, M. B. (1993) . The motivational effects of charismatic leadership: A self-concept based theory. *Organization Science*, *4*, 577–594.

Shamir, B., Pillai, R., Bligh, M. C., & UhlBien M. (2007), *Follower-centered perspectives on leadership: A tribute to the memory of James R. Meindl.* Greenwich, CT: Information Age.

Singer, M. (1991) . The relationship between employee sex, length of service and leadership aspirations: A study from valence, selfefficacy and attribution perspectives. *Applied Psychology: An International Review*, *40*, 417–436.

Stam, D., Lord, R. G., van Knippenberg, D., & Wisse, B. (2014) . An image of who we might become: Vision com munication, possible selves, and vision pursuit. *Organization Science*, *25*, 1172–1194.

Stam, D., van Knippenberg, D., & Wisse, B. (2010) . Focusing on followers: The role of regulatory focus and pos sible selves in explaining the effectiveness of vision statements. *The Leadership Quarterly*, *21*, 457–468.

Stets, J. E., & Burke, P. J. (2000) . Identity theory and social identity theory. *Social Psychology Quarterly*, *63*, 284–297.

Tajfel, H., & Turner, J. C. (1986) . The social identity theory of intergroup behavior. In S. Worchel & W. Austin (Eds.), *Psychology of intergroup relations* (pp. 7–24) . Chicago, IL: NelsonHall.

Thibaut, J., & Walker, L. (1975) . *Procedural justice: A psychological analysis.* Hillsdale, NJ: Lawrence Erlbaum.

Turner, J. C., Hogg, M. A., Oakes, P. J., Reicher, S. D., & Wetherell, M. S. (1987) . *Rediscovering the social group: A self-categorization theory.* Oxford, UK: Blackwell.

Tyler, T. R., & Blader, S. (2000) . *Cooperation in groups: Procedural justice, social identity, and behavioral engage- ment.* Philadelphia, PA: Psychology Press.

Tyler, T. R., & De Cremer, D. (2005) . Processbased leadership: Fair procedures and reactions to organizational change. *The Leadership Quarterly*, *16*, 529–545.

Ullrich, J., Christ, O., & van Dick, R. (2009) . Substitutes for procedural fairness: Prototypical leaders are endorsed whether they are fair or not. *Journal of Applied Psychology*, *94*, 235–244.

van Dick, R., Hirst, G., Grojean, M. W., & Wieseke, J. (2007) . Relationships between leader and follower organi zational identification and implications for follower attitudes and behaviour. *Journal of Occupational and Organizational Psychology*, *80*, 133–150.

van Dijke, M., & De Cremer, D. (2008) . How leader prototypicality affects followers' status: The role of proce dural fairness. *European Journal of Work and Organizational Psychology*, *17*, 226–250.

van Knippenberg, B., & van Knippenberg, D. (2005) . Leader selfsacrifice and leadership effectiveness: The mod erating role of leader prototypicality. *Journal of Applied Psychology*, *90*, 25–37.

van Knippenberg, D. (2000) . Work motivation and performance: A social identity perspective. *Applied Psychology: An International Review*, *49*, 357–371.

van Knippenberg, D. (2011) . Embodying who we are: Leader group prototypicality and leadership effectiveness. *Leadership Quarterly*, *22*, 1078–1091.

van Knippenberg, D., De Cremer, D., & van Knippenberg, B. (2007) . Leadership and fairness: The state of the art. *European Journal of Work and Organizational Psychology*, *16*, 113–140.

van Knippenberg, D., Haslam, S. A., & Platow, M. J. (2007) . Unity through diversity: Valueindiversity beliefs as moderator of the relationship between work group diversity and group identification. *Group Dynamics*, *11*, 207–222.

van Knippenberg, D., & Hogg, M. A. (2003) . A social identity model of leadership effectiveness in organizations. *Research in Organizational Behavior*, *25*, 243–295.

van Knippenberg, D., & Schippers, M. C. (2007) . Work group diversity. *Annual Review of Psychology*, *58*, 515–541.

van Knippenberg, D., van Dick, R., & Tavares, S. (2007) . Social identity and social exchange: Identification, sup port, and withdrawal from the job. *Journal of Applied Social Psychology*, *37*, 457–477.

van Knippenberg, D., van Knippenberg, B., & Bobbio, A. (2008) . Leaders as agents of continuity: Self continuity and resistance to collective change. In F. Sani (Ed.), *Self-continuity: Individual and collective perspectives* (pp. 175–186) . New York, NY: Psychology Press.

van Knippenberg, D., van Knippenberg, B., De Cremer, D., & Hogg, M. A. (2004) . Leadership, self, and identity: A review and research agenda. *The Leadership Quarterly*, *15*, 825–856.

van Knippenberg, D., van Knippenberg, B., & Giessner, S. R. (2007) . Extending the followercentered perspective: Leadership as an outcome of shared social identity. In B. Shamir, R. Pillai, M. C. Bligh, & M. UhlBien (Eds.), *Follower-centered perspectives on leadership: A tribute to the memory of James R. Meindl* (pp. 51–70) . Greenwich, CT: Information Age.

van Knippenberg, D., van Knippenberg, B., Monden, L., & de Lima, F. (2002) . Organizational identification after a merger: A social identity perspective. *British Journal of Social Psychology*, *41*, 233–252.

van Knippenberg, D., van Knippenberg, B., & van Dijk, E. (2000) . Who takes the lead in risky decision making? Effects of group members' individual riskiness and prototypicality. *Organizational Behavior and Human Decision Processes*, *83*, 213–234.

van Quaquebeke, N., van Knippenberg, D., & Brodbeck, F. C. (2011) . More than meets the eye: The role of sub ordinates' selfperceptions in leader categorization processes. *Leadership Quarterly*, *22*, 367–382.

Vancouver, J. B., More, K. M., & Yoder, R. J. (2008) . Selfefficacy and resource allocation: Support for a discon tinuous model. *Journal of Applied Psychology*, *93*, 35–47.

Vermunt, R., van Knippenberg, D., van Knippenberg, B., & Blaauw, E. (2001) . Selfesteem and outcome fairness: Differential importance of procedural and outcome considerations. *Journal of Applied Psychology*, *86*, 621–628.

Voss, Z. G., Cable, D. M., & Voss, G. B. (2006) . Organizational identity and firm performance: What happens when leaders disagree about "who we are" ? *Organization Science*, *17*, 741–755.

Yukl, G. (2002) . *Leadership in organizations* (5th ed.) . New York, NY: Prentice Hall.

第 13 章
领导力、文化和全球化

Deanne N. Den Hartog、Marcus W. Dickson

📖 开篇案例：领导者的日常

当总部位于柏林的跨国汽车配件制造商收购了 Nathalie 所在的哥伦比亚公司时，她没有因此而担心。Nathalie 在工作职级中稳步上升，并为自己的管理岗位做好了准备。Nathalie 很了解这一行业，她认为这会是一个比较容易的过渡期。但是，现在她需要管理几个不同国家的生产流程，并监督一个由各分工厂经理组成的"团队"。因为地域分离，大多数团队成员需要通过电子邮件进行沟通，所以"团队"好像是一个错误的名词，团队也只有偶尔几次视频会议。此外，由于时区不同，实际上 Nathalie 只与一些工厂经理进行交流，那些在 Nathalie 休息时工作的人，Nathalie 很难与他们保持及时的个人联系。因此，Nathalie 和她的全球工厂经理们之间并没有太多的"团队感觉"，他们好似相互独立的关系。

现在的挑战是如何从团队中获得信息和意见、改进并达成共识。Nathalie 发布了部门预算草案，并请团队成员提供反馈。收件箱中的三封新邮件强化了 Nathalie 的挫败感。第一封邮件来自东京郊外一家工厂的 Lingfei，他建议预算草案需要团队进一步讨论。Nathalie 感觉到 Lingfei 不同意预算草案，但是电子邮件中并未如此表达。第二封电子邮件来自印度尼西亚的 Hasan，他含糊其词，没有表达出对预算过程的看法，也没有说明这些预算准不准确。第三位来自英格兰的 Christopher，他清楚地表示预算过程花费的时间比计划要长，并且因为 Susan 尝试从其他成员那里获得一些投入，这种做法并没有遵循公司的标准预算过程。Christopher 回邮件说："你知道的，时间就是金钱。"第四名团队成员，法国的 Cyrille 在要求的截止日期之前并没有答复——再一次不回复。

Nathalie 翻阅这些电子邮件时，叹了口气。昨天在柏林的老板告诉她，需要带领团队并提供清晰一致的指导。尽管 Nathalie 正在尝试，但是这种方法对她来说太陌生了。她习惯于在具有强关系和个人忠诚度的团队中建立共识。那种关系似乎自然地形成了"回家"，但现在还没有发生，Nathalie 不确定从哪里开始。她感觉问题不仅与特定的团队成员有关，还与他们的文化有关。她应该尝试根据这些人的偏好改变自己的风格？还是为了满足自己的偏好而改变他们的风格呢？

讨论题

1. 在不诉诸文化层面刻板印象的情况下，Nathalie 如何思考影响团队合作的文化差异？

2. 缺乏面对面交流会加剧 Nathalie 的问题吗？如果是这样，她应该怎么办？

3. 如果我们认为文化价值差异正在影响团队的工作，那么 Nathalie 下一步应该做什么？

📖 本章概述

尽管商业已全球化，但是在全球范围内被视为可接受或有效的商业行为仍然存在差异。有效的领导力也存在文化差异。一些政治领导人在本国非常受欢迎，然而，受欢迎的原因在其他地区的人们看来却无法理解。同样，在本国获得成功的管理人员移居国外时常常会感到困惑。领导者的行为受到环境习惯的影响，不同背景的人对领导者的期望反映了团队拥有的价值观。文化价值被定义为一组信念和规范，通常植根于社会的道德、法律、习俗和实践，它们定义了对与错，并规定了普遍性偏好（参见 Adler，2002）。

商业全球化意味着领导者越来越需要与来自不同文化的人打交道（参见 Javidan、Dorfman、DeLuque 和 House，2006）。此外，在很多国家，劳动力也越来越具有文化多样性。来自不同文化背景的人们在工作中越来越多地接触，领导者需要在一个无法预测且日益全球化的环境中令人信服地向具有多元文化的员工展示组织愿景。领导者需要对文化保持敏感。因此，对于在另一种文化中开展业务或在多元文化环境中工作的管理人员而言，能够洞察不同文化的领导力非常重要。

在世界各地，领导力都被认为是人类群体的一项功能，人类历史中记载着强调领导力重要的故事（参见 Bass 和 Bass，2008）。各地的领导力与不成比例的影响有关，领导力角色与权力和地位也相关。例如，Pickenpaugh（1997）分析了太平洋岛屿、撒哈拉以南的非洲和南美低地传统文化中的领导力象征，并发现领导者（国王、酋长）经常佩戴最有势力的大犬齿项链，它们都是各自情境中的凶猛动物。在其他地方，权力和地位可以通过职称、名片、办公室大小或其他可以识别地位和权力的符号来体现（参见 Gupta、de Luque 和 House，2004）。

本章重点关注全球的组织领导力。但是，在考察领导力的跨文化内涵时，请务必记住，一些概念，如领导力、参与或合作，在不同的文化背景下有着不同的含义。随着文化的变化，嵌入在文化中的组织也随之变化，作为组织功能的核心组成部分，领导力也随之变化（Dickson、Den Hartog 和 Castaño，2009）。例如，在西方国家，"参与"通常是指对决策产生影响，而在日本，它指的是 Ringi 系统中的共识导向策略、自下而上的程序以及游说磋商机制（Steers、Nardon 和 Sanchez-Runde，2009）。

领导力一词在不同的文化中有不同的解释。在盎格鲁—撒克逊国家，"领导者和领导力"有着积极的含义，它们塑造了杰出的个人英雄形象。然而，在其他地方，领导者的直接翻译可能会使人想到独裁形象。其他类似的翻译问题比比皆是。例如，在平等社会中，字面上的翻译"追随者或下属"可能不太合适：在荷兰，下属通常被称为"合作者（Medewerker）"或同事，而不是下属（Dickson 等人，2009）。这样的例子表明，即使认真翻译，也可能存在未被认识的、微妙的含义差别，这些差别在不同的语言和文化中有所不同。这就带来了明显的测量问题：我们如何确定并测量相同的领导力结构？如果不是这样，如何归因差异？这成为所有跨文化研究的关注点，包括领导力研究。

全球领导力和组织行为有效性（GLOBE）项目是一个大型的研究项目，旨在评估领导者文化语义定义中的相似之处和不同之处。GLOBE 将领导力定义为"个人影响、激励和促使他人能够为其所属组织的有效性和成功作出贡献的能力"。这一定义为一种特意扩大的宽泛定义，体现了宽泛的文化，考虑了特定的文化性质，一些领导力学者接受了此定义（如 Den Hartog 等人，1999；House 等人，2004；House、Dorfman、Javidan、Hanges 和 DeLuque，2014）。换句话说，尽管领导力无处不在，但是有效的领导力行为表现在不同的社会中可能会有所不同，从而导致不同的领导力行为和实践。

一项关于如何为将来的领导力角色做准备的早期研究论证了这一点。Stewart、Barsoux、Kieser、Ganter 和 Walgenbach（1994）比较了英国和德国中层管理人员的教育和职业。在英国，公司会招聘任何学科的、有才华的毕业生从事管理工作。在德国，管理从功能上看更重要，职业培训的内容与工作之间的直接关联也更为普遍。在职业发展中，英国人强调流动性、多样性以及广泛的知识和技能。公司通过频繁地更换工作和岗位以培养未来的领导者。相反，在德国，人们对机动性的重视程度降低了。管理人员在每项工作上花费更多的时间，并且重视专业技能的发展。这些培养领导者的不同方法反映了不同文化中领导者有效性的观念差异。

下面，我们提供了有关全球领导者行为研究的示例。迄今为止，领导力理论已经受到北美价值观的强烈影响。但是，这些价值观在其他文化中却不一定是可行的。因此，下文描述了社会文化的不同维度，以及它们可能导致领导力差异的方式，讨论了世界各地的领导力观念，并凸显了人们对跨文化有效领导力认识的异同。

📖 不同国家的领导力研究

迄今为止，大多数领导力研究都在北美和西欧进行（如 Dickson、Castanño、Magomaeva 和 Den Hartog，2012）。在过去的 20 年里，传统上对领导力研究不多的地区和国家也开始研究领导力。例如，Bealer 和 Bhanugopan（2014）研究了阿拉伯联合酋长国的变革型领导力和交易型领导力；Pellegrini 和 Scandura（2006）研究了土耳其的领导者—成员交换理论（LMX）和领导力代表；Chen、Eberly、Chiang、Farh 和 Cheng（2014）研究了中国的家长式领导。许多非西方地区的领导力研究都是单一国家案例。

尽管一些研究通常只比较了少数几个国家，但是这也是一种领导力比较研究。例如，Abdalla 和 Al-Homoud（2001）使用 GLOBE 数据比较科威特人和卡塔尔人对卓越领导力的看法，他们发现两个群体都强调了相似的特征（如正直、有远见鼓舞人心的管理技能、业绩导向）。还有很多其他小的比较案例（如 Bu、Craig 和 Peng，2001；Wanasika、Howell、Littrell 和 Dorfman，2011）。因为不同文化背景的管理者（不）可能表现出不同的领导行为，一些比较研究测量了一个国家内部拥有不同文化背景的群体之间的差异。例如，Xin 和 Tsui（1996）比较了亚裔美国人和白种美国人作为管理者的影响力风格，发现只有很小的差异。这强调人们不应该仅仅根据种族或原籍就认为领导力角色存在差异。尽管文化价值会影响行为，但是个体差异也会如此。

一个涉及 40 多个国家的、更复杂的研究项目是一项关于事件管理的研究（如 Smith、Peterson 和 Schwartz，2002）。处理事务时，管理者会使用不同的信息来源和含义（如规则 / 条例；国家规范；大众型信念；来自上级、同级或下级的信息；不成文的规则）。各国的偏好不同，以参与为导向的指导来源，如依赖下属，大多发生在西欧国家。来自非洲等其他地区的管理者往往依赖上级和规则等更具层次性的信息来源。然而，其他国家的管理者更强烈地依赖大众信仰作为指导（Smith 等人，2002）。

最后，一些研究侧重于"全球领导力"（如 Mendenhall 等人，2012）。全球领导力研究的重点与跨文化领导力比较研究有所不同，全球领导力研究更全面地尝试去了解全球领导者是谁，他们在做什么，以及所处环境如何影响他们。这项工作表明，领导者要在全球范围内发挥作用，就必须具备发展多元文化有效性的能力，学会管理矛盾，在存在文化差异的背景下欣赏每个人的独特性（Dickson 等人，2012）。目前，一些研究已经制定出一些与全球领导力或全球领导者心智相关的测量方法，尽管尚处在讨论、定义和制定中，但是每项测量方法的重点已有所不同。其中一个例子是《全球思维量表》（Javidan 和 Teagarden，2012），这一量表测量个人的智力资本、心理资本和社会资本中与跨文化经验和关系相关的几个要素。下面，我们重点介绍跨文化领导力和比较研究。

北美偏差

某一地区发展出的理论和概念在其他地区的适用性不应被认为是理所当然的，尽管领导力研究目前在很多国家进行，但是在领导力模式和措施方面仍然存在北美偏差。换言之，"个人主义而非集体主义，强调理性假设而非美学、宗教或迷信，强调个人而非集体激励，强调跟随者的责任而非权利，假设享乐主义动机而非利他主义动机，假设以工作为中心和民主价值取向"（House，1995，第 443 页）。很多文化并不认可这些假设。在全球范围内应用领导力模式时，需要仔细考虑文化差异以及这些差异如何影响领导者行为的意涵、规定和有效性。

Bass 及其同事的多因素领导力问卷（MLQ）就是一个广泛使用美国模式的结构 / 测量案例，这个调查表问卷关注了交易型领导力和变革型领导力（如 Antonakis、

Avolio 和 Sivasubramaniam，2003）。在全球许多国家被使用，研究结果表明，在大多数文化中，人们都偏向于变革型领导力。与交易型领导力相比，变革型领导力与积极成果之间的关联更显著（Bass，1997）。例如，在美国、中国和印度的银行雇员中进行的一项研究表明，在所有的样本中，变革型领导力与追随者的自我效能、承诺和满意度之间都存在正相关关系（Walumbwa、Lawler、Avolio、Wang 和 Shi，2005）。然而，MLQ 中的条款措辞相当抽象，领导力在不同的文化中并不一定完全相同，也因此可以以不同的方式体现（如 Dickson 等人，2012）。例如，魅力四射的领导者会表达一种意识形态信息，树立个人榜样，传递自信，从而得到追随者的信任和尊重。然而，魅力可以表现为非常自信（如温斯顿·丘吉尔），也可以表现为安静、不具攻击性（如昂山素季）。因此，尽管变革型领导力等概念可能普遍有效，但是具体表现可能有所不同。例如，"在印度尼西亚，激励型领导者需要说服追随者相信领导者的能力，然而这种行为在日本则会显得不体面"（Bass，1997，第 132 页）。变革型领导力也可能或多或少地采取参与形式（Bass 和 Bass，2008），这可能与社会规范和权力分配有关。在像荷兰这样的平等社会中，变革型领导力的行为与参与密切相关（Den Hartog 等人，1999）。因此，在被视为变革型的平等社会中，领导者可能允许更多的参与，而在权力距离较大的社会中，变革型领导力可能更容易采取指导的形式。

　　GLOBE 项目是评估各自文化中领导者偏好和行为的一项主要研究，旨在发展社会和组织文化如何影响领导者和组织实践的知识（House 等人，2004、2014）。全球 62 个国家的研究团队参加了 GLOBE 的第一次项目。他们开发了文化和领导力偏好量表。来自 800 个组织的 17 000 多名中层管理人员描述了领导者的属性和行为，他们认为这些属性和行为可以增强或减少卓越领导力。GLOBE 的最新研究分析了 24 个社会，聚焦于社会文化如何影响预期的领导力行为，领导力的成功与否取决于 CEO 的领导力与社会期望的匹配程度（House 等人，2014）。这些研究结果可以在一些文章（如 Den Hartog 等人，1999；Dorfman 等人，2012）和书籍（Chhokar、Brodbeck 和 House，2007；House 等人，2004、2014）中找到。下面具体阐述 GLOBE 项目的研究成果。

📖 与领导力有关的社会文化维度

　　文化形成了一套相对稳定、基础和共享的实践和价值，帮助人类群体或社会找到解决基础问题的办法。Schein（1992）关注了两项挑战，即如何生存、成长和适应环境，如何实现充分的内部整合以确保日常运作，同时确保拥有适应和生存的能力。当人们作为一个群体聚集在一起时，他们会对这个世界和其中的人产生共同的信念和假设。这些信念有助于群体的生存。价值取向、信念和假设指的是人类的本质、人际关系以及与自然、时间和活动的基本关系（如 Hofstede，2001；Kluckhohn 和 Strodtbeck，1961；Nardon 和 Steers，2009；Schwartz，1999）。

　　一种研究文化的方法是研究文化的维度。目前，研究者已经开发出几种社会文化维度的类型。最广为人知的是 Hofstede 的框架（1980、2001）。他的早期研究（40 多个国家的 IBM 员工）确定了 4 个文化维度：权力距离、不确定性规避、男性或女性气质、集体主义或个人主义。后来的研究增加了两个维度：长期或短期取向、放纵或克制。表 13-1 具体描述了这些维度。

表 13-1　Hofstede 的文化维度和具体描述

维　　度	含　　义
权力距离	社会中地位低的人对于权力在社会或组织中不平等分配的接受程度
不确定性规避	社会在多大程度上受到不确定性和模棱两可的威胁，并通过提供更大的（职业）稳定性，建立正式的规则，拒绝异常的思想和行为，相信绝对的真理和获得专业知识来尝试避免出现这种情况
男性或女性气质	社会中"男性"价值观占优势的程度，如果断自信、追求金钱和物质、不关心别人、重视个人生活质量"，或"女性"价值占优势，如关心他人、人际关系质量、生活质量和照顾弱者
集体主义或个人主义	社会如何看待相互依存与独立的可取性。在集体主义社会中，人们期望将集体利益置于个人利益之上，而在个人主义社会中，人们期望照顾自己并照顾自己的利益
长期或短期取向	社会如何看待时间，以及过去、现在和未来的重要性。长期取向强调未来、坚持、节俭和毅力。短期取向着眼于现在或过去，重视传统、履行社会义务、立即得到满足、好面子
放纵或克制	社会认可追求"生活中美好事物"的程度。放纵文化允许或支持个人冲动，并集中精力建立和维持友谊。在克制文化中，履行职责比追求冲动更受赞誉，而友谊要服从于履行义务

资料来源：Hofstede（1980、2001、2011）。

　　Hofstede 的这种过于简单化的文化维度概念受到了一些批评，如原始样本只来自一家跨国公司。文化随着时间流逝具有可延展性导致测量不够完善，并且这种简化忽视了国家内部文化的异质性（如 Sivakumar 和 Nakata，2001；McSweeney，2002；有关使用 Hofstede 维度进行研究的概述，请参见 Kirkman、Lowe 和 Gibson，2006）。下面，我们将讨论 Hofstede 的 4 个原始维度，以及 GLOBE 研究或其他研究提出的其他一些文化维度。GLOBE 研究也受到了一些批评（参见 Hofstede，2006；Javidan 和 House 等人，2006；Peterson 和 Castro，2006；Hanges 和 Dickson，2006）。例如，Hofstede（2006）批评 GLOBE 的测量方法。GLOBE 认为文化既包含价值，即社会认为的理想状态；又包含实践，即文化成员应对集体挑战时的实践活动（如 Javidan 和 House 等人，2006）。尽管从理论上讲，人们经常提出文化价值来推动文化实践（如 Hofstede，2001），但是这一假设尚未得到检验。GLOBE 的目的是构建可以做到这一点的测量方法。

　　使用同构项来衡量文化实践和价值。例如，权力距离维度（反向编码）的文化实践题项为：

社会中，权力是

1	2	3	4	5	6	7

集中于上层　　　　　　　　　　　　　　　　社会共享

相关的价值问题是：

在这个社会，权力应该是

1	2	3	4	5	6	7

集中于上层　　　　　　　　　　　　　　　　社会共享①

出乎意料的是，在 GLOBE 调查的 9 个文化维度中，有 6 个维度的价值和实践维度之间的相关性为负。价值和实践之间最显著的关系体现在实践评分较高或较低的地区。例如，未来取向实践得分最低的社会，其愿望的上升趋势最高。相比之下，具有最高自信取向的社会则表现出最大的愿望下降。Javidan 和 House 等人（2006）进而得出结论，价值与实践之间存在简单线性关系的假设并不成立。

需要注意的是，实践和价值得分之间的负相关关系并不意味着一个得分高于均值（即 4）的得分与另一个得分低于均值（即 4）的得分相关。例如，几乎所有社会的受访者报告的绩效取向价值得分（平均值是 5.94）均高于其实践得分（平均值是 4.10），它们之间存在负相关。之所以负相关，是因为对于实践得分较高的社会来说，所需的增量要小于实践得分较低的社会。 这适用于绩效导向、未来导向、人性导向，在权力距离（社会更喜欢较小的权力距离）的反向意义上也适用。因此，文化实践量表的解释比价值量表的解释更容易被接受。

男性化

在西方商界中采取进取好胜的态度具有相对积极的含义。进取好胜意味着坚强、快速和有力，而不是软弱和脆弱（Den Hartog，2004）。根据 Hofstede（2001）的观点，"进取好胜"仅在具有男性特征的国家具有积极含义。Hofstede 分析了"男性"社会与"女性" 社会在主张果断自信和强硬与谦逊和温柔行为之间的差异。Doney、Cannon 和 Mullen（1998）比较了男性气质和女性气质之间的差异：前者重视个人成就、对抗准则，强调独立思想和行动；后者重视团结和服务准则、合作准则，强调履行道德义务的准则。Hofstede 将上诉维度与性别差异联系起来。在男性气质高的社会文化中，人们认为男性应该坚强，女性应该温柔。在女性气质高的社会文化中，无论男性或女性都被认为应该谦逊、温柔。Hofstede（2001）认为，男性和女性文化造就了不同类型的英雄领袖。男性化管理者需要自信、进取、果断。相反，女性文化中的管理者需要寻求共识、相对缺乏远见、依赖直觉而非强硬果断。

对男性、女性气质测量的批评主要集中于此维度，包含太多不同的主题（如性别角色区分、在社会关系中的果断自信、人道或专注生活质量、以绩效 / 成就为导向）。

---

① 类似问题可以在组织层面分析文化。

在 GLOBE 研究中，这些主题分别以果断自信、性别平等、绩效取向和人道取向的维度进行测量。例如，GLOBE 对果断自信的定义为社会中个体在社交关系中表现为果断、主导和积极进取的程度（Den Hartog，2004）。果断自信与社会中的第一语言相关。果断自信是一种回应方式，意味着将自己的需求告知他人，这就是为什么在果断自信文化中，直率和明确的态度是可以接受的。例如，在美国，果断自信与第二语言使用之间存在负相关关系，对话的间接性与社会期望为负相关关系（Holtgraves，1997）。因此，在一个充满果断自信的社会中，人们趋向于直接、清晰和明确的对话。在不太果断自信的文化中，可能会重视不太直接的回应方式，并且通常是间接的、更加模棱两可和微妙的沟通。间接可以与"面子管理"联系起来。通过礼貌和间接措辞，人们有动力集体管理面部表情或公共身份（Den Hartog，2004）。

不确定性规避

不确定性规避是指一个社会依赖于社会规范和程序来缓解未来的不可预测性，是指一个社会中的成员对模棱两可和不确定的情况感到不舒服并试图避免这种情况的程度（如 Hofstede，2001）。在不确定性规避程度高的社会中，人们倾向于偏好（职业）稳定和正式规则，而在不确定性规避程度低的文化中，人们倾向于角色和工作更灵活、工作流动性更强。不确定性规避程度高的国家也培养了对专家的信任（Hofstede，2001）。前文提到的 Stewart 等人（1994）的研究，通过比较德国和英国的管理职业行为论证了上述观点。在不确定性规避方面，德国排名高，英国排名低，这在管理者典型职业生涯模式中有所体现，英国人强调流动性，而德国人则重视通过长期工作来发展专业知识。此外，英国人强调足智多谋和即兴发挥，而德国人则期望可靠性、准时性、严格规划和坚持既定计划。在德国，商业计划非常详细，客户更喜欢这样的计划，并希望交易能够按时、按约定的方式得到遵守，满足客户的期望是与仔细和详细的计划联系在一起的。相比之下，在爱尔兰（不确定性规避程度低），客户对计划的尊重程度较低，他们接受计划外行为，并期望有很高的灵活性。过多的计划被认为使企业主变得不灵活，满足客户需求也变得更加困难。Rauch、Frese 和 Sonnentag（2000）比较了德国和爱尔兰的小企业主，发现详细规划在德国对小企业成功的影响是积极的，而在爱尔兰却是消极的。

Shane（1993）发现接受不确定性的社会比规避不确定性的社会更具创新性。Shane、Venkataraman 和 MacMillan（1995）研究了 30 个国家中文化维度与创新支持策略偏好之间的关系。在不确定性规避程度高的情况下，人们更喜欢创新倡导者通过组织规范、规则和程序来促进创新，而在接受不确定性的社会中，创新倡导者通过违反组织规则和规章克服组织惯性进行创新的努力得到了更多的支持。

与他者的关系：集体主义

另一个众所周知的文化维度是个人主义和集体主义。Hofstede（2001）将以个人主义为特征的文化描述为松散的社会框架，在这种框架中，人们只照顾自己和家人的利益。相比之下，在一个紧密的社会框架中，区分群体内和群体外是高度集体主义文化的关键特征。群体内凝聚力强，人们期望群体内成员在一生中照顾他们，作为交换，他们认为必须对小组保持绝对忠诚，包括照顾群体内的其他成员。

Schwartz（1999）的研究方法略有不同，侧重于分析人们在群体内的自主性与嵌入性。在高度嵌入的文化中，人们被视为集体的一部分，通过参与群体并确定其目标来寻找生活的意义和方向。组织倾向于对成员生活中的各个领域负责，作为回报，期望成员认同并努力实现组织目标。与之相反，自主文化中的个体被视为自主实体，他们通过独特性在生活中寻找意义。

Schwartz（1999）进一步区分了智力自主性（即鼓励个人遵循自己的思想和智力）和情感自主性（即鼓励人们独立为自己找到积极意义）。在强调智力自主性的文化中，组织及其领导者更有可能将其成员视为具有自身利益、偏好、能力和忠诚的独立人员。授予成员自主权，并鼓励他们提出自己的想法并付诸行动（Sagiv 和 Schwartz，2000）。Schwartz 和 Sagie（2000）在一项由 47 个国家组成的研究中发现，社会经济发展和民主化增加了独立思想和行动、开放和变革、关心他人福利和自我放纵的重要性，并降低了从众、传统和安全的重要性。

层级、地位和权力距离

所有的社会都存在地位和权力差异，这些显然与领导力有关。权力距离与权力集中度有关（Hofstede，2001）。在权力距离较大的文化中，组织通常有很多层，指挥链也非常重要。在高权力距离的社会中，对社会做出贡献的领导者可能会受到文化中其他人的尊敬和效仿，而在更平等的社会中，则较少强调领导者的作用（Dickson 等人，2012）。

比起低权力距离国家，在高权力距离国家中的下属更不愿意挑战上司。高权力距离文化中的员工被发现更害怕表达与管理者不同的意见（Adsit、London、Crom 和 Jones，2001）。例如，在权力距离较大的国家，人们不太可能非正式地向上级提供负面反馈。此外，在权力距离较大的国家，允许下属对领导者进行评级（如 360° 反馈系统）的想法也更有可能被拒绝，因为这可能被认为会威胁权威的地位（Kirkman 和 Den Hartog，2004）。通常，管理者如何处理事情也与权力距离相关。Smith 等人（2002）指出，与来自更平等国家的管理者相比，高权力距离国家的管理者会更多地使用规则和程序，较少依赖下属或个人处理日常事务的经验。

在高权力距离文化中，独裁领导力和专制决策很可能被接受和期待。在平等主义文化中，员工希望在影响工作决策中拥有发言权。Hofstede（2001）报告说，高权力距离国家的下属主要将管理者看成善意的独裁者，而低权力距离国家的下属主要将他们看成是足智多谋的民主者。Shane 等人（1995）发现，在一个社会中，权力距离越大，人们就越倾向于在采取其他创新行动之前，让创新倡导者专注于获得当权者的支持（而不是在组织成员中建立支持新想法的广泛性基础）。

任何社会都会面临一个问题，即如何保证其成员履行必要的、负责任的行为（Schwartz，1999）。等级文化依赖于被赋予角色的等级制度，并认为权力的不平等分配是合法的。个人被社会化，遵守他们的角色、规则和义务，依附于他们在社会中的地位。组织强调自上而下的目标设定、权力链和层次结构中的固定角色。员工应该遵守并把组织利益放在个人利益之上。相比之下，平等主义文化鼓励人们将彼此视为道德平等的个体。组织强调合作，员工在努力实现组织目标时灵活地扮演各种角色。领导者通过让他人分享设定的目标，呼吁他们代表所有人的共同福利来激励员工（Sagiv和 Schwartz，2000）。

与此相关，一些研究分析了员工接受监督指导的意愿。例如，Bu 等人（2001）比较了中国大陆、中国台湾地区和美国的员工接受主管指示的倾向。总体而言，样本显示，中国大陆的员工表现出最强烈的接受倾向，而美国员工则表现出最少的接受倾向。同行共识在美国的影响更大。此外，中国大陆的员工对监管导向与公司政策之间的一致性更为敏感，个人对所获指导的价值评估反馈则较低。

与权力和地位有关的另一个问题是，地位是基于成就还是归属（Parsons 和 Shils，1951）。有些社会根据成就来赋予人们地位，而另一些社会则根据年龄、性别、社会阶层、职业或其他标准，如家庭成员身份,赋予人们地位。地位取决于个人的成就，归属则取决于一个人"是"谁。以成就为导向的社会倾向于根据成员的成就和表现来给予地位。归属文化赋予个人地位，而不是依据他们的业绩或个人成就。例如，在以资历和年龄为主的社会中，让员工向比自己年轻的老板汇报工作通常不被接受。在美国，任何人都可以当总统的想法，强烈地体现了成就取向，而在法国，如果没有就读于合适的 grande école（法国特有的高等教育体系）或没有合适的人脉就成为总统似乎仍然不可能。在日本,尽管情况已经开始改变，但是升职大多还是根据资历、性别和年龄而确定（如 Javidan，2004）。员工认识到这些做法，并相应地塑造自己的期望。

在一项对中国和美国的领导者及其追随者的研究中，Kirkman 等人（2009）分析了权力距离取向的个体差异。他们发现，个人权力距离取向和团队对变革型领导力的共享认知与程序公正认知正相关。权力距离取向可以调节变革型领导力与程序公正之间的关系（权力距离取向越低关系越强）。反过来，程序公正与追随者的集体行为有关。这项研究强调，除了社会文化在领导力中的作用之外，在研究领导力时还要考虑个人层面的文化效应。

其他维度示例

文化差异的另一个基本价值是人性假设（Kluckhohn 和 Strodtbeck，1961）：通常情况下，人是中立的、善良的还是邪恶的？在认为人基本上是善良的群体中，人们会倾向于相信他人的意愿。从领导力的角度来说，如果社会的基本信念是人们有好的意愿，那么就不需要太强调对员工进行控制和直接监督。相比之下，在人被认为是邪恶的文化中，不信任很盛行，可能需要对员工进行更多的控制和更密切的监督（如 Brannen 等人，2004）。一种文化是否认为人是可变的，也是一个有趣的问题。在人被认为是多变的文化中，组织及其领导者更有可能投资员工培训，包括培养领导力技能的培训。在人被认为是不易改变的文化中，管理的重点更多地放在选择合适的人承担工作，包括选择合适的领导者（如 Brannen 等人，2004）。

另一个有趣的文化维度与感受到的外界关系本质有关（Kluckhohn 和 Strodtbeck，1961）。不同的社会将这种关系看成是和谐、征服或支配。后者反映了可以控制和操纵自然的假设，对现实本质的务实取向以及对人类完美性的信念。这也与上述关于人是否可变的假设有关。在持有支配观点的社会中，"人们理所当然地认为，对人类而言，正确的做法是负责并积极地控制环境"（Schein，1992，第 127 页）。另一个极端假设是，自然是强大的，人类需要服从自然。这意味着宿命论，因为人不能影响自然，所以必须接受自己的命运，享受自己所拥有的（如 Javidan，2004）。

与此类似，Schwartz（1999）描述了一种精致文化，这种文化鼓励人们掌握、改变和利用环境，以此实现目标。在这种文化里，组织和领导者需要有活力、有竞争力，并且以成就和成功为导向。相反，在和谐的文化中，人们试图理解和融入自然环境，而不是改变和利用自然环境。领导者从整体角度出发，试图理解行动的社会和环境影响，并寻求实现目标的非探索性方法（Sagiv 和 Schwartz，2000）。

Trompenaars 和 Hampden Turner（1997）比较了内部文化和外部文化，这类似于 Rotter（1954）关于内部和外部控制源研究。与文化相关的差异存在于人们感觉自己控制自己和生活的程度（内部），或者被外部力量控制的程度（外部）。例如，在"发生在他们身上的事情是他们自己做的"或"有时我觉得我对自己的生活方向没有足够的控制力"这两个说法之间作出选择，超过 80% 的美国管理者选择了前者（控制自己的命运），而俄罗斯或中国的管理者选择前者的是 40%。内部文化对自然有一种支配和控制态度。冲突和抵抗意味着一个人有坚定的信念。关注自己和自己的团队，重视竞争，打"硬球"是合法的，这会影响文化中的首选领导力风格。相比之下，在外部文化中，对自然感到自在，愿意妥协，寻求和谐和反应能力，被视为领导者的理想特征。重点放在"他人"身上，成功需要温柔、坚持、礼貌和耐心（Den Hartog，2004）。

上述文化维度和其他一些维度提供了一种区分社会文化及其领导力风格偏好的方法。当然，其他因素也是相关的，包括社会经济发展的程度。因此，我们现在转向分析发展中国家的文化和领导力。

📖 超越"西方"世界的文化与领导力

领导和文化的模式与研究是在工业化国家，而不是在发展中国家发展起来的，因此其主要集中于工业化国家（Aycan，2004）。然而，发展中国家几乎占世界人口的80%，构成了一个巨大的、不断增长的市场，这些人口分布在极其多样化的国家中

（Punnett，2004）。我们认识到这些术语充满价值，因此使用工业化一词来指代经济合作与发展组织（OECD）成员国和西欧国家，使用发展中国家一词来指代其他国家。通常来说，工业化国家的人均收入较高，在联合国人类发展指数中排名较高（有着良好的教育、保健和生活质量）。越来越多的企业认识到发展中国家有着不断增长的市场和年轻的劳动力。一些国家面积很大，拥有大量的自然资源（如巴西）；另一些国家有很多训练有素的人（如印度）、良好的基础设施（如津巴布韦）或良好的医疗设施（如古巴）。所有这些特点都可能为商业机会提供良好的环境（Punnett，2004）。

发展中国家多种多样，不可能对它们的文化特征进行单一、统一的描述。然而，Aycan（2004）指出，发展中国家在下列方面有着共同的关键因素：历史背景（如专制统治、殖民主义）、生存系统（如对农业的依赖）、政治环境（如不稳定）、经济条件（如稀缺性）和 / 或人口构成（如年轻劳动力、不平等的受教育机会）。经济或政治环境和历史事件塑造了文化。因此，这些国家的文化在某些方面可能相似。然而，发展中国家之间和发展中国家内部也存在着巨大的差异。这些可能是地区性的，也可能反映了种族或宗教群体之间的差异。价值或行为差异也可能与工作人员所在的组织或受教育程度、社会经济地位和年龄有关。例如，受过高等教育、在国外接受过培训并为一家美国跨国公司工作的印度管理者的价值和行为，可能与其他美国管理者的价值观相似，而在农村为一家小型家族企业工作、受教育程度较低的印度管理者的价值观则与之不同。这种亚文化差异无处不在，但在发展中国家更加明显（Aycan，2004）。

发展中国家的文化倾向于集体主义、外部性和更高的权力距离。在文化上，无助感和宿命感比较常见（Aycan 等人，2000）。通常，关系和网络比规则和程序更重要，这可能导致群内成员互相偏袒，并歧视群外成员。在群体内部，忠诚、和谐往往很重要，相互依存也很重要，个人成就不那么重要，人际相处比取得进步更重要（Abdalla 和 Al-Homoud，2001）。这确保了工作流程的顺利运行，尽管不一定高效。沟通通常是间接的、非评价性的、非正面的，也通常是由上到下的。因为负面反馈被认为具有破坏性（面子管理）、对和谐也不利，所以这种反馈通常会被规避或间接传达（Aycan，2004）。

在领导力方面，这些社会中相对常见的共同主题是家长式的领导力风格，这种领导力风格强调地位导向、介入私人生活，并具有很强的指导性（如 Aycan，2004；Chen 等人，2014）。在这些社会中，人们普遍期望组织照顾工人及其家庭。领导者倾向于与下属建立密切的人际关系。下属期望个性化的人际关系、被保护、密切指导和监督。家长式关系具有很强的等级性。领导者保护和供养下属，而下属自愿服从，表现出忠诚和尊重。领导者被认为"知道什么对下属是最好的"，并引导下属生活中的各个方面（Aycan，2004；Pellegrini 和 Scandura，2008）。

例如，家长式领导力在墨西哥很普遍。Martinez 和 Dorfman（1998）描述了一个案例，一位鼓舞人心的墨西哥企业家参与员工的私人生活，因为他认为这是必须做的。

当秘书说她的丈夫要进医院做手术时，这位领导打电话给医生讨论此事，并确保手术合法。家长式行为的其他案例包括参加员工及其直系亲属的祝贺和吊唁仪式（如婚礼、葬礼）；向员工提供住房、医疗和子女教育费用等方面的经济援助（如捐款、贷款）；调解员工之间的人际冲突（Aycan，2004）。这种领导力方式可能存在一个问题，即对员工的差别对待带来的竞争和嫉妒等相关问题（如 Sinha，1995）。

Aycan（2004）认为，家长式主义是一种领导力风格，在工业化国家并不被理解。很多工业化国家认可个人主义，这意味着要争取自主和自力更生，这种价值观与家长式领导者的指导作用不符。在工业化国家，对下属个人生活的强烈参与似乎是侵入性的，这种关系的高度个人化被认为是不专业的。然而，在很多发展中国家，上下级之间存在着这种家长式的互惠关系。当然，这种模式可能会随着时间的推移而改变。

在上一部分中，我们讨论了文化及其对领导者行为的影响。研究表明，被视为领导者是超越正式角色影响他人的前提（Lord & Maher，1991）。领导者想要取得成功，就必须表现出被公认为"领导力"的特征或行为，因此，追随者的认知过程在领导力过程中起着至关重要的作用。如前所述，被视为有效领导者特征的属性和行为因文化不同而存在差异。在下一部分中，我们将对此进行更深入的探讨。

📖 跨文化的领导力认知

人们形成了关于使领导者有效的想法，这些想法受到文化的影响。当提到原型领导者时，在一些文化中，人们通常会想到一个大胆、自主和果敢的英雄，而在其他文化中则是另一个不同的形象。例如，理想的领导者可能是一个成熟的人，他的经验和智慧受到赞赏和重视。Lord 和 Maher（1991）业已提出，社会文化及其价值和意识形态应该会影响领导力原型和内隐领导力理论。在强文化和统一文化中，领导力原型获得广泛认可；在弱文化或具有多种亚文化的国家中，单个原型之间会表现出更大的差异（Hunt、Boal 和 Sorenson，1990）。House 等人（2004）将这些共同信念称为文化认可的隐性领导力理论（CLT）。问题是，我们是否可以在 CLT 中区分领导者的行为和特征，而 CLT 在不同的文化之间都被普遍接受且被认为有效，只是其价值却有所不同。

普遍认可且具有文化属性的领导者特征

如前所述，GLOBE 项目是迄今为止最大的跨文化领导力研究项目（Dorfman 等人，2012）。GLOBE 项目的早期报告总结了领导力的三种属性：①被普遍认可为对卓越领导力有贡献的属性。②被认为是不受欢迎的属性。③文化属性。例如，在所有参与这项研究的国家中，优秀的领导者应该是鼓舞人心的、积极的、有动力的、自信的、有远见的。这样的领导者以卓越为导向，果断聪明，擅长团队建设、沟通协调。因为这种领导者值得信赖、公正诚实，所以诚信、正直很重要。被普遍认为是无效的领导力属性包括不合作、不明确、残酷、孤独、易怒和独裁（Den Hartog 等人，1999；

Dorfman、Hanges 和 Brodbeck，2004)。

其他领导力属性的重要性因文化而异。这些文化的特有属性在一些文化中具有重要的意义，表明其特征有助于卓越领导力的养成，而在其他文化中则具有不太重要的意义，这说明这一特征阻碍了卓越领导力的养成。例如，所涉及的国家或地区在 7 分制中，"冒险"的范围是 2.14~5.96，"敏感"的范围是 1.96~6.35，"阶层意识"的范围是 2.53~6.09，"自主"的范围是 1.63~5.17（完整清单参见 Den Hartog 等人，1999)。

文化差异带来的影响。例如，对诸如"柔和"和"热情"之类特征的接受差异反映了关于适当表达情感的文化规范差异。在一些（亚洲）文化中，表现出感性会被解释为缺乏自我控制，因此是软弱的标志，情绪不外露是常态。在其他文化（如拉丁文化）中，有效的传播者会生动地表达情感。跨文化的其他领导者属性也反映了权力距离。例如，在高权力距离文化中，人们会欣赏"地位意识""阶级意识""精英主义"和"专断"，而在低权力距离文化中却不会这样。另一些则反映了对不确定性的规避，包括冒险、习惯性、程序性、能够预见、正式、谨慎、有序，这在一些国家中会阻碍卓越领导力的发展，但在其他一些国家中则会提升卓越领导力的发展。最后，自主、独特和独立似乎反映了文化对个人主义的偏爱，并被认为有助于一些而非其他文化中的卓越领导力。因此，尽管世界各地的卓越领导者图像具有某些共同特征，但是也存在巨大的差异（Den Hartog 等人，1999)。

普遍领导力属性规定的变化

前文描述了领导力属性的一般性理解，而对其他领导力特征的理解则更加多样化。但是，如前文所述，即使在普遍重视属性的情况下，跨文化也不一定以相同的方式规定这些属性。体现领导力属性的行为可能有所不同。Dickson、Hanges 和 Lord（2001）论述了一般性发现的各种含义。最相关的是区分简单通用性和可变通用性：在简单通用性中，原理和法则在上下文中相同；在可变通用性中，原理在上下文中一致，但是法则却不同。

一个具体的案例是，在大多数文化中，有远见的人被视为具备积极的领导者属性，但要做什么事情才被认为是具有远见的人，则因文化而不同。例如，如前所述，有效的沟通方式不同。Fu、Wu、Yang 和 Ye（2007）的研究指出，尽管在一些文化中男性气概演讲被认为与有效的视觉交流相关，但是在中国，有效的交流通常以非攻击性的方式表达。儒家价值（如仁爱、宽容）可能会使人们对那些在没有具体行动就夸夸其谈的领导者产生戒备心，并导致他们讨厌傲慢和疏远型的领导者。

另一个案例，一些研究者指出，某些冒险行为是变革型领导力的一部分，这种风格在很多国家得到认可。然而，GLOBE 项目研究结果显示，领导者未普遍重视冒险精神。此外，在一些情况下被认为是冒险的，可能在另一种情况下就不被认为是冒险的。例如，Martine 和 Dorfman（1998）所描述的那位墨西哥企业家，他依据下属的努力、教育程度和专业知识，不顾股东反对，任命了一位下层阶级的人成为管理者。在很多国家，人们不会认为这个决定有什么特别奇怪的地方，然而在墨西哥，一个人的社会地位极其重要。因此，在墨西哥，这种行为被视为是危险的。这说明相同的行为在不同的文化中可能具有非常不同的意义，这些文化核心价值观不同。

　　另一个案例分析了领导者的诚实正直，这是 GLOBE 中被普遍认可的领导者属性。但是，研究发现不同的文化对诚实正直，特别是对廉洁的理解有所不同。例如，在中国台湾地区，把下属而不是其他资历更高的人提拔到领导岗位，会被认为是不道德的，但在其他地区则不然。因此，诚实正直的"大局观"被普遍认为是有效领导力的必要条件，然而，在不同的文化背景下，体现领导者诚实正直的行为细节各不相同（Martin 等人，2013；Resick 等人，2011）。

领导力概貌、文化集群和组织文化

　　GLOBE 调查显示，不同文化的成员在有效领导方力面有着共同的参照系。一些领导者属性得到普遍认可，而另一些则在某些文化中得到认可，但在其他文化中则没有。在统计学上，GLOBE 领导力属性分为 6 个全球领导力维度（Hanges 和 Dickson，2004）。这 6 个维度分别是：①魅力型 / 价值型领导力（如远见、激励、正直、果断）。②团队型领导力（如协作、整合、外交）。③参与型领导力（如非自主性、允许参与）。④自主型领导力（如个人主义、独立、独特）。⑤人性化领导力（如谦虚、宽容、敏感）。⑥自我保护型领导力（如以自我为中心、好面子）。那么，世界各地对这些维度的认可是否有所不同？

　　一些研究者依据不同的方法将国家分为不同的文化集群：利用地理邻近性、大规模移民和民族社会资本、宗教和语言社区、社会变量（如态度和价值），以及经济或社会政治发展（Gupta、Hanges 和 Dorfman，2002）。GLOBE 区分了 10 个集群。西方地区"元"，包括北欧、日耳曼语欧洲、盎格鲁、拉丁美洲和拉丁语欧洲集群；东方地区"元"，包括南亚、儒家式亚洲、中欧 / 东欧、撒哈拉以南非洲和中东（阿拉伯）集群（参见《世界商业杂志》2002 年 3 月 GLOBE 专刊）。利用 6 个领导力维度为这些集群开发出各自的领导力概貌。这些概貌强调了领导力的共同因素以及文化上的独特因素（Dorfman 等人，2004）。

　　魅力型和团队型领导力在所有 10 个集群中都得到了强烈认可。人性化领导力在一定程度上也有助于世界各地有效领导力的发展，但没有那么显著。南亚、盎格鲁和撒哈拉以南非洲在人性化领导力方面得分较高，而拉丁美洲和北欧的得分则较低。自主型领导力对有效领导力的贡献基本上是中性的，但对于一些文化来说，自主型领导力是一个有一些正面影响的因素（例如，东欧和日耳曼语欧洲），而对于另一些文化来说，自主型领导力则是负面影响因素（如中东）。自我保护的 CLT 维度在任何地方都抑制了领导力的有效性。然而，在北欧、日耳曼和盎格鲁集群中，它被视为更具有抑制性，而在中东、儒家和南亚集群中则不那么明显。参与型领导力有助于所有文化集群中的有效领导力；然而，它们存在相当大的差异。日耳曼、盎格鲁和北欧集群特别适合参与型领导力，而中东、东欧、儒家和南亚集群则不适合（Dorfman 等人，2004）。

GLOBE 的最新研究涉及 24 个地区的 CEO 和高层管理团队成员。这一研究既关注社会文化如何影响文化中的预期领导力行为，又关注了领导力成功与否取决于 CEO 是否将其领导力风格与这些期望相匹配。总的来说，研究结果强化了 CEO 对不同组织结果的重要性，文化对领导者期望的影响，以及 CEO 将其领导者行为与社会对领导者期望相匹配的重要性（House 等人，2014）。来自 24 个地区近 70 位研究人员参与了这项研究，他们调查了 1 000 多位 CEO 和 5 000 多位高层管理团队成员，同时采访了其他的一些 CEO。

研究目的之一是观察社会文化如何影响社会中预期的领导力行为。研究结果显示，文化价值会影响文化认可的领导力期望，进而影响 CEO 的行为。领导者倾向于理解文化中的期望，并以社会期望的方式工作。例如，重视绩效导向的文化，如美国和德国，期望领导者参与，而在这种文化中的领导者会表现出较高水平的参与型领导力。

总体而言，参与社会的几种 CEO 领导力行为在促进高层团队和组织成功方面具有积极作用。值得注意的是，有魅力或有远见的领导力行为对高层管理团队奉献精神和企业绩效的影响最大。最有影响力的与个人魅力有关的行为是富有远见、鼓舞人心、正直，并以绩效为导向。就这些发现而言，以 CEO 团队为导向的领导者行为也是一个重要的范式，其次是以人为本的领导力。参与式领导力与最高管理团队奉献精神有一定的关系，但与公司绩效无关。自主型和自我保护型领导力通常是无效的。

此外，如图 13-1 所示，表现更好的 CEO 将其行为与社会期望相匹配，并超出这些期望，甚至高于大多数的领导力期望，尤其是具有超凡魅力和团队导向的领导者。另一方面，表现不佳的 CEO 在大多数领导力方面都达不到期望，然而比各自社会的领导者期望要更自主。图 13-1 显示了国家层级的标准化数据。换句话说，每个国家的领导力期望值都设为零，这个数字是（以标准化单位）CEO 超出或低于文化期望平均值的程度。根据高层管理团队的承诺程度，CEO 被分为最成功的或最不成功的；竞争性公司业绩的结果模式非常相似，但影响较小。CEO 的领导行为与社会对领导力期望之间的匹配非常重要，它可以预测高层管理团队的奉献精神和企业绩效（如果想了解这一研究的详细内容，参见 House 等人，2014）。

尽管研究结果表明社会价值明显影响了人们对有效领导者行为和结果的共同认知，但 GLOBE 项目也是首批允许大规模评估社会文化和组织文化对这些认知的相对影响的研究之一。例如，第一个 GLOBE 研究（House 等人，2004）表明，文化的绩效取向与文化的组织和社会层面的超凡魅力、基于价值的领导力和参与式领导力 CLT 有关。因此，重视强有力的绩效导向的社会和组织似乎把目光投向了有魅力的领导者，他们有能力描绘一个雄心勃勃、令人兴奋的未来。他们也重视一个能让他人以参与式方法建设未来的领导者（Javidan，2004）。在很多的案例中，组织文化对领导者价值系统或 CLT 的影响至少与社会文化一样强烈（Dorfman 等人，2004）。

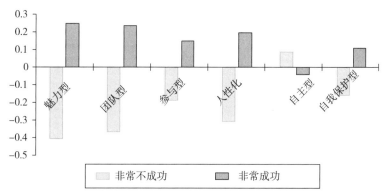

图 13-1 非常不成功和非常成功的 CEO 领导力行为与文
化期待的比较，并与高层管理团队的承诺有关

一个社会的价值很可能反映了组织成员所持有的价值。Dickson、BeShears 和
Gupta（2004）描述了上述关系可能发生的机制。这包括一个简单的事实，即组织中
的人来自某种社会文化，很可能具有特有的价值；对组织施加压力，使其符合社会价
值，通过对一致性的微妙奖励或认知优势对不一致性进行惩罚（即强制、规范和同构
模仿的压力）；资源依赖压力，必须符合要求；社会网络压力，互动模式和依赖关系
迫使组织采纳和 / 或体现社会价值。

组织领导者将文化嵌入并传播到群体的思想、情感和行为中。因此，Bass 和
Bass（2008）提议，领导者可以作为文化或反文化奠基者、文化建设者和主导文化
变革的推动者。Trice 和 Beyer（1991）提出领导者在维护文化中的作用。Schein（1992）
认为"领导力最初是信念和价值源泉，这些信念和价值使一个群体能够处理内外部
问题。如果一个领导者的提议奏效并继续奏效，那么曾经只是领导者的设想逐渐变
成了一个共同的设想"（第 26~27 页）。因此，组织创始人通过选择基本任务、小组
成员、运营背景以及组织在这种环境中成功并融入社会的初步反应，在文化形成中
扮演着至关重要的角色。Dickson、Resick 和 Hanges（2006）关注组织文化或组织氛
围的强度，并根据 GLOBE 数据显示，明确的氛围往往更强烈。强势文化可以抑制
或促进领导者努力的效果，具体取决于影响力的尝试是否符合文化中的主导价值观。
在这种情况下，Schein 讽刺性地提出，一般情况下，文化会支配组织管理，多于管
理对文化的支配。

📖 结论

本章有关领导力和文化的讨论旨在表明，我们不应该理所当然地认为基于一个地
方开发的模型和理论也适用于其他地方。我们讨论了文化，并论述了文化如何影响隐
性领导力理论和行为。同时我们也指出，即使领导者特征和行为有相似之处，这些特
征的具体设定在不同的文化中也可能不同。很显然，我们还需要对不同文化中的领导

力进行更多的研究。涉及不同国家可比样本的大规模比较研究很有意义。最好的情况是，这些研究可以随着时间的推移重复进行，这样可以更好地理解领导力的不断变化。然而，在另一个极端上，更本土、更丰富的本地研究，得出了基于特性文化的领导力模式，也很有意义。

我们没有详细描述跨文化研究中需要解决的很多潜在问题和方法论上的陷阱，这超出了本章的讨论范围。在工业组织心理学协会的支持下，Dickson 等人（2016）正在开展一系列的研究，旨在解决跨文化研究中的三个争议，特别关注以正确的步骤证明聚合的合理性，聚合文化水平数据，关注不同形式的文化相关问题对文化水平均值和方差的影响，以及社会层面结构测量的等价性。测量不变性是另一个问题。还有一个潜在障碍是翻译问题。我们如何确保受访者对问题的理解相似或构造相同的含义？如果受访者使用非母语填写问卷会如何？抽样在跨文化研究中提出了另一个挑战。例如，在大国或亚文化较多的国家中，使用国家边界作为文化边界可能并不合适。

同样，研究也有可能出现"生态谬误"，即假设不同分析级别的变量之间存在同构关系。例如，假设文化层面上存在的特征或关系会自动应用于其他层次的分析，如个体层面。但是，适用于个人的特征或关系可能适用于也有可能不适用群体，反之亦然（如 Dorfman 等人，2004）。通过在理论构建与数据收集和分析中注意分析的层次，可以将这个问题最小化。例如，在针对文化水平的问卷调查中，可以用文化项目来表述，以明确指代的群体、组织或社会，而不是指代个人。然后，个体反应是否可以聚合到群体水平，可以通过统计进行检验。

上述案例表明，在不同的文化中研究领导力并非易事。然而，精心设计的研究将有助于人们更好地理解世界各地可接受的和有效的组织领导力之间的异同。显然，在日益全球化的世界中，加强这一领域的理解至关重要。

讨论题

1. 美国哲学家、散文家和诗人 Ralph Waldo Emerson，习惯向朋友们问好："自从我们上次见面以来，你又有哪些新的认识了？"基于这一精神，近年来跨文化领导力研究又清晰地回答了哪些问题？还有哪些研究问题有待回答？

2. 一些人认为，由于全球化，文化作为一种社会结构已变得不那么重要，或者说不那么有意义。另一些人则认为，随着全球化的加剧，对核心文化价值的坚持也在增加。是否有证据表明，在多元文化中的领导者仍然需要关注文化问题，还是需要逐渐淡化？

3. 与学术研究者相比，实践领导者对跨文化领导力的理解是否有所不同？如果是，我们如何才能促进跨文化领导力的实践理解与学术理解之间更多的契合？目前的研究对实践领导者有什么帮助？

4. 这项研究面临什么样的困境和问题？

5. 这项研究对管理者派遣到外国工作的常见做法提出了什么样的建议？可

能会出现哪些与文化差异相关的障碍？什么样的人能胜任这类角色？

6.组织如何能够积极主动地防止不同文化背景的人对领导者抱有不同的期望或对什么是领导力有着不同的理解而产生的问题？组织是否应该努力使通常的隐性文化价值更加明确，以便能够讨论和解决这些价值引起的问题，进而提高效率并减少误会？或者，这种努力是否会产生相反的效果，突出而不是克服差异或尽管存在差异但仍共同努力？

7.在文化的某些维度上，管理者之间或管理者与下属之间的差异是否更容易导致组织问题、误会或无效？为什么这些方面的差异会显得特别有问题？

8.如果你被安排在一个从未共事过的多元文化团队中担任领导者，你将如何开展互动？你会做什么特别的事情来说明你的文化背景对你作为领导者的影响吗？你会做些什么来解决团队成员的多元文化背景？你如何确保现在为你工作的、有才华但又不同的人能有最佳的表现？

推荐阅读

Biermeier-Hanson, B., Liu, M., & Dickson, M. W.（2015）. Alternate views of global leadership: Applying global leadership perspectives to leading global teams. In R. Griffith & J. Wildman（Eds.）, *Leading global teams: Translating the multidisciplinary science to practice*（pp. 195-224）. New York, NY: Springer.

Javidan, M., Dorfman, P., de Luque, M. S., & House, R. J.（2006）. In the eye of the beholder: Crosscultural lessons in leadership from Project GLOBE. *Academy of Management Perspectives*, *20*（1）, 67-90.

Javidan, M., Teagarden, M., & Bowen, D.（2010）. Making it overseas. *Harvard Business Review*, *88*（4）, 109-113.

案例研究

案例：Fischer, W. A., & Chung, R.（2006）. Learning to lead in China: Antonio Scarsi takes command. IMD-3-1696.

案例：Maznevski, M., & Leger, K.（2008）. Petter Eiken at Skanska: Leading change. IMD-3-1823.

小案例系列：Although these are a bit older, they are very short and provide opportunities for undergraduates or others less familiar with case methodology to begin to use the approach and to apply them to the cross-cultural domain. The titles mentioned are three of the eight cases, though most of them are appropriate for this topic.

案例：de Bettignies，H.，& Butler，C.（1995）．Blowing in the wind. INSEAD 495-028-1.

案例：DeLong，T .J.，& Neeley，T.（2009）．Managing a global team：Greg James at Sun Microsystems，Inc.（A）and（B）．Harvard Business Cases 9-409-003.

案例：Meyer，E.，& Gupta，S.（2009）．Leading across cultures at Michelin（A；prize winner）．INSEAD 409-008-1.

推荐视频

Pattanaik，D.（2009）．Devdutt Pattanaik：East vs. West—the myths that mystify. https：//www.youtube.com/watch?v=I7QwxbImhZI.

Sirolli，E.（2012）．Ernesto Sirolli：Want to help someone? Shut up and listen! https：//www.youtube.com/watch?v=chXsLtHqfdM.

参考文献

扫一扫，下载
本章参考文献

Abdalla，I. A.，& Al-Homoud，M. A.（2001）．Exploring the implicit leadership theory in the Arabian Gulf States. *Applied Psychology：An International Review*，50，506-531.

Adler，N. J.（2002）．*International dimensions of organizational behavior*（4th ed.）．Cincinnati，OH：South-Western College.

Adsit，D. J.，London，M.，Crom，S.，& Jones，D.（2001）．Cross-cultural differences in upward ratings in a multinational company. *The International Journal of Human Resource Management*，8，385-401.

Antonakis，J.，Avolio B. J.，& Sivasubramaniam，N.（2003）．Context and leadership：An examination of the nine-factor full-range leadership theory using the Multifactor Leadership Questionnaire. *The Leadership Quarterly*，14，261-295.

Aycan，Z.（2004）．Managing inequalities：Leadership and teamwork in the developing country context. In H. W. Lane，M. L. Maznevski，M. E. Mendenhall，& J. McNett（Eds.），*The Blackwell handbook of global management：A guide to managing complexity*（pp. 406-423）．Malden，MA：Blackwell.

Aycan，Z.，Kanungo，R.，Mendonca，M.，Yu，K.，Deller，J.，Stahl，G.，& Kurshid，A.（2000）．Impact of culture on human resource management practices：A 10-country comparison. *Applied Psychology：An International Review*，49，192-221.

Bass，B. M.（1997）．Does the transactional-transformational leadership paradigm transcend organizational and national boundaries? *American Psychologist*，52，130-139.

Bass，B. M.，& Bass，R.（2008）．*The Bass handbook of leadership：Theory，research，and managerial applications*（4th ed.）．New York，NY：Free Press.

Bealer，D.，& Bhanugopan，R.（2014）．Transactional and transformational leadership behaviour of expatriate and national managers in the UAE：A cross-cultural comparative analysis. *The International Journal of Human Resource Management*，25（2），293-316.

Brannen，M. Y.，Gomez，C.，Peterson，M. F.，Romani，L.，Sagiv，L.，& Wu，P. C.（2004）．People in global organizations：Culture，personality，and social dynamics. In H. W. Lane，M. L. Maznevski，M. E. Mendenhall，& J. McNett（Eds.），*The Blackwell handbook of global management：A guide to managing complexity*（pp. 26-54）．Malden，MA：Blackwell.

Bu，N.，Craig，T. J.，& Peng，T. K.（2001）．Acceptance of supervisory direction in typical workplace situations：A comparison of US，Taiwanese and PRC employees. *International Journal of Cross-Cultural Management*，1，131-152.

Chen，X. P.，Eberly，M. B.，Chiang，T. J.，Farh，J. L.，& Cheng，B. S.（2014）．Affective trust in Chinese leaders linking paternalistic leadership to employee performance. *Journal of Management*，40（3），796-819.

Chhokar，J. S.，Brodbeck F. C.，& House，R. J.（Eds.）．（2007）．*Culture and leadership across the world：The GLOBE book of in-depth studies of 25 societies.* New York，NY：Lawrence Erlbaum.

Den Hartog，D. N.（2004）．Assertiveness. In R. J. House，P. J. Hanges，M. Javidan，P. W. Dorfman，V. Gupta，& GLOBE Associates（Eds.），*Culture，leadership，and organizations：The GLOBE study of 62 societies*（pp. 395-436）．Thousand Oaks，CA：Sage.

Den Hartog，D. N.，House，R. J.，Hanges，P.，

Dorfman, P., Ruiz-Quintanilla, A., ... Zhou, J. (1999). Culture specific and cross-culturally endorsed implicit leadership theories: Are attributes of charismatic/transformational leadership universally endorsed? *The Leadership Quarterly*, *10*, 219-256.

Dickson, M. W., BeShears, R. S., & Gupta, V. (2004). The impact of societal culture and industry on organiza- tional culture: Theoretical explanations. In R. J. House, P. J. Hanges, M. Javidan, P. W. Dorfman, V. Gupta, & GLOBE Associates (Eds.), *Culture, leadership, and organizations: The GLOBE study of 62 societies* (pp. 74-90). Thousand Oaks, CA: Sage.

Dickson, M. W., Castaño, N., Magomaeva, A., & Den Hartog, D. N. (2012). Conceptualizing leadership across cultures. *Journal of World Business*, *47* (4), 483-492.

Dickson, M. W., Den Hartog, D. N., & Castaño, N. (2009). Understanding leadership across cultures. In R. S. Bhagat & R. M. Steers (Eds.), *Cambridge handbook of culture, organizations, and work* (pp. 219-244). Cambridge, UK: Cambridge University Press.

Dickson, M. W., Hanges, P. J., Den Hartog, D., Keating, M., Kwantes, C., & Shaw, J. (2016). Investigating current measurement and aggregation controversies in the cross-cultural organizational literature. Funded proposal to the Society for Industrial-Organizational Psychology's International Research and Collaboration Grant competition.

Dickson, M. W., Hanges, P. J., & Lord, R. M. (2001). Trends, developments, and gaps in cross-cultural research on leadership. In W. Mobley & M. McCall (Eds.), *Advances in global leadership* (Vol. 2, pp. 75-100). Stamford, CT: JAI.

Dickson, M. W., Resick, C. J., & Hanges, P. J. (2006). When organizational climate is unambiguous, it is also strong. *Journal of Applied Psychology*, *91*, 351-364.

Doney, P. M., Cannon, J. P., & Mullen, M. R. (1998). Understanding the influence of national culture on the development of trust. *Academy of Management Review*, *23*, 601-620.

Dorfman, P. W., Hanges, P. J., & Brodbeck, F. C. (2004). Leadership and cultural variation: The identification of culturally endorsed leadership profiles. In R. J. House, P. J. Hanges, M. Javidan, P. W. Dorfman, V. Gupta, & GLOBE Associates (Eds.), *Culture, leadership, and organizations: The GLOBE study of 62 societies* (pp. 669-720). Thousand Oaks, CA: Sage.

Dorfman, P., Javidan, M., Hanges, P., Dastmalchian, A., & House, R. (2012). GLOBE: A twenty year journey into the intriguing world of culture and leadership. *Journal of World Business*, *47*, 504-518.

Fu, P. P., Wu, R., Yang, Y., & Ye, J. (2007). Chinese culture and leadership in China. In J. S. Chhokar, F. C. Brodbeck, & R. J. House (Eds.), *Culture and leadership across the world: The GLOBE book of in-depth studies of 25 societies* (pp. 877-907). New York, NY: Lawrence Erlbaum.

Gupta, V., de Luque, M. S., & House, R. J. (2004). Multisource construct validity of GLOBE scales. In R. J. House, P. J. Hanges, M. Javidan, P. W. Dorfman, V. Gupta, & GLOBE Associates (Eds.), *Culture, leadership, and orga- nizations: The GLOBE study of 62 societies* (pp. 152-177). Thousand Oaks, CA: Sage.

Gupta, V., Hanges, P. J., & Dorfman, P. (2002). Cultural clusters: Methodology and findings. *Journal of World Business*, *37*, 11-15.

Hanges, P. J., & Dickson, M. W. (2004). The development and validation of the GLOBE culture and leadership scales. In R. J. House, P. J. Hanges, M. Javidan, P. W. Dorfman, V. Gupta, & GLOBE Associates (Eds.), *Culture, leadership, and organizations: The GLOBE study of 62 societies* (pp. 122-151). Thousand Oaks, CA: Sage.

Hanges, P. J., & Dickson, M. W. (2006). Agitation over aggregation: Clarifying the development of and the nature of the GLOBE scales. *The Leadership Quarterly*, *17*, 522-536.

Hofstede, G. (1980). *Culture's consequences: International differences in work-related values.* Beverly Hills, CA: Sage.

Hofstede, G. (2001). *Culture's consequences: Comparing values, behaviors, institutions, and organizations across nations* (2nd ed.). Thousand Oaks, CA: Sage.

Hofstede, G. (2006). What did GLOBE really measure? Researchers' minds versus respondents' minds. *Journal of International Business Studies*, *37*, 882-896.

Hofstede, G. (2011). Dimensionalizing cultures: The Hofstede model in context. *Online Readings in Psychology and Culture*, *2* (1), 1-26.

Holtgraves, T. (1997). Styles of language use: Individual and cultural variability in conversational indirectness. *Journal of Personality and Social Psychology*, *73*, 624-637.

House, R. J. (1995). Leadership in the twenty-first century: A speculative enquiry. In A. Howard (Ed.), *The changing nature of work* (pp. 411-450). San Francisco, CA: Jossey Bass.

House, R. J., Dorfman, P. W., Javidan, M., Hanges, P. J., & DeLuque, M. S. (2014). *Strategic leadership: The GLOBE study of CEO leadership behavior and effectiveness across cultures.* Thousand Oaks, CA: Sage.

House, R. J., Hanges, P. J., Javidan, M., Dorfman, P.W., Gupta, V., & GLOBE Associates (Eds.). (2004). *Culture, leadership, and organizations: The GLOBE study of 62 societies.* Thousand Oaks, CA: Sage.

Hunt, J. G., Boal, K. B., & Sorenson, R. L. (1990). Top management leadership: Inside the black box. *The Leadership Quarterly*, *1*, 41-65.

Javidan, M. (2004). Performance orientation. In R. J. House, P. J. Hanges, M. Javidan, P. W. Dorfman, V. Gupta, & GLOBE Associates (Eds.), *Culture, leadership, and* organizations: *The GLOBE study of 62 societies* (pp. 239–281) . Thousand Oaks, CA: Sage.

Javidan, M., Dorfman, P. W., DeLuque, M. S., & House, R. J. (2006) . In the eye of the beholder: Cross cultural lessons in leadership from Project GLOBE. *Academy of Management Perspectives*, *20*, 67–90.

Javidan, M., House, R. J., Dorfman, P. W., Hanges, P. J., & de Luque, M. S. (2006) . Conceptualizing and measuring cultures and their consequences: A comparative review of GLOBE's and Hofstede's approaches. *Journal of International Business Studies*, *37*, 897–914.

Javidan, M., & Teagarden, M. B. (2011) . Conceptualizing and measuring global mindset. *Advances in Global Leadership*, *6* (1), 13–39.

Kirkman, B. L., Chen, G., Fahr, J. L., Chen, Z. X., & Lowe, K. B. (2009) . Individual power distance orientation and follower reactions to transformational leaders: A cross-level, cross-cultural examination. *Academy of Management Journal*, *52*, 744–764.

Kirkman, B. L., & Den Hartog, D. N. (2004) . Performance management in global teams. In H. W. Lane, M. L. Maznevski, M. E. Mendenhall, & J. McNett (Eds.), *The Blackwell handbook of global management: A guide to managing complexity* (pp. 250–272) . Malden, MA: Blackwell.

Kirkman, B. L., Lowe, K. B., & Gibson, C. B. (2006) . A quarter century of *Culture's Consequences*: A review of empirical research incorporating Hofstede's cultural values framework. *Journal of International Business Studies*, *37*, 285–320.

Kluckhohn, F., & Strodtbeck, F. L. (1961) . *Variations in value orientations.* Westport, CT: Greenwood Press.

Lord, R. G., & Maher, K. J. (1991) . *Leadership and information processing.* London, UK: Routledge.

Martin, G. S., Keating, M. A., Resick, C. J., Szabo, E., Kwan, H. K., & Peng, C. (2013) . The meaning of leader integrity: A comparative study across Anglo, Asian, and Germanic cultures. *The Leadership Quarterly*, *24*, 445–461.

Martinez, S. M., & Dorfman, P. W. (1998) . The Mexican entrepreneur: An ethnographic study of the Mexican empressario. *International Studies of Management & Organization*, *28*, 97–123.

McSweeney, B. (2002) . Hofstede's model of national cultural differences and their consequences: A triumph of faith—a failure of analysis. *Human Relations*, *55*, 89–118.

Mendenhall, M., Osland, J., Bird, A., Oddou, G., Maznevski, M., Stevens, M., & Stahl, G. (Eds.) . (2012) . *Global leadership: Research, practice, and development.* New York, NY: Routledge.

Nardon, L., & Steers, R. M. (2009) . The culture theory jungle: Divergence and convergence in models of national culture. In R. S. Bhagat & R. M. Steers (Eds.), *Cambridge handbook of culture, organizations, and work* (pp. 3–22) . Cambridge, UK: Cambridge University Press.

Parsons, T., & Shils, E. A. (1951) . *Toward a general theory of action.* Cambridge, MA: Harvard University Press.

Pellegrini, E. K., & Scandura, T. A. (2006) . Leader–member exchange (LMX), paternalism, and delegation in the Turkish business culture: An empirical investigation. *Journal of International Business Studies*, *37*, 264–279.

Pellegrini, E. K., & Scandura, T. A. (2008) . Paternalistic leadership: A review and agenda for future research. *Journal of Management*, *34*, 566–593.

Peterson, M. F., & Castro, S. L. (2006) . Measurement metrics at aggregate levels of analysis: Implications for organization culture research and the GLOBE project. *The Leadership Quarterly*, *17*, 506–521.

Pickenpaugh, T. E. (1997) . Symbols of rank, leadership and power in traditional cultures. *International Journal of Osteoarcheaology*, *7*, 525–541.

Punnett, B. J. (2004) . The developing world: Toward a managerial understanding. In H. W. Lane, M. L. Maznevski, M. E. Mendenhall, & J. McNett (Eds.), *The Blackwell handbook of global management: A guide to managing complexity* (pp. 387–405) . Malden, MA: Blackwell.

Rauch, A., Frese, M., & Sonnentag, S. (2000) . Cultural differences in planning/success relationships: A comparison of small enterprises in Ireland, West Germany, and East Germany. *Journal of Small Business Management*, *38*, 28–41.

Resick, C. J., Martin, G. S., Keating, M. A., Dickson, M. W., Kwan, H. K., & Peng, C. (2011) . What ethical leadership means to me: Asian, American, and European perspectives. *Journal of Business Ethics*, *101*, 435–457.

Rotter, J. B. (1954) . *Social learning and clinical psychology.* New York, NY: Prentice-Hall.

Sagiv, L., & Schwartz, S. H. (2000) . Value priorities and subjective well-being: Direct relations and congruity effects. *European Journal of Social Psychology*, *30*, 177–198.

Schein, E. H. (1992) . *Organizational culture and leadership* (2nd ed.) . San Francisco, CA: Jossey-Bass.

Schwartz, S. H. (1999) . Cultural value differences: Some implications for work. *Applied Psychology: An International Review*, *48*, 23–48.

Schwartz, S. H., & Sagie, G. (2000) . Value consensus and importance: A cross-national study. *Journal of Cross-Cultural Psychology*, *31*, 465–497.

Shane, S. (1993) . Cultural influences on national rates of innovation. *Journal of Business Venturing*, *8*, 59–73.

Shane, S., Venkataraman, S., & MacMillan, I. (1995) . Cultural differences in innovation championing strategies. *Journal of Management*, *21*, 931–952.

Sinha, J. B. P. (1995) . *The cultural context of leadership and power.* New Delhi, India: Sage.

Sivakumar, K., & Nakata, C. (2001) . The stampede toward Hofstede's framework: Avoiding the sample design pit in cross-cultural research. *Journal of International Business Studies*, *32*, 555–574.

Smith, P. B., Peterson, M. F., & Schwartz, S. H.

（2002）. Cultural values，sources of guidance，and their relevance to managerial behavior：A 47-nation study. *Journal of Cross-Cultural Psychology*，*33*，188-208.

Steers，R. M.，Nardon，L.，& Sanchez-Runde，C.（2009）. Culture and organization design：Strategy，structure，and decision-making. In R. S. Bhagat & R. M Steers（Eds.），*Cambridge handbook of culture，organizations，and work*（pp. 71-117）. Cambridge，UK：Cambridge University Press.

Stewart，R.，Barsoux，J. L.，Kieser，A.，Ganter，H. D.，& Walgenbach，P.（1994）. *Managing in Britain and Germany*. London，UK：St. Martin's Press/MacMillan Press.

Trice，H. M.，& Beyer，J. M.（1991）. Cultural leadership in organizations. *Organization Science*，*2*，149-169.

Trompenaars，F.，& Hampden-Turner，C.（1997）. *Riding the waves of culture：Understanding cultural diversity in business*（2nd ed.）. London，UK：Nicholas-Brealey.

Walumbwa，F. O.，Lawler，J. J.，Avolio，B. J.，Wang，P.，& Shi，K.（2005）. Transformational leadership and work-related attitudes：The moderating effects of collective and self-efficacy across cultures. *Journal of Leadership and Organizational Studies*，*11*，2-16.

Wanasika，I.，Howell，J. P.，Littrell，R.，& Dorfman，P.（2011）. Managerial leadership and culture in Sub-Saharan Africa. *Journal of World Business*，*46*（2），234-241.

Xin，K. R.，& Tsui，A. S.（1996）. Different strokes for different folks? Influence tactics by Asian-American and Caucasian-American managers. *The Leadership Quarterly*，*7*，109-132.

第 14 章
领导力发展

David V. Day、Aiden M. A. Thornton

📖 开篇案例：领导者的日常

Zara 是一家全球管理咨询公司（Performance Excellence Group）的流程改进顾问。Zara 获得了经济学和组织行为学本科学位，4 年前完成研究生课程之后，加入这家公司。在这个职位上，Zara 的工作职责是与大中型组织合作，通过提高业务流程效率降低组织成本。

Zara 在财务建模、定量分析和结构化问题解决方面具有很强的技术能力，因此迅速地由顾问晋升为高级顾问再到经理。Zara 被认为是极具潜力的人才，这加速了她的职业生涯发展。

迄今为止，Zara 的成功依赖于技术技能。因为管理者需要领导小型（3~7 人）项目团队，所以现在她需要专注于培养领导力技能。最近 Zara 开始参加一个领导者发展计划，计划涵盖了首次担任团队领导者的关键技能，具体包括沟通、提供反馈、基础教导和团队动力。

第一个模块要求 Zara 完成一份 360° 评估，高级领导者、同事和初级顾问对 Zara 的领导力技能进行评估。Zara 对结果进行了汇报，并发现了一些挑战。尽管上级赞赏她的领导力潜能，但是其他人却认为她在人际交往能力方面尚有很多不足。

一些同事和初级顾问认为她过于专断、缺乏合作性，并且经常不听他人意见。培训导师根据评估结果提出了一些发展建议。因此，Zara 同意在会议中练习倾听技巧，至少准备三个开放式问题来提问，接受一个涉及利益相关者高度多元化观点的新咨询项目，每周写一篇简短的日记，反思自己在人际关系中注意到的变化。在接下来的几个月里，Zara 注意到自己发生了微妙的变化，她能够更频繁地"问"而不是"说"，倾听他人反馈背后的意涵，并在人际关系中建立更大程度的信任，这是她从未想过的。

讨论题

1. Zara 应该如何跟进领导力发展活动？

2. 为什么这些领导力技能对 Zara 的职业生涯发展来说至关重要？

3. 培训导师可能会使用哪些替代方案来支持 Zara 的领导力发展？

📖 本章概述

　　鉴于这个话题的复杂性，理解领导力发展的本质并不容易。领导力本身是一个高度复杂的结构，一些评论者认为，作为一门学科，领导力"令人惊讶地尚未得到充分发展"（Hackman 和 Wageman，2007，第 43 页）。发展是一个同样复杂的结构，特别是考虑到发展涉及变化，它是一个内在的得失过程（Baltes，1987）。尽管在随时间变化的统计模型方面已经取得了进展（如 McArdle，2009；Ployhart 和 Vandenberg，2010），但是在与时间相关的发展和事件发生的时机方面，目前理论仍不成熟，而且理论和研究也经常不精确（Mitchell 和 James，2001）。

　　目前已有大量的以领导力发展为主题的出版物，人们很容易理所当然地认为已经有了很多领导力发展的科学理解。遗憾的是，事实并非如此。正如该领域其他一些研究人员所言，领导力发展文献的数量不一定与质量相关（Avolio、Sosik、Jung 和 Berson，2003）。从一般角度和历史文献来看，领导力理论与实践之间存在很大的差距（Zaccaro 和 Horn，2003）。造成这种差距的部分原因是领导力发展研究主要是收集不同的"最佳实践"（如 360° 反馈、培训、从业经验、指导），而不是一个连贯持续的、既有理论指导又有实证数据的研究过程（Day，2000）。幸运的是，这些正在发生改变。

　　相对较新的研究进展让建立一门基于证据的领导力发展科学成为可能，这已不再是一个空想。不幸的是，这一领域仍然被实践者和其他动机不明的人所主导。他们经常声称，可以提供最好的发展组织领导者和领导力的答案，或者推广有效性有待确定的领导者需求评估工具（如 Myers-Briggs 的类型指标；请参阅 Zaccaro 和 Horn，2003）。然而，好消息是一些负有盛名的研究人员已经开始从理论和实证角度探索一些潜在过程问题。其中一个案例是对 200 项实验室研究和实地调查进行元分析，评估领导力干预措施的影响（Avolio 等人，2009）。结果表明，领导力培训和发展的干预措施总体上能够产生积极的效果，但是与基础理论方法相关的各自效应大小，还存在着显著差异。

　　虽然已经取得了进步，但是我们对领导力的本质及其发展尚不了解。目前，实证研究的主要局限之一是回答问题的研究方法有限。很多实证研究比较受过训练的领导者与未受过训练的领导者，考量他们各自的成长来推测发展措施的效果，但是这是一种不公平且毫无意义的比较（Cooper 和 Richarson，1986；Shadish、Cook 和 Campbell，2002）。如果将科学研究方法严格应用于社会结构分析，如领导力，就需要更强大的方法，包括使用实验室设计：将领导者随机分配到各组，比较各种处理条件，在多个时间间隔内进行纵向评估，在多个时间段内测量横向结果（如个人和团队的变化）。这些方法的有限应用限制了我们的信心，一方面是推断因果关系的信心；另一方面是树立研究考察的发展措施有效性的信心。本章的目的之一是回顾有关领导力发展的最新文献，并将其与领导力本质的一些关键问题和基本假设结合起来进行综合分析。首先需要明确领导力发展的意义。

令人惊讶的是，也许也会令人不安，人们常常只对领导力发展进行操作性定义或清晰的描述，而不是进行明确的界定。这些主导性想法似乎假设领导力发展包含"发展"领导力，这看似挺有道理。但是，仍然有理由质疑这种简化方法。虽然事实证明领导力难以精确定义，但是很多学者已经指出，领导力是指两个或两个以上的个体为追求共同目标而进行的社会交往（如 Bennis，2007；参见本书第 1 章中的定义）。基于这个原因，有人提出将领导力发展中的大部分内容更恰当地称之为领导者发展（Day，2000）。因为领导力的本质为目标导向的人际和关系，它并不会直接发展，除非将完整的二元关系、工作群体或组织作为一个整体，并以此作为发展中心，所以领导者可以努力发展与领导力相关的知识、技能和能力。

根据领导者发展与领导力发展之间的这种区别，一些研究者将两者分别定义为：领导者发展是个人在领导力角色和过程中有效能力的拓展；领导力发展是组织执行基本领导任务所需能力的拓展，以完成共同的集体工作（McCauley、Van Velsor 和 Ruderman，2010）。从这些定义中可以推断出，通常被称为领导力发展的部分内容更适合称为领导者发展，因此，我们将使用术语"领导者（力）发展"（leader/ship development）来统一指代领导者发展和领导力发展。领导力角色和过程的概念并非只聚焦于代表领导力的组织定位、等级或地位，而是指任何人采取的行为或其他行动，不论其正式角色是否有助于设定组织定位、达成一致和建立承诺。这些基本的"领导力任务"具有功能性、适应性强和务实性等特点，因此可以更好地适应在协作型领导力要求下不断增加的各种挑战（Drath 等人，2008）。

这向我们提出了关于领导者（力）发展的第一个一般性问题或基本假设：有什么证据表明人们可以成为更好的领导者？也许伟大的领导者天生就具有遗传基因赋予的天赋，而对于那些缺乏进化基因的人来说就无能为力了。换言之，领导者发展中有多少是因为遗传因素造成的，如基因（即先天），又有多少是由于环境经验形成的（即后天）？

领导者是天生的还是后天养成的

据估计，美国各类组织每年投入 200 亿~400 亿美元用于领导者（力）发展计划和其他管理培训活动（Lamoureux，2007）。2014 年，对 94 个国家 2 500 名企业和人力资源主管的调查显示，86% 的受访者认为拓展、深化和加快领导者（力）发展既重要又紧迫（O' Leonard 和 Krider，2014）。基于这些巨大的投资和被认为的重要性，各类组织看似都相信可以培养出领导力。尽管如此，一方面推测领导力基于经济投入而发展；另一方面通过大量的数据来论证这一推测，二者之间有差别。

研究者提出了一个相关问题：是否存在特定的领导力基因（Antonakis、Day 和 Schyns，2012）。在提出这个问题时，没有人可以分离出领导力基因，但最近的研究表明，在预测领导力角色占有率（即某人是否担任监督职位）时可能存在这样一种基因，这可能更应该准确地称为监督角色占有率。De Neve 等人（2013）采用双胞胎设计方法进行了一项实验研究，研究对象为同卵双胞胎和异卵双胞胎，他们分别共享 100% 或 50% 的遗传基因。两个纵向面板数据结果显示，领导力角色占有率与一个叫做 rs4950 的遗传特征有关，rs4950 是一个"存在于神经元乙酰氯受体基因 CHRNB3 上的单核苷酸多态性"（第 45 页）。此外，研究结果表明，领导力角色占有率的遗传性（h2）约为 24%（即，角色占有率 1/4 左右的变异是由遗传因素引起）。这个结果与其他关于领导力角色占有率的双胞胎研究结果一致，大约 30% 的遗传率（Arvey 等人，2006；Arvey、Zhang、Avolio 和 Krueger，2007）。这些研究中的其他分析表明，工作经验解释了领导力角色分配中约有 11.5% 的差异，其他的环境影响因素解释了其他差异。

　　另外一些使用双胞胎设计的研究（Zhang、Ilies 和 Arvey，2009）尝试分析遗传影响和领导力角色占有率之间显著关系的潜在环境调节因素。这些研究方法基本上建立在基因和环境相互作用的理论和研究基础之上，在这种相互的作用中，社会环境的各个方面改变了基因构成的影响，无论是增强还是减弱 h^2 对各种结果的影响（Plomin、DeFries 和 Loehlin，1977）。结果表明，在丰富的社会环境（如较高的家庭社会经济地位、父母支持感较高与父母冲突感较低）中长大的个体，其领导力角色占有率的遗传影响较弱。相反，对双胞胎来说，社交环境普遍较差时，遗传效应更强。

　　这些发现似乎为对领导者发展这个话题感兴趣的科学家和实践者提供了相对较好的消息。尽管一些不平凡的遗传因素比例与监督领导角色的升迁有关（约 24% ～ 30%），但差异中的很大部分与非共享的环境影响因素有关。换言之，由于"基因好"，有些人在扮演或提升领导相关角色时似乎具有遗传优势；然而，研究结果还表明，任何人都有可能成为一个更好的领导者，并通过深思熟虑的实践和经验增加他们担任正式或非正式领导力角色的几率。

　　沿着这一思路，以管理者为参与者的研究表明，工作经验中发展挑战的数量与领导力技能发展之间的关系呈现出整体收益递减模式。当发展挑战达到高水平（即经验非常困难）时，从这些挑战中学到的知识就会减少；然而，获得反馈（支持）的机会被证明可以抵消与高水平发展挑战相关的收益递减（DeRue 和 Wellman，2009）。可获得的环境支持数量是培养领导者的重要资源。

　　我们可以肯定地回答：以预测领导力角色占有率为方式的领导者发展不只是遗传因素。下一个问题将检验实际上领导者可以随时间而发展的证据。

领导者会自我成长吗（随时间而变）

　　领导者是否会随时间推移而成长（即改变）？如果是，哪些因素可以预测这种成长？虽然这些问题的研究基础还不雄厚，但是一些纵向研究已经提供了新证据。这些问题涉及变革心理学的核心问题。相关研究采用纵向视角（追踪同一核心结构时至少包含三波数据）关注领导力出现（即一个人被认为是领导者）和领导力有效性（即一个人擅长成为领导者）指标的发展，这是两个不同但相关的问题。因为从案例研究中进行概括会面临一些挑战，因此下文在关于纵向领导者发展文献的回顾中剔除了一些案例研究以及其他形式的轶事分析（如领导者传记）。

AT&T 管理进程研究是最早发表的有关领导力提升（一种领导力出现形式）的心理因素研究（Bray、Campbell 和 Grant，1974），这份研究拓展性地将评估中心用于领导者的选择和发展。研究始于 1956 年，几十年之后还在进行中，这项纵向研究的重点是回答下列核心问题（Bray，1982）：

（1）在大型的企业中，个体在发展过程中发生了哪些重大变化？

（2）哪些原本的预期会发生变化但却没发生变化？

（3）这些变化和稳定的背后原因是什么？

研究负责人 Bray 认为"最重要的单一发现是……管理者成功的高度可预期"（Bray，1982，第 183 页）。需要注意的是，Bray（1982）界定的结果是预测作为管理者而不是作为领导者的成功；然而，目前的研究者在领导力角色占有率研究方面却将其界定为类似于职业发展问题（如，Arvey 等人，2006、2007；De Neve 等人，2013）。领导力动机是本研究中最重要的人格因素之一，它与领导力技能、工作动机等评价因素显著相关。其他与多重评估因素相关的人格因素包括野心和乐观。有趣的是，这些结果与最近旨在培养和测试领导构造动机的努力（Chan 和 Drasgow，2001）以及将乐观作为积极心理能力作用（Luthans 和 Avolio，2003）之间存在平行关系。

Fullerton 纵向研究（FLS）是一项正在进行的长期项目，目的是研究从青春期到成年的儿童发育。这个项目开始于 1979 年，有 130 名参与者，他们分别在 17 岁、24 岁和 29 岁时接受年度发展评估。到目前为止，最后的评估期（29 岁）会进行领导力评估。这项研究提供了一个独特的机会来追踪个人发展路径，即从幼儿期的个体差异，到自我评估的成人领导潜力，以及领导力角色占有率（自我报告参与和工作相关的领导力职责的频率）。一组分析结果表明，在 2~16 岁时更喜欢接触新朋友、新地方和新体验的孩子，日后会成为更加外向的青少年（17 岁），并在成年期（29 岁）掌握更丰富的社交技巧，在工作中承担更多的领导力责任，成为变革型领导者的潜力也更大。

FLS 的第二项更大型的研究，尝试研究智力、儿童内在动机、青少年内在动机和成年后的领导力动机之间的潜在关系（Gottfried 等人，2011）。智力与任何时期的内在动机之间没有显著关系。但是，儿童的内在动机预测了青少年的内在动机，后者预测了领导力动机中的情感部分（"我喜欢成为领导者"）和非功利性部分（"即使对我没有好处，我也愿意成为领导者"）。青少年的内在动机与社会规范的领导力动机（"我有责任成为领导者"）之间没有关系。

总而言之，FLS 研究提供了一种见解，个人早期发育对领导者发展的影响。儿童的内在动机和态度气质，似乎与青春期的动机和性格（外向性）有关，这些动机和个性预示了成年后领导动机和自我评估的领导力潜能。研究结果的一个潜在启示为，性格内向的儿童和青少年可能会从旨在帮助他们为未来领导角色做准备的青年领导力培训中获益。根据有关人格和领导力的文献（Judge、Bono、Ilies 和 Gerhardt，2002）研究结果，尽管性格可能对后续领导力有效性的影响较小，但是更外向的人可能会在成为领导者方面具有优势。随着 FLS 项目的继续推进，研究人员计划继续进行，观察参与者成年后期有机会承担其他领导力职责时，收集更多的领导力评估数据。

发展轨迹研究是描绘和理解随时间推移的结果演化研究（即模型）（Nagin，2005）。因为领导力技巧、能力和有效性可能会贯穿于成年人的大部分生命中，所以其轨迹与领导者发展研究有关（Day、Harrison 和 Halpin，2009）。个人之间不太可能有相同水平的知识或技能，或者以相同的方式发展，或同时发展，也不太可能识别预测这些轨迹差异的个体因素，因此，对领导者发展轨迹进行建模可以提供不同形式或形状的发展轨迹。

研究人员使用 1979 年美国全国青年纵向调查数据（美国劳工部），以全职工作的成年人为样本（N=1 747）（Li、Arvey 和 Song，2011），研究了 10 年来领导力出现的各个方面（即领导力角色占有率和领导力晋升）。研究人员考察了一般心理能力、自尊和家庭社会经济状况对两种领导力出现形式的影响，并考察了性别在其中的调节作用。领导力数据分 5 次收集，并使用两部分随机效应建模分析半连续纵向数据（Muthén，2004）。结果表明，线性增长模型比其他替代模型（如非增长模型、二次模型）对数据的拟合度更好。自尊对男性和女性的领导力角色占有率都有显著的正面影响，自尊对女性领导力提升也有显著的正面影响（即随时间发展的女性员工数量增加）。研究发现，家庭社会经济地位对女性领导力提升有负面影响，而一般心理能力对长期性的男性和女性领导力提升都没有影响。

在这项研究中，最有趣的结果是，与在经济地位较低的家庭中成长的女性相比，在较高社会经济环境中成长的女性领导者更容易在职业生涯中停滞不前。尽管这些结果很有意思，但这一发现并没有一个明确的解释。因为样本中的每个人在 10 年内都拥有全职工作，所以更富裕的女性不太可能辞职。相反，研究人员指出，在儿童发展（如 Luthar，2003）和咨询心理学（Lapour 和 Heppner，2009）领域的研究表明，特权是有代价的，在职业发展方面，特权对女性的影响可能比男性更大。

另一项评估和预测发展轨迹的研究考察了参与领导力与团队建设课程中的社区服务和行动学习项目的大学生（N=1315）（Day 和 Sin，2011）。参与者在项目团队中工作 13 周，他们的任务是开发出一个有利于社区的项目，从概念、设计到实施，再到评估。每个小组由约 6 名成员加上一名同伴学习顾问（即导师）组成。团队中没有指派或任命正式的领导者。除其他事项外，同伴顾问对每个团队成员的团队领导力效能进行 4 次评分。研究设计对领导者发展综合的集成模型进行部分检验（Day 等人，2009）。模型的核心是领导者身份构建和自我调节的基本过程，这些过程在最深层次上得到与选择性适应和补偿相关的成人发展过程的支持（Baltes，1997）。

这项研究有一个令人惊讶的发现，领导者有效性的一般轨迹主要为负向，在最后评估期（二次模型）略有上升。这强化了一个重要观点，即发展不一定是正向的线性函数。在当前情况下，将年轻人置于一个团队环境中，他们需要在有压力的环境中表现和学习，这可能会挑战他们作为领导者的有效性。尽管如此，仍有一些因素缓和了这一总体发展轨迹。事实证明，更强有力地识别领导者并采取更强的学习目标导向（Dweck，1986）与更有效（不那么负向）的发展轨迹有关。增长混合建模程序（Wang 和 Bodner，2007）揭示了约 10% 样本的第二类发展轨迹，包括评级领导力有效性的正向和线性发展。其他证据表明，成人发展过程的各个方面在发展轨迹的两个子类之间进行可靠的区分。

前面的讨论提供了有力的证据，证明个人并没有以同样的方式体验或受益于领导者的发展。此外，领导者身份建构、目标导向和成人发展过程中的各种理论驱动的个体差异与更有效的领导者发展轨迹相关。这些个体差异因素和其他纵向研究确定的因素（如个性、心理社会发展水平、领导力动机、自尊），最终可能被证明对增强和促进有效领导者发展很重要。如果未来的研究确定培训措施和个性之间的相互作用（Gully 和 Chen，2010），其中个体差异部分地决定了领导者发展计划实现其预期成果的程度，这一点尤为重要。

本部分回顾了纵向调查，证明领导者能够并且确实随时间而发展，个体差异能够预测发展程度及其形式（即发展轨迹）。下一部分将探讨领导力发展措施的作用。换言之，如果领导者能够通过参与发展计划脱颖而出，或变得更加有效，那么与这种强化的脱颖而出和有效性相关的发展是什么？

领导者成长包含哪些内容？

确定发展内容，对于推进领导者发展计划的研究和实践至关重要。从研究的角度来看，答案将确定感兴趣的结果变量，测量这些变量发生变化的程度。我们需要考虑很多隐含标准。领导力模型开始变得非常流行，但也引发了争议。虽然胜任力一词显然是"除了一个人确定的特定定义之外没有任何意义"（Schippmann 等人，2000，第 706 页），但是思考胜任力的方法之一是将其与领导力相关的知识、技能和能力捆绑在一起。批评者指出，胜任力模型是"违背逻辑、经验和数据"的最佳实践（Hollenbeck、McCall 和 Silzer，2006，第 399 页），但也有人反驳，胜任力模型提供了一个总体框架，有助于个人和组织集中精力发展领导力技能。具体来说，胜任力模型通过概述领导力框架来帮助个人选择、发展和理解领导力的有效性，并将其作为组织内领导力培训和发展计划的基础。此类模型还可以通过传达哪些一般领导者行为形式很重要，并提供一个跨职位和跨情境的领导力框架，从而尽可能地帮助组织。

培养专家型领导者。不管人们对领导者胜任力模型的看法如何，它们都提供了一种分类方法，其中包含与领导力相关的一般技能、子技能和技能组合（即胜任力）。领导力技能层级是跨组织领导技能需求的通用模型（T.V.Mumford、Campion 和 Morgeson，2007）。模型的核心包括 4 个一般类别的领导力技能需求：认知能力、人

际交往能力、业务能力和战略技能。此外，模型还提出了各种子技能，并对其进行了
检验（见表 14-1）。

表 14-1　关于基本领导技能需求的两种观点

领导力层级	Mumford 等人（2007）	可培养的领导能力	Van Velsor 和 McCauley（2004）
一般技能	子技能	一般技能	子技能
认知能力	谈话 积极倾听 写作 阅读理解 主动学习	自我管理能力	自我意识 平衡冲突需求的能力 学习能力 领导力价值
人际交往能力	社会洞察 协调 说服	社交能力	建立和维持关系的能力 建立有效工作团队的能力 沟通技巧 发展他人的能力
业务能力	物质资源管理 运营分析 人力资源管理 财务资源管理	工作促进能力	管理技能 战略思维和行动能力 创造性思维能力 发起和实施变革的能力
战略技能	远见 系统感知 确定后果 确定关键原因 问题识别 解决方案评估		

研究人员针对个人领导能力提供了不同的模型（Van Velsor 和 McCauley，2004），
这些个人领导能力也可以得到发展。模型包含三个一般类别：自我管理能力、社交能
力和工作促进能力。表 14-1 描述了每种一般技能中的子技能。有趣的是，这两个分
类框架几乎没有任何重叠。

与此相关的一个问题是，哪一个模型是正确的？答案是，它们可能都是对的，或
者其中一个或两个都有可能是错的。尝试将领导力提炼成一套技能或能力，可能会变
得笨拙，而且依然会忽略掉重要的部分。另外，这两个模型过度地以领导者为中心，
认为领导力的本质始终取决于个体领导者的行为。

尽管如此，将领导力理解为一组技能或能力依然具有一些优势。一方面，基于技
能的方法与个人领导力可以发展的假设是一致的（Lord 和 Hall，2005）。此外，技能
在领导力特质理论和行为理论之间提供了一个桥梁，有助于找出缺失的组成部分，让
有效的领导者在正确的时间做正确的事（M. D. Mumford、Zaccaro、Connelly 和 Marks，
2000）。

以技能为基础的领导力分析方法需要解决的一个问题是发展复杂技能和能力的

预期时间框架（Day 和 Dragoni，2015）。最近，根据专家绩效模型，有一些方法将领导力技能发展进行概念化（Day 等人，2009；Lord 和 Hall，2005）。也就是说，发展领导力才能和能力，可以与其他领域的专业发展相比，如科学、音乐、国际象棋和体育（Bloom，1985；Chi、Glaser 和 Farr，1988；Ericsson、Charness、Feltovich 和 Hoffman，2006）。早期研究发现，在一些领域中，能够到达最低标准的专家水平至少需要 10 年或 10 000 个小时的专业实践（Ericsson 等人，2006；Ericsson、Krampe 和 Tesch-Römer，1993）。最新元分析的研究结果表明，实践可能占各个领域绩效差异的 1% ~26%（Macnamara、Hambrick 和 Oswald，2014）。换句话说，实践在发展专业知识中的作用可能只在特定领域内发生。但是，如果实践在领导力领域很重要（并且我们坚持认为确实如此），在如此长的时间内，什么能激发这种深思熟虑的练习，使之成为一名专家型领导者？这是 Day 等人（2009）提出的领导者发展综合方法的基础。

其他方法侧重于关注领导者战略思维能力的发展，他们认为战略能力在更高层次的组织中变得越来越重要。更具体地说，战略思维能力包括领导者形成"创造价值的战略目标和战略"所需的知识、技能和能力（Dragoni 等人，2014，第 867 页）。研究人员已经证明，累计工作经验在控制个人特征和其他工作经验变量之后，与高管战略思维能力正相关（Dragoni、Oh、Vankatwyk 和 Tesluk，2011）。此外，跨国工作经验，特别是那些涉及更大文化距离的工作经验，被证明能够培养领导者的战略思维（Dragoni 等人，2014）。累计工作经验所发挥的作用（领导者职业生涯中不同层级的角色和责任）拓展了有关领导力角色占有率的研究范畴（即是否具有监督角色）。此外，研究重点也有所调整，以前是以监督角色占有率作为结果变量，现在变成以概念化领导者工作经验组合为结果变量，以此预测领导者的发展。这激发了一些关注领导者发展过程中的经验和时间作用的新理论。

最近，Day 和 Dragoni（2015）在对领导者（力）发展文献的结果进行分析时指出：那些认为领导力发展计划、工作经验或干预措施直接塑造（引起）领导力发展的想法过于简单化（见图 14-1）。原因之一是发展中的领导者因个人能力不同、起点不同、发展经验不同而形成不同的变化形式。因此，经验是个人能力带来的经验和更直接的发展成果之间的调节变量或偶然效应（见图 14-2）。这些结果包括能力和知识、技能和能力的组合，以及自我意识、自我效能和自我概念（即身份）形式的领导者的自我观。这些领导者发展结果与更深层次的结果相关，而更深远的结果与更深层次的成人发展变化有关，后者只有通过广泛专业的实践才能发生。这些深层次的改变被认为是改变了领导者的内部操作系统，需要大量的时间和实践来支持其持续性。围绕一个非常粗糙的近端或远端时间焦点来分析领导者发展结果的价值在于，领导者发展的近端指标可以表明，随着实践的进行，可能会出现更深入、更长期的发展。人们认为在发展团体和组织的长期（远程）领导能力方面也存在类似的结构。

在前一个问题的基础上，即领导力发展是否可能发生，评估领导力发展的纵向证

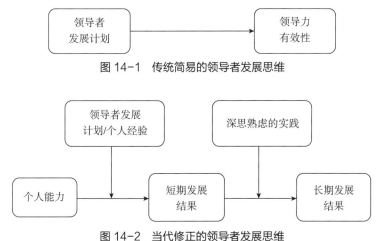

图 14-1　传统简易的领导者发展思维

图 14-2　当代修正的领导者发展思维

资料来源：改编自 Day D.V., Dragoni L.. 领导力发展：基于时间和分析层次的结果导向评估组织心理学与组织行为年度回顾，2015（2）：133–156。

据，并了解在这一过程中发展了什么，下一部分将探讨个人和组织中培养领导力发展的方式。具体来说，培养个人领导力技能和相应知识结构的方法有哪些？

如何更好地促进领导者（领导力）的成长

大部分领导者（力）发展文献都将关注力集中在提出促进领导力发展的方法上。这些文献主要从实践者的角度关注培训计划、实践和其他经验。另一种观点认为需要做更多的研究，以此加强领导者（力）发展的科学性，并且需要更多地侧重于作为各种实践基础的基本过程问题。然而，如何培养领导者（力）的各个方面都很重要，但是需要更好地与理论和经验问题结合起来。本部分将首先回顾发展实践的不同方法：结构化培训计划、经验以及最近在发展组织文化方面所做的工作，其中发展实践以持续的方式培养。下面是有关如何将实践问题与更好地了解领导者（力）发展过程相关问题相结合的建议。

培养领导者和领导力的结构化培训计划。结构化培训计划的持续时间从几个小时到几年不等，包含各种类型。Conger（2010）提议，领导者（领导力）的发展培训可分为四大类：个人技能发展、组织愿景和价值的社会化、促进大规模变革的战略型领导力计划以及旨在应对组织挑战和机会的行动学习计划。

个人技能发展是一种非常受欢迎的领导者发展方法，许多组织和咨询公司提供公开招生和定制课程。此类计划的其他术语包括发展评估和密集反馈计划（Guthrie 和 King，2004）。之所以这样称呼，是因为参与者完成了一些个人差异测量（如个性、价值、领导力技能评估），另外也接受由自己、下属、同事和上级（可能还有其他人）完成的 360° 评估结果。这些举措的目标是建立对个人优势和发展需求的自我意识，并增进对他人如何看待自己的理解（Day 等人，2014）。特别是，当与指导和面向行动的发展计划相联系时，这些计划提供了一种蓝图，可以在确认和利用已确定优势的同时，培养所需的领导力技能。

尽管如此，在技能发展计划的成功方面还有一些需要注意的问题。对干预措施反馈文献的元分析发现，近 40% 的干预措施对绩效有负面影响，约 15% 的干预没有影响（Kluger 和 DeNisi，1996）。这些结果表明，仅仅提供反馈并不能保证积极的发展结果。尽管一些研究表明，与导师合作有助于随时间提高 360° 反馈评级（Smither、London、Flautt、Vargas 和 Kuchine，2003），同样直接报告并讨论向上级反馈与随后改善之间的正相关关系（Walker 和 Smither，1999），但是积极的改变并不是明确的。例如，如果直接报告以实名制评级形式来汇报上级反馈，则很可能导致主管绩效评级过高。当下列条件适用时，才最有可能得到改善：①反馈表明改变是必要的。②个人有积极的反馈导向（即反馈被正面看待）。③改变是可行的。④设定适当的目标规范行为。⑤采取可以提高技能的行动（Smither、London 和 Reilly，2005）。

领导者（领导力）发展计划也可以促进新员工或新晋升人员具有组织远景和组织价值。除了设定目标和作出承诺之外，研究人员还认为建立一致性是关键的领导力过程（Drath 等人，2008）。协调的重要形式之一是在组织优先事项和工作方式上达成共识（Conger，2010）。与其他领导力技能发展计划相比，这类培养计划通常在公司内部进行（即内部开发和实施），由公司领导者担任导师。尽管此类培训计划变得越来越流行，但与其他类型的发展计划相比，这一计划尚未得到广泛推广。无论其受欢迎程度如何，这个方法说明了旨在使领导者根据公司的基本价值和经营理念进行社交的过程是如何演变为领导者（领导力）发展过程的。

就应对实施广泛变革所需的必要领导力能力变化而言，组织的积极战略变革管理也已成为领导者（领导力）发展的驱动因素。此类举措通常高度重视组织战略，重点是传达战略目标（如果它们正在发生变化），在战略方面建立组织领导者之间的协调（即建立战略统一性），并在组织层面培养变革的推动者，以促进变革、促进战略优先事项向前发展。这样的计划有可能有效地建立与个人和组织变革相关的技能和能力；但是，其潜在成功的关键因素是高级领导团队要制订明确的变革计划，并且知道需要什么样的领导力才能。毋庸置疑，这并不总是必然的。

领导培训的结构化计划的最后一类是行动学习计划。顾名思义，这类计划包括团队合作，解决具有战略重要性的问题（行动），同时通过个人和团队反思（学习）建立自我意识和领导力。与行动培训（Frese、Beimel 和 Schoenborn，2003）侧重于通过结构化实践（如角色扮演和反馈）进行学习相比，这些举措的重点是领导者的全面发展，以此培养特定的技能和能力（如魅力）。相反，行动学习源于 Revans（1980）的开创性工作，本质上是一种非结构化或半结构化的做中学。

行动学习是促进领导者（领导力）发展的有效工具，然而这个工具也有潜在的缺点。这是一个非常激进的培训计划，需要大量的投入，特别是参与者的时间，因为大多数参与者要在日常工作之外进行行动学习。如果把重点放在完成项目（行动）上，而对发展（学习）的关注很少，那么领导者（领导力）发展的价值可能会丧失或被严重稀释，这就是为什么我们建议需要有独立的团队导师的原因。尽管行动学习有潜在的负面影响，但有证据表明，此类举措得到了广泛应用——76%的受访者称，这些举措广泛应用于促进领导者（领导力）的发展（Conger 和 Xin，2000）。

总之，结构化计划是解决组织中领导者（领导力）发展需求的一种流行的方法。虽然各种培训项目可以被合并成四大类别，但是在项目长度、强度和着重点方面，这四大类别之间存在很大的差异。此外，仅从计划角度思考领导者（领导力）的发展会存在一个严重的风险，即过于片面化地进行思考。也就是说，如果认为发展只在指定的正式培训中才发生，那么重返工作后必须继续进行的关键发展可能会被忽略或轻视。正如专家绩效领域的研究所证明的那样，个人变化和发展需要长期的、专注的实践（如 Ericsson 等人，1993）。换言之，如果你只是想在正式的项目中发展领导力，那么就不太可能获得高级领导力所需的技能和专业知识。

从经验中发展领导力。尽管领导者（领导力）发展计划在组织中很受欢迎，但是当你向成功的高级管理人员询问他们如何成为领导者时，他们往往会说是借助过往工作经验实现的。具体来说，经验教训是最有效的发展动力（McCall、Lombardo 和 Morrison，1988）。这些研究与工作绩效文献中的发现类似，均指出工作经验可以通过对工作知识的影响，进而对工作绩效产生实质性的间接影响（Schmidt、Hunter 和 Outerbridge，1986）。这促成了 70-20-10 启示，大约 70%的领导者发展被认为来源于在职经验，20%的领导者发展来源于发展关系，10%的领导者发展来自正式的发展计划。要记住，这是一般的启发式方法，而不是用于培养领导者（领导力）发展的有效途径。但是，这强调了参与领导者（领导力）发展设计和培训的人员需要重视发展经验的重要性。

为了提供一些模型来识别和衡量管理工作中的发展成分，McCauley 及其同事开发了"发展挑战分类"（McCauley、Ruderman、Ohlott 和 Morrow，1994）。通过对近700 名管理者的反馈因子进行分析，研究提出发展工作的三种基本类型挑战：①工作转换（如不熟悉的职责、证明自己）。②与任务相关的特征（如创造变化、处理外部压力、未经授权的影响）。③障碍（如缺乏高层管理支持、上司难相处）。如前所述，这些一般类别在本质上是多层次的。对这项措施的更多研究显示，在工作挑战方面存在显著的性别差异，男性管理者认为与任务相关的挑战更大，女性管理者则认为工作中遇到的最大的障碍是发展（Ohlott、Ruderman 和 McCauley，1994）。

最近，关于领导者发展的研究借助经验检验了与极具挑战性经验相关的潜在边界条件。研究人员利用 McCauley 等人（1994）的发展挑战分类，将领导力技能发展与经验中的挑战程度联系起来（DeRue 和 Wellman，2009）。正如假设所展示的，发展挑战与领导力技能发展之间的关系呈现收益递减趋势。也就是说，在某一点之后，发展经验增加更多的挑战，对技能的进一步发展进行预测就不那么明显了。研究人员还发现，在获得反馈（即支持）方面，情境中的各个方面抵消了与高水平发展挑战相关的收益递减。

这些经验发现与拟议的领导者发展模式一致，在这种模式中，任何经验都可以在评估、挑战和支持等方面发挥更大的作用（Van Velsor-McCauley，2004）。可以说，拥有良好的反馈是一种重要的支持资源（如强化、了解结果），即使在发展挑战非常激烈的情况下，良好的反馈也有助于促进领导力技能的进一步发展。如果没有反馈机制，挑战可能会变得势不可挡，进而阻碍工作经验的进一步积累。

McCall（2010）提出，需要重塑领导者（领导力）发展计划来更好地利用经验，同时也认识到"有效利用经验来培养领导力才能比看起来要复杂和困难得多"（第 3 页）。造成这种复杂性的部分原因是经验可能涉及很广，包括工作轮换、战略性工作分配、行动学习项目以及基于经验的发展计划。换句话说，什么不是经验？为了应对这一挑战，一些组织制定了框架，确定并衔接个人在完成工作任务和组织进步过程中需要发展的经验、能力、关系和学习能力（Yost 和 Mannion Plunket，2010）。

综合发展分类法是一项重大的工作。这类方法的优势是，可以用来确定对发展最重要的经验，重新设计一些工作，使之更具发展性，并从领导力人才的广度和深度来评估组织领导力的总体水平。尽管这种分类方法可能非常有效，但它似乎忽略了学习过程中的人为因素。具体来说，从经验中学习并不总是既定的，因为：①并不总能意识到有东西需要学习。②即使存在这样的意识，也不总是清楚要学习什么。③在确定学习是否发生或何时发生时，存在大量的模糊性和不确定性（Brehmer，1980；Feldman，1986）。

总之，经验通常被认为是最有前途和最有潜力的领导者发展因素（McCall，2010）。一般层面上，经验是有意义的，但是当我们认识到经验的本质时，它比听起来更复杂。从短期的课堂学习，到紧张的任务分配或持续的工作经验，与领导者发展相关的所有事项都可以从经验方面进行阐述。经验也是复杂和多方面的，难以量化分类（Tesluk 和 Jacobs，1998）。尽管如此，一些研究证明，有可能获得工作经历中对发展挑战程度的估算，并将其与相关结果联系起来（如 DeRue 和 Wellman，2009；Dragoni 等人，2011）。由于从经验中学习并非总是那么容易或直接，因此需要更多地关注帮助个体学习者在发展过程中获得所需的经验教训，而不仅仅是提供经验（Day，2010）。

专注于发展型组织（DDO）。 DDO 是领导者（力）发展文献中一个相对较新的概念。这是一种创新的方法，将持续发展实践嵌入组织文化中，以同时促进组织和个人的发展（Kegan 和 Lahey，2016）。

Kegan 和 Lahey（2009）断言，因为存在潜在的回避压力，所以发展计划常常会受到破坏。第一种压力是对自我的回避，这种回避由于无法承认、分享和公开地处理自身的弱点而产生。第二种压力是对他人的回避，这种回避是因为倾向于在别人背后进行负面评论而产生。两者都会导致生产力的损失，这是因为两种回避都在"政治化"而非在真实方面投入宝贵的资源（如时间、精力和努力）。结果，人们浪费时间让自己看起来更好，而且浪费更多的时间让别人看起来更糟糕（Kegan 和 Lahey，2016）。

这两种趋势都阻碍了领导者（力）的发展。

为了应对这些有问题的动态关系，DDO 坚持三个总体原则：家（home）、边缘（edge）和凹槽（groove）。总的来说，这些原则为人们创造了自我和他人在一起的空间，以便同时发展个人潜力和组织潜力。"家"是指需要建立一个以信任和相互尊重为基础的同事社区。在这个社区中，职级通常没有特权，每个人都在促进他人的发展中发挥着积极作用（如通过频繁反馈、测试假设等）。"边缘"是指需要将个人当前的自我理解定位在一个发展水平上，这代表着成年人以越来越复杂的方式了解自己（Kegan，1982；Kegan 和 Lahey，2009、2016）。虽然 Kegan 完整的成人发展模型包含 5 个发展层次，但是他认为最高的三个层次与当代组织中的人最相关。第三发展层次（社会化意识），成员内化并认同外部权威，这通常会使他们成为忠诚服从的团队成员。第四发展层次（自我创造意识），因为自我越来越认同自己独特的价值和观点，优先考虑个人的自主性，所以社会化意识逐渐淡化。第五发展层次（自我超越意识），随着个人越来越认同自我、他人与世界之间动态的相互依存关系，从而优先考虑对自身进行更系统的理解，自我创造意识逐渐松散。人们通常通过深入的反思性练习来确定自己的边缘，这些练习需要识别出会破坏发展进度的无意识假设（Kegan 和 Lahey，2009）。虽然 Kegan 和 Lahey（2016 年）声称，各个组织都要求在各个层面上对个人心理的复杂性进行研究，但是人们对领导者自我理解的发展水平、个人效能和组织绩效之间的相关性有着好坏参半的证据（McCauley 等人，2006）。

与传统组织希望通过类似培训计划（Development Dimensions International，2015）来培养领导者不同，凹槽强调通过嵌入式实践促进领导力发展。实践是短期练习，每天（或至少每周一次）进行，以此促进伴随着发展水平的心理成长。实践根据一个人当前的发展而量身定制，并在日常任务中得到额外的支持和挑战，因此在促进发展方面可能比传统的培训计划更有效（Day，2010；McCauley 等人，2010）。

在实践中，执行家、边缘和凹槽三个原则，会产生一些与传统组织截然不同的变化。第一个案例是不稳定可以具有建设性，在这种情况下，对不足和无能的感知被认为是一种资源，并会得到积极的改进（即没有痛苦，没有收获；或者"痛苦 + 反思 = 成长"）。第二个案例是内在生活是可被管理的一部分，在这个过程中，一个人的整个自我，包括价值、思想和感情，都被优先考虑与可观察行为相同的程度，从而缩小个人生活和职业生活之间的任何差距。

初步研究结果表明，DDO 文化可能在提高组织绩效的各个方面发挥着重要的作用，包括团队效能、财务绩效和市场声誉（Kegan 和 Lahey，2016）。尽管 DDO 提供了一种潜在的、令人兴奋的新方法来培养人，特别是领导者，但是必须谨慎地阐释这些理论。Kegan（1982、1994）的理论从相对较小的样本中推测而来，并没有经过完整的结构验证，在对发展水平的评估中也很少包含心理测量特性（Lahey 等人，1988）。

本章的最后一部分，我们将思考未来领导者（领导力）发展的科学和实践方向。具体而言，进一步改进和推进这一领域，还有哪些工作要做？我们知道的和需要知道的主要差距在哪里？

如何提升领导者（力）发展的科学和实践

理论。 人们普遍认为需要在领导力一般领域中推广更多的综合性理论构建策略（Avolio，2007），这当然也适用于领导者（领导力）发展。在进入下一个整合阶段时，除了更充分地考虑交互作用所发生的环境，理论还需要更充分地考虑领导者和追随者之间的动态交互作用（Avolio 和 Gardner，2005）。关于这种策略整合提议的另一种思考方式是包容性。回顾过往的文献，领导力理论主要涉及领导者的个人特征、思维方式和行为。更具整合性的理论认为，领导力环境包括领导者、追随者和情境，这是动态互动中的基本要素。DDO 最吸引人的地方之一是每个人文化（Kegan 和 Lahey，2016），而不是专注于培养相对较小比例的员工（通常不超过 3% ~5%），即那些被认为是有能力承担高级领导者角色和职责的高潜力领导者。

新的领导力框架还可以帮助指导领导者（领导力）的发展。一个很好的案例是 Drath 及其同事（2008）的理论研究。他们重新将领导力参数界定为定位、协调性和承诺等基本任务。作为传统领导力的"三因素"（领导者、追随者和共同目标，Bennis，2007）的潜在替代者，另一种领导力本体论包含三类领导力效果：①在总体目标、宗旨和使命（方向）上达成集体共识。②组织协调知识和实践以集体形式推进（联盟）。③将个人利益和收益放置于集体利益和收益之中的个人意愿（承诺）。

Drath 及其同事（2008）认为，传统的三因素本体论过于狭隘，无法支持与共享型或分布型领导力相关的新型领导力理论，也无法支持复杂科学的运用和领导力关系的方法。除此之外，新的本体论还提供了新方法来界定领导者（领导力）发展。任何有助于在个人、团队或组织层面上增加定位、协调性或承诺的方法，都是可行的领导者（领导力）发展。

另一个未来理论的兴趣点是朝着一种更融合、更包容的领导者（领导力）发展方向发展。领导力是一个动态的、不断发展的过程。因此，它综合了行为、认知、决策和其他很多建构。所以，在本质上领导力是一种折中现象，尝试从任何一种理论角度（如动机、情感和行为）出发研究和概念化领导力发展只会产生有限的结果。我们需要更具包容性和综合性的观点，这些观点应跨越很多理论范畴。领导者发展综合方法是一个案例，这一方法将其他一些领域，如成人发展、身份认同、自我调节和专业知识获取，与领导力发展相联系（Day 等人，2009）。仅举一个案例，领导者（领导力）发展理论将继续向前发展，以更加多样化和折中的方式跨多个领域和学科进行整合。

研究。 领导者（领导力）发展领域包含了一些具有挑战性的特征，在推进研究进程时需要考虑这些特征。其中一个是层次。一些研究者认为，领导者（领导力）发展本质上是一个多层次过程（Avolio，2004；Day 和 Dragoni，2015）。需要考虑的相关层次包括个体自身和个体之间；包含追随者、同伴和下属二元关系的更高层次；团队与组织层次。展望未来，研究人员需要非常清楚地了解研究领导者（领导力）发展的适当层次，并选择最适合重点分析的研究设计、措施和分析类型。特别是，跨层次研究方法（如组织和团队对个人的影响）似乎有望会进一步加深我们对发展过程的理解。

领导者（领导力）发展也是一个动态的纵向过程，它固定地需要考虑时间特性（Day，2014）。如本章开头所述，我们需要更好的理论和更多的研究，明确地说明时间和事情发生的具体时间（Mitchell 和 James，2001）。没有哪个领域比领导者（领导力）发展更真实。一般而言，组织领导力发展，尤其是领导者发展，可以被定义为一个贯穿整个成人一生的过程（Day 等人，2009）。显然，任何一项研究在时间框架方面都有局限性；然而，看到诸如 Fullerton 这样的纵向研究时会令人鼓舞（Gottfried 等人，2011；Guerin 等人，2011），他们采用了终身发展观念来分析与领导者发展相关的问题。展望未来，认识到领导者（领导力）发展的纵向特质，会理性地激励研究人员更加谨慎，无论是测量，还是测量次数和频率，以及将测量问题与理论框架联系起来，这些内容阐述了发展何时变化及如何开展。对于研究人员而言，这确实是一个很高的标准，但是更好地了解领导者（领导力）的发展并最终设计出加速基础过程的方式而言，这可能会获得巨大的收益。

另一个研究建议是更充分地考虑发展的个性化特征。领导者的成长模式不同（如 Day 和 Sin，2011），人们常常从同样的经历中学到不同的东西，有些人比其他人更容易从经验中学到重要的教训。采用更加个性化的方法培养领导者，可能比那些只尝试在给定样本中模拟平均趋势的方法学和分析方法更容易带来好的见解。

Raudenbush（2001）为发展提出了个人发展轨迹研究方法。今天的研究人员可以使用个性化的方法，如基于群体的发展模型（Nagin，2005）和混合增长模型（Wang 和 Bodner，2007），这些模型能够识别并预测不同的潜在轨迹类型（参见 Day 和 Sin，2011）。一些功能强大的技术可以帮助研究人员更好地理解领导者发展的个性化特质，特别是使用时间和关键节点的明智决定时，以及对发展发生时的适当层次进行严格理论概括时尤其如此。

与发展个性化相关的是，一个人有多大的动机或准备（或不准备）将其发展机会最大化。这种状态的一般术语为发展准备，遗憾的是，领导者发展文献中没有太多基于实证经验的研究。如果重点是提高从发展经验中学习的可能性，那么有一个相对较强的学习目标导向（Dweck，1986）可能是一个重要的考虑因素。目前尚不清楚，学习目标导向在多大程度上是一种特质（随时间而稳定）或是一种状态（随情境需求而变化）（DeShon 和 Gillespie，2005）。理想的情况下，与发展准备相关的因素，是那些在个人参与发展项目之前就可以被干预的因素，这在实践中排除了那些遗传性认知能力或人格因素。然而，首先需要基于理论驱动的研究，这些研究将各种可延展的个体差异变量与随时间发展的初始水平（截距）和轨迹（坡度）联系起来。

实践。 长期以来，人们一直认为领导者没有做好应对未来挑战的准备。多年前 Drucker（1995）就指出，不超过 1/3 的高管选拔决策是正确的，约 1/3 的决策只是在最低限度上有效，超过 1/3 的决策是彻底失败的。这些估算令人不安，尽管领导者（领导力）发展是很多组织中战略人力资源管理需要关注的问题，但是过去和现在的证据表明，这项工作并没有得到非常有效的推进。

下列问题削弱了领导者（领导力）发展计划的有效性：在思考发展如何发生时，容易侧重于相对短期且基于情境的层面。人们常常认为领导者（领导力）发展是一系列不相关的、离散的培养计划，这些计划在整合发展事件时并没有什么作用（Vicere 和 Fulmer，1998）。领导者（领导力）发展的现代思考将其视为一个贯穿成人一生的、持续进行的过程（Day 等人，2009）。简言之，几乎所有的经验都有可能对学习和发展有贡献，只要这些经验包含了评估、挑战和支持（McCauley 等人，2010）。

这一领域的重点是发展个人领导力技能，但是不能保证会培养出更好的领导力才能。毕竟领导力需要在既定情境中进行动态的社会互动。因此，有效的领导者需要有效的追随者（Hollander，2009）。另外，真正的集体领导力发展很有可能需要在群体、团队或组织层次进行干预。尽管在这里和其他地方，领导者发展和领导力发展之间有区别，但这不是一个"非此即彼"的问题。取而代之的是，最新的研究尝试找到将个人领导者发展与更多的集体领导力发展联系起来的方法，以此增强团队和组织中的整体领导力（Day 和 Dragoni，2015）。毋庸置疑，在学者们能够明确认可特定的发展措施和实践之前，需要更多地了解领导力的性质及其发展。

📖 结论

有理由对领导者（领导力）发展的未来，尤其是对科学家与实践者模式的科学性充满希望。过去的 10 年，人们越来越重视理论化领导者（领导力）发展过程，特别是突破任何单一的、有界限的领导力概念化的理论方法。这是一个内在的、动态的、多层次的和多学科的过程，因此，建立反映这些特征的理论框架具有重要的意义。

虽然以领导者（领导力）发展为一般性主题并以实证研究为基础的出版物的绝对数量仍然相对较少，但这一研究领域正处于发展之中。目前的研究已经提供了一些对基础发展进程重要方面的、更深刻的、基于证据的理解。同样令人鼓舞的是，人们越来越注意采用纵向设计。然而，因为领导力和领导力才能的发展需要很长的时间，同时也存在与发展有关的很多关联问题，这依然是一项艰巨的任务。这些问题不但没有形成威胁，反而为研究人员提供了大量的机会。存在无数可能的问题亟待调查；但有一件事是可以肯定的，那就是，基于调查的一次性研究设计不可能为新兴的领导者（领导力）发展科学增加太多的价值。因此，融合多种测量视角、混合方法和纵向要素的研究设计更有可能为领导力发展过程提供科学的见解（Day，2011）。

有证据表明，领导者（领导力）发展的实践在感知质量方面正在下滑，也没有为组织增加价值（Howard 和 Wellins，2008），现在应该退后一步重新考虑如何更好地支持一种科学的、基于证据的研究方法。具体而言，最需要的不仅仅是在理论和经验上对这一领域持续保持浓厚的兴趣，而且致力于将思想转化为行动、将科学转化为合理实践的系统性努力。

讨论题

1. 在领导力方面，你是否从中学到了很多特别的经验？如果是，具体是什么？是什么使它们在学习方面如此具有影响力？你是什么时候发现很难从经验中获得学习的？

2. 领导力发展领域有哪些尚未解决的问题？换言之，关于领导力发展，我们目前尚不了解的一些知识是什么？

3. 据估计，财务和非财务方面的领导力发展，对投资回报的合理估算是多少？作出这些估算的依据是什么？

推荐阅读

Day, D. V., & Dragoni, L. (2015). Leadership development: An outcome-oriented review based on time and levels of analyses. *Annual Review of Organizational Psychology and Organizational Behavior*, *2*, 133–156.

McCall, M. W., Jr. (2010). Recasting leadership development. *Industrial and Organizational Psychology: Perspectives on Science and Practice*, *3* (1), 3–19.

案例研究

案例：Polzer, J. T., & Gardner, H. K. (2013). *Bridgewater Associates*. Harvard Business School 9–413–702.

案例：Snook, S. A. (2008, June). *Leader (ship) development*. Harvard Business School 9–408–064.

推荐视频

Torres, R. (2013). Roselinde Torres: What it takes to be a great leader (and how to develop one). https://www.ted.com/talks/roselinde_torres_what_it_takes_to_be_a_great_leader.

参考文献

Antonakis, J., Day, D. V., & Schyns, B. (2012). Leadership and individual differences: At the cusp of a renaissance. *The Leadership Quarterly*, *23*, 643–650.

扫一扫，下载
本章参考文献

Antonioni, D. (1994). The effects of feedback account-ability on upward appraisal ratings. *Personnel Psychology*, *47*, 349–356.

Arvey, R. D., Rotundo, M., Johnson, W., Zhang, Z., & McGue, M. (2006). The determinants of leadership role occupancy: Genetic and personality factors. *The Leadership Quarterly*, *17*, 1–20.

Arvey, R. D., Zhang, Z., Avolio, B. J., & Krueger,

R. F. (2007). Developmental and genetic determinants of leadership role occupancy among women. *Journal of Applied Psychology*, *92*, 693–706.

Avolio, B. J. (2004). Examining the Full Range Model of leadership: Looking back to transform forward. In D. V. Day, S. J. Zaccaro, & S. M. Halpin (Eds.), *Leader development for transforming organizations*: *Growing leaders for tomorrow* (pp. 71–98). Mahwah, NJ: Lawrence Erlbaum.

Avolio, B. J. (2007). Promoting more integrative strategies for leadership theory–building. *American Psychologist*, *62*, 25–33.

Avolio, B. J., & Gardner, W. L. (2005). Authentic leadership development: Getting to the roots of positive forms of leadership. *The Leadership Quarterly*, *16*, 315–338.

Avolio, B. J., Reichard, R. J., Hannah, S. T., Walumbwa, F. O., & Chan, A. (2009). A meta–analytic review of leadership impact research: Experimental and quasi–experimental studies. *The Leadership Quarterly*, *20*, 764–784.

Avolio, B. J., Sosik, J. J., Jung, D. I., & Berson, Y. (2003). Leadership models, methods, and applications. In W. C. Borman, D. R. Ilgen, & R. J. Klimoski (Eds.), *Handbook of psychology*: *Industrial and organizational psychology* (Vol. 12, pp. 277–307). Hoboken, NJ: John Wiley.

Baltes, P. B. (1987). Theoretical propositions of life–span developmental psychology: On the dynamics between growth and decline. *Developmental Psychology*, *23*, 611–626.

Baltes, P. B. (1997). On the incomplete architecture of human ontogeny: Selection, optimization, and compensation as foundation of developmental theory. *American Psychologist*, *52*, 366–380.

Bennis, W. (2007). The challenges of leadership in the modern world. *American Psychologist*, *62*, 2–5.

Bloom, B. S. (Ed.). (1985). *Developing talent in young people*. New York, NY: Ballantine.

Bray, D. W. (1982). The assessment center and the study of lives. *American Psychologist*, *37*, 180–189.

Bray, D. W., Campbell, R. J., & Grant, D. L. (1974). *Formative years in business*: *A long-term AT&T study of managerial lives*. New York, NY: Wiley.

Brehmer, B. (1980). In one word: Not from experience. *Acta Psychologica*, *45*, 223–241.

Chan, K.–Y., & Drasgow, F. (2001). Toward a theory of individual differences and leadership: Understanding motivation to lead. *Journal of Applied Psychology*, *86*, 481–498.

Chi, M. T. H., Glaser, R., & Farr, M. J. (Eds.). (1988). *The nature of expertise*. Hillsdale, NJ: Lawrence Erlbaum.

Conger, J. A. (2010). Developing leadership talent: Delivering on the promise of structured programs. In Silzer & B. E. Dowell (Eds.), *Strategy–driven talent management*: *A leadership imperative* (pp. 281–311). San Francisco, CA: Jossey–Bass.

Conger, J. A., & Xin, K. (2000). Executive education in the 21st century. *Journal of Management Education*, *24*, 73–101.

Cooper, W. H., & Richarson, A. J. (1986). Unfair comparisons. *Journal of Applied Psychology*, *71*, 179–184.

Day, D. V. (2000). Leadership development: A review in context. *The Leadership Quarterly*, *11*, 581–613.

Day, D. V. (2010). The difficulties of learning from experience and the need for deliberate practice. *Industrial and Organizational Psychology*: *Perspectives on Science and Practice*, *3*, 41–44.

Day, D. V. (2011). Integrative perspectives on longitudinal investigations of leader development: From childhood through adulthood. *The Leadership Quarterly*, *22*, 561–571.

Day, D. V. (2014). Time and leadership. In A. J. Shipp & Y. Fried (Eds.), *Time and work* (Vol. 2, pp. 30–52). New York, NY: Psychology Press.

Day, D. V., & Dragoni, L. (2015). Leadership development: An outcome–oriented review based on time and levels of analyses. *Annual Review of Organizational Psychology and Organizational Behavior*, *2*, 133–156.

Day, D. V., Fleenor, J. W., Atwater, L. E., Sturm, R. E., & McKee, R. A. (2014). Advances in leader and leadership development: A review of 25 years of research and theory. *The Leadership Quarterly*, *25*, 63–82.

Day, D. V., Harrison, M. M., & Halpin, S. M. (2009). *An integrative approach to leader development*: *Connecting adult development*, *identity*, *and expertise*. New York, NY: Routledge.

Day, D. V., & Sin, H.–P. (2011). Longitudinal tests of an integrative model of leader development: Charting and understanding developmental trajectories. *The Leadership Quarterly*, *22*, 545–560.

De Neve, J.–E., Mikhaylov, S., Dawes, C. T., Christakis, N. A., & Fowler, J. H. (2013). Born to lead? A twin design and genetic association study of leadership role occupancy. *The Leadership Quarterly*, *24*, 45–60.

DeRue, D. S., & Wellman, N. (2009). Developing leaders via experience: The role of developmental challenges, learning orientation, and feedback availability. *Journal of Applied Psychology*, *94*, 859–875.

DeShon, R. P., & Gillespie, J. Z. (2005). A motivated action theory account of goal orientation. *Journal of Applied Psychology*, *90*, 1096–1127.

Development Dimensions International. (2015). Ready-now leaders: 25 findings to meet tomorrow's business challenges. *Global Leadesrship Forecast 2014-2015*. Pittsburgh, PA: Author.

Dragoni, L., Oh, I.–S., Tesluk, P. E., Moore, O. A., VanKatwyk, P., & Hazucha, J. (2014). Developing leaders' strategic thinking through global work experience: The moderating role of cultural distance. *Journal of Applied Psychology*, *99*, 867–882.

Dragoni, L., Oh, I.–S., Vankatwyk, P., & Tesluk, P. E.

（2011）. Developing executive leaders: The relative contribution of cognitive ability, personality, and the accumulation of work experience in predicting strategic thinking competency. *Personnel Psychology*, *64*, 829–864.

Drath, W. H., McCauley, C. D., Palus, C. J., Van Velsor, E., O'Connor, P. M. G., & McGuire, J. B.（2008）. Direction, alignment, commitment: Toward a more integrative ontology of leadership. *The Leadership Quarterly*, *19*, 635–653.

Drucker, P. F.（1995）. *Managing in a time of great change*. New York, NY: Truman Talley Books/Dutton.

Dweck, C. S.（1986）. Motivational processes affecting learning. *American Psychologist*, *41*, 1040–1048.

Ericsson, K. A., & Charness, N.（1994）. Expert performance: Its structure and acquisition. *American Psychologist*, *49*, 725–747.

Ericsson, K. A., Charness, N., Feltovich, P. J., & Hoffman, R. R.（Eds.）.（2006）. *The Cambridge handbook of expertise and expert performance*. New York, NY: Cambridge University Press.

Ericsson, K. A., Krampe, R. T., & Tesch-Römer, C.（1993）. The role of deliberate practice in the acquisition of expert performance. *Psychological Review*, *100*, 363–406.

Ericsson, K. A., Prietula, M. J., & Cokely, E. T.（2007, July–August）. The making of an expert. *Harvard Business Review*, *85*, 114–121.

Feldman, J.（1986）. On the difficulty of learning from experience. In H. P. Sims Jr., & D. A. Gioia（Eds.）, *The thinking organization: Dynamics of organizational social cognition*（pp. 263–292）. San Francisco, CA: Jossey–Bass.

Frese, M., Beimel, S., & Schoenborn, S.（2003）. Action training for charismatic leadership: Two evaluations of studies of a commercial training module on inspirational communication of a vision. *Personnel Psychology*, *56*, 671–697.

Freund, A. M., & Baltes, P. B.（1998）. Selection, optimization, and compensation as strategies of life management: Correlations with subjective indicators of successful aging. *Psychology and Aging*, *13*, 531–543.

Freund, A. M., & Baltes, P. B.（2002）. Life–management strategies of selection, optimization, and compensation: Measurement by self–report and construct validity. *Journal of Personality and Social Psychology*, *82*, 642–662.

Gottfried, A. E., Gottfried, A. W., Reichard, R. J., Guerin, D. W., Oliver, P. H., & Riggio, R. E.（2011）. Motivational roots of leadership: A longitudinal study from childhood through adulthood. *The Leadership Quarterly*, *22*, 510–519.

Guerin, D. W., Oliver, P. H., Gottfried, A. W., Gottfried, A. E., Reichard, R. J., & Riggio, R. E.（2011）. Childhood and adolescent antecedents of social skills and leadership potential in adulthood: Temperamental approach/withdrawal and extraversion. *The Leadership Quarterly*, *22*, 482–494.

Gully, S., & Chen, G.（2010）. Individual differences, attribute–treatment interactions, and training outcomes. In W. J. Kozlowski & E. Salas（Eds.）, Learning, training, and development in organizations（pp. 3–64）. New York, NY: Routledge.

Guthrie, V. A., & King, S. N.（2004）. Feedback–intensive programs. In C. D. McCauley & E. Van Velsor（Eds.）, *The Center for Creative Leadership handbook of leadership development*（2nd ed., pp. 25–57）. San Francisco: CA: Jossey–Bass.

Gutiérrez, M., & Tasse, T.（2007）. Leading with theory: Using a theory of change approach for leadership development evaluations. In K. M. Hannum & J. W. Martineau（Eds.）, *The Center for Creative Leadership handbook of leadership development evaluation*（pp. 48–70）. San Francisco, CA: Jossey–Bass.

Hackman, J. R., & Wageman, R.（2007）. Asking the right questions about leadership. *American Psychologist*, *62*, 43–47.

Hollander, E. P.（2009）. *Inclusive leadership: The essential leader-follower relationship*. New York, NY: Routledge. Hollenbeck, G. P., McCall, M. W., Jr., & Silzer, R. F.（2006）. Leadership competency models. *Leadership Quarterly*, *17*, 398–413.

Howard, A., & Wellins, R. S.（2008）. *Global leadership forecast 2008-2009: Overcoming the shortfalls in developing leaders*. Pittsburgh, PA: Development Dimensions International.

Judge, T. A., Bono, J. E., Ilies, R., & Gerhardt, M. W.（2002）. Personality and leadership: A qualitative and quantitative review. *Journal of Applied Psychology*, *87*, 765–780.

Kegan, R.（1982）. *The evolving self: Problem and process in human development*. Cambridge, MA: Harvard University Press.

Kegan, R.（1994）. *In over our heads: The mental demands of modern life*. Cambridge, MA: Harvard University Press.

Kegan, R., & Lahey, L. L.（2009）. *Immunity to change: How to overcome it and unlock the potential in yourself and your organisation*. Boston, MA: Harvard Business Press.

Kegan, R., & Lahey, L. L.（2016）. *An everyone culture: Becoming a Deliberately Developmental Organization*. Boston, MA: Harvard Business Review Press.

Kluger, A. N., & DeNisi, A.（1996）. The effects of feedback on performance: A historical review, a meta–analysis, and a preliminary feedback intervention. *Psychological Bulletin*, *119*, 254–284.

Lahey, L., Souvaine, E., Kegan, R., Goodman, R., & Felix, S.（1988）. *A guide to the subject-object interview: Its administration and interpretation*. Cambridge, MA: Harvard University Graduate School of Education.

Lamoureux, K.（2007, July）. *High-impact leadership development: Best practices, vendor profiles and industry solutions*. Oakland, CA: Bersin & Associates.

Lapour, A. S., & Heppner, M. J. (2009). Social class privilege and adolescent women's perceived career options. *Journal of Counseling Psychology*, *56*, 477–494.

Li, W.-D., Arvey, R. D., & Song, Z. (2011). The influence of general mental ability, self-esteem and family socio- economic status on leadership role occupancy and leader advancement: The moderating role of gender. *The Leadership Quarterly*, *22*, 520–534.

Lord, R. G., & Hall, R. J. (2005). Identity, deep structure, and the development of leadership skill. *The Leadership Quarterly*, *16*, 591–615.

Luthans, F., & Avolio, B. (2003). Authentic leadership development. In K. S. Cameron, J. E. Dutton, & R. E. Quinn (Eds.), *Positive organizational scholarship: Foundations of a new discipline* (pp. 241–258). San Francisco, CA: Berrett-Koehler.

Luthar, S. S. (2003). The culture of affluence: Psychological costs of material wealth. *Child Development*, *74*, 1581–1593.

Macnamara, B. N., Hambrick, D. C., & Oswald, F. L. (2014). Deliberate practice and performance in music, games, sports, education, and professions: A meta-analysis. *Psychological Science*, *25*, 1608–1618.

Marquardt, M. J., Leonard, H. S., Freedman, A. M., & Hill, C. C. (2009). *Action learning for developing leaders and organizations: Principles, strategies, and cases.* Washington, DC: American Psychological Association.

McArdle, J. J. (2009). Latent variable modeling of differences and changes with longitudinal data. *Annual Review of Psychology*, *60*, 577–605.

McCall, M. W., Jr. (2010). Recasting leadership development. *Industrial and Organizational Psychology: Perspectives on Science and Practice*, *3*, 3–19.

McCall, M. W., Jr., Lombardo, M. M., & Morrison, A. M. (1988). *The lessons of experience: How successful executives develop on the job.* Lexington, MA: Lexington Books.

McCauley, C. D., Drath, W. H., Palus, C. J., O'Connor, P. M. G., & Baker, B. A. (2006). The use of constructive- developmental theory to advance the understanding of leadership. *The Leadership Quarterly*, *17*, 634–653.

McCauley, C. D., Ruderman, M. N., Ohlott, P. J., & Morrow, J. E. (1994). Assessing the developmental components of managerial jobs. *Journal of Applied Psychology*, *79*, 544–560.

McCauley, C. D., Van Velsor, E., & Ruderman, M. N. (2010). Introduction: Our view of leadership development. In E. Van Velsor, C. D. McCauley, & M. N. Ruderman (Eds.), *The Center for Creative Leadership handbook of leadership development* (3rd ed., pp. 1–26). San Francisco, CA: Jossey-Bass.

Mitchell, T. R., & James, L. R. (2001). Building better theory: Time and the specification of when things happen. *Academy of Management Review*, *26*, 530–547.

Mumford, M. D., & Manley, G. R. (2003). Putting the development in leadership development: Implications for theory and practice. In S. E. Murphy & R. E. Riggio (Eds.), *The future of leadership development* (pp. 237–261). Mahwah, NJ: Lawrence Erlbaum.

Mumford, M. D., Zaccaro, S. J., Connelly, M. S., & Marks, M. A. (2000). Leadership skills: Conclusions and future directions. *The Leadership Quarterly*, *11*, 155–170.

Mumford, T. V., Campion, M. A., & Morgeson, F. P. (2007). The leadership skills strataplex: Leadership skill requirements across organizational levels. *The Leadership Quarterly*, *18*, 154–166.

Muthén, B. (2004). Latent variable analysis: Growth mixture modeling and related techniques for longitudinal data. In D. Kaplan (Ed.), *Handbook of quantitative methodology for the social sciences* (pp. 345–368). Thousand Oaks, CA: Sage.

Nagin, D. S. (1999). Analyzing developmental trajectories: A semiparametric, group-based approach. *Psychological Methods*, *4*, 139–157.

Nagin, D. S. (2005). *Group-based modeling of development.* Cambridge, MA: Harvard University Press.

Ohlott, P. J., Ruderman, M. N., & McCauley, C. D. (1994). Gender differences in managers' developmental job experiences. *Academy of Management Journal*, *37*, 46–67.

O'Leonard, K., & Krider. J. (2014, May). *Leadership development factbook 2014: Benchmarks and trends in U.S. leadership development.* Oakland, CA: Bersin by Deloitte.

Plomin, R., DeFries, J. C., & Loehlin, J. C. (1977). Genotype-environment interaction and correlation in the analysis of human behavior. *Psychological Bulletin*, *84*, 309–322.

Ployhart, R. E., & Vandenberg, R. J. (2010). Longitudinal research: The theory, design, and analysis of change. *Journal of Management*, *36*, 94–120.

Raudenbush, S. W. (2001). Comparing personal trajectories and drawing causal inferences from longitudinal data. *Annual Review of Psychology*, *52*, 501–525.

Revans, R. W. (1980). *Action learning.* London, UK: Blond & Briggs.

Schippmann, J. S., Ash, R. A., Battista, M., Carr, L., Eyde, L. D., Hesketh, B., … Sanchez, J. I. (2000). The practice of competency modeling. *Personnel Psychology*, *53*, 703–740.

Schmidt, F. L., Hunter, J. E., & Outerbridge, A. N. (1986). Impact of job experience and ability on job knowledge, work sample performance, and supervisory ratings of job performance. *Journal of Applied Psychology*, *71*, 432–439.

Shadish, W. R., Cook, T. D., & Campbell, D. T. (2002). *Experimental and quasi-experimental designs for generalized causal inference.* Boston, MA: Houghton Mifflin.

Smither, J. W., London, M., Flautt, R., Vargas, Y., & Kuchine, I. (2003). Can working with an executive coach improve multisource feedback ratings over time? A quasi-experimental field study. *Personnel Psychology*, *56*, 23–44.

Smither, J. W., London, M., & Reilly, R. R. (2005) . Does performance improve following multisource feedback?A theoretical model, meta–analysis, and review of empirical findings. *Personnel Psychology*, *58*, 33–66.

Tesluk, P. E., & Jacobs, R. R. (1998) . Toward an integrated model of work experience. *Personnel Psychology*, *51*, 321–355.

Vicere, A. A., & Fulmer, R. M. (1998) . *Leadership by design: How benchmark companies sustain success through investment in continuous learning*. Boston, MA: Harvard Business School Press.

Walker, A. G., & Smither, J. W. (1999) . A five–year study of upward feedback: What managers do with their results matters. *Personnel Psychology*, *52*, 393–423.

Wang, M., & Bodner, T. E. (2007) . Growth mixture modeling: Identifying and predicting unobserved subpopulations with longitudinal data. *Organizational Research Methods*, *10*, 635–656.

Yost, P. R., & Mannion Plunket, M. (2010) . Developing leadership talent through experiences. In R. Silzer & B. E. Dowell (Eds.), *Strategy-driven talent management: A leadership imperative* (pp. 313–348) . San Francisco, CA: Jossey–Bass.

Zaccaro, S. J., & Horn, Z. N. J. (2003) . Leadership theory and practice: Fostering an effective symbiosis. *The Leadership Quarterly*, *14*, 769–806.

Zhang, Z., Ilies, R., & Arvey, R. D. (2009) . Beyond genetic explanations for leadership: The moderating role of the social environment. *Organizational Behavior and Human Decision Processes*, *110*, 118–128.

第15章
创业型领导力

Maija Renko

📖 开篇案例：领导者的日常

Pam 和 Gela 简直不敢相信自己的耳朵！她俩刚刚得知，她们的孕妇装公司为大型连锁品牌 A Pea in the Pod 设计的春装系列创下了销量新纪录，成为她们为这个品牌设计的所有产品中业绩最好的。这是一次巨大的成功！

然而，在这家孕妇装企业位于洛杉矶的办公室里，Pam 和 Gela 在一张桌子的两侧相对而坐，她们感受到的却是深深的恐惧。这个消息坐实了她们的感觉——市场的品位实在是太糟糕了！她们为 A Pea in the Pod 设计的这个系列包括紧身连体裤、半身裙和上衣，产品本应采用 Pam 和 Gela 一直十分推崇的经典配色之一——红、白、蓝。但是 A Pea in the Pod 自己做了一些市场调研，决定将配色方案改为亮橙色、黄色和莱姆绿。这让 Pam 和 Gela 感到震惊，她们认为这个方案完全是小吃摊的风格。她们甚至想假装这根本不是她们设计的，坚信这个系列一定会遭遇惨败。可现在，这个小吃摊风格的系列却大卖特卖，这让 Pam 和 Gela 一时间感到无所适从。她们已经在孕妇装市场上丧失了对好与坏的感觉。她们尽可以赚得盘满钵满，但如果丧失了激情，钱又算得了什么呢？

Pam 和 Gela 从创办企业时就一直相信，老板必须是自己品牌的客户，要么做自己愿意穿的衣服，要么就不做。她们不断尝试开发新产品。这是她们身为老板要做的事情，也是她们所擅长的。她们很爱自己的员工，给每个人的薪水都比她们自己的高，发奖金也是员工优先。这种做法让一直追随她们的老员工能够一直保持干劲，也在公司内部营造了一种团队感，甚至是家庭式的氛围。她们说："我们很早就明白，招聘员工一定要确保选择那些适合我们的企业文化的人，他们要能理解我们的主张，相信我们的梦想。千万不能只看简历。"随着公司的壮大，Pam 和 Gela 不断地对组织进行自下而上的规划：如果她们喜欢某个求职者（或是他们的发型！），喜欢他们的风格和对时尚的理解，她们就会聘用这个人。

她们召集员工开了一次会，告诉他们公司设计销售孕妇装的日子屈指可数了。她们要从头开始，设计更紧身、更合体的服装，这些衣服要适合永久穿着，而不是只有9个月。就这样，Juicy Couture 品牌于 1994 年诞生。

Pam 和 Gela 延续了她们一贯的领导和管理风格，带领 Juicy Couture 创下了 2002

年销售额 6 800 万美元的骄人业绩。她们一直只聘用对时尚怀有激情、能够带来新想法并能融入 Juicy Couture 大家庭的员工。领导这样一群"信徒"很容易，但是随着公司的发展壮大，运营日益复杂，她们以产品和时尚为核心的创业型领导力风格已经不够用了。企业的盈利能力很强，产品的利润率高达 75%，公司的运营成本很低，而且没有负债。然而形势变化很快，Pam 和 Gela 后来写道，她们有时觉得自己身处一场拳击比赛中；每天都有新东西袭来！ 2003 年 Pam 和 Gela 以 5 600 万美元的价格出售了 Juicy Couture，最终的获利能力高达 2 亿美元。到 2017 年，她们又开创了一家新的小型时装公司，新品牌 Pam & Gela 继承了 Juicy Couture 的精神，体现了她们自己所喜欢的轻奢风格。

　　注：上述内容来自 Pam 和 Gela 2014 年合著的《闪光计划：我们如何以 200 美元创办 Juicy Couture 并使其成为全球品牌》。

参考文献

Skaist-Levy，P.，Nash-Taylor，G.，& Moore，B.（2014）. *The glitter plan：How we started Juicy Couture for $200 and turned it into a global brand.* New York，NY：Penguin Group.

Yahoo Style.（2015，May 22）. Studio visit with Pam Skaist-Levy and Gela Nash-Taylor，the designers that invented athleisure. Retrieved from https：//www.yahoo.com/ style/ studio-visit-with-pam-skaist-c1432298294979/photo-inside-design-studio-photo-124130540. html.

讨论题

　　1. Pam 和 Gela 为何是创业型领导者？

　　2. 你喜欢在这家公司工作吗，为什么？

　　3. Pam 和 Gela 表现出的技能和行为是可以学会的吗？

📖 本章概述

　　创业精神（企业家精神）是塑造 21 世纪社会的最强大力量。世界各地的人们都在主动寻找创业的机会，从而谋求自身的经济利益和个人发展，也为家庭、客户和社会谋福利。

　　在发展中的经济体和全球市场的金字塔底部，创业正在蓬勃发展。对于很多人来说，自主创业或许只是养家糊口的唯一办法。但在印度、中国等发展中经济体，创业正在为创业者带来真正的机会，年轻人也开始选择自主创业（Khanna，2013）。阿里巴巴是全球最受欢迎的电子商务企业,在线交易量已经超过易趣和亚马逊的总和（《华尔街日报》，2016），改变了世界对中国在线零售业的看法。即使在尚未有国际创业成功案例的国家和社会中，Kiva 等小额贷款机构和经纪机构的出现，也使微型企业有了更多的机会获得资本。"全球创业观察"的多份研究报告不断表明，发展中国家有大量的创业活动（Reynolds，2015），已经引起了全球领导者的关注。

过去，公司被视为"铁饭碗"，长期员工对企业十分忠诚。雇主与雇员之间的这种关系曾经被视为理所当然，但在后工业化社会，这种关系已经不复存在。可能仍有一些职业或行业可以为毕业生提供"铁饭碗"，但这样的领域正日益减少。人们越来越需要自主创业，即使是为别人工作也要用创业者的方式去做事。人们正面临着前所未有的机遇，通过创业将个人的努力和才能与经济和心理两方面的回报直接匹配。如今，灵活的小企业完全可以，也已经开始与大公司正面竞争，因为即时连接、社交媒体、数以百万计的用户评论、开源设计、3D 打印和全球采购，已成为无论大小企业都能利用的资源，大企业的规模效益和广泛经营带来的经济优势大大削弱（Anderson，2012）。当前，公司丑闻和对股东价值的极端强调导致客户和员工对各类大公司的高薪领导者颇有微词，因此领导力风格亟须调整。

这就提出了有关领导力与创业精神之间关系的一些重大问题。千禧一代以及未来的年轻人大多会是创业型的员工，他们对正式权威缺乏信任，希望通过工作创造意义（Adkins，2016；皮尤研究中心，2014），你要如何领导他们呢？在非正式市场和发展中国家情境中，创业精神和领导力之间是何关系？如果一个新兴组织十分热衷于寻求创业机会，但不具备任何符合行业常规的结构、合法性和历史，你要如何领导它？还有，大公司正在一个日益透明的环境中争夺市场份额，包括客户在内的各利益相关方不仅在意所购买商品的质量和价格，还会关注产品背后的公司有着怎样的价值观和行为，那么领导力在这些大公司里发挥的是怎样的作用？这些都是人们在创业型导力这一主题下已经开始研究的问题。本章将概述有关创业型领导力的已有研究，探讨创业型领导力风格对领导力实践有何意义，并提出未来的研究需要解答哪些有关创业型领导力的关键问题。

什么是创业型领导力？

创业型领导力是一种情境现象。创业型领导力反映的是领导力和创业精神彼此交叉形成的一系列重要的研究课题，研究人员在讨论创业型领导力时采取了多种不同的视角，大致可以分为三类。首先，"创业"一词通常会让人们想到创办新企业，传统上，这个词的含义也确实如此。所以，创业型领导力研究的第一个流派侧重于这个意义上的创业，研究的是初创企业和 / 或小企业中，企业所有者为了公司的繁荣和发展不得不承担领导职责的情况（如 Baum、Locke 和 Kirkpatrick，1998；Ensley、Hmieleski 和 Pearce，2006；Hmieleski 和 Ensley，2007；Kang、Solomon 和 Choi，2015；Koryak 等人，2015；Leitch、McMullan 和 Harrison，2013）。与此相关的另一个研究方向是，扩展创业型领导力的范围，使其不仅涵盖新企业，还涵盖家族企业（无论企业的历史长短）、创业型公司等其他"创业型情境"（Simsek、Jansen、Minichilli 和 Escriba-Esteve，2015）。不过，这个研究方向仍然认为，创业型领导力必须发生在创业的情境中。

公司有其生命周期：最初是萌芽（成立前）阶段，然后会经历初创、巩固和成长阶段。每个阶段所需的主要管理技能各不相同，所需的领导力也不同，不过现有文献很少涉及这方面的内容（Antonakis 和 Autio，2006）。从表面看来，领导一个新的小型组织应该比带领一个老的大型组织容易：在新的小企业里，人们往往关系紧密，对企业和所有利益相关方有充分的了解，同时领导者也可以使用非正式的行事方式，依赖个人观察而非制度来实施控制（Leitch 等人，2013）。

但实际上，许多新公司的创办者都忙于开发产品或服务，忙于将它们推向市场，忙于寻找第一批客户，各种挑战让他们应接不暇。公司要想赚钱，确实需要对这种以产品和客户为中心的运营活动进行日常管理，而这可能已经占用了创业者所有的时间和精力，"不太迫切"的领导力的相关任务就只能搁置一旁了。企业创办者，尤其是科技类公司的创始人，往往对自己的产品或服务非常热衷，这有助于公司的顺利起步，并在初期取得产品上的成功。但在领导员工团队、激励他们为公司服务方面，产品开发技能很少能为创业者提供帮助。很多的时候，公司创始人给新加入的人描述的早期愿景反映的是对公司具体技术、产品或工艺的狂热执着。尽管这样的专注或许有助于说服投资者或其他对产品/技术特别有热情的利益相关方，但并不是每个加入团队的人都会为此感到欢欣鼓舞。更麻烦的是，公司创办者往往习惯于控制一切，即使只是下放很少的一点控制权，对他们来说都可能非常困难。这也就难怪擅长创建产品和公司的企业创始人大多不是优秀的领导者了。当然也有例外，星巴克的 Howard Schultz 和联邦快递的 Fred Smith 都领导着各自的公司从起步阶段一路走向了巨大的成功。但总的来说，如何领导他人对许多公司创始人而言都是一个挑战，而且随着公司走过其生命周期的早期阶段，进入巩固和成长期，这种挑战将像射击比赛中的移动靶一样不断变化（Antonakis 和 Autio，2006）。

本章开篇案例介绍的企业家 Pam 和 Gela 是典型的专注于产品的创业者，许多初创企业的创办者都是如此。Pam 和 Gela 都热爱时尚，她们相识于 1988 年，当时二人都在洛杉矶的一家精品店工作。她们成了非常亲密的朋友，并很快决定联手创业，挑战少有人问津的孕妇装领域。她们的第一家公司叫 Travis Jeans for the Baby in You，以 Gela 的儿子 Travis 的名字命名，Travis 是在公司成立那年出生的。

怀孕期间，Gela 突发奇想将丈夫的一条 Levi's 牛仔裤改造成了孕妇裤，方法是在裤腰位置缝入一条莱卡松紧带。这可能是有史以来诞生的第一条孕妇牛仔裤，获得了巨大的成功。人们对这种裤子表现出很大的热情，Pam 和 Gela 决定每人出 100 美元再生产一些这种牛仔裤，进一步试探市场。她们开车在洛杉矶到处转悠，到时装店和孕妇装店向销售人员展示这款裤子。尽管这是一种很不寻常的产品推广方式，但大家都很喜欢这种裤子，纷纷打电话向客户推荐，然后再找 Pam 和 Gela 订购。Pam 和 Gela 对她们的产品很有信心："一切在于产品。过去是，现在是，未来也是。"无论是这家公司还是她们后来创办的 Juicy Couture，她们的团队专注于实现她们所期待的时尚产品未来的样子（Skaist-Levy 等人，2014）。

　　创业型领导力是一种企业文化。除了作为一种新公司现象，人们还将创业型领导力作为一种文化来看待，无论公司的规模大小、成立时间长短，创业型领导力都被视为反映其领导者创业型价值观和愿景的一种公司文化（价值体系）（如 Covin 和 Slevin，2002；Gupta、MacMillan 和 Surie，2004；McGrath 和 MacMillan，2000；Thornberry，2006）。这方面的研究倾向于将创业型领导力描述为一个面向全公司的概念，类似于在创业研究领域著述颇多的创业导向和内部创业等构念（Antoncic 和 Hisrich，2001）。例如，Covin 和 Slevin（2002）认为，采用创业型领导力的公司可以保护对现行商业模式构成潜在威胁的创新，质疑业内的主流逻辑，并实现创业与战略管理的结合。这方面的创业型领导力研究不太关注领导者与追随者之间的关系和互动，但更重视公司层面的文化、思维方式和战略定位。3M 公司的"15% 时间"等概念就是在企业层面贯彻创业型领导力的例证。这些概念表明，公司对其富有创造力的员工足够信任，允许他们自由使用 15% 或 20% 的工作时间做自己想做的事。一旦具有创造力的专业人员获得了信任和可以自主选择工作事项和自我管理，他们就会充满激情地工作，甚至可能开发出 3M 即时贴等爆款产品。

　　创业型领导力是一种领导力风格。除了被定义为一种新公司现象和一种企业文化之外，最近的研究已经开始将创业型领导力视为一种具体的领导力风格。与变革型、交易型或真诚型等其他领导力风格类似，这个研究流派认为，创业型领导力指的是领导者的行为、行动和特征，与其他领导力风格截然不同，足以作为一种单独的领导力类型（Renko 等人，2015）。当被看作一种领导力风格时，创业型领导力可以存在于任何组织当中，无论组织的历史长短、规模大小，或关注的重点领域是什么。尽管所处的情境、组织文化和国家文化都截然不同，但谷歌的管理者和意大利农村的小企业主一样都可以展现创业型领导力。

　　创业型领导力风格的定义是"影响并指导群组成员致力于实现有关发现和利用创业机会的组织目标"（Renko 等人，2015）。根据这个定义，决定领导力是否属于创业型的关键在于领导力过程的目标是什么，这与其他一些具体的领导风格是一致的。例如，创造型领导力曾被定义为"引导他人实现某种创造性的结果"（Mainemelis、Kark 和 Epitropaki，2015，第 393 页）。在这里，正是这种领导力风格促成的行动和结果带来了创造力。同样，创业型领导力与变革型领导力（Bass 和 Avolio，1995）等其他领导力风格的区别在于，它侧重于有关创业的活动和成果，这包括机会、识别和利用（Shane 和 Venkataraman，2000）。创业机会是指将创新性（而非模仿性）的商品 / 服务引入市场的可能性（Gaglio，2004；Mueller，2007）。识别创业机会意味着要感知这种可能性。由于识别只涉及感知，因此利用机会就成了一项独立的活动，指的是那些旨在从新机会中获得回报的活动和投资（Choi 和 Shepherd，2004）。因此，机会识别是感知，利用机会是行动，而创业型领导者所设定的目标会兼顾这两个方面（Renko 等人，2015）。

　　在当代对创业的大部分定义中，机会的概念都处于核心位置。事实上，创业既依赖于创造性颠覆，又依赖于对机会的识别（Baron 和 Ensley，2006）。创业者可以创造，也可以只是发现了颠覆性创新的机会，而利用这个机会是创业的核心活动（Shane 和 Venkataraman，2000）。因此，创业型领导力风格位于一个交叉点上，一方面是关注机会的创业行为；另一方面还要对一个有组织的群组（通常是某个公司）的活动造成影响，从而争取实现创业目标（参见 Rauch 和 Behling，1984，第 46 页）。这需要一个在组织内部制造影响的过程，让组织的所有成员都能发现创业机会并为之努力。例如，亚马逊的创始人兼首席执行官 Jeff Bezos 的领导力风格并非无可指摘，但如果保持较远的距离，从创业的角度来看，我们会发现亚马逊的领导层高度重视机会。Bezos 并非在线零售的缔造者，但他的确比其他很多人更早地认识到这个行业的机会有多大。更重要的是，亚马逊在很多行业利用这个机会的方式都是专注、创新和颠覆性的。正因如此，它才成为了今天的零售巨头。以 Bezos 这位领导者与追随者的关系，他很难在个性化关怀方面获得高分，而这是变革型领导力的一个重要方面（Stone，2014）。但我们很难否认 Bezos 是一个创业型领导者，他不仅在亲力亲为识别并利用机会方面堪称楷模，还能不顾一切地推动公司的所有人与他步调一致。在他的带领下，亚马逊的领导层竭力追求的目标之一就是"期待并要求公司各个部门都不断追求创新和发明，不断寻求让事情更简单的方法。他们具有外部意识，会向外寻找新想法，不因某一事物'不是我们发明的'而排斥它。在采取新做法时，我们可以接受别人长期无法理解我们"。[①]

表 15–1 总结了文献中呈现的创业型领导力的三种不同的研究路径。

表 15-1　文献中对创业型领导力的三种定义

领导力风格	创业型领导力是一种领导力风格，其主要目的是推动识别并利用创业机会（如 Renko 等人，2015）
新公司现象	公司创始人担任领导者角色（如 Hmieleski 和 Ensley，2007）
组织文化	一家公司的文化反映出创业型的价值观和愿景（如 McGrath 和 MacMillan，2000）

创业型领导力风格的两大支柱。创业型领导力风格有两大支柱：①领导者本人的活动和特征能够关注机会。②制造影响的过程，领导者动员并鼓励追随者努力识别和利用机会。对于第一个支柱而言，领导者的角色是"创业实施者"，这在很大程度上与很多研究的观点相一致，将创业型领导者本身视为在组织情境下识别并利用新商机的关键人物（Cunningham 和 Lischeron，1991；Thornberry，2006）。当被问及谁属于创业型领导者时，大部分人首先想到的是那种公认发现了重大的创业机会，并围绕这些机会创建了成长型公司的人。但是，创业实施者也可能只经营小规模的企业，或并

---

① 引自 Amazon Jobs，"领导力原则"，https：//www.amazon.jobs/en/principles。

不涉及创办新公司这种情境。例如，关注机会的创业型领导者可能会在接管一个家族企业后根据新的市场机会调整经营方向，在一家地位稳固的大企业内的某个业务部门推行创新（在现有组织内的创业称为内部创业）；在女性常常无法接受教育的某些发展中国家创办女子学校，或带领一家老牌餐馆成功转型，迎合客户不断变化的口味，这些都是创业型领导力的体现。无论范围和情境如何，领导者自身采取关注机会的行为对创业型领导力都非常重要，这有两个原因：①他们能直接使某个组织识别和利用新的机会，对公司的产品、服务、工艺乃至绩效产生直接影响。②更重要的原因是，从领导力角度来看，领导者富有创业精神的做事方式会促使员工以同样的方式行事，领导者可以成为追随者的楷模，影响和指引他们的行动（Kuratko、Ireland 和 Hornsby，2001；McGrath 和 MacMillan，2000）。因此，创业型领导者必须做到的一点是，成为创业实施者，亲自为公司或业务部门发现新机会，细化这些机会，并在现有的公司环境下争取资源，确保这些机会得到利用。

创业型领导者的第二个角色是"创业加速器"。作为创业加速器，创业型领导者影响追随者，指引他们关注创业型的（关注机会的）未来愿景和目标，鼓励他们努力实现这些目标。创业型领导者不会拘泥于"一直以来人们都是如何行事的"，而会鼓励追随者大胆地思考未来。创业型领导力的这一要素与各种（创业型）领导力的定义是一致的，强调领导者要有能力影响他人，使其努力实现共同的目标，如识别并利用机会（Gupta 等人，2004；Hunt，2004；Ireland 等人，2003；Yukl，2008）。创业加速器会不断地挑战和激励追随者以更具创新性的方式思考和行动（Thornberry，2006）。他们为公司和业务部门明确提出极具吸引力和与众不同的未来愿景，引起追随者对这一愿景的个人参与感和自豪感，从而起到激励作用。作为加速器，创业型领导者还会让追随者重新思考自己的工作，从自身具体的知识和技能方面发现创业机会。在此过程中，创业型领导者还会授权追随者并帮助追随者将其在公司的身份诠释为公司未来创新和成功的责任人（Renko 等人，2015）。

值得注意的是，创业型领导力的这两大支柱与 Mainemelis、Kark 和 Epitropaki（2015）描述的创造型领导力的概念相对应。① 他们回顾了大量的现有文献，发现创造型领导力既涉及培养公司其他同仁的创造力，也涉及使领导者本人成为创造性思维和行为的主要来源。这两种角色与本文描述的创业加速器和创业实施者这两个角色很相似，但两种领导风格的预期结果有所不同：创造型领导力希望获得新颖且有用的结果，而创业型领导力则希望获得可资利用的市场机会。

跟随一个创业型的领导者，最好的结果是获得授权和良好的回报，而最坏的结果则是提心吊胆，压力巨大。并非所有人都对自己的职业生涯和领导者抱有同样的期待，有些人在创业型领导者的指引下会表现得非常出色，而其他人则不会。个中原因一部

---

① Mainemelis 等人（2015）还提出了创造型领导力研究的第三种思路，即对艺术及专业环境下的领导者的研究。这类领导者会将自己的创造性工作与其他专业人员的各种创造性贡献相结合。

分来自文化，另一部分则来自个人因素。2014 年，欧洲工商管理学院的新兴市场研究院、优兴咨询和 HEAD 基金会就千禧一代员工的职场愿望开展过一次大规模的调查，调查对象是来自全世界 43 个国家的 1.6 万名 18~30 岁的员工。调查结果显示，该年龄段员工对其领导者的期待差异很大。在北美、西欧和非洲，至少有 40% 的受访者表示他们希望管理者"授权给员工"，但中欧、东欧和中东地区只有约 12% 的受访者有这种期待。该研究没为这种差异提供实证的解释，但这可能与专制治理结构的制度烙印有关，这种治理结构在 1990 年之前的中东欧很常见，而在中东的许多地方今天依然存在（Bresman，2015）。无论如何，千禧一代员工中有一部分似乎已经准备好了，可以应对创业型领导者带来的挑战和机遇，而另一些人则认为授权的前景没什么吸引力。

　　创业型领导者的特征。关于创业实施者和创业加速器两方面的描述说明了创业型领导者会作出哪些行为。据此，要想识别谁是创业型领导者，就要观察领导者的做法，寻找他们自己识别和利用创业机会的线索，以及他们促使追随者识别和利用机会的线索。这些行为能够体现领导者的一些关键特征，使我们能够确认一位领导者是否属于创业型领导者：创业型领导者愿意冒险，而且富有创造力、激情和远见。

　　如果一位创业者敢于投入时间、精力和资金去发展自己的商业理念，人们就会认为他／她是愿意冒险的。尽管创业者承担的实际风险或许没有人们最初设想的那么高（Sarasvathy，2001），但认为创业者比公司管理者等其他人更愿意冒险仍然是有道理的（Stewart 和 Roth，2001）。在领导力情境下，风险是创业型领导力风格的重要组成部分，因为无论是创业型领导者自身追求新机会，还是他们鼓励追随者追求新机会，其回报都具有高度的不确定性。创业型领导者除了要冒险尝试新的想法，冒险将其推向市场之外，还可能会因为其冒险行为破坏同主张维持现状的公司同仁之间的关系。此外，为了争取到必要的资源来推进自己和追随者的创新项目，创业型领导者还要将自己与组织内掌控资源分配的人之间的关系置于险境，如果项目未能成功，则这种关系也会受损。

　　除了风险之外，创造力是创业型领导者表现出来的另一个特征。创造力是指提出有洞察力的想法、表达独特思想、取得突破性发展的能力（Csikszentmihalyi，1997）。尽管创造力是机会识别和利用过程中的重要组成部分，但两者不能等同。生成新想法需要创造力，但并非所有新颖且有用的想法都可以算作创业机会。例如，一名富有创造力的员工可以发明一个新流程，有效地利用社交媒体，向公司的忠实拥趸者征集关于公司如何更好地回馈社会的好点子。尽管这可能对组织有益，但按照我们对"创业型领导力"的定义，这个流程不能算是一个创业机会。具体而言，如前所述，创业机会的识别指的是感知到将创新商品／服务推向市场的可能性，而利用机会是指致力于从新机会中获取回报的行为和投资。因此，能够成为创业机会的创意必须关注市场，而一个创意要想在市场上得到利用，就必须满足另外一些标准，包括客户接受度和经济上的可行性。此外，尽管创造力对于大部分创业机会的出现都非常重要，但有些机会可能并不太需要创造性，它仅在一家公司内部是新颖的，对公司以外的利益相关方而言则司空见惯。例如，尽管美国的麦当劳和邓肯甜甜圈创新推出特色咖啡可以算作这两家公司对创业机会的识别和利用，但在社会大众看来，这可能毫无创意（具体来说是新颖性）。

尽管如此，创造性和创业机会仍然常常密切相关，而且此前的领导力研究已经表明，如果追随者感知到直接主管能够支持他们，也支持他们的创造性工作时，他们就会更具创造力（Basadur，2004；Mainemelis 等人，2015；Tierney 和 Farmer，2004；Tierney、Farmer 和 Graen，1999）。旨在增进员工创造力的领导力侧重于创造新颖且对内部或外部受众有用的成果，而创业型领导力的重点在于推动有助于发明新产品、新服务、新工艺，并将其商业化的行为，从而在市场上为组织创造租金收入。创造力是这一过程中不可或缺的一部分，而且人们往往会说创业型领导者是富有创造力的人。

除了冒险行为和创造力，激情是创业型领导者的另一个特征。长期以来，研究结果一直表明，情绪和情感状态对于创业行为有重要的作用（Goss，2005），而且创业激情已经成为这一研究方向的重点关注领域（Cardon 等人，2005、2009）。人们将对自己的工作和企业怀有激情的状态描述为一种强烈的情感状态（X.-P. Chen、Yao 和 Kotha，2009）、一种强烈的积极感受（Cardon 等人，2009），甚至爱（Baum 和 Locke，2004）。像激情这样的强烈情感可以驱动决策，也可以驱动行为（Cardon 等人，2009 年；X.-P. Chen 等人，2009）。直觉上，当人们想到创业型领导者时，往往会觉得他们对自己的工作、自己在公司内部的角色和公司在社会上的角色充满激情。体验这种激情在坚定的创业者中是典型情况；一腔热血，驱动着他们不断努力（Cardon 等人，2009，第 515 页），让他们即使遇到阻碍也能勇往直前（X.-P. Chen 等人，2009）。企业创办者往往对公司为客户或其他利益相关方提供的解决方案抱有很大的热情，但创业型领导者的激情并不一定来自这个方面。例如，公司里的一名中层领导者可能对自己所领导的业务部门的成功怀有极大的热情，即便公司其他部门或整体的企业愿景离实现还有很大的距离，也不受影响。无论在组织的哪个层面上，创业型领导者的激情都具有感染力：通过情绪感染和目标设定这两个过程，领导者的激情可以影响员工，使他们在工作中心态积极、目标明确，进而影响他们的组织承诺（Breugst 等人，2012）及创业行为。当一个充满激情的创业型领导者追求与机会相关的目标时，他就是在向员工证明这些目标是振奋人心的，是领导者的优先事项。以这种方式传达和澄清目标，能够帮助员工更好地理解自己的工作任务，了解领导者对他们有何期望（Locke 和 Latham，1990）。如果领导者在传达目标和愿景时富有激情，就说明领导者所宣扬的价值观和创业目标的确是他们共有的（Haslam 和 Platow，2001）。

激情还有助于传递创业型领导者对组织未来的设想（Baum 和 Locke，2004）。事实上，创业型领导者表现出来的第 4 个特质是富有远见；关注机会的未来愿景是创业型领导力的核心要素。回顾关于领导者和关于创业者的两类研究文献（Antonakis 和 Autio，2006；Cogliser 和 Brigham，2004；Fernald 等人，2005；Renko 等人，2015）可以发现，远见其实已经成为领导者和创业者的共同特征。创业型领导者的远见体现在，他们强烈地渴望创新、建设或变革（Thornberry，2006）。总之，创业型领导力的特征之一是，领导者在不断识别新的创业机会的基础上，为公司设想远大的未来愿景，并通过具有创造性、创新性以及冒险性的策略来寻求实现这一愿景。

当然，除了冒险、创造力、激情和远见，创业精神和领导力的重叠部分还包括其他特征，如对机会的关注、影响力（包括对追随者和更大范围人群的影响力）、规划、激励他人、以成就为导向、灵活性、耐心、毅力、对模糊的高容忍度、坚韧、自信、权力取向、主动性和内在控制力等（Becherer、Mendenhall 和 Eickhoff，2008；Cogliser 和 Brigham，2004；Fernald、Solomon 和 Tarabishy，2005；Renko 等人，2015；Thornberry，2006）。但以上讨论的 4 个特征对于理解专注于机会的创业型领导者及其追随者的行为最为关键。

创业型领导力和变革型领导力。鉴于学术研究已经提出了一大批不同的领导力风格，学习领导力相关知识的学生可能会质疑，我们是否还需要提出更多的领导力风格，如本章所述的创业型领导力？有变革型领导力，或者其他的领导力风格，还不够吗？事实上，变革型领导力的前景光明，这个概念已在创业研究领域得到了广泛的应用（Baum 等人，1998；Engelen 等人，2015；Ensley 和 Hmieleski 等人，2006；Ensley 和 Pearce 等人，2006；Ling 等人，2008；Peterson 等人，2009）。变革型领导者采取凭借魅力树立榜样、个性化关怀、鼓舞性激励，以及智力刺激等手段（Bass 和 Avolio，1995）也能帮助创业者实现目标。根据本章前面部分给出的创业型领导力风格的定义，按照 Antonakis 和 House（2002、2014）扩展的"全谱"领导力模型，智力刺激似乎是创业型领导力和变革型领导力以及创业型领导力和工具型领导力之间比较明显的重叠部分。通过智力刺激，领导者可以促使追随者用新方式思考旧问题，从而诱发创造性地解决问题等额外的角色行为（MacKenzie、Podsakoff 和 Rich，2001）。这继而能够帮助组织实现更高阶的目标，如识别新的商业机会等。智力刺激显然是创业型领导力和变革型领导力之间的一个重叠领域（Renko 等人，2015）。

但是创业型领导力风格和变革型领导力风格的差异多于相似。尽管创业型领导者会本着清晰的宗旨和目标来领导他人，但别人很可能不认为他们富有魅力或善于鼓舞人，这和变革型领导者不同（Podsakoff 等人，1990）。由于创业型领导者会非常明确地传达组织的创业目标，因此追随者将其信念和价值观内化的过程可能与鼓舞人心的吸引力、激动人心的演说、象征手法或其他形式的印象管理关系不大，更多的是依靠领导者的性格、以身作则和专注投入（Renko 等人，2015）。UPS 的创始人 Jim Casey 就是一个典型的例子。他带领 UPS 从一家不起眼的小公司发展成为世界性的现象级企业，靠的是不断挑战所有员工，推动他们不断创新并始终关注客户需求。有人这样描述他：

> 他不是那种典型的公司啦啦队长。Casey 并不擅长鼓舞人，他惯用的方式更多的是喋喋不休地反复唠叨。虽然说话啰嗦，不善于做激动人心的演讲，但他用非同一般又恰到好处的谦逊弥补了这个短板。他不张扬，总是以他人为楷模，从不强调自己……他不是耀眼的明星，而是一直默默燃烧的火焰。（Niemann，2007，第 29 页）

除了对魅力在树立榜样方面的作用有不同的看法之外，创业型领导力和变革型领导力在个性化关怀方面也有所不同。我们在前文陈述 Jeff Bezos 的例子时提到过，个性化关怀是变革型领导力的核心要素，但对于关注点更为集中的创业型领导力这个构念却不是必需的要素（Stone，2014）。总之，理解创业型领导力的关键在于，关注领导者自身及其追随者所采取的是以机会为导向的行为。尽管变革型领导力的内容和过程也包含此类行为的一些要素，但这些行为在变革型领导力中的作用不像在创业型领导力中这样不可或缺。对变革型领导力的高要求包括"领导者要富有远见，要自信，要内心强大，能够成功地坚持自己认为对的或者好的主张，而不屈从于时下普遍认为流行的或可接受的东西"（Bass，1985，第 17 页），这是对卓越领导力的总体要求。不过，仅仅评估什么是对的，什么是好的，就已经可以涵盖任何领域了（从人力资源管理到产品市场战略，从新产品开发决策到利益相关方管理），因此，变革型领导力是一个非常宽泛的构念。相比之下，创业型领导力的一个优势是，它更加集中地关注对创业行动至关重要的那些事项。通过让领导者和员工都积极地参与关注机会的行为，创业型领导力可以直接帮助组织更好地识别和利用机会。

当然，创业型领导力与其他类型的领导力并不互相排斥。例如，创业型领导者也可能同时表现出变革型领导力。此外，创业型领导力并没有什么特别新奇的要素，机会识别、愿景、风险、激情等要素几十年来一直是创业研究的重要课题。[①] 但如上所述，创业型领导力与众不同的要素组合与其他领导力风格不同。例如，识别并明确阐述组织的战略愿景是创业型领导力与变革型领导力（Podsakoff 等人，1990）和魅力型领导力（Conger 和 Kanungo，1998）所共有的。但是，后两种领导力风格并不涉及关注机会的领导力过程及领导者自身行为，而这恰恰是创业型领导力的核心。在评估包括创业型领导力在内的任何领导力风格时，必须立足于这样一种观点：单一的一类行为、特征或目标不足以构成一种独立的领导力风格，我们需要对领导者及其与追随者的关系进行全面的评估。

📖 创业型领导力的动态发展

前因。我们似乎有理由预期，促使个人在各种情境下识别并利用创业机会的驱动因素也会促使他们采取创业型的领导力风格。例如，创业警觉性——其定义是"对可

---

① 关于创业型领导力风格的构成要素与此前的研究有何相似之处，见 Renko 等人（2015）中的表 2。

利用（但迄今仍被忽视）的机会持接受态度"——是决定一个人是否善于发现创业机会的关键要素。简而言之，一些人天生就对潜在的机会发出的信号十分警觉。Kirzner（1997）认为，创业者是始终自发寻找（当前或未来）环境中尚未被察觉但有可能引发新活动的环境特征的人。事实上，只有具备创业警觉性，人们才能将对市场需求的感知与满足这些需求的途径整合起来，进而感知机会的出现（Tang 等人，2010）。这种警觉性的存在有助于解释为何一些人能成为连续创业者或组合创业者，创办多家公司并依次（连续创业者）或同时（组合创业者）经营。鉴于在识别和利用创业机会方面成为他人的榜样是创业型领导力的一项重要内容，创业警觉性应被视为这种领导力的一个潜在的重要前因。

除了警觉性，个人要想识别机会，还需要具备与机会领域相关的知识（Kirzner，1997；Vaghely 和 Julien，2010）。事实上，如果具备警觉性的人既了解市场需求，又知道满足这些需求的手段，那么他们就会发现机会（Kirzner，1997；Shane，2000）。相关知识的主要获取途径是先前的经验，包括本人的经验和他人的经验。可以假设在一家公司或一个行业内从业的年限越长，知识越丰富，就越有可能为公司发现机会。但有趣的是，在组织中长期任职并不会增加一个人采取创业型领导力做法的可能性（Zampetakis、Beldekosa 和 Moustakis，2009）。特定领域的知识对于创业型领导力固然重要，但同样重要的是，要有意愿去逾越局限，促使公司寻求非常规的机会，而更容易做到这一点的往往是公司里的新人。

可能与采取创业型领导力风格相关的其他前因包括：领导者的性别等基本特征（Harrison 等人，2015；Henry 等人，2015）、态度、价值观（Gupta 等人，2004），以及人格的某些方面（Nicholson，1998）。在人格方面，学者们认为大五人格分类可能是考察领导力倾向性预测因子的有效依据。通过对先前研究的广泛回顾和元分析，Judge 及其同事（2002）认为，外向性、尽责性和经验开放性这三种人格因素与领导力具有最强、最稳定的相关关系。同样，Brandstätter（2011）对元分析进行的总结指出，这三个特质是更具创业精神的人所一致具备的。亲和性是"大五人格"分类中与创业和领导力最不相关的特质（Brandstätter，2011；Judge 等人，2002）。Brandstätter 的研究表明，即使 Judge 及其同事提供的证据不够确凿，但创业者的情绪稳定性更好，领导者可能也是如此。鉴于这几种人格特质与领导力和创业精神的相关性相似，我们可以认为外向性、尽责性和经验开放性与采取创业型领导力风格密切相关。关于创业型领导力的这些前因，以及其他可能的前因是否成立，仍需进一步搜集实证证据。

此外，领导者的职位和组织情境（即领导者在组织中的职位）也有可能塑造其创业型领导力风格。创业型领导力可能在组织中较高的层次上更频繁地显现，因为职位较高的领导者通常享有更大的自由裁量权（Shamir 和 Howell，1999），使其能够发挥创业型领导力。相比之下，较低层次上的领导力更侧重任务，而较高层次上的领导力与组织的战略或愿景有更直接的关联（Hunt，1991）。

创业型领导力能够培养吗？可以。但我们首先必须明白，领导者或创业者都不是按照他们的人格特征来定义的。无论是创业研究还是领导力研究，关注的焦点都已渐渐远离创业者 / 领导者的人格特征，而转向创业精神 / 领导力的作用。也就是说，人们的关注点从以个人主义的、去情境化的方式定义的英雄人物，转向了根据行动和行为来定义的创业精神 / 领导力（Cogliser 和 Brigham，2004；Gartner，1988；Stogdill，1948）。因此，那些有意培养创业型领导力技能的人应该学会按创业型领导者的方式去思考和行动，而不是只模仿他们的外貌和说话方式。据此，创业型领导力培养项目的重点应该放在提高相关创造性技能、社交知识、与相关群体建立互信的技巧，以及认知能力上，这些都是与创业和领导力密切相关的人力资本和社会资本（Leitch 等人，2013）。实证研究表明，这种人力资本是可以学习的。近期的一份关于创业教育与培训影响力的元分析表明，此类教育与创业相关人力资本资产及创业绩效呈正相关，学术性的创业教育尤其如此（Martin、McNally 和 Kay，2013）。

结果。创业型领导者通过自己以及追随者的行动，着力实现识别并利用创业机会的目标。因此，创业型领导力带来的最直接的结果应该是数量和质量的提升：①关于公司可向市场提供的新产品或新服务的创意。②改进现有产品和服务的创意。③付诸实践的新产品 / 新服务或改进后的产品 / 服务。然后，随着时间的推移，这种创业型更新的过程应能惠及公司的销售，如果管理得当，还能提高最终利润。然后就会产生创业型领导力的最终结果，其与公司战略的关联显而易见。

虽然创业型领导力的最直接收益体现为识别和利用新的商业机会，但其他方面也能产生有益的结果。例如，创业型领导力风格可能有助于应对成长型组织中经常发生的误解和冲突。鉴于专注于创业目标能为组织成员提供一个普遍认同并支持的共同目标，创业型领导力对于减少人际关系问题和任务冲突能起到一定的作用（参见 Renko 等人，2012）。这可以提高组织成员的工作满意度和绩效水平（De Dreu 和 Weingart，2003）。工作满意度提高的另一种可能的途径是，通过创业型领导力创造条件，让工作富有挑战性并且很有意义，为员工提供获得认可的机会（Herzberg、Mausner 和 Snyderman，1959）。与自认为其工作价值不高的人相比，认为自己的工作意义重大且值得投入的人对工作的满意度更高（Hackman 和 Oldham，1976）。当个人直接参与到对组织的结果有影响的工作中时，他们应该会对工作本身感到满意，而创业型领导力恰恰能做到这一点（Carsrud 等人）。

在创业型领导力的影响下，组织的每个成员都致力于为业务问题提供创业型的解决方案，这提供了更多的方案供组织选择，从而能够提高决策的整体质量和对想法的洞察力。此外，创业型领导力可以提供一个统一的框架，鼓励所有的员工在此框架内争取实现创业目标，对这些目标能否实现真正负起责任。创业型领导者可能能够更有效地就某些政策和程序的实施进行沟通和解释。这应该能够减少偏见和偏袒，避免让一些人（如家族企业中的非家族员工）认为自己遭受了不公平待遇（Renko 等人，2012）。最后，如果能够长期维持，创业型领导力可以在领导者漫长的任期内持续帮助组织培育、传达并强化理想的愿景和组织文化。

　　调节变量和中介变量。追随者对创业型领导者的影响力可能有着不尽相同的敏感
度。在解释追随者对创业型领导力的敏感程度差异方面，有三个因素至关重要：①追
随者的创业型自我效能感。②他们得到的授权。③他们的创业激情水平（Renko 等人，
2015）。

　　首先，在自我效能感方面，创业研究和领导力研究文献都提供了越来越多的证据，
表明 Bandura（1986）的社会认知理论对解释组织中（Frayne 和 Latham，1987）和创
业情境中（Baum、Locke 和 Smith，2001）的行为非常有效。创业型自我效能感是指
一个人在多大程度上相信自己有能力承担创业者的角色，完成创业者的任务（McGee、
Peterson、Mueller 和 Sequeira，2009）。追随者要相信自己有能力提出独特的想法并识
别商业机会，这可能是使其对创业型领导者的影响力保持高度敏感的核心因素（参见
Zhao、Seibert 和 Hills，2005）。追随者如果相信自己实际上"具备所需"，可以提出
新颖的解决方案和创新措施，那么在创业型领导者的领导下，他们可能会受到鼓励，
沿着这条道路走下去。如果追随者自我效能感低，那么面对创业型的领导者，他们可
能会感到挫败，认为自己能力不足，这会使他们不太容易受到创业型领导者的影响
（Padilla、Hogan 和 Kaiser，2007）。鉴于女性的创业型自我效能感水平通常低于男性
（Wilson 等人，2007），可以推测，女性相对不容易受到创业型领导者的影响，不过到
目前为止，这一点尚未得到足够的实证支持。

　　其次，员工授权这个主题与自我效能感密切相关，在学术界和大众媒体都一直很
受关注。员工授权通常涉及从管理层到员工的权力下放。Conger 和 Kanungo（1988）
推广了这个概念，并赋予它关系性和动机性两方面的意义。就动机性而言，权力是指
一个人对自决权的内在需求或对个人自我效能的信念。因此，授权包括任何可以强化
员工的这种需求和信念、使他们感觉更加强大的管理策略或技术。就关系性而言，授
权是领导者或管理者与下属分享其权力的进程。在这里，权力被解释为对组织资源拥
有正式的权威或控制力，而授权主要指的是权力分享的概念。被授权的个人或团队可
以更好地控制其环境和工作。员工授权可以定义为一个"通过发现使人感到无力的条
件并凭借正式的组织做法和非正式的提供效能信息的技术来消除这种条件，从而强化
组织成员的自我效能感的过程"（Conger 和 Kanungo,1988）。但是,感到获得了授权（拥
有共享领导力或分布式领导力）并不会让每个组织、每个级别的所有员工都产生相同
的感受（Argyris，1998）。授权伴随着责任，而对组织或业务部门的未来负有责任对
有些人来说可能是难以承受的沉重负担。

　　由于寻求创业机会通常不属于管理者分配给员工的分内工作，可能需要一定程度
的员工授权才能使创业型领导力真正发挥作用。如果管理者希望看到员工采取关注机
会的行为，从而真正实现创业型领导力的效用，那么他们可能需要采取措施（如参
与性决策）强化员工的自我效能感和控制力并消除使员工感到无力的条件（如官僚体
系）。许多公司已经减少了管理层级，以便精简组织机构。员工能在多大程度上接受
和利用好通过授权获得的自由，将影响其对创业型领导者影响力的敏感性。

再次，研究早已证明，情绪和情感状态对创业行为至关重要（Baron，2008）。Cardon 及其同事（2009）认为，个人的创业激情——其定义是因参与创业活动而体验到的强烈积极情绪——会对创业追求造成很大的影响。简而言之，对识别和创造新机会等创业任务充满热情的人更有可能去完成这些任务，从而实现相关的结果（如机会识别）。以往针对其他领导力风格的研究已经证明，追随者的情绪和情感状态的确会影响领导力过程所带来的结果。例如，Avolio 及其同事对积极情绪如何影响真诚型领导者与其追随者之间的关系进行了研究（Avolio、Gardner、Walumbwa、Luthans 和 May，2004）。还有研究指出，就变革型领导力对员工动机的影响而言，追随者的积极情绪会发挥重要的作用（Ilies、Judge 和 Wagner，2006）。在创业型领导力情境下，追随者的创业激情体验会对他们对创业型领导者影响力的敏感性产生显著的积极作用。

除了追随者的特征，环境因素也有可能对创业型领导力与后续机会相关结果之间的相关度产生影响（Antonakis 和 Autio，2006）。例如，发现和寻求创业机会是一个随着时间变化的过程，而组织动荡或金融不稳定会使人进入一种危机模式，这可能导致追随者分心，无法继续专注于长期努力追求的目标，这就削弱了创业型领导力与创业机会结果之间的相关性（Lord 和 Emrich，2001）。同样，一个组织有多少可用资源也可能影响创业型领导力与机会利用之间的关系。创业者往往会在相当长的时期内亲自领导自己的公司，资源稀缺并不一定会使新机会自动变得难以企及。但是，用于创业计划的专项资源不足可能会削弱员工参与的热情，尤其是在公司情境下。正因为如此，人们才会认为，领导者若希望支持创造性行为，那么提供资源是至关重要的一步（Tierney 和 Farmer，2004）。从员工的角度看，要利用好已经识别出来的机会，光有好的想法是不够的，还需要实实在在的资源。除了可以投向新机会的时间、金钱等资源，追随者还需要一个创新的氛围，以及来自创业型领导者的鼓励、灵活性和耐心，只有这样，关注机会的行为才能越来越多（Kang 等人，2015）。针对创业精神的鼓励、倡导和目标是创业型领导力的基本要素，也是激励创业型追随者的必要条件（Carsrud 等人）。

一个组织的战略方向，尤其是其在多大程度上以创业为导向，也可能对创业型领导力过程能否实现预期结果造成影响（参见 Dess 等人，2003；Renko 等人，2015）。公司层面的战略和微观层面的领导力过程应该协调一致，如果因为办公室政治或因为对创业计划的高层支持不足导致员工寻求创业机会的努力受到阻碍，则创业型领导力的价值将会变得十分有限。

最后，组织的外部环境也有可能影响创业型领导力过程，而市场和文化都可能发挥主导作用。创业型领导力与机会识别和利用之间的相关度在竞争激烈、不断变化的市场中比在缺乏活力的环境中要高，因为竞争激烈的动态环境本身就能够增进员工的创业行为（Renko 等人，2015）。此外，除了行业及专业文化的影响，民族文化也有可能影响员工响应创业型领导力计划的热情。特别是，这种影响在低权力距离国家和高权力距离国家会有所不同。另外，生产性创业的水平也会因不同国家制度环境的质量有高有低而有所不同（Sobel，2008），许多制度及宏观经济因素会对创业型领导力的有效性造成影响。例如，如果监管机构的管理空白导致知识产权得不到充分保护，那么要利用创业机会可能会困难重重（Autio 和 Acs，2010）。

　　创业型领导力的上述发展动态在图 15-1 中概要列出。创业型领导力的成功取决于领导者、追随者及他们所处的情境的相互关系。最能让创业型领导力实现其识别机会、利用机会这一目标的情形是：领导者本人就是创业楷模（创业实施者），会直接鼓励获得授权的追随者采取关注机会的行为（领导者充当创业加速器），而且组织情境、环境情境和可用资源都很有利。这些因素能够帮助创业型领导者实现使创业型领导力有别于其他领导力风格的那些目标——识别并利用创业机会。

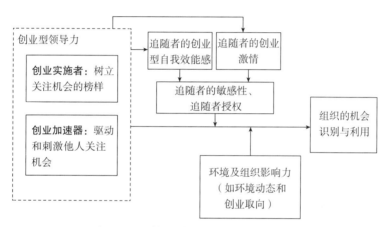

图 15-1　创业型领导力风格的动态发展

创业型领导力的测量

　　鉴于有关创业型领导力主题的研究还处于早期阶段，直接测量这种领导力的做法较少。Gupta、MacMillan 和 Surie（2004）使用来自 GLOBE 的二手数据编制了一个用于测量创业型领导者角色的量表。使用这份量表时，被试者就表中的每种行为对其组织和社会的"卓越领导行为"有多大贡献给出总体评分。因此，被试者给出的是对领导力风格的一般性评价，而不是像领导力研究中常见的那样对一个具体个人的领导力风格进行评价。另外，M.-H. Chen（2007）将组织的创业取向转化为创业者个人的冒险性、主动性和创新性三个衡量指标。但是，目前尚不清楚如何将公司层面的战略特征直接转化为个人层面的领导力衡量指标。

　　我和同事（Renko 等人，2015）开发并检验了一个包含 8 个项目的 ENTRELEAD 量表，用于测量创业型领导力风格。本量表直接利用本章介绍的创业型领导力风格的各个维度，适用于追随者（员工）对其领导者的领导力风格进行评分的情形。量表试图衡量领导者本人对已识别的创业机会有多少直接贡献，提出的问题包括领导者是否经常就公司现有产品 / 服务提出大胆的改进意见，或就全新产品 / 服务提出想法？此外，ENTRELEAD 量表还要求被试者就前文所述创业型领导者的冒险性、创造力、激情和远见 4 个重要特征进行评估。最后，量表还衡量创业型领导者是否通过期待追随者不仅完成本职工作，还能挑战现有的经营模式，使他们能够做到识别和利用创业机会。他们遵循类似的原则（摘自亚马逊的招贤纳士网页上列出的领导力原则）：[①]"领导者对决策有不同意见时应在保持尊重的前提下提出质疑，即使这会令人不快或十分消耗精力，也一定要如此。领导者要信念坚定，百折不挠。他们不会为了社会团结而作出让步。但决策一旦做出，他们就将全力以赴。"表 15-2 总结了 ENTRELEAD 量表及其基本维度。

表 15-2　用 ENTRELEAD 量表测量创业型领导力

创业型领导者的关键角色	如何识别创业型领导者	ENTRELEAD 量表（Renko 等人，2015）的相关测量项目
实施者 ⇕ 加速器	· 创业型领导者的日常工作内容是什么？ · 创业型领导者如何作出决策？ · 创业型领导者怎样看待他 / 她的组织？ · 创业型领导者对其追随者有何行动要求？	· 经常就正在销售的产品 / 服务提出大刀阔斧的改进意见 · 经常就我们可以销售的全新产品 / 服务提出想法 · 勇于冒险 · 就各种问题提出创造性的解决方案 · 对自己的工作表现出极大的热情 · 对企业的未来抱有明确的愿景 · 提出挑战并推动我以更具创新精神的方式行事 · 希望我挑战目前的业务模式

📖 对创业型领导力的未来研究

本章提出的想法可以用模型来验证，这类模型中应包含更远端的特征（前因）用于预测创业型领导力，继而在创业型领导力和某些情境（权变）下的结果建立联系（Antonakis 和 Autio，2006）。本章及此前许多有关创业型领导力的研究文献都认为，创业型领导力风格的性质和结果总体上是积极、正面的。但有可能，甚至很有可能，创业型领导力的某些副产品并不是所有人都欢迎的。例如，有些追随者很难相信自己具有足够的创业技能，或者对所在组织及其机会并不热衷，那么，他们可能会认为创业型领导者效率低下，甚至令人灰心丧气。近期的研究还表明，贪婪和傲慢可能也是创业型领导者的特征（Haynes、Hitt 和 Campbell，2015）。例如，创业型领导者要承担重大风险，因此必须天生自信。但是，如果一个人对自己的能力高度自信，他 / 她可能稍不留神就会表现出傲慢。同样，创业型领导者寻求机会的行为通常至少在某种程度上是为了给领导者自己和他们的企业寻求经济上的回报，而经济回报最大化与贪

---

① 摘自 https：//www.amazon.jobs/en/principles。

婪也只有一步之遥。此外，创业型领导者对其工作和公司的热情能够鼓舞人心，但存在变为教条或痴迷的风险（Vallerand 等人，2003）。这样的观点表明，创业型领导力研究不应该只关注积极的方面，也要探索这种领导力风格消极的一面，以便构建均衡、全面的形象。

创业型领导者面临的一项实际挑战是，他们必须在日常工作的管理和行政要求与面向未来、关注机会的领导角色行为之间求得平衡。公司依靠其领导者来完成发现、发展、增长以及以协调为中心的管理任务。未来的研究如果能够帮助领导者在这两个领域之间求得平衡，将会是十分有用的。

正如本章开头部分所述，我认为创业型领导力的研究积累一直因为研究者所用的观点过于多样而受到限制。展望未来，要想有大量的重要研究成果问世，我希望大家将创业型领导力真正视为一种独立的领导力风格。尽管研究新公司里各种与领导力有关的现象并将创业思维与公司层面的战略和文化相结合很有意义，但着眼于这些主题的研究通常无助于将创业型领导力确立为一个独立的构念。鉴于创业思维和有效领导力对当前的企业界至关重要，而且人们无论年纪大小都在越来越多地将创业作为一个职业选项，我认为学术界必须迎接挑战，致力于研究创业型领导力风格及其对人、组织和社会发展的影响。在此过程中，我们必须保持谨慎，不要从成功的企业家身上推断有效的创业型领导力需要哪些核心特质。相反，将关注的焦点集中在创业型领导力过程的目标—机会上，应该会很有帮助。本章所讨论的也不是伟大的企业家和领导者有哪些人格特质，而是创业型领导者日常如何工作，怎样作出决策，如何看待自己的组织，以及要求追随者做什么。我鼓励研究人员以本章所述观点为基础和起点，努力深入了解创业型领导力风格，并在此基础上继续就这个主题展开进一步的概念和实证研究。

讨论题

1.回想你与各位领导者的交往（在职场、学校和你所参加的其他组织中），你认识的哪位领导者是典型的创业型领导者？他们身上体现了创业型领导力的哪些方面？他们是否让你的行事方式更具创业精神了？

2.尽管创业型领导力是从业者和大众媒体都经常讨论的主题，但围绕这个主题的学术研究仍然不够充分而且很分散。你认为原因何在？推动该领域的研究需要具备哪些条件？

3.在大众媒体（报纸、杂志）上寻找描述创业型领导者的文章。找出至少三篇使用了这一术语但其含义与本章定义不同的文章。试找出这些文章的描述与本章的创业型领导力定义有何相似之处。

推荐阅读

Cogliser, C. C., & Brigham, K. H.（2004）. The intersection of leadership and entrepreneurship: Mutual lessons to be learned. *The Leadership Quarterly*, *15*, 771-799.

Leitch, C. M., McMullan, C., & Harrison, R. T. (2013). The development of entrepreneurial leadership: The role of human, social and institutional capital. *British Journal of Management*, *24* (3), 347-366.

McGrath, R. G., & MacMillan, I. C. (2000). *The entrepreneurial mindset*. Boston, MA: Harvard Business School Publishing.

Renko, M., El Tarabishy, A., Carsrud, A. L., & Brännback, M. (2015). Understanding and measuring entrepreneurial leadership style. *Journal of Small Business Management*, *53* (1), 54-74.

Thornberry, N. (2006). *Lead like an entrepreneur: Keeping the entrepreneurial spirit alive within the corporation*. Boston, MA: McGraw-Hill.

案例研究

案例: Chakravarthy, B., & Huber, H. (2003, January 1). Internal entrepreneurship at the Dow Chemical Co. IMD.

案例: Dann, J. (2015, January 12). "Kickboxing" at Adobe Systems. Greif Center for Entrepreneurial Studies-USC Marshall.

案例: Farhoomand, A., & Lai, R. (2010, July 19). Alibaba's Jack Ma: Rise of the new Chinese entrepreneur. University of Hong Kong.

案例: Gamble, E., Parker, S., Moroz, P., Baglole, P., & Cassidy, R. (2014, August 19). Entrepreneurial leadership at Maritime Bus. London, UK: Ivey.

案例: George, W. W., & McLean, A. N. (2006, June 30). Howard Schultz: Building Starbucks community (A). Harvard Business School.

推荐视频

Branson, R. (2007). Richard Branson: Life at 30, 000 feet. http: //www. ted.com/talks/richard_branson_s_life_at_30_000_feet/transcript?language=en.

Heffernan, M. (2012). Margaret Heffernan: Dare to disagree. https: // www.ted.com/talks/margaret_heffernan_dare_to_disagree?language=en.

Musk, E. (2013). Elon Musk: The mind behind Tesla, SpaceX, and SolarCity. https: //www.ted.com/talks/elon_musk_the_mind_behind_tesla_spacex_ solarcity?language=en.

参考文献

扫一扫，下载
本章参考文献

Adkins, Amy. (2016, May 11). What Millennials want from work and life. *Gallup Business Journal*. Retrieved from http: //www.gallup.com/business-journal/191435/millennials–work–life.aspx

Anderson, C. (2012). *Makers: The new Industrial Revolution*. New York, NY: Crown Business.

Antonakis, J. B. J., & Autio, E. (2006). Entrepreneurship and leadership. In J. R. Baum, M. Frese, & R. A. Baron (Eds.), *The psychology of entrepreneurship* (pp. 189–208). Mahwah, NJ: Lawrence Erlbaum.

Antonakis, J., & House, R. J. (2002). An analysis of the full–range leadership theory: The way forward. In B. J. Avolio & F. J. Yammarino (Eds.), *Transformational and charismatic leadership: The road ahead* (pp. 3–34). Amsterdam, Netherlands: JAI Press.

Antonakis, J., & House, R. J. (2014). Instrumental leadership: Measurement and extension of transformational-transactional leadership theory. *The Leadership Quarterly*, *25*, 746–771.

Antoncic, B., & Hisrich, R. D. (2001). Intrapreneurship: Construct refinement and cross–cultural validation. *Journal of Business Venturing*, *16* (5), 495–527.

Argyris, C. (1998). Empowerment: the emperor's new clothes. *Harvard Business Review*, *76* (3), 98–105.

Autio, E., & Acs, Z. J. (2010). Intellectual property protection and the formation of entrepreneurial growth aspirations. *Strategic Entrepreneurship Journal*, *4* (4), 234–251.

Avolio, B. J., Gardner, W. L., Walumbwa, F. O., Luthans, F., & May, D. R. (2004). Unlocking the mask: A look at the process by which authentic leaders impact follower attitudes and behaviors. *The Leadership Quarterly*, *15* (6), 801–823.

Bandura, A. (1986). Social foundations of thought and action: A social cognitive theory. Englewood Cliffs, NJ: Prentice Hall.

Baron, R. (2008). The role of affect in the entrepreneurial process. *Academy of Management Review*, *33* (2), 328–340.

Baron, R. A., & Ensley, M. D. (2006). Opportunity recognition as the detection of meaningful patterns: Evidence from comparisons of novice and experienced entrepreneurs. *Management Science*, *52* (9), 1331–1344.

Basadur, M. (2004). Leading others to think innovatively together: Creative leadership. *The Leadership Quarterly*, *15* (1), 103–121.

Bass, B. M. (1985). *Leadership and performance beyond expectations*. New York, NY: Free Press.

Bass, B. M., & Avolio, B. J. (1995). *Multifactor Leadership Questionnaire*. Redwood City, CA: Mind Garden.

Baum, J. R., & Locke, E. A. (2004). The relationship of entrepreneurial traits, skill, and motivation to subsequent venture growth. *Journal of Applied Psychology*, *89*, 587–598.

Baum, J. R., Locke, E. A., & Kirkpatrick, S. A. (1998). A longitudinal study of the relation of vision and vision communication to venture growth in entrepreneurial firms. *Journal of Applied Psychology*, *83* (1), 43–54.

Baum, J. R., Locke, E. A., & Smith, K. G. (2001). A multidimensional model of venture growth. *Academy of Management Journal*, *44* (2), 292–304.

Becherer, R. C., Mendenhall, M. E., & Eickhoff, K. F. (2008). Separated at birth: An inquiry on the conceptual independence of the entrepreneurship and the leadership constructs. *New England Journal of Entrepreneurship*, *11* (2), 13–27.

Brandstätter, H. (2011). Personality aspects of entrepreneurship: A look at five meta–analyses. *Personality and Individual Differences*, *51* (3), 222–230.

Bresman. H. (2015, February 23). What Millennials want from work, charted across the world. *Harvard Business Review*.

Breugst, N., Domurath, A., Patzelt, H., & Klaukien, A. (2012). Perceptions of entrepreneurial passion and employees' commitment to entrepreneurial ventures. *Entrepreneurship Theory and Practice*, *36*(1), 171–192.

Cardon, M. S., Wincent, J., Singh, J., & Drnovsek, M. (2009). The nature and experience of entrepreneurial passion. *Academy of Management Review*, *34* (3), 511–532.

Cardon, M. S., Zietsma, C., Saparito, P., Matherne, B. P., & Davis, C. (2005). A tale of passion: New insights into entrepreneurship from a parenthood metaphor. *Journal of Business Venturing*, *20* (1), 23–45.

Carsrud, A. L., Renko, M., Brännback, M., Sashkin, M., & El Tarabishy, A. (in press). Understanding entrepreneurial leadership: Who leads a venture does matter. In R. T. Harrison & C. M. Leitch (Eds.), *Research hand- book on entrepreneurship and leadership*. Northampton, MA: Edward Elgar.

Chen, M.–H. (2007). Entrepreneurial leadership and new ventures: Creativity in entrepreneurial teams. *Creativity and Innovation Management*, *16*(3), 239–249.

Chen, X.–P., Yao, X., & Kotha, S. (2009). Entrepreneur passion and preparedness in business plan presentations: A persuasion analysis of venture capitalists' funding decisions. *Academy of Management Journal*, *52* (1), 199–214.

Choi, Y. R., & Shepherd, D. A. (2004). Entrepreneurs' decisions to exploit opportunities. *Journal of Management*, *30* (3), 377–395.

Cogliser, C. C., & Brigham, K. H. (2004). The intersection of leadership and entrepreneurship: Mutual lessons to be learned. *The Leadership Quarterly*, *15*, 771–799.

Conger, J. A., & Kanungo, R. N. (1988). The empowerment process: Integrating theory and practice. *Academy of Management Review*, *13*（3），471–482.

Conger, J. A., & Kanungo, R. N.（1998）. Charismatic leadership in organizations. *Thousand Oaks*, CA：Sage.

Covin, J. G., & Slevin, D. P.（2002）. The entrepreneurial imperatives of strategic leadership. In M. A. Hitt, R. D. Ireland, S. M. Camp, & D. L. Sexton（Eds.）, *Strategic entrepreneurship*：*Creating a new mindset*（pp. 309–327）. Oxford, UK：Blackwell.

Csikszentmihalyi, M.（1997）. *Creativity*：*Flow and the psychology of discovery and invention*. New York, NY：Harper Perennial.

Cunningham, J. B., & Lischeron, J.（1991）. Defining entrepreneurship. *Journal of Small Business Management*, *29*（1），45–62.

De Dreu, C. K., & Weingart, L. R.（2003）. Task versus relationship conflict, team performance, and team member satisfaction：A meta-analysis. *Journal of Applied Psychology*, *88*（4），741.

Dess, G. G., Ireland, R. D., Zahra, S. A., Floyd, S. W., Janney, J. J., & Lane, P. J.（2003）. Emerging issues in corporate entrepreneurship. *Journal of Management*, *29*, 351–378.

Engelen, A., Gupta, V., Strenger, L., & Brettel, M.（2015）. Entrepreneurial orientation, firm performance, and the moderating role of transformational leadership behaviors. *Journal of Management*, *41*（4），1069–1097.

Ensley, M. D., Hmieleski, K. M., & Pearce, C. L.（2006）. The importance of vertical and shared leadership within new venture top management teams：Implications for the performance of startups. *The Leadership Quarterly*, *17*（3），217–231.

Ensley, M. D., Pearce, C. L., & Hmieleski, K. M.（2006）. The moderating effect of environmental dynamism on the relationship between entrepreneur leadership behavior and new venture performance. *Journal of Business Venturing*, *21*（2），243–263.

Fernald, L. W. J., Solomon, G. T., & Tarabishy, A.（2005）. A new paradigm：Entrepreneurial leadership. *Southern Business Review*, *30*（2），1.

Frayne, C. A., & Latham, G. P.（1987）. The application of social learning theory to employee self-management of attendance. *Journal of Applied Psychology*, *72*, 387–392.

Gaglio, C. M.（2004）. The role of mental simulations and counterfactual thinking in the opportunity identification process. *Entrepreneurship Theory and Practice*, *28*（6），533–552.

Gartner, W. B.（1988）. "Who is an entrepreneur?" is the wrong question. *American Journal of Small Business*, *12*（4），11–32.

Goss, D.（2005）. Schumpeter's legacy? Interaction and emotions in the sociology of entrepreneurship. *Entrepreneurship*：*Theory & Practice*, *29*（2），205–218.

Gupta, V., MacMillan, I. C., & Surie, G.（2004）. Entrepreneurial leadership：Developing and measuring a cross- cultural construct. *Journal of Business Venturing*, *19*（2），241–260.

Hackman, J. R., & Oldham, G. R.（1976）. Motivation through the design of work：Test of a theory. *Organizational Behavior and Human Performance*, *16*（2），250–279.

Harrison, R., Leitch, C., & McAdam, M.（2015）. Breaking glass：Toward a gendered analysis of entrepreneurial leadership. *Journal of Small Business Management*, *53*（3），693–713.

Haslam, S., & Platow, M. J.（2001）. The link between leadership and followership：How affirming social identity translates vision into action. *Personality and Social Psychology Bulletin*, *27*（11），1469–1479.

Haynes, K. T., Hitt, M. A., & Campbell, J. T.（2015）. The dark side of leadership：Towards a mid-range theory of hubris and greed in entrepreneurial contexts. *Journal of Management Studies*, *52*（4），479–505.

Henry, C., Foss, L., Fayolle, A., Walker, E., & Duffy, S.（2015）. Entrepreneurial leadership and gender：Exploring theory and practice in global contexts. *Journal of Small Business Management*, *53*（3），581–586.

Herzberg, F., Mausner, B., & Snyderman, B.（1959）. *The motivation to work*. New York, NY：Wiley.

Hmieleski, K. M., & Ensley, M. D.（2007）. A contextual examination of new venture performance：Entrepreneur leadership behavior, top management team heterogeneity, and environmental dynamism. *Journal of Organizational Behavior*, *28*（7），865–889.

Hunt, J. G.（1991）. *The leadership*：*A new synthesis*. Newbury Park, CA：Sage.

Hunt, J. G.（2004）. What is leadership? In J. Antonakis, A. T. Cianciolo, & R. J. Sternberg（Eds.）, *The nature of leadership*（pp. 19–47）. Thousand Oaks, CA：Sage.

Ilies, R., Judge, T., & Wagner, D.（2006）. Making sense of motivational leadership：The trail from transformational leaders to motivated followers. *Journal of Leadership & Organizational Studies*, *13*（1），1–23.

Ireland, R. D., Hitt, M. A., & Sirmon, D. G.（2003）. A model of strategic entrepreneurship：The construct and its dimensions. *Journal of Management*, *29*（6），963–989.

Judge, T. A., Bono, J. E., Ilies, R., & Gerhardt, M. W.（2002）. Personality and leadership：A qualitative and quantitative review. *Journal of Applied Psychology*, *87*（4），765–780.

Kang, J. H., Solomon, G. T., & Choi, D. Y.（2015）. CEOs' leadership styles and managers' innovative behaviour：Investigation of intervening effects in an entrepreneurial context. *Journal of Management Studies*, *52*（4），531–554.

Khanna, T.（2013）. *Billions of entrepreneurs*：*How China and India are reshaping their futures and yours*. Boston, MA：Harvard Business School Publishing.

Kirzner, I. M.（1997）. Entrepreneurial discovery and the competitive market process：An Austrian approach. *The Journal of Economic Literature*, *35*, 60–85.

Koryak, O., Mole, K. F., Lockett, A., Hayton, J. C., Ucbasaran, D., & Hodgkinson, G. P. (2015). Entrepreneurial leadership, capabilities and firm growth. *International Small Business Journal*, *33* (1), 89–105.

Kuratko, D. F., Ireland, R. D., & Hornsby, J. S. (2001). Improving firm performance through entrepreneurial actions: Acordia's corporate entrepreneurship strategy. *Academy of Management Executive*, *15* (4), 60–71.

Leitch, C. M., McMullan, C., & Harrison, R. T. (2013). The development of entrepreneurial leadership: The role of human, social and institutional capital. *British Journal of Management*, *24* (3), 347–366.

Ling, Y., Simsek, Z., Lubatkin, M. H., & Veiga, J. F. (2008). Transformational leadership's role in promoting corporate entrepreneurship: Examining the CEO-TMT interface. *Academy of Management Journal*, *51* (3), 557–576.

Locke, E. A., & Latham, G. P. (1990). *A theory of goal setting and task performance*. Englewood Cliffs, NJ: Prentice Hall.

Lord, R. G., & Emrich, C. G. (2001). Thinking outside the box by looking inside the box: Extending the cognitive revolution in leadership research. *The Leadership Quarterly*, *11*, 551–579.

MacKenzie, S. B., Podsakoff, P. M., & Rich, G. A. (2001). Transformational and transactional leadership and salesperson performance. *Journal of the Academy of Marketing Science*, *29* (2), 115–134.

Mainemelis, C., Kark, R., & Epitropaki, O. (2015). Creative leadership: A multi-context conceptualization. *Academy of Management Annals*, *9*, 393–482.

Martin, B. C., McNally, J. J., & Kay, M. J. (2013). Examining the formation of human capital in entrepreneurship: A meta-analysis of entrepreneurship education outcomes. *Journal of Business Venturing*, *28* (2), 211–224.

McGee, J. E., Peterson, M., Mueller, S. L., & Sequeira, J. M. (2009). Entrepreneurial self-efficacy: Refining the measure. *Entrepreneurship Theory and Practice*, *33* (4), 965.

McGrath, R. G., & MacMillan, I. C. (2000). *The entrepreneurial mindset*. Boston, MA: Harvard Business School Publishing.

Mueller, P. (2007). Exploiting entrepreneurial opportunities: The impact of entrepreneurship on growth. *Small Business Economics*, *28* (4), 355–362.

Nicholson, N. (1998). Personality and entrepreneurial leadership: A study of the heads of the UK's most successful independent companies. *European Management Journal*, *16* (5), 529–539.

Niemann, G. (2007). Big brown. *The untold story of UPS*. San Francisco, CA: Jossey-Bass.

Padilla, A., Hogan, R., & Kaiser, R. B. (2007). The toxic triangle: Destructive leaders, susceptible followers, and conducive environments. *The Leadership Quarterly*, *18* (3), 176–194.

Peterson, S. J., Walumbwa, F. O., Byron, K., & Myrowitz, J. (2009). CEO positive psychological traits, transformational leadership, and firm performance in high-technology start-up and established firms. *Journal of Management*, *35*, 348–368.

Pew Research Center. (2014, March 7). Millennials in adulthood, detached from institutions, networked with friends. Retrieved from http://www.pewsocialtrends.org/2014/03/07/millennials-in-adulthood/

Podsakoff, P. M., MacKenzie, S. B., Moorman, R. H., & Fetter, R. (1990). Transformational leader behaviors and their effects on followers' trust in leader, satisfaction, and organizational citizenship behaviors. *The Leadership Quarterly*, *1* (2), 107–142.

Rauch, C. F., & Behling, O. (1984). Functionalism: Basis for an alternate approach to the study of leadership. In J. G. Hunt, D. Hosking, C. Schriesheim, & R. Stewart, (Eds.), *Leaders and managers: International perspectives on managerial behavior and leadership*. Elmsford, NY: Pergamon.

Renko, M., El Tarabishy, A., Carsrud, A., & Brännback, M. (2012). Entrepreneurial leadership in family business. In A. Carsrud & M. Brännback (Eds.), *Understanding family businesses, undiscovered approaches, unique perspectives, and neglected topics* (pp. 169–184). New York, NY: Springer Verlag.

Renko, M., El Tarabishy, A., Carsrud, A. L., & Brännback, M. (2015). Understanding and measuring entrepreneurial leadership style. *Journal of Small Business Management*, *53* (1), 54–74.

Reynolds, P. D. (2015). Business creation stability: Why is it so hard to increase entrepreneurship? *Foundations and Trends in Entrepreneurship*, *10* (5–6), 321–475.

Sarasvathy, S. D. (2001). Causation and effectuation: Toward a theoretical shift from economic inevitability to entrepreneurial contingency. *Academy of Management Review*, *26* (2), 243–263.

Shamir, B., & Howell, J. M. (1999). Organizational and contextual influences on the emergence and effectiveness of charismatic leadership. *The Leadership Quarterly*, *10*, 257–283.

Shane, S. (2000). Prior knowledge and the discovery of entrepreneurial opportunities. *Organization Science*, *11* (4), 448–469.

Shane, S., & Venkataraman, S. (2000). The promise of entrepreneurship as a field of research. *Academy of Management Review*, *25*, 217–226.

Simsek, Z., Jansen, J. J., Minichilli, A., & Escriba-Esteve, A. (2015). Strategic leadership and leaders in entrepreneurial contexts: A nexus for innovation and impact missed? *Journal of Management Studies*, *52* (4), 463–478.

Sobel, R. S. (2008). Testing Baumol: Institutional quality and the productivity of entrepreneurship. *Journal of Business Venturing*, *23* (6), 641–655.

Stewart, W. H., Jr., & Roth, P. L. (2001). Risk propensity differences between entrepreneurs and managers: A meta-analytic review. *Journal of Applied Psychology*, *86* (1), 145.

Stogdill, R. M. (1948). Personal factors associated with leadership: A survey of the literature. *Journal of Psychology*, *25*, 35–71.

Stone, B. (2014). *The everything store : Jeff Bezos and the age of Amazon*. New York, NY: Little, Brown.

Tang, J., Kacmar, K. M. M., & Busenitz, L. (2012). Entrepreneurial alertness in the pursuit of new opportunities. *Journal of Business Venturing*, *27* (1), 77–94.

Thornberry, N. (2006). *Lead like an entrepreneur : Keeping the entrepreneurial spirit alive within the corporation*. Boston, MA: McGraw-Hill.

Tierney, P., & Farmer, S. M. (2004). The Pygmalion process and employee creativity. *Journal of Management*, *30* (3), 413–432.

Tierney, P., Farmer, S. M., & Graen, G. B. (1999). An examination of leadership and employee creativity: The relevance of traits and relationships. *Personnel Psychology*, *52*, 591–620.

Vaghely, I. P., & Julien, P.-A. (2010). Are opportunities recognized or constructed? An information perspective on entrepreneurial opportunity identification. *Journal of Business Venturing*, *25*, 73–86.

Vallerand, R. J., Blanchard, C., Mageau, G. A., Koestner, R., Ratelle, C., Léonard, M., ... Marsolais, J. (2003). Les passions de l'ame: On obsessive and harmonious passion. *Journal of Personality and Social Psychology*, *85* (4), 756–767.

Wall Street Journal. (2016). What is Alibaba? Retrieved from http: //projects.wsj.com/alibaba/.

Wilson, F., Kickul, J., & Marlino, D. (2007). Gender, entrepreneurial self-efficacy, and entrepreneurial career intentions: Implications for entrepreneurship education. *Entrepreneurship Theory and Practice*, *31* (3), 387–406.

Yukl, G. (2008). *Leadership in organizations*. Upper Saddle River, NJ: Prentice Hall.

Zampetakis, L. A., Beldekos, P., & Moustakis, V. S. (2009). "Day-to-day" entrepreneurship within organisations: The role of trait emotional intelligence and perceived organisational support. *European Management Journal*, *27* (3), 165–175.

Zhao, H., Seibert, S. E., & Hills, G. E. (2005). The mediating role of self-efficacy in the development of entrepreneurial intentions. *Journal of Applied Psychology*, *90* (6), 1265–1272.

第 4 部分
领导力中的哲学和方法论问题

第 16 章
了解领导力： 研究设计和方法

Philippe Jacquart、Michael S. Cole、Allison S. Gabriel、
Joel Koopman、Christopher C. Rosen

📖 开篇案例：领导者的日常

Susan 是一家顶级咨询公司的合伙人，她带领团队开发并推出的领导力培训项目大获成功，成为公司最畅销的课程之一，这也让她一举成名。过去的几年，全国各地的很多高层管理团队都开展了这个培训项目，需求至今仍然很旺盛。不过最近，一些领导力学者开始公开批评这个项目"华而不实"。Susan 开始考虑该如何回应这些批评。尽管她对这个培训项目很有信心，但在批评者的质疑中也开始担忧其实用性。

一天早上，Susan 坐在办公桌前阅读一篇很受欢迎的报刊文章，文章是对一本专门批评这个培训项目的学术出版物做的概述。批评认为，她的项目既没有理论基础，也未得到充分验证，因此没有理由相信其价值。"他们怎么能这么说呢？"Susan 寻思道。到目前为止，已有数百个团队实际参加了这个领导力培训项目，而且反馈无一例外都很好。此外，有的公司甚至追踪了参训人员的业绩表现，结果表明，总体而言，参训后他们的各种绩效指标都有改善。

Susan 继续往下看。批评者认为，在参训人员身上观察到的效果无法证明这个培训项目有效，因为没有一组条件相似、没有参训的管理者作为对照组。因此，批评者指出，观察到的培训效果可能源自一种自证预言（也就是说，被选派参加这一著名培训项目的管理者可能感到自豪，认为获得了老板的认可，这种感觉有助于提升他们的工作动力，改善绩效）。此外，批评者还认为，参训人员之所以被选派参加这个培训项目，往往就是因为他们工作出色或很有潜力，因此他们并不能代表一般的管理者，其中可能有混淆因素。Susan 觉得其中一些批评听起来非常可笑，不过她也明白，要消除这些批评的声音，就需要拿出更多的证据。她开始思索怎么做才能拿出令人信服的证据，证明这个培训项目行之有效，并不是"华而不实"。

讨论题

1. 在两个变量之间观察到共变（如参加培训项目与领导力有效性提升）是否可以解释为因果关系？

2. 举出三个可能的混淆变量，这三个变量要能解释培训完成后在参训人员身上观

察到的效果。

　　3. Susan 怎样才能确认自己的培训项目确实有效？

📖 本章概述

　　在开篇案例中，这位咨询公司合伙人被要求提供令人信服的证据，证明自己的领导力培训项目确实有效。将这个案例稍作拓展，我们可以考虑这样一个问题：我们如何确定领导力对机构的有效运作是否重要？考虑到本章所讲的主题，回答这个问题之前我们需要先弄清"领导力"和"有效性"这两个术语的含义。例如，我们应该将领导力视为一种稳定的特质、层级体系中的一个正式职位、一个产生影响的过程，还是别的什么？要回答这个问题，我们首先需要对领导力和有效性进行定义，然后完成构念操作化，为此，我们需要从概念上阐明这两个术语的含义，并考虑如何对其进行测量。这是为了解领导力与有效性之间关系的本质奠定基础的步骤。

　　Cook 和 Campbell（1979）提出，要推论不同心理构念之间存在因果关系必须满足以下三个条件：①预测变量和因变量之间必须存在共变关系。②原因（即预测变量）必须在时间上先于结果（即因变量）。③必须排除对假定因果关系可能的替代解释。前两个条件相对容易满足，而第三个条件往往情况比较复杂。回到开篇案例，培训项目和结果之间有共变关系，这为满足前两个条件提供了一定的支持，但对于第三个条件却无能为力。正如批评者所指出的，仅仅是参加培训本身就可能带来一种影响，与培训的内容无关。例如，绩效的提升可能是因为被选派参加培训表示一种认可，并不是因为培训的内容。另一种可能性是，存在第三个变量，与管理者入选培训项目的可能性，以及随后的绩效提升都相关，从而在两个焦点变量间制造了一种虚假关系（James，1980）。本章要讨论的是，检验是否存在因果关系的关键，在于合理的研究设计和收集所需的数据，这样才能挖掘出正确的因果关系。的确，要开展领导力研究，首先要深刻认识和了解研究方法。在这方面，Aguinis 和 Vandenberg（2014）借鉴了 Ben Franklin "一分预防胜过十分处理"的告诫，指出 "与只顾进行数据分析相比，深入研究理论、设计和测量问题可能会带来更大的回报"（第 591 页）。本章将主要讨论此类设计条件和数据问题，毕竟最能为政策制定提供支持的是因果关系。

　　本章希望达成三个目的。首先，简单介绍定量研究。我们将介绍循证管理的理念，阐明理论有何意义，定量研究对理论的检验有何作用，以及为什么测量和假设检验是定量研究的关键步骤。我们还会说明如何依靠观测数据获得估计值。第二部分探讨为什么两个或多个变量之间的共变不一定表示变量之间存在因果关系（这是内生性的理念）。第三部分介绍实验设计，详细说明为什么随机化处理对实验研究至关重要。我们还将讨论准实验研究的设计，用于无法进行实验研究的情况。

📖 第一部分：定量研究的基础

　　20 世纪，随着循证医学的出现，我们目睹了医学实践的巨大变化（见 Smith 和

Rennie，2014）。循证实践的基础是执业医生根据最新的医学证据来医治患者。同样，在领导力和管理情境下，我们也可以对理论和实践的有效性进行实证检验，以便"取其精华，去其糟粕"（Pfeffer 和 Sutton，2006）。[①] 这就是循证管理的理念（Briner、Denyer 和 Rousseau，2009）。这里的逻辑非常简单：某一观点如果为真，就应该能够找到支持它的证据，我们的实践和政策应该建立在现有证据的基础上。但是，本章后续内容将说明，确定因果关系可能非常困难，研究者要遵循适当的程序和方法才能从观测数据中推论出因果关系。这一点之所以重要，不仅是因为我们常倾向于寻找能够佐证先入之见的信息（Nickerson，1998），而且也是因为不遵从适当的程序可能会导致结果偏差和错误结论（Antonakis、Bendahan、Jacquart 和 Lalive，2010）。

理论和有意义的贡献

可解释某一实际现象的理论和理论框架的发展，对于组织科学内部和外部的知识积累都至关重要。Lewin（1945）指出，"没有什么比好的理论更实用"（第 129 页）。引申开来就是，"好的"理论能为提出我们认为正确的理念提供一种框架（当然，值得注意的是，理论也不应被视为必须遵从的"绝对"法则，因为它只是暂时被人接受，始终可以进行进一步的研究和检验）。理论是指"现象之间的联系，是行为、事件、结构和想法形成背后的故事。理论强调的是因果关系的本质，旨在确定事件发生的先后顺序及时间节点"（Sutton 和 Staw，1995，第 378 页）。换句话说，理论是一系列可检验的观点，旨在说明两个（或多个）构念之间的关系，这一关系为何重要，两个构念如何相互关联，以及预计在哪些条件下能够观察到这种关系，哪些条件下不能（Sutton 和 Staw，1995）。清晰的理论不仅有助于说明两个构念之间关系的性质，而且还能阐明为何这两个构念能够在众多构念中脱颖而出成为关注的焦点。

理论可通过归纳或演绎的方式得出。归纳法期待数据来提供有意义的关系模式。因此，人们常说归纳法就是"让数据说话，通过某种形式的分析形成模式或概念，而研究者的作用是在模式内或概念之间建立联系"（Aguinis 和 Vandenberg，2014，第 576 页）。尽管这种方法能够带来理论的重大进步（Locke，2007），而且一些期刊也已开始鼓励这类研究，但这类研究在应用心理学和管理学类期刊中仍不多见（见新的 *Academy of Management Discoveries* 杂志）。与此相对的理论演绎法建立在坚实的理论基础之上。这种方法在组织科学领域更为常用，研究者常采用一种（或多种）理论来提出并用实证方法检验自己的假设，然后再对理论进行实证评价。

基本的测量问题

可以肯定的是，领导力是一个非常复杂的研究课题。探讨这种重要的理论和实践

---

① 这里需强调的是，尽管只有通过定量研究才能明确判定因果关系，但人们正在利用小样本研究或案例研究探寻如何更稳健地检验这种关系（Geddes，2003；Gerring McDermott，2007）。

课题困难重重，但我们仍然有能力用科学的方法对其进行研究。为此，领导力学者在使用演绎法时必须结合理论来开发概念模型，然后通过实证方法对模型进行检验。这个科学过程必须严谨（即方法应该系统、合理、相对没有误差），以便研究者作出科学意义上有效、可靠的推论（Daft，1984）。此外，特别重要的是，要阐明领导力在特定研究情境中的含义。实际上，领导力这个构念有多重含义。例如，根据概念的概念化方式，领导力可以指在组织中担任正式职位，可以指一种特定的行为，也可以指一系列个人特征。最终，领导力在给定研究中的概念化方式取决于要研究的是什么问题。举例来说，研究者若对如何招募 CEO 感兴趣，就应该重点关注应选择谁来担任正式的领导职位，在此过程中，他 / 她很可能会考察个人特征（如性别）和某些能力（如口才）的作用。明确领导力构念指什么之后，我们就要集中考虑测量这一构念的最佳方法，也就是对领导力构念进行操作化。测量方法的效度是研究设计的一个关键点，因为效度衡量的是调查工具的准确性。简而言之，效度是指某种测量方法所测量的内容在多大程度上能够反映研究者实际想要测量的构念。例如，如果一种测量方法旨在测量变革型领导力，那么它就不应该测量"喜欢程度"（参见 Brown 和 Keeping，2005）。

构念效度。在实证研究中，也许最基本但最常被忽视的一个方面就是焦点构念的可操作化。构念效度是最有价值的研究工具评估方法，它能够衡量研究工具或测量方法在实际应用中的意义（Litwin，1995）。为完成有效的领导力变量操作化，研究者必须为所研究的构念提出一个明确而有意义的概念性定义，所使用的测量指标应能充分覆盖该定义的内容域，一般不产生随机误差，而且在概念和实证层面都能够与相关的其他构念相区别（Hinkin，1995）。

很遗憾，近期对领导力文献的一些批评指出，两种研究最广泛的领导力风格——变革型领导力和"领导者—成员交换"在这方面的表现都不尽如人意。Van Knippenberg 和 Sitkin（2013）指出，"魅力型—变革型领导力似乎缺少一种概念合理、宽严有度的定义"（第 4 页）。实际上，变革型领导力测量方法的效度问题并不是近几年才引起人们关注的。Yukl（1999）早在近 20 年前就提出了这方面的批评。近年来，Antonakis、Bastardoz、Jacquart 和 Shamir（2016）也针对魅力的现有定义提出了一些概念性的问题，指出了这些问题会在哪些方面限制我们对魅力现象展开令人满意的研究。

Yukl 批评了变革型领导力的构念操作化和测量方法问题，而其他一些领导力学者（Schriesheim、Castro 和 Cogliser，1999）则对"领导者—成员交换"研究文献展开了批判，认为"这一构念的基本定义和内容一致性不足，即使在同一位作者的不同论文中也不一致"（第 77 页）。最有趣的是（至少我们这么认为），尽管在领导力文献中被奉为"领导者—成员交换"理论"黄金标准"的测量方法屡遭批判（见 Bernerth、Armenakis、Feild、Giles 和 Walker，2007；Colquitt、Baer、Long 和 Halvorsen-Ganepola，2014），但最新发表的研究文献仍采用了这一在概念和实证层面都面临不少挑战的方法。其他领导力构念及相关测量方法也受到了类似的批评（如

Cooper、Scandura 和 Schriesheim，2005；Eisenbeiss，2012)。[①]

定义模糊是有问题的，无助于推动科学向前发展。如果领导力的测量方法没有明确的概念性定义作为基础，而且在理论上无法与其他相关的领导力行为相区别，我们就很难对研究结果进行解释，也无法为实际工作中的管理者提供切实可行的建议。在极端的情况下，学者们经常使用"构念扩散"来表示两个（或多个）构念拥有共同的概念内容、实证层面上难以区分的情况。Shaffer、DeGeest 和 Li（2016）认为，"'构念扩散'指的是代表组织现象的、表面不同实则相同的构念的积累"（第 80 页）。此外，他们的研究还发现，声称用于评估 13 种概念上各不相同的领导力风格的测量指标，彼此间的平均相关系数为 0.89。这有力地表明，这些广泛使用的领导力测量方法所测量的可能并不是相互独立的不同的领导力风格。出现这个结果的部分原因在于，与这些领导力构念相关的测量指标包含类似的项目，或可能仅涉及与情感相关的结果（如 Brown 和 Keeping，2005）。

因此，研究者必须先批判性地评估现有测量方法的心理测量学特性，然后再将其用于研究工作。将这个步骤纳入研究设计和规划阶段并不困难。Locke（2007）指出，概念必须依靠证据的不断积累逐步发展，这样才能一直具有价值。因此，我们希望未来的研究更加注重改善众所周知的领导力测量方法的心理测量学特性，为现有的领导力现象开发新的测量方法（见 Antonakis 和 House，2014）。为此，我们希望这方面的研究能够严格遵守最佳实践建议，从而开发出适当的测量方法（如 Hinkin，1995、1998）。总之，鉴于文献中存在大量的领导力理论和构念（如 Dionne 等人，2014），而且领导力研究目前因为缺乏理想的概念定义和测量方法而饱受诟病（如 Shaffer 等人，2016；Van Knippenberg 和 Sitkin，2013），这个问题对领导力学者的未来研究至关重要。

评估构念效度。说到底，效度指的是构念与用于测量构念的变量之间的相关性（Carmines 和 Zeller，1979），它评估的是概念性定义和操作性定义的匹配程度。为了确定某一测量方法是否有效，我们可以，并且应该使用多个标准对其进行检验。首先，研究者应当确保所提出的测量方法具有预测效度（即标准相关效度）。换句话说，所提出的测量方法能否预测其理论上应该预测的东西？例如，如果理论认为，变革型领导力构念会提升追随者对领导者的信任，我们就应该能够从实证层面观察到这种关系。如果观察不到，我们将无法确定这种变革型领导力测量方法的预测效度如何，那么人们就会对这一测量方法的效度产生怀疑。其次，研究者应当评估测量方法是否具有聚合效度（即这一测量方法是否与针对同一构念的其他测量方法构成正相关关系）。例如，如果研究者提出的辱虐管理测量方法与这一构念的其他已有测量方法之间并无显著相关性，那就说明这个测量方法的效度是有问题的。再次，研究者应当证明所提

---

① 除了这些批评之外，还存在一个更严重的问题：与"领导者—成员交换"关系紧密的大多数问卷测量方法，衡量的都是观察者的态度，这是内生变量（本章稍后将讨论内生性问题）。

出的测量方法具有区分效度（即它同概念上与本变量不同的其他变量没有正相关关系）。也就是说，研究中使用的领导力测量方法应当在实证层面上有别于在概念层面相似（但又不同）的其他构念。最后，所提出的测量方法应能显示出增值效度。也就是说，这种测量方法应能够在其他有意义的构念基础上更多地解释一个或多个结果的差异。关于情绪智力和领导力关系的文献中有这方面的例子。实际上，目前的情绪智力测量方法还不能比一般智力更好地预测领导力结果（Harms 和 Crede，2010），这表明，目前对情绪智力的操作化还不能反映一般智力影响范围之外的内容。这一结果可能意味着情绪智力对于研究领导力并不重要，或者是测量方法存在问题，导致无法衡量其增值效度（Antonakis、Ashkanasy 和 Dasborough，2009）。

假设检验

定量研究通常依靠"零假设显著性检验"（NHST）来确定样本中观察到的关系（或没有关系）是否提示总体中实际存在同样的关系。这种方法考察的是所谓的零假设。NHST 的基础是将观测到的样本数据与假定零假设成立时的理论抽样分布情况进行对比。当然，拒绝零假设并不意味着"必然存在某种关系"的对立假设一定成立，同样，不拒绝零假设也不意味着零假设一定成立。

举例来说，NHST 在实验室环境中非常有用，因为研究者在检验一个新的操作时必须假设这个新的操作与对照操作或者替代操作没有区别，然后检验这个假设（Murtaugh，2014）。如果这一假设成立，那么操作就没有效果，NHST 只会告诉我们观察到一个给定的结果有多大。这种概率以 p 值表示。这个 p 值能够传递很有价值的信息，但常会被人们错误地解读（Bettis、Ethiraj、Gambardella、Helfat 和 Mitchell，2016）。由于 NHST 有时会被误用，一些研究者建议放弃这种方法，但如果使用得当，这种做法本身并没有任何问题（Cortina 和 Dunlap，1997；García-Pérez，2016）。还应该注意的是，还有很多方法可供研究人员检验非零关系，并且可以在使用经典统计方法时引入先验信息（Antonakis，2017；Edwards 和 Berry，2010）。

下面我们来看对 p 值的理解。p 值，例如 $p=0.015$（或 1.50%），是对零假设为真时的观测差异（即操作组均值和未操作组均值之间的差异）发生概率的一种量化。读者们在看过本章结尾的推荐视频（John Rauser）后就会知道，排列检验就是这样一种类比：在将观测值随机分配给操作组和对照组的情况下（即如果零假设为真），p 值可以理解为一个排列所表示的差异有多高频率会与数据中观测到的差异一样大。在上述情况下，如果 $p = 0.015$，那么我们就说效应在 $p < 0.05$ 的水平上具有统计显著性。按照惯例，报告 p 值的阈值是 0.1%、1% 和 5%，不过如今也有许多期刊希望作者能够报告确切的 p 值。需要注意的是，这里的"significance"一词表示的是显著性，而不是表示某种关系的意义或重要性。研究者应根据理论和一些具有现实或经济效用的指标，来说明研究结果的重要性。

我们还要重视假设检验中的错误。如果 p 值小，则表明在零假设为真的情况下，被检验的结果不太可能为真——虽然不太可能，但也并不是完全不可能。也就是说，p 值等于 5% 表示错误拒绝零假设的概率是 5%。错误拒绝零假设就是犯了第一类错误，也就是假阳性（即错误地认为所检验的效应存在，这类似于判定一位无辜的被告有罪）。与此相反，本应拒绝却未拒绝零假设，就犯了第二类错误，也就是假阴性（即错误地认为所检验的效应不存在）。在管理学和应用心理学研究中，第一类错误是常规（设为显著性检验的 α 水平，通常为 0.05），而第二类错误的水平会因研究设计因素，尤其是样本规模的不同而有所不同（如 Cohen，1992）。

为了最大限度地减少发生这两类错误的可能性，做更好的研究，在设计研究以及收集和分析数据时，研究者必须遵循适当而严谨的研究方法和程序（Munafò 等人，2017）。例如，研究者在发现意外结果后可能会希望修改原有的理论或提出新的理论，以便解释这个研究结果。但是，这样做（即在已经知道结果的情况下再提出假设；Kerr，1998）很容易导致得出错误的结论，因为意外的研究结果实际上很可能是假阳性。实验虽然被视为社会科学领域检验因果关系的黄金标准，但在实验情境下，研究者仍有可能因为一些看似无害的操作而犯下第一类错误（如只关注部分测量变量，或在事后加大样本量）。这些都属于 p 值篡改的范围，研究者应遵循明确的指导原则，以避免落入这类陷阱（Simmons、Nelson 和 Simonsohn，2011）。

最后，NHST 并非没有受到过批评（见 Cohen，1994），部分原因在于，这种检验方法依赖于任意截断的 p 值，而且有人认为过度依赖统计显著性会导致忽视研究的重要性。此外，批评者还强烈要求，不要盲目地采用 NHST，研究者有责任确保这种检验具有合理的基础。例如，样本量是 NHST 是否适用的一个关键点。样本量较小的研究可能确实达不到必要的统计功效，无法发现效应（Cohen，1994）。而在极大的样本，如大数据中，几乎所有的关系（我们特意强调"几乎"）都具有统计显著性（Lin、Lucas 和 Shmueli，2013），前提是用于确定 p 值的标准误差是样本量的函数（注意，从理论上讲，如果两个变量为正交关系，那么当样本量接近无穷大时，它们之间不会表现出显著的相关性）。这就凸显了开展研究之前进行功效分析的重要性，通过功效分析，我们将能够根据预期效应的大小来确定多大的样本量是合适的。

估计关系

我们在此简单说明一下普通最小二乘法估计量在简单回归和方差分析估计情境下的运作原理。示例所用数据在表 16-1 中给出。

表 16-1　实证示例数据

	A	B	C	D	E	F	G	H	I	J
	x	y	z	$x-\bar{x}$	$y-\bar{y}$	$(x-\bar{x})^2$	$(y-\bar{y})^2$	$(x-\bar{x}) \times (y-\bar{y})$	$y-\hat{y}$	$(y-\hat{y})^2$
1.	48	21	0	-5.75	-2.9	33.06	8.41	16.67	-0.56	0.32
2.	65	25	1	11.25	1.1	126.56	1.21	12.38	-3.47	12.05

续表

	A	B	C	D	E	F	G	H	I	J
3.	51	12	0	−2.75	−11.9	7.56	141.61	32.72	−10.78	116.26
4.	48	24	0	−5.75	0.1	33.06	0.01	−0.57	2.44	5.94
5.	46	21	0	−7.75	−2.9	60.06	8.41	22.48	0.25	0.06
6.	47	18	0	−6.75	−5.9	45.56	34.81	39.83	−3.16	9.97
7.	64	24	1	10.25	0.1	105.06	0.01	1.02	−4.06	16.52
8.	70	29	1	16.25	5.1	264.06	26.01	82.88	−1.50	2.26
9.	61	34	1	7.25	10.1	52.56	102.01	73.22	7.15	51.18
10.	64	39	1	10.25	15.1	105.06	228.01	154.77	10.94	119.58
11.	49	19	0	−4.75	−4.9	22.56	24.01	23.27	−2.97	8.82
12.	55	33	1	1.25	9.1	1.56	82.81	11.38	8.59	73.82
13.	38	26	0	−15.75	2.1	248.06	4.41	−33.08	8.50	72.24
14.	53	18	0	−0.75	−5.9	0.56	34.81	4.43	−5.60	31.31
15.	67	31	1	13.25	7.1	175.56	50.41	94.07	1.72	2.95
16.	52	16	0	−1.75	−7.9	3.06	62.41	13.82	−7.19	51.68
17.	46	21	0	−7.75	−2.9	60.06	8.41	22.48	0.25	0.06
18.	52	15	0	−1.75	−8.9	3.06	79.21	15.57	−8.19	67.06
19.	45	25	0	−8.75	1.1	76.56	1.21	−9.63	4.66	21.67
20.	54	27	0	0.25	3.1	0.06	9.61	0.77	3.00	8.99
M=53.75	23.9		合计 =1 423.75		907.80	578.50				672.74

普通最小二乘估计。设 x 和 y 为两个连续正态分布的变量。假设我们拥有一个 $n=20$ 的样本中有关这两个变量的数据（见表 16-1），希望了解 x 和 y 之间的线性关系。那么，我们可以利用这些数据，使用普通最小二乘法估计以下模型。

$$y=\beta_0+\beta_1 \cdot x+e_1 \qquad\qquad 式（16-1）$$

公式中的 e_1 代表干扰项（或误差项）。式（16-1）的估计结果可以用图 16-1 中的回归线来表示。图上的截距 β_0 是 x 为零时 y 的预测值，对应回归线与 y 轴的交点。系数 β_1 表示 x 在 y 上的方向和强度（即 x 每增加一个单位对 y 有多大的影响）。回归线的斜率反映的就是这种效应。

β_0 和 β_1 的值可以根据最小偏差准则 $d=y-\hat{y}$ 来确定，其中 y 和 $\hat{y}$ 分别表示观测值和预测值。为了抵消正偏差与负偏差的影响，我们将观测值和预测值之差的平方最小化：$\sum d= \sum (y-\hat{y})^2$。这项就是普通最小二乘法准则。

我们该如何根据表 16-1 中 x 和 y 的观测值来计算 β_0 和 β_1 的值呢？β_1 的值等于 x 和 y 的协方差除以 x 的方差。x 和 y 的协方差，即 cov（x，y），等于 x 和 y 的交叉偏

差之和（参见表 16–1 中的 H 列）除以 $n-1$（n 代表观测值的个数）；x 的方差等于 x（参见表中的 F 列）的平方差之和除以 $n-1$。由此可得

$$\beta_1 = \frac{\text{cov}(x,y)}{\text{var}(x)} = \frac{\sum(x-\hat{x}) \times (y-\hat{y})\big/(n-1)}{\sum(x-\hat{x})^2\big/(n-1)} = \frac{\sum(x-\hat{x}) \times (y-\hat{y})}{\sum(x-\hat{x})^2} \qquad \text{式（16–2）}$$

$$\beta_1 = \frac{578.5}{1\,423.75} = 0.406$$

β_0 的值等于 y 的平均值减去 β_1 乘以 x 的平均值，可得

$$\beta_0 = \bar{y} - \beta_1 \bar{x} \qquad \text{式（16–3）}$$

$$\beta_0 = 23.9 - 0.406 \times 53.75 = 2.06$$

最后，将式（16–3）和式（16–2）代入式（16–1）可得

$$y = 2.06 + 0.406x \qquad \text{式（16–4）}$$

利用公式（4），我们可以根据对 x 的观测求得 y 的预测值；有了这些结果，我们便拥有了计算普通最小二乘法准则项所需的全部数据：$\sum d = \sum(y-\hat{y})^2$（参见表 16–1 中 J 列底部的合计）。

利用普通最小二乘估计，我们还可以得到估计值 β_1 的精确测量值（即 β_1 的"标准误差"），计算公式为

$$SE_{\beta_1} = \frac{\sqrt{\sum(y-\hat{y})^2\big/(n-2)}}{\sqrt{\sum(x-\bar{x})^2}} = \frac{\sqrt{672.74\big/18}}{\sqrt{1\,423.75}} = 0.162 \qquad \text{式（16–5）}$$

标准误差是假设检验中的关键要素。例如，对于正态分布的变量，我们可以推论，"真"的总体参数落在 $\beta_1 \pm 1.96$ 乘以 β_1 的标准误差这个区间内的可能性为 95%（1.96 这个值来自正态分布；请注意公式会有小幅的变化）。

方差分析估计。方差分析模型的基础是二分变量（也称虚拟变量、二元变量或者指示变量）的简单回归。在简单实验的情境下，二分变量能够反映观测值属于实验组还是对照组。因此，对虚拟变量的估计被称为平均处理效应，能测量操纵组和未操纵组（即实验组与对照组）平均值的差。

假设 z 是一个虚拟变量，当参与者被随机分配入实验组时 $z=1$，被随机分配入对照组时 $z=0$（z 值参见表 16–1）。随机变量 y 为因变量，预计实验操纵会对其产生影响。举例来说，z 可以反映参与者是否参加了某项领导力培训，y 可以反映对参与者特定领导行为的同行评分。观测结果如表 16–1B 列所示。我们可以看到，平均而言，实验组的得分高于对照组。需要注意的是，模型估计值的计算遵循了与上文相同的逻辑（即"普通最小二乘估计"）。估算这个模型可得到下式为

$$y = 20.23 + 10.48z \qquad \text{式（16–6）}$$

据此，替换公式中的 z 值可得：对照组（$z=0$）的平均值为 20.23，实验组（$z=1$）

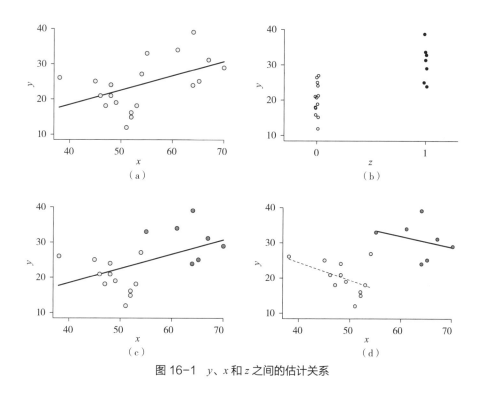

图 16-1　y、x 和 z 之间的估计关系

的平均值为 30.71。

📖 第二部分：多样化的内生性

简单来说，非实验性的实地研究是最常见的领导力现象定量研究方法。这一方法以观测为主，通常采用调查工具来获得数据，以便对总体作出推论。研究者用于收集实地数据的一般方法包括面对面的访谈、传统的纸笔调查，以及通过在线平台（如 Qualtrics、SurveyMonkey）进行的网络调查。尽管基于调查的研究会受所用工具或访谈形式的限制，但如果设计合理，它是非常实用、相对经济且易于操作的方法（参见 Aguinis 和 Vandenberg，2014）。但利用观测数据来揭示因果关系可能会比较困难。举例来说，一位研究者希望了解辱虐管理是否会引发员工不满，以及不满的程度如何。她找到一家公司，获取了辱虐管理和员工工作满意度测量数据，用于验证她的模型。假设她发现这两个变量之间为负相关关系，也就是说辱虐管理的程度越高，员工的工作满意度就越低。这是否足以准确地反映辱虐管理与员工工作（不）满意度之间存在因果关系呢？答案是"不一定"。例如，员工的工作满意度也许不仅可以通过辱虐管理来预测，而且反过来也可以预测辱虐管理（即可能存在互为因果的关系）。我们来考虑这样一个场景：一些管理者遇到了一群怨气冲天的员工，不知道该如何与他们打交道，他们可能感到挫败，无法克制自己的冲动情绪，这就可能增加辱虐行为。另一种可能性是，这种实证关系受到了所研究的员工样本的特殊因素影响。一个辱虐型的

主管手下有一部分员工怨气冲天，而另一部分员工怨气没有那么重，可能所选的研究样本中正好前一类的员工数量多，后一类的员工数量少，比例未能如实地反映总体中两类人的比例。此外，这里甚至还可能存在第三个变量，影响辱虐管理与员工不满之间的关系。例如，主管喜欢辱虐员工可能是由一个未测量的变量（即第三变量，如工作压力过大、资源有限等）造成的，如果这个第三变量也可以直接导致员工不满（此例很可能确实属于这种情况），那么我们就无法弄清辱虐管理会在多大程度上导致员工工作满意度低下，因为二者可能都是由这一遗漏变量导致的。

这三种替代机制所反映的现象都属于内生性问题。如果一个变量是内生变量，那么这个变量在一定程度上是由在模型边界内起作用的某些因素决定的。与此相对，外生变量是指无法在给定模型范围内进行预测的变量。这里需要注意的是，某一变量在一个模型中可能是内生变量，而在另一个模型中则可能属于外生变量。举例来说，若要根据人格来预测领导力有效性，那么将人格视为外生变量是安全的，因为人格有其遗传因素，通常不会随着时间发生变化（Caspi、Roberts 和 Shiner，2005）。但是，如果我们要研究的是人格在时间上的稳定性，那么人格就成了内生变量，因为在这种情况下，它属于因变量。当内生性对自变量（即预测变量）产生影响时，就会出现问题（而且非常严重）。这是因为大多数估计（如普通最小二乘估计、最大似然估计）都假定自变量是外生变量（Kennedy，2003）。当实际情况不符合这种假定时，模型得出的估计值就会产生偏差，偏差程度与内生预测变量和模型误差项的相关程度成正比（Antonakis 等人，2010）。要注意的是，内生性问题会对有效估计量产生影响，但对一致估计量没有影响。对于一致估计量而言，随着样本量不断接近总体，其估计值将会逐渐趋近"真实"的总体估计值。有效估计量能够得出更准确的估计值（即标准误差更小），但内生性问题会使其估计值产生偏差。据此，研究者要在一致估计量和有效估计量之间作出选择是比较容易的。如果估计值有偏差，那么准确是没有意义的。因此，如果无法确定模型是否存在内生性问题，就应优先考虑一致估计量（而不是有效估计量）。

实证示例。我们来看图 16-2（a）。它表示的是一个回归模型，公式为：$y = \beta_0 + \beta_1 \cdot x + \beta_2 \cdot z + e_1$，其中 y 是 x、z 和 e_1 的函数，e_1 表示所有未观测因素，是模型的误差项（或干扰项）。从图中可以看出，x 和 z 是外生变量（即 $\rho(x, e_1) = 0$ 且 $\rho(z, e_1) = 0$。这样，普通最小二乘估计量的基础假设能够得到满足，普通最小二乘法会得出无偏估计。实际上，Gauss-Markov 定理证明，普通最小二乘估计量是"最优线性无偏估计量"。也就是说，随着样本量的增加，普通最小二乘法提供的估计值将会接近真实的总体估计值。

假如我们未将 z 包含在模型中，则 z 就会并入新配置（错误配置）的误差项中，如图 16-2（b）所示。这时，模型就包含了内生变量，因为 x 与 z 是相关的（即 $\rho(x, z) = 0$），跟误差项 e_2 也相关（即 $\rho(x, e_2) = 0$）。因此，由于 x 为内生变量，α_1（x 对 y 的估计影响）将会出现偏差。

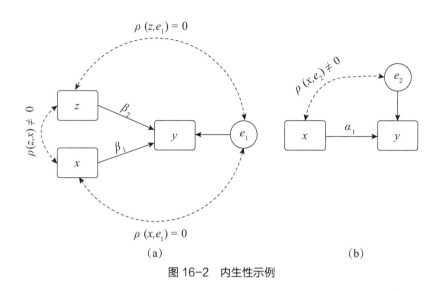

图 16-2　内生性示例

我们再回过头来看图 16-1（a）中 y 和 x 的关系。要注意，这是由式（16-4）得出的关系。假设 y 测量的是员工报酬，而 x 是员工身高。那么，测量结果表明，观测样本中更高的员工获得的报酬更多。那么，这里的身高与报酬之间是否真的存在因果关系呢？

我们可能会怀疑身高（x）是否真的属于外生变量。但实际上，我们在图 16-1（a）中观察到的 x 和 y 之间的关系，很可能是由第三变量 z（如性别）导致的（z 值见表 16-1）。在图 16-1（c）中我们可以看到，由 x 和 y 测得的观测值是如何反映在 z 上的。假设实心圆点代表男性，空心圆点代表女性，那么男性在 x 和 y 上的得分都更高。图 16-1（d）中的两条回归线分别针对男性和女性估计了 y 和 x 之间的关系，公式为

$$y=\begin{cases}43.9-0.489\cdot x,\ z=0\\52.15-0.336\cdot x,\ z=1\end{cases} \qquad 式（16-7）$$

这表明，式（16-4）很可能受到了遗漏变量造成的偏差的影响，β_1 的估计值 0.406 是有偏估计。实际上，如果我们在 x 上回归 y，同时对 z 进行控制，便会得到公式为

$$y=41.07-0.43\cdot x-17.08\cdot z \qquad 式（16-8）$$

在这里，我们可以看到，一旦正确地将变量 z 包含在模型中，x 的系数就会从 +0.406（标准误差 =0.162）变为 –0.43（标准误差 =0.238）。也就是说，这个系数降低了 206% 以上。x 对 y 的效应现在考虑了对模型中 z 的影响。若要检验这种差异在统计上是否具有显著性，我们可以对一个参数进行 Hausman 检验（Hausman，1978），方法如下（也可对多个参数进行检验）：

$$z\ statistic=\frac{\beta_1-\alpha_1}{\sqrt{(SE_{\beta_1})^2-(SE_{\alpha_1})^2}} \qquad 式（16-9）$$

$$= \frac{-0.430\ 8 - 0.406\ 3}{\sqrt{(0.238\ 3)^2 - (0.162\ 0)^2}}$$

$$= 4.91$$

与这个 z 统计量关联的 p 值表示零假设（β_1 和 α_1 没有差异）为真的情况下观察到这两个估计系数的可能性（另见本章结尾的推荐视频）。p 值小于 5%，表示 β_1 和 α_1 的差异具有统计显著性。这里的 p 值等于 0.000 001 63，因此"这两个系数没有差异"这个零假设不太可能成立。

普遍存在的问题。 鉴于领导力研究的固有目标，领导力研究者会面临内生性问题的挑战。这是因为研究者非常关注"过程"这个概念，而过程是指"从某种初始条件或状态到最终结果的事件序列"（Spector 和 Meier，2014）。例如，领导力研究通常假设领导者采取行动是为了给追随者和所在公司带来积极的收益。但利用非实验环境中收集的数据很难确定领导者行为中的因果关系，因为非实验环境下研究者很难实施控制，消除潜在的混淆因素。研究者对过程的兴趣还体现在检验中介作用的研究中。在这类研究中，事件序列从预测变量经过一个或多个干预机制走向焦点结果变量。因此，内生性问题在领导力研究中普遍存在也就不足为奇了（Antonakis 等人，2010）。

由此，提高对内生性相关问题的认识非常重要，这就是我们经常谈到的把因果关系与相关性区分开来（即"相关不等于因果"）。可以肯定的是，相关性不会导致因果关系。此外，如上面的例子所示，当研究者仅拥有观测数据（即非实验数据），并且发现两个变量（如 x 到 y）之间存在统计关系时，因果关系的问题就会经常出现。这时，人们通常会假设 x 的变化会对 y 的变化产生影响，但情况并不总是如此。鉴于数据是观测得来的，有可能变量 x 的变化对于模型而言不是外生因素，而是内生因素，这就导致了模型误设，对参数的估计可能由此产生偏差。内生性问题不仅存在于横向的研究设计中，而且也会出现在纵向的研究设计中（Fischer、Dietz 和 Antonakis，2016）。例如，即使在 0 时测量 x，在 1 时测量 y，仍有一种可能性是，有一个未观测的第三变量 z 在 0 时影响了 x，在 1 时影响了 y，从而解释了变量 x 和变量 y 的共变关系。要想推论 x 在时间上先于 y，研究者必须能以某种方式证明统计模型中 x 的变化是外生的。

幸运的是，有很多方法可以解决内生性问题，包括用实证方法检验内生性是否存在，使用工具变量，通过实验设计减少内生性，或提供有力的理论论据来证明预期关系确实是从 x 到 y，而不是从 y 到 x（也不是由替代变量导致的）。下文会讨论这些方法，不过在此之前，我们先来概述一下内生性的主要来源有哪些。

内生性的来源

从广义上讲，产生内生性的原因包括模型未能包含重要变量、未能对样本的选择进行建模，以及未能对反向因果关系进行建模。内生性也可能是由于模型包含了未精确测量的变量（即未能对测量误差建模），或是从同一来源收集了自变量的测量值和因变量的测量值（即共同方法变异）所导致的。

遗漏变量。 内生性可以是因模型误设所致。当模型遗漏了一个（或多个）会对因变量和一个（或多个）预测变量产生影响的变量时，就会出现模型误设。举例来说，研究者可能会从下属那里收集数据，了解管理者在他们眼中在多大程度上"像一位领导者"，分析能否根据社会支配取向预测这些评分。如果没有控制领导者性别，就会导致内生性问题，这是因为男性和女性的社会支配取向是不同的（Sidanius、Pratto 和 Bobo，1994），而且性别还会影响人们对领导者典型性的看法（Heilman，2001）。

解决遗漏变量偏差问题的一个简单方法是，把所有可能的变量都纳入理论模型之中。但是，鉴于这在实践中几乎不可能做到，研究人员惯用的做法是从统计上控制遗漏变量问题。将统计控制变量包含在分析中虽然按照设想应该具有优势，但对研究者和所获结果都会产生影响。首先，纳入控制变量会从本质上改变所设想关系的概念含义，将控制变量和领导力预测变量一同纳入则会无意间造成新的、意想不到的残余预测变量取代焦点领导力变量的位置（Breaugh，2006；Edwards，2008）。其次，将控制变量添加到分析中会减少自由度，导致统计效用降低（Becker，2005；Carlson 和 Wu，2012）。最后，纳入控制变量甚至有可能会增加研究者发现外生预测变量与结果之间虚假（但显著）关系的可能性（这是抑制效应的产物；MacKinnon、Krull 和 Lockwood，2000）。因此，将控制变量纳入模型或排除在外，其导致的研究结果可能模棱两可，甚至相互矛盾，使结果难以重复，在其他方面"阻碍科学的进步"（Becker 等人，2016，第 157 页）。说到底，要将任何控制变量包含在分析中，都必须有强有力的理论基础支撑。此外，研究者最好能够充分理解将理论推演得出的统计控制变量纳入或不纳入分析，其影响的性质分别是怎样的（如 Spector 和 Brannick，2011）。要详细了解领导力研究中变量的统计控制，请参阅 Bernerth、Cole、Taylor 和 Walker（2017）的研究文献。

关于遗漏变量，有一种特殊情况需要关注，这涉及处理具有跨层结构的数据。实际上，当把观测结果嵌入不同层级的集群时（如管理者的下属、行业中的公司、国家内部的年度观测结果等），我们不能假设观测结果与这种嵌套结构没有关系。因此，如果我们假设不同行业之间（如竞争压力）、不同公司之间（如组织文化）等存在一种固定的差异，并且这种固定差异对自变量和因变量都有影响，那么研究者就需要将固定效应控制变量包含在模型内，来纠正集群之间的这种差异。回顾领导力研究文献，我们发现，近 2/3 的研究都未能将这种控制变量纳入分析，而它实际上对这些研究有重要的影响（Antonakis 等人，2010）。集群嵌套产生的时变差异可以使用随机效应模型（或称多层线性模型）代替固定效应模型进行估计，前提是这种差异与预测变量不相关。但是，这一假设必须使用 Hausman 检验（Hausman，1978）进行验证，这种检验方法会将使用一致固定效应估计量获得的估计值与使用有效随机效应估计量获得的估计值进行对比，两组估计值的差异可以归因于随机效应模型估计的内生性偏差。[①]

共同方法变异。共同方法变异是指"使用同一方法测量和 / 或从同一来源引入的变量所共有的系统性误差变异"（Richardson、Simmering 和 Sturman，2009，第 763 页）。共同方法变异在组织科学研究中可能会造成一些问题，因为它可能为使用相似方法（如测量技术，包括答题格式和量表锚；数据源，如自我评分与他人评分；时间范围等）评估的变量之间的关系提供另一种解释（Doty 和 Glick，1998）。这个问题在领导力研究中并不少见，预测变量和结果经常使用单一来源（即单个评估者）在单个时间节点的感性评分来评估。举例来说，研究者经常要求下属对领导者所表现出的一些重要现象作出评分（如"领导者—成员交换"、领导者特质和领导力风格等），然后根据自我报告的态度（如工作满意度和组织承诺）和行为（如工作绩效和组织公民行为）来衡量这些评分（如 Wang、Law、Hackett、Wang 和 Chen，2005）。尽管一些方法学家认为共同方法变异导致的问题是被夸大的（Lance、Dawson、Birkelbach 和 Hoffman，2010；Spector，2006），但在上述情况下，共同方法变异可能会增强或减弱焦点构念之间的关系（Podsakoff、Mackenzie、Lee 和 Podsakoff，2003；Williams 和 Brown，1994）。要详细了解共同方法变异，以及如何消除它可能给研究结果带来的威胁，请参阅 Podsakoff、MacKenzie 和 Podsakoff（2012）、Richardson 等人（2009）以及 Spector 等人（2017）的研究文献。

内生性的其他来源。操纵组的内生性选择问题是内生性偏差的另一个来源。这一问题是指，研究对象被分入了操纵组（x），但在试图对 y 进行预测时，这种分配或选择并未进行正确建模（参见 Clougherty、Duso 和 Muck，2016）。内生性偏差还有一个来源是反向因果关系，也就是说因变量（y）是模型中的自变量（x）的起因。对于这个问题，一种更复杂的情况是同时性，即 x 和 y 互为因果。在这种情况下，x 与 y 之间的关系将无法解释。要详细了解这方面的内容，请参阅 Antonakis 等人（2010、2014）的研究文献。

📖 第三部分：研究设计和方法

在上一部分中我们看到，获取观测数据的研究设计存在一个重要问题：研究者放弃了对自变量的控制，由此也就放弃了对焦点结果所表现出来的差异的控制。因此，一项研究的结果可能来自两个概念之间假设的关系，也可能来自本章前面谈到过的各种统计偏差（如共同方法、共同来源、未测量的第三变量等）。当所用数据为非实验数据时，研究者基于观察到的自变量和因变量的共变关系进行推论，可能会产生后此谬误，或称"后此故因此"谬误。也就是说，根据事件 A 在时间上先于事件 B，推出事件 A 是导致事件 B 发生的真正原因，从而错误地解释了因果关系（Kerlinger 和 Lee，2000）。在这种情况下，实验和准实验方法，以及好的研究设计至关重要。

[①] 注意，利用 Mundlak（1978）开发的程序既可以控制固定效应，也可以将非时变量包含在内。

实验设计

实验研究设计会以受控和孤立的方式操纵自变量。在实验室环境下进行实验，被认为是"有史以来最伟大的发明之一"（Kerlinger 和 Lee，2000），因为它能够在无污染的研究条件下将参与者随机分配至不同的条件组，精确研究事物之间的关系。随机分配可以帮助研究者建立等效组，确保操纵的效应不被参与者的特征（如人格特质或一般特征）混淆，这样，研究者就能够更自信地排除特别明显的威胁，确保研究结果的有效性。举例来说，假设 y 测量的是领导力有效性，x 反映的是主管是否参加了某项领导力培训（即操纵组 $x=1$，另一组 $x=0$），z 反映的是个人层面的领导力有效性预测变量（如外向性）。由此可得

$$y=\beta_0+\beta_1 \cdot x+\beta_2 \cdot z+e \qquad\qquad 式（16\text{--}10）$$

假设主管们可以自由选择是否参加领导力培训（非随机分配至不同的条件组）。那么，得知培训内容包括有角色扮演活动后，外向型的主管选择参加培训的可能性就更大（即 x 与 z 相关）。在式（16–10）中，z 是一个预测变量，因此 x 对 y 的影响不会因为 z 而产生混淆。但是，可能还有许多其他未观测的因素在发挥作用，可以预测领导力有效性，以及主管是否会选择参加培训项目（如智商、工作经验和性别等）。这些因素都包含在模型的误差项 e 中。因此，x 很可能成为内生变量。现在，假设主管们是被随机分配到培训组或对照组（没有提供领导力培训）的。那么，外向型主管在两组中的比例大致相同，x 和 z 不相关。实际上，两组（x）现在不仅在 z 上近似等效，而且在所有观测和未观测的 y 的成因上也近似等效，也就是说 ρ（x，e），即 x 和 e 之间的相关性，等于零，x 成了外生变量。这样，我们就可以把参加培训解释为 x 的估计值的成因了。

在组织科学中，实验研究通常在实验室环境下进行，但并不总是如此。实验室环境下的实验为研究者提供了极大的可控性，这有利于作出强有力的因果推论，而实地实验通常会牺牲一些实验的控制性，以换取在真实条件下进行研究。换言之，实验室实验具有较高的内部效度，但其可能会因为研究结果无法推广至"真实"工作条件下的"真实"员工而受到批评（Lykken，1968），当研究及其操纵缺乏足够的心理逼真度时尤其如此（Highhouse，2009）。与此相反，实地实验是在真实的环境中进行的，自变量和参与者分配均由研究者控制，因此有机会在行为、感知和过程方面梳理出很有价值的观点（综述见 Eden，2016）。不过，由于实验是在实地进行的，可能存在其他未观测的变量，这些变量不在研究者的控制范围内，却可能会对因变量产生影响。因此，在研究焦点现象时到底应该选用哪种实验设计很大程度上取决于要研究的问题属于哪种类型。

范例研究。Barling、Weber 和 Kelloway（1996）曾在加拿大的一家银行进行过一次实地实验，研究变革型领导力对组织绩效有何影响。在这项研究中，Barling 等人选择了 20 位地区分行的管理者，一部分参加了变革型领导力培训项目；另一部分编

入未接受任何培训的对照组（这是此项研究的局限之处）。所有参与者由直接下属对其变革型领导力进行评分（如果没有直接下属，则由全体员工进行评分），采用这种测量方法的目的是,确定培训是否对变革型领导力切实产生了影响。这些直接下属(或普通员工）也会对自己的组织承诺进行评分。最后，使用两个销售业绩指标（即个人贷款额和信用卡发卡量）来测量相关各分行的财务业绩。所有因变量的测量值都收集了两次，一次是在进行干预之前两周，另一次是在干预结束后5个月。

研究结果表明，从干预前到干预后，实验组的信用卡发卡量下降了4.5%。乍一看，这种下降似乎无法支持变革型领导会对财务业绩产生积极影响的假设。不过，这正是需要与对照组进行比较的原因：同期，对照组的信用卡发卡量减少了29.9%，这与实验组的数据（下降4.5%）存在显著差异。因此，我们可以推论，变革型领导力培训确实起到了积极的作用，抵消了一些可以导致销售额下降的情境因素（如宏观经济大势或竞争加剧等）。在同一时期，个人担保贷款额的差异更为明显：实验组增加了38.5%，而对照组减少了9.3%。

一方面，因为这是实地实验，而且主要因变量是使用客观的绩效指标来测量的，因此外部效度很有保障。另一方面，可能有人认为，与可控性更强的实验室环境相比，这项研究对内部效度的要求较低。的确，第一个观测时间点与第二个观测时间点相距5.5个月，在这期间可能有许多因素会对结果产生影响。

准实验方法与设计

准实验是指在没有实验数据的情况下——也就是说，没有条件进行随机化和/或没有外部操纵变量，仍可用于作出因果推论的方法和设计（Shadish、Cook和Campbell，2002）。准实验方法的作用在于创建有效的对照组，或通过回归方法的统计调整来纠正内生性。断点回归设计和倾向评分匹配属于前一类，而双重差分估计、选择模型和两阶段最小二乘法模型则属于后一类。鉴于这些准实验方法在其他文献中已有充分的讨论，我们在此只作简单介绍，并向感兴趣的读者推荐其他相关资源。准实验在经济学研究中使用得相当普遍，但在领导力研究中仍很少使用，尽管其中一些设计最初是在心理学中开发出来的。

简而言之，如果选择过程完全可观测（并包含在模型中），断点回归设计便能在没有条件进行随机化的情况下进行因果估计。关于断点回归设计实际应用情况的综述，我们建议读者参阅Imbens和Lemieux（2008）的研究文献。倾向评分匹配旨在根据给定观测值接受操纵的可能性，通过匹配操纵过和未操纵过的观测值来创建等效组。有关倾向评分匹配的更多信息请参阅Caliendo和Kopeinig（2008），以及Li（2013）的研究文献。

双重差分估计通过比较受影响组和不受影响组中测量变量的前后值来确定已知外生事件的因果关系。有关双重差分估计的更多信息，建议感兴趣的读者参阅Angrist和Pischke（2008，第5章）。当能根据其他外生变量预测给定样本的选择时，选择模型（也称为 Heckman 模型）能够校正估计值的样本选择偏差。Vella（1998）对这种方法进行了很好的概述。最后，两阶段最小二乘法能够利用其他外生变量（所谓的工具变量）的测量值来估计内生预测变量的因果关系。第一步，对内生预测变量在一个（或多个）外生变量上进行回归。第一次回归的预测值故意设为外生，以便用于检验第二阶段的因果关系。这个估计过程也称为工具变量回归。有关两阶段最小二乘法的使用指南，可参阅 Bascle（2008）的研究文献。

📖 总结

正如本章开头部分所言，领导力研究对我们了解领导力现象作出了很大贡献，我们为此感到自豪。尽管如此，研究者仍应继续努力，采用最先进的方法和统计工具不断地深入探索。利用实验和准实验方法，研究者能够发现这一领域的因果机制，更好地为实践和政策制定提供指导。本章提供了一些详细介绍相关研究方法和研究设计的参考资料（见表 16-2）。我们希望这一简要说明能够鼓励读者阅读推荐的资料，提高自己的研究能力。我们真诚地希望这能够帮助读者进一步提高自己的科研水平，确保研究结果的有效性，继而推动这一领域继续向前发展。

表 16-2　研究设计和方法概述

定量研究的基础	
理论	理论既是了解各种现象的框架，也是科学研究的最终目标。科学理论需经过实证检验考察是否有支持证据
效度	效度是指被测变量能否充分反映某一理论构念。一个变量应表现出预测效度、聚合效度、区分效度和增值效度
定量研究的基础	
假设检验	零假设显著性检验是一种用于确定零假设成立时观测到某一给定关系的可能性的方法
关系的估计	普通最小二乘估计量能够通过最小化观测值和预测值之间的总体（平方）差异来得出估计值。方差分析估计根据同一机制来比较两组的均值（如在实验中）
各种内生性	
变量	如果一个变量产生的原因在给定模型的范围之外，则称该变量为外生变量。与此相反，内生变量是可以通过给定模型确定（或至少部分确定）的变量（如因变量）。如果将内生变量作为模型中的预测变量，大多数估计量产生的都是有偏估计
内生性的来源	内生性可能的来源包括遗漏了重要变量，从同一来源收集自变量和因变量数据，样本选择，互为因果的关系，或变量测量误差
研究设计和方法	
实验	实验是检验因果关系的黄金标准。通过随机化创建等效组，在实验者的控制下对不同的组进行不同的操纵。随机化的结果就是，操纵的效应可以解释为因果关系
准实验	准实验是通过创建有效的比较组或通过回归方法的统计调整来纠正内生性，从而检验因果关系的方法与设计

🔍 讨论题

1. 你是否赞同"实验是检验因果关系的黄金标准"这一说法？为什么？
2. 选择与领导力有关的两三个观点，回答以下问题：
1）如何通过实验检验这些观点的有效性？
2）假设无法进行这些实验（如由于实际或道德原因）；就你所选择的观点而言，有哪些准实验设计与方法可以使用？

🔍 推荐阅读

有关研究设计：

Kerlinger, F. N., & Lee, H. B.（2000）. *Foundations of behavioral research*（4th ed.）. Fort Worth, TX: Harcourt College.

有关因果关系的检验和准实验（随着数量的增加）：

Angrist, J. D., & Pischke, J. S.（2008）. *Mostly harmless econometrics: An empiricist's companion.* Princeton, NJ: Princeton University Press.

Antonakis, J., Bendahan, S., Jacquart, P, & Lalive, R.（2010）. On making causal claims: A review and recommendations. *The Leadership Quarterly*, 21（6）, 1086–1120.

Antonakis, J., Bendahan, S., Jacquart, P, & Lalive, R.（2014）. Causality and endogeneity: Problems and solutions. In D. Day（Ed.）, *The Oxford handbook of leadership and organizations*（pp. 93–117）. New York, NY: Oxford University Press.

有关循证管理：

Briner, R. B., Denyer, D., & Rousseau, D. M.（2009）. Evidence-based management: Concept cleanup time? *The Academy of Management Perspectives*, 23（4）, 19–32.

Pfeffer, J., & Sutton, R. I.（2006）. *Hard facts, dangerous half-truths, and total nonsense: Profiting from evidence-based management.* Boston, MA: Harvard Business School Press.

🔍 案例研究

有关循证管理：

Garvin, D. A., Wagonfeld, A. B., & Kind, L.（2013）. *Google's project oxygen: Do managers matter?* HBS No. 313–110. Boston: Harvard Business School Publishing.

推荐视频

有关假设检验：

Rauser，J.（2014）. Statistics without the agonizing pain. https：//youtu.be/5Dnw46eC−0o.

参考文献

扫一扫，下载
本章参考文献

Aguinis，H.，& Vandenberg，R. J.（2014）. An ounce of prevention is worth a pound of cure：Improving research quality before data collection. *Annual Review of Organizational Psychology and Organizational Behavior*，1（1），569–595.

Angrist，J. D.，& Pischke，J.−S.（2008）. *Mostly harmless econometrics：An empiricist's companion.* Princeton，NJ：Princeton University Press.

Antonakis，J.（2017）. On doing better science：From thrill of discovery to policy implications. *The Leadership Quarterly*，28（1），5–21.

Antonakis，J.，Ashkanasy，N. M.，& Dasborough，M. T.（2009）. Does leadership need emotional intelligence? *The Leadership Quarterly*，20（2），247–261.

Antonakis，J.，Bastardoz，N.，Jacquart，P，& Shamir，B.（2016）. Charisma：An ill−defined and ill−measured gift. *Annual Review of Organizational Psychology and Organizational Behavior*，3（1），293–319.

Antonakis，J.，Bendahan，S.，Jacquart，P，& Lalive，R.（2010）. On making causal claims：A review and recommendations. *The Leadership Quarterly*，21（6），1086–1120.

Antonakis，J.，& House，R. J.（2014）. Instrumental leadership：Measurement and extension of transformational−transactional leadership theory. *The Leadership Quarterly*，25（4），746–771.

Barling，J.，Weber，T.，& Kelloway，E. K.（1996）. Effects of transformational leadership training on attitudinal and financial outcomes：A field experiment. *Journal of Applied Psychology*，81（6），827–832.

Bascle，G.（2008）. Controlling for endogeneity with instrumental variables in strategic management research. *Strategic Organization*，6（3），285–327.

Becker，T. E.（2005）. Potential problems in the statistical control of variables in organizational research：A qualitative analysis with recommendations. *Organizational Research Methods*，8（3），274–289.

Becker，T. E.，Atinc，G.，Breaugh，J. A.，Carlson，K. D.，Edwards，J. R.，& Spector，P. E.（2016）. Statistical control in correlational studies：10 essential recommendations for organizational researchers. *Journal of Organizational Behavior*，37（2），157–167.

Bernerth，J. B.，Armenakis，A. A.，Feild，H. S.，Giles，W. F.，& Walker，H. J.（2007）. Leader−member social exchange（LMSX）：Development and validation of a scale. *Journal of Organizational Behavior*，28（8），979–1003.

Bernerth，J. B.，Cole，M. S.，Taylor，E. C.，& Walker，H. J.（2017）. Control variables in leadership research. *Journal of Management.* Advance online publication. doi：10.1177/0149206317690586

Bettis，R. A.，Ethiraj，S.，Gambardella，A.，Helfat，C.，& Mitchell，W.（2016）. Creating repeatable cumulative knowledge in strategic management. *Strategic Management Journal*，37（2），257–261.

Breaugh，J. A.（2006）. Rethinking the control of nuisance variables in theory testing. *Journal of Business and Psychology*，20（3），429–443.

Briner，R. B.，Denyer，D.，& Rousseau，D. M.（2009）. Evidence−based management：Concept cleanup time? *The Academy of Management Perspectives*，23（4），19–32.

Brown，D. J.，& Keeping，L. M.（2005）. Elaborating the construct of transformational leadership：*The role of affect. The Leadership Quarterly*，16（2），245–272.

Caliendo，M.，& Kopeinig，S.（2008）. Some practical guidance for the implementation of propensity score matching. *Journal of Economic Surveys*，22（1），31–72.

Carlson，K. D.，& Wu，J.（2012）. The illusion of statistical control：Control variable practice in management research. *Organizational Research Methods*，15（3），413–435.

Carmines，E. G.，& Zeller，R. A.（1979）. *Reliability and validity assessment*（Vol. 17）. Thousand Oaks，CA：Sage.

Caspi，A.，Roberts，B. W.，& Shiner，R. L.（2005）. Personality development：Stability and change. *Annual Review of Psychology*，56，453–484.

Clougherty，J. A.，Duso，T.，& Muck，J.（2016）. Correcting for self−selection based endogeneity in management research：Review，recommendations and simulations. *Organizational Research Methods*，19（2），286–347.

Cohen，J.（1992）. A power primer. *Psychological Bulletin*，112（1），155–159.

Cohen，J.（1994）. The earth is round（p <. 05）. *American Psychologist*，49（12），997.

Colquitt，J. A.，Baer，M. D.，Long，D. M.，& Halvorsen−Ganepola，M. D.（2014）. Scale indicators of social exchange relationships: A comparison of relative content validity. *Journal of Applied Psychology*, *99*（4）, 599.

Cook, T. D., & Campbell, D. T.（1979）. *Quasi-experimentation: Design and analysis issues for field settings.* Boston, MA: Houghton Mifflin.

Cooper, C. D., Scandura, T. A., & Schriesheim, C. A.（2005）. Looking forward but learning from our past: Potential challenges to developing authentic leadership theory and authentic leaders. *The Leadership Quarterly*, *16*（3）, 475–493.

Cortina, J. M., & Dunlap, W. P.（1997）. On the logic and purpose of significance testing. *Psychological Methods*, *2*（2）, 161.

Daft, R. L.（1984）. Antecedents of significant and not–so–significant research. In T. Bateman & G. Ferris（Eds.）, *Method and analysis in organizational research.* Reston, VA: Reston.

Dionne, S. D., Gupta, A., Sotak, K. L., Shirreffs, K. A., Serban, A., Hao, C., … Yammarino, F. J.（2014）. A 25–year perspective on levels of analysis in leadership research. *The Leadership Quarterly*, *25*（1）, 6–35.

Doty, D. H., & Glick, W. H.（1998）. Common methods bias: Does common methods variance really bias results? *Organizational Research Methods*, *1*（4）, 374–406.

Eden, D.（2016）. Field experiments in organizations. Annual Review of Organizational Psychology and Organizational Behavior. *Advance online publication.* doi: 10.1146/annurev–orgpsych–041015–062400

Edwards, J. R.（2008）. To prosper, organizational psychology should … overcome methodological barriers to progress. *Journal of Organizational Behavior*, *29*（4）, 469–491.

Edwards, J. R., & Berry, J. W.（2010）. The presence of something or the absence of nothing: Increasing theoretical precision in management research. *Organizational Research Methods*, *13*, 668–689.

Eisenbeiss, S. A.（2012）. Re–thinking ethical leadership: An interdisciplinary integrative approach. *The Leadership Quarterly*, *23*（5）, 791–808.

Fischer, T., Dietz, J., & Antonakis, J.（2016）. *Leadership process model: A review and synthesis. Journal of Management.* Advance online publication. doi: 10.1177/0149206316682830

Garcia–Perez, M. A.（2016）. Thou shalt not bear false witness against null hypothesis significance testing. *Educational and Psychological Measurement.* Advance online publication. doi: 10.1177/0013164416668232

Geddes, B.（2003）. *Paradigms and sand castles: Theory building and research design in comparative politics.* Ann Arbor: University of Michigan Press.

Gerring, J., & McDermott, R.（2007）. An experimental template for case study research. *American Journal of Political Science*, *51*（3）, 688–701.

Harms, P. D., & Crede, M.（2010）. Remaining issues in emotional intelligence research: Construct overlap, method artifacts, and lack of incremental validity. *Industrial and Organizational Psychology*, *3*（2）, 154–158.

Hausman, J. A.（1978）. Specification tests in econometrics. *Econometrica*, *46*（6）, 1251–1271.

Heckman, J.（1979）. Sample selection bias as a specification error. *Econometrica*, *47*（1）, 153–162.

Highhouse, S.（2009）. Designing experiments that generalize. *Organizational Research Methods*, *12*（3）, 554–566.

Hinkin, T. R.（1995）. A review of scale development practices in the study of organizations. *Journal of Management*, *21*（5）, 967–988.

Hinkin, T. R.（1998）. A brief tutorial on the development of measures for use in survey. *Organizational Research Methods*, *1*（1）, 104–121.

Imbens, G. W., & Lemieux, T.（2008）. Regression discontinuity designs: A guide to practice.0 *Journal of Econometrics*, *142*（2）, 615–635.

James, L. R.（1980）. The unmeasured variables problem in path analysis. *Journal of Applied Psychology*, *65*（4）, 415.

Kennedy, P.（2003）. *A guide to econometrics.* Cambridge, MA: MIT Press.

Kerlinger, F., & Lee, H. B.（2000）. *Foundations of behavioral research*（4th ed.）. Forth Worth, TX: Harcourt.

Kerr, N. L.（1998）. HARKing: Hypothesizing after the results are known. *Personality and Social Psychology Review*, *2*（3）, 196–217.

Lance, C. E., Dawson, B., Birkelbach, D., & Hoffman, B. J.（2010）. Method effects, measurement error, and substantive conclusions. *Organizational Research Methods*, *13*（3）, 435–455.

Lewin, K.（1945）. The research center for group dynamics at Massachusetts Institute of Technology. *Sociometry*, *8*（2）, 126–136.

Li, M.（2013）. Using the propensity score method to estimate causal effects: A review and practical guide. *Organizational Research Methods*, *16*（2）, 188–226.

Lin, M., Lucas, H. C., Jr., & Shmueli, G.（2013）. Research commentary—too big to fail: Large samples and the p–value problem. *Information Systems Research*, *24*（4）, 906–917.

Litwin, M. S.（1995）. *How to measure survey reliability and validity.* Thousand Oaks, CA: Sage.

Locke, E. A.（2007）. The case for inductive theory building. *Journal of Management*, *33*（6）, 867–890.

Lykken, D. T.（1968）. Statistical significance in psychological research. *Psychological Bulletin*, *70*（3）, 151–159.

MacKinnon, D. P., Krull, J. L., & Lockwood, C. M.（2000）. Equivalence of the mediation, confounding and suppression effect. *Prevention Science*, *1*（4）, 173–181.

Munafo, M. R., Nosek, B. A., Bishop, D. V., Button, K. S., Chambers, C. D., du Sert, N. P., … Ioannidis, J. P

（ 2017 ）. A manifesto for reproducible science. *Nature Human Behaviour*, *1*. Retrieved from https：//www.nature.com/articles/s41562-016-002

Mundlak, Y. (1978). On the pooling of time series and cross section data. *Econometrica : Journal of the Econometric Society*, *46* (1), 69–85.

Murtaugh, P. A. (2014). In defense of P values. *Ecology*, *95* (3), 611–617.

Nickerson, R. S. (1998). Confirmation bias：A ubiquitous phenomenon in many guises. *Review of General Psychology*, *2* (2), 175.

Pfeffer, J., & Sutton, R. I. (2006). Evidence-based management. *Harvard Business Review*, *84* (1), 62.

Podsakoff, P M., Mackenzie, S. B., Lee, J.-Y., & Podsakoff, N. P (2003). Common method biases in behavioral research：A critical review of the literature and recommended remedies. *Journal of Applied Psychology*, *89* (5), 879–903.

Podsakoff, P M., Mackenzie, S. B., & Podsakoff, N. P (2012). Sources of method bias in social science research and recommendations on how to control it. *Annual Review of Psychology*, *63*, 539–569.

Richardson, H. A., Simmering, M. J., & Sturman, M. C. (2009). A tale of three perspectives：Examining post hoc statistical techniques for detection and correction of common method variance. *Organizational Research Methods*, *12* (4), 762–800.

Schriesheim, C. A., Castro, S. L., & Cogliser, C. C. (1999). Leader-member exchange (LMX) research：A comprehensive review of theory, measurement, and data-analytic practices. *The Leadership Quarterly*, *10* (1), 63–113.

Shadish, W. R., Cook, T. D., & Campbell, D. T. (2002). *Experimental and quasi-experimental designs for generalized causal inference*. Boston, MA：Houghton Mifflin.

Shaffer, J. A., DeGeest, D., & Li, A. (2016). Tackling the problem of construct proliferation：A guide to assessing the discriminant validity of conceptually related constructs. *Organizational Research Methods*, *19* (1), 80–110.

Sidanius, J., Pratto, F., & Bobo, L. 1994. Social dominance orientation and the political psychology of gender：A case of invariance? *Journal of Personality and Social Psychology*, *67* (6)：998.

Simmons, J. P, Nelson, L. D., & Simonsohn, U. (2011). False-positive psychology：Undisclosed flexibility in data collection and analysis allows presenting anything as significant. *Psychological Science*, *22* (11), 1359–1366.

Smith, R., & Rennie, D. (2014). Evidence-based medicine—An oral history. *JAMA*, *311* (4), 365–367.

Spector, P. E. (2006). Method variance in organizational research truth or urban legend? *Organizational Research Methods*, *9* (2), 221–232.

Spector, P E., & Brannick, M. T. (2011). Methodological urban legends：The misuse of statistical control variables. *Organizational Research Methods*, *14* (2), 287–305.

Spector, P E., & Meier, L. L. (2014). Methodologies for the study of organizational behavior processes：How to find your keys in the dark. *Journal of Organizational Behavior*, *35* (8), 1109–1119.

Spector, P E., Rosen, C. C., Richardson, H. A., Williams, L. J., & Johnson, R. E. (2017). A new perspective on method variance. *Journal of Management*. Advance online publication. doi：10.1177/0149206316687295

Sutton, R. I., & Staw, B. M. (1995). What theory is not. *Administrative Science Quarterly*, *40* (3), 371–384.

Van Knippenberg, D., & Sitkin, S. B. (2013). A critical assessment of charismatic-transformational leadership research：Back to the drawing board? *The Academy of Management Annals*, *7* (1), 1–60.

Vella, F. (1998). Estimating models with sample selection bias：A survey. *The Journal of Human Resources*, *33* (1), 127–169.

Wang, H., Law, K. S., Hackett, R. D., Wang, D., & Chen, Z. X. (2005). Leader-member exchange as a mediator of the relationship between transformational leadership and followers' performance and organizational citizenship behavior. *Academy of Management Journal*, *48* (3), 420–432.

Williams, L. J., & Brown, B. K. (1994). Method variance in organizational behavior and human resources research：Effects on correlations, path coefficients, and hypothesis testing. *Organizational Behavior and Human Decision Processes*, *57* (2), 185–209.

Yukl, G. (1999). An evaluation of conceptual weaknesses in transformational and charismatic leadership theories. *The Leadership Quarterly*, *10* (2), 285–305.

第 17 章
伦理和有效性： 优秀领导力的本质

Joanne B. Ciulla

📖 开篇案例：领导者的日常

你是一家投资公司的 CEO。公司即将开设一个新部门，以满足高收入人士的需求。你正在寻找部门负责人，他 / 她需要在建立和维持独特客户群方面具有成功的经验。你的团队已经确定了能够承担这份工作的理想人选——Henry Smith。Henry 是竞争公司中从事这方面工作的优秀人才。过去的 6 个月，你一直想招募他。Henry 给你的印象是头脑敏捷、幽默感强。他还拥有优秀的商业关系和一流的客户名单。Henry 的很多客户很可能会跟着他到你的公司，这将给公司带来可观的收入。

经过多次晚餐、午餐、会议和电话交谈后，今天你的团队与 Henry 会面，他终于同意跳槽并加入你的公司。最后一次会面持续了很长的时间，结束会议时，Henry 不得不匆忙赶上飞往芝加哥的航班。当你将 Henry 带出办公室时，他转向正在打电话的行政助理，用粗鲁的声音说："嘿，你，挂掉电话，给我叫辆车，快点，要不然我会迟到的！"你的助手看起来很惊讶也很尴尬，但什么也没说，开始打电话叫车。

你和同事对刚刚见到的事情感到既惊讶又困扰。你曾见过 Henry 几次，却从未见过他如此行事。这让你感到疑惑：这是一次性事件吗？是因为他既兴奋又匆忙，还是你看到了真实的 Henry？这件事与你对 Henry 担任部门负责人的评估有关吗？你认为 Henry 会成为一个好的领导者吗？或是一个看起来像火鸡的摇钱树？

讨论题

1. 如果你是 CEO，应如何应对这一事件？
2. Henry 的行为是否会让你对他的道德观产生潜在的担忧？为什么？
3. 如果担任这一职务的人给公司带来了巨大的利润，那么他与助手交谈的方式有影响吗？
4. 如果是，这种行为与 Henry 作为一个有效领导者的潜力有什么关系？
5. 看到这种行为后，你会按原计划雇用 Henry 吗？

📖 本章概述

领导者在道德上的胜利和失败比大多数其他人具有更大的分量和影响力（Ciulla，

2003b）。在领导力中，道德和不道德都被放大了，这也是为什么道德研究是领导力研究的基础。伦理学研究集中关注对与错、善与恶的本质，正如下一部分所讨论的那样，它可以与道德一词互换。伦理和道德检验人与人、人与其他生物之间的关系。伦理学探讨的问题与个人、团体成员或社会成员应该做什么、应该怎样做，以及在生活中扮演的不同角色有关。领导者角色需要一种独特的人际关系。这种关系的一些特征是权力和/或影响力、远见、义务和责任。道德规范中的一些核心问题也是领导力的核心问题，通过了解这种关系的道德规范可以更好地理解领导力。这其中包括个人挑战，如自我知识、自我利益和自律，也包括与正义、责任、能力和最大利益相关的道德义务。

领导力挑战并不是什么新鲜事，这就是为什么我们会在文献中找到一些对领导力和道德最有洞察力的著作。历史上充满了领导者和领导力道德的智慧和案例。东西方古代学者提供了很多的见解，让我们能够理解领导力，并以新的方式提出当代领导力的研究问题。历史、哲学和人文学科提供了不同的视角，揭示了一些领导力行为模式，以及长期存在的与领导力和道德相关的主题。也许人文学科对领导力研究最重要的益处是，它不允许我们在研究领导力有效性时，忽视一些关于领导者做什么、如何做和为什么做的道德规范。简言之，人文学科的方法永远不会让我们忘记，领导力的本质与人类环境密不可分，其中包含一起生活和工作的人所拥有的价值、需求和愿景。

对伦理和思想史的研究有助于我们理解推动大多数领导力研究的两个重要且交叉的问题：什么是领导力？什么是优秀的领导力？第一个是描述性问题，领导力是什么；第二个是规范性问题，领导力应当是什么。在文献中，这两个问题常常混淆在一起。领导力研究的进展取决于学者们整合这些问题答案的能力。在本章中，我将讨论这两个问题对理解领导力的影响。在本章的开头，探讨道德和有效性问题在当代领导力道德研究中是如何发挥作用的，并讨论一些领导力独有的道德问题。然后，介绍文献中的一些真知灼见，它们补充了当代研究并为其奠定了基础。最后，提出了在领导力研究中讨论伦理的一些方向性建议。

📖 道德和伦理

在开始之前，先对"伦理"和"道德"做一个简短的注释。有些人喜欢区分这两个概念。问题是，每个人似乎都以不同的方式来区分它们。像大多数哲学家一样，我交替使用这些术语。道德哲学作为一门实践性课程，其内容与伦理学课程相同。不论它们起源于哪种语言，将这些术语作为彼此的同义词已有很长的历史。在《论命运》（II.i）中，Cicero 用拉丁语 "moral" 代替了亚里士多德使用的希腊语 "ethikos"。我们在《牛津英语词典》中也看到两个词互相定义。道德一词的定义为"关于或区分人类行为、意志或性格有关的是非善恶；伦理与"美德恶行或行为准则，道德赞美或责备，生活习惯，习俗和举止有关"（《牛津简明英语词典》，1991，第 1114 页）。同样，它把伦理定义为"道德的或与道德有关的"和"道德科学，指导人的道德原则"（《牛津简明英语词典》，1991，第 534 页）。也许最有说服力的证据是，人们很少用同样的方式来确定这些术语之间的差异。他们通常倾向于以最适合其论点或研究议程的方式来定义这两个术语。

📖 定义的规范性

领导力学者经常关心领导力的定义问题。一些人认为，如果对领导力的共同定义达成一致，就能更好地理解领导力。这并没有意义，因为历史学、生物学和其他学科的学者们对各自领域的定义都不一致，即使一致也无助于他们更好地理解领导力。此外，学者们并不确定一个词对公众的意义。一个与普通人理解这个词的方式不一致的学术定义有意义吗？社会科学家有时会限制一个术语的定义，以便在研究中使用它。一般来说，人们在一个文化中使用一个词并思考它的方式决定了这个词的含义（Wittgenstein，1968）。在英语中，领导力（leadership）的词义基本上保持不变。尽管人们对这个词的用法各不相同，但所有说英语的领导力学者都清楚这个词的含义。然而，领导力的意义也是一种社会建构，它的细微变化告诉我们，某个地方、某个时间，领导力的价值、实践和范式。

Rost（1991）是那些认为领导力研究进展甚微的人之一。他认为，在学者们就领导力定义达成一致之前，领导力研究不会有任何进展。他收集整理了 221 种领导力的定义，范围从 20 世纪 20—90 年代。所有这些定义通常都一样：领导力是关于一个人或一个人以某种方式促使他人去做一件事。不同的地方在于领导者如何激励追随者，与追随者的关系，谁对团队或组织的目标有发言权，领导者需要具备哪些能力来完成任务。我选择了代表同一时代其他来源的定义。即使今天，人们也可以在不同的领导力学者对其定义的方式上找到强烈的家族相似性。

思考表 17-1 中的定义（均来自美国），思考当时的历史情境和那个时代的杰出领导者。他们是什么样子？他们的追随者是什么样子？哪些事件和价值塑造了定义背后的观念？这些具有代表性的领导力定义对领导者和追随者之间的关系作出了哪些道德假设？

表 17-1　不同时代的领导者和追随者之间的关系

年份	内　　容
1920	（领导力）是一种能将领导者意志印在他人身上的能力，并引起他们的服从、尊重、忠诚和合作（Moore，1927，第 124 页）
1930	领导力是由一个人组织很多活动朝着特定方向前进的过程（Bogardus，1934，第 5 页）
1940	领导力是一种除了源于职位、外界声望或权力之外还能够说服或指导他人的能力（Reuter，1941，第 133 页）
1950	（领导力是领导者在群体中所做的事情。）群体成员自发赋予领导者权威（Gibb，1954，第 882 页）
1960	（领导力是）一个人在共同方向上影响他人的行为（Seeman，1960，第 127 页）
1970	领导力是自由裁量权。自由裁量权是指在领导者控制下的领导力行为，可能因个人而异（Osborne 和 Hunt，1975，第 28 页）
1980	无论领导力研究多么复杂，其含义都相对简单。领导力意味着激励他人采取由领导者决定的某种形式的、有目的的行动（Sarkesian，1981，第 243 页）

续表

年份	内　　容
1990	领导力是领导者和追随者之间的影响关系，他们希望真正的变革能够反映共同的目标（Rost，1991，第 102 页）
2000	当任何人或任何事有了导向、协调性和 / 或承诺时，领导力由环境因素塑造而来（Drath 等人，2008；Hunt 和 Dodge，2000；Kort，2008；Liden 和 Antonakis，2009；Uhl-Bien，2006）

资料来源：Joanna B. Ciulla 制作。

请注意，在 20 世纪 20 年代，领导者将他们的意志"印在"那些受领导的人身上。40 年代，他们"说服"了追随者；60 年代，他们"影响"了追随者；90 年代，领导者和追随者相互影响；到了 21 世纪，领导力是一种发生在特定环境中的关系。请注意，所有这些定义都说明了领导者与追随者关系的本质。两种定义的区别在于规范性问题：领导者应该如何对待追随者？追随者应该如何对待领导者？谁决定追求什么目标？他们之间的关系的本质是什么，应该是什么？定义之间的争论显示出领导力概念在多大程度上是一种社会、历史和规范建构。

📖 希特勒问题

一些学者认为，恶霸和暴君不是领导者，这使我们陷入了所谓的希特勒问题（Ciulla，1995）。希特勒问题取决于你如何回答以下问题：希特勒是领导者吗？根据无道德区分定义，尽管希特勒是一个不道德的人，但他还是一位领导者，甚至是一位伟大的领导者。Heifetz（1994）认为，根据"伟人"和领导力特质理论，其基本思想是领导力是个人或团体对历史进程的影响力，可以将希特勒、林肯和甘地归为同一类。但是，当领导力概念包括道德考量时，希特勒就不再是领导者。他是一个恶霸或暴君，或者只是德国的一位首脑。

当学者们区分领导者和"真实的领导者"或"真正的领导者"时，我们看到领导者概念中根深蒂固的道德观念。Burns（1978）和 Bass（1997）认为，很多交易型领导者都有能力在追求集体效益的过程中促进下属沟通，但是只有变革型领导者具有强烈的道德感。为了扩展这一区别，Bass 通过区分变革型和假变革型领导者或真实的变革型领导者，将符合变革型的领导者但却不符合道德规范的领导者与符合道德规范的领导者相区分（Bass 和 Steidlmeier，1999）。Brown、Trevino 和 Harrison（2005）在道德型领导力概念中明确了共享型领导力和道德型领导力之间的区别："通过个人行为和人际关系呈现规范适当的行为，并通过双向沟通、强化和决策向追随者推广这种行为"（第 120 页）。应用 Bennis 和 Nanus（1985）对领导力的定义："管理者是正确做事的人，领导者是做正确事情的人"（第 21 页），人们可以认为希特勒既是不道德的，也不是领导者（也许他只是个管理者？）。Bennis 和 Nanus 是其中的一类学者，他们有时会误用领导者一词来指道德品行良好的领导者。然而，Bennis 和 Nanus 的评论背后似乎隐藏着这样一种观念：领导者在道德上应该高于其他人。

　　这种规范性观点贯穿在领导力文献中，在通俗文学中更加突出。作家们会说领导者具备参与性、支持性等特点，而他们真正的意思是领导者应该具备这些特质。然而，我们甚至可能不清楚，我们真正需要的是具备这些品质的领导者。正如美国前总统发言人 David Gergen（2002）所指出的那样，领导力研究者都在宣讲和教导参与型和授权型的领导力才是最好的。但是，像乔治·布什（George W. Bush）这样的总统却实行自上而下的领导力风格。很少有研究人员会在研究中建议这一类型的领导力。然而，虽然布什总统在领导力职务方面曾得到过最低的支持率，但有时他在行使领导力方面却获得了一些最高的支持率（Gergen，2002）。大量的研究根据"9·11"事件之后布什总统的领导力地位来解释这一点。例如，Pillai（1996）发现，超凡魅力型领导力不仅与个人特征有关，而且还与在危机时刻领导者身上体现出来的魅力有关。当人们感到失去控制时，会寻找果敢型领导者。以布什为例，人们可能发现他的专制型领导力风格令人欣慰。危机平息之后，布什的支持率跌至谷底。研究者所宣扬的领导力与人们所希望的领导力之间存在差异的另一种解释是相互冲突的文化价值观。美国顽强的个人主义精神可能有助于解释布什支持率的变化情况。一方面，美国人钦佩采取大胆、果断和专制行动的领导者；但另一方面，他们却不想为这样的领导者效力（Ruscio，2004）。

　　哲学家 Eva Kort（2008）为超越语义的希特勒问题提供了一个解决方案。她指出，群体行动，而非人际关系，揭示了一些特征，这些特征可以在所谓的领导力案例中区分出"恰当的"或"真正的"领导力。真正的领导力是既有道德又有能力的领导力。所谓的领导力，基本上是一个扮演领导力角色的人，他 / 她告诉人们该做什么。Kort用一个简单的例子来说明领导力的规范性和技术性。一位首席小提琴家担任正式的领导力职务。如果他指挥乐团演奏，尽管音乐家们知道这不好，但会因为他是指挥而跟随他。Kort 说，在这种情况下，这位小提琴家只是一个所谓的领导者，而不是恰当的领导者。她写道："只有当这位小提琴家确实指挥了乐团——以正确的方式参与（通常）正确的多元行动时——他才是恰当意义上的领导者"（Kort，2008，第 422 页）。请注意，Kort 的定义包含了无法避免的判断。因为领导者看起来有能力，并且在必要时具有道德，所以他们是我们选择追随的人。对于 Kort 来说，领导者是那些在各种情况下自愿接受别人想法并采取行动的人。这是一种有用的方法，可以帮助我们理解道德和有效性如何在领导力理念中交织在一起。对于 Kort 而言，希特勒问题的答案取决于追随者是否因为认可他的道德并认为他有能力而自由选择追随他。这直接反映了希特勒的领导力，但它仍然没有解释追随者不道德、或在道德上被误导、或错误判断领导者能力的情况。正如哲学家 Jacqueline Boaks（2015）所说，道德深深植根于领导力理念中，因此它必须建立在某种意义上的"善"的基础上。她认为，这种基础性包含"追随者和领导者共同发展所需的知识"（Boaks，2015）。如此的话，"领导者"一词不仅指一个人或一个角色，而且如 Boaks 所说，是一种亚里士多德的美德，人们把这种美德归功于一个人。这将解决希特勒问题，因为不促进人类繁荣的人，不会拥有将其定义为领导者的美德，但是并不能消除仍然存在糟糕领导者的事实。

因此，领导力的终极问题不是"领导力的定义是什么"？我们并不困惑领导者是什么样的人，但我们想知道他们应该是什么样的人。研究领导力的意义在于回答"什么是优秀的领导力"？在这里使用"优秀"一词有两种含义：道德上"优秀"的领导力和技术上"优秀"的领导力（即有效地完成工作）。这种观点的问题在于，当我们审视历史和周围的领导者时，会发现一些领导者同时符合这两个标准，一些人符合其中一个标准，而有些人两者都不符合。历史使这个问题更复杂，因为历史学家没有撰写过一种领导者：很有道德，但却没做过任何有意义的事情。他们很少撰写一种类型的将军，他是个伟大的人，但从来没有赢过一场战争。大多数历史学家撰写的领导者都是赢家，或那些改变历史的人，无论是好的方向或坏的方向。

📖 代理和道德运气

历史学家关心领导者的行为和结果，传记作家关心领导者的行为和性格，两者都必须解决因果关系和代理问题。哪些结果是领导者行为的直接结果，哪些结果是由于其他原因或偶然因素导致的？我们对领导者的一些判断取决于哲学家所探讨的道德运气（Nagel，1979）。当我们将称赞或指责归咎于不受个人控制的结果时，就会产生道德运气。在 Immanuel Kant（1783、1993）的伦理学中，行为道德的依据是个人履行职责时的意图，而不是行为的结果，所以没有所谓的道德运气。这是因为我们可能试图做道德上正确的事，但是超出我们控制的事情可能会导致灾难性后果。因此，对康德来说，如果一个行为是出于履行职责的意图而进行，不管结果如何，它都合乎道德；如果它不是基于履行职责的意图而进行，即使产生了道德上良好的结果，它依然是不道德的。

对于领导者而言，我们不能忽视行为的结果，因为结果可能对他人的福祉产生深远的影响。有些领导者可能鲁莽行事，或是自私自利，但由于运气好，他们似乎在道德上做了好事。例如，如果一位总统决定在不考虑无辜平民的情况下，用地毯式炸弹炸毁恐怖主义据点，并且由于命运的转折，当天所有的平民都恰巧不在城里，那么这一举动似乎是好的（特别是如果公众不知道领导者考虑保护无辜平民的责任）。正如 Bernard Williams（1982）所指出的，有两种道德运气：第一种道德运气是决策的内在因素——基于一个人对决策的思考能力，以及他 / 她的推论是否正确，或被证明是正确的。谨慎的决策可能会失败，冒险的决策可能会成功。第二种道德运气是决策的外在因素。坏天气、事故、恐怖分子、机器故障等都有可能会破坏最好的计划，或使最坏的计划发挥作用。

Meindl 等人（1985）发现人们倾向于认为领导者拥有比实际上更多的结果控制权。这恰恰是领导者在最高道德上与众不同的方面之一。领导者应该对组织群体负责。因此，领导者要为他们在组织中没有做甚至不知道的事情负责。[①] 组织中任何出错的地方都是领导者的错，而一切正确的地方都应该归功于领导者。因为道德代理

---

① 译者注，本句两处"负责"，原著中前者为"take"，后者为"held"；前者是一种主动的负责，后者是一种被动或无意识的负责。

（Moral Agency）的概念有时对于领导者来说是间接的，尤其是那些在复杂组织或系统中运作的领导者，所以运气在我们评估领导者和他们的领导力时可以扮演重要的角色。一些领导者有道德，但却不幸运；另一些领导者没道德，但却很幸运；因为信息不完善或不完整，而且无法控制所有会影响结果的变量，所以领导者作出最困难的道德决定是有风险的。如果失败的领导者谨慎行事，并以正确的道德依据行事，则值得原谅，即使跟随者并不总是能原谅他们或对他们的领导力抱有信心。美国人并没有责怪吉米·卡特总统（Jimmy Carter）尝试解救伊朗人质的拙劣行为，但是他在这一事件中的不幸，再次动摇了人们对其领导力的信心。道德运气的讽刺之处在于，那些鲁莽的领导者，如果其行为没有建立在合理的道德和实际的论据之上，那么当他们失败时，通常会受到谴责，然而当他们成功时，却被誉为英雄。鲁莽但幸运的领导者没有表现出道德或技术能力，然而由于结果，他 / 她经常因两者兼得而得到赞扬。

📖 伦理和有效性之间的关系

历史往往根据个人带来改变的能力来定义成功的领导者，这种改变或好或坏。因此，对一些人来说，历史上伟大的领袖包括了甘地和希特勒。然而，这些所谓的伟大领袖通常会带来变革，或是成功地做了一些事情，然而与之相伴的伦理问题是：变革本身在伦理上是好的吗？领导者做了什么才带来了改变？领导者的意图是什么？如果要全面分析行动的伦理和有效性，就必须提出下列问题：这是正确的做法吗？这是以正确的方式行动的吗？这样做的理由正确吗？我们需要提出这些问题来评估那些在改变历史意义上很伟大的领导者是否也是优秀的领导者（见图 17-1）。

当很多学者描述一个优秀领导者时，他们的意思都是他 / 她是一个有道德且有效的领导者（Ciulla, 1995）。尽管这似乎说明了显而易见的事实，但是我们面临的问题是，并不总

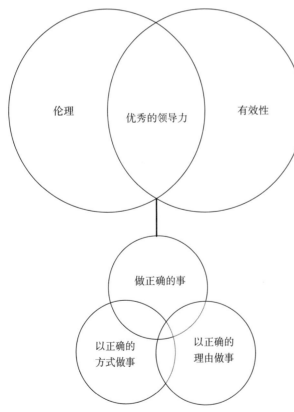

图 17-1　优秀领导力的本质

能在同一位领导者身上同时找到伦理和有效性。有些领导者道德高尚，但效率不高。其他领导者在满足其选民或组织需求方面非常有效，但却并不十分道德。美国参议员 Trent Lott 因其麻木不仁的种族言论而被迫辞去参议院多数党领袖职务，这是一个典型例子。一些美国非裔选民说会再次投票给他，而不在乎他的种族主义言论，原因是 Lott 利用他在华盛顿州的权力和影响力，为该州带来了就业机会和经济收入。在政治上，有一个俗语"他可能是狗娘养的，但他是我们的狗娘养的"。这句话抓住了伦理和有效性之间的权衡关系。换句话说，只要 Lott 完成任务，就有人会不在乎他的道德。

伦理和有效性之间的这种区别并不总是清晰。有时候有道德就是有效率，有时候有效率就是有道德。换句话说，在某些情况下有道德是有效率的。有时候，单纯地被视为有道德和可信赖的人会让领导者变得有效率，而其他一些时候，有效率也可以让领导者变得有道德，但是正如哲学家 Onora O'Neill（2013）所指出的那样，诚信不仅要求人们诚实有能力，还要求人们可靠。鉴于联合国秘书长有限的权力和资源，如果在这个职位上的人行为不道德，就很难在工作中发挥作用。组织也是如此。在著名的泰诺事件中，有一个人在药物中投毒，随后强生公司就从货架上撤下了所有的药物，这反而使销量增加。强生公司的领导者之所以有效，是因为他们有道德。

我们用来判断领导者有效性的标准在道德上也不是中立的。一段时间以来，华尔街和商业媒体将 Al Dunlap（"电锯 Al"）视为伟大的商业领袖。这些钦佩源于 Dunlap 在缩小公司规模和提高股票价格方面的能力。显然，Dunlap 并不了解经营一家企业的具体细节。当他未能在 Sunbeam 公司实现利润时，试图掩盖自己的损失，但最终遭到解雇。在这个案例和很多商业案例中，有效性的标准在实践上和伦理上都受到限制。通过留住员工来提高公司股价要比通过解雇员工来提高公司股价更需要商业技巧。同样，职业伦理中最显著的一个方面是，短期看来是正确的事情，从长远来看不正确，或者对于团体或组织而言看似正确的事情，在更广阔的情境下不正确。例如，黑手党家族可能拥有非常强大的内部道德体系，但是在更大的社会背景下，他们变得极不道德。

在一些情况下，领导者的卓越能力会带来道德影响。例如，在 2001 年 9 月 11 日恐怖分子袭击世界贸易中心大厦之后，出现了无数英雄主义事例。最鼓舞人心且经常被引用的就是救援人员的无私行为。以 Alan S. Weil 为例，他的律师事务所——Sidley、Austin、Brown 和 Wood——占用了世贸中心五层楼。看着大楼倒塌，并检查员工是否安全离开之后，Weil 立即打电话并在 3 个小时内为员工租到了另一栋大楼的 4 层。到那天深夜，Weil 已经安排好 800 张办公桌和 300 台电脑。第二天，公司正常营业，几乎每位员工都有自己的办公桌（Schwartz，2001）。我们不知道 Weil 先生的动机是无私的还是顽强的，但是他专注于自己的工作，并使公司能够履行对所有利益相关者（从客户到员工）的义务。这是优秀领导力（意味着有道德、有效率）的例子吗？

伦理有效性连续体的另一面是，在一些情况下，人们很难分辨领导者到底是不道德、没能力还是愚蠢。正如 Price（2000、2005）所论证的那样，领导者的道德失误并不一定总是故意的。道德上的失败有时是认知上的，有时是规范上的。领导者可能会错误地理解一些事实，或认为自己的行为合乎道德，而事实上并非如此。例如，2000 年南非总统 Thabo Mbeki 发表了一份声明：目前尚不清楚 HIV 病毒是否会导致艾滋病。Mbeki 认为制药厂只是想吓唬人们，目的是为了增加利润（Garrett，2000）。这份声明来自一个大约 1/5 的人口都检测出 HIV 呈阳性的国家领导人，这是一份令人震惊的声明。Mbeki 的立场引起了公共卫生专家和人民的愤慨。这是不负责任的，并且肯定会削弱抑制艾滋病流行的努力。Mbeki 明白科学的结论，但却选择了将政治和哲学置于科学知识之前（后来也因此失去了领导职位）。当领导者作出类似事情时，我们想知道他们是否被误导了，还是有其他选择。Mbeki 的举动似乎不道德，但他可能站在个人道德的立场上。Mbeki 对这个问题的狭隘心态，使他肆无忌惮地无视本应该努力阻止艾滋病流行的更紧迫义务（Moldoveanu 和 Langer，2002）。

在一些情况下，领导者的行为带有道德意图，但因为缺少能力，会产生不道德的结果。以瑞士慈善机构基督教团结国际的不幸事件为例，原本的目标是解救在苏丹被奴役的大约 20 万名儿童。为解救被奴役的儿童，慈善机构需要为每个孩子支付 35~75 美元。这种行为所产生的意外后果是，实际上它通过创造一个市场来鼓励奴役。奴隶的价格因需求而提高了。此外，一些狡猾的苏丹人发现，假装成奴隶是值得的，这样他们就可以通过被解放来赚钱。这种欺骗使得慈善机构很难识别那些真正需要帮助的人。在这个案例中，慈善机构的意图和用于实现目标的手段在短期内缓解痛苦方面并非不道德；但是，从长期来看，慈善机构无意中制造了更多的痛苦。这个案例说明了伦理和有效性之间的关系。关于慈善机构，人们可以这样说：

（1）它做了正确的事——计划将儿童从奴役中解放出来——但最终增加了奴隶儿童的市场。

（2）以错误的方式做事——参与买卖不道德。

（3）它这样做是出于正确的理由——因为奴隶制侵犯了儿童的尊严和人权，所以奴隶制不道德。

在《君主论》（1532、1988）一书中，Niccolò Machiavelli 探讨了领导者在伦理和有效性方面存在的问题。他意识到，在一些情况下领导者不能兼具道德和有效性。有时，他们需要出于正确的理由做错误的事，或者以错误的方式做正确的事。Machiavelli 说："如果一个统治者，身边都是不道德的人，总是希望自己表现光荣，那么他的失败不可避免。"（Machiavelli，1988，第 54 页）。有时，我们认为一个领导者在与不光彩的人打交道时还能表现出体面，这是天真无能的表现。Machiavelli 说，因为在一些情况下行为道德可能会给领导者和追随者带来伤害，所以领导者必须学习如何"做不到"。我们通常将"目的证明手段"作为不道德行为的判断理由。然而，领导者经常面对下列情况：这种正当理由在道德上令人怀疑，但却是最佳的行动方案。这里有一个问题，目的在什么情况下证明手段是正确的？例如，提高股价或底线是否有理由削减员工工资或裁员？有时"是"，当这种措施有道德和实际理由时。而且，什么时候达到特定目的的愿望成为采取权宜之计且普遍不道德行为的借口呢？领导者如何避免成为一种无能的功利主义者，愿意不惜一切代价完成任务？在 Machiavelli时代，一个领导者不必成为君主来面对这些挑战。

哲学家 Michael Walzer（1973）赞同 Machiavelli 的观点，他认为没有一个领导者是无辜的。领导者常常发现自己面临着他所说的"脏手问题"。因为领导者必须为整个群体、组织、国家的最大利益服务，所以大多数领导者的工作本质上是功利主义。然而，我们倾向于根据领导者的美德和对道德原则的承诺来判断他们的道德特征。在某种程度上，大多数领导者都面临着道德原则与对追随者或组织义务之间的紧张关系。当领导者只能通过不道德的行为来履行为了防止伤害追随者或组织的道德义务时，他／她就面临着一个真正的道德困境。大多数时候，我们都面临着道德问题，这些问题可以找到令人满意的解决方案。然而，道德困境是一种特殊的、不太常见的道德问题，无法找到在道德上令人满意的解决办法。无论在困境中作出什么选择，都会做错事情。例如，如果恐怖分子劫持人质，并威胁总统要求将其他危险的恐怖分子释放，那么总统作出任何选择都会让他／她的手变得肮脏：不答应要求，人质会死亡；答应要求，那些恐怖分子会获得自由，进而实施暴力杀死更多的人。

具有讽刺意味的是，我们选择、雇用或选举领导者，让他们作出这些困难的决定，并弄脏他们的手，然后当他们这样做时我们责备他们。总统会因人质丧生或被释放的恐怖分子带来更多袭击而受到谴责。我们不能期望领导者（或任何人、任何事）道德纯洁，但我们希望，当领导者必须做错事才能获得成功时，他们的良心会让他们感到肮脏。因为领导者必须抵制诱惑，才能适应有时为了有效完成工作而作出的道德妥协，所以领导工作在道德上是一种危险职业。

道义论和目的论

伦理学中的道义论和目的论与"伦理和有效性"问题相平行。正如我们在之前讨论道德运气时所看到的，从道义论的观点来看，原因与行动的道德性相关。只要领导者按照其职责或道德原则行事，无论结果如何，领导者都会按道德行事。从目的论的角度来看，真正重要的是领导者行为带来了道德上的善或最伟大的善。道义论将行为的伦理定位于领导者的道德意图及其行为的道德正当性，而目的论将行为的伦理定位于行为的结果。我们需要综合道义论和目的论一起来解释领导者的伦理问题。就像一个优秀的领导者必须有道德和有效一样，他／她也必须按照职责行事，并在头脑中牢记最伟大的善。

在现代性中，我们常常区分一个人的内在和外在，还有一个人和他／她的行为。功利主义者 John Stuart Mill（1987）清楚地看到了人的道德和行为的道德之间的差别。Mill 说，行为的意图或原因告诉我们一个人的道德，但是行为的结果告诉我们一个人行为的道德。这种解释并没有真正地解决伦理和有效性问题。它只是强化了领导者的个人道德和他 / 她作为领导者的行为之间的差异。古希腊以美德为基础的伦理学并不会出现这个问题。在美德论中，你的行为基本上就是你自己。

回到之前的例子，Weil 先生快速地让律所继续运转，只是因为他是如此贪婪以至于不想失去任何一天的利润，然而，这样做，他也为利益相关者带来了最大的益处。我们可能不喜欢他个人行事的缘由，但是在这种特殊的情况下，因为各个利益相关者也从中受益，所以他们可能并不在乎。如果各个利益相关者都知道 Weil 有自私的意图，那么正如 Mill 所说，他们会少考虑这个人，而不会少考虑他的行为。商业领域通常如此。当企业开展竞选活动为无家可归者筹集资金时，它可能是在出售更多的商品并改善形象。然而，说企业不应该有慈善事业，拒绝为无家可归者提供所需资金似乎有些苛刻。有人可能会争辩说，有时要求完美的道德意图是非常不道德的。但是，为自己的选民做好事但却不道德的领导者仍然是有问题的。即使他们提供了最大的利益，人们也永远无法真正地信任他们。

📖 道德标准

人们常说领导者应该有更高的道德标准，但这有道理吗？如果这是真的，那么其他人以较低的道德标准生活是否可以被接受？一个关于道德的奇怪现象是，如果把领导者的道德标准定得太高，要求接近道德完美，那么很少有人有资格成为领导者或想成为领导者。例如，我们当中有多少人能够做到从不说谎、不说不友善的话，或从不食言呢？具有讽刺意味的是，因为很少有人能达到我们的期望，所以当我们把领导者的道德标准定得过高时，我们会对领导者更加不满。然而，当我们把领导者的道德标准降至仅仅是遵守法律，或者更糟，仅仅是不像他们的前辈那样不道德时，那也太低了。一个商业领袖可能遵守所有的法律，但他 / 她经营企业的方式却是非常不道德的。法律应该在道德上保持中立，或者在道德上要求最低限度的"对"。法律没有也不可能抓住道德的范围和复杂性。例如，一位民选官员可能遵纪守法，与前任不同，他（她）有着"强烈的家庭观念"。这位官员可能也不太关心弱势群体。不关心穷人和病人并不违法，但是这样的领导者有道德吗？那么我们该怎么办呢？一方面，追求高尚的道德标准令人钦佩，但另一方面，如果这些标准无法达到，人们就会放弃努力（Ciulla，1994，第 167~183 页）。如果标准太高，我们可能会对未能达到标准的领导者更加失望。因为我们对领导者的道德要求过高，所以有可能会出现愿意担任领导职务但却无能的领导者。不希望私生活被公开，一些非常有资格的人会远离政治。如果标准太低，我们就会对领导者产生怀疑，因为我们对他们超越道德底线的能力失去了信心。

历史上有很多领导者，他们认为自己不像社会上其他人那样遵守诚实、礼仪等道德标准。对此现象的一种解释是如此明显，以至于已经成为陈词滥调——权力腐败。Winter（2002）和 McClelland（1975）研究了权力动机以及社会化和个性化魅力对这种领导力行为的心理解释。Maccoby（2000）和其他很多人都写过自恋型领导者：在光明的一面，他们是个例外；在黑暗的一面，他们认为自己是规则的例外。

Hollander（1964）关于社会交换的研究表明，那些忠诚并有能力实现群体目标的新兴领导者如何获得了"特质信用"，这使得他们能够偏离群体规范以适应共同的目标。正如 Price（2000）所指出的，考虑到我们经常允许领导者偏离规则或成为规则的例外，我们就不难理解为什么领导者有时会让自己成为道德约束的例外。这就是为什么我认为我们不应该要求领导者有比我们更高的道德标准。如果有什么区别的话，那就是我们必须确保他们和社会上的其他人有相同的标准。我们应该期待和希望的是，领导者在追求和实现人们的目标时，能够比大多数人更多地遵守道德标准。对于领导力发展、组织和政治理论来说，真正有趣的问题是"我们能做些什么来避免领导者因扮演领导角色而导致的道德失败？"太多的英雄主义领导力模式，把领导者描述成一个拥有正确价值观的圣人或"最了解一切的前辈"。

📖 利他主义

一些领导力学者将利他主义作为道德型领导力的道德标准。在《领导力的伦理维度》一书中，Kanungo 和 Mendonca（1996）写道："我们的论点是，组织领导者只有在受到关心他人的激励时才真正有效，而他们的行动总是主要以对他人有利的标准为指导，即使这会给自己带来一些损失。"（第 35 页）。当人们谈到利他主义时，通常会将利他主义与自私或以他人为代价而使自己受益的行为进行对比（Ozinga，1999）。利他主义是一个非常高的个人标准，因此，很多原因证明它是有问题的。自私和利他主义都是指极端类型的动机和行为。Locke 在与 Avolio 的对话中展示了利他主义极端的一面（Avolio 和 Locke，2002）。Locke 认为，如果利他主义是关于自我牺牲的话，那么真正的利他主义领导者会选择他们不喜欢或不重视的工作，不期望从工作或成就中得到回报或快乐，并把自己完全奉献给他人。Locke 接着问："在这种情况下，谁愿意当领袖呢？"（Avolio 和 Locke，2002，第 169~171 页）。有人可能还会问："我们会想要这样一个人当领导者吗？"虽然我不同意 Locke 的观点，即领导者应该根据自身利益行事，但他确实阐述了将利他主义作为领导者道德行为标准所存在的实际问题。Avolio 反对 Locke 的论点，他举了一个同样极端的例子。他以曾在西点军校工作的经历为例，西点军校的核心道德原则是愿意为集体利益作出最大牺牲。Avolio 还以特蕾莎修女为例。在这些情况下，自我牺牲可能较少涉及一般领导者的道德规范，更多地涉及军事领导者和传教士的工作。Locke 和 Avolio 的辩论将利他主义的极端情况与英雄主义对立起来。在这里，就像在有关利己主义和利他主义的大量哲学文献中一样，争论周而复始，没有让我们在这个问题上走得更远。伦理是关于个人与他人的关系，所以在某种意义上，双方都对也都错。

利他主义是行动的动机，但它本身并不是一个规范性原则（Nagel，1970）。要求领导者无私地行动不仅是一个苛刻的要求，也不能保证领导者及其行为合乎道德。例如，从富人那里偷东西给穷人，或者实施罗宾汉主义，在道德上是有问题的（Ciulla，

2003a）。一个恐怖主义领导者成为自杀式炸弹袭击者可能有纯粹的利他主义意图，但他执行任务的方式——杀害无辜的人——被认为是不道德的，即使他的目的是正义的。就像反对自杀一样，有人可能会说，因为自杀会对所爱的人产生影响，所以一个人以任何理由牺牲自己的生命都是不道德的。像 Martin Luther King Jr. 和 Mahatma Gandhi 这样的伟大领袖表现得大公无私，但使他们的领导力合乎道德的是他们用来达到目的的手段和事业是道德的。我们特别尊重那些为事业献身的领袖，但是 King 和 Gandhi 的道德超越了他们的动机。实现社会正义的目标，同时授权和约束追随者使用非暴力抵抗是道德上优秀的领导力。

人们还把利他主义描述为一种评估行动或行为的方式，而不考虑施动者的意图。例如，Worchel、Cooper 和 Goethals（1988）将利他主义定义为"帮助他人"的行为（第 394 页）。如果利他主义仅仅是帮助别人，那么它就是一个更容易管理的标准，但是仅仅帮助别人不一定是道德的。这取决于你如何帮助他们，你帮助他们做什么。的确，人们经常互相帮助而不作出巨大的牺牲。如果利他主义只不过是帮助别人，那么我们通过消除自我牺牲的要求，从根本上重新定义了这个概念。Mendonca（2001）进一步修正了利他主义，他称之为"相互利他主义"。相互利他主义可以归结为功利主义和开明的利己主义。如果我们遵循这一思路，还应该在这类利他主义中加入其他道德原则，如黄金法则。

有趣的是，孔子明确地将利他主义理为黄金法则。子贡问曰："有一言而可终身行之者乎？"子曰："其恕乎！己所不欲，勿施于人。"（Confucius，1963，第 44 页）因为黄金法则呈现了如何将个人利益转化为对他人利益的关心，所以在大多数文化中突然成为一种基本的道德原则。换句话说，它提供了利他主义和利己主义（他人和自我）之间的桥梁，并允许开明的利己主义。这强调了利他主义不是领导者道德行为标准的另一个原因。在我们开始修改利他主义的那一刻，它不仅失去了最初的含义，而且听起来开始像其他各种各样的道德术语，这让人非常困惑。

📖 为什么成为领导者不能仅凭个人兴趣

柏拉图认为，领导力需要一个人牺牲个人当前的自我利益，但这并不等于利他主义。柏拉图（1992）在《理想国》（第 347 页）第二卷中写道：

在一个好人城邦里，如果它出现了，市民们会为了不统治而战斗……很明显，任何真正的统治者本质上都不是追求自己的利益，而是追求市民的利益。每个人都知道这一点，宁愿坐享其成，也不愿费尽心思使他人受益。

柏拉图并没有要求利他主义动机，他指的是做一个道德高尚的领导者所面临的压力、艰苦工作和常常吃力不讨好的任务。柏拉图暗示，如果你是一个正直的人，领导力会让你和你的生活付出代价。一个正直的人担任领导职务的唯一原因是害怕受到惩罚。他进一步说："现在最大的惩罚是，如果一个人不愿意当领导，就会受到一个比他更坏之人的统治。我认为正是对这一点的恐惧，使得正派的人在当领导时能够统治。"（Plato，1992，第 347 页）柏拉图的评论阐明了为什么我们有时对那些不愿意承担领导职务的人比对那些渴望领导职务的人感觉更舒服。今天，就像过去一样，我们担心那些过于渴望领导职务的人想要自己的权力和地位，或者他们没有完全理解领导者的巨大责任。柏拉图还告诉我们，领导力并不是为了正义之人的眼前利益，而是为了长远的利益。他认为，公正最符合我们的利益，因为公正的人比不公正的人更幸福、生活得更好（Plato，1992，第 353 页）。

当我们赞赏自我牺牲时，道德有时会要求领导者做违背自身利益的事情。这与其说是利他主义，不如说是道德和领导力的本质。我们希望领导者把追随者的利益放在首位，但大多数领导者不会为此付出代价，在大多数情况下也不会要求他们根据追随者的利益来计算自己的利益。领导的实践是指导和照顾群体、组织、国家或人类伟大事业的目标、使命和愿望。当领导者这样做时，他们是在做自己的工作；如果不这样做，他们就没有做好自己的工作。大量的研究表明，不愿意把他人的利益放在首位的、自私的人往往不能成为成功的领导者（Avolio 和 Locke，2002，第 186~188 页）。

关心他人的利益不仅关系到领导者的道德品质，也关系到他们作为领导者的职责。在领导力有效性的概念中隐含着这样一个概念：领导者在做自己的工作。当一位市长不关心城市利益时，这不仅是无效的，也是不道德的，因为他/她没有遵守宣誓就任市长时所作的承诺。当他/她关心城市利益时，不是因为他/她是利他的，而是因为他/她在做自己的工作。这样，利他主义就成为我们描述领导者行为的方式。虽然利他主义并不是描述领导力伦理的最佳概念，但学者们对利他主义的兴趣反映了一种渴望，这种渴望或隐或显地反映了优秀领导力的伦理和有效性。

📖 转换型领导力

在领导力文献中，转换型领导力几乎成为道德型领导力的同义词。转换型领导力经常与交易型领导力形成对比。这两种理论与利他主义或利己主义二分法有相似之处。Burns（1978）的转换型领导力理论很有说服力，它建立在一套关于领导者和追随者关系的道德假设之上。Burns 的理论显然是关于道德优秀领导力本质的一种规范性理论。借鉴 Abraham Maslow 的需求理论，Milton Rokeach 的价值发展研究，以及 Lawrence Kohlberg、Jean Piaget、Erik Erickson 和 Alfred Adler 的道德发展研究，Burns 认为，领导者必须在比追随者更高的需求和价值层面上运作，这需要他们超越自我利益。领导者的作用是利用人们价值体系内的紧张和冲突，进而提高人们的意识（Burns，1978）。

在 Burns 看来，转换型领导者有很强的价值观念。他们不会因为共识而降低自己的价值观念和道德理想；相反，他们通过使用冲突加入追随者，并帮助他们重新评估自己的价值和需求，进而提升追随者的水准。这就是 Burns 的伦理观念与 Rost 不同的地方，Rost 是参与式领导力的倡导者。Burns 写道："尽管 Rost 对价值、伦理和道德在领导力转变中的作用有着强烈而深刻的关注，但他却低估了这些变量的至关重要性。"Burns 接着说，"Rost 倾向于，或至少被共识的程序和目标所诱惑，我相信这些程序和目标会侵蚀这种领导力"（Burns，1991，第 12 页）。

传记作者和历史学家的工作经历驱动着 Burns（1978）在思考领导力理论的道德问题时产生了转变。当一位传记作者或历史学家研究一位领导者时，他们会遇到一个关键问题：如何判断或避免判断他们的研究对象。在整本书中，Burns 列举了许多事件作为例证，在这些事件中，一些人采用了有问题的手段来达到高尚目的，如撒谎和欺骗，或者政治家的私生活不道德。如果你分析 Burns 书中大量的历史案例，会发现两个紧迫的道德问题塑造了他的领导力理论：①手段和目的的道德性（这也包括权力的道德使用）。②领导者的公德与私德之间的矛盾。Burns 的转换型领导力理论尝试通过解释这两个问题来描述什么是优秀的领导力。

Burns 对转换型领导力和交易型领导力的区分，以及对模拟价值和最终价值的区分，为我们提供了一种方式来思考什么是优秀领导者：思考领导者和追随者之间的关系，思考领导者行动的手段和目的。交易型领导力依赖于在领导力的手段或过程中发现价值，Burns 称之为模拟价值，包括责任、公平、诚实和信守承诺。交易型领导力通过提供较低层次的需求来帮助领导者和追随者实现他们自己的目标，这样就可以提升到更高层次的需求。转换型领导力涉及最终价值，如自由、公正和平等。转换型领导者通过道德和需求的不同阶段来提升追随者，并将追随者转化为领导者。

作为一名历史学家，Burns 非常关心行动的结果和领导者发起的变革。以 Burns（1978）对希特勒问题的两个回答为例。在书中的第一部分，他简单地陈述："希特勒，一旦获得了权力并粉碎了所有的反对，他就不再是一个领导者——他是一个暴君。"这里暴君的概念类似于 Kort（2008）的观点。在书的后面，Burns 提出了三个标准来判断希特勒在"历史门槛"前的表现。他说，希特勒可能会说，他是一个转换型领导者，他代表了德国人民的真正价值，并把人民提升到更高的命运上。首先，希特勒将受到模拟价值的考验，如荣誉和正直，或者他在多大程度上促进或阻碍了人类良好行为的标准。其次，人们将以平等和正义的终极价值来评判他。最后，人们将根据希特勒对人民带来的影响来评判他（Burns，1978）。根据 Burns 的说法，希特勒无法通过所有这三项测试。根据希特勒所使用的手段、所寻求的目的，以及他在领导过程中作为一个道德代理人对追随者所产生的影响，Burns 认为希特勒不是一个真正的领袖，更不是一个转换型领袖。

Burns 将领导力视为一个由一系列价值来评判的过程，因此很难将其归类为是一种伦理理论。Burns 理论中最吸引人的部分是，领导者会提升他 / 她的追随者，并使追随者成为领导者。在书的最后部分，Burns 再次强调了上述论点，讲述了 Lyndon Johnson 总统为何在 1968 年没有再参加竞选："也许他不理解他所领导的人民——结果也影响了他的个人领导力——已经创建了自己新的领导力，这种领导力超越了 Johnson 个人领导力。"Johnson 帮助过的所有人，病人、黑人和穷人，现在都有了自己的领导力。Burns 指出："领导力产生了领导力，却几乎没有意识到它的衍生品……追随者变成了领导者。"

因为价值一词包含了很多不同的层面——经济价值、组织价值、个人价值和道德价值，所以 Burns 和其他学者使用"价值"这个词来讨论道德是有问题的。因为大多数人都认同这样一种观点，即"我有我的价值，你有你的"，所以价值不一定像责任和效用等道德概念那样将人们联系在一起。有了价值并不意味着一个人就会按价值行事。Rokeach（1973）对价值的"应然"特征进行了一次非常尴尬的讨论。"一个人在现象学上体验到'客观性'，这是社会客观上所需要的，就像他认为一个不完整的圆圈客观上需要封闭一样。"尽管 Burns 对领导力的道德论述颇具煽动性，但是如果他能运用道德哲学中更丰富、更有活力的概念，他的论述就会更有力、更清晰。① 这不是哲学上的势利，而是对概念清晰和完整性进行辩护。美德、责任、权利和至善等概念的含义已经被研究了几百年，并为剖析领导力的道德动力和领导者与追随者之间的关系提供了有用的工具。

📖 变革型领导力

Burns（1978）的理论启发了许多关于变革型领导力的研究。例如，Bass（1985）早期关于变革型领导的研究主要关注领导者对追随者的影响。与 Burns 形成鲜明对比的是，Bass 的变革型领导者并不需要迎合追随者在更高层次上的需求和价值。他更关注变革型领导者与追随者之间的心理关系。Bass 原本认为可以同时存在善与恶的变革型领导者，所以他愿意称希特勒为变革型领导者。后来 Bass 作出了令人钦佩的努力，提供了一个更丰富的道德解释。Bass 和 Steidlmeier（1999）认为，只有道德上优秀的领导者才是真正的变革型领导者；其余的，像希特勒一样，都是假的。Bass 和 Steidlmeier 将"伪变革型领导者"描述为以追随者的成就为代价来寻求权力和地位的人。他们道德缺陷的根源在于自私，为了追求自己的利益不惜牺牲追随者。尽管 Bass 和 Steidlmeier 仍然将利他主义作为一种道德概念，但他们也从其他伦理概念，如美德和对最大利益的承诺，来分辨真正的变革型领导者。

Bass（1985）认为魅力型领导力是变革型领导力的必要组成部分。因为魅力型领导力对追随者具有强大的情感和道德影响，所以对魅力型领导力的研究引起了一个广泛的伦理问题（House、Spangler 和 Woycke，1991）。魅力型领导力可以是最好的领导力，也可以是最坏的领导力，这取决于你是看到了 Gandhi 还是 Charles Manson（Lindholm，1990）。Bass 和 Steidlmeier（1999）最近的研究，与 Howell 和 Avolio（1992）关于魅力型领导力的研究一致。Howell 和 Avolio 研究了魅力型领导者，并得出结论：不道德的魅力型领导者是追求个人目标的操纵者。他们认为，只有根据社会化而非个人化权力基础采取行动的领导者才具有变革性。

---

① 关于这一点，我与 Burns 争论了 20 多年，两个人也从未改变过立场。

📖 对变革型领导力和魅力型领导力的批判

大量的实证研究证明了变革型领导者的有效性。学者们在描述这些发现并阐释缘由时几乎都很狂热。这些发现表明，道德和有效性相辅相成。Shamir、House 和 Arthur（1993）指出：魅力型领导者……通过强调努力和重要价值之间的关系来增加追随者的自我价值。整体的自我价值感会增加整体的自我效能感；正确的道德观念是力量和信心的源泉。完全相信自己的信念在道德上是正确的，会给人力量和信心去采取相应的行动。

这项研究的问题在于，它提出了许多甚至更多的道德问题。重要的价值观是什么？价值观本身是否合乎道德？道德正确性是什么意思？追随者认为道德正确的，是真的道德正确的吗？

批评者质疑变革型领导力这一概念本身的伦理问题。Keeley（1998）认为变革型领导力是好的，只要假设每个人最终都会接受领导者的价值和目标。借助 Madison 对《联邦党人文集》第 10 期中对派系的关注，Keeley 想知道，"那些更喜欢自己的目标和愿景的人可能处于什么地位？"如果追随者确信领导者的道德信念是错误的，该怎么办？ Keeley 注意到，领导力和管理学文献对"不墨守成规者"并不友善。虽然 Burns 的理论容忍冲突，但是冲突只是达成价值一致过程的一部分而已。要求每个人都认同所有的价值是领导者的职业道德吗？

Price（2000）用 Burns（1978）、Bass 和 Steidlmeier（1999）提出的变革型领导力道德观，讨论了另一个问题。他们所描述的领导者容易犯各种各样的道德错误，即使他们是真实的、利他的，并致力于共同的价值。事实上，领导者拥有这些特质并不一定会产生道德行为或好的道德决定。Price 进一步指出，判断领导者和追随者的标准应该是他们是否遵守道德，而不是他们是否遵守组织或社会的价值。"当普遍适用的道德要求提出合理需求时，领导者必须愿意牺牲个人价值。"（Price，2003，第 80 页）有时候，在一个组织中，像一些理论家所描述的那样，成为一个有魅力的变革型领导者，并不意味着在与适用于更大环境的道德概念相比较时是道德的。

Solomon（1998）重点关注了领导力研究中的魅力。他说，魅力是一些罕见领导者的代名词。作为一个概念，它没有伦理价值，也没有太多的解释价值。魅力不是一种个性或性格的独特品质。根据 Solomon 的说法，它也不是领导力的重要组成部分。例如，Solomon 说："魅力不是一种单一品质，也不是一种单一情感或一系列情感。它是一种概括方式，指出并空洞地解释一种情感关系，这种关系很容易被描述为迷恋。"Solomon 接着说，对信任的研究比对魅力的研究更能深入研究领导者和追随者之间的关系。Solomon 特别讨论了探索人们如何信任他人情感过程的重要性（1998）。

📖 将领导者赶下神坛

Keeley（1998）、Price（2000）和 Solomon（1998）对变革型和魅力型领导力理论

的批评引起了两个更大的问题。首先，当学者们只研究特殊类型的领导者时，可能会漏掉一些问题。其次，这种限制范围的研究方法可能会忽略下列事实：即使是杰出的领导者也会犯错。道德对每个人来说都是一场斗争，对领导者来说尤其危险。Kant（1785、1983）指出：

> 就像一根人造弯木，不可能制造出任何直的东西……人是一种动物，因为人肯定会滥用与他人平等的自由，所以当他生活在群体中时，就一定需要主人。人需要主人，来打破个人意志，迫使个人服从普遍有效的意志，即每个人都可以自由……人在人类中找到主人，但即使人只是一个需要主人的动物。

Kant（1785、1983）的"主人"是道德。任何个人或领导者都没有道德的钥匙，因此，每个人都有责任界定和执行道德。我们需要了解那些承担领导力职责的但不完美的人所面临的道德挑战，这样才能在道德上培养出更好的领导者、追随者、机构和组织。问题不只是有道德、有效率的领导者要做什么，而是领导者必须面对什么，在一些情况下，必须克服什么，才能有道德、有效率。在这些问题中，有的本质上涉及心理，有的涉及道德推理。

与很多研究领导力的学者一样，柏拉图构建了他的理想领导者理论，即贤明贤德的哲人亡。在亲身体验之后，柏拉图意识到哲学家领导力模式的缺点。三次前往锡拉丘兹的灾难性之旅，促使柏拉图更好地理解领导力。柏拉图应暴君狄奥尼修斯一世的邀请，第一次去了锡拉丘兹，但很快就对狄奥尼修斯朝廷的颓废和奢侈生活方式感到厌恶。回到雅典后，柏拉图确定了国内外现存的政府形式是腐败且不稳定的。然后，他决定成立学院，在那里教了 40 年的书，并撰写了《理想国》。在《理想国》一书中，柏拉图认为，只有通过理性地发掘人性中的最高品质，完美的国家才能实现（尽管这听起来有点像变革型领导力，但事实并非如此）。柏拉图坚信，通过教育可以培养哲人亡。因此，我们可以把柏拉图学院看作是一所领导力学院。

在第一次拜访锡拉丘兹大约 24 年后，狄奥尼修斯的姐夫狄翁邀请柏拉图再去锡拉丘兹。此时，狄奥尼修斯已经死了。狄翁读过《理想国》，他想让柏拉图测验并教导狄奥尼修斯很有前途的儿子狄奥尼修斯二世有关领导力的理论。虽然柏拉图存有严肃的保留意见，但是这是一个他无法拒绝的提议。柏拉图还是去了锡拉丘兹，这次旅行是一场灾难。柏拉图的朋友狄翁因为宫廷阴谋而被流放。几年后，柏拉图第三次回到锡拉丘兹，但这次访问并不比前两次好多少。在《第七书信》中，柏拉图（1971a）说，这些访问改变了他的领导力观点：

> 年岁越大，就越难正确地管理政府。首先，任何一件事，如果没有朋友和忠诚伙伴，都做不成，而且这样的人很难在身边找到……这样的人也不可能用任何手段重新创造而来……结果是，当我凝视着公共生活的旋涡，看到不断变化的潮流，起初对公共事业充满了渴望，但最后却感到头晕目眩（第 1575 页）。

柏拉图似乎对自己的信念失去了信心，即领导者可以是完善的。他意识到，领导者和他们的追随者有着同样的人性弱点，但他也看到了信任在领导力中有多么重要。在《理想国》一书中，柏拉图将领导者塑造成牧羊人。但在后来的著作《政治家》中，柏拉图指出，领导者根本不像牧羊人。牧羊人显然与羊群有很大的不同，而人类的领导者与追随者也没有太大的差别（Plato，1971b）。柏拉图指出，人不是羊，有些人很合作，有些人很固执。柏拉图修正了领导力观点，认为领导者就像织布工。他们的主要任务是将不同类型的人——温顺的和自我管理的、勇敢的和冲动的——编织到社会结构中（Plato，1971b）。

柏拉图的领导力思想从一种深刻的信念，即有些人有可能成为睿智仁慈的哲人亡，发展到一种更为谦虚的信念，即领导力的真正挑战是成功地与不总是喜欢对方、不总是喜欢领导者，也不一定想住在一起的人合作。这些是当今世界各国领导者面临着的一些关键挑战。领导力更像是一群猫的牧羊人，或是推着装满青蛙的手推车（O'Toole，1995）。

《理想国》中的哲人亡形象是一种理想主义，而在早期著作《理想国》和《政治家》中，柏拉图阐述了领导力的一些基本伦理问题，即道德缺陷和权力。在《政治家》的末尾部分，柏拉图争辩说，我们不能总是依赖领导者的善良，这就是需要法治的原因（Plato，1971b）。好的法律、规则和条例保护我们免受不道德领导者的侵犯，并有助于领导者维持道德（类似于 James Madison 对领导者的审视）。

与很多前人一样，柏拉图认识到，对担任领导角色的人来说，最大的道德挑战来自权力的诱惑。在《理想国》第二卷中，他提供了一个有关权力和责任的、发人深省的实验。对话中的主角 Glaucon 认为人们正义的唯一原因是因为他们缺少获得公正的权力。他讲述了"裘格斯之戒"的故事（Plato，1992）。来自莉迪亚的年轻牧羊人发现了一枚戒指，当他转动手指上的戒指时，他就隐形了。然后，牧羊人用戒指引诱了国王的妻子攻击国王，并接管了王国。柏拉图要求我们思考，如果我们有权力却没有责任，会做什么。我们对领导者的主要担忧之一是，因为领导者仅对少数人负责，所以他们会滥用权力。在这方面，"裘格斯之戒"是一个关于透明度的故事。领导者必须要做一件事情的权力，也包含了隐藏所做事情的权力。

权力带来作恶的诱惑和行善的义务。哲学家们经常引用康德（1785、1993，第32页）的观点"应该意味着能够"，意思是当你能够有效地行动时，你就有了道德义务去行动。这意味着你越有力量、资源和能力去行善，你就越有道德义务去行善。先前所讨论的助人与利他的概念，就是从权力与义务的概念中衍生而来。这是一种道义上的义务，当你能够提供帮助时，你就去帮助别人。

📖 拔示巴综合征

人们最害怕领导者有道德上的弱点，那就是个人不道德和权力的滥用。通常，最成功的领导者承受着最严重的道德失败。Ludwig 和 Longenecker（1993）根据《圣经》中大卫王（King Daivd）和拔示巴（Bathsheba）的故事，将成功领导者的道德失败称为"拔示巴综合症"。在《圣经》中，大卫王被描绘为一个成功的领袖。在大卫和歌利亚的故事中，我们看到的是一个年轻的牧羊人。这个故事提供了一个有趣的领导力课程案例。在书中，因为"有一颗善良的心"，所以上帝选择了小牧羊人大卫，而不是他的兄弟，一个强壮的士兵。然后，作为上帝精心挑选的领袖，大卫继续成为了一个伟大的领袖，直到我们读到大卫和拔示巴的故事（Samuel，第 11~12 页）。

故事开始于一个晚上，大卫在宫殿中散步。他从宫殿屋顶上的有利位置看到正在沐浴的美人拔示巴。他让仆人将拔示巴带来。大卫与拔示巴同床共枕之后，拔示巴怀孕了。拔示巴的丈夫乌利亚（Uriah）是大卫手下最好的将军之一。为了掩盖这一不道德行为，大卫将乌利亚召回。当乌利亚回来后，大卫试图把他灌醉，这样就可以和拔示巴发生关系。因为乌利亚的手下在前线，而自己却在享乐，这不公平，所以乌利亚拒绝了大卫（这是一个关于领导者对追随者的道德义务的精彩补充）。然后，为了掩盖事实，大卫命令乌利亚到前线去，结果乌利亚战死。最后，先知 Nathan 告发了大卫，上帝惩罚了大卫。

拔示巴的故事在历史上一再重演。从水门事件到克林顿和莱温斯基事件，再到安然事件，各种丑闻都遵循着这个故事的一般模式（Winter，2002，对克林顿事件进行了有趣的心理描述）。首先，我们看到当成功的领导者忽略了其本职工作时会发生什么。大卫应该把精力放在打仗上，而不是看拔示巴洗澡。无论从字面上还是象征意义上，他都看错了地方。这就是为什么我们会担心那些玩弄女性的男性领导者会在工作中分心。其次，因为权力带来特权，领导者有更多的机会放纵自己，因此，需要更多的意志力来抵制放纵。显然，大卫可以毫不费力地让仆人将拔示巴带来。最后，成功的领导者有时会对自己控制结果的能力产生一种夸大信念。大卫不断地掩盖自己的行为。

最令人震惊的是，领导者犯错之后选择掩盖，而实际上掩盖事实往往比犯罪更糟糕。在大卫的案例中，通奸并不像谋杀那么糟糕。而且，正是在掩盖的过程中，领导者最容易滥用作为领导者的权力。以克林顿为例，大多数美国人认为他对公众撒谎远比通奸更不道德。最后，领导者们需要清楚，他们的权力不是裴格斯戒指，它不会永远隐藏领导者的行动。像大卫王案中的 Nathan 和安然事件中的 Sherron Watkins 这样的吹哨人，会提醒他们的领导者，并要求他们遵守和其他人一样的道德标准。当这种情况发生时，在《圣经》故事和其他任何地方，地狱会为领导者而开。领导者道德失误的影响对其人民会造成严重的伤害。

作为一个领导力案例研究，大卫和拔示巴的故事是关于当人们拥有领导地位时的骄傲和道德脆弱。这也是一个关于成功的警世故事，以及人们为了不失去成功而付出的努力。关于"拔示巴综合征"，最有趣的是，因为人们在成功之后才会受到它的影响，所以很难预测哪些领导者会成为它的牺牲品。一个人永远不知道即使是最善良的人在不同的环境和情况下会如何反应（Doris，2005）。如果我们要更好地理解道德和领导力，需要研究领导者如何抵制权力带来的道德诱惑。

📖 自律与美德

权力的道德挑战和领导者工作的性质解释了为什么自我认知和自我控制是几个世纪以来领导力发展中最重要的因素。古代的哲学家，如老子、孔子、Plato 和 Aristotle，都在他们的学说中强调良好的习惯、自我认识和自我控制。东方哲学家，如老子和孔子，不仅谈论美德，而且谈论自律和自我控制的挑战。老子告诫人们不要以自我为中心，他说："企者不立。"（Lao Tzu, 1963, 第 152 页）他还告诉我们："太上，下知有之。"（Lao Tzu, 1963, 第 148 页）孔子（1963）强调责任和自我控制的重要性。他说："一日克己复礼，天下归仁焉。为人由己，而由人乎哉。"（第 38 页）孔子将领导者的自我控制和有效性联系起来："其身正，不令不行；其身不正，虽令不从。"（第 38 页）

美德是道德哲学的基本组成部分，为领导力的发展提供了一种有用的思考方式。美德的重要之处在于它们的动力（如它们如何与其他美德和恶习相互作用），以及它们对自我认识和自我控制的贡献。美德的属性不同于其他道德概念（如价值）的属性，美德是一种只有在实践中才能拥有的品质。价值是对人很重要的东西。有些价值是主观偏好，如偏好巧克力而不是香草冰淇淋，而另一些是道德价值，如诚实。我可能重视诚实，但不一定总是说实话。不讲真话，就不可能拥有诚实的美德。正如亚里士多德所提到的，美德是我们从社会和领导者身上学习的好习惯。Aristotle 写了很多关于领导者作为道德楷模的文章，他的很多观点都是变革型领导力研究的补充。亚里士多德指出，"立法者通过在公民中形成习惯而使公民变得更好"（Aristotle, 1984）。虽然美德是那些践行美德的人与生俱来的，但它们并不是盲目的习惯。人们必须充分意识到他们所做的事情在道德上是正确的。

或许最引人注目的希腊语种的美德（areté）概念，也可以翻译成"卓越"。一个人的道德与职业能力密切关联。Plato 和 Aristotle 经常使用医生、音乐家、教练、统治者等来讨论道德和技术（或专业）优秀之间的关系。Aristotle（1984）写道：

卓越，是指让优秀的事物更加优秀，工作更加完美……因此，如果在任何情况下都是如此，那么，人的卓越也将是一种使人善良并将工作做好的状态（第 1747 页）。

卓越与职责息息相关。刀的职责是切割，一把好刀可以更好地切割。根据 Aristotle 的观点，人类的职责是理性辩论。因为理性告诉人们如何实践以及何时实践美德，所以要成为道德高尚的人必须善于理性辩论。如果你善于理性辩论，你就会知道如何实践道德和职业美德。换句话说，理性是实践道德美德以及与人在生活中各种职业相关美德的关键。因此，道德高尚的领导者也会是一个称职的领导者，因为他们会以正确的方式在工作中做需要做的事情。美德伦理并不区分领导者的道德和领导力的道德。一个无能的领导者，就像瑞士慈善机构的负责人试图解救被奴役的儿童那样，尽管出发点是好的，但是依然缺乏美德。

📖 结论

越多地探索道德和有效性如何不可避免地交织在一起，就会越好地理解优秀领导力的本质。伦理哲学研究提供了一个批判性视角，我们可以从这个视角出发，审视领导力和领导力理论背后的假设。它提供了另一个层次的分析，这种分析应该被纳入日益增多的实证研究之中。研究者必须从不同的维度来审视领导力伦理：

（1）作为个体的领导者伦理，包括自我认识、自律、意图等。

（2）领导者与跟随者之间的关系伦理（即如何对待彼此）。

（3）领导力过程中的伦理（即尊重追随者、指挥和控制、参与性）。

（4）领导者（不）做事的伦理。

这些维度为我们提供了一幅领导者做什么以及如何做的道德图景。但是，即使对这些维度进行相关分析之后，图景仍然不完整。接下来，我们必须采取更多的行动，在更大的背景和时间框架中，分析所有这些相关维度。例如，组织领导力的伦理必须在社区情境中进行审查。有效领导力，与既有道德又有效率的领导力之间最显著的区别之一往往是决策的时间框架。伦理是关于行为和行动的短期影响与长期影响。在短期内领导者可能是有效的，但从长期来看是不道德的，最终也是无效的。例如，我们看到仅仅根据公司季度利润来定义优秀商业领导力存在的问题。关于有效性的长期观点，如可持续性，往往属于规范性范畴。

更丰富地理解领导者和领导力特有的道德挑战，对领导力发展尤为重要。虽然对道德领导力的案例研究鼓舞人心，对邪恶领导力的案例研究颇具警告性，但是我们需要从实际角度理解为什么在道德上很难成为好的领导者和好的追随者。领导者不必是渴望权力的精神病患者那样才会做不道德的事情，也不必是无私的圣徒那样才会做有道德的事情。大多数领导者既不是魅力型领导者，也不是变革型领导者。他们是商业、政府、非营利组织和社区中的普通男性和女性，他们有时会犯意志、情感、道德和认知上的错误。我们需要在普通领导者和普通追随者身上进行更多的研究，以及他们如何可以互相帮助，在道德上作出更好的决定。

亚里士多德（1984）曾说，幸福是我们人生追求的目标。亚里士多德用来形容幸福的希腊语是 *eudaimonea*。它意味着幸福，不是快乐或满足，而是繁荣。这种幸福生活是指作为人类在物质发展、个人发展和道德发展上可以繁荣蓬勃地生活。*Eudaimonea* 的概念为我们提供了两个概括性问题，可以在整体上评估领导力的道德和有效性。第一，一个领导者或一种特殊的领导力是否有助于和／或让人类在整个生命中都繁荣发展？第二，一个领导者或一种特殊的领导力是否会干扰其他群体或其他生物的繁荣发展？领导者不必总是为了使人们蓬勃发展而改变他们。领导者更大的责任是创造社会和物质条件，在这种条件下，人们可以繁荣昌盛（Ciulla，2000）。改变是领导力的一部分，可持续性也是。伦理领导力是指领导者有能力在不断变化的组织、社会和全球环境中维持基本的道德观念，如公正、诚实、关怀和尊重。此外，还需要有能力、有知识、有意志的人，以正确的方式、正确的理由，来决定和做正确的事情。人文学科提供了一个洞察对错本质的源泉。

最后，领导力学者才刚刚开始触及其他学科的表面。历史、哲学、人类学、文学和宗教都有望扩大我们对领导者和领导力的理解。古代哲学家，如柏拉图、亚里士多德、老子和孔子，不仅告诉我们有关领导力的知识，还赋予我们关于领导力的想象。经典之所以成为经典，是因为它所传达的信息承载了主题和价值，对于那些来自不同文化和不同历史时期的人们来说具有意义。它们提供了关于我们是谁、我们应该是什么样子，以及我们应该如何生活的扎实观点。这些观点为我们提供了目前领导力实证研究的视角，并有助于产生新的研究思路。想要真正地理解领导力的道德和有效性，需要将耳朵打开，聆听历史，仔细聆听人类的希望、欲望和愿望，还有愚蠢、失望，以及领导者和追随者的成就。正如孔子（1963）所说："温故而知新，可以为师矣。"（第 23 页）

讨论题

1. 你更愿意为谁工作，一个有效率但道德有问题的领导者，还是有道德但无效的领导者？如何衡量每种类型领导者的优劣势？

2. 为什么成功有可能让领导者腐败？来自成功的腐败与来自权力的腐败有何不同？

3. 思考领导者有效性受道德规范干扰的案例。然后思考领导者的道德规范如何影响他们的工作效率。领导者应该总是将道德置于效率之上吗？

4. 如果纳入规范性因素，你将如何重新定义有效领导力？

5. 为什么让领导者觉得自己有双"脏手"很重要？

推荐阅读

Ciulla, J. B.（1999）. The importance of leadership in shaping business values. *Long Range Planning*, *32*, 166–172.

Heifetz, R. A., & Laurie, D. L.（1997）. The work of leadership. *Harvard Business Review*, *75*, 124–134.

Lipman-Blumen, J.（2006）. *The allure of toxic leaders：Why we follow destructive bosses and corrupt politicians and how we can survive them*. New York, NY：Oxford University Press.

案例研究

案例：Le Guin, U.（1975/2004）. The ones who walk away from Omelas. *In*

The wind's twelve quarters（pp. 275-284）. New York, NY: Harper Perennial. http：//harelbarzilai.org/words/omelas.txt.

案例：Orwell, G.（1936）. Shooting an elephant. http：//www.physics.ohio-state.edu/~wilkins/writing/Resources/essays/elephant.html.

案例：Rose, C., & Fisher, N.（2013）. Following Lance Armstrong: Excellence corrupted. Harvard Business School Case 314015.

推荐视频

O'Neill, O（2014）: What we don't understand about trust, https：//www.ted.com/talks/onora_o_neill_what_we_don_t_understand_about_trust.

参考文献

扫一扫，下载
本章参考文献

Aristotle.（1984）. *Nichomachean ethics*（W. D. Ross, Trans.）. In J. Barnes（Ed.）, *The complete works of Aristotle:The revised Oxford translation*（Vol. 2, pp. 1729-1867）. Princeton, NJ: Princeton University Press.

Avolio, B. J., & Locke, E. E.（2002）. Contrasting different philosophies of leader motivation: Altruism verses egoistic. *The Leadership Quarterly, 13*, 169-191.

Bass, B. M.（1985）. *Leadership and performance beyond expectations*. New York, NY: Free Press.

Bass, B. M.（1997）. Does the transactional-transformational leadership paradigm transcend organizational and national boundaries? *American Psychologist, 52*, 130-139.

Bass, B. M., & Steidlmeier, P.（1999）. Ethics, character, and authentic transformational leader behavior. *The Leadership Quarterly, 10*, 181-217.

Bennis, W.（2002）. Towards a "truly" scientific management: The concept of organizational health. *Reflections, 4*, 4-13.

Bennis, W., & Nanus, B.（1985）. *Leaders: Strategies for taking charge*. New York, NY: HarperCollins.

Boaks, J.（2015）. Must leadership be undemocratic? In J. Boaks & M. P. Levine（Eds.）, *Leadership and ethics*（pp. 97-127）. London, UK: Bloomsbury.

Bogardus, E. S.（1934）. *Leaders and leadership*. New York, NY: Appelton-Century.

Brown, M. E., Treviño, L. K., & Harrison, D. A.（2005）. Ethical leadership: A social learning perspective for construct development and testing. *Organizational Behavior and Human Decision Processes, 97*, 117-134.

Burns, J. M.（1978）. *Leadership*. New York, NY: Harper & Row.

Burns, J. M.（1991）. Foreword. In J. C. Rost（Ed.）, *Leadership for the twenty-first century*（pp. xi-xii）. New York, NY: Praeger.

Ciulla, J. B.（1994）. Casuistry and the case for business ethics. In T. Donaldson & R. E. Freeman（Eds.）, *Business as a humanity*（pp. 167-183）. Oxford, UK: Oxford University Press.

Ciulla, J. B.（1995）. Leadership ethics: Mapping the territory. *Business Ethics Quarterly, 5*, 5-24.

Ciulla, J. B.（2000）. *The working life: The promise and betrayal of modern work*. New York, NY: Crown Books.

Ciulla, J. B.（2003a）. The ethical challenges of nonprofit leaders. In R. E. Riggio & S. S. Orr（Eds.）, *Improving leadership in nonprofit organizations*（pp. 63-75）. San Francisco, CA: Jossey-Bass.

Ciulla, J. B.（2003b）. *The ethics of leadership*. Belmont, CA: Wadsworth.

Ciulla, J. B.（Ed.）.（2008a）. *Leadership and the humanities*. Westport, CT: Praeger.

Ciulla, J. B.（Ed.）.（2008b）. Leadership: Views from the humanities [Special issue]. *The Leadership Quarterly, 19*（4）. *Compact Oxford English dictionary*.（1991）. Oxford, UK: Clarendon.

Confucius.（1963）. Selections from the *Analects*. In W. Chan（Ed. & Trans.）, *A source book in Chinese philosophy*（pp. 18-48）. Princeton, NJ: Princeton University Press.

Doris, J.（2005）. *Lack of character: Personality and moral behavior*. Cambridge, UK: Cambridge University Press.

Drath, W. H., McCauley, C. D., Palus, C. J., Van Velsor, E., O'Connor, P. M. G., & McGuire, J. B.（2008）. Direction, alignment, commitment: Toward a more integrative ontology of leadership. *The Leadership Quarterly, 19*（6）, 635-653.

Garrett, L.（2000, March 29）. Added foe in AIDS war: Skeptics. *Newsday*, p. A6.

Gergen, D.（2002, November）. *Keynote address*. Delivered at the meeting of the International Leadership Association,

Seattle, WA.

Gibb, C. A. (1954) . Leadership. In E. B. Reuter (Ed.) , *Handbook of social psychology* (Vol. 2, pp.877–920) . Reading, MA: Addison–Wesley.

Heifetz, R. A. (1994) . *Leadership without easy answers.* Cambridge, MA: Harvard University Press.

Hollander, E. P. (1964) . *Leaders, groups, and influence.* New York, NY: Oxford University Press.

House, R. J., Spangler, W. D., & Woycke, J. (1991) . Personality and charisma in the U.S. presidency: A psychological theory of effectiveness. *Administrative Science Quarterly, 36,* 334–396.

Howell, J. M., & Avolio, B. (1992) . The ethics of charismatic leadership. *Academy of Management Executive, 6,* 43–54.

Hunt, J. G. (Ed.) . (1991) . *Leadership: A new synthesis.* Newbury Park, CA: Sage.

Hunt, J., & Dodge, G. E. (2000) . Leadership d é j à vu all over again. *The Leadership Quarterly, 11* (4) , 435–458.

Kant, I. (1983) . The idea for a universal history with a cosmopolitan intent. In T. Humphrey (Ed. & Trans.) , *Perpetual peace and other essays on politics, history, and morals* (pp. 29–40) . Indianapolis, IN: Hackett. (Original work published 1795)

Kant, I. (1993) . *Foundations of the metaphysics of morals* (J. W. Ellington, Trans.) . Indianapolis, IN: Hackett. (Original work published 1785)

Kanungo, R., & Mendonca, M. (1996) . *Ethical dimensions of leadership.* Thousand Oaks, CA: Sage.

Keeley, M. (1998) . The trouble with transformational leadership. In J. B. Ciulla (Ed.) , *Ethics, the heart of leadership* (pp. 111–144) . Westport, CT: Praeger.

Kort, E. D. (2008) . What, after all, is leadership? "Leadership" and plural action. *The Leadership Quarterly, 19,* 409–425.

Lao Tzu. (1963) . The *Lao Tzu (Tao-te ching)* . In W. Chan (Ed. & Trans.) , *A source book in Chinese philosophy* (pp. 139–176) . Princeton, NJ: Princeton University Press.

Liden, R. C., & Antonakis, J. (2009) . Considering context in psychological leadership research. *Human Relations, 62,* 1587–1605.

Lindholm, C. (1990) . *Charisma.* Cambridge, MA: Blackwell.

Ludwig, D., & Longenecker, C. (1993) . The Bathsheba syndrome: The ethical failure of successful leaders. *The Journal of Business Ethics, 12,* 265–273.

Maccoby, M. (2000) . Narcissistic leaders. *The Harvard Business Review, 78,* 69–75.

Machiavelli, N. (1988) . *The prince* (Q. Skinner & R. Price, Ed. & Trans.) . Cambridge, UK: Cambridge University Press.

McClelland, D. C. (1975) . *Power: The inner experience.* New York, NY: Halsted.

Meindl, J. R., Ehrlich, S. B., & Dukerich, J. M. (1985) . The romance of leadership. *Administrative Science Quarterly, 30* (1) , 78–102.

Mendonca, M. (2001) . Preparing for ethical leadership in organizations. *Canadian Journal of Administrative Sciences, 18,* 266–276.

Mill, J. S. (1987) . What utilitarianism is. In A. Ryan (Ed.) , *Utilitarianism and other essays* (pp. 272–338) . New York, NY: Penguin Books.

Moldoveanu, M., & Langer, E. (2002) . When "stupid" is smarter than we are: Mindlessness and the attribution of stupidity. In R. Sternberg (Ed.) , *Why smart people can be so stupid* (pp. 212–231) . New Haven, CT: Yale University Press.

Moore, B. V. (1927) . The May conference on leadership. *Personnel Journal, 6,* 124–128.

Nagel, T. (1970) . *The possibility of altruism.* Oxford, UK: Clarendon.

Nagel, T. (1979) . *Moral questions.* New York, NY: Cambridge University Press.

O'Neill, Onora (2013) . What we don't understand about trust. Retrieved from https://www.ted.com/talks/onora_o_neill_what_we_don_t_understand_about_trust.

Osborn, R. N., & Hunt, J. G. (1975) . An adaptive–reactive theory of leadership. In J. G. Hunt & L. L. Larson (Eds.) , *Leadership frontiers* (pp. 27–44) . Kent, OH: Kent State University Press.

O'Toole, J. (1995) . *Leading change: Overcoming the ideology of comfort and the tyranny of custom.* San Francisco, CA: Jossey–Bass.

Ozinga, J. R. (1999) . *Altruism.* Westport, CT: Praeger.

Pillai, R. (1996) . Crisis and the emergence of charismatic leadership in groups: An experimental investigation. *Journal of Applied Social Psychology, 26,* 543–562.

Plato. (1971a) . Epistle VII (L. A. Post, Trans.) . In E. Hamilton & H. Cairns (Eds.) , *The collected dialogues of Plato, including the letters* (pp. 1574–1603) . Princeton, NJ: Princeton University Press.

Plato. (1971b) . Statesman (J. B. Skemp, Trans.) . In E. Hamilton & H. Cairns (Eds.) , *The collected dialogues of Plato, including the letters* (pp. 1018–1085) . Princeton, NJ: Princeton University Press.

Plato. (1992) . *Republic* (G. M. A. Grube, Trans.) . Indianapolis, IN: Hackett.

Price, T. L. (2000) . Explaining ethical failures of leadership. *The Leadership and Organizational Development Journal, 21,* 177–184.

Price, T. L. (2003) . The ethics of authentic transformational leadership. *The Leadership Quarterly, 14,* 67–81.

Price, T. L. (2005) . *Understanding ethical failures in leadership.* New York, NY: Cambridge University Press.

Reuter, R. B. (1941) . *Handbook of sociology.* New York, NY: Dryden Press.

Rokeach, M. (1973) . *The nature of human values.* New York, NY: Free Press.

Rost, J. (1991) . *Leadership for the twenty-first century.* New York, NY: Praeger.

Ruscio, K. P.（2004）. *The leadership dilemma in modern democracy.* Northampton, MA: Edward Elgar.

Sarkesian, S. C.（1981）. A personal perspective. In J. H. Buck & L. J. Korb（Eds.）, *Military leadership*（pp. 243–247）. Beverly Hills, CA: Sage.

Schwartz, J.（2001, September 16）. Up from the ashes, one firm rebuilds. *New York Times,* sec. 3, p. 1.

Seeman, M.（1960）. *Social status and leadership.* Columbus: Ohio State University Bureau of Educational Research.

Shamir, B., House, R. J., & Arthur, M. B.（1993）. The motivational effects of charismatic leadership: A selfconcept based theory. *Organizational Science, 4,* 577–594.

Solomon, R. C.（1998）. Ethical leadership, emotions, and trust: Beyond charisma. In J. B. Ciulla（Ed.）, *Ethics, the heart of leadership*（pp. 83–102）. Westport, CT: Praeger.

Uhl-Bien, M.（2006）. Relational leadership theory: Exploring the social processes of leadership and organizing. *The Leadership Quarterly, 17,* 654–676.

Walzer, M.（1973）. Political action: The problem of dirty hands. *Philosophy and Public Affairs, 2*（2）, 160–168.

Williams, B. A. O.（1982）. *Moral luck.* Cambridge, UK: Cambridge University Press.

Winter, D. G.（2002）. The motivational dimensions of leadership: Power, achievement, and affiliation. In R. E.Riggio, S. E. Murphy, & F. J. Pirozzolo（Eds.）, *Multiple intelligences and leadership*（pp. 118–138）. Mahwah, NJ: Lawrence Erlbaum.

Wittgenstein, L.（1968）. *Philosophical investigations*（G. E. M. Anscombe, Trans.）. New York, NY: Macmillan.

Worchel, S., Cooper, J., & Goethals, G.（1988）. *Understanding social psychology.* Chicago, IL: Dorsey.

第18章
企业社会责任与领导力

Guido Palazzo

📖 开篇案例：领导者的日常

2015 年 9 月 23 日，Martin Winterkorn 博士坐在办公室里，震惊而又无助，眼睁睁地看着自己的王国在一场丑闻中轰然倒塌。是的，这场丑闻就是"柴油门"事件。

Martin Winterkorn 是一位出类拔萃的工程师，也是一位非常成功的管理者。他从著名的 Max Planck 研究所获得博士学位后进入职场，2007 年达到职业生涯的巅峰，成为大众汽车集团的 CEO。他上任后最早作出的决定之一就是将目标设定为带领大众汽车击败丰田汽车，成为全球第一大汽车生产企业。Martin Winterkorn 制定了雄心勃勃的增长战略，并且仅用 8 年时间就实现了这一宏伟目标。在他的领导下，公司销售额几乎翻番，利润增长了 3 倍。2015 年 7 月，大众汽车超过丰田汽车，登上了全球汽车销量冠军的宝座。很明显，销量的迅速增长并没有妨碍大众汽车同样宏伟的可持续发展目标：公司在同年自豪地宣布，根据极具影响力的"道琼斯可持续发展指数"，大众汽车已成为全球最具可持续性的汽车生产集团。这时的 Martin Winterkorn 可谓是春风得意。

但好景不长，2015 年 9 月 18 日，美国有关部门透露，他们怀疑大众汽车通过操控大众和奥迪汽车柴油发动机的软件系统，人为降低车辆氮氧化物的排放量数据，以便在美国等地的强制排放量检测中蒙混过关。大众汽车最终不得不承认，至少对 1 100 万辆汽车"动过手脚"。在交通繁忙地区，氮氧化物所形成的烟雾是引发呼吸系统疾病的罪魁祸首，而美国制定的《清洁空气法案》对此类排放物进行了严格的限制。与此同时，氮氧化物排放量也是汽车行业评估企业社会责任的一个关键指标。

根据美国环境保护署公布的有关资料，大众汽车仅在美国就需缴纳 180 亿美元的巨额罚款，此外还在世界其他地方面临着集体诉讼和刑事指控。大众汽车需要斥巨资召回问题车辆，销售业绩也会遭受损失，而且作为德国制造工艺的杰出代表，大众汽车的品牌更是颜面扫地。公司的整体企业社会责任行为现在被称为投机取巧的"漂绿"行为。金融市场立刻对这次丑闻作出反应。一周之内，"柴油门"事件就导致大众汽车近 260 亿美元的市值蒸发。拜这次丑闻所赐，10 月，汽车销量冠军的头衔被丰田汽车夺回。

2015 年 9 月 23 日，经过一番思想斗争，Martin Winterkorn 决定辞去大众汽车 CEO 的职务。在大众汽车发布的一份声明中，他称自己对这次大规模的不当行为感到震惊。他表示:"尽管对这种错误做法毫不知情,但仍要为了公司的利益选择辞职。"从那时起,公司开始想尽办法打破沉默,就这次丑闻积极发声。工程师和一线管理人员都拒绝对此事发表评论,越来越多的声音开始指责 Martin Winterkorn 制造了一种压力和恐惧的文化。

讨论题

1. 假设 Martin Winterkorn 并未直接参与操控软件的行为,我们是否仍可以认为他对这次丑闻负有责任?

2. 就企业社会责任与领导力的关系而言,这次丑闻能为我们带来哪些启示?

3. 企业领导者是否对除股东之外的公司其他人负有责任? 为什么?

📖 本章概述

企业并非与世隔绝,而是处在极其复杂的社会情境当中。人们对企业的期望已不止于狭义的经济责任层面,企业还需要承担社会责任和环境责任。商业和社会领域的学者对这些责任的界限和范围众说纷纭,就连用于描述企业社会作用的术语也是五花八门,有可持续性、企业社会责任、企业公民等。这些术语的含义大多彼此重叠,甚至完全相同。有关术语界定的问题我们姑且留给对此感兴趣的专家,我在本章中将对这一问题模糊处理,主要使用企业社会责任这个说法。我的主要观点是,企业社会责任已成为企业合法性的一个关键支柱。

企业若希望被人们视为合法主体,需要满足越来越多的、与经营活动的社会和环境副作用有关的期待。合法性可以这样定义:"它是一种一般性的感知或假设,认为在某些从社会角度构建的规范、价值、信仰和定义体系内,一个实体所采取的行动是社会所需要的、正当的或合适的。"(Suchman,1995,第 574 页)。企业如果失去合法性,就会面临关键支持者流失的风险 (Pfeffer Salancik, 1978)。例如,政府可能发布更加严格的规定,客户可能不再选购该企业的产品,非政府组织可能发起抗议活动损害公司声誉,员工可能会丧失工作积极性。

一般来说,人们认为领导力是企业道德的关键驱动力 (Ciulla, 1999; Paine, 1996; Parry 和 Proctor-Thomson, 2002; Weaver、Treviño 和 Cochran, 1999),尤其是企业社会参与的关键驱动力 (Mazutis 和 Zintel, 2015; Ramus, 2001; Treviño、Brown 和 Hartman, 2003; Waldman 和 Siegel, 2005)。然而,有关企业社会责任的讨论虽已持续几十年,但关于领导力在这方面所起的作用却一直很少有人提及 (Doh 和 Stumpf, 2005; Waldman 和 Siegel, 2005)。关于企业社会责任的讨论主要以对企业的拟人化理解为基础——就像我在本章开头所述,但忽略了现象的微观基础 (Morgeson、Aguinis、Waldman 和 Siegel, 2013)。这方面的讨论中无人提及领导力是十分令人意外的状况,毕竟,领导者对企业的发展方向有着巨大的影响。研究表明,领导者,特别是高层领导者,拥有决策权和自由裁量权 (Finkelstein 和 Hambrick, 1990;

Hambrick 和 Finkelstein，1987），企业所做的决策反映的是高层领导者的偏好及其所代表的利益（Hambrick，2007；Hambrick 和 Mason，1984）。人们对公司治理的讨论以这样一种假设为基础：确保领导者与股东利益相一致对于企业的成功至关重要（如 Rechner 和 Dalton，1991）。讨论中，人们认为组织及其文化是组织领导力的反映（Schein，1992、1996），组织如何履行各种责任取决于领导者如何看待和管理这些责任（如 Burns 和 Kedia，2006；Coles、Daniel 和 Naveen，2006；McWilliams、Siegel 和 Wright，2006）；最终决定企业社会结果的是领导者的特征（特质、行为、偏好或资源；Christensen、Mackey 和 Whetten，2014）。如果领导力对于了解企业至关重要，那么为什么有关企业社会责任的讨论直到最近才意识到领导力的重要性呢？

　　本章的目的在于解释有关企业社会责任的讨论为什么或多或少忽略了对领导力的研究，这种局面为什么在近些年开始改变，以及领导力与企业社会责任的接口为何需要上升为理论。我将论述这样一个观点：21 世纪初，我们这个社会的高速转型正在颠覆 20 世纪确立的制度秩序。作为这种颠覆的后果之一，企业和政府之间的权力平衡正在发生变化。跨国企业在遍布全球的价值链上运营，监管真空将企业与气候变化和现代奴役等许多社会和环境问题联系在一起。人们开始讨论企业的道德问题，社会期望高企。这一前所未有的历史变革重新定义了企业的社会角色，而且带来了巨大的不确定性，需要颠覆性的前瞻思维才能应对。在稳定时期，企业大部分的时间可能只需要进行"管理"就足够了；而在颠覆性变革的历史时期，原有的惯例、价值观和信念失灵，变革的方向模糊不清，领导力的重要性就凸显出来了。关于管理与领导的区别，我将这样区分它们的内涵：决策可以依靠强大的惯例来作出的情况属于管理，决策需对企业的社会影响展开想象和创新的情况属于领导。

　　过去的决策惯例受到质疑，想当然的企业责任理念也遭遇规范方面的挑战。有关社会问题和环境问题的新责任被摆到了中心位置，企业在有关道德的语言博弈中遭到攻击，而管理者若沿袭他们早已习惯的旧决策惯例，将不但难以应对，而且可能根本不明所以。我认为，能够应对这种局面的领导者必须有能力了解和管理企业的全球化运营中随处可能出现的、有关企业社会责任的挑战。要做到这一点，领导者必须学会运用当今各利益相关方在语言博弈中惯用的概念——道德价值。责任型领导者必须超越变革型领导力理论情境下的假设——领导者与追随者的价值观保持一致。取而代之的要求是，他们必须整合基于价值的三种不同视角：①价值符合，即按照自己的价值观行事。②价值一致，也就是使自己的价值观与追随者和广大利益相关者的价值观相一致。③跨国世界主义，即超越本地情境，采取普适视角。

20 世纪的企业社会责任：无需领导者

　　几十年来，主导着管理理论与实践的观念一直是股东价值最大化。1970 年，经济学家 Milton Friedman 在《纽约时报》上发表的文章，成为几代管理者的道德罗盘，其观点简单来说就是，管理者对公司所有者负有委托责任，因此所做的决策必须符合公司所有者的利益诉求，而股东的利益诉求就是赚钱。因此，按照 Friedman 的观点，企业唯一的社会责任就是利润最大化。这一观点在道德层面何以服众？社会为什么会接受这样的利己行为？对此，新自由主义理论提供了三个答案：①财产权是一项重要权利，正是这项权利将"自由"的资本主义制度与其他社会制度区分开来（要知道，在 20 世纪 70 年代初，制度和意识形态上的斗争还未见分晓），因此自由公民的财产权必须得到捍卫，使其免于因政府随意运用政治权力而遭到侵犯。②借鉴 Adam Smith 提出的"看不见的手"，新自由主义学者认为，市场的自我调节功能会把利己主义的个人交易转化为整个社会的福利。③新自由主义理论的一个核心假设是，人类（即智人）本质上是"经济人"，只对自己的效用最大化感兴趣，因此市场也反映了人类行动者的这种自然倾向（Ferraro、Pfeffer 和 Sutton，2005；Gonin、Palazzo 和 Hoffrage，2012）。2008 年，金融危机全面爆发。当时有人抨击高盛，称该公司已成为残酷和贪婪的象征，对此，高盛的 CEO Lloyd Blankfein 回应说，我只是在"做上帝的工作"，这句话很好地说明，利润最大化有利于社会这种理念已经根深蒂固。

当然，Friedman 并不主张不惜一切代价来实现利润最大化，其界线是法治以及其他学者所说的企业所在社会的主流价值观和原则。例如，Granovetter（1985）就说，"对经济私利的追求通常不是无法控制的'激情'，而是一种文明有礼的活动"（第 488 页）。Friedman 对企业责任的狭隘定义受到了商业和社会领域不少学者的质疑。例如，有人提出，企业不只有股东，还存在利益相关者（即能够影响企业领导者决策或受这些决策影响的主体，如客户、员工等），因此必须管理好不同群体潜在的利益冲突，而不能仅仅追求其中某一个群体的利益最大化（Freeman，1984）。但是，这些学者也认同 Friedman 的一个关键论点——企业的责任是遵守游戏规则（无论这种规则多么完美无瑕或漏洞百出）。Friedman（1970，第 218 页）认为，企业必须遵从"社会的基本规则"，商业伦理学者也提出了与此十分类似的主张，认为企业应将"广大社会的价值观"（Swanson，1999，第 517 页）作为参照点，或者企业必须"在给定的时间点上"与社会期望保持一致（Carroll，1979，第 500 页）。因此，20 世纪对企业社会责任的争论背后实际上有三个基本假设：①企业处在多少能够发挥一些作用的、或多或少的民主监管情境之中。②管理者及其企业的主要责任是遵守游戏规则。③管理者和政治家的分工非常明确，管理者追逐私人利益，政治家制定公共规则。

股东价值意识形态是冷战的产物，主要服务于 Friedman 所处的资本主义世界，也就是美国、欧洲和日本。Milton Friedman（1970）认为，如果股东价值最大化会产生负面的环境影响或社会影响，那么处理这些问题的责任应由政治家，而不是企业管理者来承担。只有当解决环境和社会问题能够明显地提升企业自身的利润时，企业管理者才会（也才应该）去应对社会和环境问题（Baron，2003；Jones，1995）。按照对责任的这种理解，我们并不需要什么领导技能，管理者需要的是交易能力，以便能够在遵守相对稳定、可预测的社会政治情境基本规则的同时，履行对特定主体（股东）的狭隘的委托责任。除了这种委托责任，对管理者没有任何价值观方面的要求，也不需要道德追求。这些高级目标应与管理角色严格分开，管理者可以通过他们的其他角色（如父母或教徒）来实现（M. Friedman，1970）。如果企业只是"契约的集合"（Jensen 和 Meckling，1976），那么责任型管理根本不需要深入了解社会，不需要开阔的视野或前瞻性思维，也不需要复杂的激励，因为通过公司治理体系的设计可以充分控制管理者，而用财务激励可以确保管理者的利益与股东利益一致，最终实现企业的目标（Jensen 和 Meckling，1976；Sundaram 和 Inkpen，2004；Williamson，1975）。遵从理所当然的规则或多或少可以通过自动管理来实现，并不需要领导力。

在这样的条件下，对企业社会责任的讨论直到最近才开始关注领导力，而且关注仍然有限，也就不足为奇了（如 Doh 和 Stumpf，2005）。但是，企业所处的社会情境正在发生巨大的变化，在 20 世纪还是合法性惯例到如今却会带来合法性方面的问题。自 20 世纪 60 年代末以来，逐渐塑造了企业决策方式的那些管理理念、价值观和做法正在逐渐失灵。决策者所处的社会正在经历范式的转变，而范式的转变会带来不稳定和不确定性，这就需要领导力发挥作用了。

"宁为太平犬，莫作乱离人！"

在社会不断变革的汹涌浪潮中，责任型领导者能够确保组织的大船一直沿着正确的航线前进。他们坚定不移地追求组织的目标和宗旨，而这些目标和宗旨是与他们自己以及追随者的价值观相一致的（Drath 等人，2008），他们最好还能制定一种超越组织直接利益、包含道德追求的组织愿景（Antonakis 等人，2016）。这样的领导者才是真正的变革型领导者。领导者有时会航行在他们非常熟悉的海域，而有时则会去探索未知。海洋有时相对平静，有时却会让企业这艘大船险象环生，甚至沉没。中国有一句古语，"宁为太平犬，莫作乱离人"，领导者们对充满挑战性的决策环境一定也是这种态度。

人类的历史充满变化，但很少达到"曲速"（T. L. Friedman，2005，第 46 页）。Drucker（1973）已经提出过，深刻的社会变革发生在社会政治变化被新的信息技术利用并放大的时候。1989 年，柏林墙轰然倒塌，近 50 年来一直维持着社会稳定的两极世界秩序分崩离析。同年，Tim Berners-Lee 在日内瓦的欧洲核子研究中心发明了万维网。这项新的信息技术很快就开始放大一些国家的社会政治变革（Floridi，2014）。自 20 世纪 90 年代以来，人们一直在认真审视这场深刻变革所带来的影响，相关讨论有两个基本方向：一部分人认为，随着自由市场经济在全球延伸（Fukuyama，1992），世界正越来越扁平化（T. L. Friedman，2005），相互联系更加紧密（Castells，1996）。另外一些人则认为，随着民族主义的回归（Ignatieff，1995）以及民族和宗教方面的冲突日益增多（Huntington，1993），世界正在部落化。

不过，双方共同认可的是，这种变化的速度极快，我们这个时代已经变得非常复杂和动荡，商业和政治决策的风险越来越大（Beck，2000、2007；Taleb，2012）。美国陆军军事学院将当前情境称为 VUCA（volatility，uncertainty，complexity，ambiguity）时代，主要特点是易变（变化的速度和幅度）、不确定（缺乏可预测性）、复杂（不明确、多重因果关系）和模糊（事件缺乏明确性；Kinsinger 和 Walch，2012；Lawrence，2013）。

VUCA 时代质疑过去理所当然的做法、价值观和理念的有效性，因而极大地改变了企业领导者的决策情境。目前最为显著的变化在于对企业社会责任的理解，若不能充分理解这些变化，必将导致合法性方面出现问题。我们的价值观、理念和做法随着时间的推移逐渐形成，然后固化在我们对世界的常规感知和决策习惯之中。这种常规能确保我们获得成功的时间越长，就越不需要领导力对其给以关注，而且也越抗拒变革——这对企业来说意味着很高的风险。

脱节造成的企业合法性危机

Porter 和 Kramer（2011，第 64 页）指出："企业合法性已下滑到了前所未有的低水平。"合法性指的是社会在某个时间点整体上认为一家企业（或其他任何组织）的存在和行为符合占主导地位的社会价值观、规范和原则。显然，人们对企业管理决策的适当性越来越关注。人们说企业是"门口的野蛮人"（Burrough 和 Helyar，2004）、"餐叉食人族"（Elkington，1998）和"强盗大亨"（Burbach，2001）；非政府组织越来越多地针对企业（den Hond 和 de Bakker，2007），抨击它们不参与公益活动（Barley，2007）。

柏林墙的倒塌加速了全球化进程（Giddens，1999；Palazzo，2015），新的社会政治秩序逐渐形成，人们称这种秩序为后民族国家时代（Habermas，2001）或后威斯特伐利亚体系（Kobrin，2001）。权力已经从领土主权转向对速度的掌控（Habermas，2001）。1989 年的局势发展为企业拓展全球业务开辟了道路，国际化的企业不再是新鲜事物。但柏林墙倒塌之前，企业只能在目标销售市场当地开展生产（Harney，2009）。后来，贸易壁垒不断减少，自由贸易区建立，税收优惠政策出台，运输和通信成本下降，企业逐渐开始了跨国经营（Held、McGrath、Goldblatt 和 Perraton，1999）。于是，到了 20 世纪 80 年代后期，一种新型国际化开始了：Nike 的创始人 Phil Knight 等富有远见的领导者很快意识到，他们可以将工厂从美国和欧洲迁到成本更低的地方，一开始是印度尼西亚和韩国，后来是中国和越南。利用这一策略，企业将生产越来越多地外包给了工资更低的发展中国家（Schrempf-Stirling 和 Palazzo，2016），起初只是服装等简单产品，后来延伸到了汽车、药品和计算机硬件等复杂产品（Santoro，2009）。

一些发展中国家的监管体系薄弱，腐败严重，因此工厂的生产条件不佳，存在使用童工、长时间加班、工资过低，以及违反健康和安全标准等问题（Sethi，2003）。这样的工厂被人们称为"血汗工厂"，它们不仅激起了非政府组织针对跨国公司的许多抗议活动（Connor，2002），也使人们关于企业社会责任的讨论改变了方向。学者们开始讨论跨国公司是否应该为他们的供应商侵犯工人权利的行为承担道德责任，尽管这些供应商在法律意义上是独立的企业（Arnold，2003；Arnold 和 Bowie，2003；Sethi，2003）。这场辩论最初源于对服装行业的抨击（Zadek，2004），随后扩展到了许多其他全球供应链，包括咖啡、可可、香蕉、计算机、手机、汽车、蔗糖、石材、黄金、钻石、石油及许多其他产品（对这场辩论的历史分析见 Schrempf-Sterling 和 Palazzo，2016）。此外，人们还指控一些企业与有关方面串通一气，在经营地侵犯人权。这种讨论的起点是壳牌公司是否应对尼日利亚阿巴查政府侵犯人权的行为负责（Clapham 和 Jerbi，2001；《人权观察》，1995），最终导致人们针对企业在促进人权（Ruggie，2007）、打击腐败（Misangyi、Weaver 和 Elms，2008）、维持和恢复和平等方面的责任展开了激烈的辩论（Fort 和 Schipani，2004）。

直到 20 世纪 80 年代后期，企业才开始在监管比较完善、民主、稳定、可预测的社会情境中开展经营。借助遍布全球的生产网络，它们很快将业务开展到了刚果等冲突地区，孟加拉国、尼日利亚或印度等治理体系薄弱的国家，以及伊朗等开放程度不高的国家。于是，企业只需遵守游戏规则的想当然假设行不通了。由政府为商业活动提供可靠的监管环境这种观点开始站不住脚。自 20 世纪 80 年代末起，越来越明显的是，Milton Friedman 所假定的政府与企业之间的隐性契约已被打破。正如 Barber 所言："'制度的牢笼'本已将资本主义驯化（确实是'驯化'），而我们却把它从牢笼中解放了出来，并为它时有发生的残酷做法赋予了一张人的面孔。"（2000，第 275 页）企业虽已全球化，但监管却未能跟上。下文将首先探讨领导者不断变化的决策情境，然后再针对这种新兴挑战提出责任型领导力的概念。

重新认识领导责任：道德开明和政治开明

目前的跨国公司合法性危机，其原因在于新的道德期望与以责任为基础的传统管理决策惯例之间存在冲突。20 世纪 90 年代，非政府组织因为血汗工厂的工作条件恶劣对各大跨国公司展开了猛烈抨击，当时，Levi's 和 Nike 等公司的领导者采取了防御的态度，这符合他们对责任的理解——自 20 世纪 70 年代开始，他们就一直将以合规为导向的责任作为出发点。简单来说，他们认为供应商在法律上是独立的，因此自己不应为供应商方面出现的问题承担责任（Zadek，2004）。但过了一段时间，一些领导者认识到企业面临着合法性风险，于是开始拓展对责任的理解。在 Phil Knight 的领导下，Nike 为其商业伙伴制订了精细的审核认证计划。而其他公司，有的制订了供应商行为守则，有的向工厂派遣了第三方审计师，有的在专制国家进行了人权尽职调查，还有的宣布了雄心勃勃的环境保护愿景。正如 Walsh（2005）所言，一些企业领导者所实施的制度，已经比最苛刻的商业道德规范理论更为严格。换句话说，当时还没有理论来指导这种行为。21 世纪初，一些学者开始挑战企业与政府之间理所当然的分工方式，讨论企业的政治化这一议题（Matten 和 Crane，2005；Palazzo 和 Scherer，2006；Scherer 和 Palazzo，2007；Scherer、Palazzo 和 Baumann，2006；Young，2004）。正如这些学者所言，企业领导者应在政府决策者没有能力或没有意愿发挥监管作用的时候及时补位。他们应在政府缺位时参与治理（Rosenau 和 Czempiel，1992）。

跨国公司的兴起推动资本主义进入了新的阶段，人们对企业社会责任的传统和狭隘认知在这个阶段失去了合法性。在全球化情境下，责任型领导力要求领导者具备三种新的决策特征：①了解领导决策的"邪恶问题"。②作出道德开明的决策。③作出政治开明的决策。由此，公共利益开始在企业决策中占据中心位置，而在过去，人们认为公共利益只是政府领导者的责任，或只是利己的利益最大化行为自动产生的副作用（Scherer 和 Palazzo，2007）。

了解领导决策的"邪恶问题"。以合规为导向的传统责任概念假定问题的复杂度低，主要产生局部影响，认同 Lackoff（2004）所说的"直接因果关系"。直接因果关系是指一种前因后果的简单关系，因果关系和责任都显而易见，采取直接行动便能解决问题：行动者 x 造成了伤害 y，必须采取行动 z 来终止或减轻这种伤害，否则便会受到处罚。这种思维方式背后的假设是，借助"事实"可以对特定问题进行客观的分析，只需提出或遵循这些"事实"便能通过纯粹科学的语言博弈来把握这种因果关系。20 世纪，情境大体稳定，复杂度较低，政府与商业组织分工明确，这些假设作为管理决策的路线图基本上是站得住脚的。而到了 VUCA 时代，问题就来了，因为企业所面临的问题性质已经变了，变得越来越"邪恶"了。

如果说 VUCA 时代能够描述我们目前所处的后民族国家时代的世界，那么用"邪恶问题"来表示组织管理者所面临的挑战或许是合适的。"邪恶问题"的概念是 Rittel 和 Webber（1973）提出的，他们认为，"邪恶问题"具有以下特点：人们对问题及其原因无法达成共识，各种解释相互冲突；领导者无法掌握完整的信息；问题是动态的，会随着时间的推移并以一定的概率发生变化，而且很可能永远无法彻底解决（如奴役和贫困贯穿了整个人类历史）；人们无法商定合理的解决方案，领导者甚至有可能在解决问题的过程中改变自己对问题的评估结论；解决方案可能会引起意想不到的副作用，如果需要大量的投资还可能存在引发路径依赖的风险。而且"邪恶问题"多种多样，各不相同，很难在各种情境下都应用固定的解决方案。"邪恶问题"是非线性的，它们相互联系，并可能彼此强化。要了解什么是"邪恶"，我们只需看人们希望领导者们去解决的供应链上的各种社会问题和环境问题即可：全球变暖、水资源压力、贫困、奴役、工人权利问题、在压迫性的政治体制中如何顺利经营，等等。组织学者逐渐认识到有必要解决这些问题——也有人称其为"重大挑战"（Ferraro 等人，2015）。最重要的是，"邪恶问题"是高度道德化的，规范性的常规程序解决不了这些问题，Friedman 的领导决策道德中立性假设也被认为不再具有合法性。

展现具有道德觉悟的领导力。尽管新自由主义意识形态提倡价值中立的管理决策，认为道德伦理属于私人生活的范畴（M. Friedman，1970），但如今作出决策会不可避免地涉及许多规范性问题，人们的理解和期望相互冲突，问题背后的科学事实已无关紧要（Palazzo 和 Scherer，2006）。最近，雀巢公司因为在旱情极为严重的美国灌装瓶装水而受到批评。但有证据表明，公司在加州的瓶装水生产规模很小，不会对干旱产生影响，据此，雀巢水业务 CEO Tim Brown 表示，公司并不打算停止在美国西海岸的瓶装水灌装生产，因为雀巢的生产和气候干旱没有任何联系。在接受当地电台采访时，他甚至很强势地表示，如果有可能，他还会增加西海岸的取水量（Neate，

2015）。他的这种回应完全低估了瓶装水灌装生产的象征意义——即使没有加州的干旱问题，瓶装水生产也已经是一个备受争议的行业。无论公司是否愿意接受，雀巢水业务都在道德层面与加州的干旱存在关联。而且，人们还期望这家公司能在解决干旱问题中发挥积极作用，而不是无视其所处的社会政治情境，若无其事地继续生产。

过去，行动者要对其所做的决策及其后果负责（包括道德责任和法律责任）。而现在，人们对全球化生产的社会和环境副作用有不少争论，导致人们对责任有了与以往任何时候都不同的理解。Young（2004）将对责任的传统认知称为"责任的责任化概念"，提出了"责任的社会联系概念"作为替代。当然，这并不能取代行为主体要对自己的行为负责的观点，只是添加了一个新的维度。在众多不同主体之间的相互作用极其复杂，很难毫无争议地将责任归于任何一方时，这一维度将会更加重要。如果损害是由各种决策间的相互作用造成的，那么责任化概念就毫无意义了。我们可以以上文提到过的工厂侵犯工人权利的问题为例。工人超时加班且收入微薄，这可能是老板要求的，工人若不服从就很容易被其他人替代；也有可能是因为跨国公司不断要求加快交付速度和压低成本而造成的。其他因素还包括政府官员腐败，根本没深入工厂检查；客户希望商品价格不断降低而供应量不断增长；或者工人希望尽可能多地加班以便赚够钱早日返乡。其中任何一个原因都无法单独解释血汗工厂现象，但也都脱不了干系。这一相互关联的过程中，推卸责任、否认关联、将自己的行为合理化都很容易（Young，2004）。领导者越来越需要根据责任的社会联系概念来作出决策。根据这种概念，道德责任衍生自以下因素：①某一主体与损害存在因果关系。②该主体从损害中获利。③该主体拥有可以减少或减轻损害的资源（Young，2004）。

企业领导者的天职不是履行公共责任，但当政府缺位或腐败时，他们越来越多地开始主动（或被动）介入。那么，该如何评估这种政治参与呢？企业代表公共利益作出决策，必须从两个不同的方面展开评估（Habermas，1996；Scherer、Rasche、Palazzo 和 Spicer，2016；Young，2004）。首先，如果将政治决策理解为一个民主的过程，那么具有约束力的决定必须通过集体决策过程得出，受影响者或其代表必须参与其中。其次，还要有公开审议的过程，以便参与者交换意见，根据更有说服力的一方观点作出决策，而不是看哪一方有权力操纵审议过程。这通常体现在企业与民间社会的合作过程中，即所谓的多利益相关者计划中（如公平劳工协会或森林管理委员会）。政治开明的领导者要有能力也有意愿参与一种以民主方式组织起来的监管程序，这一程序应包括供应商、工人、政府代表及其他与问题相关的主体，遵从乐于倾听边缘化利益相关者意见的议事程序（Mena 和 Palazzo，2012）。

不负责任型领导和企业"漂绿"

我会依照上述条件提出我对责任型领导力的建议，不过在此之前，我想先探讨一下领导者对不断变化的合法性条件作出的不当反应。与政治脱节，强调法律合规的道德简约主义是 20 世纪行之有效的管理风格，但到了 21 世纪，它已经行不通了。因为社会在企业社会责任方面的期望发生了巨大的变化。由于企业经营活动对社会和环境造成危害，企业遭遇了前所未有的合法性危机。企业因侵犯人权、与独裁者合作以及污染环境而受到的批评越来越多。但是，如果认为企业这么做是因为管理者既贪婪又邪恶，那就未免幼稚了。领导者的决策惯例只是表象，其背后是根深蒂固的信念和价值观。改造人们的世界观和价值观必然是既困难重重又旷日持久的过程。正如Diamond（2004）所言，文明的衰亡往往是由于出现了根本性的变化而人们无法正确、充分地理解这种变化。当重大变化发生时，有些社会倾向于推行那些本身就制造了问题的惯例。显然，企业与文明所面临的挑战是一样的。当人们对世界的信念不再符合世界前进的方向，我们认为领导者合理的反应是根据事实调整他们的信念。但实际上，这些信念非常强大，而领导者们对不断变化的社会情境了解很少，因此他们常会看不到事实（Festinger、Riecken 和 Schachter，1956）。

　　管理者囿于制度惯例，往往无法察觉他们参与制造的伤害。他们看不到自己的决策有哪些前因后果，或缺少解决社会政治问题的专业能力。哲学家 Hannah Arendt（1963）曾指出，坏事并不一定都是坏人做的，而可能是普通人甚至好人共同行事的结果，只是这些人缺乏道德想象力，无法看到自己的决策可能产生的危害。在这种情况下，领导者所做的决策可能让人觉得他们不负责任，这并不是因为他们不讲道德，而是因为根深蒂固的惯例蒙蔽了他们的双眼，让他们无法看到决策的道德牵连（Palazzo、Krings 和 Hoffrage，2012），而且他们的角色过去从未要求他们对社会和环境问题给予高度的道德关注和运用前瞻性思维（Reynolds，2008）。与此相反，过去，组织往往要求其领导者对道德问题保持沉默，因为谈论价值观和原则被视为软弱的表现（Bird 和 Waters，1989）。

　　过去，企业责任采取的是狭义的定义，领导者可以辩称自己非常负责，因为自己遵守了游戏规则，创造了就业机会，缴纳了应付的税款，提供了有用的产品，有时还利用自由裁量权向社会回馈。20 世纪建立的决策惯例并不要求领导者密切关注全球气候变暖或奴役等社会问题，领导者往往是根据自己的价值观和信念作出决策的（Hambrick，2007）。这些价值观和信念若能得到股东的支持，企业便不太可能为可持续发展投入大量的资金（Godos-Dietz 等人，2011）。因此，当被问及所应承担的社会和环境责任时，领导者（他们遵从的依然是传统的价值观和责任观）的第一反应往往是投身慈善事业。他们会为慈善事业捐款，以此标榜自己很负责任。例如，沃尔玛在因其对待员工的方式、供应商的工作条件等问题受到抨击时，发起了一场公关活动，强调公司参与当地慈善事业的情况（Beaver，2005）。

　　虽然领导者的道德失明能够为当前企业面临的合法性危机提供一定程度的解释，但显然有一些企业是为了追求利润最大化而故意违反规则的。这时，拒绝适应不断变化的社会期望通常体现在"漂绿"行为当中。面对公众对其合法性提出质疑的压力，管理者会制造一种企业参与社会的假象，在沟通中刻意使用人们期待的可持续发展方面的词汇，但在公关的表面功夫背后，他们的经营方式并未发生任何改变（Laufer，

2003）。他们为什么要这样做呢？因为在过渡时期，知道变化正在发生并不难，但要明确变化的方向却不容易——这便是"VUCA"中的 U（不确定性）。对未来的发展方向下赌注是要冒风险的，而沿用熟悉的惯例则比较容易。此外，企业管理者收到的信号也是不一致的：股东告诉并鼓励他们一切照旧，而非政府组织却以一种他们以前并不需要理解和使用的（道德）语言，提出了前所未有的期待。面对这种情况，某些管理者将"漂绿"视为一种简便的脱身之法。对利润的追求会诱使领导者作弊，对利益相关者进行欺骗或隐瞒。考虑到这类领导者所熟悉的是对责任的狭义理解，他们可能会认为这种行为无伤大雅，甚至合情合理（Ariely 和 Jones，2012；Mazar、Amir 和 Ariely，2008；Mazar 和 Ariely，2006）。

我们目前尚不清楚大众汽车的"柴油门"丑闻究竟是企业领导者的道德失明，还是故意违背道德和法律的做法，但从目前掌握的信息来看，似乎两种原因兼而有之。正如开篇案例所示，大众汽车丑闻表明，汽车行业已经感受到了要求其提升可持续性的压力，但变革的方向很难确定。可供汽车企业选择的技术很多，比如氢动力技术、电动汽车技术等，但每项技术都需要大量的投资。由于变革的速度太快，企业有时需要冒押错宝的风险。此外，消费者也不愿购买采用替代技术的环保汽车，对污染严重的大体量汽车仍趋之若鹜，燃油价格的暴跌更加剧了这种情况。由此导致的结果是，汽车制造商不愿斥巨资开发新技术和创新工艺，创新往往来自外部：特斯拉革新了电池技术。相比之下，大众汽车等行业内企业并未制定雄心勃勃的绿色交通战略。这些企业不愿意颠覆旧有的技术，而是试图通过优化来满足可持续性方面不断提升的期望，避免改变企业的经营战略本身。大众汽车希望减少污染物排放，将宝押在了柴油技术身上。全球市场，尤其是美国市场，排放标准越来越高，这种压力使企业必须在可持续发展与利润之间作出取舍。发动机在减排方面的性能越出色，车辆的总成本就越高。对于小型汽车，这会导致利润空间不断收窄，总有一天无法做到既合规又营利。大众汽车采取的策略是激进地追求市场增长和利润最大化，对世界的变革视而不见，试图通过沟通宣传方面的"漂绿"来保全颜面。虽说采取这种做法的车企不少，但少有企业像大众汽车一样不惜以身试法。大众汽车不仅在可持续发展方面缺乏领导力，而且还以恐惧文化著称。这种文化使工程师们不敢承认他们无法在设定的成本线内实现减排目标。如果他们将这种情况如实告诉 CEO，他们的职业生涯可能就此终结。最近，人们给大众汽车贴上了许多标签，暗讽这种压力和恐惧的文化是 CEO Wintercorn 和他的导师、前 CEO Piech 共同打造的（Hawranek 和 Kurbjuweit，2013）。企业内部充满恐惧，工程师们也知道行业内大多数公司都在以近乎不道德，有时甚至完全非法的手段操控污染物排放量，这可能会让大众汽车的工程师们觉得他们的行为没什么不合适的。工程师们不敢承认 CEO 公开设定的目标无法实现，于是开始作弊，而且可能认为这种行为无伤大雅，因为竞争对手也有关于柴油机排放数据的可疑做法。

大众汽车的案例可能有些极端，但各大企业的董事们普遍缺乏对责任型领导力重要性的全新认知。人类倾向于为复杂问题寻找简单的解决方案，其表现是，人们假定可持续性不会挑战基本的意识形态，通过对既有做法、价值观和信念的小幅调整就能实现。守旧思维的一个重要例证来自当代最具影响力的管理学者之一 Michael Porter 的最新著作。他与 Mark Kramer 共同指出，管理者可以将社会问题和环境问题转化为社会和企业双赢的解决方案。换句话说，他们可以在坚守利润最大化意识形态的同时，满足不断提高的社会期望（Porter 和 Kramer，2011）。近期，Crane、Palazzo、Matten 和 Spence（2014）解构了 Michael Porter 和 Mark Kramer 的观点，可以说这种观点是以单纯的思维解释"邪恶问题"的又一例证。实际上，许多公司已经开始奉行"创造共享价值"的理念，开展一些双赢的小型慈善项目，如资助几所学校之类。他们以此回应社会期望的深刻变化和企业在供应链上所遇到的复杂的"邪恶问题"，这显然并不合适。"邪恶问题"的一个关键点在于，理想的解决方案和双赢的选择非常少，大多数时候都要面临痛苦的权衡。利用社会问题赚更多的钱这种纯粹工具性的愿景，无异于用交易型的方式来应对变革性的问题。

　　领导者如果对责任型领导力坚持采用传统的狭义方式来理解，他们会继续专注于企业的经济效益，忽略自己认为与业务无关的事项（Hahn、Preuss、Pinkse 和 Figge，2014；Pless、Maak 和 Waldman，2012）。但是，这种领导力风格被追随者认为缺乏鼓舞性和激励性（Waldman 等人，2011），常常是被动的而非主动的（Basu 和 Palazzo，2008；Hahn 等人，2014），而且，这种风格显然不适合以道德开明和政治开明的方式来处理"邪恶问题"。

迈向责任型领导的新理论

　　进入 21 世纪，自 20 世纪 60 年代后期起一直决定着管理决策的意识形态叙事开始逐渐淡出。如我所言，如今身处 VUCA 时代，我们已告别了 20 世纪的相对稳定。稳定时期的规则相对明确，决策的范围及影响也很有限，管理者或多或少可以用默认方式决定企业社会责任方面的问题，而不必成为领导者。但在不稳定时期，管理者面临着重大挑战，环境不确定性增大，变化速度加快，决策被道德化，管理者必须彻底改造自己的组织，鼓励追随者打破常规的信念和做法。Colquitt 和 George（2011，第432 页）近年就指出："重大挑战背后的基本原则是敢想敢做，采用非传统的方法应对重大未决问题。"时代的飞速发展会引发道德上的疑问，这是因为过去用于解决社会问题的管制及规范机制变得效率低下。随着后民族国家时代的到来，领导力成为企业社会责任话语的关键组成部分。

　　在讨论致力于应对企业社会责任挑战的责任型领导者时，人们越来越多地使用变革型和魅力型领导力这两个概念。如果一位管理者是变革型领导者，他／她会按照更高层次的理想和价值观来调整组织的战略和宗旨，从而树立新的愿景，让组织重新融入（不断全球化的）社会（Antonakis，2012；Antonakis 和 House，2002）。魅力型领导者会与追随者建立牢固的情感联结，对他们的愿景报以热情，用这种热情去感染他人，并在与追随者的沟通中以此作为核心话题，从而提高追随者的积极性和道德抱负

（Antonakis、Bastardoz、Jacquart 和 Shamir，2016；Jacquart 和 Antonakis，2015）。 变革型领导者和魅力型领导者的这些特点似乎正好符合上文所述的不断全球化的决策情境对责任型领导者的要求。因此，这一概念已广泛应用于企业社会责任方面的讨论，尤其是上述政治性企业社会责任的概念。Pless 及其同事（2012）指出，在政府没有能力或没有意愿对企业进行充分监管的地缘政治情境中，领导者要扮演新的政治角色，变革型领导者会为此感到鼓舞，明白要应对这种挑战需要采取集体行动。Maak、Pless 和 Voegtlin（2016）最近提出，变革型领导者会表现出一种社会福祉取向，认为自己对许多利益相关者都负有道德义务。

总的来说，人们的印象是，责任型领导者在一定程度上等同于变革型领导者，但我认为，这种将变革型领导力应用在企业社会责任领域的思路难以服人。变革型领导力的概念可能包含了一些重要的责任元素，如价值观、价值一致性和公共利益等；但对这个概念的讨论基本上是沿着领导者与追随者关系的路线展开的。变革型领导力的理论设置并未延伸到这种关系之外，因为领导力学者所研究的正是这种关系。变革型领导力涉及的是组织内部的变革性影响，以及增进领导者和追随者的利益——最好也能对整个社会产生积极的影响，但更多关注的仍是内团体的利益（Bass，1985）。

如果从企业社会责任的角度来衡量，变革型领导力用来团结和激励追随者为共同目标奋斗的价值观可能是错误的。此外，我认为变革型领导力的支持者们并未充分认识到全球化的影响，他们信奉的仍是上文所批评的 20 世纪的那套理念，其基础是企业与政府之间分工清晰明确，规范性情境具有稳定性（体现为法治和共同道德）。去中心化的责任概念可能与变革型领导力的理念有共通之处，但尚未完全形成理论。此外，纯粹的变革型领导力风格可能缺少领导者在处理复杂问题（如供应链上下游的工作条件）时所需的交易型效率，而且在企业中推行新的社会和环境举措可能也需要交易型领导力。真诚型领导力（Avolio 和 Gardner，2005；Bass 和 Steidlmeier，1999）也不足以替代责任型领导力，因为领导者的确可以真诚地笃信自己所宣扬的价值观，而仍然对社会造成巨大的伤害。服务型领导力的概念为规范性的领导者评价提供了重要参照，但它也太过专注于领导者和追随者的直接关系，忽略了领导者对全球化社会的普遍影响（Greenleaf 和 Spears，1977）。

不过，无论采取何种视角，研究者都或明或暗地假设责任型领导力要传达和实践价值观，并且激励他人实践这种价值观。因此，责任型领导力从定义上讲，就是以价值为基础的（House，1996），害怕名声扫地等狭隘的工具性计算不足以作为其依据。在有关企业合法性的讨论中，道德价值的重要性凸显出来。当前的合法性危机所造成的局面是，维持或修补合法性的方法都不奏效。领导者一旦作出了不适当的决策，他们通常有两种选择：要么操控主要利益相关者来改变评估结果，要么改变自身行为，遵守规则（Suchman，1995）。但在全球化进程不断推进的情境下，规范性期望可能不存在，也可能相互矛盾，而企业行为愈发透明，因此，这两种方法的影响力都很有限（Palazzo 和 Scherer，2006），甚至会适得其反（Scherer、Palazzo 和 Seidl，2013）。

有效的做法是，企业必须加入公众的道德辩论，力求重新定义适当的游戏规则，而领导者在这场辩论中必须发挥影响力，赢得信任（Suchman，1995）。

按照定义，价值观是指"若干理想的跨环境目标，重要程度不一，是人们生活中的指导原则"（Schwartz，1996，第 2 页）。并不是只有关于领导力的讨论强调价值观的重要性及其对执行力的影响。价值观是个体认同感的核心所在（Hitlin，2003；Shamir、House 和 Arthur，1993），同时在由个体组成的群组中共享（Parson，1991）。它们对制度的建立非常重要，为大型群组（Rao、Monin 和 Durand，2003）和个人的行为提供指引（Hitlin 和 Piliavin，2004；Maio、Pakizeh、Cheung 和 Rees，2009）。如 Gecas（2000，第 95 页）所言，"人们会因自己的价值观得到肯定而感到自豪和满足，会因没能恪守自己的价值观而感到内疚和羞愧，会因自己的价值观受到威胁而感到愤怒或恐惧"。价值观能够激励行动（Bansal 和 Roth，2000；Gehman、Treviño 和 Garud，2013），产生意义（Rokeach，1973）。价值观虽然通常处于"休眠状态"（Maurer、Bansal 和 Crossan，2011，第 438 页），但可以将其激活，用于推动变革（Verplanken 和 Holland，2002）。正如 House（1996）所说，"基于价值的领导力能够将行动和目标与（利益相关者）固有的价值观联系起来，从而使努力和目标具有意义"。最近，House（2015）提出，未能将人们的行为转变为一种更可持续的生活方式，其原因可能是使用了错误的说服方法。例如，就全球变暖的问题而言，使用能与特定个人或群组的价值观产生共鸣的个性化阐释会比冰冷的科学论证更有效。

价值观可从三种不同的视角来探索，分别是第一人称、第二人称和第三人称视角（Keane，2015；见图 18-1）。第一人称视角是指个体行动者所持的价值观，以及他们根据这种价值观行事的能力；第二人称视角是我们努力遵照所处社区的期望、价值观和规范来行动；第三人称视角是我们努力普及独立于空间和时间的价值观和原则，同时牢记决策对整个人类当前及未来的影响。领导力理论重点关注前两个视角（遵循个人价值观，并使个人价值观与追随者和利益相关者的价值观相一致），但它忽略了处在领导力与企业社会责任接口上的第三人称视角。我的主要观点是，在全球情境下，责任型领导力要求领导者从所有三个视角出发，作出谨慎而平衡的决策。仅采取第一人称视角的决策可能对领导者个体有利，能够促进其自我完善；但对利益相关者可能有害，或者从普适的观点来看是不可接受的。能使领导者和追随者价值观相一致的决策，如果跳出领导者所处的具体社区，从全球视角来看就不一定合适。最后，普适全球的决策可能会给领导者的直接利益相关者带来不良的后果。因此，综合考虑所有三个视角对于理解（全球）责任型领导力至关重要。当然，这并不意味着我们不再需要在各种视角之间权衡，只是这种权衡来自一丝不苟的道德评估，而不是对其他视角的漠然无视。

第三种视角可视为组织与社会之间的一种社会契约（Donaldson 和 Dunfee，1999）。根据这个契约，领导者将在追求企业及个人利益的同时，承诺遵守某些普适的高阶价值观。这一视角指出了这样一个事实：重大而邪恶的挑战"超越了单个组织或社区的界限"（Ferraro 等人，2015，第 3 页）。自 20 世纪 60 年代以来，人们一直

图 18-1 责任型领导力的三个视角

在讨论现代技术，尤其是技术风险的全球性（Carson，1962）。科学的进步所导致的人为灾难给人类造成了新的风险。切尔诺贝利核电站的爆炸证明新技术的风险有可能会产生巨大的影响，让人们意识到我们生活在一个风险社会之中（Beck，1992）。哲学家 Hans Jonas（1984）指出，人类不但可以跨越空间的距离相互连结，也可以跨越时间相互连结，我们今天作出的决策会对子孙后代的生活条件产生影响。技术风险的不可逆转性对我们提出了新的道德要求。Jonas 认为，我们必须考虑所做决策对生活在其他遥远时空的人们有何影响。如今，人类面临的大多数挑战都遵循跨国逻辑，在单个民族国家之内无法解决，需要跨国和跨代际的思维方式与合作（Beck，2007）。第三种视角提供的就是这样一种思维方式，它与 Immanuel Kant 1795 年的论文"论永久和平"中所提出的世界主义世界秩序不谋而合。Kant 希望全球化法治能够终结战争，而今天的哲学家则将世界主义解释为发展跨国价值观的文化过程，以及各国对违反这种价值观的愤慨（Appiah，2007；Benhabib，2008；Held，2010）。如今，责任型领导者必须对自己所信奉的价值观进行批判性的评估，看其与追随者的价值观是否一致，能否与组织所属的更大利益相关者社区产生共鸣，能否推动高尚的道德目标超越这些群体，独立于时空之外。20 世纪和 21 世纪的企业责任，见表 18-1。

表 18-1 20 世纪和 21 世纪的企业责任

20 世纪的企业责任	21 世纪的企业责任
股东利益最大化	嵌入式的、开明的利润追求方式
企业与政府分工明确，政府负责治理	企业成为政治行动者，在政府缺位时进行治理
主要是地方和国家情境下的第一人称和第二人称价值视角	主要在全球情境下增加第三人称价值视角
责任的责任化概念（主要体现在遵守法律规则）	责任的社会联系概念（主要体现在全球共同制定和解释道德规则）
嵌入在国家之内的商业经营	供应链遍及全球
相对稳定、可预测的社会政治情境	跨国情境、VUCA 时代
道德评估或多或少是静态和同质的	道德评估飞速变化，异质且相互矛盾
在道德反思上只需极少的投入就可以"管理"责任（合规导向）	责任需要系统性地分析道德问题和前瞻性思维
无需多方利益相关者合作	主要在多方利益相关者网络中开展活动
责任是自愿的 / 自由裁量的	责任是战略性的

与上文提到过的大众汽车的案例不同，有的领导者已开始带领企业朝着这个方向迈进。Patagonia 公司的的创始人 Yvon Chouinard 就是一位富有远见的领导者，对当前的增长和消费经济范式提出了挑战。他认为我们的增长驱动型经济存在局限性，主张消费者少买东西。Patagonia 公司创建了一个重复利用和修复系统，减少公司产品的环境影响。Chouinard 很早就认识到，只有处于生产条件和消费习惯的接口才能实现可持续性。他提出的经济愿景是，"培育健康社区，创造有意义的工作，只向地球索取可补给之物"。在 Patagonia 公司的网站上，这一愿景被称为"新美国梦"，其基础是创始人的道德信念和广为接受的共同价值观。这一愿景采取了更加开阔的全球视野，提出了与众不同的经济概念（去增长）和消费主张，众多的合作伙伴关系和多方利益相关者计划都已经在奉行这一愿景。

联合利华的 CEO Paul Polman 是另一位在第三种道德视角方面展现了强大道德技能的领导者。在他的领导下，联合利华起草了"可持续生活计划"（联合利华，2015，引自 Maak 等人，2016），制定了使增长与不良环境和社会影响脱钩的宏伟目标。公司以 VUCA 的概念作为基本理念，承诺在减少环境足迹、增加社会影响的同时，在未来 10 年实现业务翻番（Lawrence，2013）。正如 Polman（引自 Maak 等人，2016）所言："我们坚信，如果我们专注于改善世界公民的生活，并提出真正的解决方案，我们将能与消费者和社会更加同步，最终为股东带来丰厚的回报。"面对重大的挑战，他展现出的是一种"谦虚"和远见——公司需要"邀请其他人共同参与"，因为"仅凭一人之力无法完成任务"（引自 Ferraro、Etzion 和 Gehman，2015）。

这两个案例表明，责任型领导力并不要求领导者放弃逐利动机。但是，能够进行系统性道德评估的领导者已经意识到腐朽的社会不可能带来利润，因此打造健康的商业环境至关重要。无论如何，可持续经营的宏伟愿景都要转化为组织的深层变革，而这也需要交易型领导力技能。

企业领导者不能再想当然地认为身边的问题会有其他人（如政治家）来解决。在后民族国家时代，过去几十年的那种舒适的商业环境已被打破，低复杂度的黄金时代已经远去。于是，企业的社会角色和企业获得合法性的条件在全球范围内展开了重新谈判。这样看来，领导力进入企业责任争论的视野也就不足为奇了。如果没有以价值为基础的责任型领导力，企业将很难在新兴的全球性世界秩序中站稳脚跟。

🔍讨论题

1. 管理企业社会责任为什么需要以价值为基础的领导力？
2. 20 世纪和 21 世纪的企业责任主要有哪些区别？
3. 企业为何成为了政治行动者？
4. 什么是"漂绿"，它与领导力有什么关系？

推荐阅读

Crane, A., Palazzo, G., Matten, D., & Spence, L.（2014）. Contesting the value of the shared value concept. *California Management Review*, *56*（2）, 130-153.

Pless, N. M., Maak, T., & Waldman, D. A.（2012）. Different approaches toward doing the right thing: Mapping the responsibility orientations of leaders. *Academy of Management Perspectives*, *26*, 51-65.

Scherer, A. G., & Palazzo, G.（2011）. The new political role of business in a globalized world: A review of a new perspective on CSR and its implications for the firm, governance, and democracy. *Journal of Management Studies*, *48*, 899-931.

案例研究

案例: Carroll, G., Schifrin, D., & Brady, D.（2013）. Nike: Sustainability and labor practices 2008-2013. Harvard Business Publishing. https://cb.hbsp. harvard.edu/cbmp/product/IB106-PDF-ENG.

案例: Paine, L. S., Hsieh, N., & Adamsons, L.（2013）. Governance and sustainability at Nike. Harvard Business Publishing. https://cb.hbsp.harvard.edu/ cbmp/product/313146-PDF-ENG.

推荐视频

Chouinard, Y.（2014）. Yvon Chouinard: The company as activist. https:// www.youtube.com/watch?v=sbsLeXldDrg.

Palazzo, G.（2014）. Guido Palazzo: TEDx Responsible consumption—the soft power of story-telling. https://www.youtube.com/watch?v=j7c9b9A2AHc.

van Heerden, A.（2010）. Auret van Heerden: TEDx Making global labor fair. https://www.ted.com/ talks/auret_van_heerden_making_global_labor_fair.1.

参考文献

扫一扫，下载
本章参考文献

Antonakis, J.（2012）. Transforma-tional and charismatic leadership. In D. V. Day & J. Antonakis（Eds.）, *The nature of leadership*（pp. 256-288）. Thousand Oaks, CA: Sage.

Antonakis, J., Bastardoz, N., Jacquart, P., & Shamir, B.（2016）. Charisma: An ill-defined and ill-measured gift. *Annual Review of Organizational Psychology and Organizational Behavior*, *3*, 293-319.

Antonakis, J., & House, R. J.（2002）. The full-range leadership theory: The way forward. In B. J. Avolio & F. J. Yammarino（Eds.）, *Transformational and charismatic leadership: The road ahead*（pp. 3-33）. Amsterdam, Netherlands: JAI.

Appiah, K. A.（2007）. *Cosmopolitanism: Ethics in a world of strangers*. New York, NY: W. W. Norton.

Arendt, H.（1963）. *Eichman in Jerusalem: A report*

on the banality of evil. New York, NY: Viking Press. Ariely, D., & Jones, S. (2012). *The (honest) truth about dishonesty*. New York, NY: HarperAudio.

Arnold, D. G. (2003). Exploitation and the sweatshops quandary. *Business Ethics Quarterly*, *13* (2), 243–256.

Arnold, D. G., & Bowie, N. E. (2003). Sweatshops and respect for persons. *Business Ethics Quarterly*, *13* (2), 221–242.

Avolio, B. J., & Gardner, W. L. (2005). Authentic leadership development: Getting to the root of positive forms of leadership. *The Leadership Quarterly*, *16*, 315–338.

Bansal, P., & Roth, K. (2000). Why companies go green: A model of ecological responsiveness. *Academy of Management Journal*, *43*, 717–736.

Barber, B. (2000). Can democracy survive globalization? *Government and Opposition*, *3*, 275–301.

Barley, S. R. (2007). Corporations, democracy, and the public good. *Journal of Management Inquiry*, *16*, 201–215.

Baron, D. P. (2003). Private politics. *Journal of Economics & Management Strategy*, *12*, 31–66.

Bass, B. M., & Steidlmeier, P. (1999). Ethics, character, and authentic transformational leadership behavior. *Leadership Quarterly*, *10* (2), 181–217.

Basu, K., & Palazzo, G. (2008). Corporate social responsibility: A process model of sensemaking. *Academy of Management Review*, *33* (1), 122–136.

Beaver, W. (2005). Battling Wal-Mart: How communities can respond. *Business and Society Review*, *110* (2), 159–169.

Beck, U. (1992). Risk society. *Towards a new modernity*. Thousand Oaks, CA: Sage.

Beck, U. (2000). *What is globalization?* Cambridge, UK: Polity Press.

Beck, U. (2007). *World at risk*. Cambridge, UK: Polity Press.

Benhabib, S. (2008). *Another cosmopolitanism*. Oxford, UK: Oxford University Press.

Bird, F. B., & Waters, J. A. (1989). The moral muteness of managers. *California Management Review*, *32*, 73–88.

Burbach, R. (2001). *Globalization and postmodern politics: From Zapatistas to high-tech robber barons*. London, UK: Pluto Press.

Burns, N., & Kedia, S. (2006). The impact of performance-based compensation on misreporting. *Journal of Financial Economics*, *79* (1), 35–67.

Burrough, B., & Helyar, J. (2004). *Barbarians at the gate*. Lancashire, UK: Arrow.

Carroll, A. B. (1979). A three-dimensional conceptual model of corporate performance. *Academy of Management Review*, *4*, 497–505.

Carson, R. (1962). *The silent spring*. Boston, MA: Houghton Mifflin. Castells, M. (1996). *The rise of the net-work society*. Oxford, UK: Blackwell.

Christensen, L. J., Mackey, A., & Whetten, D. (2014). Taking responsibility for corporate social responsibility: The role of leaders in creating, implementing, sustaining, or avoiding socially responsible firm behaviors. *Academy of Management Perspectives*, *28* (2), 164–178.

Ciulla, J. B. (1999). The importance of leadership in shaping business values. *Long Range Planning*, *32* (2), 166–172.

Clapham, A., & Jerbi, S. (2001). Categories of corporate complicity in human rights abuses. *Hastings International and Comparative Law Review*, *24*, 339–349.

Coles, J. L., Daniel, N. D., & Naveen, L. 2006. Managerial incentives and risk-taking. *Journal of Financial Economics*, *79* (2): 431–468.

Colquitt, J. A., & George, G. (2011). Publishing in AMJ—Part 1: Topic choice. *Academy of Management Journal*, *54*, 432–435.

Connor, T. (2002). *We are not machines: Clean clothes campaign*. Ottawa, ON, Canada: Oxfam Community Aid Abroad.

Crane, A., Palazzo, G., Matten, D., & Spence, L. (2014). Contesting the value of the shared value concept. *California Management Review*, *56* (2), 130–153.

den Hond, F., & de Bakker, F. G. A. (2007). Ideologically motivated activism: How activist groups influence corporate social change activities. *Academy of Management Review*, *32*, 901–924.

Diamond, J. (2004). *Collapse: How societies choose to fail or succeed*. London, UK: Penguin.

Doh, J. P., & Stumpf, S. A. (2005). Towards a framework of responsible leadership and governance. In J. P. Doh & S. A. Stumpf (Eds.), *Handbook on responsible leadership and governance in global business* (pp. 3–18). Cheltenham, UK: Edward Elgar.

Donaldson, T., & Dunfee, T. W. (1999). *Ties that bind: A social contracts approach to business ethics*. Boston, MA: Harvard Business Press.

Drath, W. H., McCauley, C. D., Palus, C. J., Van Velsor, E., O'Connor, P. M. G., & McGuire, J. B. (2008). Direction, alignment, commitment: Toward a more integrative ontology of leadership. *The Leadership Quarterly*, *19* (6), 635–653.

Drucker, P. (1973). *Management: Tasks, responsibilities, practices*. New York, NY: Harper & Row.

Elkington, J. (1998). *Cannibals with forks: The triple bottom line of 21st century business*. Gabriola Island, BC, Canada: New Society.

Ferraro, F., Etzion, D., & Gehman, J. (2015). Tackling grand challenges pragmatically: Robust action revisited. *Organization Studies*, *36*, 363–390.

Ferraro, F., Pfeffer, J., & Sutton, R. I. (2005). Economics language and assumptions: How theories can become self-fulfilling. *Academy of Management Review*, (*30*) 1,

8-24.

Festinger, L., Riecken, H., & Schachter, S.(1956). *When prophecy fails*. Minneapolis: University of Minnesota Press.

Finkelstein, S., & Hambrick, D. C.(1990). Top-management-team tenure and organizational outcomes—The moderating role of managerial discretion. *Administrative Science Quarterly*, *35*（3）, 484-503.

Floridi, L.(2014). *The fourth revolution: How the infosphere is reshaping human reality*. Oxford, UK: Oxford University Press.

Fort, T. L., & Schipani, C. A.(2004). *The role of business in fostering peaceful societies*. Cambridge, UK: Cambridge University Press.

Freeman, R. E.(1984). *Strategic management: A stakeholder approach*. Boston, MA: Pitman.

Friedman, M.(1970, September 13). The social responsibility of business is to increase its profit. In T. Donaldson & P. H. Werhane(Eds.), *Ethical issues in business: A philosophical approach*（pp. 217-223）. Englewood Cliffs, N.J.: Prentice Hall.(Reprinted from *New York Times Magazine*）

Friedman, T. L.(2005). *The world is flat: A brief history of the twenty-first century*. New York, NY: Farrar, Straus & Giroux.

Fukuyama, F.(1992). *The end of history and the last man*. London, UK: Penguin.

Gecas, V.(2000). Value identities, self-motives, and social movements. In S. Stryker, T. J. Owens, & R. W. White（ Eds.), *Self, identity, and social movements*（pp. 93-109）. Minneapolis: University of Minnesota Press.

Gehman, J., Treviño, L. K., & Garud, R.(2013). Values work: A process study of the emergence and performance of organizational value practices. *Academy of Management Journal*, *56*, 84-112.

Giddens, A.(1990). *Consequences of modernity*. Cambridge, UK: Polity Press.

Godos-Diez, J.-L., Fernandez-Gago, R., & Martinez-Campillo, A.(2011). How important are CEOs to CSR practices? An analysis of the mediating effect of the perceived role of ethics and social responsibility. *Journal of Business Ethics*, *98*, 531-548.

Gonin, M., Palazzo, G., & Hoffrage, U.(2012). Neither bad apple nor bad barrel—How the societal context impacts unethical behaviour in organizations. *Business Ethics: A European Review*, *21*（1）, 31-46.

Granovetter, M.(1985). Economic action and social structure: The problem of embeddedness. *The American Journal of Sociology*, *91*（3）, 481-510.

Greenleaf, R. K., & Spears, L. C.(1977). *Servant leadership: A journey into the nature of legitimate power and greatness*. Mahwah, NJ: Paulist Press.

Habermas, J.(1996). *Between facts and norms: Contributions to a discourse theory of law and democracy*. Cambridge, MA: MIT Press.

Habermas, J.(2001). *The postnational constellation*. Cambridge, MA: MIT Press.

Hahn, T., Preuss, L., Pinkse, J., & Figge, F.(2014). Cognitive frames in corporate sustainability: Managerial sensemaking with paradoxical and business case frames. *Academy of Management Review*, *39*, 463-487.

Hambrick, D. C.(2007). Upper echelons theory: An update. *Academy of Management Review*, *32*, 334-343.

Hambrick, D. C., & Finkelstein, S.(1987). Managerial discretion—A bridge between polar views of organizational outcomes. *Research in Organizational Behavior*, *9*, 369-406.

Hambrick, D. C., & Mason, P. A.(1984). Upper echelons—The organization as a reflection of its top managers. *Academy of Management Review*, *9*（2）, 193-206.

Harney, A.(2009). *The China price: The true cost of Chinese competitive advantage*. London, UK: Penguin Books.

Hawranek, D., & Kurbjuweit, D.(2013, August 19). Wolfsburger Weltreich. *Der Spiegel*. Retrieved from http: //www.spiegel.de/spiegel/print/d-107728908.html.

Held, D.(2010). *Cosmopolitanism: Ideals and realities*. Cambridge, UK: Polity Press.

Held, D., McGrath, A., Goldblatt, D., & Perraton, J.(1999). *Global transformations: Politics, economics and culture*. Stanford, CA: Stanford University Press.

Hitlin, S.(2003). Values as the core of personal identity: Drawing links between two theories of self. *Social Psychology Quarterly*, *66*, 118-137.

Hitlin, S., & Piliavin, J. A.(2004). Values: Reviving a dormant concept. *Annual Review of Sociology*, *30*, 359-393.

Hoffman, A.(2015). *How culture shapes the climate change debate*. Stanford, CA: Stanford University Press.

House, R. J.(1996). Path-goal theory of leadership: Lessons, legacy, and a reformulated theory. *The Leadership Quarterly*, *7*（3）, 323-352.

Huntington, S. P.(1993). The clash of civilizations. *Foreign Affairs*, *72*（3）, 22-49.

Ignatieff, M. A.(1995). *Blood and belonging: Journeys into the new nationalism*. New York, NY: Farrar, Straus and Giroux.

Jacquart, P., & Antonakis, J.(2016). When does charisma matter for top-level leaders? Effect of attributional ambiguity. *Academy of Management Journal*, *58*, 1051-1074.

Jensen, M. C., & Meckling, W. H.(1976). Theory of the firm: Managerial behavior, agency costs and ownership structure. *Journal of Financial Economics*, *3*（4）, 305-360.

Jonas, H.(1984). *The imperative of responsibility: In search of ethics for the technological age*. Chicago, IL: University of Chicago Press.

Jones, T. M.(1995). Instrumental stakeholder theory:

A synthesis of ethics and economics. *Academy of Management Review*, *20*, 404–437.

Keane, W. (2015) . *Ethical life: Its natural and social history*. Princeton, NJ: Princeton University Press. Kinsinger, P., & Walch, K. (2012) . *Living and leading in a VUCA world* (White paper) . Glendale, AZ: Thunderbird University.

Kobrin, S. J. (2001) . Globalization, multinational enterprise, and the international political system. In A. M. Rugman & T. L. Brewer (Eds.), *The Oxford handbook of international business* (pp. 181–205) . New York, NY: Oxford University Press.

Lakoff, G. (2004) . *Don't think of an elephant!* White River Junction, VT: Chelsea Green.

Laufer, W. S. (2003) . Social accountability and corporate greenwashing. *Journal of Business Ethics*, *43*, 253–261. Lawrence, K. (2013) . *Developing leaders in a VUCA environment* (White paper) . Chapel Hill, NC: Kenan-Flagler Business School.

Maak, T., Pless, N. M., & Voegtlin, C. (2016) . Business statesman or shareholder value advocate? CEO responsible leadership styles and the micro-foundations of political CSR. *Journal of Management Studies*, *53*, 463–493.

Maio, G. R., Pakizeh, A., Cheung, W.– Y., & Rees, K. J. (2009) . Changing, priming, and acting on values: Effects via motivational relations in a circular model. *Journal of Personality and Social Psychology*, *97*, 699–715.

Matten, D., & Crane, A. (2005) . Corporate citizenship: Towards an extended theoretical conceptualization. *Academy of Management Review*, *30*, 166–179.

Maurer, C., Bansal, P., & Crossan, M. M. (2011) . Creating economic value through social values: Introducing a culturally informed resource-based view. *Organization Science*, *22*, 432–448.

Mazar, N., Amir, O., & Ariely, D. (2008) . The dishonesty of honest people: A theory of self-concept maintenance. *Journal of Marketing Research*, *45* (6), 633–644.

Mazar, N., & Ariely, D. (2006) . Dishonesty in everyday life and its policy implications. *Journal of Public Policy & Marketing*, *25* (1), 117–126.

Mazutis, D., & Zintel, C. (2015) . Leadership and corporate responsibility: A review of the empirical evidence. *Annals in Social Responsibility*, *1*, 76–107.

McWilliams, A., Siegel, D. S., & Wright, P. M. (2006) . Corporate social responsibility: Strategic implications. *Journal of Management Studies*, *43* (1), 1–18.

Mena, S., & Palazzo, G. (2012) . Input and output legitimacy of multi-stakeholder initiatives. *Business Ethics Quarterly*, *22*, 527–556.

Misangyi, V. F., Weaver, G. R., & Elms, H. (2008) . Ending corruption: The interplay among institutional logics, resources, and institutional entrepreneurs. *Academy of Management Executive Review*, *33* (3), 750–770.

Morgeson, F. P., Aguinis, H., Waldman, D. A., &

Siegel, D. S. (2013) . Extending corporate social responsibility research to the human resource management and organizational behavior domains: A look to the future. *Personnel Psychology*, *66* (4), 805–824.

Neate, R. (2015) . Nestlé boss says he wants to bottle more water in California despite drought. *The Guardian*. Retrieved from http: //www.theguardian.com/us-news/2015/may/14/nestle-boss-wants-bottle-more-water-california-drought.

Paine, L. S. (1996) . Moral thinking in management: An essential capability. *Business Ethics Quarterly*, *6*, 477–492.

Palazzo, G. (2015) . Globalization and the rise of the multinational corporation. In M. Raza, H. Willmott, & M. Greenwood (Eds.), *The Routledge companion to philosophy in organization studies* (pp. 395–402) . New York, NY: Routledge.

Palazzo, G., Krings, F., & Hoffrage, U. (2012) . Ethical blindness. *Journal of Business Ethics*, *109*, 323–338.

Palazzo, G., & Scherer, A. G. (2006) . Corporate legitimacy as deliberation: A communicative framework. *Journal of Business Ethics*, *66*, 71–88.

Parry, K. W., & Proctor-Thomson, S. B. (2002) . Perceived integrity of transformational leaders in organisational settings. *Journal of Business Ethics*, *35*, 75–96.

Parsons, T. (1991) . *The social system*. London, UK: Routledge.

Pfeffer, J., & Salancik, G. (1978) . *The external control of organizations: A resource dependence perspective*. New York, NY: Harper and Row.

Pless, N. M., Maak, T., & Waldman, D. A. (2012) . Different approaches toward doing the right thing: Mapping the responsibility orientations of leaders. *Academy of Management Perspectives*, *26*, 51–65.

Porter, M. E., & Kramer, M. R. (2011, January/February) . Creating shared value. *Harvard Business Review*, *89*, 62–77.

Ramus, C. A. (2001) . Organizational support for employees: Encouraging creative ideas for environmental sustainability. *California Management Review*, *43* (3), 85–105.

Rao, H., Monin, P., & Durand, R. (2003) . Institutional change in Toque Ville: Nouvelle cuisine as an identity movement in French gastronomy. *American Journal of Sociology*, *108* (4), 795–843.

Rechner, P. L., & Dalton, D. R. (1991) . CEO duality and organizational performance: A longitudinal analysis. *Strategic Management Journal*, *12* (2), 155–160.

Reynolds, S. J. (2008) . Moral attentiveness: Who pays attention to the moral aspects of life? *Journal of Applied Psychology*, *93*, 1027–1041.

Rittel, H. W. J., & Webber, M. M. (1973) . Dilemmas in a general theory of planning. *Policy Science*, *4*, 155–169. Rokeach, M. (1973) . *The nature of human values*. New York, NY: John Wiley.

Rosenau, J. N., & Czempiel, E. O. (1992). *Governance without government*: *Order and change in world politics*. Cambridge, UK: Cambridge University Press.

Ruggie, J. (2007). Business and human rights: The evolving international agenda. *American Journal of International Law*, *101* (4), 819–840.

Santoro, M. A. (2009). *China 2020*: *How Western business can and should influence social and political change in the coming decade*. Ithaca, NY: Cornell University Press.

Schein, E. H. (1992). *Organizational culture and leadership* (2nd ed.). San Francisco, CA: Jossey-Bass.

Schein, E. H. (1996). Culture: The missing concept in organization studies. *Administrative Science Quarterly*, *41* (2), 229–240.

Scherer, A. G., & Palazzo, G. (2007). Toward a political conception of corporate responsibility: Business and society seen from a Habermasian perspective. *Academy of Management Review*, *32*, 1096–1120.

Scherer, A. G., Palazzo, G., & Baumann, D. (2006). Global rules and private actors—Towards a new role of the TNC in global governance. *Business Ethics Quarterly*, *16* (4), 505–532.

Scherer, A. G., Palazzo, G., & Seidl, D. (2013). Legitimacy strategies in a globalized world: Organizing for complex and heterogeneous environments. *Journal of Management Studies*, *50*, 259–284.

Scherer, A. G., Rasche, A., Palazzo, G., & Spicer, A. (2016). Managing for political corporate social responsibility—New challenges and directions for PCSR 2.0. *Journal of Management Studies*, *53*, 273–298.

Schrempf-Stirling, J., & Palazzo, G. (2016). Upstream corporate social responsibility: From contract responsibility to full producer responsibility. *Business & Society*, *55* (4), 491–527.

Schwartz, S. H. (1996). Value priorities and behavior: Applying a theory of integrated value systems. In J. O. C. Selilgman & M. Zanna (Eds.), *The psychology of values. The Ontario Symposium* (Vol. 8, pp. 1–24). Mahwah, NJ: Lawrence Earlbaum.

Sethi, S. P. (2002). Standards for corporate conduct in the international arena: Challenges and opportunities for multinational corporations. *Business & Society Review*, *107* (1), 20.

Shamir, B., House, R. J., & Arthur, M. B. (1993). The motivational effects of charismatic leadership: A self-concept based theory. *Organizational Science*, *4*, 577–594.

Suchman, M. C. (1995). Managing legitimacy: Strategic and institutional approaches. *Academy of Management Review*, *20*, 571–610.

Sundaram, A. K., & Inkpen, A. C. (2004). The corporate objective revisited. *Organization Science*, *15*, 350–363.

Swanson, D. L. (1999). Toward an integrative theory of business and society: A research strategy for corporate social performance. *Academy of Management Review*, *24*, 506–521.

Taleb, N. N. (2012). *Antifragile*: *Things that gain from disorder*. London, UK: Penguin Books.

Treviño, L. K., Brown, M., & Hartman, L. P. (2003). A qualitative investigation of perceived executive leadership: Perceptions from inside and outside the executive suite. *Human Relations*, *56* (1), 5–37.

Verplanken, B., & Holland, R. W. (2002). Motivated decision-making: Effects of activating and self-centrality of values on choices and behavior. *Journal of Personality and Social Psychology*, *82*, 434–447.

Waldman, D. A. (2011). Moving forward with the concept of responsible leadership: Three caveats to guide theory and research. *Journal of Business Ethics*, *98* (Suppl. 1), 75–83.

Waldman, D. A., & Siegel, D. (2008). Defining the socially responsible leader. *The Leadership Quarterly*, *19* (1), 117–131.

Walsh, J. P. (2005). Taking stock of stakeholder management. *Academy of Management Review*, *30*, 426–452.

Weaver, G. R., Treviño, L. K., & Cochran, P. L. (1999). Integrated and decoupled corporate social performance: Management commitments, external pressure, and corporate ethics practices. *Academy of Management Journal*, *42* (5), 539–552.

Williamson, O. E. (1975). *Markets and hierarchies*: *Analysis and antitrust organization*. New York, NY: Free Press.

Young, I. M. (2004). Responsibility and global labor justice. *Journal of Political Philosophy*, *12*, 365–388.

Zadek, S. (2004). The path to corporate responsibility. *Harvard Business Review*, *82* (12), 125–132.

第 19 章
领导力纪事

David V. Day、John Antonakis

📖 前言：向 Warren Bennis 致敬

Warren Gamaliel Bennis 教授（1925 年 3 月 8 日—2014 年 7 月 31 日），美国学者、企业顾问、作家，被广泛认为是当代领导力研究的先驱。

非常遗憾地得知，我们的同事、合作者和朋友 Warren 于 2014 年去世。我们，还有广大的领导力研究者们，都很怀念他。这篇短文就是为了致敬这位思想领袖。在此文中，我们回顾了 Warren 为本书前两卷所做的贡献。鉴于 Warren 在领导力研究领域的崇高地位，而他对自己的时间如此慷慨，这证明了他的学者风范。我们希望你能喜欢他的研究，也希望你能从他的研究中得到与我们一样多的知识。作为章节的序言和致敬，我们对这一章进行了一些编辑，以便更好地与即时性的研究问题相一致，接下来的段落尝试总结我们从他的研究和更广泛的文献中所学到的知识。

在本书第 1 版及修订后的第 2 版和第 3 版中，领导力学者 Warren Bennis 贡献了一篇研究，他在文中提出几个引人注目甚至颇具先见之明的观点。也许，这其中最有见地的一个观点是：重要的是要记住，所有人的生活品质取决于领导力的品质。这句话在 2017 年前后的政治格局中尤其正确。特别是，当阅读 Bennis 讨论在分裂国家（不仅仅是美国）和分裂世界中生活和领导的研究时，我们可以学到什么？ Bennis 认为，有效的领导力在很大程度上决定了一个安全繁荣星球的成败。鉴于此，领导力研究至关重要，这在很大程度上取决于我们对领导力的集体理解和科学判断。

与此相关的一个观点是，就像研究威胁生命的疾病那样，学者应该科学地研究领导力。因此，只有来自不同学科的科学家彼此合作，对领导力的理解才有可能发生——这就是 Wilson（1998）所称的一般意义上的"一致性"。为什么？在很多方面，它涉及领导力的本质，这是多学科问题。领导力是一种复杂甚至难以捉摸的现象，不能通过任何单一学科来解释。我们开始更清楚地看到这一点，正如本书各个章节通过生物学、进化论、社会认知、哲学和其他看似"边缘"的研究方法来理解领导力的本质一样。

Bennis 关于媒体和数字技术在塑造人们对领导者的看法方面表现出惊人的远见。他最初写这篇文章时，互联网还没有出现，更不用说所谓的物联网了。"领导力不仅仅体现在主流电影和电视中，还体现在这个星球上几乎每个人都可以使用的电脑、平板电脑或智能手机上。"我们不仅要面对文字、图像和视频，它们反映了领导力的不同观点和理解；而且媒体也可能被蓄意歪曲，为了潜在破坏性的、别有用心的群体目的或组织目的。媒体偏见（media bias）的最阴险形式也许是与确认偏见有关的自我审查形式：参加确认已经相信的信息。

Bennis 还强调，领导者需要更大的创新，共同创造"更快、更聪明、更有创造力的解决方案……这只能通过合作才能实现"。事实上，过去的几十年，领导力研究领域出现了一场有影响力的运动，从单一领导力视角（即以领导者为中心的方法）到多元领导力视角（共享、分散和网络视角）。毫无疑问，出现这一运动的部分原因可以归结为人类面临的挑战日益复杂（如气候变化、恐怖主义、人口迁移等）。因此，尽管一些领导者天真地承诺要解决这些挑战，但是没有一个领导者具备单独解决这些挑战所必需的复杂能力。相反，领导者需要与他人合作，包括其他领导者，可能作为团队中的团队，首先尝试理解各种挑战或问题的潜在本质，然后再尝试理解需要作出反应的领导力本质。正如 Bennis 所说，当涉及领导力时，情境总是很重要。当前的问题是那些复杂的适应性挑战，如果要成功地解决这些挑战，就需要有效的领导力。

Bennis 研究中的其他见解来自于一个长期存在的问题，即领导者如何使用正式权力和非正式权力。自从安然事件和 Bennis 所讨论的挑战者灾难之后，备受瞩目的领导者道德败坏并没有减少。事实上，从华尔街到政界，从新闻界到汽车公司，再到体育界，几乎每天都有关于道德沦丧的新闻报道。因为每个人都能想到来自这些领域和其他领域的例子，所以不需要提到具体的名字，这些领域的领导者在处理所面临的道德困境方面做得还不够。这提出了一个重要的问题：为什么我们的领导者似乎总让我们失望？难道那些追求权力的人也容易滥用权力吗？或许是制度结构不合理，抑或是权力导致腐败？因为要去理解领导力的本质核心可能已经腐化实在令人沮丧，所以这些问题是领导力难题中另一个要理解的重要问题。

Bennis 还记录了部落主义的兴起，这是一股强大的力量，在世界各地破坏全球化。部落主义几乎是研究人员在 GLOBE 项目中研究课题的对立面，Bennis 提到了这一现象。换言之，现在似乎比以往任何时候都更需要互相了解，了解各自的价值、象征和心理；然而，我们看到民族主义甚至仇外情绪以各种形式抬头。但是，在反对采取全球思维方式的强烈反响中，如抵制帮助难民逃离国家恐怖主义和战争蹂躏的努力，已经出现了另一种倾向，拉拢自己的边界并抵制反映出同情和仁爱等本应是普遍美德的努力。部落主义提出了另一个重要的问题，如何理解领导力的道德品质，它如何能够反映甚至塑造一个国家的道德特征：是否存在一种普遍的领导力道德品质？

Bennis 问，追随者是什么？他们是领导力的重要缔造者。研究人员，甚至那些将领导者置于理论中心的人，现在都明白领导力不仅仅是领导者说什么和做什么，追随者如何使领导者合法化也很重要。我们已经看到了相对较新的理论和研究，致力于理解领导力的追随者导向。当然，这一系列的研究并不是一个全新的领域，几十年来 Hollander 一直在讨论追随者在构建包容性领导力中的重要性（如 Hollander，2009）。

但他的声音常常是在荒野中发出，在各种以领导者为中心的领导力观点中就消失了。没有追随者，或者至少是其他参与领导力过程的人，就不可能有领导力；领导力存在于那些受领导者影响的人的头脑中。了解他们的看法，以及他们为什么愿意（或不愿意）追随一位领导者，对于理解领导力至关重要。

我们，以及所有的领导者，可以从这个分裂的，有时是疏远的时代中学到的一课是：领导力不可能发生，除非那些被描绘成追随者的人出现。没有那些同意扮演追随者角色的人，任何领导者都可能只是荒野中孤独的声音。即使是最有魅力、最鼓舞人心、最有远见卓识的领导者，如果被孤立在荒岛上，也无法发挥领导力作用。他们必须与集体价值保持联系，但不能为了迎合而去迎合。Nelson Mandela 没有充分反映出他的人民从种族隔离的枷锁中被解救之后的愿望。Mandela 不但没有对压迫者进行打击和报复，反而说服人民进行和解和尊重。领导力是一个过程，而且值得一提的是，它不是一个职位。这一过程包括与他人互动，朝着共同的愿景努力，并在理想的状态下，让每个人的生活变得更好、更有意义——而不仅仅是那些占据社会或组织角色的人，这些角色可能被认为是那些领导力过程的核心。

最后，Warren Bennis 通过他的一生及其作品传达了一个重要的信息，那就是领导力带来了巨大的责任。Bennis 在"二战"期间作为一名年轻的中尉承担起了责任。作为一个作家、编年史学家，甚至作为一个领导者的道德良知，他表现出了责任感和其他积极的价值。那些努力领导的人必须明白，这并不全是荣誉。即使是社会中最有才华的人，也往往是通过努力工作来应对挑战和诱惑。但是，以大小方式为人类和地球的有效性和成功作出贡献而获得的回报，是我们生存中无与伦比的责任。

参考文献

Hollander，E. P.（2009）. *Inclusive leadership*：*The essential leader-follower relationship*. New York，NY：Routledge.

Wilson，E. O.（1998）. *Consilience*：*The unity of knowledge*. New York，NY：Knopf.

Warren Bennis（已故）

Ralph Waldo Emerson 有个习惯，问一些许久未见的老朋友："自从我们上次见面以来，你又有哪些新的认识了？"正如本书所阐明的，一个世纪以来，即企业从"伟人"研究演变以来，领导力研究人员获得了大量的知识。几十年前，进化论者和生物学家对这本书的贡献是无法想象的。然而，正如我后来明确指出的那样，只有来自不同学科的科学家通力合作，才能真正地理解这种被称为领导力的神秘现象。

20 世纪，人类历史上出现了一些最强大、最令人不安的领导者。数百万人直接死于失败的或邪恶的领导力——第三帝国的死亡集中营。邪恶领导者造成的痛苦延续到 21 世纪。公开的"阵亡者名单"仍然在提醒我们，为什么首先要研究领导力。我们的生命取决于它。罗斯福卓越领导力的后果之一是创造了真正的大规模毁灭性武器，所以现在的情况比以往任何时候都更真实。我提出这些问题，不是因为你们中的任何一个人需要一节简短的历史课，而是因为"重要的是要记住，所有人的生活质量取决于领导力的品质"。领导力研究的环境与其他研究大不相同，如天文学。从定义上说，领导者掌握权力，所以对他们的研究就像对糖尿病和其他威胁生命的疾病的研究一样，是出于自我利益的需要。只有了解领导者，才能控制他们。今天，研究领导力仍然是一项重要的科学任务；一件接一件的丑闻，一次接一次的经济危机，一次接一次的生态灾难，阿拉伯国家期待但未实现的民主化，都可以部分地追溯到失败的领导力。只有借助有效的领导力，人类和地球才能繁荣。

在接下来的内容中，我将探讨一些在当今环境下与领导力相关的、长期存在的问题。我想看看最近的事件和趋势是如何重新塑造现代领导力观念的。

至少在美国，领导力研究在 2001 年 9 月 11 日发生了一些根本的变化。当人们惊恐地看到人们逃离世贸中心的电视画面时，或更可怕的是，看到双子塔倒塌，就如很多人那样，我意识到这是我们这个时代的重大变革事件之一。恐怖分子袭击纽约和五角大楼的直接后果之一，是让领导力成为美国公众讨论的话题，这是自二战以来从未有过的。领导力成了公众谈论的中心——这取代了有关明星的无聊八卦，甚至把有关经济糟糕状况的担忧言论也推到一边。几十年来，世界其他地方的人们一直在应对国际恐怖主义的丑陋现实，对他们来说，美国人的震惊和恐惧一定显得太天真了。但长期以来，美国一直享有研究领导力的特权，只有那些生活在和平、繁荣国家的人，才能从容地做到这一点。

在这个典型的美国城市，对一个非军事目标的攻击，在很多方面都比袭击珍珠港更令人震惊。自内战以来，美国还从未发生过如此规模的由意识形态引发的暴力事件。美国人仍在整理"9·11"恐怖袭击的后果，并在未来几十年继续这样做。但是随着双子塔的倒塌，人们开始重新认识到，领导力不仅仅是看谁在电视上表现得更好。"9·11"以来，政府官员一直受到严格审查，以寻找领导力的证据，而这种审查力度通常只在战争时才会出现。的确，在描述当时的纽约市市长 Rudolph Giuliani 和其他人如何应对基地组织的袭击时，媒体反复提到了"二战"中那些具有传奇色彩的领导者，标志性领袖无疑是温斯顿·丘吉尔。例如，有人注意到，时任美国总统特别助理的 Karen Hughes 在办公桌上放了一块铭牌，上面写着丘吉尔令人激动的诗句："我不是狮子，但我有责任发出狮子的吼声。"向丘吉尔祈祷是一种世俗的求助，但这也证明了领导力理念的转变——回归到一种过去几十年流行的更英勇、更鼓舞人心的定义。在世贸大厦遗址上，人们不想要能够组织跨职能团队的领导者；他们渴望一个时代的领导者、一位圣人和救世主带领他们走出地狱。在危机时期，寻求强有力的领导力是人之常情，尽管这种做法是错误的。无论多聪明或多有成就，单独的领导者都没有能力解决我们最紧迫的社会问题。我们需要的是领导者们，而不是一个领导者。

不管"9·11"事件还意味着什么，它都像警钟一样提醒着我们，逆境的好处之一仍然是它让领导力脱颖而出。Abigail Adams 在 1780 年动乱中写给儿子 John Quincy Adams 的话，今天仍然适用："这是一个乱世出英雄的时代。这不是在平静的生活中或在太平洋站的休憩中形成的巨大挑战……伟大的需要造就伟大的美德。"当 Robert Thomas 和我一起写作《极客和怪杰》时（Bennis 和 Thomas，2002），我们采访了近 50 位领导者——其中一些年龄在 75 岁以上，其余的在 35 岁以下。在每一个案例中，我们都发现，领导力都是在经历了某种决定性的经历（我们称之为严峻考验）之后出现的。这些通常是严酷的考验，在年长的领导者中，考验通常发生在战争时期。这些领导者所遭受的考验包括一些个人悲剧，如电视记者 Mike Wallace 在希腊的一次事故后发现了儿子的尸体。大多数人都意识到考验如何带来转变，政治领导者已经将"严酷考验"经验转化为工具，并竞相利用媒体以生动的方式进行传播。他们知道，选民更有可能信任那些经历过考验的人，但选民对这种带有不真实意味的努力正变得谨慎。

哈佛大学肯尼迪政府学院公共领导力中心主任 David Gergen 曾描述了杜鲁门在一次严峻考验中意识到自己是一名领导者的经历。我们倾向于认为杜鲁门曾经是男性服饰店店主，他的领导力在罗斯福死后才出现。但正如 Gergen 所说，杜鲁门在一战期间的法国战场上经受了考验。杜鲁门是炮兵连连长，在孚日山脉上被德国人炮击时，他的手下惊慌失措，马也因受惊而扑向他，这几乎要了他的命。历史学家 David McCullough 在获奖传记《杜鲁门》中写道，这位未来的总统从马的身下爬了出来，克服了自己的恐惧，大骂下属，直到他们中的大多数人回到了自己的岗位。杜鲁门的手下永远不会忘记，他在战火下的勇气拯救了他们的生命。杜鲁门发现，他的领导力是上天赋予的礼物。

一次又一次，我们发现在考验中发生了神奇的事情——炼金术将恐惧和痛苦转化为荣耀和救赎。这个过程揭示了（如果没有创造的话），领导力是一种激励和推动他人行动的能力。我们在所有的研究对象中发现了智力、乐观以及其他传统上与领导力相关的特质，但这些特质并不能保证领导力炼金术一定会发生。无数有天赋的人被痛苦击垮。但是，领导者却在苦难中发现了自己，其原因至今仍没有得到完全的了解。无论经历多么痛苦，领导者都能够理解它，或者重新组织它的意义——这意味着随后会吸引追随者。每一位领导者都没有被磨难打败，而是将其视为一段英勇的旅程。无论年龄、无论性别，人们都可以创造自己的传奇。在不虚伪的情况下，他们构建了新的、改进后的自己。在很多的情况下——如杜鲁门——苦难和领导者对苦难的理解，引起其他人追随新兴的领导者。

在这类研究得出的领导力发展模型中，成功人士都被证明具有 4 种基本能力：适应能力、通过共同的意义与他人互动的能力、独特的声音和正直。通常，这些能力在他们遭受考验之前就存在，在一定程度上是显而易见的，在经受严酷考验之后，这些能力得到了加强。在所有这些能力中，最重要的是适应能力。所有的领导者都有一种非凡的天赋，能够应对生活赋予他们的一切。我相信适应能力本质上是创造性的——化腐朽为神奇。事实上，领导力研究和创造性研究之间的融合并非偶然——这种融合可以追溯到对达尔文、爱因斯坦和其他天才或思想领袖的最初研究。当我们说到模范领导力时，通常说的是模范地、创造性地解决问题的方法——对解决前所未有问题采用了全新的方法。

但是，让我们回到"9·11"的教训上来。20 世纪 50 年代，没有人听过 Marshall McLuhan 如此自信地谈论地球村，也没有人知道他在多大程度上具有先见之明。然而，尽管这个世界已经四分五裂，但是 2001 年的恐怖袭击强调了我们的确生活在同一个世界，电视和更先进的技术是这个世界的主要媒介。这些跨国恐怖分子是由一个躲藏在阿富汗或中东其他地方的公寓或洞穴里的人所派遣。数字技术被用来推进一种中世纪的意识形态，订单和资金在一纳秒内转移到地球的另一端。全球化制造了一大堆新的危险，需要一种新的领导力方式，其中，最重要的是合作。正是因为美国安全机构无法有效地合作，"9·11"恐怖分子才得以进入并留在美国，并在美国飞行学校学习如何驾驶飞机撞向摩天大楼。

全球恐怖主义只是当代需要各国合作应对的威胁之一。疾病、贫困和对少数民族、女性和持不同政见者的压迫是紧迫的国际问题。2003 年爆发的严重急性呼吸综合征（SARS）或 2009 年被大肆宣传但相对温和的猪流感所发生的那样，几乎任何人都有能力登上飞机飞到一个遥远的城市，从而创造了未来航班将以前所未有的便捷和迅速传播致命瘟疫的真正可能性。

2003 年在萨达姆政权被推翻的几个月里，媒体大肆报道布什总统未能建立一个全球联盟，这合乎情理。虽然萨达姆在创纪录的时间内被击败，但是布什总统的态度"要么支持我们，要么反对我们"，以及他决定在只有少数几个国家（包括英国、澳大利亚和波兰）支持下攻入伊拉克的决定，依然被广泛视为领导力的失败。推翻萨达姆只是伊拉克战争的开始。对布什总统的批评反映的不仅仅是政治分歧，还有美国军事行动是否只有在联合国认可的情况下才是适当的。这些批评反映了一种认识，即建立联盟是所有领导者的基本能力之一，在一些方面是决定性的能力。而且，在战争结束很久之后，伊拉克才再次出现领导者：事实证明，确保伊拉克的和平非常困难，一些灾难性的后果被归咎于草率的政策、糟糕的规划和缺乏共享的领导力。伊拉克人摆脱了独裁者，然而，取而代之的是基地组织。

布什总统可能会效仿忠诚的联盟缔造者之———他的父亲。在第一次海湾战争之前，老布什总统向世界领导者求助。总统没有亲自在宴会桌上微笑，他派国务卿 James Baker 出国 8 次。这是一次为了建立共识的旅行，Baker 拜访了欧洲国家的 18 个首都。所以，美国作为真正"自愿联盟"的一部分发动了战争。我们不知道在伊拉克冲突之前，父亲在私人谈话中对儿子说了什么。但我们确实知道，2003 年 2 月老布什在塔夫茨大学的一次演讲中提出的建议。关于在一个相互联系的世界中领导者必须做什么，老布什说"你必须主动与他人接触"。"你必须让他们相信，长期的友谊应该胜过短期的逆境。"老布什清楚地表达了民主党领导者一直以来的观点。在一个权力必须被自由赋予而不是被强迫的社会里，领导者必须通过说服他人——利益和命运交织在一起——来结盟。今天，很明显，美国比以往任何时候都更需要盟友，因为后萨达姆时代的伊拉克和波斯湾地区的混乱仍在继续，一些人认为美国及其少数盟军是占领者，而不是解放者。

建立联盟也是企业领导力的一个基本要素。在美国商界被最近的商业丑闻搅乱之前，人们长期以来一直将 CEO 和其他商界领袖视为半人半神，认为他们的成功是由特殊天赋单方面促成的。这一传统至少可以追溯到我们对 Thomas Edison 和 Henry Ford 等商业巨头的神化。20 世纪 70 年代末，当 Lee Iacocca 被誉为美国汽车产业的救世主时，这一传统又复活了。回顾过去，任何与美国汽车产业有关的人都被奉为英雄，这似乎是个残酷的笑话。但是我们忘记了，现在那么多企业负责人出任领导职位，最近 CEO 们既被视为名人，也被视为思想领袖，他们的公开言论被视为隐藏着智慧。

从很多方面来看，名人 CEO 的崛起是一种"倒退"，一个伟大的组织被视为伟人的影子被拉长的时代。这个经久不衰的神话，与 20 世纪末版本中唯一的不同之处在于，它承认了一些伟大的组织，如 Martha Stewart 帝国，伟大女性的影子变长了。但正如我和 Patricia Ward Biederman 在《组织天才》一书中所写的那样，一个人的成就几乎总是太少了。无论哪个领域，即使不需要四处宣扬，真正的领导者都知道，权力是一种能力的结果，这种能力就是能够为企业招募人才。独行侠从未像今天这样孤独。除了最简单的事业之外，无论个人看起来多么强大，任何伟大的事业都是由联盟来完成的，而不是由具有传奇色彩的个人来完成的。

我怀疑这个世界是否如此简单，以至于一个英勇的领导者，无论能力如何，都可以单方面解决问题。当今世界需要空前的联盟建设。欧盟可能是对这一现实改变的典型反应。对于我们这些亲身经历过"二战"的人来说，看到各国之间如此高水平的经济和政治合作是令人鼓舞的，而这些国家不久前还在相互争斗。在未来的岁月里，需要更多由协作型领导者创建和维护的联盟。这本书现在涵盖了共享型领导力的内容，这给了我希望，商学院和政治系将更多地关注领导力作为一种协作的努力。

变化的步伐没有放缓，它正在以前所未有的速度前进。不断变化的问题需要更快、更聪明、更有创造力的解决方案，这些解决方案只能通过协作才能实现。近年来，就连领导者的决策方式也发生了变化。当领导者有时间消化所有事实并采取行动时，这一天就快结束了。正如心理学家 Karl Weick 所指出的，如今的领导者往往需要先采取行动，评估行动结果，然后再采取行动。多亏了数字技术，人们可以轻松地收集事实并处理数据。在这种新的气候下，信息总是如洪水般涌入，没有最终的分析，只有不断的评估和再评估。行动成为另一种收集信息的方式，这成为进一步行动的基础。正如 Weick 指出的那样，在这样一个世界中，领导者不能依赖地图，他们需要指南针，他们比以往任何时候都需要盟友。

建立和维持联盟的能力不仅仅是一种政治工具。我和 Robert Thomas 采访过的成功的年长领导者都特别注意寻找有才华的年轻人，并与他们交朋友。形成这些社会联盟是老一辈领导者用来与快速变化的世界保持联系的一种策略。联盟帮助年长的领导者保持活力，而那些不那么成功、更孤立的同龄人却没有。年轻的领导者也受益于与经验更丰富、年龄更大的领导者的朋友关系。这种联盟策略并不局限于人类。斯坦福大学的神经生物学家 Robert Sapolsky 曾经是塞伦盖蒂狒狒研究团队的一员，他发现那些能够与年轻狒狒建立牢固关系的年长狒狒最有可能存活下来。与年轻的盟友一起，年长的男性能够弥补年龄带来的不足。良师益友是这一原始主题的一种变体，是年轻人和老年人为实现共同利益而汇集智慧和精力的一种方式。

因为领导者拥有权力，所以他们是否将权力用于好的或坏的方向仍然极其重要。我们可以讨论希特勒是否是一个真正的领袖，或者从定义上来说，领导力是否意味着是一种美德。当然，希特勒具备许多领导力才能——远见卓识、招募他人加入的能力、洞悉追随者所需的洞察力……希特勒有一种不可抑制的自信，这种自信与领导力、雄心壮志、执着的目标感、沟通的需要以及演讲才能有关。因为希特勒的追随者一直知道他是个怎么样的人，所以他甚至有一种扭曲的正直。我担心的是，我们对这个问题的关注就像问题本身一样，解决方案可能也是一个语义问题。或许应该把"领导者"这个词留给那些在道德上中立（如果可能的话）或倾向于良好的领导者。我们可能不再称希特勒为邪恶的领袖，而称他为暴君，或者干脆称他为"元首（Führer）"，在希特勒毒死自己之前，这个词在德语中表示"领袖"。

如何给糟糕的领导者贴上标签以免我们在更紧迫的问题上分心，这并不是说道德和领导力是无关紧要的事情。正如哈佛商学院 Lynn Sharp Paine 在谈到道德和商业时所说的那样，道德或许不总是起作用，但它总是有用的。比如何称呼糟糕的领导者更紧迫的是，如何创造一种文化，让暴君甚至是 Al Dunlap 式的普通企业暴君都无法在这种文化中蓬勃发展。事实上，我认为要做到这一点，就必须创造一种氛围，让有才能的人成长，让最出色的工作得以完成。肥沃、自由的环境几乎总是由两部分组成：有能力的领导者倾听，有能力的追随者畅所欲言。

过去几年的公司丑闻，更不用提 2008 年由美国银行的流动性问题引发的经济危机，给美国经济造成了前所未有的浩劫，也震动了世界各国的经济。几乎在每一个案例中，这些丑闻都不仅仅是因为会计造假和其他犯罪行为，而是因为企业领导层未能创造出一种坦率和透明的文化。安然事件就是一个典型的例子。早在这家能源巨头破产之前，公司的主要员工就已经知道，账簿被人以欺骗的方式操纵着，即使不违法。安然的一位高管 Sherron S. Watkins 做了正确的事情，她警告老板们"安然可能会因一系列的会计丑闻而崩溃"。Watkins 虽然天真，但关心公司利益的精神令人钦佩，如果得不到回报的话，她也希望别人能听到自己的声音。相反，公司首席财务官 Andrew Fastow 却掩盖了证据，并立即开除了 Watkins。Watkins 后来说，安然的问题在于，很少有人愿意对当权者讲真话。包括管理层在内的员工都知道，公司商业行为中日益明显的道德缺失应该被指出。批评是安然的禁忌。Watkins 说："你只是不想在饮水机前讨论这个问题。"

当你或家人的生命处于危险之中时，保持沉默是一回事。当别人的生命处于危险之中时，对你来说最糟糕的也只是失去工作，保持沉默就是另一回事。然而，很多组织含蓄地要求员工保持沉默和否定，甚至不惜以生命为代价。1986 年，"挑战者"号航天飞机起飞不久后就发生了爆炸，机上 7 人全部遇难。事故的责任最终落在了航天飞机的 O 形环上。可悲的是，NASA 供应商 Morton Thiokol 的工程师 Roger Boisjoly 曾多次注意到 O 形环的潜在缺陷。就在前一天，Boisjoly 又一次孤注一掷地尝试警告他的上司，飞行员正处于危险之中。但是公司隐瞒了这些信息。至于 Boisjoly，他丢了工作，再也没有当过工程师。但是，他确实获得了美国科学促进会颁发的"科学自由与责任奖"。现在他靠以组织道德方面的演讲为生。

在外人看来，几乎不能想象有哪个组织会宁愿保持沉默，也不愿接受能够挽救生命的真诚批评。但这种致命的组织寂静主义一直存在。一个悲剧往往不足以带来改变。据《纽约时报》报道，在 2003 年"哥伦比亚"号航天飞机致命失败后的一份报告中，调查人员将部分责任归咎于"有缺陷的淡化问题的组织文化"。正如 Boisjoly 在 1986 年提出他的担忧时被忽视一样，新一代太空项目经理选择了忽视潜在问题，包括来自员工的警告系统缺陷的电子邮件。"哥伦比亚"号航天飞机的严重故障导致 7 名宇航员丧生，至少在一定程度上，这 7 名宇航员的死亡要归咎于那些对重要但不受欢迎的消息充耳不闻的管理人员。NASA 创造了一个系统，在安全之前奖励沉默，这就是它所得到的。

企业对集体无知的热情催生了成千上万的"呆伯特"漫画。电影大亨 Samuel Goldwyn，以用词不合时宜和独断专行而闻名，据说他在拍了一系列票房惨败的电影之后，曾对下属咆哮道："我想让你告诉我，米高梅公司出了什么问题，即使这意味着你会丢掉工作。"这种情况经常发生。最近，康柏公司的 CEO Eckhard Pfeiffer 失去了网关和戴尔电脑市场的主导地位，这并不是因为他缺乏人才，而是因为周围被一流的"只会说是的"男人包围，还有他关上了办公室的门，阻止那些有勇气告诉他真话的人。

2003 年《纽约时报》爆发丑闻之后，总编辑 Howell Raines 和执行编辑 Gerald Boyd 辞职，内部人士一再提醒其他媒体，真正的问题不是流氓记者 Blair 的病态行为，而是一种编辑部文化，这种文化奖励少数值得怀疑的观点，并将其他人边缘化。这也是一个控制权集中在少数人手中，而持不同政见者不受欢迎的地方。当另一位编辑警告说，Boyd 必须立即停止为《纽约时报》做报道时，Raines 和 Boyd 都置若罔闻。人们对 Raines 在这一丑闻中所扮演的角色做了大量的报道，《华尔街日报》也报道了一个令人不安的例子：Boyd 傲慢地抵制真相。当《纽约时报》的主编建议 Boyd 写一篇关于"哥伦比亚"号灾难的报道时，Boyd 拒绝了，并说当天早上的《今日美国》已经刊登了这篇报道。调查部编辑 Douglas Frantz 随后给 Boyd 一份当天早上的《今日美国》，以此证明这篇报道并没有出现。当然，Boyd 应该认识到自己的错误，并把故事编好。相反，他告诉 Frantz，不应该让主编难堪，并给 Frantz 一枚 25 美分的硬币，让他打电话给朋友 Dean Baquet。Baquet 曾是《纽约时报》的编辑，后来去了《洛杉矶时报》。从本质上说，Boyd 是让 Frantz 辞职。和《纽约时报》其他一些不开心的老员工一样，Frantz 辞职去了洛杉矶。

Linda Greenhouse 在最高法院为《纽约时报》辩护时，告诉《杂志》记者 Matthew Rose 和 Laurie Cohen：“《纽约时报》有一个地方性的文化问题，它并不是 Howell 的创作物，尽管它利用了 Howell 作为管理者的弱点，这是一个自上而下的等级结构。在这种文化中，对权力说真话从未受到过真正的欢迎。”

你应该会希望任何组织的领导者都有自我力量去接受来自才华横溢的下属的善意批评。你会希望领导们足够明智，知道不想听到的往往是能得到的最有价值的信息。这让我想知道为什么组织不采用差异心理学的发现。尽管远非完美，但是复杂的心理测试可以识别出那些足够聪明、相对开明、诚实自信、能够有效领导的领导者。你还会认为，沙皇式的高管薪酬方案足以弥补企业领导者在下属选择坦率而非自我暗示时的任何尴尬。但是，这种情况很少发生。在太多的组织中，主管的傲慢破坏了氛围。因为在以创意为导向的组织中，下属的才能往往与领导者相当，甚至更高，所以上述情况在创意组织中尤为严重（也越来越多）。在经济困难时期，专制型领导者或许能够留住人才。但是一旦经济复苏，那些不尊重员工的领导者就会被扫地出门。在如今遭受重创的新经济鼎盛时期，雇主们知道人才是他们的财富，他们尊重员工。在困难时期，雇主往往会再次变得傲慢，忘记好时光会回来，人才会再次腾飞。

《纽约时报》董事长 Arthur Sulzberger Jr. 为解决领导层问题并作出了改变，重新任命前执行主编 Joseph Lelyveld（Raines 是 Lelyveld 的继任者）成为临时继任者。Lelyveld 深受记者和编辑的喜爱，他似乎明白《纽约时报》关注的是工作，而不是执行主编，但 Raines 却不明白这一点。Lelyveld 将控制权分散，给予编辑和记者更大的自主权，让他们有更大的自由裁量权来撰写更长的、更有深度的报道，而这些报道适合处于新闻行业顶端的记者，相比之下，Raines 喜欢派大批的记者去报道突发新闻，他称这一过程为“淹没区域”。Raines 常让记者在头版执行他的故事或创意，但与 Raines 不同，Lelyveld 开玩笑说他很难把自己的故事或想法写进报纸——这是一个即时提醒，提醒他的员工，他没有把自己与上帝混淆。有趣的是，和 Lelyveld 一起工作的人反复形容他“冷漠”。Lelyveld 不是一个有魅力的领导者，也不是一个和蔼可亲的领导者——他只是一个受人尊敬的有能力的领导者。Lelyveld 明白，聪明能干的人应该受到尊重——不仅因为这是一件正确的事情，而且因为这是一笔好生意。Lelyveld 也提醒我们，领导力最终比领导力风格更重要。

📖 领导力研究的未来

阅读本书的前几章时，我被过去 20 多年来领导力研究的丰富多彩所震撼。个人感觉，这个领域现在正处于重大的突破边缘，这种重大突破在 20 世纪五六十年代彻底改变了社会心理学。受前几章的启发，我将集中讨论三个主题，其中一些似乎需要进一步的研究。

领导力与全球化

全球领导力和组织行为有效性（Global Leadership and Organizational Behavior Effectiveness，GLOBE）项目是一个重要的开端。在这个项目中，来自大约 60 个国家的社会科学家从跨文化角度研究领导力。在一个因技术而变得越来越小的世界里，我们比以往任何时候都更迫切地需要理解彼此的符号、价值和心理。只有这样，才有希望就共同目标达成共识，包括如何确保全球和平与繁荣。在过去的几年里，西方人已经敏锐地意识到他们对伊斯兰文化知之甚少，包括伊斯兰语。部落主义是一个迫切需要更多专研的主题，它在世界各地形成了一股强大的力量，在每一个角落里破坏全球化。很多部门早就认识到了解客户和市场的重要性。广告公司定期招募文化人类学博士研究消费者的习俗和价值。我们需要让更多的专家放宽对一些基本问题的文化比较，如使用一些术语时的含义。这是至关重要的，不仅是为了理解那些反对我们的人，也是为了确保建立有效的联盟。

正如《史密森尼》杂志上的一篇文章所述，"二战"期间，英美两国军队在沟通方面遇到了很多麻烦，以至于盟国要求人类学家 Margaret Mead 设法找出问题所在。作家 Patrick Cook 解释说："Mead 发现这两种文化有着根本不同的世界观。一个简单的方法可以证明这一点，问美国人和英国人一个简单的问题：你最喜欢的颜色是什么？美国人会立即回答他 / 她喜欢的颜色。英国人会用一个问题来回答 '最喜欢的颜色是指哪一种？一朵花的颜色？一条领带的颜色？'"Cook 进一步解释说："Mead 的结论是，在大熔炉中长大的美国人学会了寻找一个简单的共同点。对英国人来说，这是一种朴素的表现。相反，有阶级意识的英国人坚持复杂的分类，每个分类都有自己的一套价值观。美国人把这种细分的倾向解释为遮遮掩掩。"丘吉尔说英国人和美国人是被同一种语言分隔开的伟大民族，这是多么得正确！

从我们的角度来看，Mead 的结论似乎有些简单化。但是，你不得不佩服这位身份不明的领导者，他意识到盟国的沟通问题是文化问题，并且选择了一位专家冷静地研究这个问题，而不是追究责任。有效的领导力将越来越依赖于能够理解人们在做或说令我们困惑的事情时的真正含义。

领导力与媒体

领导力一直是一种行为艺术。修辞最初是作为一种领导力工具发展起来的，而领导力仍然包括技巧和对真实性的感知。有一种倾向认为，领导者的形象意识是一种现代现象。历史学家 Leo Braudy 告诉我们，亚历山大大帝通过将个人形象印在帝国钱币上促进了个人权力的传播。我们想当然地认为，因为尼克松的"五点钟阴影"和阴沉的脸色，所以电视让肯尼迪在辩论中领先于尼克松。但是，我们是否知道媒体在多大程度上塑造或抹杀了公众人物形象，以及这些过程的性质是什么？要了解当今的领导力，就必须了解媒体的竞争压力如何影响公职人员的声誉和行为。如果你想要了解现代领导者，至少要试着弄清楚他们是如何开始又是如何结束的。

公众对现实被操纵的认识对其信任的领导者有什么影响？因为互联网有能力制造个人话题，或通过敲击键盘来诋毁个人，它又如何影响现代领导力？奥巴马团队对互联网媒体的精通显然有助于在 2008 年战胜 McCain 和 2012 年战胜 Romney。这些都是我们需要知道的，在这个时代，摄像机可以制造出表面上的个性，即时投票也可以让领导者在演讲中途改变立场。

领导力多学科研究方法

在不久的将来，或许有可能发展出一门真正的领导力科学（它也永远是一门艺术）。很明显，自从第一次对领导者的大脑进行检测以来，这种科学的理解就一直是一个梦想。但是现在的技术已经取得了真正的进步。有时，似乎每一所大学每个院系都想拥有属于自己的正电子发射断层扫描（PET）和功能性磁共振成像（fMRI）技术，尽管这些机器要花费数百万美元。但让领导者、非领导者和追随者接受脑部扫描，以此发现更多关于领导力的神经科学，可能会带来真正的好处。当一个追随者听到一篇振奋人心的演讲时，他的大脑会发生什么变化？专制型领导者和合作型领导者的大脑表现出不同的活动模式吗？他们各自的追随者呢？关于荷尔蒙如何影响领导力，支配和从属如何影响荷尔蒙、情绪、健康和其他结果，还有很多新的研究要做。糟糕的管理真的会让人生病吗？严格规范领导力科学的一个直接好处是更好的管理，现在很多时候都是基于传统和笨拙的即兴发挥。正如《经济学人》在 2010 年 9 月发表的一篇文章中所建议的那样，将基础生物学整合到管理和领导力研究中，可能会成为组织科学的下一个重大范式转变。

📖 结论

过去的 60 年，我一直在研究领导力，但仍然发现，在以人才为导向的组织（如《纽约时报》）中，领导者常常忘记研究告诉过他们如何管理天才。他们鼓励同事之间的竞争，而不是与外部组织进行更有效的竞争。他们忘记了，大多数有才能的人都讨厌官僚主义和等级制度。他们忘记了内在奖励是最好的激励。他们不相信工作应该是乐趣，或者比乐趣更好。

在我和 Biederman 研究的天才群体中，最成功的领导者是那些认为自己不是顶尖高手，而是推动者的人。尽管很多人有着健康的自我意识，但他们更关心的是项目本身，而不是下属表现出的顺从。的确，他们不把别人看作是下属；他们把这些人看作是从事一项神圣使命（不管是创造第一台个人电脑，还是第一部动画电影）的同事或十字军战士。这些领导者认为，他们的首要责任是释放其他人的才能，从而实现集体愿景。这些领导者为自己发现和培养人才的能力感到自豪，并能认识到他们办公桌上出现的最佳创意。他们关心的问题，包括保持项目向前发展，确保每个人都有他们需要的工具和信息，保护团队不受外界干扰。这些伟大的团队通常都有一种精神上的合作。作为曼哈顿计划的负责人，J. Robert Oppenheimer 成功地对抗了政府最初对内部保密的坚持。Oppenheimer 明白，因为思想可以相互激发产生更多的思想，所以思想的自由交流对项目成功至关重要。在洛斯阿拉莫斯国家实验室（Los Alamos），团队中的坦率非常受重视，以至于厚脸皮的年轻人 Richard Feynman 与传说中的诺贝尔奖得主 Niels Bohr 的意见不一致时，没有人感到震惊。如果洛斯阿拉莫斯国家实验室不是一个真正的理想国，Oppenheimer 会尽其所能让它看起来像一个理想国。结果，原子弹的制造速度比任何人想象得都要快。当一些科学家意识到他们对世界释放了一种可怕的力量时，第一朵蘑菇云仍然悬在空中。但大多数人都钦佩地谈到 Oppenheimer 在他的余生中所发挥的领导作用。

尽管 Oppenheimer 带领的科学家是盟军的一部分，但他将科学家看成是自由的个体。Oppenheimer 意识到，最英勇的努力是自愿付出的，不能被强迫。Oppenheimer 没有下命令，而是激发科学家的灵感。

关于对权力的限制，最好的交换也许出自 Shakespeare 的《亨利四世》（下册）。Pt. I. Glendower 跟 Hotspur 吹嘘说："我可以呼唤来自深渊的灵魂。"Hotspur 回应说："那又怎样，我可以，谁都可以；但是，你一召唤，他们就会来吗？"无论在什么场合，真正的领导者会想方设法让别人在被召唤时前来。

🔍 讨论题

1. 借鉴本章的一些核心主题，你认为 Donald Trump 和 Barack Obama 的总统风格存在哪些差别？

2. 讨论当前的情况，无论是政治、经济，甚至是亲身了解的情况，这些情况与 Bennis 所说的相符，即"人们不想要能够组织跨职能团队的领导者；他们渴望一个时代的领导者，一个圣人和救世主，带领他们走出地狱"。这种特殊的领导者会做得好吗？为什么？

3. 讨论你或你认识的人经历过哪些重大事件？

🔍 推荐阅读

Bennis, W. G., & Biederman, P. W.（1997）. *Organizing genius：The secrets of creative collaboration.* Reading, MA: Addison-Wesley.

Bennis, W. G., & Biederman, P. W.（2010）. *Still surprised：A memoir of a life in leadership.* San Francisco, CA: Jossey-Bass.

Bennis, W. G., & Thomas, R. J.（2002）. *Geeks and geezers：How era, values, and defining moments shape leaders.* Boston, MA: Harvard Business School Press.

🔍案例研究

案例：Gruber, D. A., Smerek, R. E., Thomas-Hunt, M., & James, E. H.（2015, March）. The real-time power of Twitter：Crisis management and leadership in an age of social media. Harvard Business School Case BH658-PDF-ENG.

案例：Koehn, N. F., Helms, E., & Mead, P.（2003, April）.（Revised 2010, December）. Leadership in crisis：Ernest Shackleton and the epic voyage of the endurance. Harvard Business School Case 803-127.

🔍推荐视频

Varoufakis, Y.（2011）. A modest proposal for transforming Europe. https：// youtu.be/CRRWaEPRlb4.